Konspiration

Andreas Anton · Michael Schetsche ·
Michael K. Walter
(Hrsg.)

Konspiration

Soziologie des Verschwörungsdenkens

2., erweiterte Auflage

Hrsg.
Andreas Anton
IGPP Freiburg
Deutschland

Michael Schetsche
Albert-Ludwigs-Universität Freiburg
Deutschland

Michael K. Walter
Bremen, Deutschland

ISBN 978-3-658-43428-1 ISBN 978-3-658-43429-8 (eBook)
https://doi.org/10.1007/978-3-658-43429-8

Die Deutsche Nationalbibliothek verzeichnet diese Publikation in der Deutschen Nationalbibliografie; detaillierte bibliografische Daten sind im Internet über http://dnb.d-nb.de abrufbar.

Planung/Lektorat: Cori Antonia Mackrodt
Springer VS ist ein Imprint der eingetragenen Gesellschaft Springer Fachmedien Wiesbaden GmbH und ist ein Teil von Springer Nature.
Die Anschrift der Gesellschaft ist: Abraham-Lincoln-Str. 46, 65189 Wiesbaden, Germany

Das Papier dieses Produkts ist recycelbar.

Die Vorstellung, dass sich Gesellschaft prinzipiell hinter dem Rücken der Akteure samt deren Intentionen abspielt, hat sich so tief in der kategorialen Grundausstattung der Soziologie eingelagert, dass sie für die Soziologie zu einer Art Emergenz-Apriori geworden ist. Dass es – empirisch – Verabredungen relevanter Akteure gibt, die ihren Interessen entsprechend Realität schaffen, lässt sich nicht einmal als Möglichkeit fassen. Hier ist also ein blinder Fleck, bei dem man nicht weiß, was durch ihn alles unsichtbar bleibt. Vielleicht sehr wenig, vielleicht etwas mehr.

(Georg Vobruba: Verschwörungstheorien[1])

[1] Aus dem Editorial der Zeitschrift *Soziologie* (Jg. 35, Heft 3, 2006).

Inhaltsverzeichnis

Vorbemerkung zur zweiten Auflage 1
Andreas Anton, Michael Schetsche und Michael K. Walter

Einleitung: Wirklichkeitskonstruktion zwischen Orthodoxie und Heterodoxie – zur Wissenssoziologie von Verschwörungstheorien 15
Andreas Anton, Michael Schetsche und Michael K. Walter

Beiträge zur Neuauflage

Disqualifiziertes Wissen: Verschwörungstheorien im gesellschaftlichen Diskurs 35
Mats Väisänen und Andreas Anton

Zur Dialektik von Verschwörungs- und Krisensemantik am Fall der Corona-Pandemie 55
Sebastian Klimasch

Covid-19: Verschwörungstheorien, Experten und der Kampf gegen sie in der Krise 89
Alan Schink

Der Verschwörungstheoretiker – eine Sozialfigur unserer Zeit? 123
Johannes Wessel-Bothe

Ist etwas faul im Staate? Im Flow mit Verschwörungstheorien 143
Marius Hans Raab

Verschwörungstheorien und Echokammern: die Wiederkehr des Idealismus 163
Karl Hepfer

Fallstudien

Ach, wie gut, dass niemand weiß…! Ortho- und heterodoxe Perspektiven auf die Ermordung John F. Kennedys 179
Gerd H. Hövelmann

Die P2-Loge und die geheimen Gladio-Truppen in Italien 221
Regine Igel

Die diskrete Macht der Bilderberger 243
Marcus Klöckner

AIDS und seine Erreger – ein Gespinst von Hypothesen, Erkenntnissen und Verschwörungstheorien 267
Erhard Geißler

Die Bennewitz-Affäre: staatliches Handeln zwischen Vertuschung und Verschwörung 293
Ingbert Jüdt

Verschwörungstheorien zum 11. September 313
Andreas Anton

Mediale Diskurse

Der Kampf um die Wirklichkeit. Mediale Legitimationsstrategien gegenüber Verschwörungstheorien zum 11. September 339
Michael K. Walter

„Google WTC-7“ – Zur ambivalenten Position von marginalisiertem Wissen im Internet 363
René König

Who watches the Watchm... – Verschwörungstheoretische Symbolhaftigkeit im Comic 381
Sven Großhans

Verschwörungen und Verschwörungstheorien im Film 401
Matthias Hurst

Theoretische Perspektiven

Gerüchte, Verschwörungstheorien und Propaganda 425
David Coady

Sinnvoller Unsinn – Unheilvoller Sinn 449
Sascha Pommrenke

Spekulative Kommunikation und ihre Stigmatisierung 477
Oliver E. Kuhn

Herausgeber- und Autorenverzeichnis

Über die Herausgeber

Andreas Anton, Dr. phil., Studium der Soziologie, Geschichtswissenschaft und Kognitionswissenschaft an der Albert-Ludwigs-Universität in Freiburg. Seit 2017 wissenschaftlicher Mitarbeiter am Freiburger Institut für Grenzgebiete der Psychologie und Psychohygiene (IGPP). Aktuelle Buchveröffentlichung: Andres Anton und Michael Schetsche: Meeting the Alien. An Introduction to Exosociology (Springer VS 2023).

Michael Schetsche, Dr. rer. pol., Soziologe und Politologe; Außerplanmäßiger Professor am Institut für Soziologie der Universität Freiburg. Aktuelle Buchveröffentlichung: Andres Anton und Michael Schetsche: Meeting the Alien. An Introduction to Exosociology (Springer VS 2023).

Michael K. Walter, Dr. phil, ist Soziologe. Studium der Soziologie und Neueren Deutschen Literatur an der Universität Konstanz. Er hat sich an der Goethe-Universität Frankfurt am Main über die Bildpolitik von Reforminitiativen während der Regierungszeit Gerhard Schröders promoviert. Thematische Schwerpunkte: Visuelle Soziologie, Machtsoziologie, Digitalisierung und Arbeitswelt.

Autorenverzeichnis

David Coady University of Tasmania, Hobart, Tasmania, Australien

Erhard Geißler Berlin, Deutschland

Sven Großhans Freiburg, Deutschland

Karl Hepfer Universität Erfurt, Hannover, Deutschland

Matthias Hurst Bard College Berlin, Berlin, Deutschland

Gerd H. Hövelmann Marburg, Deutschland

Regine Igel Berlin, Deutschland

Ingbert Jüdt Karlsruhe, Deutschland

Sebastian Klimasch Universität Trier, Trier, Deutschland

Marcus Klöckner Duisburg, Deutschland

Oliver E. Kuhn Europa-Universität Viadrina, Frankfurt (Oder), Deutschland

René König Hochschule Rhein-Waal, Kleve, Deutschland

Sascha Pommrenke Hannover, Deutschland

Marius Hans Raab Technische Hochschule Nürnberg, Nürnberg, Deutschland

Alan Schink Weinstadt, Deutschland

Mats Väisänen Münster, Deutschland

Johannes Wessel-Bothe Augsburg, Deutschland

Vorbemerkung zur zweiten Auflage

Andreas Anton, Michael Schetsche und Michael K. Walter

Es ist fast genau zehn Jahre her, dass wir den Sammelband *Konspiration. Soziologie des Verschwörungsdenkens* veröffentlichten. Unser Hauptanliegen damals bestand darin, Grundbausteine für ein *wissenssoziologisch* orientiertes Verständnis des sozialen Phänomens Verschwörungstheorien zu entwickeln. Diese Perspektive impliziert, die zu analysierenden Wissensbestände zunächst mit einer Art *epistemologischen Agnostizismus* zu betrachten. Das bedeutet, nicht primär nach dem ‚objektiven Wahrheitsgehalt' der entsprechenden Überzeugungen zu fragen, sondern zu untersuchen, wie es dazu kommt, dass bestimmte Inhalte individuell oder kollektiv für ‚wahr' gehalten werden. Mit diesem Zugang wollten wir uns bewusst von den damals – und bis heute – im deutschen Sprachraum dominierenden Ansätzen abgrenzen, die Verschwörungstheorien *grundsätzlich* als illegitimes, problematisches oder gar gefährliches Wissen verstehen. Im Kontrast dazu ging es uns mit unserer wissenssoziologischer Perspektive um die Rekonstruktion spezifischen Hintergrundwissens, von Sinn- und Plausibilitätsstrukturen und um die (individuelle wie soziale) Bedeutung und Funktion verschwörungstheoretischer

A. Anton (✉)
Institut für Grenzgebiete der Psychologie und Psychohygiene, Freiburg, Deutschland
E-Mail: anton@igpp.de

M. Schetsche
Universität Freiburg, Freiburg, Deutschland
E-Mail: michael.schetsche@soziologie.uni-freiburg.de

M. K. Walter
Bremen, Deutschland
E-Mail: mkwalter@posteo.de

A. Anton et al. (Hrsg.), *Konspiration*,
https://doi.org/10.1007/978-3-658-43429-8_1

Deutungen – und zwar vollkommen ungeachtet der gesellschaftlichen Anerkennung und des ontologischen Status der jeweils untersuchten konkreten Wissensbestände.

Entscheidend ist dabei, dass die apriorische Bestimmung von Verschwörungstheorien als ‚falschem Wissen' die Konzeptionen über deren Ursachen und Funktionen determiniert und den Blick auf die Vielschichtigkeit des Phänomens verstellt. In der wissenschaftlichen Diskussion über Verschwörungstheorien ist nach wie vor eine dominierende Tendenz zu beobachten, bei der das Phänomen von vornherein und pauschal mit negativen Werturteilen belegt, sozialethisch und gesellschaftspolitisch delegitimiert wird. Obwohl ein solcher Ansatz bei einigen politischen oder gesellschaftlichen Themen durchaus nachvollziehbar, legitim oder sogar notwendig sein mag, führt diese pauschale Delegitimierung bei dem äußerst komplexen und vielseitigen Thema Verschwörungstheorien regelmäßig in analytische Sackgassen, weshalb im englischen Sprachraum der entsprechende Problemdiskurs *selbst* bereits seit einigen Jahren Gegenstand kritischer Forschung ist (vgl. Dentith 2018; Räikkä und Basham 2018). Das Spektrum verschwörungstheoretischer Interpretationen erstreckt sich von extrem abwegigen, bizarr anmutenden und gefährlichen Überzeugungen bis hin zu völlig berechtigten, plausiblen und faktenbasierten Überlegungen. Eine angemessene wissenschaftliche Untersuchung dieses Themas sollte diese Vielfalt angemessen berücksichtigen und ein neutrales Konzept entwickeln, das die Komplexität des Forschungsgegenstands widerspiegelt und nicht von Anfang an wesentliche Aspekte definitorisch ausblendet (vgl. Anton und Schink 2022).

Innerhalb dieses Rahmens versammelt unser Band ein breites Spektrum von theoretischen Reflexionen und Fallbeispielen von Autoren mit sehr unterschiedlichen Hintergründen. Ein Jahrzehnt nach der Veröffentlichung unseres Bandes lässt sich auf eine vielschichtige und kontroverse Rezeption zurückblicken. Dabei können zwei grundsätzliche Rezeptionsperspektiven ausgemacht werden:

Auf der einen Seite wirkte unser „agnostischer" Ansatz offenkundig als Provokation. Unsere Herangehensweise schließt selbstverständlich *nicht* aus, verschwörungstheoretische Wissensbestände am Ende einer kritischen Bewertung zu unterziehen (etwa anhand von epistemologischen, politischen oder demokratietheoretischen Kriterien). Dies verhinderte jedoch nicht, dass uns von verschiedener Seite vorgeworfen wurde, einem Relativismus Vorschub zu leisten und damit problematische, irrationale Vorstellungen aufzuwerten (vgl. etwa Loschert 2014). Auf der anderen Seite haben Forscher unseren wissenssoziologischen Ansatz jedoch auch in unserem Sinne als analytische Ressource für eine differenzierte Konzeption des Phänomens „Verschwörungstheorie" genutzt, die über rein psychologisierende Ansätze hinausgeht (Vgl. etwa Osthus 2021 sowie Klimasch 2021).

1 Begriffliches

Die Uneinigkeit in Bezug auf eine einheitliche Definition des Begriffs ‚Verschwörungstheorie' hat sich auch zehn Jahre nach dem Erscheinen der ersten Auflage unseres Sammelbandes nicht aufgelöst. Im Gegenteil: Die vorgeschlagenen Begriffsbestimmungen unterscheiden sich nach wie vor teils fundamental. Im deutschsprachigen Raum wird weiterhin die Diskussion geführt, ob der Begriff ‚Verschwörungstheorie' nicht durch alternative Begriffe wie etwa ‚Verschwörungsideologie', ‚Verschwörungsmythos' oder ‚Verschwörungserzählung' ersetzt werden sollte. Das Hauptargument in diesem Zusammenhang: Verschwörungstheorien sollten nicht als Theorien im wissenschaftlichen Sinne betrachtet werden und seien daher sprachlich von diesen abzugrenzen (Nocun und Lamberty 2020, S. 21). Allerdings basiert diese Ansicht auf einer sehr engen Definition des Begriffs „Theorie". Eine Theorie kann nicht nur im (natur-)wissenschaftlichen Sinne eine wissenschaftlich begründete Aussage zur Erklärung bestimmter Erscheinungen sein, sondern – was der Bedeutung des Begriffs im allgemeinen Sprachgebrauch entspricht – auch schlicht eine zunächst unbewiesene Behauptung oder Spekulation. Alternativbegriffe verwässern zudem, wie Michael Butter argumentiert, den Kern des Phänomens: „Wer statt von ‚Verschwörungstheorien' von ‚Verschwörungsmythen', ‚Verschwörungsideologien' oder ‚Verschwörungserzählungen' spricht, verwendet Begriffe, die das allgemeine Wesen des Phänomens nur unzureichend erfassen und sich lediglich für bestimmte Verschwörungstheorien eignen" (Butter 2021, S. 7). Dieser Argumentation schließen wir uns an. Wir sehen nach wie vor keinen triftigen Grund, den Begriff „Verschwörungstheorie" in der wissenschaftlichen Diskussion durch einen Alternativbegriff zu ersetzen (vgl. hierzu auch Harder 2018, S. 23). Im englischen Sprachraum gibt es eine derartige Diskussion übrigens nicht, hier ist durchweg von „conspiracy theory" die Rede.

2 Die Konjunktur der Verschwörungstheorien

Verschiedene Ereignisse der letzten Jahre wie etwa die Wahl Donald Trumps zum US-Präsidenten, der Brexit, die Corona-Krise oder zuletzt der Ukraine-Krieg haben die gesellschaftlichen Diskussionen über das Thema Verschwörungstheorien erheblich intensiviert. Dies hat zu der öffentlichen Wahrnehmung geführt, dass Verschwörungstheorien immer populärer werden, immer mehr in die Gesellschaft einsickern und eine wachsende Bedrohung für die Demokratie darstellen.

Unzählige Beiträge in Medien und Wissenschaft zum Thema Verschwörungstheorien beginnen mit dem Hinweis, dass diese in gesellschaftlichen Krisen wie jenen der letzten Jahre *Hochkonjunktur* hätten. Mit anderen Worten: „Die Aussage, dass Verschwörungstheorien derzeit Hochkonjunktur haben, hat derzeit Hochkonjunktur" (Anton 2020, S. 12). Grundsätzlich ist es schwer zu sagen, ob Verschwörungstheorien heute eine größere Verbreitung haben als früher. Dazu bräuchte es kontinuierliche Erhebungen über die Zustimmung zu verschiedenen Verschwörungstheorien in der Bevölkerung über längere Zeiträume. Tatsächlich werden derartige Daten erst seit wenigen Jahren erhoben – und sie zeichnen ein differenziertes Bild, wenn man etwa die Situation in Deutschland betrachtet. In den sog. *Mitte-Studien* werden seit 2006 regelmäßig antidemokratische Einstellungen in der deutschen Bevölkerung gemessen. 2018/2019 wurde erstmals auch explizit die Verbreitung einer „Verschwörungsmentalität" in Deutschland erfasst. Der Aussage „Es gibt Organisationen, die großen Einfluss auf politische Entscheidungen haben" stimmten insgesamt 45,7 % der Befragten „eher" oder „voll und ganz" zu. Der Aussage „Die Medien und die Politik stecken unter einer Decke" stimmten 32,7 % zu (Rees und Lamberty 2019). Während der Pandemie sanken diese Werte deutlich: Der ersten Aussagen stimmten nur noch insgesamt 22,9 % zu, der zweiten zusammengenommen 24,2 % (Lamberty und Rees 2021). Zu ähnlichen Ergebnissen kommen die *Leipziger Autoritarismus-Studien,* die seit 2002 in repräsentativen Untersuchungen rechtsextreme Einstellungen in Deutschland erfassen. Hier sinken die Werte für eine „manifeste Verschwörungsmentalität" von 44,8 % im Jahr 2012 auf 25 % im Jahr 2022 kontinuierlich ab. Im Fazit der Studie heißt es: „Verschwörungsmentalität hat in der Breite der Bevölkerung an Relevanz verloren" (Decker et al. 2022, S. 86).

Zusammenfassend lässt sich festhalten: Es sind berechtigte Zweifel bei der Frage angebracht, ob es gegenwärtig eine ‚Hochkonjunktur' von Verschwörungstheorien gibt. In anderer Hinsicht haben Verschwörungstheorien allerdings in der Tat einen enormen Bedeutungszuwachs erfahren: Wohl noch nie zuvor gab es in der Öffentlichkeit eine derart hohe *Sensibilität* für das Thema. Anders ausgedrückt: Einer zweifelhaften ‚Hochkonjunktur' von Verschwörungstheorien steht unzweifelhaft eine sich immer deutlicher konturierende öffentliche *Problemwahrnehmung* gegenüber. Die ‚Karriere' des Themas Verschwörungstheorien folgt dabei in nahezu idealtypischer Weise soziologischen Modellen zur Entstehung und Etablierung *sozialer Probleme* (Schetsche 2014). Dazu gehört auch, dass das Thema bereits seit einigen Jahren zu einem *Politikum* geworden ist. Bundespräsident Frank-Walter Steinmeier etwa bezeichnete den Kampf gegen „Desinformation und Verschwörungstheorien" als „eine der großen Herausforderungen für die liberalen Demokratien". Verschwörungstheorien würden in Deutschland „blühen und gedeihen, ja sogar mehr Verführungskraft und Wirkmacht entfalten als noch einige Jahrzehnte zuvor". Es gebe eine „echte Renaissance der Verschwörungstheorien" (Steinmeier 2019). Angela Merkel führte bei ihrer letzten Rede als Bundeskanzlerin aus: „Unsere Demokratie lebt von der Fähigkeit zur kritischen Auseinandersetzung und zur Selbstkorrektur. Sie lebt vom steten Ausgleich der Interessen und vom Respekt voreinander. Sie lebt von Solidarität und Vertrauen, im Übrigen auch von dem Vertrauen in Fakten und davon, dass überall da, wo wissenschaftliche Erkenntnis geleugnet und Verschwörungstheorien und Hetze verbreitet werden, Widerspruch laut werden muss" (Merkel 2021). An anderer Stelle betonte sie, Verschwörungstheorien seien im „Grunde ein Angriff auf unsere ganze Lebensweise" (SPIEGEL Online 15.12.2020).

Die gestiegene öffentliche und politische Sensibilität für Verschwörungstheorien geht mit einer wachsenden wissenschaftlichen Aufmerksamkeit für das Thema einher. Waren Verschwörungstheorien über längere Zeit ein kaum beforschtes Thema, gibt es heute geradezu einen ‚Boom' der Verschwörungstheorie-Forschung. Verschwörungstheorien sind heute nicht nur ein vollkommen anerkanntes, sondern auch ein sehr populäres Forschungsthema, das grundsätzlich nicht mehr legitimierungsbedürftig ist. Durch die politische Aufmerksamkeit für das Thema ist es heute wesentlich leichter als noch vor einigen Jahren, Mittel für entsprechende Forschungsprojekte zu erhalten. Darüber hinaus lässt sich bereits seit einigen Jahren die Etablierung und Institutionalisierung eines *Verschwörungstheorie-Expertentums* beobachten. Wissenschaftler, die zum Thema geforscht haben, werden im medialen Diskurs regelmäßig als Experten um Einschätzungen und Analysen gebeten. Es gibt Beratungsstellen und gemeinnützige Organisationen, die sich auf das Thema spezialisiert haben. In den letzten Jahren ist eine ganze Reihe von Büchern erschienen, die sich der Frage nach dem Umgang mit Verschwörungstheorien widmen. Darunter sind auch Ratgeber, die ganz konkrete Handlungsanleitungen etwa zur Kommunikation mit ‚Verschwörungstheoretikern' (Pohl und Dichtel 2021; von Kempis 2019) bereitstellen oder bereits im Titel Antworten auf die Frage versprechen, „was wirklich gegen Verschwörungstheorien hilft" (Nocun und Lamberty 2021).

Die derzeitige Aufmerksamkeit für das Thema ist grundsätzlich begrüßenswert. Zu lange gab es einen Mangel an Forschung über Verschwörungstheorien, die gesellschaftliche Relevanz des Themas spiegelte sich nicht im wissenschaftlichen Diskurs wider. Dies ändert sich gerade. Der aktuelle gesellschaftliche Diskurs über Verschwörungstheorien läuft aus unserer Sicht jedoch nach wie vor Gefahr, das komplexe Phänomen zu sehr auf dessen problematische Aspekte zu reduzieren und damit einen wesentlichen Teil seines charakteristischen Kerns auszublenden. Die gegenwärtig medial, politisch und wissenschaftlich dominierende Perspektive begreift Verschwörungstheorien vornehmlich als gesellschaftliches Problem, als unerwünschte oder gar gefährliche Abweichung von der Norm oder als besorgniserregende Entwicklung. Das hier zugrunde liegende Verständnis ist in mehrfacher Hinsicht eingeschränkt und einseitig. Selbstverständlich können Verschwörungstheorien problematisch und gefährlich sein. Sie können den demokratischen Zusammenhalt bedrohen, radikalisieren und zum Teil auch Gewalt legitimieren. Doch dies ist nur ein Aspekt des vielschichtigen sozialen Phänomens Verschwörungstheorien. Auf der anderen Seite können diese auch Ausdruck einer demokratischen Gesinnung und der Sorge um den Rechtsstaat sein (vgl. etwa Swami et al. 2011). Sie sind in diesem Fall nicht nur legitim, sondern tragen, wenn sie tatsächliche konspirative Strukturen adressieren, sogar zur Verteidigung und Etablierung demokratischer Werte und Institutionen bei. Daher sind Verschwörungstheorien nicht *per se* illegitim und gefährlich, sondern können, im Gegenteil, sogar eine wichtige Schutzfunktion demokratischer Gesellschaften gegen reale Verschwörungen erfüllen (vgl. Anton und Schink 2022, S. 57).

3 Verschwörungstheorien zwischen Individuum und Gesellschaft

Ein großer Teil der Verschwörungstheorieforschung der letzten Jahre widmet sich der *Psychologie bzw. Sozialpsychologie von Verschwörungstheorien.* Von besonderer Bedeutung ist in diesem Zusammenhang das Konstrukt der *Verschwörungsmentalität,* das wir oben bereits erwähnten. Dabei handle es sich um relativ ‚feste' Eigenschaften einer Person, eine „generalisierte Einstellung" oder ein „monologisches Glaubenssystem" (Imhoff und Bruder 2014, S. 26). Ausgangspunkt für die Annahme einer Verschwörungsmentalität sind empirische Befunde, dass Menschen, die an eine Verschwörungstheorie glauben, mit höherer Wahrscheinlichkeit auch an andere glauben (siehe etwa Goertzel 1994; Frenken und Imhoff 2021; Sutton und Douglas 2014). Die Ausprägung der Verschwörungsmentalität wird nicht anhand der Zustimmung zu konkreten Verschwörungstheorien gemessen, sondern über die Bewertung allgemeiner Aussagen mit Bezug zu Verschwörungstheorien, etwa „Es geschehen sehr viele wichtige Dinge in der Welt, über die die Öffentlichkeit nie informiert wird" oder „Ein paar mächtige Personengruppen bestimmen über das Schicksal von Millionen von Menschen." (Imhoff und Bruder 2014, S. 40) Ob es tatsächlich eine Verschwörungsmentalität als eine Art Persönlichkeitsmerkmal gibt, wird kontrovers diskutiert (vgl. etwa Dilling et al. 2022, S. 211). Darüber hinaus werden beim Konstrukt der

Verschwörungsmentalität politisch-gesellschaftliche Kontexte nicht miteinbezogen, vor deren Hintergrund die entsprechenden Aussagen höchst unterschiedliche Plausibilität bzw. Legitimität erhalten können.

Andere (sozial-)psychologische Studien zu Verschwörungstheorien gehen (implizit oder explizit) von der Grundannahme aus, dass sich Menschen, die an Verschwörungstheorien glauben, anhand identifizierbarer psychologischer Merkmale von Menschen unterscheiden lassen, die dies nicht tun. Sie folgen damit letztlich direkt oder indirekt Richard Hofstadters assoziativer Verknüpfung von Verschwörungstheorien und Paranoia in seinem vielbeachteten Essay *Paranoid Style in American Politics* aus dem Jahr 1964. Hofstadter hatte mit seinem *paranoid style* zwar explizit eine politische und keine psychologische Kategorie im Blick, ebnete damit jedoch den Weg für die Pathologisierung des Verschwörungsdenkens (vgl. Anton und Schink 2021, S. 28). Studien, die nach übereinstimmenden psychologischen oder gar psychopathologischen Merkmalen von ‚Verschwörungsgläubigen' suchen, kommen zu sehr unterschiedlichen, zum Teil sogar widersprüchlichen Ergebnissen. Angesichts der Tatsache, dass Verschwörungstheorien kein Minderheitenphänomen, sondern weitverbreitet sind (vgl. etwa Oliver und Wood 2014), ist dies letztlich auch nicht verwunderlich. Man darf sich vielmehr grundsätzlich fragen, wie sinnvoll derartige Forschungen sind. In den Worten Michael Butters und Peter Knights „Despite the increasing recognition that conspiracy theories are a mainstream phenomenon, most studies in psychology until today share at least some of Hofstadter's assumptions, even though they rarely refer to him in anything more than the most general way" (Butter und Knights 2018, S. 36).

Auch die Annahme, Anhänger von Verschwörungstheorien unterlägen diversen kognitiven Verzerrungen, lässt sich empirisch nicht klar belegen (Lamberty und Knäble 2020, S. 32). Dasselbe gilt für soziodemografische Aspekte: Die Befunde über den Einfluss von Faktoren wie Alter, Bildung, Geschlecht, Berufsgruppe etc. auf die Zustimmung zu Verschwörungstheorien sind so widersprüchlich, dass sich daraus keine eindeutigen und generalisierbaren Aussagen ableiten lassen (Götz-Votteler und Hespers 2019, S. 39). Kurzum: Menschen, die an Verschwörungstheorien glauben, unterscheiden sich im Allgemeinen kaum oder gar nicht von der Restbevölkerung. Verschwörungstheorien scheinen vielmehr ein genuin *soziales* als ein psychologisches Phänomen zu sein.

Dies alles soll nicht negieren, dass Verschwörungstheorien auch *psychologische Funktionen* erfüllen. Sie können sinn- und identitätsstiftend wirken; sie bieten Deutungen und Erklärungen für eine immer komplexer erscheinende Welt; sie können Bedürfnisse nach Einzigartigkeit oder Kohärenz befriedigen oder bestehende Vorurteile bestätigen. Allerdings sind dies keine

Alleinstellungsmerkmale von Verschwörungstheorien, sie treffen genauso auf viele andere Erklärungsmodelle, Vorstellungen und Haltungen zu, etwa auf politische Einstellungen oder religiöse Überzeugungen (Anton und Schink 2021, S. 51).

Aus soziologischer bzw. wissenssoziologischer Perspektive betrachtet, bietet es sich an, Verschwörungstheorien als ein spezifisches *soziales Deutungsmuster* zu beschreiben. Wie bereits an anderer Stelle ausgeführt (Anton und Schetsche 2020: S. 100–105) erfüllen verschwörungstheoretische Deutungsmuster die Funktion, menschliches Erleben mit *Sinn* zu versehen. Genauer: Es geht darum, bestimmte Ereignisse, die subjektiv oder kollektiv als krisenhaft, problematisch, beängstigend oder verunsichernd erlebt werden, sinnhaft zu deuten und sie so in bestehende Weltbilder, Überzeugungs- und Sinnsysteme integrieren zu können. Die Neigung zu Verschwörungstheorien wäre also nicht selbst als Weltbild zu beschreiben, wie im Rahmen des Konzeptes der Verschwörungsmentalität, sondern als ein Deutungsmuster, das bestehende Weltbilder stabilisiert – oder auch irritiert. Verschwörungstheoretische Deutungsmuster sind mithin kollektive und allgemein verständliche Wissensrepertoires, die durch (sekundäre) Sozialisierung erworben werden und sich zugleich auf die konkrete Situation und Lebenslage von Individuen beziehen lassen, den Anlass ihrer Aktivierung aber in sozialen Ereignissen, Entwicklungen oder Erfahrungen haben.

Wir möchten vor diesem Hintergrund einmal mehr für eine Erweiterung des diskursiven Rahmens plädieren, in dem das Thema Verschwörungstheorien öffentlich verhandelt wird. Anhänger von Verschwörungstheorien sind eben nicht nur jene ‚irrationalen Anderen', ‚Schwurbler' und ‚Aluhutträger', als die sie nach gängigen Klischees gerne beschrieben werden. Es sind auch Menschen aus der Mitte der Gesellschaft mit berechtigten Sorgen, Zweifeln und Argumenten. Darüber hinaus sind neben individuellen oder gar psychologischen, auch *gesellschaftliche und politische Ursachen* des Verschwörungsdenkens in modernen Gesellschaften zu analysieren und zu diskutieren. Dabei kann es sich selbstredend auch um reale Verschwörungen handeln. Die *soziale Bedingtheit* des Verschwörungsdenkens und die damit einhergehende politische Verantwortung, das Vertrauen in politische Systeme und Institutionen zu stärken, sollten elementarer Bestandteil der gesellschaftlichen Diskussion über Verschwörungstheorien sein. Wir hoffen, mit dieser erweiterten Neuauflage einen Teil zu einer solchen Diskussion beizutragen.

4 Zum Inhalt der Neuauflage

In dem Beitrag *Disqualifiziertes Wissen: Verschwörungstheorien im gesellschaftlichen Diskurs* gehen Mats Väisänen und Andreas Anton von der Grundannahme aus, dass oftmals bereits mit der Begriffsbestimmung zentrale Vorannahmen getroffen sind, die die Perspektive auf das Phänomen ‚Verschwörungstheorien' prägen. Das heute den gesellschaftlichen sowie wissenschaftlichen Diskus bestimmte Begriffsverständnis markiert verschwörungstheoretische Inhalte als irrationales, disqualifiziertes Wissen. Dies geht mit einer überbordenden diskursiven Repressivität gegenüber Verschwörungstheorien einher, die auch solche spekulative Kommunikation abwertet und ausgrenzt, die im Kern auf tatsächliche gesellschaftliche Problemlagen und Missstände hinweist. Es geht den beiden Autoren zufolge bei Verschwörungstheorien letztlich um das richtige Verhältnis zwischen diskursiver Permissivität und Repressivität. Dieses Verhältnis, so fordert der Beitrag, sollte bei der Diskussion über den Umgang mit Verschwörungstheorien selbst zum Thema gemacht werden.

Während der Corona-Pandemie wurden Verschwörungstheorien vielfach als *krisenbewältigende Krisendiagnosen mit Krisenpotenzial* qualifiziert. Diese dreifache leitmotivische Verschränkung von Verschwörungs- und Krisensemantik analytisch aufzutrennen und auf ihre Strukturlogik sowie ihren spezifischen sozialen Sinn hin zu befragen, macht sich der Beitrag *Zur Dialektik von Verschwörungs- und Krisensemantik am Fall der Corona-Pandemie* von Sebastian Klimasch zur Aufgabe. Daher werden die *Erfahrungs- und Deutungsschemata der Verschwörungstheorie und der Verschwörung* konsequent aufeinander wie auch auf das Schema der *Krise* bezogen. Der Beitrag ist dabei von der Annahme geleitet, dass die beiden verschwörungssemantischen Deutungsmuster als dialektisch aufeinander bezogene Krisendiagnosen zu verstehen sind, deren zentrale Bezugspunkte das (unterstellte) (Sprech-)Handeln der jeweils anderen ist. Es lässt sich mithin von einer zwar strukturanalogen, aber hinsichtlich der Plausibilität und Legitimität der konkurrierenden Deutungsmuster empirisch nach wie vor asymmetrischen Deutungslogik sprechen: Die (unterstellte) Routine der einen – das Verschwören bzw. Verschwörungsdenken – bedeutet die (Deutungs-)Krise der anderen und *vice versa*. Eine Soziologie des Verschwörungsdenkens und -wissens ist insofern immer auch als eine Wissenssoziologie der Krise anzulegen.

Der Beitrag *Covid-19: Verschwörungstheorien, Experten und der Kampf gegen sie in der Krise* von Alan Schink befasst sich mit Verschwörungstheorien während der Corona-Krise und zeigt, dass diese ein heterogenes Spektrum bilden. Als heterodoxe Deutungsmuster wenden sich Verschwörungstheorien primär gegen etablierte Wissens- und Machtordnungen und damit verbundene Expertendiskurse. Zugleich ist „Verschwörungstheorie" ein Kampfbegriff. In diesem Sinne gibt es Schlink zufolge während der Pandemie nicht nur eine Konjunktur von Verschwörungstheorien, sondern auch von Experten, die bestimmte Wissensbestände erst als solche markieren und damit aus dem rationalen Diskurs ausschließen. Der Kampf gegen Verschwörungstheorien, das sogenannte „Infodemic Management", fungiert im Kampf gegen das Virus als politische Machttechnik, weshalb eine reflexive und (selbst-)kritische Forschungsperspektive auf das Thema eingefordert wird.

Der Beitrag *Der Verschwörungstheoretiker – eine Sozialfigur unserer Zeit?* von Johannes Wessel-Bothe stellt die Hypothese auf, dass es sich beim ‚Verschwörungstheoretiker' um eine Sozialfigur, also eine typische Figur unserer Zeit handelt. Auf wissenssoziologischer Theoriegrundlage wird die Ausgangshypothese anhand der Themenfelder Popkultur, Medien und Politik geprüft. Der Beitrag zeigt dadurch, dass die Relevanz des Themas Verschwörungstheorien katalysiert durch neue Medien und krisenhafte Ereignisse seit den 1990er-Jahren stetig zugenommen hat. Damit ist der ‚Verschwörungstheoretiker' heute zu einem allgegenwärtigen Topos geworden, zu dem die Gesellschaft eine spezifische Vorstellung entwickelt hat.

Eine psychologische Prozess-Betrachtung ergänzt den motivationalen Blick: Mithilfe der Flow-Theorie von Csíkszentmihályi analysiert der Beitrag *Ist etwas faul im Staate? Im Flow mit Verschwörungstheorien* von Marius Raab die Dynamik einer Welterklärung über Verschwörungstheorien. Als Narrationen mit verborgenen Zusammenhängen sind sie flexibel und können von Menschen im Alltag kontinuierlich angepasst werden, um das Weltgeschehen zu erklären. Diese Anpassungsleistung kann als intellektuell stimulierend erlebt werden. Eine Realitätskonstruktion über Verschwörungstheorien ist so aus sich selbst heraus belohnend. Faktenchecks und Debunking-Versuche können diesen intrinsisch motivierten Verarbeitungsmodus eher noch befeuern. Ein geeigneter Gegenentwurf wäre nach Raab vielmehr, den verschwörungstheoretischen Narrationen im narrativen Modus zu begegnen – und über die Diskussion von Lebensgeschichten und -erfahrungen die automatisierte ‚Welterklärung über Verschwörung' zu unterbrechen.

Je mehr wir uns bei der Bildung unserer Meinungen auf (medial) vermittelte Informationen verlassen und je kleiner die Menge unserer Meinungen ist, die sich auf direkte (eigene) Erfahrung stützen, desto ‚idealistischer' unser Blick auf die Welt – *„esse est percipi"*. Dadurch verschieben sich gleichzeitig die Kriterien der Wahrheit: kohärentistische Überzeugungen verdrängen korrespondenztheoretische Elemente. Besonders gilt dies für die Echokammern des digitalen Raums.

Hier entfällt nicht nur der Bezug auf die Erfahrung, sondern die Echokammer sorgt gleichzeitig dafür, dass sich Meinungen gegenseitig stützen, verstärken und dadurch erhebliche Überzeugungskraft erlangen, sodass am Ende auch hochgradig abseitige Ansichten als ‚wahr' erscheinen. Der Beitrag *Verschwörungstheorien und Echokammern: die Wiederkehr des Idealismus* von Karl Hepfer analysiert diesen Zusammenhang und zeigt eine Möglichkeit, dem idealistisch induzierten Kohärentismus der Echokammer sogar dann zu entkommen, wenn – wie es bei vielen Verschwörungstheorien der Fall ist – die *Abwesenheit von Beweisen* kurzerhand zum Beweis *für* die entsprechende Theorie erklärt wird.

Literatur

Anton, A. 2020. Willkommen in der Paranoia-Gesellschaft! Verschwörungstheorien in Zeiten von Corona. In *Forum: Verschwörungstheorien als narratives Phänomen*, hrsg. S. Spiegel, A. Anton, C. Amlinger, J. Pause, und Solvejg Nitzke, 12–19.

Anton, A., und M. Schetsche. 2020. Vielfältige Wirklichkeiten. Wissenssoziologische Überlegungen zu Verschwörungstheorien. In *Verschwörungstheorien im Diskurs* (4. Beiheft zur Zeitschrift für Diskursforschung), hrsg. S. Stumpf, und D. Römer, 88–115. Weinheim u. a.: Beltz Juventa.

Anton, A., und A. Schink. 2021. *Der Kampf um die Wahrheit. Verschwörungstheorien zwischen Fake, Fiktion und Fakten.* München: Komplett Media.

Anton, A., und A. Schink. 2022. Die konspirative Herausforderung. Zum individuellen und gesellschaftlichen Umgang mit Verschwörungstheorien. *Bewusstseinswissenschaften. Transpersonale Psychologie und Psychotherapie* 28 (2): 47–61.

Butter, M. 2021. Verschwörungstheorien: Eine Einführung. *Aus Politik und Zeitgeschichte* 35–36: 4–11.

Butter, M., und P. Knight. 2018. The History of Conspiracy Theory Research. *Conspiracy Theories and the People Who Believe Them,* hrsg. J. E. Uscinski, 33–52. Oxford: Oxford University Press.

Decker, O., J. Kies, A. Heller, J. Schuler, und E. Brähler. 2022. Die Leipziger Autoritatismus Studie 2022: Methode, Ergebnisse und Langzeitverlauf. In *Autoritäre Dynamiken in unsicheren Zeiten. Neue Herausforderungen – alte Reaktionen?* hrsg. O. Decker, J. Kiess, A. Heller, und E. Brähler, 31–90. Gießen; Psychosozial Verlag.

Dentith, M. R. X. (Hrsg.) 2018. *Taking conspiracy theories seriously*. Lanham: Rowman & Littlefield.

Dilling, M., C. Schließer, N. Hellweg, E. Brähler, und O. Decker. 2022. Wer sind die Verschwörungsgläubigen? Facetten der Verschwörungsmentalität in Deutschland. In *Autoritäre Dynamiken in unsicheren Zeiten. Neue Herausforderungen – alte Reaktionen?,* hrsg. O. Decker, J. Kiess, A. Heller, und E. Brähler, 209–243. Gießen: Psychosozial-Verlag.

Frenken, M., und R. Imhoff. 2021. A Uniform Conspiracy Mindset or Differentiated Reactions to Specific Conspiracy Beliefs? Evidence from latent Profile Analyses. *International Review of Social Psychology* 34 (1): 1–15.

Goertzel, T. 1994. Belief in Conspiracy Theories. *Political Psychology* 15 (4): 731–742.

Götz-Votteler, K., und S. Hespers. 2019. *Alternative Wirklichkeiten? Wie Fake Facts und Verschwörungstheorien funktionieren und warum sie Aktualität haben.* Bielefeld: transcript.

Harder, B. 2018. *Verschwörungstheorien. Ursachen – Gefahren – Strategien.* Aschaffenburg: Alibri.

Imhoff, R., und M. Bruder. 2014. Speaking (Un-)Truth to Power: Conspiracy Mentality as a Generalized Political Attitude. *European Journal of Personality* 28 (1): 25–43.

Klimasch, S. 2021. ‚Krisen' und ‚Verschwörungstheorien' in Zeiten der Corona-Pandemie – Wissenssoziologische Analysen. *Soziologiemagazin* 14 (1): 65–89.

Lamberty, P., und J. Knäble. 2020. CIA, HIV und BRD GmbH. Die Psychologie der Verschwörungstheorie. In *Verschwörungstheorien im Diskurs* (4. Beiheft zur Zeitschrift für Diskursforschung), hrsg. S. Stumpf, und D. Römer, 32–55. Weinheim u. a.: Beltz Juventa.

Lamberty, P., und J. H. Rees. 2021 Gefährliche Mythen: Verschwörungstheorien als Bedrohung für die Gesellschaft. In *Die geforderte Mitte. Rechtsextreme und demokratiegefährdende Einstellungen in Deutschland 2020/21*, hrsg. A. Zick, und B. Küpper, 283–300. Bonn: Dietz.

Loschert, S. 2014. Verwirrung des Denkens: Der soziologische Sammelband ‚Konspiration' versucht sich an einer ‚Ehrenrettung des konspirologischen Gegenwartsdenkens'. *jungle world.* 6.3.2014. https://jungle.world/artikel/2014/10/verwirrung-des-denkens. Zugegriffen: 19. September 2023.

Merkel, A. (2021). Rede beim Großen Zapfenstreich am 2. Dezember 2021 in Berlin. https://www.bundesregierung.de/breg-de/aktuelles/rede-von-bundeskanzlerin-merkel-anlaesslich-des-grossen-zapfenstreichs-am-2-dezember-2021-in-berlin-1987276. Zugegriffen: 19. September 2023.

Nocun, K., und P. Lamberty. 2020. *Fake Facts. Wie Verschwörungstheorien unser Denken bestimmen.* Köln: Bastei Lübbe.

Nocun, K., und P. Lamberty. 2021. *True Facts: Was gegen Verschwörungserzählungen wirklich hilft.* Köln: Bastei Lübbe.

Oliver, J. E., und T. J. Wood. 2014. Conspiracy theories and the paranoid style(s) of mass opinion. *American Journal of Political Science* 58 (4): 952–966.

Osthus, A.-L. 2021. „Ich mach mir die Welt, wie sie mir gefällt " – Eine empirische Untersuchung der Vereinigung linker und rechter Verschwörungstheoretiker/innen in Zeiten der Corona Pandemie. *Journal für korporative Kommunikation* 2: 22–34.

Räikkä, J., und L. Basham. 2018. Conspiracy Theory Phobia. In *Conspiracy Theories and the People Who Believe Them,* hrsg. J. E. Uscinski, 178–186. Oxford: Oxford University Press.

Rees, J. H., und P. Lamberty. 2019. Mitreißende Wahrheiten. Verschwörungsmythen als Gefahr für den gesellschaftlichen Zusammenhalt. In *Verlorene Mitte. Feindselige Zustände. Rechtsextreme Einstellungen in Deutschland 2018/19*, hrsg. A. Zick, B. Küpper, und W. Berghan, 203–222. Bonn: Dietz.

Pohl, S., und I. Dichtel. 2021. *Alles Spinner oder was? Wie sie mit Verschwörungsgläubigen gelassener umgehen.* Göttingen: Vandenhoeck & Ruprecht.

Schetsche, M. 2014. *Empirische Analyse sozialer Probleme. Das wissenssoziologische Programm* (2. Auflage). Wiesbaden: Springer VS.

SPIEGEL Online vom 15.12.2020. Merkel nennt Verschwörungsideologien „Angriff auf unsere ganze Lebensweise". https://www.spiegel.de/politik/deutschland/angela-merkel-zu-verschwoerungsideologien-angriff-auf-unsere-ganze-lebensweise-a-95cb7814-515f-48e1-8092-9384ecd22e7c. Zugegriffen: 19. September 2023.

Steinmeier, F.-W. 2019. Eröffnung der Ausstellung „Verschwörungstheorien – früher und heute". https://www.bundespraesident.de/SharedDocs/Reden/DE/Frank-Walter-Steinmeier/Reden/2019/05/190517-Ausstellung-Verschwoerungstheorien.html. Zugegriffen: 19. September 2023.

Sutton, R. M., und K. M Douglas. 2014. Examining the monological nature of conspiracy theories. Power, Politics, and Paranoia. In *Power, Politics, and Paranoia: Why People are Suspicious of their Leaders*, hrsg. J. W. van Prooijen, und P. van Lange, 254–272. Cambridge: Cambridge University Press.

Swami, V., et al. 2011. Conspiracist ideation in britain and austria: evidence of a monological belief system and associations between individual psychological differences and real-world and fictitious conspiracy theories. *British Journal of Psychology* 102: 443–463.

Von Kempis, F. 2019. *Anleitung zum Widerspruch: Klare Antworten auf populistische Parolen, Vorurteile und Verschwörungstheorien*. München: Mosaik.

Andreas Anton, Dr. phil., Studium der Soziologie, Geschichtswissenschaft und Kognitionswissenschaft an der Albert-Ludwigs-Universität in Freiburg. Seit 2017 wissenschaftlicher Mitarbeiter am Freiburger Institut für Grenzgebiete der Psychologie und Psychohygiene (IGPP). Aktuelle Buchveröffentlichung: Andres Anton und Michael Schetsche: Meeting the Alien. An Introduction to Exosociology (Springer VS 2023).

Michael Schetsche, Dr. rer. pol., Soziologe und Politologe; Außerplanmäßiger Professor am Institut für Soziologie der Universität Freiburg. Aktuelle Buchveröffentlichung: Andres Anton und Michael Schetsche: Meeting the Alien. An Introduction to Exosociology (Springer VS 2023).

Michael K. Walter, Dr. phil, ist Soziologe. Studium der Soziologie und Neueren Deutschen Literatur an der Universität Konstanz. Er hat sich an der Goethe-Universität Frankfurt am Main über die Bildpolitik von Reforminitiativen während der Regierungszeit Gerhard Schröders promoviert. Thematische Schwerpunkte: Visuelle Soziologie, Machtsoziologie, Digitalisierung und Arbeitswelt.

Einleitung: Wirklichkeitskonstruktion zwischen Orthodoxie und Heterodoxie – zur Wissenssoziologie von Verschwörungstheorien

Andreas Anton, Michael Schetsche und Michael K. Walter

1 Verschwörungstheorien als Problem

Über längere Zeit gab es eine im doppelten Wortsinne merkwürdige Diskrepanz zwischen der gesellschaftlichen Relevanz von Verschwörungstheorien und deren wissenschaftlicher Erforschung. Ursache scheint auf den ersten Blick eine diesem kulturellen Phänomen anhaftende ‚Unseriosität', was offensichtlich zu einer gewissen Furcht führte, durch eine Beschäftigung mit diesem Thema, die eigene wissenschaftliche Reputation zu beschädigen. Die Wenigen, die es dennoch wagten, sich mit diesem zweifelhaften Thema auseinanderzusetzen, grenzten sich in aller Deutlichkeit von ihrem Untersuchungsgegenstand ab, um am Ende nicht selbst zu jenen ‚Verschwörungstheoretikern' gezählt zu werden, denen spätestens seit dem paradigmatischen Essay *The Paranoid Style in American Politics* (1964) des US-amerikanischen Historikers Richard Hofstadter ein Hang zu paranoiden Denkformen diagnostiziert wurde. Somit herrschte eine Perspektive auf das Thema ‚Verschwö-

A. Anton (✉)
Institut für Grenzgebiete der Psychologie und Psychohygiene, Freiburg, Deutschland
E-Mail: anton@igpp.de

M. Schetsche
Universität Freiburg, Freiburg, Deutschland
E-Mail: michael.schetsche@soziologie.uni-freiburg.de

M. K. Walter
Bremen, Deutschland
E-Mail: mkwalter@posteo.de

A. Anton et al. (Hrsg.), *Konspiration*,
https://doi.org/10.1007/978-3-658-43429-8_2

rungstheorien‘ vor, die Distanz zum Untersuchungsgegenstand nicht nur bewahrt, sondern sie analytisch auch noch einmal explizit markiert und damit das Phänomen gesellschaftspolitisch (und wohl auch sozialethisch) diskreditiert hat. Ab Mitte der 1990er Jahre wurden Verschwörungstheorien zunehmend zum Gegenstand geistes- und sozialwissenschaftlicher Analysen, die sich jedoch überwiegend in der ‚Tradition‘ vorangegangener Arbeiten bewegten. Die Leitperspektive entsprechender Untersuchungen ist dabei durch eine essentialistische Herangehensweise gekennzeichnet, mit der Verschwörungstheorien prinzipiell als *illegitimes Wissen* betrachtet werden, das sich durch seinen negativen ontologischen Status, respektive fiktiven Charakter, auszeichnet. Die in Verschwörungsdiskursen prozessierten Wissensbestände erscheinen in dreifacher Hinsicht problematisch: *Erstens,* so wird pauschal behauptet, beruhen sie auf unwahren, unbewiesenen, erfundenen Behauptungen oder Vermutungen (mithin: ‚sachlich falschen‘ Wirklichkeitsaussagen). *Zweitens* wird angenommen, der ‚Glaube‘ (bereits die Verwendung dieses Terminus markiert die szientistische Distanzierung vom betreffenden Wissen) an eine entsprechende Verschwörungswirklichkeit würde nicht nur einfach auf sachlich falschen Alltagsüberzeugen beruhen, sondern darüber hinaus Zweifel an der geistigen Gesundheit jener ‚Gläubigen‘ erlauben, wenn nicht gar nahelegen. Und *drittens* schließlich stellten Verschwörungstheorien eine politische Gefahr dar, da sie den Nährboden für irrationale, politisch extreme Haltungen böten – und damit nicht nur gesellschaftlich riskant, sondern eben auch sozialethisch verwerflich seien.

Entsprechend dieser im sozialpsychologischen wie gesellschaftspolitischen Sinne pathologisierenden Beurteilung scheinen das Phänomen selbst, insbesondere jedoch dessen – regelmäßig konstatierte – überaus weite kulturelle Verbreitung nicht nur in hohem Maße erklärungsbedürftig, sondern auch ‚behandlungsbedürftig‘. So wundert es nicht, dass mögliche Ursachen von Verschwörungstheorien in der überwiegenden Zahl wissenschaftlicher Arbeiten zum Thema in einem problematisierenden, negativen oder sogar pathologisierenden Zusammenhang gestellt werden.

Die folgende (exemplarisch zu verstehende[1]) Auflistung gibt in aller Kürze einen Überblick über verschiedene diskutierte Ansätze zur Erklärung der Entstehung und Verbreitung von Verschwörungstheorien:

- „Verweltlichung eines religiösen Aberglaubens“ (Popper 1992);
- Misstrauen, Angst, Gefühle der Sinnlosigkeit, Verlorenheit und Ohnmacht, Autoritätshörigkeit, geringes Selbstwertgefühl und Benachteiligung (Goertzel 1994 und Abalakina-Paap et al. 1999);

[1] Siehe hierzu Anton (2011, S. 61 f.).

- „Paranoia-Haltung" (Pipes 1998);
- strukturelle Elemente der klinischen Paranoia als Erklärungsmodell für kollektive Verschwörungstheorien (Groh 1999);
- pathogene Störungen in der frühkindlichen Eltern-Kind-Beziehung (Maaz 2001);
- „Verschwörungsmentalität", „autoritäre Persönlichkeit", Verunsicherung und Desorientierung in Krisen- und Umbruchsphasen (Pfahl-Traughber 2002);
- politische Entfremdung (Heins 2005).

All diesen Diagnoseversuchen ist gemeinsam, dass sie von dem dargelegten dreifachen Problematisierungskontext geprägt sind, also vorrangig die negativen sozialpsychologischen und gesellschaftspolitischen Auswirkungen von Verschwörungstheorien in den Blick nehmen. Die axiomatische Grundannahme, dass es sich bei Verschwörungstheorien stets um sachlich ‚falsches' Wissen handelt, kommt dabei meist schon in der Basisdefinition der einzelnen Autoren und Autorinnen zum Ausdruck. So definiert etwa Daniel Pipes eine Verschwörungstheorie „als eine real nicht existente, aus Angst befürchtete Verschwörung" (Pipes 1998, S. 45). Ganz ähnlich stellen für Ruth Groh Verschwörungstheorien – im Gegensatz zu „realen historischen Verschwörungen", deren Existenz durchaus zugestanden wird – „imaginäre Verschwörungen" (Groh R. 2001) dar.

Auf Grundlage dieser Prämisse konzentrieren sich diese theoretischen Erklärungsansätze vornehmlich auf die Rekonstruktion immanenter Strukturmerkmale, anhand derer die kognitive Inferiorität verschwörungstheoretischen Denkens demonstriert werden kann. Verschwörungstheorien wird dabei prinzipiell eine epistemische Naivität zugewiesen: Es handele sich bei ihnen um monokausale, nach außen hin abgeschlossene (d. h. nicht-falsifizierbare) und komplexitätsreduzierte Erklärungszusammenhänge, die komplexe Ereignisse auf das Wirken weniger identifizierbarer Akteure reduzieren (so Groh 1999; Caumanns und Niendorf 2001; Barkun 2006, S. 7; Jaecker 2005, S. 10).

Zur funktionalistischen Erklärung von Verschwörungstheorien greift man dann auf gänzlich unspezifische sozialpsychologische Theorieelemente zurück; so werden ihnen etwa Funktionen der Kontingenzbewältigung oder der kognitiven Dissonanzreduktion zugeschrieben. Und vor dem Hintergrund eines vermuteten ‚anthropologisch tiefen' menschlichen Orientierungsbedürfnisses werden sie als „Bewältigungsstrategien" (Caumanns und Niendorf 2001, S. 109) interpretiert, die das Individuum via reduktionistischer Weltdeutung psychisch entlasten sollen. Mit anderen Worten: Die in der wissenschaftlichen Sinnwelt (notwendig) theoretisch überkomplex konstruierte soziale Umwelt erscheint in der Lebenswelt als Ursache psychologisch naiver und politisch fehlgeleiteter Versuche der Komplexitätsreduktion. Voraussetzung von all dem ist (und bleibt bis in die Gegenwart) die Trias der Mangelhaftigkeit, die Verschwörungstheorien gleichsam wie ein Geburtsfehler anzuhaften scheint: Unwahrheit, Krankhaftigkeit und Gefährlichkeit.

2 Die wissenssoziologische Perspektive

Aus einer konstruktivistisch-wissenssoziologischen Perspektive, die der Konzeption des vorliegenden Bandes zugrunde liegt, sind solche Zugänge zum Phänomen ‚Verschwörungstheorie' analytisch fehlgeleitet.[2] So werden Verschwörungstheorien in der beschriebenen Perspektive prinzipiell an einem außersozialen Realitätsverständnis gemessen und stellen „disqualifiziertes Wissen" (Foucault 2001, S. 22) dar. Zudem liegen diesen Zuschreibungen, wie die bisherigen Ausführungen deutlich gemacht haben sollten, mehr oder weniger unreflektierte politische und psychologische Normalitätsvorstellungen zugrunde. Hierbei lässt sich bei Ansätzen dieser Art, wie gerade der in der Diskussion leitmotivische Begriff der „politischen Paranoia" verdeutlicht, tendenziell ein „Kurzschluß zwischen psychiatrischem und etwa politischem Normalitätsbegriff" feststellen (Link 1999, S. 20). Das grundsätzliche Problem solcher essentialistischer Zugänge besteht darin, dass sie in ihrer Auseinandersetzung mit Verschwörungstheorien implizit oder explizit *Common Sense*-Klassifizierungen einer massenmedial geprägten Leitkultur übernehmen. Der Begriff der „Verschwörungstheorie" ist keineswegs ein rein analytischer Begriff, der ausschließlich der wissenschaftlichen Sphäre angehört. Es handelt sich bei ihm vielmehr um einen delegitimierenden bzw. stigmatisierenden Begriff aus dem öffentlichen Diskurs selbst (wie z. B. dem medialen Feld), mit dem Aussagen über eine Verschwörung als falsches bzw. illegitimes Wissen klassifiziert werden.[3]

Anders formuliert: Der Begriff ‚Verschwörungstheorie' und die damit verbundenen Zuschreibungen sind selbst immer auch Teil des Kampfes um die Definitionsmacht über soziale Wirklichkeit. Wenn das, was als fiktive Verschwörung(stheorie) gilt, und das, was als reale Verschwörung angenommen wird, durch diskursive Zuschreibungsprozesse und Deutungskämpfe innerhalb der

[2] Zu einer wissenssoziologischen Kritik an solchen Ansätzen vgl. ausführlich Anton (2011, S. 60–65).

[3] Vgl. hierzu auch den Beitrag von Oliver Kuhn in diesem Band sowie Anton (2011, S. 126).

Gesellschaft bestimmt wird, lässt sich das Phänomen ‚Verschwörungstheorien' wissenschaftlich nur durch eine *relationale* Betrachtungsweise adäquat erfassen. Verschwörungstheorien bestimmen sich mithin nicht in erster Linie *a priori* durch strukturimmanente Diskurseigenschaften, sondern durch ihre antagonistische Beziehung zu anerkannten Wirklichkeitsbestimmungen: „In diesem Sinne handelt es sich bei Verschwörungstheorien zunächst einmal um nichts anderes als um heterodoxe Wissensbestände, die im Widerspruch zu jenen anerkannten (eben orthodoxen) Wissensbeständen der Gesellschaft stehen" (Schetsche 2005, S. 118).[4]

Dieser relationale Status von Verschwörungstheorien als *kulturell heterodoxe* Wirklichkeitsbeschreibungen lässt sich – um ein prominentes empirisches Fallbeispiel anzuführen, das wohl wie kein anderes die öffentliche Diskussion um Verschwörungstheorien in den 2000er Jahren geprägt hat – in aller Deutlichkeit hinsichtlich der Verschwörungstheorien zum 11. September beobachten. Deren Identität als Verschwörungs*theorien* konstituiert sich offenkundig durch ihr antagonistisches Verhältnis zum ‚offiziellen' und gesellschaftlich anerkannten Verschwörungsnarrativ der US-amerikanischen Regierungsstellen und der etablierten Medien.[5] Dieser Zusammenhang ist bezeichnend für den derzeitigen Gebrauch des Begriffes sowohl im sozialen, aber auch im wissenschaftlichen Feld. Wie David Coady in seinem Beitrag in diesem Band zu Recht feststellt, hat sich der Begriff ‚Verschwörungstheorie' im westlichen Kulturraum semantisch weitgehend zu einem delegitimierenden und stigmatisierenden Synonym für jegliche Deutungen entwickelt, die mit behördlichen Wirklichkeitsbestimmungen oder dem „orthodoxen Glauben kollidier[en]". In dieser Verwendung neigt der Begriff dazu, als prinzipielle Delegitimierungs- und Immunisierungsstrategie gegenüber jeglicher Kritik politischer Administrationen und deren Verlautbarungen zu fungieren.

Wenn wissenschaftliche Texte den Begriff wie das damit verbundene delegitimierende und stigmatisierende Konzept der ‚Verschwörungstheorie' aus der politischen Arena übernehmen, reproduzieren sie damit die abwertenden sozialen Zuschreibungen und versehen sie lediglich mit der Aura der Wissenschaftlichkeit – ein klassischer Fall der unreflektierten wissenschaftlichen Verdopplung

---

[4] Womit nicht ausgeschlossen wird, dass in den konkreten Fällen anhand bestimmter Kriterien feststellbare Rationalitätsunterschiede zwischen orthodoxen und heterodoxen ‚verschwörungstheoretischen' Aussagen identifizierbar sind. Worauf die relationale Betrachtungsweise jedoch abstellt, ist, dass diese Rationalitätsunterschiede nicht das zugrunde liegende Klassifikationsprinzip für den Diskurstyp ‚Verschwörungstheorie' darstellen.

[5] Vgl. den Beitrag von Anton in diesem Band.

lebensweltlicher Erklärungsmuster. Dadurch stellen solche Zugänge selbst ein Element des Prozesses dar, durch den Verschwörungstheorien diskursiv produziert und als heterodoxe Wirklichkeitsbestimmungen delegitimiert werden. In Opposition dazu muss eine konstruktivistisch-wissenssoziologische Betrachtungsweise letztlich genau jene Prozesse in den Blick nehmen, durch die das Verhältnis von Verschwörungstheorien als heterodoxem (und damit illegitimem) Wissen und anerkannten orthodoxen Wissensbeständen diskursiv konstituiert wird.

Ausgangspunkt einer solchen Perspektive ist die Grundannahme, dass Wissen immer sozial determiniert ist und nicht in einem positivistischen Sinne auf ‚objektive Tatsachen' reduziert werden kann. In Bezug auf Verschwörungstheorien bedeutet dies, dass vor allem die Frage interessiert, unter welchen Bedingungen sie von welchen Teilen der Bevölkerung (und ggf. auch von welchen kulturellen Instanzen) für zutreffend gehalten werden, respektive in welchen Fällen und in welchem Umfang sie von bestimmten Akteuren als unzutreffend zurückgewiesen werden. Eine derartige Analyse orientiert sich dabei an dem von Berger und Luckmann vorgegebenen wissenssoziologischen Leitsatz: „Wir behaupten also, dass die Wissenssoziologie sich mit allem zu beschäftigen habe, was in einer Gesellschaft als Wissen gilt, ohne Ansehen seiner Gültigkeit oder Ungültigkeit" (Berger und Luckmann 2004, S. 3).

Für die (wissenssoziologische) Bestimmung des Begriffes ‚Verschwörungstheorie' hat dies zur Folge, dass der Wahrheitsgehalt von Verschwörungstheorien nicht *per definitionem* festgelegt werden kann, da dieser immer von diskursiven Konstruktionen von Wirklichkeit abhängt. Um diesem Umstand gerecht zu werden, schlagen wir folgende begriffliche Differenzierung vor, die im Sinne von *Idealtypen* zu verstehen sind:[6]

- Bei einer *heterodoxen Verschwörungstheorie* handelt es sich um ein Überzeugungssystem oder Erklärungsmodell, welches aktuelle oder historische Ereignisse, kollektive Erfahrungen oder die Entwicklung einer Gesellschaft insgesamt als die Folge einer Verschwörung interpretiert, wobei die Existenz dieser Verschwörung von der Mehrheit der Bevölkerung, den Leitmedien oder anderen gesellschaftlich legitimierten Deutungsinstanzen *nicht* anerkannt wird;
- Eine *orthodoxe Verschwörungstheorie* ist ein von der Mehrheit der Bevölkerung, den Leitmedien und anderen gesellschaftlich legitimierten Deutungsinstanzen anerkanntes Überzeugungssystem oder Erklärungsmodell entsprechender Art.

---

[6] Siehe auch Anton (2011, S. 29 f.).

Welche ‚Verschwörungstheorie' dabei jeweils in einer Gesellschaft zu einem konkreten historischen Zeitpunkt als orthodox und welche als heterodox zu gelten hat, ist eine ausschließlich empirisch (nicht aber normativ) zu beantwortende Frage. Beide Kategorien stellen dabei letztlich Extrempunkte eines analytischen Kontinuums dar, auf dem die entsprechenden empirischen Fälle zu positionieren wären. Wenn wir im Folgenden von orthodoxen oder heterodoxen Verschwörungstheorien sprechen, ist dies entsprechend als relative Positionierung eher an dem einen oder dem anderen Ende dieses Spektrums zu lesen.[7]

3 Verschwörungstheorien als Wissensform

Die enorme Heterogenität verschwörungstheoretischer Deutungen scheint generelle Aussagen über sie zunächst zu erschweren. Mithilfe der wissenssoziologischen Perspektive, die gleichsam einen ‚Schritt zurück' tritt und sich nicht primär mit dem Wahrheitsgehalt und konkreten Inhalten von Verschwörungstheorien beschäftigt, sondern auf ihrer strukturellen Ebene gleichsam nach ihrem ‚kleinsten gemeinsamen Nenner' sucht, können jedoch einige übereinstimmende Merkmale destilliert werden, die darüber hinaus den Ansatz rechtfertigen, sie als eine *spezifische Form des Wissens* mit eigenen Attributen zu beschreiben. Anton (2011, S. 119) definiert die ‚Wissensform Verschwörungstheorie' wie folgt:

> „Verschwörungstheorien stellen eine spezielle Formkategorie sozialen Wissens dar, in deren Zentrum Erklärungs- oder Deutungsmodelle stehen, welche aktuelle oder historische Ereignisse, kollektive Erfahrungen oder die Entwicklung einer Gesellschaft insgesamt als die Folge einer Verschwörung interpretieren. Als gesellschaftlich konstruierte Wissensbestände, welche sich über Prozesse der Externalisierung, Objektivierung und Internalisierung konstituieren, erfüllen Verschwörungstheorien die Funktion, menschliches Erleben und Handeln mit Sinn zu versehen."

Aus dieser wissenssoziologischen Definition kann darüber hinaus gefolgert werden, dass die wichtigste Funktion von Verschwörungstheorien zunächst einmal darin besteht, bestimmte Ereignisse oder Prozesse, die sich ansonsten nur schwer

[7] Ein solches relativistisches Verständnis ermöglicht es auch, die historischen Veränderungen im kulturellen Anerkennungsgrad analytisch zu fassen: Die entsprechende Verschwörungstheorie verschiebt sich auf der aufgespannten Geraden in Richtung des einen oder des anderen Pols. Die Ursachen solcher Verschiebungsprozesse zu rekonstruieren ist eine zentrale Aufgabe einer wissenssoziologischen Verschwörungstheorienforschung.

einordnen ließen, *sinnhaft zu deuten*, sodass sie sich in bestehende Weltbilder, Sinnstrukturen oder ein bestimmtes Hintergrundwissen integrieren lassen. In dieser Perspektive besteht – im Gegensatz zu essentialistischen Betrachtungen des Phänomens – kein *grundlegender* Unterschied zwischen orthodoxen und heterodoxen Verschwörungsdeutungen: Verschwörungen (wissenssoziologisch: orthodoxe Verschwörungstheorien) unterscheiden sich von Verschwörungstheorien zunächst einmal lediglich durch den Grad ihrer gesellschaftlichen Anerkennung: während Erstere als politische Wirklichkeit gelten, wird diese Geltung bei Letzteren von der Mehrheit der Gesellschaftsmitglieder und – was vielleicht noch wichtiger ist – den Wirklichkeitswissen verbreitenden Instanzen mehr oder weniger vehement bestritten. Mit anderen Worten: Ob sich hinter einer Verschwörungstheorie eine ‚reale Verschwörung' verbirgt oder nicht, wird letztlich diskursiv bestimmt, etwa in den Massenmedien. Dabei, und dies gehört untrennbar zu der hier konstatierten Dialektik von orthodoxem und heterodoxem Wissen, kann heute ‚reale Verschwörung' sein, was gestern noch als ‚abstruse Verschwörungstheorie' galt – und gelegentlich auch umgekehrt.

Diese theoretische Sichtweise auf Verschwörungstheorien ermöglicht ferner (vorerst thesenhafte) Grundannahmen in Bezug auf die Entstehung von Verschwörungstheorien: Eine Verschwörungstheorie entsteht genau dann, wenn sich eine individuelle oder kollektive Erfahrung, die zunächst nicht adäquat gedeutet werden kann, durch die Annahme einer Verschwörung besser in bestehende Wissensbestände oder Sinnkonstruktionen einbetten lässt als ohne eine solche Annahme. Der konkrete Hintergrund für die Entstehung und Verbreitung einer Verschwörungstheorie kann demnach beispielsweise eine politische Ideologie, ein spezifisches Weltbild, ein Ressentiment, aber eben auch ein grundlegendes Misstrauen gegenüber (Meinungs-)Autoritäten, eine kritische oder skeptische Grundhaltung oder schlichtweg der ‚gesunde Menschenverstand' sein. Daher haben Verschwörungstheorien nicht nur negatives, sondern durchaus auch positives Potenzial und sofern sie ein Mindestmaß an Plausibilität aufweisen, sind sie nicht mehr oder weniger ‚falsch' als andere politische (Alltags-)Theorien. Es ist durchaus sinnvoll und geboten, auf das gesellschaftspolitische Gefahrenpotenzial von Verschwörungstheorien hinzuweisen,[8] und ihnen – wie anderen lebensweltlichen Weltdeutungen auch – kritisch zu begegnen: sie *können* – historische Beispiele hierfür sind hinreichend vorhanden – als Rechtfertigung für Herrschafts-, Unterdrückungs- und Vernichtungsmaßnahmen dienen, sie *können* Ressentiments

---

[8] Man denke beispielsweise an die Vielzahl und verstörende historische Kontinuität antisemitischer Verschwörungstheorien.

schüren und falsche Vorstellungen über bestimmte Ereignisse erzeugen oder auch politisch extreme Meinungen legitimieren. Andererseits können sie aber auch zur Aufdeckung tatsächlicher Verschwörungen dienen, Betrug oder Machtmissbrauch aufzeigen, auf ökonomische Manipulationen oder politische Korruption hinweisen. Sie können Verheimlichtes offenbaren, unterdrückte oder diskreditierte Meinungen transportieren und zuvor unbekannte Zusammenhänge offenlegen (vgl. Anton 2012, S. 53).

Wir sprechen uns deshalb nicht nur aus theoretischen, sondern auch aus gesellschaftspolitischen Gründen gegen eine pauschale Abwertung des Verschwörungsdenkens und insbesondere die damit vielfach einhergehende Pathologisierung der Protagonisten solcher Deutungen aus. Namentlich die bis heute die öffentliche und auch die wissenschaftliche Debatte dominierende kognitive Defizitthese wird dem kulturellen Phänomen ‚Verschwörungstheorien' analytisch (und auch gesellschaftspolitisch) nicht gerecht. Ausgehend von der geschilderten wissenssoziologischen Konzeptualisierung des Phänomens scheinen es vielmehr fünf interdependente Faktoren zu sein, die das Verschwörungsdenken in der Moderne maßgeblich beeinflusst haben und auch bis heute beeinflussen:

1. *Das kulturelle Wissen um die Existenz realer Verschwörungen in Politik und Wirtschaft:* Zu den gesellschaftlich anerkannten Wissensbeständen gehört es, dass politische, militärische oder wirtschaftliche Verschwörungen immer wieder den Gang der Geschichte beeinflusst haben – sei es nun das erfolgreiche Mordkomplott gegen Julius Cäsar im Jahre 44 v.u. Z., das misslungene Attentat auf Adolf Hitler vom 20. Juli 1944 oder die sog. *Watergate*-Affäre, die US-Präsident Nixon 1974 sein Amt kostete. Die Idee real existierender und mal mehr, mal weniger erfolgreicher Verschwörungen ist mithin Grundbestand unseres kulturellen Wissens – und lässt eine Vielzahl weiterer Verschwörungen stets als denkbar, manchmal auch als wahrscheinlich erscheinen. Mit anderen Worten: Da die Verschwörung in unserem kulturellen Kontext eine reale Handlungsoption darstellt, können von Menschen gemachte bzw. beeinflusste Ereignisse prinzipiell immer auch als Ergebnis verschwörerischen Handelns Dritter interpretiert werden.
2. *Das damit zusammenhängende generelle Misstrauen von Teilen der Bevölkerung gegenüber Rechtschaffenheit und demokratischer Einstellung politischer, wirtschaftlicher und militärischer Machteliten:* In den letzten Jahrzehnten wurden immer wieder staatlich oder militärisch getragene Geheimoperationen enthüllt (wie z. B. die sogenannte *Gladio*-Affäre), die in keiner Weise demokratisch legitimiert waren und in deren Rahmen rechtsstaatliche bzw. ethische Handlungsrichtlinien eindeutig überschritten wurden. Darüber

hinaus werden immer wieder Komplotte innerhalb wirtschaftlicher Strukturen bekannt, bei denen die entsprechenden Akteure mindestens in moralisch fragwürdiger, häufig jedoch auch in eindeutig krimineller Weise handeln.

3. *Der Wunsch nach plausiblen Erklärungen gerade für unerwartete Ereignisse in der gesellschaftlichen Umwelt:* Als unwahrscheinlich angesehene und deshalb die Subjekte kollektiv überraschende politische als auch wirtschaftliche Entwicklungen oder Entscheidungen, die durch die von den Leitmedien angebotenen orthodoxen Deutungen – scheinbar oder tatsächlich – nur schwer zu erklären sind, erzeugen eine Nachfrage nach alternativen Erklärungsmustern, verstärken die Bereitschaft, diese als zutreffend zu erachten oder ihnen zumindest eine gleichrangige bzw. ähnliche Plausibilität zuzuschreiben. Letztlich können solche Alternativerklärungen sogar als realitätsgerechter erscheinen und kulturelle Gewissheiten erzeugen, die dem orthodoxen, in der traditionellen Öffentlichkeit dominierendem Verständnis politischer, sozialer und ökonomischer Wirklichkeit in mehr oder weniger großem Ausmaß widersprechen. Der Erklärungsgewinn der alternativen Wirklichkeitsbeschreibung ist dabei umso größer, je defizitärer die Erklärungskraft der orthodoxen Deutung ist und je unglaubwürdiger sie nach Alltagsplausibilitäten erscheint. Die Stärke heterodoxer Deutungen wird mithin von der Schwäche orthodoxer Wirklichkeitsbeschreibungen mit verursacht.
4. *Die Verringerung des individuell empfundenen gesellschaftspolitischen Handlungsdrucks:* Die Verantwortung des Einzelnen für gesellschaftliche Fehlentwicklungen in demokratischen Gesellschaften wird – in der subjektiven Wahrnehmung – minimiert, wenn die ausschlaggebenden Entscheidungen nicht im Rahmen der verfassungsmäßig vorgesehenen politischen Prozesse, sondern unter deren Missachtung, gleichsam verschwörerisch, von kleinen Gruppen getroffen werden. Dies entlastet ‚Jedermann' davon, für die betreffenden Entscheidungen die Mitverantwortung zu tragen – etwa in sich nachträglich als falsch erweisenden Wahlentscheidungen in parlamentarischen Demokratien. Wenn gesellschaftliche Entscheidungen dem üblichen demokratischen Willensbildungsprozess entzogen sind (bzw. so erscheinen), verringert dies mithin nicht nur die politische und sozialethische Verantwortung des Einzelnen, sondern entlastet ihn auch vom moralischen Druck, zur Veränderung ‚der Verhältnisse' selbst politisch aktiv beizutragen. Verschwörungsbasierte politische Entscheidungssysteme erscheinen als weitgehend unbeeinflussbar und lassen damit jedes politische Engagement von vornherein als überflüssig erscheinen.
5. *Die Möglichkeit einer weitgehend unkontrollierten Verbreitung gesellschaftspolitisch abweichender (heterodoxer) Überzeugungen in den Netzwerkmedien:*

Die Internet-Medien ermöglichen die fast beliebige Verbreitung abweichender (heterodoxer Deutungen) – die Trennung zwischen Produzent und Konsument von medialen Deutungsmustern ist aufgehoben, die Verbreitung von Inhalten erfolgt global in Echtzeit und bedient sich sozialer Netzwerke zur Generierung von Aufmerksamkeit auch für kulturell eigentlich unerwünschte oder gar verbotene Inhalte, eine redaktionelle oder sonstige ‚Realitätskontrolle' der ins Netz gestellten Inhalte findet nur sehr begrenzt statt und bleibt meist wirkungslos, die traditionellen politischen Zensurmaßnahmen werden unterlaufen. Aus diesen strukturellen Gründen stellt die Gesamtheit der internetbasierten Medien die ideale Plattform für die Verbreitung kulturell marginalisierter Informationen, heterodoxer Deutungen und abweichender Wirklichkeitsbeschreibungen dar. Das Internet fördert nicht nur aus wissensstrukturellen Gründen die Entstehung neuer Verschwörungstheorien, es stellt auch deren schnelle und ungehinderte Verbreitung sicher und befördert damit in hohem Maße deren kulturelle Sichtbarkeit (einschließlich ihrer reflexhaften Wahrnehmung in traditionellen Massenmedien). Damit entsteht die Möglichkeit einer ergebnisoffenen Konkurrenz zwischen orthodoxen und heterodoxen Wissensbeständen und Wirklichkeitskonzepten (einschließlich Verschwörungstheorien), die in der traditionellen, massenmedial beherrschten Öffentlichkeit weitgehend ausgeschlossen blieb.

Erst in ihrem Zusammenspiel bringen diese Faktoren nicht nur verschwörungstheoretische Deutungen aktueller oder historischer Entscheidungen, Ereignisse und Prozesse kollektiv hervor – sie entscheiden auch darüber, wo auf dem oben skizzierten Kontinuum zwischen orthodoxer und heterodoxer Verschwörungstheorie ein bestimmtes Deutungsmuster zu einem konkreten historischen Zeitpunkt seinen Platz findet. In diesem Zusammenspiel fällt es schwer, die genannten Determinanten theoretisch zu gewichten – welcher Faktor die dominierende Rolle spielen mag und wie sich ihr Wechselspiel konkret gestaltet, ist eine Frage, die wohl nur von Einzelfall zu Einzelfall *empirisch* beantwortet werden kann. Eine solche theoretische Konzeptualisierung enthebt uns darüber hinaus nicht der Aufgabe, in der empirischen Analyse die Bedeutung weiterer Faktoren zu untersuchen, die einzelfall- oder gruppenbezogen eine Rolle spielen könnten. Gerade dies unterstreicht noch einmal die Bedeutung konkreter historischer Fallstudien, mit denen wir die Reihe der Einzelbeiträge des Bandes beginnen wollen.

4 Zum Aufbau und Inhalt des Bandes

Basierend auf der Grundannahme, dass die gesellschaftlich als real anerkannten (orthodoxen) Verschwörungen im zwanzigsten Jahrhundert eine wesentliche Determinante des Verschwörungsdenkens in westlichen Gegenwartsgesellschaften darstellen, folgt der erste Teil des Bandes gleichsam dem Motto: Wer nicht von Verschwörungen reden will, soll auch von Verschwörungstheorien schweigen. Anhand mehrerer Fallbeispiele soll das Verhältnis zwischen anerkannten und nicht anerkannten Verschwörungen bzw. Verschwörungstheorien untersucht werden. Der Übersichtlichkeit und der Bewahrung einer argumentativen Stringenz halber stehen dabei Verschwörungen und Verschwörungstheorien aus der politischen Sphäre des 20. und beginnenden 21. Jahrhunderts im Mittelpunkt des Interesses.

GERD H. HÖVELMANN wird sich im ersten Kapitel des zweiten Teiles des Bandes mit dem Titel *Ach, wie gut, dass niemand weiß…! Ortho- und heterodoxe Perspektiven auf die Ermordung John F. Kennedys* mit einem gleichermaßen komplexen wie populären Fallbeispiel verschwörungstheoretischer Deutungen beschäftigen: der Ermordung John. F. Kennedys im Jahre 1963. Ziel ist dabei freilich nicht die kriminalistische Aufklärung des bis heute rätselhaften Mordes an jenem höchst populären US-Präsidenten, sondern vielmehr die Beantwortung der Frage, was genau das Attentat auf den Präsidenten bis heute zu einem so ausnehmend hartnäckigen Gegenstand von Verschwörungsdiskursen macht.

In dem folgenden Kapitel *Die P2-Loge und die geheimen Gladio-Truppen in Italien* widmet sich REGINE IGEL einem der dunkelsten Kapitel der Geschichte der NATO. Der Aufsatz legt dar, wie während der Zeit des Kalten Krieges sog. *Stay-Behind*-Strukturen der NATO – geheime paramilitärische Einheiten, die im Falle einer Invasion der Sowjetunion hinter den feindlichen Linien als Guerillatruppen kämpfen sollten – gezielt Terroranschläge gegen die eigene Zivilbevölkerung ausübten, um die Verantwortung anschließend linken Gruppierungen in Italien anzulasten und auf diese Weise deren polizeiliche und politische Verfolgung zu legitimieren.

Der folgende Aufsatz *Die diskrete Macht der Bilderberger* von MARCUS KLÖCKNER setzt sich mit den sog. Bilderberger-Konferenzen auseinander, jährlich stattfindenden informellen Treffen einflussreicher Personen aus Politik, Wirtschaft und Wissenschaft, die immer wieder Anlass zu Verschwörungstheorien bieten. Einer der wesentlichen Gründe für die anhaltenden verschwörungstheoretischen Diskurse in Bezug auf die Bilderberger-Treffen liegt KLÖCKNER zufolge in der Diskrepanz zwischen der Bedeutsamkeit eines jährlichen Treffens, bei dem globale Machteliten zusammenkommen, und den mangelnden öffentlich zugänglichen Informationen darüber.

In dem Beitrag *AIDS und seine Erreger – ein Gespinst von Hypothesen, Erkenntnissen und Verschwörungstheorien* widmet sich ERHARD GEISSLER der durchaus populären Verschwörungstheorie, bei AIDS handele es sich um ein künstlich erzeugtes Virus. Besonders interessant wird dieser Fall durch den Umstand, dass diese Verschwörungstheorie wohl selbst das Ergebnis einer Verschwörung ist: Die These, der AIDS-Erreger sei im Auftrag des US-Verteidigungsministeriums in Fort Detrick gentechnisch konstruiert worden, entstammt offensichtlich einer Desinformationskampagne des früheren sowjetischen Geheimdienstes KGB. Und auch diese Desinformation wurde wieder zum Gegenstand einer Verschwörungshypothese: Nach dem Zusammenbruch der DDR behaupteten ehemalige Stasi-Offiziere, die Hypothese über die gentechnische Konstruktion des AIDS-Erregers in Fort Detrick sei vom Ministerium für Staatssicherheit der DDR kreiert worden. Dieser Fall macht dabei in besonderer Weise die bisweilen kaum zu entwirrende Verflechtung von realen Verschwörungen und Verschwörungstheorien deutlich.

Mit einem ganz besonderen Fall staatlich gesteuerter Desinformationskampagnen beschäftigt sich der Aufsatz *Die Bennewitz-Affäre: staatliches Handeln zwischen Vertuschung und Verschwörung* von INGBERT JÜDT. Hierbei geht es um eine Kette von Ereignissen rund um den US-amerikanischen Unternehmer Paul Bennewitz und den damit zusammenhängenden sog. *Majestic-12-Dokumenten,* die nach ihrer Veröffentlichung zu einer zentralen Referenz für diverse verschwörungstheoretische Vorstellungen im Zusammenhang mit UFOs und der vermeintlichen Präsenz außerirdischer Intelligenzen auf der Erde wurden. Statt derartige Vorstellungen leichtfertig als „irrational", „paranoid" oder „Spinnerei" abzutun, wie so oft geschehen, rekonstruiert dieser Beitrag gleichsam den ereignisbedingten Nährboden, auf dem diese Deutungen gedeihen konnten.

Die Anschläge des 11. September 2011 sind wohl wie kein zweites Ereignis der jüngsten Geschichte zum Gegenstand verschwörungstheoretischer Diskurse geworden. Diese hat der Aufsatz *Verschwörungstheorien zum 11. September* von ANDREAS ANTON zum Thema. ANTON unternimmt hierbei den Versuch, Einblicke in die ‚interne Logik' der Verschwörungstheorien zum 11. September zu geben, um somit der Frage nach deren enormer Popularität nachzugehen. Hierbei werden auch verschiedene geopolitische Entwicklungen der letzten Jahre nachgezeichnet, die innerhalb der Verschwörungstheorien zum 11. September oftmals die Funktion plausibilisierenden Hintergrundwissens erfüllen.

Das erste Kapitel des dritten Teils dieses Bandes, der die medialen Diskurse im Zusammenhang mit Verschwörungstheorien in den Blick nimmt, knüpft direkt an dieses Thema an: Michael K. Walter untersucht in seinem Beitrag mit dem Titel *Der Kampf um die Wirklichkeit. Mediale Legitimationsstrategien gegenüber Verschwörungstheorien zum 11. September* die Umgangsweisen der deutschen Leitmedien mit den verschwörungstheoretischen Deutungen der Ereignisse des 11. September. Es zeigt sich, dass die Mainstream-Medien die Verschwörungstheorien zum 11. September in der Regel pauschal dem Bereich des Irrationalen, Lächerlichen, politisch Bedenklichen, wenn nicht gar Pathologischen zuordnen, ohne sich im Detail mit deren Argumentationsweisen auseinanderzusetzen. Dabei geht es jedoch meist nicht um eine Verpflichtung gegenüber einer (wie auch immer gearteten) ‚objektiven Wahrheit', sondern vielmehr um die Verteidigung von Deutungsmacht und Meinungshoheit sowie um die Stabilisierung und Legitimierung einer orthodoxen Wirklichkeitsordnung gegenüber den ‚häretischen' Wirklichkeitsbestimmungen des sog. *9/11 Truth Movement.*

Das Internet trägt entscheidend zur Verbreitung und Popularisierung heterodoxer Wissensbestände wie den Verschwörungstheorien zum 11. September bei. Dennoch finden auch hier erbitterte Kämpfe zwischen allgemein anerkanntem und abweichendem Wissen statt, bei denen es zu großen Teilen nicht um die Erörterung von Sachfragen, sondern vielmehr um die Durchsetzung bestimmter Deutungen geht, wie das Kapitel *„Google WTC-7" – Zur ambivalenten Position von marginalisiertem Wissen im Internet* von René König darlegt. Das Internet stellt somit zwar auf der einen Seite durch seine strukturelle Offenheit ungeahnte Möglichkeiten zur Verbreitung marginalisierten Wissens dar. Andererseits bringen gerade diese strukturelle Offenheit des Internets und die damit verbundene Pluralisierung von Deutungsangeboten, wie König am Beispiel der Plattform Wikipedia zeigt, bisweilen rigide Exklusionsmechanismen hervor, die sich an etablierten Wissenshierarchien orientieren.

Die beiden folgenden Kapitel widmen sich aus unterschiedlichen Perspektiven fiktionalen Darstellungen verschwörungstheoretischer Inhalte. Zunächst untersucht Sven Grosshans in seinem Beitrag *„Who watches the Watchm..." – Verschwörungstheoretische Symbolhaftigkeit im Comic* die populäre Comic-Reihe *Watchmen* mit der Fragestellung, in welcher Weise Verschwörungstheorien medial aufbereitet, (um)gedeutet und kommentiert werden. Von besonderem Interesse ist hierbei, inwieweit Verschwörungstheorien auch im fiktiven Format des Comics heterodoxem Wissen zugeordnet werden und damit gleichsam eine Reproduktion nicht-fiktionaler Diskurse stattfindet.

Auch der folgende Aufsatz *Verschwörungen und Verschwörungstheorien im Film* von Matthias Hurst reflektiert das Verhältnis realer und fiktiver (filmischer) Diskurse über Verschwörungstheorien. Hurst kommt in seiner Untersuchung zu dem Ergebnis, dass Verschwörungsnarrationen nicht lediglich als ein populäres

Motiv fiktionaler medialer Kommunikation angesehen werden können, sondern darüber hinaus auch einen spezifischen Reflexionsmodus im Hinblick auf die gleichsam selbst konspirativ operierenden medialen Strukturen bieten. Damit stehen Verschwörungstheorien in Filmen in dem Spannungsfeld zwischen Unterhaltung und Aufklärung, zwischen Ideologie und Ideologiekritik, zwischen der konspirativen Anwendung medialer Überzeugungsstrategien und deren kritischer Aufdeckung.

Der vierte Teil des Bandes ist, basierend auf dem skizzierten wissenssoziologischen Grundverständnis von Verschwörungstheorien, theoretisch-konzeptionellen Ansätzen in Bezug auf verschwörungstheoretische Deutungen gewidmet. Den Anfang macht das Kapitel *Konspirationistisches Denken in den USA* von Michael Butter.[9] Der Beitrag zeigt auf, dass das politische Denken in den USA wie in kaum einem anderen Land von populären verschwörungstheoretischen Deutungsmustern geprägt ist. Der Beitrag stellt die Frage nach möglichen Ursachen hierfür und untersucht dabei ideengeschichtliche, ideologische und politische Spezifika der historischen Entwicklung der US-amerikanischen Gesellschaft.

In dem für diesen Band ins Deutsche übersetzten Beitrag *Gerüchte, Verschwörungstheorien und Propaganda* setzt sich David Coady auf theoretischer Ebene mit den Merkmalen von Gerüchten und Verschwörungstheorien auseinander. Diese hätten zunächst einmal gemeinsam, dass ihnen im Allgemeinen ein ‚schlechter Ruf' anlastet. Diejenigen Personen, die ihnen dennoch Glauben schenken, werden in der Regel für irrational, leichtgläubig etc. gehalten. Der Beitrag argumentiert, dass Verschwörungstheorien und Gerüchte jedoch auch wichtige gesellschaftliche Funktionen erfüllen können. So enthalten sie in vielen Fällen berechtigte Kritik und Zweifel an den jeweiligen Machthabern – und schon so manches Gerücht bzw. so manche Verschwörungstheorie hat sich im Nachhinein als wahr herausgestellt. Somit erweist sich die apriorische Zurückweisung jeglicher Form von Gerüchten und Verschwörungstheorien bei näherem Hinsehen als (anti-demokratische) Propaganda, wie Coady schlussfolgert.

Im folgenden Kapitel *Sinnvoller Unsinn – Unheilvoller Sinn* geht Sascha Pommrenke der Frage nach den Ursachen (vermeintlich) ‚unsinnigen' Wissens nach, zum dem Verschwörungstheorien im Allgemeinen gezählt werden. Denn Aufgabe der Soziologie ist es, so Pommrenke, sich ohne Berührungsängste auch mit Inhalten und Formen des ‚Unsinns' auseinanderzusetzen. Was Sinn und was

[9] Der Beitrag wurde auf Wunsch des Autors aus der Neuauflage entfernt, da er inzwischen in großen Teilen veraltet ist.

Unsinn ist, wird in der Regel diskursiv bestimmt. Ansprüche auf besondere Rationalität der eigenen Argumente erweisen sich bei kritischer Prüfung oftmals lediglich als diskursive Strategie zur Bekämpfung einer konkurrierenden Deutung. Wer sich jedoch mit der notwendigen Offenheit auf Erkundungen durch die Welten des Unsinns einlässt, der wird erstaunt feststellen, dass ihm dabei so manches Sinnvolles begegnet.

Die Wissensproduktion moderner Gesellschaften kommt ohne Spekulation, ohne vorerst ungesicherte, unbewiesene Thesen und Vermutungen und kühne, unkonventionelle Ideen nicht aus. Andererseits braucht es Möglichkeiten zur Beurteilung und auch zum Ausschluss unhaltbarer Thesen, da ansonsten die Wissensinnovation durch eine Überlast an Inhalten blockiert wird. Diesem Spannungsfeld widmet sich der letzte Aufsatz des Bandes von Oliver E. Kuhn mit dem Titel *Spekulative Kommunikation und ihre Stigmatisierung*. Bezogen auf Verschwörungstheorien bedeutet dies: Wie kann das produktive Potenzial von Verschwörungstheorien genutzt werden, ohne dass bodenlose Spekulationen Einzug in die Diskurse der demokratischen Gesellschaft halten?

Dies könnte gleichsam auch das gesellschaftspolitische Credo dieses Bandes sein: Eine im doppelten Sinne *kritische* Prüfung der Sinngehalte von Verschwörungstheorien – nicht nur bezüglich der Tragfähigkeit und Viabilität ihrer Argumente, sondern eben auch in Hinblick auf das emanzipatorische Potenzial heterodoxer Erklärungsmodelle, das umso mehr an politischem Gewicht gewinnt, je einheitlicher und staatstragend formierter die orthodoxe Wirklichkeit von den Leitmedien einer Gesellschaft (re-)produziert wird. In wissenschaftlicher Hinsicht geht es uns in erster Linie darum, aus wissenssoziologischer Perspektive ein alternatives Modell zum Verständnis des Verschwörungsdenkens in unserer Gegenwartsgesellschaft vorzulegen – ein theoretisches Konzept, das nicht nur auf problematische Vorannahmen und vorwissenschaftliche Bewertungen verzichtet, sondern es eben auch ermöglicht, das viel gescholtene und ebenso oft missverstandene ‚Verschwörungsdenken' unserer Kultur als legitimen und analytisch ‚alltäglichen' (und damit letztlich dann doch eher unriskanten) Untersuchungsgegenstand empirischer Sozialforschung zu konstituieren. Dass jene ‚gefährlichen Verschwörungstheorien' dadurch zumindest ein Stück weit ihres öffentlichen Skandalisierungspotenzials und damit auch des Reizes alles Verfemten verlustig gehen, ist ein Risiko, das wir dabei gerne in Kauf nehmen.[10]

[10] Wir möchten uns an dieser Stelle ganz herzlich bei Kirsten Krebber für die redaktionelle Betreuung des Bandes, bei Dr. Cori Antonia Mackrodt für die überaus freundliche verlagsseitige Begleitung des Projektes und bei Julia Hafner für die Übersetzung des Textes von David Coady ins Deutsche bedanken.

Literatur

Abalakina-Paap, M., und T. Craig et al. 1999. Beliefs in Conspiracies. *Political Psychology* Vol. 20, No. 3: 637–647.

Anton, A. 2011. *Unwirkliche Wirklichkeiten. Zur Wissenssoziologie von Verschwörungstheorien*. Berlin: Perilog.

Anton, A. 2012. Was wissen Verschwörungstheorien? *agora42 – Ökonomie, Philosophie, Leben* (3): 48–53.

Barkun, M. 2006. A Culture of Conspiracy. Apocalyptic Visions in Contemporary America. Berkeley, California: University of California Press.

Berger, P., und T. Luckmann 2004. *Die gesellschaftliche Konstruktion der Wirklichkeit*. Frankfurt am Main: S. Fischer (20. Auflage).

Caumanns, U., und M. Niendorf 2001. Raum und Zeit, Mensch und Methode. Überlegungen zum Phänomen der Verschwörungstheorie. In *Verschwörungstheorien. Anthropologische Konstanten, historische Varianten*, hrsg. U. Caumanns, und M. Niendorf, 197–210. Osnabrück: Fibre.

Foucault, M. 2001. *In Verteidigung der Gesellschaft. Vorlesungen am College de France (1975–76)*. Frankfurt am Main: Suhrkamp.

Goertzel, T. 1994. Belief in Conspiracy Theories. *Political Psychology*, Vol. 15, No. 4: 731–742.

Groh, D. 1999. Die verschwörungstheoretische Versuchung oder: Why do bad things happen to good people? In *Anthropologische Dimensionen der Geschichte*, hrsg. D. Groh, 267–305. Frankfurt am Main: Suhrkamp.

Groh, R. 2001.Verschwörungstheorien und Weltdeutungsmuster. Eine anthropologische Perspektive. In *Verschwörungstheorien. Anthropologische Konstanten, historische Varianten*, hrsg. U. Caumanns, und M. Niendorf, 37–45. Osnabrück: Fibre.

Heins, V. 2005. Nachdenken über Verschwörungstheorien. *WestEnd. Neue Zeitschrift für Sozialforschung* 2. Jg., Heft 2: 135–144.

Hofstadter, R. 1964. The Paranoid Style in American Politics. *Harper's Magazine* 229: 77–86.

Jaecker, T. 2005. Antisemitische Verschwörungstheorien im deutschen Mediendiskurs nach dem 11. September. *soFid Kommunikationswissenschaft* 1: 9–20.

Link, J. 1999. *Versuch über den Normalismus. Wie Normalität produziert wird*. Opladen u. a.: Westdeutscher Verlag.

Maaz, H. 2001. Zur Psychodynamik von Verschwörungstheorien. Das Beispiel der deutschen Vereinigung. In *Verschwörungstheorien. Anthropologische Konstanten, historische Varianten*, hrsg. U. Caumanns, und M. Niendorf, 31–45. Osnabrück: Fibre.

Pipes, D. 1998. *Verschwörung. Faszination und Macht des Geheimen*. München: Gerling-Akademie-Verlag.

Pfahl-Traughber, A. 2002. „Bausteine" zu einer Theorie über „Verschwörungstheorien". In *Verschwörungen. Theorie – Geschichte – Wirkung*, hrsg. H. Reinalter, 30–44. Innsbruck: Studien-Verlag.

Popper, K. 1992. *Die offene Gesellschaft und ihre Feinde*, Band 2. Tübingen: Mohr-Siebeck (7. Auflage).

Schetsche, M. 2005. Die ergoogelte Wirklichkeit. Verschwörungstheorien und das Internet. In *Die Google-Gesellschaft. Vom digitalen Wandel des Wissens*, hrsg. K. Lehmann, und M. Schetsche, 113–120. Bielefeld: transcript.

Andreas Anton, Dr. phil., Studium der Soziologie, Geschichtswissenschaft und Kognitionswissenschaft an der Albert-Ludwigs-Universität in Freiburg. Seit 2017 wissenschaftlicher Mitarbeiter am Freiburger Institut für Grenzgebiete der Psychologie und Psychohygiene (IGPP). Aktuelle Buchveröffentlichung: Andres Anton und Michael Schetsche: Meeting the Alien. An Introduction to Exosociology (Springer VS 2023).

Michael Schetsche, Dr. rer. pol., Soziologe und Politologe; Außerplanmäßiger Professor am Institut für Soziologie der Universität Freiburg. Aktuelle Buchveröffentlichung: Andres Anton und Michael Schetsche: Meeting the Alien. An Introduction to Exosociology (Springer VS 2023).

Michael K. Walter, Dr. phil, ist Soziologe. Studium der Soziologie und Neueren Deutschen Literatur an der Universität Konstanz. Er hat sich an der Goethe-Universität Frankfurt am Main über die Bildpolitik von Reforminitiativen während der Regierungszeit Gerhard Schröders promoviert. Thematische Schwerpunkte: Visuelle Soziologie, Machtsoziologie, Digitalisierung und Arbeitswelt.

Beiträge zur Neuauflage

Disqualifiziertes Wissen: Verschwörungstheorien im gesellschaftlichen Diskurs

Mats Väisänen und Andreas Anton

1 Wissenssoziologischer Zugang

Was genau eine ‚Verschwörungstheorie' auszeichnet, ist seit vielen Jahren Thema intensiver akademischer Diskussionen. Im Vordergrund steht dabei oftmals die Frage nach dem Wahrheitsgehalt von Verschwörungstheorien. Konkret geht es darum, ob Verschwörungstheorien grundsätzlich falsch sind oder ob es nicht auch Verschwörungstheorien gibt, die sich als wahr erwiesen haben oder als wahr erweisen *könnten*. Vor dem Hintergrund eines wissenssoziologischen Zugangs zu dem Phänomen Verschwörungstheorien erscheint die Frage nach dem Wahrheitsgehalt zunächst einmal zweitrangig. Wissenssoziologisch interessiert vielmehr, wie Menschen in verschiedenen sozialen Kontexten zu Wahrheitsurteilen über ihre (soziale) Umwelt gelangen. So halten Peter Berger und Thomas Luckmann (2004, S. 3) in *Die gesellschaftliche Konstruktion der Wirklichkeit* fest: „Wir behaupten also, dass die Wissenssoziologie sich mit allem zu beschäftigen habe, was in einer Gesellschaft als Wissen gilt, ohne Ansehen seiner Gültigkeit oder Ungültigkeit." In besonderem Fokus steht dabei das „Alltagswissen", also das, „was ‚jedermann' in seinem alltäglichen, nicht- oder vortheoretischen Leben weiß" (ebd., S. 16). Die soziale Konstruiertheit von Wissen und ein Verständnis

M. Väisänen (✉)
Münster, Deutschland
E-Mail: matsv@web.de

A. Anton
Institut für Grenzgebiete der Psychologie und Psychohygiene, Freiburg, Deutschland
E-Mail: anton@igpp.de

A. Anton et al. (Hrsg.), *Konspiration*,
https://doi.org/10.1007/978-3-658-43429-8_3

von Alltagswissen als „Laienwissen“ sind wichtige Voraussetzungen, um die Auseinandersetzung über Verschwörungstheorien verständlich zu machen. Denn wo vortheoretisches Alltagswissen als *Notwendigkeit* zur Alltagsbewältigung gedeutet wird, ergibt sich eine konzeptuelle Diskrepanz zu einer hierarchisierenden Perspektive, die manchen Wissensfeldern, insbesondere jenem der Wissenschaft, einen höheren Wahrheitsgehalt beimisst. Es geht also einerseits um die *Bedeutung,* andererseits um die *Bewertung* von Wissen.

Diese Diskrepanz durchzieht letztlich auch die akademische Diskussion über Verschwörungstheorien. Klar ist: Eine Analyse darüber, wer bestimmte Wissensbestände warum für wahr oder unwahr hält, schließt eine Problematisierung jener Wissensbestände (anhand welcher Kriterien auch immer) nicht aus. Umgekehrt kann ein Zugang, der Verschwörungstheorien *a priori* für problematisch hält, offen untersuchen, wie Menschen dazu kommen, an sie zu glauben. Die mit den verschiedenen Perspektiven verbundenen Prämissen haben allerdings in der Regel weitreichende Auswirkungen auf die konkreten Untersuchungen des Gegenstandes. Auch mit der Einnahme einer wissenssoziologischen Perspektive, also dem Versuch einer möglichst distanzierten, wertneutralen Haltung gegenüber dem Untersuchungsgegenstand, sind Vorannahmen getroffen. Zunächst einmal sind Verschwörungstheorien, wie jede andere Form des Wissens, als *sozial konstruiert* zu betrachten. Dies impliziert natürlich nicht, dass sie grundsätzlich falsch sind. Der wissenssoziologische Verweis auf die soziale Genese von Wissensbeständen enthält keine Aussage über den Wahrheitsgehalt derselben, sondern rekurriert vielmehr auf die soziale Bedeutung von Wissen – unabhängig von dem ontologischen Status der konkreten Inhalte. Doch selbstverständlich ist eine wissenssoziologische Perspektive nicht blind gegenüber gesellschaftlichen Diskussionen um die Wirklichkeit, Echtheit oder Authentizität der von ihr untersuchten Wissensbestände. Ganz im Gegenteil, sie reflektiert unterschiedliche Wirklichkeitsbestimmungen in verschiedenen Systemen oder Kontexten systematisch mit und setzt sie in ein Verhältnis zueinander.

In Bezug auf Verschwörungstheorien lassen sich, grob vereinfacht, zwei verschiedene Wahrheitsebenen definieren: *die faktische Realität* und *die soziale Wirklichkeit.* Auf der Ebene der faktischen Realität von Verschwörungstheorien geht es um faktenbasierte Auseinandersetzungen, also um die Frage, ob es klare Belege für eine Verschwörung gibt oder nicht. Derartige Diskussionen finden in der Regel in journalistischen und wissenschaftlichen Kontexten statt. Was in Bezug auf verschiedene Verschwörungstheorien ‚Fakten‘ sind, ist immer wieder Gegenstand heftiger Kontroversen. Das lateinische Wort *factum* bedeutet eben nicht nur Tatsache, sondern auch ‚das Gemachte‘ (was sich ja auch im deutschen

Wort *Tat*-Sache widerspiegelt). Wir möchten an dieser Stelle nicht die Frage aufwerfen, ob es so etwas wie eine ‚objektive Realität' überhaupt gibt. Allerdings werden ‚objektive Daten' immer durch menschliche Beobachter interpretiert, was zum Teil zu sehr unterschiedlichen Ergebnissen führt. Die Ebene der sozialen Wirklichkeit funktioniert nach einer anderen Logik: Hier ist nicht primär entscheidend, ob es klare Belege gibt, die für oder gegen eine Verschwörung sprechen, es kommt vielmehr darauf an, wie viele Menschen und welche sozialen Instanzen diese Verschwörung für real halten und welchen Einfluss dies auf eine Gesellschaft hat (vgl. Anton und Schink 2021, S. 43–44).

Für diejenigen, die Verschwörungstheorien grundlegend für falsch halten, ist eine solche Perspektive schon deshalb fehlgeleitet, weil sie angeblich die Rehabilitierung dieser Wissensform mitreproduziert: „Ziemlich genau das,was Adorno vor einem halben Jahrhundert der damaligen Wissenssoziologie und manchen Empiristen vorwarf – dass sie,noch dem Wahn gegenüber aufgeschlossen' seien und ‚sogar die pathischen Vorurteile gelassen verzeichnen' würden – wird […] mit wissenschaftlichen Jargon exerziert" (Loschert 2014). Die Reproduktion dieses ‚falschen Wissens' durch Vertreter wissenssoziologischer Positionen fasst Bruno Latour (2007, S. 15) in seinen sozialkonstruktivistischen Studien so zusammen: „Was, wenn Erklärungen, die automatisch auf Macht, Gesellschaft und Diskurs rekurrieren, ihre Brauchbarkeit hinter sich hätten und nun so weit heruntergekommen wären, daß sie jetzt die einfältigste Kritik *nährten* [Hervorhebung d. Verf.]?" Es zeigt sich, dass sich die Diskussion um den Charakter von Verschwörungstheorien auf verschiedenen Ebenen vollzieht: Der Wahrheitsgehalt einer Verschwörungstheorie ist nicht nur der Gegenstand eines generellen gesellschaftlichen Aushandlungsprozesses (erste Ordnung); weiterhin wird im wissenschaftlichen Diskurs gestritten, wie diese Aushandlungsprozesse angemessen geführt werden sollten (zweite Ordnung). Die unterschiedlichen Positionen kommen hierbei oftmals bereits bei der Frage zum Ausdruck, wie Verschwörungstheorien begrifflich gefasst werden sollten.

2 Definitionen

Bei den Diskussionen um eine angemessene Definition von Verschwörungstheorien stehen letztlich drei Hauptfragen im Vordergrund: 1) Wie ist ihr epistemischer Status zu bewerten? 2) Wie legitim oder illegitim sind sie? 3) Wie sollten gesellschaftliche Autoritäten mit ihnen umgehen? Für Räikkä und Ritola (2020, S. 56) sind diese Fragen insofern eng miteinander verbunden, als mit der Festlegung auf eine bestimmte Definition bereits die wichtigsten Vorannahmen getroffen sind. Die Begriffsdefinition bestimmt, ob es sich bei Verschwörungstheorien (auch) um plausible Überlegungen handeln kann oder ob es gewissermaßen als ihr Wesenskern betrachtet wird, dass sie falsch sind (siehe etwa Butter 2018, 37–38). Dies entscheidet dann letztlich auch darüber, ob Verschwörungstheorien zumindest zum Teil auch als legitim betrachtet werden und welche Vorschläge zum Umgang mit Verschwörungstheorien gemacht werden.

Kuhn (2014, S. 330 ff.) bietet eine Kategorisierung der wissenschaftlichen Definitionen des Begriffs an. Diese bewegen sich, so Kuhn, entlang eines Spektrums: repressiv – kriteriell-repressiv – offen – relativistisch. Dabei gilt für repressive Definitionen all jenes als Verschwörungstheorie, was falsche Annahmen über vermeintliche Verschwörungen verarbeitet, wobei offen bleibt, welche Annahmen über Verschwörungen legitim sein können. Genau dieser Frage versuchen sich kriteriell-repressive Definitionen zu widmen, indem sie darauf abstellen, Kriterien festzulegen, welche die Unzulänglichkeit verschwörungstheoretischer Überlegungen untermauern. Während der erste Ansatz das (tautologische) Argument vertritt, Verschwörungstheorien seien immer falsch und rückblickend habe sich daher noch keine Verschwörungstheorie als wahr herausgestellt (vgl. Butter 2018, S. 42), besteht der zweite darauf, generell klären zu können, warum Verschwörungstheorien falsch seien. Diese beiden Perspektiven können unter dem Begriff des *generalistischen Ansatzes* subsumiert werden, da Verschwörungstheorien *in toto* beurteilt werden. Im ersten Fall sind Verschwörungstheorien *immer* falsch, im zweiten Fall muss dies nicht immer so sein, sei aber *die Regel*, weshalb Verschwörungstheorien generell mit großer Skepsis begegnet werden sollte. Demgegenüber steht *der partikularistische Ansatz*, der fordert, Verschwörungstheorien nicht pauschal zu betrachten, sondern im Einzelfall zu prüfen (vgl. Räikka und Ritola 2020, S. 58). Ausgangspunkt dieses Ansatzes sind die großen Unterschiede hinsichtlich der Plausibilität verschiedener Verschwörungstheorien. Der partikularistische Ansatz entspricht in dem Schema Kuhns den „offenen Definitionen". Schließlich decken die „relativistischen" Definitionen das ab, was im vorigen Abschnitt als wissenssoziologische Perspektive auf Verschwörungstheorien bezeichnet wurde. Der diskreditierende Gebrauch des Begriffs, der die repressiven Definitionen auszeichnet, wird hier selbst zum Beobachtungsgegenstand gemacht und es werden jene Prozesse in den Blick genommen, an deren Ende Aussagen über den Wahrheitsgehalt einzelner Verschwörungstheorien oder über Verschwörungstheorien im Allgemeinen gemacht werden (vgl. Anton et al. 2014 bzw. in diesem Band; Anton und Schetsche 2020).

3 Ursachen und Funktionen

Die genannten Unterschiede bei den Auffassungen darüber, was Verschwörungstheorien charakterisiert, prägen schließlich auch die Konzeptionen über Ursachen und Funktionen verschwörungstheoretischer Deutungsmuster. Innerhalb des repressiven Verständnisses überwiegen Erklärungsansätze, die psychologische oder gar psychopathologische Ursachen für Verschwörungstheorien diskutieren. Dies folgt der ‚Tradition' der Assoziation von Verschwörungstheorien mit paranoiden Denkformen, die im vielbeachteten Essay *The paranoid style in American Politics* von Richard Hofstadter aus dem Jahr 1964 ihren Anfang nahm. Hofstadter sieht eine spezielle Bewusstseinsform („style of mind") als gemeinsame Ursache für verschiedene politisch extreme Bewegungen, die stark durch verschwörungstheoretisches Denken geprägt sind. Da diese Bewusstseinsform einige Parallelen zur klinischen Paranoia aufweise, bezeichnet er sie als *paranoid style*. Gemeint sei damit ein Hang zur Übertreibung, zum Misstrauen und zu Verschwörungsfantasien. Hofstadter betont, dass er mit dem *paranoid style* keine Paranoia im klinischen Sinne beschreibt, sondern den Begriff gleichsam aus dem klinischen Kontext entlehnt, um damit ein politisches Phänomen zu beschreiben. Ein wesentlicher Unterschied zwischen klinischer Paranoia und dem *paranoid style* bestehe darin, dass bei Ersterer davon ausgegangen wird, dass sich die wahrgenommenen Bedrohungen und Verschwörungen gegen die Betroffenen selbst richten, während bei Letzterem ganze Nationen, Kulturen oder Lebensweisen als Angriffsziel oder Opfer verschwörerischen Wirkens gesehen werden (Hofstadter 1964, S. 4).

Trotz der Unterscheidung zeigt die inhaltliche Nähe dieser Konzepte Hofstadters pejoratives Verständnis von Verschwörungstheorien, was er auch bereitwillig einräumt. Generell habe der Verschwörungsglaube negative Folgen (ebd., S. 5). Man versteht Hofstadter aber falsch, wenn man ihm unterstellt, er pathologisiere den einzelnen Verschwörungstheoretiker. Für Butter (2018, S. 103) folgt aus Hofstadters Vorstellung von einer verschwörungsgläubigen Minderheit, die sich in ihrer Disposition signifikant von der „Normalbevölkerung" unterscheide, „beinahe logisch" deren Pathologisierung. Hofstadter (1964, S. 39) spricht zwar tatsächlich in Bezug auf den *paranoid style* von einer Minderheit, allerdings von einer „considerable minority of the population"; also einer sozialen Großgruppe, die ihre spezifische Disposition erst aus sozialen Konfliktlagen heraus gewinne. Darüber hinaus betont er explizit, dass dieses Verständnis seine Relevanz gerade dadurch erziele, dass es eben nicht jene „Geistesgestörten" in den Blick nehme, sondern wann „mehr oder weniger normale Menschen" ein paranoides Denkschema übernehmen würden (ebd., S. 4). Nun kann darüber gestritten werden, was genau unter Pathologisierung zu verstehen ist. Deutlich bleibt aber, dass Hofstadters Perspektive auf *soziale* Ursachen abstellt. Jenseits dessen legt der Begriff des Paranoiden jedoch individuelle Defizite im Umgang mit diesen Ursachen nahe. So hat Fenster (2008, S. 42) darauf hingewiesen, dass Hofstadter in seinem Ansatz soziale Dynamiken insofern trivialisiere, als dass Widerstand als mangelhafte psychologische Anpassungsleistung am institutionellen Wandel zu verstehen sei. Damit wurde ein Verständnis geprägt, welches mehrere Forschergenerationen dazu gebracht hat, Hofstadter als Urheber der Pathologisierung heranzuziehen und daran anzuknüpfen.

Dieses Verständnis wirkt bis heute nach. Bis zur Jahrtausendwende gab es zwar nur wenige psychologische bzw. sozialpsychologische Studien zu Verschwörungstheorien, doch seit ungefähr 15 Jahren häufen sich entsprechende Untersuchungen. Den Ausgangspunkt stellt hier Goertzels (1994) Studie dar, in der er in einer repräsentativen Stichprobe die Zustimmung zu zehn gängigen Verschwörungstheorien untersucht. Ein Ergebnis der Studie bestand darin, dass der Glaube an eine Verschwörungstheorie den Glauben an weitere bestärkt. Goertzel schlägt daraufhin den Begriff des *monologischen Glaubenssystems* vor, in dem sich Annahmen gegenseitig verstärken und gegen konfligierende Annahmen abschirmen würden. Seitdem ist dieses Ergebnis häufig reproduziert worden und die Korrelation zwischen spezifischem und generellem Verschwörungsglauben stellt eine Schlüsselerkenntnis des psychologischen Forschungsstrangs dar (siehe etwa Swami et al. 2011).

Im Anschluss an Goertzel fokussierte diese Forschung nun vor allem die Ursachen, die das besagte Glaubenssystem hervorbrächten. Auf individual-psychologischer Ebene ist seitdem eine Vielzahl von Erklärungsfaktoren vorgeschlagen worden. Ein Treiber dieser Forschungsrichtung war sicherlich auch das sich entwickelnde Verständnis der begrenzten Rationalität von Individuen und daraufhin eine generelle Hinwendung der Kognitionsforschung und Sozialpsychologie zu diversen kognitiven Verzerrungen und Entscheidungsheuristiken (siehe Kahneman 2011). So ist immer wieder betont worden, dass Verschwörungsdenken sich dadurch auszeichne, dass Muster erkannt würden, wo eigentlich keine seien (siehe Oliver und Wood 2018). Eine weitere Fehleinschätzung, die eher auf Verschwörungsgläubige zutreffe, sei die sog. *conjunction fallacy* (Brotherton und French 2015) – ein Fehlschluss in der Einschätzung der Wahrscheinlichkeit von gleichzeitig eintretenden Ereignissen. So neigten Verschwörungstheoretiker dazu, zu glauben, dass ein ‚großes Ereignis' eher eine ‚große Ursache' habe als *irgendeine* Ursache. Mit großen Ursachen würden darüber hinaus eher *intentionale Handlungen* in Verbindung gebracht, die ja schon per Definition in die Verschwörungstheorie eingeschrieben sind. Das würde dann heißen, dass Individuen, die eher an die Intentionalität von Akteuren bei der Herbeiführung großer Ereignisse glauben, auch eher an Theorien glauben, die von der Intentionalität von Akteuren bei der Herbeiführung großer Ereignisse ausgehen (siehe z. B. Douglas et al. 2016). Hier wird das schon angedeutete tautologische Prinzip dieser Forschungsrichtung deutlich. Unbeantwortet bleibt dabei die Frage, warum bestimmte Individuen eher geneigt sind, an die Intentionalität von Akteuren zu glauben. In diesem Zusammenhang wurde auch ein *fundamentaler Attribuierungsfehler* als „typischer Denkfehler" in Betracht gezogen (Clarke 2002, S. 144). Dieser gibt die systematische Beobachtung wieder, dass Individuen geneigt sind, beim Erklären von Ereignissen dispositive Faktoren zu über- und situative Faktoren zu unterschätzen. Bei einem Verkehrsunfall etwa wären wir als Beifahrer entsprechend eher geneigt, dem Fahrer die Schuld zu geben als bspw. in der nassen Fahrbahn die Ursache zu suchen. Analog würde Verschwörungsglauben eher bei jenen auftreten, bei denen der fundamentale Attributionsfehler stärker ausgeprägt sei. Hinter diesem „Denkfehler" stehe das Bedürfnis, die (soziale) Umwelt zu erklären.

Verschwörungstheorien bieten unter komplexen Bedingungen nachvollziehbare Erklärungen an. Dementsprechend konnte gezeigt werden, dass der Glaube an Verschwörungstheorien unter unsicheren Bedingungen wächst (van Prooijen und Jostmann 2013) bzw. wenn Individuen ihre Umwelt als willkürlich wahrnehmen (Whitson und Galinsky 2008). Es wird daher davon ausgegangen, dass eher jene Personen an Verschwörungstheorien glauben, die ihre Umwelt als unsicher wahrnehmen. Weitere Studien sehen einen Zusammenhang zwischen Verschwörungsglauben und einem niedrig ausgeprägten *rationalistischen Denkmodus* (Mikušková 2018) oder attestieren Verschwörungstheorieanhängern eine *Assimilationsverzerrung,* bei der Individuen Informationen mehr glauben, die ihre eigene Sicht bestätigen als konfligierenden Informationen (Thorson 2015). Manche Forscher gehen von einem generellen Hang zu unlogischen Überzeugungen bei Anhängern von Verschwörungstheorien aus (Dagnall et al. 2015), andere gar von Merkmalen einer schizotypischen Persönlichkeitsstörung (Bruder et al. 2013).

Wie zu Beginn des Abschnitts bemerkt, liefert diese Forschung zwar wichtige Hinweise auf die individuellen Ursachen und Motive, die ein Treiber für Verschwörungsglauben sein können. Allerdings bleiben die gesellschaftlichen Bedingungen dabei weitgehend ausgeklammert. Letztere sind aber gewissermaßen das Gegenstück der individuellen Motive – möchte man die Motive verstehen, sollte man auch die sozialen Bedingungen genauer studieren, die diese hervorbringen. Es ist kaum verwunderlich, dass diese Perspektive auch von Vertretern des (nach Kuhn 2014) *offenen Ansatzes* eingenommen wird, da die sozialen Bedingungen ja zunächst offenlassen, ob Verschwörungstheorien per se ein angemessenes

Interpretationsschema sein können oder nicht. Zu berücksichtigen ist auch, dass Verschwörungstheorien kein Minderheiten-, sondern ein *Massenphänomen* sind. In den USA etwa glaubt ungefähr jeder Zweite an mindestens eine Verschwörungstheorie (Oliver und Wood 2014, S. 952). Es konnte auch gezeigt werden, dass Menschen nicht nur dazu neigen, mehrere Verschwörungstheorien gleichzeitig zu glauben, sondern auch dazu, selbst *sich widersprechende* Verschwörungstheorien gleichzeitig zu glauben (Wood et al. 2012). Um dieses Ergebnis zu plausibilisieren, kann man natürlich wieder auf einen Mangel an logischen Kapazitäten verweisen. Angesichts der hohen Zustimmungswerte bei sich widersprechenden Verschwörungstheorien scheint dies allerdings nicht sonderlich sinnvoll. So hat Basham (2018, S. 101–102) auf methodische Schwierigkeiten bei der genannten Studie und ähnlichen Untersuchungen hingewiesen. Bei den Teilnehmern, die gleichzeitig sich widersprechenden Verschwörungstheorien zustimmen, scheint vielmehr eine *generelle Skepsis* gegenüber offiziellen Erklärungen vorzuliegen, das heißt, sie halten alternative Erklärungsmodelle für *wahrscheinlicher* als die offiziellen. In diesen Fällen wäre der Verschwörungsglaube auch wieder eine Heuristik; aber weniger eine, die auf einem *logischen* Fehlschluss basiert, als eher eine axiomatische Gegenstandsbetrachtung; eine Grundannahme darüber, wie die Welt funktioniert.

Manche Autoren sehen in sozialen Krisen einen entscheidenden Faktor für die Verbreitung von Verschwörungstheorien (z. B. Groh 1996; Wippermann 2007), für andere sind es Prozesse politischer Entfremdung (Heins 2007), Medialisierungsschübe (Seidler 2016) und generell die Bedingungen einer immer besser vernetzten Welt (Kulla 2007). Was die genannten Perspektiven verbindet, ist die Diagnose eines Vertrauensverlustes in traditionelle Institutionen als Ursache für Verschwörungstheorien. Jameson (1988, S. 356) deutete den Glauben an Verschwörungstheorien als „poor man's cognitive mapping". Der Verschwörungstheoretiker sei prinzipiell der Laie, der zwar verstehe, dass in der modernen Welt etwas nicht stimme, aber auf vereinfachte Deutungsmuster zur Erkenntnis zurückgreifen müsse. Die Verschwörungstheorie als mitunter verzweifelte Suche nach Erklärungen sei eine Strategie zur Entschlüsselung der zunehmend intransparenten sozialen Zusammenhänge. Dem stellt Jameson die Sozialtheorie als veritables und angemesseneres Erkenntnisinstrument gegenüber. Dennoch stehe auch zu Beginn des Verschwörungsglaubens wie bei der Sozialtheorie der Wille, ein ganzheitlicheres Verständnis der sozialen Umwelt zu erlangen. So wäre es auch ein Missverständnis, Verschwörungstheorien wörtlich zu verstehen. Vielmehr müssten sie *allegorisch* verstanden werden, bspw. als Form der Kritik an sozialen und ökonomischen Verhältnissen. Verschwörungsglaube steht also in einem inversen Verhältnis zum Vertrauen in epistemische Autoritäten. Dies kann man so verstehen, dass diese Autoritäten, die traditionell eine Bindekraft für die Erzeugung gesellschaftlicher Wahrheiten hatten, zumindest einen Teil davon einbüßen mussten. Traditionelle Vermittlungsinstitutionen von Transzendenz verlieren an Glaubwürdigkeit und das moderne sozialwissenschaftliche Verständnis von Kontingenz (alles könnte auch anders sein) wird der lebensweltlich bedeutsamen Vorstellung von Intentionalität nicht gerecht. Die Verschwörungstheorie ist in diesem Sinne ein alternatives Überzeugungssystem, welches die Zurechenbarkeit auf Intentionen dort erlaubt, wo ansonsten nur unklare Erkenntnisse in Aussicht stünden; sie ist – ihrer Struktur nach – eine Theorie über verborgene Absichten. Dort, wo ein Vertrauensvakuum hinsichtlich Autoritäten entsteht, bilden sich alternative Theorien über deren Absichten. Weil also der Glaube an gesellschaftliche Autoritäten schwindet, ist die Verschwörungstheorie heute vor allem eine *Anti-Eliten-Theorie.* Und insofern ist sie eine Theorie zur Reduktion von Komplexität. So wie Vertrauen in einer immer komplexeren Welt Sinn stiften kann, kann diese Funktion grundsätzlich auch von Misstrauen erfüllt werden. Misstrauen darf hier allerdings nicht als das Fehlen von Vertrauen verstanden werden, sondern als dessen Kehrseite. Weil öffentliche Institutionen einigen Individuen Vertrauen nicht glaubhaft vermitteln können (aus welchen Gründen auch immer), fehlt es diesen an integrativer Wirkung und dies führt zu Empfindungen von Unruhe und Sorge. Das kann schwer zu ertragen sein und eben an dieser Stelle bietet sich das Misstrauen als alternative Strategie zur Komplexitätsreduktion an (Renard 2015, S. 108). Nach diesem Verständnis kann es auch in der Binnenperspektive entsprechender, auf Misstrauen basierender Verschwörungstheorien unklar sein, ob der jeweilige Verschwörungsverdacht stimmt, aber sie liefern dennoch eine gewisse Orientierung. Eine offene Perspektive auf Verschwörungstheorien legt nahe, dass in dieser epistemischen Skepsis zumindest ein positives Moment liegen *kann.* In diesem Zusammenhang wäre danach zu fragen, welche Ursachen das Misstrauen hat, vor dessen Hintergrund diverse Verschwörungstheorien sinnstiftende Wirkung entfalten. Dabei kann freilich die Tatsache realer Verschwörungen nicht außer Acht gelassen werden, auf die innerhalb von Verschwörungs*theorien* immer wieder verwiesen wird (vgl. Anton et al. 2014, S. 19 bzw. in diesem Band).

4 Epistemologie – Gibt es wahre Verschwörungstheorien?

In einer französischen Umfrage aus dem Jahr 2013 wurden die Teilnehmer um ihre Einschätzung gebeten, ob Unbekannte im Hintergrund die Fäden ziehen würden. 71 % bestätigten diese Einschätzung, woraus geschlossen wurde, dass mehr als zwei Drittel der Franzosen Verschwörungstheoretiker seien (Gombin 2013). Bei einer Umfrage in Deutschland aus dem Jahr 2020 stimmten 40 % der Befragten der folgenden Aussage zu: „Ich kann mir vorstellen, dass die Pandemie von Eliten benutzt wird, um die Interessen von Reichen und Mächtigen durchzusetzen“ (Hövermann 2020). Bemerkenswert ist hier der Umstand, dass der Titel der Befragung *Corona-Zweifel, Unzufriedenheit und Verschwörungsmythen* die Zustimmung zu der Aussage als Hinweis für eine verschwörungstheoretische Einstellung nahelegt. Indem derartige Umfragen eine Operationalisierung von Verschwörungsglauben vornehmen, unterstellen sie eine gewisse Einigkeit über das, was Verschwörungstheorien *generell* sind – und dass man die Zustimmung dazu quantitativ ermitteln kann. Im Alltags- bzw. im medialen Verständnis ist diese Annahme (mittlerweile) auch zur gängigen Praxis geworden, ohne dass eine nennenswerte Debatte über deren Angemessenheit stattgefunden hätte. Hier spielt sicher die Prägung des Begriffs durch Popper (1992, S. 112) und Hofstadter eine entscheidende Rolle. Das, was als Verschwörungstheorie gehandelt wird, spiegelt die Angst vor einer Verschwörung wider, die gar nicht existiere (Pipes 1999, S. 21). Und noch wichtiger: Es wird davon ausgegangen, dass „der wohlmeinende Beobachter nichtexistente und existente Verschwörungen schon zu unterscheiden wisse“ (Kuhn 2014, S. 331).

Einerseits ist man sich weitgehend einig darüber, dass viele – wahrscheinlich sogar die meisten – Verschwörungstheorien Unwahrheiten behaupten. Dies lässt sich schlicht daran zeigen, dass zu vielen Schlüsselereignissen des Weltgeschehens eine Vielzahl von Verschwörungstheorien im Umlauf sind, die auf gegensätzlichen Annahmen (z. B. zur Täterschaft) beruhen. Vereinfacht formuliert, kann es aber immer nur einer gewesen sein. Andererseits ist unbestritten, dass Verschwörungen in der Geschichte stets vorgekommen sind und auch heute vorkommen. Die Frage, ob es wahre Verschwörungstheorien gibt, müsste in diesem Sinne mit Ja beantwortet werden. Dennoch werden Verschwörungstheorien oftmals pauschal als falsch abgewiesen. Wie lässt sich dieser Widerspruch erklären? Vor allem damit, dass Dissens darüber herrscht, ob Verschwörungstheorien Wissen beinhalten (können), das dazu beitragen kann, reale Verschwörungen aufzuklären. Viele Wissenschaftler argumentieren, dass es nicht Verschwörungstheorien sind, die zur Aufdeckung von Verschwörungstheorien beitragen, wie etwa Butter (2018, S. 42–42): „Aus all diesen Gründen hat sich auch noch nie eine Verschwörungstheorie im Nachhinein als wahr herausgestellt. Das wird zwar immer wieder behauptet, doch in dem Sinne, dass es Theorien gibt, die aus Sicht vieler zunächst ins Reich der Fantasie gehörten, bevor sie später bewiesen wurden, ist es noch nie vorgekommen.“

Eine Debatte über den Wahrheitsgehalt von Verschwörungstheorien ist letztlich vor allem eine Debatte darüber, was genau mit ihnen gemeint ist – und was nicht. Ein Konsens scheint hier kaum in Sicht. Aber es wird deutlicher, worum sich die Debatte eigentlich dreht. Neben der Frage, wie innerhalb einer Gesellschaft das zustande kommt, was man als ‚Wirklichkeit' bezeichnet, spielt vor allem eine Rolle, welches Maß an Misstrauen gegenüber etablierten Institutionen man als angemessen oder legitim erachtet. Keeley (1999, S. 126) hat versucht, ein generelles Argument gegen eine erhöhte Institutionenskepsis anzuführen, was zum diskursiven Ausschluss „ungerechtfertigter Verschwörungstheorien" führen müsse. Denn solche würden ein „beinahe nihilistisches Ausmaß an Skeptizismus" gegenüber anderen Menschen und gesellschaftlichen Institutionen fördern. Um konsistent zu bleiben, müssten derartige Verschwörungstheorien eine immer größere Tragweite der Verschwörung behaupten. Während zunächst ein kleiner Kreis von Verschwörern ausgemacht werden würde, müssten schnell alle Institutionen, die andere Theorien anböten, den Konspiratoren zugerechnet werden. Dieses Argument ist aus verschiedenen Gründen zurückgewiesen worden (siehe Räikkä 2009). Ein wesentlicher Punkt ist die schon angesprochene Feststellung der Prävalenz von Verschwörungen. Ob es irrational sei, an Verschwörungen zu glauben, hinge entschieden davon ab, für wie verschworen man die Welt hielte (Basham 2001, S. 270–271). Dabei wird argumentiert, dass vor allem bezogen auf geheimes Handeln von Regierungen (bzw. deren Geheimdiensten) ein gewisser Anfangsverdacht durchaus angebracht sei. Dieses Argument ist seitdem mehrfach aufgegriffen worden. Bratich (2008) hat dafür die Fragestellung umgekehrt: Es sei nicht danach zu fragen, ob Verschwörungstheoretiker zu wenig Vertrauen in öffentliche Institutionen hätten, sondern ob diese den Menschen generell genug Anlass bieten würden, um an ihre Aufrichtigkeit zu glauben. Daran anknüpfend hat auch Aupers (2012) die Verschwörungstheorie nicht primär als Problemursache, sondern vielmehr als Problem*symptom* für einen mitunter selbstverschuldeten Vertrauensverlust in die öffentlichen Institutionen gedeutet.

5 Verschwörungstheorien im Diskurs

Wenn man annimmt, dass die *conspiracy panics* (Bratich 2008) heutzutage die dominante Verständnisform der öffentlichen Kommunikation darstellen, in der Verschwörungstheorien verhandelt werden, muss genauer geklärt werden, aus welcher Dynamik sich diese Struktur speist. Zur Beantwortung dieser Frage ist bereits von verschiedenen Autoren auf Elemente von Foucaults Diskursbegriff zurückgegriffen worden (etwa bei Anton 2011 oder bei Husting 2018).

Verschwörungstheorien stellen im Sinne Foucaults (2001, S. 22) „disqualifiziertes Wissen“ dar. Um besser beschreiben zu können, was Disqualifizierung hier bedeutet, muss zunächst der Diskursbegriff präzisiert werden. Keller (2007, S. 200) nennt vier Merkmale, über die weitgehend Einigkeit herrscht. Erstens beinhalten Diskurse den „tatsächlichen Gebrauch von Sprache und anderen Symbolformen in gesellschaftlichen Praktiken. „Zweitens konstituieren bestimmte Ansammlungen von Sprachhandlungen zusammenhängende Aussagesysteme, die sich als Diskurse verstehen lassen. Drittens werden innerhalb dieser Aussagesysteme Bedeutungen sozial konstruiert, die dann als „Wissen“ gelten. Dieses Wissen wird also innerhalb von Diskursen produziert, es zirkuliert dort und es kann dort auch transformiert werden. Schließlich herrschen innerhalb der Diskurse Regeln, wie dies geschieht. Auf diese Weise wird Wissen erst erzeugt und etabliert. Indem der Diskurs also der soziale Prozess ist, in dem über Wissen verhandelt wird, entscheidet sich dort auch, welches Wissen welchen Status verliehen bekommt und welches Wissen gänzlich ausgeschlossen wird.

Der Ausschluss von Wissen kann auf unterschiedliche Art geschehen (Keller 2008, S. 81), etwa durch den Mechanismus der *Verknappung*. Indem die gleichen Inhalte stets wiederholt werden, wird ein bestimmtes Wissen als Wahrheit etabliert, schlicht, weil alternatives Wissen weniger Raum im Diskurs findet. Verknappung kann sich auch auf die Diskursteilnehmer beziehen, die in einer bestimmten Form strukturiert sind. Die Akkreditierung (z. B. akademische Laufbahnen und Titel) als Markierung einer etablierten Sprecherposition nimmt Einfluss auf die Struktur des Diskurses. Wenn nur bestimmte Subjekte in einem bestimmten Maße Gehör finden – gerade, weil sie ein bestimmtes Muster an Merkmalen aufweisen – schließt dies von vornherein bestimmte Pfade aus, die ein Diskurs nehmen *könnte*. Das Verbot und die Verknappung als Ausschlussprozesse haben besondere Relevanz im Zusammenhang mit Verschwörungstheorien; wenn sie als „disqualifiziertes Wissen“ gelten, meint das ihren diskursiven Ausschluss. Um aber beantworten zu können, warum überhaupt das gesellschaftliche Bedürfnis für ihren Ausschluss besteht, ist auf Foucaults Gouvernementalitäts-Begriff verwiesen worden (Husting 2018, S. 112–113). Die Grundlage zum Verständnis einer *politischen Kultur* sei ihre Unterscheidung von Wahrheit und Unwahrheit oder dem, was legitimer Weise als vernünftiges und unvernünftiges Denken gelten könne. Liberale Demokratien zeichneten sich nach Husting dadurch aus, dass weniger autoritäre Macht von staatlichen Institutionen ausgehe. Vielmehr würden Subjekte sich selbst regieren und damit auch aushandeln, welches Wissen anerkannt würde. Damit sind weniger deliberative Prozesse gemeint als eher Formen von (Selbst-)Disziplinierung und Normalisierung. Innerhalb von Diskursen würde eine „Rationalität der Herrschaft“ etabliert; das seien bestimmte Annahmen darüber, wie sich das Regieren in bestimmten Kontexten zu vollziehen habe und beinhalte Strategien oder Reformen, Problemkontextualisierungen und angemessene Lösungsansätze. Es bestünden stets implizite Regelungen darüber, wie soziales Handeln auszusehen habe (Campbell 2010, S. 36). Jenseits des politischen Aspekts sozialen Handelns seien in ‚neoliberalen' Gesellschaften die Subjekte einem erhöhten sozialen Druck unterworfen, sich selbst und einander über angemessenes Verhalten zu informieren, zu beraten und zu überwachen und dadurch zu regulieren (siehe Illouz 2007).

Gouvernementalität meint also den Prozess des diskursiven Ausschlusses bestimmten Wissens als stabilisierendes Moment moderner Gesellschaften. Entlang der genannten Prinzipien ‚Verbot' und ‚Verknappung' können Diskurse auf die Aussagen ihrer Teilnehmer hin untersucht werden, um so zu zeigen, wie sich bestimmte „Möglichkeitsfelder" ergeben, die bestimmen, was als „Fakt, Wahrheit, Vernunft" gelten kann und was nicht (Husting 2018, S. 113). Bezogen auf Verschwörungstheorien meine dies besonders die Freiheitsgrade, mit denen Bürger Politik hinterfragen könnten und die moralischen Grenzen bei der Kritik an einflussreichen öffentlichen Institutionen (z. B. Parteien oder etablierte Medien). Der Verschwörungstheoretiker sei derjenige, so Husting, der in diesen Fragen unvernünftig wäre – sich vom ausgehandelten Verständnis von Vernunft abwende. Der Diskurs um Verschwörungstheorien sei dadurch bestimmt, das Verständnis eines „wohl-temperierten" Bürgers innerhalb liberaler Demokratien zu schaffen und zu verbreiten; einem Bürger, der zwar wachsam gegenüber staatlicher Macht sei, aber nicht in einem zwanghaften Ausmaß (ebd.). Der Diskurs ist der Schauplatz, wo die Grenze zwischen legitimer und illegitimer Kritik ausgehandelt wird und der Begriff der Verschwörungstheorie markiert diese Grenze.

Husting (2018, S. 114–115) versucht, die Gouvernementalität durch Rationalitätsaushandlungen am Beispiel der U.S.-Politikerin Cynthia McKinney aufzuzeigen. Diese hatte sich nach den Anschlägen vom 11. September 2001 kritisch gegenüber der U.S.-Regierung geäußert. Genauer hatte sie als Kongressmitglied der Demokraten (zunächst in einem Radiointerview) mögliche Vorkenntnisse einiger führender Regierungsmitglieder um den Präsidenten George W. Bush über die bevorstehenden Anschläge angesprochen. Ein Verdachtsmoment, welches McKinney aufgriff, waren die wirtschaftlichen Beteiligungen des Präsidenten und Vizepräsidenten an Rüstungsunternehmen, allen voran der *Carlyle Group*. Durch die Anti-Terror-Politik der USA nach den Anschlägen hätten Unternehmen wie die *Carlyle Group* enorm profitiert, woraus sich ein mögliches Motiv für eine Verschwörung ergeben könne. Husting (2018, S. 114–115) führt aus, dass die Politikerin daraufhin klar dem verschwörungstheoretischen Spektrum zugeordnet wurde. Diverse Presseartikel hätten etwa versucht, ihre Glaubwürdigkeit dadurch infrage zu stellen, dass ein Bezug zu bereits diskreditierten Verschwörungstheorien hergestellt wurde: „Did she say those things while standing on a grassy knoll in Roswell, New Mexiko?“ (Eilperin 2002). Weiterhin wird gezeigt, dass sich in den leitmedialen Reaktionen auf McKinneys Äußerungen stets Vorwürfe der Irrationalität erkennen lassen, oftmals begleitet von stark abwertenden Begriffen. So sei sie als „bekloppt“, „aberwitzig“ und „jenseits der Vernunft“ bezeichnet worden, wobei sie keine Behauptungen aufgestellt, sondern (lediglich) Fragen gestellt hatte, die in eine bestimmte Richtung deuteten (Husting 2018, S. 114–115). Hierbei muss betont werden, dass McKinneys Fragen zu einem möglichen Vorwissen innerhalb von Regierungsbehörden wenige Jahre später im Zusammenhang mit dem zuvor geheimen Überwachungsprogramm *Able Danger* Gegenstand einer öffentlichen Diskussion wurden (vgl. Anton und Schink 2021, S. 119–120). Dies ist sicher kein Beleg für eine groß angelegte Verschwörung vor dem Hintergrund wirtschaftlicher und politischer Interessen, aber es relativiert die pauschalen Irrationalitätsvorwürfe gegen McKinney. Im Anschluss an die große politische Unsicherheit, die von den Anschlägen am 11. September 2001 ausgegangen sei, folgert Husting (2018, S. 115), habe es als unruhestiftendes Moment gegolten, von der offiziellen Darstellung der Ereignisse abzuweichen, die von der Regierung angeboten worden sei und daraufhin gesamtgesellschaftlich Anklang gefunden habe. Der McKinney-Fall verdeutliche, dass gerade im Angesicht großer Unsicherheit eine Tendenz zur Mäßigung der Teilnehmer von gesellschaftlichen Diskursen bestehe. Der Begriff „Verschwörungstheorie“ trete dann als Markierung auf, die das Angemessene vom Abseitigen trenne, um unbekannte Gefahren handhabbarer zu machen (ebd.). Die hier beschriebene Diskurstechnik der Mäßigung kann als ordnungsstiftendes Moment verstanden werden. Bei großer Unsicherheit scheint es sicherheitsstiftender und dadurch naheliegend, diejenigen als irrational zu bezeichnen, die durch ihre Vermutungen noch größere Unsicherheit stiften.

In den Diskursen, die sich um Verschwörungstheorien drehen, fällt neben dem wiederkehrenden Topos der (Irr-)Rationalität auch die emotional aufgeladene Sprache auf. Besonders weil eine Tendenz vorherrscht, Aussagen auszugrenzen, die aufgrund ihrer ausufernden, emotionsgeladenen Form die innere Ordnung des Diskurses stören könnten, muss die Vehemenz, mit der diese Ausgrenzung stattfindet, anfangs verwundern. Wie der Begriff *conspiracy panics* (Bratich 2008) bereits nahelegt, wird ein „wohl-temperierter“ politischer Diskurs eben nicht mit ebensolchen Mitteln erreicht, sondern für die Ausgrenzung wird sich schwerer Geschütze bedient. Husting (2018, S. 117) hat hierfür die Rolle der *Verachtung* als wesentliche Emotion in Diskursen herausgearbeitet, wo der Begriff der Verschwörungstheorie als Ausschluss- oder Diskreditierungsinstrument Verwendung findet. Die Verachtung sei dabei eine Emotion, die kognitive mit affektiven Elementen verbinde, und in sozialen Beziehungen dafür verantwortlich sei, akzeptiertes von verwerflichem Verhalten zu unterscheiden. Weiterhin sei die Verachtung eine Emotion, die im Falle der Transgression denjenigen, denen sie zukomme, vollständig und nicht nur in spezifischen Aspekten anhafte. So eigne sich die Verachtung in politischen Diskursen besonders gut als Instrument zur Kontrolle; durch Verachtung könnten Subjekte besonders effektiv vom Diskurs ausgeschlossen werden. Verachtung erzeuge einen tiefen Graben zwischen dem Verachteten und jenen, die verachten; ihre öffentliche Darstellung biete die Möglichkeit, auf emotionaler Ebene zu verdeutlichen, dass dem Verachteten eine grundlegende Anerkennung – die eben auch die Teilnahme an Diskursen beinhalte – nicht zustehen würde. Verachtet zu werden bedeute in der Folge immer auch, als unvernünftig zu gelten und damit zur rationalen Auseinandersetzung nicht fähig zu sein.

Um die Wirkungsweise der Verachtung in Verbindung mit dem Etikett der Verschwörungstheorie in politischen Diskursen zu plausibilisieren, bedient sich Husting (ebd., S. 119–120) der Ideen Hannah Arendts über politisches Handeln, speziell deren Konzeptes von *Pluralität und Natalität*. Der demokratische Raum sei gekennzeichnet durch eine Gestaltbarkeit, die so in anderen gesellschaftlichen Bereichen nicht gegeben sei. Politische Subjekte würden sich dadurch auszeichnen, dass sie sich durch ihre Handlungen im politischen Raum ständig neu erschaffen könnten; und dafür seien Pluralität und Natalität unentbehrlich. Pluralität meine dabei bereits die Möglichkeit, dass sich Subjekte und mit ihnen ihre Perspektiven begegneten und damit ihre geteilte Umwelt gestalten könnten. Da auch das eigene Denken dialogisch ablaufe, biete erst die intersubjektive Pluralität den Subjekten die Möglichkeit, über ihre soziale Welt angemessen nachdenken zu können. Natalität betone weiterhin die Neuschaffung der Subjekte durch den gegenseitigen Austausch. Durch ständiges Aushandeln würde den einzelnen nicht nur die Chance geboten, anderen ihre Sicht näher zu bringen, sondern in diesem Prozess würde sich ihr eigener Blick auf die Welt neu formieren. Laut Husting (ebd., S. 120) muss Verachtung besonders hervorgehoben werden, weil sie auf markante Weise die Möglichkeiten politischen Handelns im Sinne von Pluralität und Natalität untergräbt. Indem den Geächteten die Chance genommen würde, am Diskurs teilzunehmen, könnten sie schlicht keinen Einfluss auf die Gestaltung eines geteilten politischen Raums nehmen. Gerade im Aufeinandertreffen verschiedener Meinungen liege aber das erschaffende Moment des politischen Raums, und gleichzeitig die Voraussetzung der politischen Subjekte, sich durch diesen Streit neu zu erschaffen. Ausgrenzung würde dazu führen, dass der

Diskurs und gleichzeitig die Ein- und Ausgeschlossenen im Spektrum der Ideen beschnitten würden.

Diese kurze Darstellung verschiedener Mechanismen zum diskursiven Ausschluss verschwörungstheoretischer Spekulation soll nicht als Plädoyer für eine vollständige diskursive Permissivität gegenüber Verschwörungstheorien missverstanden werden. Selbstverständlich braucht es diskursive Mechanismen, über die Gesellschaften zu Einschätzungen über die Gültigkeit zirkulierender Wissensbestände gelangen können. In den Worten Oliver Kuhns (2014, S. 345):

> „Andererseits ermöglicht die verschwörungstheoretische Semantik des „Dahinter“ einen extremen Skeptizismus, erlaubt bodenlose Spekulation, weil sie jede Tatsache im Licht angenommener Verschwörung anders interpretieren kann. Einzelne Thesen mögen konsistent verfolgt werden, jedoch gibt es keine Grenze der Produktion neuer und widersprechender Thesen. Ohne die effektive Repression dieses Skeptizismus mithilfe der Behauptung, auch die nach Maßgabe derzeitiger Prüfmöglichkeiten spekulativen Aussagen seien falsch, ließe sich kein Wissen aufbauen (von politischem Vertrauen zu schweigen).“

Angesichts des derzeit den öffentlich Diskurs dominierenden Kommunikationsmodus über Verschwörungstheorien im Sinne der *conspiracy panics* sehen wir allerdings eher die Gefahr einer überbordenden diskursiven Repressivität gegenüber Verschwörungstheorien, die auch solche verschwörungstheoretische Kommunikation abwertet und ausgrenzt, die im Kern auf tatsächliche gesellschaftliche Problemlagen und Missstände hinweist. Anders ausgedrückt: Eine Gesellschaft, die zu repressiv mit verschwörungstheoretischer Kritik umgeht oder sich gar gegen diese immunisiert, läuft Gefahr, ein wichtiges Feed-back-System abzuschneiden und damit einen Teil ihrer diskursiven Reflexivität und Integrationsfähigkeit einzubüßen. Die Herausforderung besteht also darin, ein diskursives Klima zu schaffen, das einerseits Bewertungskriterien für die Gültigkeit von Wissen zur Verfügung stellt (und damit auch gewisse Grenzen zieht), andererseits aber in ausreichendem Maße Freiheitsgrade und Möglichkeiten für verschwörungstheoretische Spekulationen bietet – denn ohne diese ließen sich reale Verschwörungen kaum aufdecken. Hierfür gibt es freilich kein Pauschalrezept. Umso mehr empfiehlt es sich, dieses Spannungsverhältnis selbst (mehr) zum Thema diskursiver Aushandlungen zu machen.

Literatur

Anton, A. 2011. *Unwirkliche Wirklichkeiten. Zur Wissenssoziologie von Verschwörungstheorien*. Berlin: Logos.

Anton, A., und A. Schink. 2021. *Der Kampf um die Wahrheit. Verschwörungstheorien zwischen Fake, Fiktion und Fakten*. München: Komplett Media.

Anton, A., und M. Schetsche. 2020. Vielfältige Wirklichkeiten. Wissenssoziologische Überlegungen zu Verschwörungstheorien. In *Verschwörungstheorien im Diskurs: Interdisziplinäre Zugänge. 4. Beiheft der Zeitschrift für Diskursforschung*, hrsg. S. Stumpf, und D. Römer, 88–115. Weinheim: Beltz Juventa.

Anton, A., M. Schetsche, und M. Walter. 2014. Einleitung: Wirklichkeitskonstruktion zwischen Orthodoxie und Heterodoxie – zur Wissenssoziologie von Verschwörungstheorien. In *Konspiration. Soziologie des Verschwörungsdenkens*, hrsg. A. Anton, M. Schetsche, und M. Walter, 9–26. Wiesbaden: Springer VS.

Basham, L. 2001. Living with the Conspiracy. *The Philosophical Forum* 32 (3): 265–280.

Basham, L. 2018. Joining the conspiracy. *Argumenta* 3 (2): 271–290.

Berger, P., und T. Luckmann. 2004. *Die gesellschaftliche Konstruktion der Wirklichkeit.* (20. Auflage). Frankfurt am Main: S. Fischer.

Bratich, J. Z. 2008. *Conspiracy panics: political rationality and popular culture*. Albany, New York: State University of New York Press.

Brotherton, R., und C. C. French. 2015. Intention seekers: Conspiracist ideation and biased attributions of intentionality. *PLoS ONE* 10 (5): e0124125.

Bruder, M., P. Haffke, N. Neave, N. Nouripanah, und R. Imhoff. 2013. Measuring individual differences in generic beliefs in conspiracy theories across cultures: Conspiracy mentality questionnaire. *Frontiers in Psychology* 4 (225). https://doi.org/10.3389/fpsyg.2013.00225.

Butter, M. 2018. *„Nichts ist, wie es scheint". Über Verschwörungstheorien*. Frankfurt am Main: Suhrkamp.

Campbell, E. 2010. The Emotional Life of Governmental Power. *Foucault Studies* 9: 35–53.

Clarke, S. 2002. Conspiracy theories and conspiracy theorizing. *Philosophy of the Social Sciences* 32 (2): 131–150.

Dagnall, N., K. Drinkwater, A. Parker, A. Denovan, und M. Parton. 2015. Conspiracy theory and cognitive style: A worldview. *Frontiers in Psychology* 6 (206). https://doi.org/10.3389/fpsyg.2015.00206.

Douglas, K. M., R. M. Sutton, M. J. Callan, R. J. Dawtry, und A. J.Harvey. 2016. Someone is pulling the strings: Hypersensitive agency detection and belief in conspiracy theories. *Thinking & Reasoning* 22 (1): 57–77.

Eilperin, J. 2002. "Democrat Implies September 11 Administration Plot". *The Washington Post*. 12.4.2002. https://www.washingtonpost.com/archive/politics/2002/04/12/democrat-implies-sept-11-administration-plot/258355b8-b645-43abb84cd5b-d500af172/?noredirect=on. Zugegriffen: 04. September 2023.

Fenster, M. 2008. *Conspiracy Theories. Secrecy and Power in American Culture. Revised and Updated Edition*. Minneapolis/London: University of Minnesota Press.

Foucault, M. 2001. *In Verteidigung der Gesellschaft. Vorlesungen am College de France (1975–76).* Frankfurt am Main: Suhrkamp.

Goertzel, T. 1994. Belief in Conspiracy Theories. *Political Psychology* 15 (4): 731–742.

Gombin, J. 2013. *Conspiracy Theories in France.* Interim Report, Counterpoint Reports. https://counterpoint.uk.com/bonne-annee-local-realities-of-migration-2/. Zugegriffen: 04. September 2023.

Groh, D. 1996. Verschwörungen und kein Ende. In: *Kursbuch Verschwörungstheorien*, hrsg. K. M. Spengler, und T. Spengler, 12–26. Berkeley, California: UCLA University Press.

Heins, V. 2007. Critical theory and the traps of conspiracy thinking. *Philosophy & Social Criticism* 33 (7): 787–801.

Hövermann, A. 2020. Corona-Zweifel, Unzufriedenheit und Verschwörungsmythen. Erkenntnisse aus zwei Wellen der HBS-Erwerbspersonenbefragung 2020 zu Einstellungen zur Pandemie und den politischen Schutzmaßnahmen. *Policy Brief WSI* 48. Düsseldorf: Hans Böckler-Stiftung 2023.

Hofstadter, R. 1964. *The Paranoid Style in American Politics and Other Essays.* Cambridge: Harvard University Press.

Husting, G. 2018. Governing with Feeling: Conspiracy Theories, Contempt, and Affective Governmentality. In *Taking Conspiracy Theories Seriously*, hrsg. M. R. X Dentith, 109–123. London: Rowman and Littlefield:

Illouz, E. 2007. *Gefühle in Zeiten des Kapitalismus.* Frankfurt am Main: Suhrkamp.

Jameson, F. 1988. 'Cognitive mapping'. In *Marxism and the Interpretation of Culture*, hrsg. Nelson, C., und L. Grossberg, 347–358. Basingstoke: Macmillan.

Kahneman, D. 2011. *Thinking, Fast and Slow.* New York: Macmillan.

Keeley, B. L. 1999. Of Conspiracy Theories. *The Journal of Philosophy* 96 (3): 109–126.

Keller, R. (2007). Diskurs/Diskurstheorien. In *Handbuch Wissenssoziologie und Wissensforschung*, hrsg. R. Schützeichel, 199–213. Konstanz: UVK.

Keller, R. 2008. *Michel Foucault.* UVK: Konstanz.

Kuhn, O. 2014. Spekulative Kommunikation und ihre Stigmatisierung. In: *Konspiration. Soziologie des Verschwörungsdenkens*, hrsg. A. Anton, M. Schetsche, und M. Walter, 327–348. Wiesbaden: Springer VS.

Kulla, D. 2007. *Entschwörungstheorie: Niemand regiert die Welt.* Löhrbach: Pieper & The Grüne Kraft.

Latour, B. 2007. *Elend der Kritik: Vom Krieg um Fakten zu Dingen von Belang.* Zürich: Diaphanes.

Loschert, S. 2014. Verwirrung des Denkens: Der soziologische Sammelband ‚Konspiration' versucht sich an einer ‚Ehrenrettung des konspirologischen Gegenwartsdenkens'. *jungle world.* 6.3.2014. https://jungle.world/artikel/2014/10/verwirrung-des-denkens. Zugegriffen: 04. September 2023.

Mikušková, E. B. 2018. Conspiracy Beliefs of Future Teachers. *Current Psychology* 37 (3): 692–701.

Oliver, J. E., und T. J. Wood. 2014. Conspiracy theories and the paranoid style(s) of mass opinion. *American Journal of Political Science* 58 (4): 952–966.

Pipes, D. 1997. *Conspiracy: How the Paranoid Style Flourishes and Where It Comes From.* New York: Touchstone.

Popper, K. 1992: *Die offene Gesellschaft und ihre Feinde*. (Band 2: 7. Auflage mit weitgehenden Verbesserungen und neuen Anhängen.) Tübingen: Mohr-Siebeck.

Räikkä, J. 2009. The Ethics of Conspiracy Theorizing. *The Journal of Value Inquiry* 43 (4): 457–68.

Räikkä, J., und J. Ritola. 2020. Philosophy and conspiracy theories. In *Routledge Handbook of conspiracy theories*, hrsg. M. Butter, und P. Knight, 56–66. New York: Routledge.

Renard, J.-B. 2015. Les causes de l'adhésion aux théories du complot. *Diogène*, 249–250: 107–19.

Seidler, J. D. 2016. *Die Verschwörung der Massenmedien*. Bielefeld: transcript.

Swami, V., et al. 2011. Conspiracist ideation in britain and austria: evidence of a monological belief system and associations between individual psychological differences and real-world and fictitious conspiracy theories. *British Journal of Psychology* 102: 443–463.

Thorson, E. 2015. Belief echoes: The persistent effects of misinformation and corrections. *Political Communication* 33 (3): 1–21.

van Prooijen, J.-W., und N. B. Jostmann. 2013. Belief in conspiracy theories: The influence of uncertainty and perceived morality. *European Journal of Social Psychology* 43 (1): 109–115.

Whitson, J. A., und A. D. Galinsky. 2008. Lacking Control Increases Illusory Pattern. *Perception. Science* 322 (5898): 115–117.

Wippermann, W. 2007. *Agenten des Bösen. Verschwörungstheorien von Luther bis heute*. Berlin: bebra.

Wood, M. J., und R. M. Sutton. 2012. Dead and alive: Beliefs in contradictory conspiracy theories. *Social Psychological and Personality Science* 3 (6): 767–773.

Mats Väisänen, M.Sc., M.A., Studium der Wirtschafts- und Sozialwissenschaften an den Universitäten Maastricht (NL) und Münster. Arbeitet heute in koordinierender Tätigkeit in der Eingliederungshilfe. Wissenschaftliches Erkenntnisinteresse: Differenzierungstheorie, Wissenssoziologie, Praktiken sozialer Inklusion und Exklusion.

Andreas Anton, Dr. phil., Studium der Soziologie, Geschichtswissenschaft und Kognitionswissenschaft an der Albert-Ludwigs-Universität in Freiburg. Seit 2017 wissenschaftlicher Mitarbeiter am Freiburger Institut für Grenzgebiete der Psychologie und Psychohygiene (IGPP). Aktuelle Buchveröffentlichung: Andres Anton und Michael Schetsche: Meeting the Alien. An Introduction to Exosociology (Springer VS 2023).

Zur Dialektik von Verschwörungs- und Krisensemantik am Fall der Corona-Pandemie

Sebastian Klimasch

Als Leitmotiv öffentlich-medialer Debatten um Verschwörungstheorien während der Corona-Pandemie lässt sich eine *dreifache Verschränkung von Verschwörungs- und Krisensemantik*[1] ausmachen. So werden Verschwörungstheorien *erstens* regelmäßig im Rekurs auf wissenschaftliche Expertisen als individuelle Krisenbewältigungsstrategie verhandelt. Gesellschaftliche Krisen gelten dabei als notwendige Ursache der Entstehung und/oder des Bedeutungszuwachses von Verschwörungstheorien. *Zweitens* scheint es gleichermaßen selbstverständlich, Verschwörungstheorien *per se* gesamtgesellschaftliches Krisenpotenzial zu attestieren. Gesellschaftliche Krisen werden also nicht nur als notwendige Ursache, sondern ebenso als wahrscheinliche Folge von Verschwörungstheorien gehandelt. Das dergestalt sowohl alltagssprachlich als auch von wissenschaftlicher Seite (re-)produzierte „Deutungsmuster ‚Verschwörungstheorie'" (Anton und Schetsche 2020, S. 105) baut sich somit empirisch maßgeblich um die Qualifizierung von Verschwörungstheorien als zweifaches Krisenphänomen auf. Weniger öffentliche Aufmerksamkeit erhält dagegen eine *dritte* Verschränkung von Verschwörungs- und Krisensemantik: Auch „‚verschwörungstheoretische'

[1] Den Begriff der Semantik gebrauche ich im Sinne eines „semantischen Felds" bzw. einer „Sinnzone" (Berger und Luckmann ([1969] 2018, S. 42 f.).

S. Klimasch (✉)
Universität Trier, Trier, Deutschland
E-Mail: klimasch@uni-trier.de

A. Anton et al. (Hrsg.), *Konspiration*,
https://doi.org/10.1007/978-3-658-43429-8_4

Deutungsmuster“ (ebd.) stellen ihrerseits im Kern Krisendiagnosen dar.[2] Fluchtpunkt der Krisendiagnose ist in diesem Fall allerdings das unterstellte Verschwörungshandeln anderer und die dies ermöglichenden Strukturen.[3]

Verschwörungstheorien werden also als *krisenbewältigende Krisendiagnosen mit Krisenpotenzial* qualifiziert. Diese dreifache leitmotivische Verschränkung von Verschwörungs- und Krisensemantik während der Corona-Pandemie analytisch aufzutrennen und auf ihre Strukturlogik sowie ihren spezifischen sozialen Sinn hin zu befragen, macht sich der vorliegende Beitrag zur Aufgabe. Im Folgenden sollen daher die Erfahrungs- und Deutungsschemata der Verschwörungstheorie und der Verschwörung konsequent aufeinander wie auch auf das der Krise (vgl. Müller 2022) bezogen werden. Dabei ist der Beitrag von der Annahme geleitet, dass die beiden verschwörungssemantischen Deutungsmuster als dialektisch aufeinander bezogene Krisendiagnosen zu verstehen sind, deren zentrale Bezugspunkte das (unterstellte) (Sprech-)Handeln der jeweils anderen ist. Es lässt sich mithin von einer zwar strukturanalogen, aber hinsichtlich der Plausibilität und Legitimität der konkurrierenden Deutungsmuster empirisch nach wie vor asymmetrischen Deutungslogik sprechen: Die (unterstellte) Routine der einen – das Verschwören bzw. Verschwörungsdenken – bedeutet die (Deutungs-)Krise der anderen und *vice versa*. Eine Soziologie des Verschwörungsdenkens und -wissens ist insofern – so die hier verfolgte These – immer auch als eine Wissenssoziologie der Krise anzulegen. Der Beitrag ist dementsprechend wie folgt aufgebaut: *Erstens* wird die politisch-mediale Verflechtung von Verschwörungs- und Krisensemantik während der Corona-Pandemie nachgezeichnet. Vor diesem Hintergrund wird *zweitens* gefragt, was Krise aus der Perspektive einer auf Sinnverstehen ausgerichteten Soziologie bedeuten kann. *Drittens* werden die Konturen eines phänomenologisch fundierten wissenssoziologischen Krisenbegriffs in sozial- wie gesellschaftstheoretischer Hinsicht nachgezeichnet. Diese Differenzierungen werden *viertens* auf die Konstellation der Corona-Pandemie zurückgespiegelt. Der Beitrag schließt *fünftens* mit einem Resümee zur an diesem Fall auszumachenden dialektischen Signatur von Verschwörungs- und Krisensemantik.

---

[2] Sofern man darunter Wirklichkeitsbestimmungen versteht, die tatsächlich eine Verschwörungsbehauptung enthalten und man zugleich nicht davon ausgeht, dass sie damit *notwendigerweise* falschliegen müssten. Nicht nur während der Pandemie kam der Begriff ‚Verschwörungstheorie‘ allerdings vielfach auch dann zur kommunikativen Inferiorisierung von damit bezeichneten Deutungsangeboten zum Einsatz, „wenn [diese; SK] gar keine Verschwörungsbehauptung enth[alten]“ (Anton 2020, S. 18).

[3] Zur Dialektik von Verschwörungshandeln, Verschwörungspraxis und Verschwörungstheorie vgl. Schink (2020).

1 Krisen- und Verschwörungssemantik während der Corona-Pandemie

Am 31. Dezember 2019 erfuhr die Weltgesundheitsorganisation von einer erhöhten Prävalenz von Pneumonien mit zunächst unbekannter Ursache in und um die in der Provinz Hubei gelegenen chinesischen Stadt Wuhan. Am 7. Januar 2020 ließen die chinesischen Behörden verlauten, ein neuartiges Corona-Virus zeichne hierfür verantwortlich. Es wurde vorläufig als „2019-nCov" bezeichnet und später unter dem Namen „SARS-CoV-2" bekannt. Am 27. Januar 2020 wurde der erste Fall der auf den vorgenannten Erreger zurückzuführenden Krankheit „COVID-19" in Deutschland publik. Erste Eindämmungsversuche scheiterten, und so wurde die mit der anfänglich exponentiellen Verbreitung des Virus verbundene Situation durch den Deutschen Bundestag mit dem am 27. März 2020 in Kraft getretenen „Gesetz zum Schutz der Bevölkerung bei einer epidemischen Lage von nationaler Tragweite" zur Epidemie erklärt. Nicht nur dieses Artikelgesetz, sondern auch weitere Verordnungen zeitig(t)en markante Restrukturierungen für das öffentliche wie auch das private Leben: Neben Kontaktbeschränkungen, die Vorgaben bezüglich der zulässigen Maximalanzahl von Personen bei Veranstaltungen und Treffen im Öffentlichen wie im Privaten unter Einhaltung eines obligatorischen Mindestabstandes machten, wurde ganzen Branchen der gewohnte Betrieb angesichts der Infektionslage zeitweilig untersagt. Schulen, Kindertagesstätten und Universitäten wurden vorübergehend geschlossen bzw. in den digitalen Raum verlagert, der öffentliche Personen(nah)verkehr teilweise stark eingeschränkt. Teile der Schengener Abkommen wurden *de facto* zeitweise außer Kraft gesetzt, zahlreiche europäische Binnengrenzen also, bis auf wenige Ausnahmen, geschlossen. Das Tragen eines Mund-Nasen-Schutzes oder vergleichbarer Behelfsbedeckungen im öffentlichen Raum wurde schließlich nach breiten Diskussionen ab Ende April 2020 bei Unterschreitung des vorgegebenen Mindestabstandes, insbesondere im ÖP(N)V und im Einzelhandel, zur Pflicht.[4] Diese in hochkomplexe Verflechtungs- und Wirkungszusammenhänge eingebetteten Prozesse wurden schon früh in der klassisch-massenmedialen Berichterstattung wie auch durch politische ProtagonistInnen zum Erfahrungsobjekt der ‚Corona-Krise'

[4] Vgl. für den vorangegangen Absatz insgesamt die fortwährend aktualisierte „Chronik aller Entwicklungen im Kampf gegen COVID-19 (Coronavirus SARS-CoV-2) und der dazugehörigen Maßnahmen des Bundesgesundheitsministeriums". Online abrufbar unter: https://www.bundesgesundheitsministerium.de/coronavirus/chronik-coronavirus.html. Zugegriffen: 25. Oktober 2022.

verdichtet (vgl. Müller 2022). Im weiteren Verlauf des inzwischen zur Pandemie hochgestuften Geschehens wurden entsprechende Versuche unternommen, Krankenhäuser und Pflegeeinrichtungen ‚krisenfest' zu machen, Schulen im ‚Krisenmodus' allmählich wieder geöffnet, Urlaub fand vielfach in ‚Risikogebieten' statt. Die Rede von einer für eine „lange Zeit" erwarteten „neue[n] Normalität" (Deutsche Presseagentur 2020a) dominierte so in seiner umfassenden Bedeutung weite Teile des Krisen-Diskurses.

Unter diesen Vorzeichen formierte sich bereits im März 2020 Protest, der sich bisweilen als „Widerstand" (Menzel 2020) gegen eine vermeintliche ‚Hygienediktatur' ausflaggte. Die im Rahmen der von ‚Querdenkern' initiierten ‚Hygiene-Demonstrationen'[5] geäußerten Ansichten waren von besonderer politisch-medialer Aufmerksamkeit begleitet und wurden dabei vielfach als verschwörungstheoretisch gerahmt. So hat nicht nur die These, Verschwörungstheorien hätten *derzeit* Hochkonjunktur, seither Hochkonjunktur (vgl. Anton 2020, S. 12). Auch die These, Verschwörungstheorien grassierten *generell* während und nach gesellschaftlichen Krisen, verfestigte sich allmählich in alltagsweltlichen sowie politisch-medialen Diskursarenen zu einem Leitmotiv.[6] Da „[d]ie Pandemie [...] weltweit Angst und Unsicherheit" schüre, sei sie „der ideale Nährboden für konspiratives Denken" (Staas und Ullrich 2020, S. 15). Dabei scheint den KommentatorInnen das von ihnen ausgemachte katalysatorische Moment nicht in den Spezifika der pandemischen Lage zu liegen, sondern in der sich an ihr zeigenden Krisenhaftigkeit historischer oder gegenwärtiger Zeiten. Als Ursache für einen potenziellen Popularitätszuwachs von als verschwörungstheoretisch bezeichneten Deutungsangeboten wird so die in Krisenzeiten generell gesteigerte „Erklärungsnot" (Butter 2016) gehandelt.[7] Verschwörungstheorien kommen dann vor

[5] Für eine politisch-soziologische Aufarbeitung der Corona-Proteste, um die es hier nicht hauptsächlich gehen kann, vgl. Frei et al. (2021); Frei und Nachtwey (2021); Nachtwey et al. (2021) sowie Reichardt (2021).

[6] Hier sei nur auf eine exemplarische Auswahl für den deutschen Sprachraum verwiesen: Blessing (2020); Dilling (2020); Darrelmann (2020); Hudecek (2020); Oberhauser (2020); Schwarz (2020); Staas und Ullrich (2020); Werneburg (2020) und Winter (2020).

[7] Inzwischen sind verschiedene quantitative Studien zu dem Ergebnis gekommen, dass der „Glaube an Verschwörungstheorien" (Roose 2020, S. 17) während der Pandemie nicht zugenommen habe (vgl. auch Uscinski et al. (2022); Deutsche Presseagentur (2020c) sowie Redaktionsnetzwerk Deutschland (2021)). Dennoch sind Verschwörungstheorien nicht zuletzt aufgrund ihrer leitmedialen Dauerpräsenz in Gestalt kritischer, teils alarmistischer Einlassungen „sichtbarer" geworden (Butter 2021). Vgl. zu den Paradoxien der medialen Aufmerksamkeitsgenerierung für heterodoxe Wissensbestände auch Schetsche und Schmied-Knittel (2018).

allem als individuelle Krisenbewältigungsstrategie in den Blick, weil sie „klare Antworten auf Unsicherheit“ (Butter 2020) gäben und somit „Erklärung und Sinnhaftigkeit“ böten, wenn die Welt im „Chaos“ liegt (Butter 2016). Typischerweise wird dieser insofern als krisenbewältigend ausgewiesene Typus des Denkens dabei – vor allem (sozial-)psychologisch informiert – unter Verweis auf eine „Verschwörungsmentalität“ mit einer individuellen, charakterstrukturbedingten „Tendenz“ zusammengebracht (Lamberty und Imhoff 2021, S. 203).[8]

Dementsprechend finden sich zum Zeitpunkt des Abfassens des vorliegenden Beitrags im Spätsommer/Herbst 2022 auch Verlängerungen dieses während der Pandemie prominent gewordenen Leitmotivs einer „gefährliche[n] Allianz von Krise und Verschwörungsglaube“ (Deutsche Presseagentur 2020b): Auch mit Blick auf den russischen Überfall auf die Ukraine kann man inzwischen nachlesen, dass die damit einhergehende bzw. verschärfte „Energiekrise Verschwörungsideologien anheizt“ (Lamberty 2022a). Entsprechend dieser öffentlich dominierenden Problemkonturierung werden die letzten drei ‚krisengerüttelten‘ Jahre in Individualkarrieren nach dem Prinzip „[v]om Corona-Kritiker zum Putin-Versteher“ (Lamberty 2022b) heruntergebrochen (vgl. auch Harrer 2022). Die damit nahegelegte Deutungsoption „[*Immer*; SK] [w]enn die Welt aus den Fugen gerät, blühen Verschwörungstheorien“ (Staas und Ullrich 2020, S. 6) verweist somit auf den alltagsweltlichen Niederschlag einer seit geraumer Zeit prominent in wissenschaftlichen Kontexten verschiedener Fachprovenienz vorgetragenen These, nach der Verschwörungstheorien sich vornehmlich in Krisenzeiten Bahn brächen (vgl. auch Bührer 2022, S. 288). Diese These wird häufig mit einer individualistisch-verkürzten, essentialisierenden und zuweilen auch (psycho-)pathologisierenden Problemkonturierung kurzgeschlossen.[9]

Nun erschöpfen sich öffentliche Auseinandersetzungen um Verschwörungstheorien nicht in Rekonstruktionen von Verursachungskonstellationen, die – wie soeben skizziert – typischerweise im Krisenhaften verortet werden. Auch die befürchteten Konsequenzen ihres potenziellen Popularitätszuwachses werden regelmäßig als krisenhaft ausgewiesen. Meist wird auch oder gar zuvörderst darauf fokussiert, dass Verschwörungstheorien ihrerseits erhebliches Krisenpotenzial

---

[8] Vgl. auch Imhoff und Bruder (2014); Lamberty und Knäble (2020); Nocun und Lamberty (2020, 2021) sowie Imhoff et al. (2022).

[9] Für eine wissenssoziologische Kritik an dieser Problemkonturierung vgl. Anton (2011, S. 60 ff.); Anton und Schetsche (2020, S. 91 ff.); Anton und Schink (2021, S. 46 ff.); Schetsche und Schmied-Knittel (2018, S. 13 ff.). Vgl. mit Blick auf die Corona-Pandemie auch Menzel (2020).

für sich als liberal-demokratisch verstehende Gegenwartsgesellschaften bergen würden. Thematisch wurde dieses Spannungsverhältnis während der Corona-Pandemie wie auch nach der prägnant von Olaf Scholz anlässlich des russischen Angriffskrieges auf die Ukraine proklamierten „Zeitenwende" (Scholz 2022) vielfach wie folgt: Weil (Corona-, Ukraine-und Energie-)Krise sei, seien Verschwörungstheorien auf dem Vormarsch – und weil Verschwörungstheorien auf dem Vormarsch seien, sei erneut, wieder, eine andere (etwa: Vertrauens-, Wissens-, Wissenschafts-, Faktizitäts-, Wahrheits-, Freiheits-, Demokratie-)Krise zu konstatieren.[10] Entsprechend dieser Problemkonturierung von *Verschwörungstheorien als zweifaches Krisenphänomen* lässt sich neben einer Reihe von „Entschwörungs"-Broschüren (vgl. etwa Amadeu Antonio-Stiftung 2021, 2022), die diese entschieden und systematisch *qua* politischer Bildung zu bekämpfen beabsichtigen, auch ein umfangreiches Angebot an Faktenchecks, Ratgeber-Leitfäden (vgl. etwa COMPACT Education Group 2020) sowie Beratungs- und Therapieangeboten identifizieren.[11]

So lässt sich zwar mit Groh (2001, S. 43 f.) festhalten: „Verschwörungstheorien sind […] in zweifacher Hinsicht Krisenphänomene. Sie antworten auf Krisen und provozieren Krisen" – doch wird eben typischerweise nicht expliziert, was dies für eine (wissens-)soziologische Perspektive eigentlich bedeutet. Vielmehr werden analytisch auseinanderzuhaltende Dimensions- und Reflexionsebenen des Krisenbegriffs fortwährend amalgamiert: Mit Blick auf die Verursachungskonstellationen wird eine konstitutionstheoretische Besonderheit verschwörungstheoretischer Deutungsangebote nahegelegt, die darin bestehe, dass diese – im impliziten Gegensatz zu anderen Wissensformen – in Krisen (auf-)blühten. Hier wird also auf der Grundlage eines alltagssprachlichen Krisenbegriffs ein sozialtheoretisches Argument eingeführt, das so nicht haltbar ist. Im zweiten Fall handelt es sich dementgegen um eine mit dem alltagssprachlichen Bedeutungshorizont von Krise konsistente pejorative Bewertungsleistung von Verschwörungstheorien als

---

[10] Siehe etwa die gleich zu Beginn der Pandemie durch die Weltgesundheitsorganisation erfolgte Warnung vor einer „infodemic" (Ghebreyesus 2020) oder die Einrichtung des Phänomenbereichs „Verfassungsschutzrelevante Delegitimierung des Staates" durch das Bundesamt für Verfassungsschutz (2021) angesichts der die Pandemie flankierenden Proteste (vgl. auch Bundesministerium des Innern und für Heimat, 2021, S. 111 ff., insbesondere S. 113 und S. 119). Siehe auch Die Bundesregierung (2022).

[11] Für eine über den Kontext der Corona-Pandemie hinausgehende empirische Aufarbeitung des „Kampf[s] gegen Verschwörungstheorien" vgl. auch Anton und Schink (2021, S. 254 ff.) sowie den Beitrag von Walter in diesem Band.

per se problematisches Wissen. Beide Schlüsse sollen im Folgenden aus wissenssoziologischer Perspektive eingeordnet, nicht aber schlicht übernommen werden. Es wird also in wissenssoziologischer Absicht danach gefragt, welche je standortabhängig spezifischen (Be-)Deutungs- und (Be-)Wertungsdimensionen sowie Handlungsimplikationen sich mit dieser spezifischen Verflechtung von Krisen- und Verschwörungssemantik verbinden und auf welche sich daran aktualisierenden Strukturphänomene diese Deutungsroutine eine Antwort zu sein scheint. Im nächsten Schritt ist demnach konkret zu fragen, wie sich die im Kontext der Corona-Pandemie mit der Verschwörungssemantik eng verflochtene Krisensemantik wissenssoziologisch fassen lässt.

2 Krisensoziologie oder Soziologie der Krise?

Was Krise im Sinne eines Grundbegriffs heißt, ist und bleibt in der Soziologie trotz vielfacher Bestimmungsversuche wohl bis auf Weiteres ungeklärt (vgl. Steg 2020a, S. 423). So ist mitunter auch in soziologischen Arbeiten vielfach ein der Alltagssprache analoger Begriffsgebrauch zu beobachten. Mit diesem geht typischerweise ein ontologisierendes, den Ereignischarakter von Krisen betonendes Begriffsverständnis einher.[12] Krisen kommen dann im Gewand beobachtungsunabhängiger Naturereignisse daher, welche Gesellschaften gleichsam ‚von außen kommend' erfassen. Eine so verfahrende „Krisensoziologie" (Mayr 2014, S. 2) richtet ihre Aufmerksamkeit also auf ontisch verstandene Phänomene bzw. Phänomenklassen und fragt folglich diagnostisch nach dem „Wesen" (ebd.) von (Natur-)Krisen, um diesen dann adäquat begegnen zu können. So sehr dies auch der alltäglichen Wahrnehmung und dem alltäglichen Handlungsimperativ entsprechen mag – das spezifisch-soziologische, Krisen anhaftende Deutungsmoment gerät damit notwendig aus dem Blick.

Dementgegen fokussiert eine „Soziologie der Krise"[13] in wissenssoziologisch-sozialkonstruktiver Fasson auf Krisen im Sinne von immer schon perspektivisch gebrochenen, standortabhängigen Deutungen. Vor dem Hintergrund von Erwartungsstrukturen und Norm(alitäts)vorstellungen können Krisen dann als genuin soziale Phänomene aus einer sinnverstehenden Perspektive in den Blick

[12] Diese Einschätzung teilen u. a. Bühl (1984, S. 1ff.) sowie Preunkert (2011, S. 438). Vgl. für die Corona-Pandemie auch Müller (2022, S. 84 ff.).

[13] Mayr unterscheidet hier „Krisensoziologie" und „Soziologie der Krise" in Analogie zu Boltanskis (2010) „Kritischer Soziologie" und „Soziologie der Kritik".

genommen werden. Hierbei geht es also um die Rekonstruktion der „Plausibilität und Narrativität des Krisentopos“ selbst (Mayr 2014, S. 3; vgl. auch Kiess 2019, S. 22 ff.). Insofern formuliert Armin Steil: „Es gibt ebensowenig eine objektive Realität wie einen identischen Erlebnismodus der ‚Krise‘. Das Identische in allen ihren Begriffsvarianten bildet einzig das semantische *Konstruktionsprinzip*, das die heterogenen Erfahrungsmuster organisiert“ (Steil 1993, S. 243; Herv. im Orig.). Und auch Preunkert (2011, S. 438) fordert „Krisenbeobachtungen selbst zum Gegenstand der Analyse“ zu machen. Reflektiert man mithin auf „die Standortabhängigkeit […] von Krisenerzählungen“, so ist zu vermuten, „dass Krisen von diversen Akteuren unterschiedlich interpretiert und bewertet werden“ (Kiess 2019, S. 23).[14] Eine *Soziologie der Krise* erfordert also eine eingehende Beschäftigung mit dem Konstruktionsprinzip von Krisen als „Selbstthematisierung der Gesellschaft“ (Mayr 2014, S. 8; vgl. Mergel 2012).

In diesem Sinne lässt sich die begriffsgeschichtlich gewonnene These Kosellecks aufnehmen, der Krisenbegriff sei zur „strukturellen Signatur der Neuzeit“ (Koselleck 1982, S. 627) geworden und trage damit einer veränderten Zeiterfahrung Rechnung (vgl. ebd., S. 617). Entgegen vormodernen Konstellationen erscheint die „prinzipiell offene Zukunft“ im Sinne eines „Raums unbestimmter Möglichkeiten“ (Steil 1993, S. 247) als modernitätstypische Lebensbedingung, die der fortwährenden temporalen Sinnintegration bedarf. In ihrer Qualität als „offener Erfahrungsraum“ erfordert sie mit anderen Worten einen „geschlossenen Erwartungshorizont“ (ebd., S. 248). Die Bedeutung des Krisenbegriffs hat sich so im Laufe der Zeit „tendenziell auf den Zeitraum vor der Lösung, auf die Situation der Unsicherheit, ja der Bedrohung“ verschoben (Antony et al. 2016, S. 3). Als „Darstellungsmodus“ (Steil 1993, S. 10) für die Identifikation dringlicher Problemlagen, die womöglich gar heraufziehende Katastrophen ankündigen, fungiert das *Erfahrungs- und Deutungsschema Krise* somit immer schon selbst als Teil der (Krisen-)Lösung. Erst durch die Typisierung von Phänomenen als Krisen können unmittelbar „Sichtbarkeiten und Zurechenbarkeiten“ (Mayr 2014, S. 8) hergestellt werden. Dieses Verstehbar-Machen, Anschlussfähigkeit-Herstellen und Handhabbar-Machen *qua* Deutung einer Situation als Krise veranschaulicht, dass und inwiefern die moderne Krisensemantik als „Medium temporaler Integration“ (Steil 1993, S. 242) fungiert: Als Deutungsroutine ermöglicht sie Handlungsorientierung (ebd., S. 247 f.). Eine sich maßgeblich der Krisensemantik bedienende

[14] Kiess bezieht sich dabei u. a. auf Habermas' Ausführungen zu einem „sozialwissenschaftliche[n] Begriff der Krise“ (1973, S. 9 ff.).

Sprache fungiert mithin als Marker von unter Zeitdruck sich einstellenden Handlungserfordernissen und adressiert stets ein Wir, ein Betroffenheitskollektiv, das aufgrund der Krise unbedingt zum Handeln aufgefordert ist (vgl. Müller 2022, S. 81). Typischerweise etabliert sich damit ein Erwartungshorizont, der nicht nur die bloße Bewältigung der als krisenhaft gedeuteten Gesamtsituation im Sinne einer Rückkehr zum *status quo ante*, sondern auch den Ausblick auf bislang ungekannte Chancen zur Schaffung eines neuen *status quo post*, also zur gesellschaftlichen Transformation beinhaltet (vgl. Steil 1993, S. 10 f.).

Mit der Krise ist also eine spezifisch-moderne Form der Zeiterfahrung auf den Begriff gebracht, die sich im Kern durch die Auf-Dauer-Stellung von Veränderung, von Wandel auszeichnet. In diesem Sinne ist dann auch insgesamt eine Verschiebung der Funktion der Krisen-Metapher beobachtbar, die zunehmend einer Semantik des Risikos weicht.[15] Krisenbewältigung ist somit heute „nicht mehr als das Ende von Krisen zu denken, sondern allein noch als unendliche[r] Prozess: als sich fortbildende Kette von Problemlösungen, die neue Probleme schaffen; als Korrektur von Korrekturen" (Steil 1993, S. 268). Diese können wiederum je spezifisch darstell- und bearbeitbare (Neben-)Folgen zeitigen und damit ihrerseits neue Risiken entstehen lassen. Die Krisensemantik bedient also paradoxerweise selbst gerade Vorstellungen von Kontinuität und fungiert mithin als Routine zur Beschreibung offener Zukünfte wie deren Risiken.

Alltagssprachlich als Krisen gedeutete Phänomene und Prozesse zeichnen sich also aus wissenssoziologischer Perspektive durch ihre *objektive Alltäglichkeit* aus (vgl. auch Steg 2020a, b) und weisen dabei eine „erstaunliche Kontinuität von Urteilsmustern" sowie „Handlungs- und Erscheinungsformen" auf (Endreß und Zillien 2014, S. 12 f.). Die besondere zeitlich-sequentielle Logik von Krisen ließe sich also in Anlehnung an Endreß und Zillien wie folgt beschreiben: Werden gegenwärtige Situationen als krisenhafte gedeutet, so etabliert sich ein Verständnis der Gegenwart als Übergangsstadium, das notwendig immer schon auf die Risiken einer noch offenen Zukunft verweisen muss, wie es auch Umdeutungen der Vergangenheit erforderlich machen kann. Es ist folglich diese sich auf Deutungsebene vollziehende „Auflösung [...] der routinierten gesellschaftlichen Normalität" (ebd., S. 14), die im Folgenden zum Thema gemacht werden soll. Im Weiteren muss es also zunächst darum gehen, die Bedingungen des Auftretens von so verstandenen Krisen auf sozialtheoretischer Reflexions-ebene in den Blick zu nehmen.

---

[15] Vgl. hierzu Ulrich Becks *Risikogesellschaft* (1986) und *Weltrisikogesellschaft* (2007).

3 Konturen eines phänomenologisch fundierten wissenssoziologischen Krisenbegriffs

Insbesondere in den handlungs- und interaktionstheoretischen Theorieperspektiven des Pragmatismus, der pragmatischen Lebenswelttheorie von Alfred Schütz (Srubar 1988), der Ethnomethodologie sowie der Objektiven Hermeneutik lässt sich „ein starkes Interesse an problematischen Situationen bzw. Handlungs- und Interaktionskrisen" identifizieren (Antony et al. 2016, S. 6). Diese Ansätze können als familienähnlich gelten, denn ihre Konzepte der *Routine* – im Sinne eines „notwendigen Komplementärbegriff[s] zum Krisenhaften" – stellen allesamt auf die „*Wissens*dimension sozialen Handelns ab" (ebd.; Herv. im Orig.). Auch haben sie gemein, „Krisensituationen als ‚Generatoren' der Entstehung von Neuem [zu fassen], das sich z. B. in modifizierten Gewohnheiten, neu etablierten Routinen oder Deutungen manifestiert" (ebd.). Im Folgenden soll die phänomenologisch-fundierte wissenssoziologische Konzeption des Verhältnisses von *Krise und Routine* genauer in den Blick genommen werden, um vor deren Hintergrund die Verflechtung von Krisen- und Verschwörungssemantik während der Corona-Pandemie auf ihre Strukturlogik und ihren spezifischen sozialen Sinn hin befragen zu können.

3.1 Problematische Situationen, Krisen und Routine

In seinem auf das Jahr 1957 datierenden Manuskript „Strukturen der Lebenswelt" bietet Schütz eine Unterscheidung von *problematischen Situationen* und *Krisen* an (vgl. [1957] 2003, S. 325 ff.). Von *problematischen Situationen* ist hier die Rede, wenn „[d]ie auf der Konstanz der Weltstruktur aufgebauten Erwartungen […] ‚explodieren' [mögen], das Gültige zweifelhaft, das Vermögliche undurchführbar werden. Das vordem als fraglos-gegeben Angesetzte wird dann zum Problem, einem theoretischen, praktischen oder emotionalen, das formuliert, analysiert und gelöst werden muss" (ebd., S. 327), d. h., wenn dieses „Fragwürdigwerden des bisher Fraglosen nur einzelne Elemente unserer lebensweltlichen Erfahrung erfasst" (ebd., S. 343). In Verlängerung dessen spricht Schütz dann von einer *Krise,* wenn auch „das ebenfalls als fraglos gegeben hingenommene Schema unserer Interpretation dieser Erfahrungen, also das, was Scheler die relativ-natürliche Weltanschauung genannt hat" (ebd.), selbst als Ganzes und grundlegend in Zweifel gezogen wird.[16] „Krisenlagen“ in diesem Sinne können sowohl „persönlich-individuelle[r]“, aber auch „soziale[r]“ Art sein, also „alle Arten von religiösen, ehelichen, geschäftlichen, gesundheitlichen Schwierigkeiten im Einzelleben“ meinen, oder aber „Naturkatastrophen, Krieg, Zusammenbrüche des ökonomischen oder sozialen Systems im Leben der Gruppe“ (ebd.). Schütz' (eher implizit bleibende) Unterscheidung ermöglicht somit gerade unter handlungs- und wissensanalytischen Gesichtspunkten auf im Erodieren von Vertrautheiten und Selbstverständlichkeiten aufgehende Krisen sowie sich damit stellende Handlungsprobleme zu fokussieren. Krisen in diesem Sinne betreffen insbesondere die großen Transzendenzen: Gerade jene Erfahrungen, die auf die letzte Grenze des eigenen Lebens – den (auch „sozialen“)[17] Tod – verweisen, können zum zumindest zeitweiligen Außerkraftsetzen der grundlegenden alltagsweltlichen Idealisierungen führen und den stets nur bis auf Weiteres gegebenen Selbstverständlichkeitscharakter ebendieser gleichsam *ex negativo* zutage fördern (vgl. Schütz [1958] 2020, S. 63 ff.; Schütz und Luckmann 2017, S. 628 f.). In und nach solchermaßen als existenzbedrohend wahrgenommenen Situationen kann es somit zu einer Aufhebung der Geltungsansprüche kommen, mit denen die Lebenswelt des Alltags in der natürlichen Einstellung bislang erlebt und erfahren wurde (vgl. Schütz und Luckmann 2017, S. 629 f.; Schütz [1958] 2020, S. 108 f.). Dergestalt als krisenhaft begreifbare Erlebnisse bzw. Erfahrungen, können dann zu „‚Verwerfung[en]‘ des Sinnkonstitutionsprozesses“ führen (Endreß 2018, S. 51), die damit gerade nicht in der natürlichen Einstellung aufgefangen werden können, denn ihre Funktion als „unbefragter Boden“ (Schütz [1958] 2020, S. 65) der Selbstverständlichkeit wird schließlich in ihren Grundfesten erschüttert und müsste zuallererst selbst wiederhergestellt werden. Folglich wird die „theoretische Einstellung“ (ebd., S. 369 f.) schrittweise und/oder teilweise eingenommen, wodurch das alltäglich Selbstverständliche als zumindest zeitweise in seinen Grundfesten zu Bezweifelndes in den Blick genommen werden muss. Erst so kann das Wissen um den eigenen (auch sozialen) Tod in objektive Sinn- und (Be-)Deutungszusammenhänge eingeordnet werden. Dabei verliert das

---

[16] Auch wenn damit „kein[] verbindliche[r] Krisenbegriff explizier[t] [wird; SK]“ (Antony et al. 2016, S. 7). Im Gegensatz dazu versteht die Objektive Hermeneutik Krise explizit in einem konstitutionstheoretischen Sinne als notwendige Bedingung von Routine, insofern erst durch die Bewältigung einer vergangenen Krise überhaupt bewährtes Wissen zur Bewältigung künftiger Probleme (Routine) zur Verfügung stehen kann (vgl. Oevermann 2016, S. 44 ff.).

[17] Vgl. hierzu auch Pommrenke in diesem Band.

für die natürliche Einstellung der Lebenswelt des Alltags charakteristische pragmatische Motiv notwendigerweise vorübergehend an Relevanz, da „für die Zeit des in dieser Einstellung vollzogenen Denkens also sogar das eigene Selbst in seiner Leiblichkeit und Endlichkeit einer Epoché [verfällt]" (Schütz und Luckmann 2017, S. 631 f.; vgl. Schütz [1958] 2020, S. 369 f.). Insofern erfahren die im Rahmen der natürlichen Einstellung wirksamen und für die Aufrechterhaltung der Handlungs- und Interaktionsfähigkeit konstitutiven, bis auf Weiteres gültigen Idealisierungen des „Und-so-weiter", des „Ich-kann-immer-wieder" (Schütz [1958] 2020, S. 107; vgl. auch Schütz und Luckmann 2017, S. 34) und der „Reziprozität der Perspektiven" (Schütz [1958] 2020, S. 115 f.; vgl. auch Schütz und Luckmann 2017, S. 99 f.) eine massive Erschütterung. Als präreflexiv-fungierende wie auch routinisiert-habitualisierte Ausklammerung der bis auf Weiteres unthematischen potenziellen Krisenhaftigkeit jeglichen Erlebens und Erfahrens, jeglichen Wissens, Deutens und Handelns werden diese Idealisierungen in Krisen thematisch und damit ihres fungierenden Charakters zeitweilig beraubt.

Krisenhaftigkeit erscheint damit nicht als bestimmten Ereignissen *a priori* zukommende Qualität, sondern dieser Sinn konstituiert sich erst in Deutungsprozessen und Handlungsvollzügen. Das heißt: Bis auf Weiteres *unproblematische Situationen* werden konstitutionstheoretisch gesprochen genau dann zu *problematischen* und *problematische Situationen* werden genau dann zu *Krisen,* „wenn sich Handelnde in spezifischer Art und Weise gegenüber diesen Situationen *verhalten*", wie Antony, Sebald und Adloff betonen (2016, S. 8, Herv. im Orig.). Als Krise ließe sich somit die „spezifische *Qualität* des bedeutungsvollen Erfahrens bzw. Erlebens von Handlungs- und Interaktionssituationen" fassen, „deren Bedeutungshaftigkeit sich paradoxerweise in ihrer *senselessness* [...] manifestiert", die vorübergehend praktisch nicht-beantwortbar ist (Antony et al. 2016, S. 8, Herv. im Orig.).[18] So verstandene Krisen werden dann – auch wenn soziologisch deren objektive Alltäglichkeit im Sinne einer Konstruktion zweiten Grades (vgl. Schütz [1953] 2010, 334 f.) sicherlich zu konstatieren ist – typischerweise eben gerade nicht als „normale Anomalien" (Steg 2020a, b) alltagspraktisch wirkmächtig. Aus BeobachterInnenperspektive kommen Krisen sodann als doppelt relationale Abweichung in den Blick: und zwar zum einen als vor dem Hintergrund sozio-historisch, sozio-kulturell und sozio-politisch spezifischer Normalitätsfolien als solches identifiziertes Außeralltägliches. Und zum anderen mit Blick darauf, ab wann eine entsprechende Abweichung vorliegt (vgl. Antony et al. 2016,

[18]Antony et al. verweisen hier auf Garfinkel (1967, S. 54f.). Vgl. jetzt auch in Deutsch: Garfinkel ([1967] 2020, S. 100).

S. 9 f.). Und aus einer an die Ethnomethodologie anschließenden, auf TeilnehmerInnen-Darstellungen und -Konstruktionen abstellenden Perspektive lautet die Frage, *wie*, sprich „auf welche Art und Weise sich Handelnde und Mithandelnde krisenhafte Situationen anzeigen, wie diese sich in ihrem Tun dokumentieren" (Antony et al. 2016, S. 10). Dabei ist von einem „*Kontinuum* zwischen der expliziten [und impliziten; SK] Verwendung der Krisensemantik" auszugehen (Antony et al. 2016, S. 11; Herv. im Orig.).

Der hier vorgeschlagene Krisenbegriff postuliert damit weder eine deutungsunabhängige Phänomenklasse der Krise noch eine distinkte Unterscheidung verschiedener Ebenen des Sozialen, da somit sowohl „körperliche Routinen, auftretende Emotionen, das subjektive Bewusstsein oder das material-gegenständliche Umfeld" wie auch „semantische Ordnungsstrukturen (etwa Leitbilder oder Diskurse), [...] Institutionen oder Organisationen" und „verschiedene gesellschaftliche Funktionsbereiche" (Antony et al. 2016, S. 12) als miteinander verwoben gedacht werden können. Krisen zeigen dabei „das Zusammenwirken von gesellschaftlichen Strukturierungen in der alltäglichen Lebenswelt" *ex negativo* auf und können so in methodologischer Hinsicht den Blick auf die ansonsten nicht-thematisierte oder auf Nachfrage gar nicht-explizierbare „historisch-kulturell variierende Geltung verschiedener Ordnungsniveaus, Normalitäten und Rationalitäten" (Antony et al. 2016, S. 13) lenken. Insofern verweisen *Krisen* also immer schon auf einen theoretisch zu spezifizierenden und zu explizierenden Komplementärbegriff der *Routine* (vgl. Oevermann 2016).

3.2 Grenzsituationen, Wirklichkeitskrisen, Therapie, Nihilierung und Sinnkrisen

In der *Social Construction* unterscheiden Berger und Luckmann im Anschluss an Schütz' pragmatische Lebensweltheorie zwischen zwei im hiesigen Kontext *gleichermaßen* zu berücksichtigenden „Möglichkeiten subjektiver Wirklichkeitsabsicherung": Diese kann a) *routinemäßig* erfolgen, also innerhalb der Alltagswelt und auf Basis alltäglicher Gewissheiten, wenn und insofern diese nicht ihres Selbstverständlichkeitscharakters beraubt sind – so im Falle der soeben mit Schütz beschriebenen problematischen Situationen (kleine und mittlere Transzendenzen). Oder aber sie kann b) im Modus der *Krisenbewältigung* stattfinden, also im Kontakt mit dem Tod oder anderen Wirklichkeiten (große Transzendenzen) (Berger und Luckmann [1969] 2018, S. 159).

Ad (a) *Routine*: Die routinemäßige subjektive Wirklichkeitsabsicherung hat ihren Ort in der intersubjektiven Lebenswelt des Alltags und verweist damit *immer schon* auf andere, und zwar auf in einer dialektischen Beziehung zueinander wie zum Einzelnen stehende „signifikante" und „sonstige" Andere, wobei erstere von besonderer Bedeutung sind: „Wirklichkeitssicherung [sonstige Andere; SK] und Wirklichkeits*ver*sicherung [signifikante Andere; SK] betreffen also die gesamte gesellschaftliche Situation des Einzelnen, auch wenn die signifikanten Anderen dabei eine Vorzugsstellung einnehmen" (ebd., S. 162; Herv. im Orig.). Dabei gilt die „Unterhaltung", das Gespräch als „notwendige[s] Vehikel der Wirklichkeitserhaltung" und -modifizierung. Im Rahmen des dergestalt kontinuierlichen „Ratterns einer Konversationsmaschine" wird größtenteils „implizit, nicht explizit", also weitgehend vor- oder unthematisch, subjektive Wirklichkeitsabsicherung *routinemäßig* betrieben. Es ist also die „wirklichkeitsstiftende Macht des Gesprächs", die eine kohärenten Ordnung zu *ver*wirklichen vermag; Begreifen *und* Erzeugen fallen in eins (ebd., S. 163). *Routine* im hier interessierenden wissenssoziologischen Sinne konstituiert sich somit nicht in Monaden, sondern immer schon in und durch intersubjektiv-pragmatisch hervorgebrachte wie sodann wiederum subjektiv appräsentierte und intersubjektiv verkörperte „Plausibilitätsstrukturen"; also in *qua* Gespräch intersubjektiv ratifizierter subjektiver Ersichtlichkeit von transsubjektiven Wirklichkeitsbestimmungen (ebd., S. 165 f.). Dies gilt für alle drei hier in Rede stehenden Erfahrungs- und Deutungsschemata (Verschwörung, Verschwörungstheorie und Krise) *gleichermaßen.*

Ad (b) *Krise(nbewältigung):* Verliert nun die alltägliche Wirklichkeitsabsicherung ihren Beiläufigkeitscharakter, tritt sie also aus einem fungierenden Modus heraus, können alltagsweltliche Gewissheiten potenziell selbst erodieren (ebd., S. 164). Dies ist insbesondere in „Grenzsituationen" der Fall (s. o. ad Schütz), also in solchen Situationen, in denen der drohende (soziale) Tod thematisch wird. Aber auch in solchen Situationen, in denen durch (wiederholte) Kontakte mit konkurrierenden Wirklichkeitsbestimmungen die eigene fundamental infrage gestellt wird – diesen Typus bezeichnen die Autoren als „Wirklichkeitskrisen", derer es „erheblich mehr als Grenzsituationen" gebe (ebd., S. 167). Angesichts solcher Krisensituationen lässt sich mit Berger und Luckmann weiterhin zwischen (i) subjektiv „improvisier[ten] Wirklichkeitsgarantien" – hier gilt das bisher zur routinemäßigen Absicherung Gesagte, nur „daß sie ausdrücklicher und intensiver sein muß" (ebd., S. 166) – und (ii) gesellschaftlichen „Verfahrensweisen" unterscheiden.

Hinsichtlich der (i) „Transformation subjektiver Wirklichkeit" (ebd., S. 167) lassen sich wiederum zwei Varianten unterscheiden, zwischen denen vielerlei Abstufungen denkbar sind: Diese sind zum einen die auf primären Internalisierungen aufruhende und diese insofern transformierend-erhaltende Sekundärsozialisation (ebd., S. 172) und zum anderen die im Extremfall nahezu totale Transformation im Sinne einer strukturell konversionsartigen, in ihrer Durchgriffstiefe der Primärsozialisation ähnlichen „Verwandlung" bzw. Re-Sozialisation, die somit „radikal neue Wirklichkeitsakzente" setzt (ebd., S. 168). Solchermaßen radikale Transformationsprozesse, die eine ehedem als unmöglich angesehene Umdeutung der Vergangenheit *in toto* im Lichte einer neuen Wirklichkeitsbestimmung erforderlich machen, sind dabei ihrerseits nicht ohne genuin gesellschaftliche Grundlage denkbar: Gerade sie bedürfen in hohem Maße *alternativer Plausibilitätsstrukturen,* also der fortwährenden intersubjektiven *Ver*wirklichung transsubjektiver Wirklichkeiten durch Sinnsetzungs- und vermittlungsinstanzen sowie deren Personal in Gestalt signifikanter Anderer (vgl. ebd., S. 168 f.). Eine solche „Verwandlung bedeutet also auch eine Neukonstruktion der ‚Konversationsmaschine'" (ebd., S. 170). Die subjektive Übernahme alternativer Deutungsangebote – auch und insbesondere solcher, die als heterodox und illegitim gelten – kann insofern nicht zufriedenstellend aus einer individualistisch-essentialisierenden Perspektive verstanden und erklärt werden.

Was die (ii) *gesellschaftlichen Verfahrensweisen im Umgang mit Grenzsituationen und Wirklichkeitskrisen* betrifft, kommen sodann insbesondere Prozesse der Legitimierung und De- bzw. Ent-Legitimierung in den Blick. Von besonderem Interesse sind hier also *symbolische Sinnwelten* (Legitimierungen ersten Grades und vierter Stufe), da erst sie Verweisungszusammenhänge auf andere Wirklichkeiten enthalten und somit Grenzsituationen zu legitimieren vermögen – *Grenzsituationen* und *Wirklichkeitskrisen* fallen damit in ihren Zuständigkeitsbereich. Da jedoch symbolische Sinnwelten gerade in und durch Grenzsituationen und Wirklichkeitskrisen ihrerseits problematisch werden können, erfordern sie zuweilen „theoretische Stützkonzeptionen" (Legitimierung zweiten Grades) (ebd., S. 112 ff.). Diese wiederum kennen die beiden „[a]ngewandte[n] Formen" der „Therapie" und „Nihilierung" (ebd., S. 121 ff.), und bedürfen der „[g]esellschaftliche[n] Organisation" im Sinne einer „Verkörperung von Wirklichkeitsbestimmungen durch konkrete Personen und Gruppen" (ebd., S. 124). Da *Therapie* versucht sicherzustellen, „daß ‚Einwohner' einer bestehenden Sinnwelt [nicht] ‚auswandern'", also nach innen gerichtet ist, wendet sie eine „diagnostische Methodik und ein theoretisches System der ‚Seelenheilung'" auf „individuelle ‚Fälle' an – Abweichler werden also einer „therapeutischen Praxis" zugeführt (ebd., S. 121), die in einer „Theorie der Abweichung" bzw. der „Pathologie" gründet und durch diese *legitimiert* und ggf. gegen jeden Zweifel *immunisiert* wird (ebd., S. 122). *Nihilierung* ist dementgegen nach außen gerichtet, hat zum Ziel, „alles, was außerhalb dieser Sinnwelt steht, mindestens theoretisch zu liquidieren" und stellt so eine Form der „negative[n] Legitimation" der in Rede stehenden symbolischen Sinnwelt dar. Entweder wird so – mit oder ohne therapeutische Absicht – „abseitigen Phänomenen ein negativer [bzw. inferiorer; SK] ontologischer Status zugeschrieben", oder aber es wird versucht, sie „der eigenen Sinnwelt einzuverleiben und so endgültig zu liquidieren. […] Ihre Nihilierung der bedrohten Sinnwelt wird auf diese Weise listig in eine Bestätigung umgemünzt" (ebd., S. 123). Letztlich tendieren symbolische Sinnwelten so zur „absoluten Legitimation" (ebd., S. 126), und das heißt: zu *struktureller Selbstimmunisierung*. Diese Tendenz kann *nicht als Spezifikum heterodoxer (Sub-)Sinnwelten* gelten.

Die bisher verfolgte Theorieperspektive lässt sich nun in *gesellschaftstheoretischer Hinsicht* verlängern. So identifizieren Berger und Luckmann die „moderne Form des Pluralismus" (1995, S. 32) – also die gegenüber vormodernen Konstellationen „quantitative[n] wie qualitative[n] Zunahme der Pluralisierung" (ebd., S. 41) – als „Grundbedingung für die Ausbreitung subjektiver und intersubjektiver Sinnkrisen" (ebd., S. 32). Ein modernitätstypischer „Verlust der Selbstverständlichkeit" (ebd., S. 44) zeichne also in struktureller Hinsicht verantwortlich für die zunehmende Wahrscheinlichkeit von (inter-)subjektiven *Sinnkrisen*. Dieser sei zurückzuführen auf die bereichsspezifische Differenzierung sowie die strukturelle Vervielfältigung historisch-spezifischer Handlungsprobleme und deren Deutung. Daraus folge strukturell notwendig der Bedeutungsverlust allgemeinverbindlicher Sinnsetzungs- und vermittlungsinstanzen sowie Wirklichkeitsbestimmungen und also die Vervielfältigung und tendenzielle subjektive Egalisierung von (teil-)sinnweltspezifischen Perspektiven (Sinninseln). Die beiden zentralen Strukturmerkmale moderner Gesellschaften westlichen Typs – strukturelle Differenzierung in Handlungs- bzw. Institutionenbereiche und ein moderner Pluralismus – sind also als grundsätzlich ambivalent anzusehen: Wirtschaftlicher Wohlstand, Rechts- und Wohlfahrtsstaatlichkeit sowie parlamentarische Demokratie sind zweifelsohne als Errungenschaften anzusehen, verunmöglichen aber zugleich eine übergreifende Sinn- und Werteordnung, und sind somit als strukturelle Bedingungen der zunehmenden Wahrscheinlichkeit subjektiver wie intersubjektiver Sinnkrisen zu verstehen. „Vereinfachend gesagt: Die Grundstruktur moderner Gesellschaften ist die Ursache schwelender Sinnkrisen" (ebd., S. 69 f.), die im Kern darauf zurückzuführen sind, dass „[k]eine Deutung, keine Perspektive […] mehr als allein gültige und fraglos richtige übernommen werden [kann]" (ebd., S. 45). Statt Selbstverständlichkeit im Sinne einer nicht-thematisierten bzw. womöglich gar nicht-thematisierbaren Schicksalshaftigkeit des Lebens gelte nun eine gleichermaßen marktwirtschaftlich wie demokratisch ermöglichte „Vielfalt von Entscheidungsmöglichkeiten" – und d. h.: „Man kann nicht mehr nicht wählen" (ebd., S. 50). Die mithin unvermeidliche Wahl muss zudem in subjektiv ersichtlicher und intersubjektiv ratifizierbarer Art und Weise, sprich unter Bezug auf transsubjektive Größen erklärt *und* gerechtfertigt, also *legitimiert* werden (ebd., S. 52). Denn *Sinn* steht seinerseits in verschiedenen Abstufungen immer im Kontext übergeordneter *Wert*konfigurationen: Der Sinn von Erfahrungen konstituiert sich durch das Relationieren zu und Einordnen in Erfahrungs- und Deutungsschemata. Der Sinn von Erfahrungs- und Deutungsschemata konstituiert sich wiederum in Handlungsmustern. Und der Sinn von Handlungsmustern konstituiert sich schließlich in Gesamtkategorien der Lebensführung (vgl. ebd., 72 f.). Und diese Erfahrungs- und Handlungsschemata weisen insofern unterschiedliche „moralische Besetzung[en]" auf.[19] Es herrscht also nicht nur „Sinnunsicherheit", sondern es herrschen auch „Ungewißheiten der moralischen Beurteilung" von Sinn (Berger und Luckmann 1995, S. 74).

Arbeitsteilig organisierte und sich durch eine komplexe Ver- und Aufteilung des Wissens auszeichnende Gesellschaften bieten also *strukturell* in weitaus höherem Maße als ihre Vorgängerinnen die Möglichkeit objektivierter (und damit in einem wissenssoziologischen Sinne zwangsläufig auch legitimierter) Kontrastwirklichkeiten. So diagnostizieren Berger und Luckmann (1995, 54 ff.) eine fortwährend „schwelende Sinnkrise" als modernen „Normalfall": Zwar häuften sich subjektive und intersubjektive, aber eben normalerweise keine „gesamtgesellschaftlichen [transsubjektiven, SK] Sinnkrise[n]" (ebd., S. 62), denn das „Immunsystem der intermediären Institutionen" sei gewöhnlicherweise imstande, einer „pandemischen Ausbreitung […] d[e]s Sinnkrisen-Virus" entgegenzuwirken (ebd., S. 63).

Die vorstehend skizzierten sozial- wie gesellschaftstheoretischen Überlegungen zu einer phänomenologisch fundierten Wissenssoziologie der Krise sollen im Folgenden auf die Corona-Pandemie zurückgespiegelt und konkret im Hinblick auf die Verflechtung von Krisen- und Verschwörungssemantik hin reflektiert werden.

4 Die Corona-Pandemie – Zwischen Grenzsituationen und Wirklichkeitskrisen

Die Corona-Pandemie brachte offenkundig beide soeben beschriebenen Typen von Krisen mit sich: Zum einen den grundsätzlich nur mittelbar über andere erfahrbaren, jedoch plötzlich in umfassender Weise thematisch gewordenen Tod in

[19] Hier nehmen Berger und Luckmann die von ihnen betonte zweifache Doppelstruktur von Legitimierungsprozessen als gleichermaßen *erklärend wie rechtfertigend* und nach *innen wie nach außen gerichtet* wieder auf (vgl. Berger und Luckmann [1969] 2018, S. 90 ff.).

Gestalt des Virus sowie sich daraus mittelbar ergebende Restrukturierungen des gewohnten alltäglichen gesellschaftlichen Lebens.[20] Zum anderen aber auch die Notwendigkeit der Auseinandersetzung mit an Sichtbarkeit gewinnenden, als verschwörungstheoretisch bezeichneten und schon dadurch als heterodox und mithin als illegitim ausgewiesenen alternativen Wirklichkeitsbestimmungen der Pandemie.[21] Mit Schütz, Berger und Luckmann gesprochen: *problematische Situationen* in der Lebenswelt des Alltags aufgrund pandemieinduzierter *Grenzsituationen* wurden flankiert von *Wirklichkeitskrisen.*

Diese Konstellation gilt es nun, genauer in den Blick zu nehmen: Wie die angesichts der Pandemie standortspezifisch (möglicherweise) notwendig erscheinenden Überprüfungen und etwaigen Neujustierungen der subjektiven Wirklichkeit ausfallen und welche handlungspraktischen Anschlüsse sich damit verbinden mögen, hängt maßgeblich von biographischen sowie sozio-historisch, sozio-kulturell und sozio-politisch spezifischen gesellschaftlichen Umständen ab (vgl. Schütz und Luckmann 2017, S. 629 f.). Krisen rücken also den gesellschaftlichen Wissensvorrat, insbesondere die für solche Grenzsituationen verfügbaren Deutungsangebote sowie deren Plausibilitätsstrukturen und Bindungskraft in den Blick. Werden orthodoxe Wirklichkeitsbestimmungen im Zuge dessen womöglich ihres Selbstverständlichkeitscharakters beraubt und existieren daneben auch heterodoxe Wirklichkeitsbestimmungen,[22] dann kann der in Krisenzeiten thematisch gewordenen „Nicht-Selbstverständlichkeit des Selbstverständlichen" (Endreß 2010, S. 95) immer auch durch die Übernahme von verschwörungstheoretischen Deutungsangeboten begegnet werden. Dies bedeutet jedoch weder, dass orthodoxe Wissensbestände nicht erlaubten, das Geschehene plausibel zu deuten (vgl. Anton und Schetsche 2020, S. 103), noch, dass die als ‚VerschwörungstheoretikerInnen' bezeichneten Anderen aufgrund psychischer Dispositionen nicht anders könnten. (Trans-)Formationsprozesse subjektiver Wirklichkeiten während der Corona-Pandemie sind somit aus wissenssoziologischer Perspektive nicht zufriedenstellend als individuell-essenzialistisch gedachte Konstanten der Ab-

---

[20] Vgl. für eine ausführlichere Rahmung dieser Restrukturierungen der Lebenswelt des Alltags aus einer an Schütz anschließenden Perspektive Endreß und Klimasch (2020). Vgl. für eine autoethnographische Perspektive auf die mit der Corona-Pandemie sich einstellende „Erosion alltäglicher Gewissheiten" aber auch Pierburg (2020).

[21] Vgl. zur Unterscheidung von „heterodoxen" und „orthodoxen Verschwörungstheorien" Anton (2011, S. 29 ff.) sowie die Einleitung in diesem Band.

[22] Diese Pluralität ist wohl als strukturell ambivalentes Merkmal demokratischer Gegenwartsgesellschaften zu verstehen.

weichung analysierbar, denn „jede Art von Bewußtsein ist nur unter besonderen sozialen Bedingungen plausibel. Diese Bedingungen nennen wir eine *Plausibilitätsstruktur*" (Berger et al. [1975] 1987, S. 19 f.; Herv. im Orig.).

Nun können heterodoxe Verschwörungstheorien allerdings schon aufgrund ihres (Il-)Legitimitätsstatus nur als *spekulatives Wissen* kommuniziert werden (vgl. Kuhn in diesem Band), das die Bindungskraft von als orthodox geltenden Wirklichkeitsbestimmungen (nicht nur der Pandemie) infrage zu stellen imstande ist. Insofern geht ihre erhöhte Sichtbarkeit sowohl in klassisch-massenmedialen, politischen und wissenschaftlichen Diskursen, aber auch in alltäglichen Gesprächen (sowohl *in vivo* als auch online) typischerweise mit Krisendiagnosen bezüglich der eigenen Wissens- und Wirklichkeitsautorität einher, die sich regelmäßig in Verlustanzeigen von Wahrheit, normativer Richtigkeit und Wahrhaftigkeit (vgl. Habermas 1981, S. 427–451, insbesondere S. 439) niederschlagen. Folglich kommt es zu *Therapie-, Nihilierungs-* und *(Selbst-)Immunisierungsstrategien.*

Die insbesondere mit den Corona-Protesten assoziierten Vergemeinschaftungsprozesse heterogener „Träger[] […] alternative[r] Wirklichkeitsbestimmung[en]" (Berger und Luckmann [1969] 2018, S. 114) waren dabei von besonderer öffentlich-medialer Aufmerksamkeit begleitet, stellten sie doch gerade die zu Beginn der Pandemie dominierenden expliziten Legitimationstheorien ersten Grades in Gestalt von Virologie und Epidemiologie grundsätzlich infrage. Und da auch Legitimierungen zweiten Grades – hier: Wissenschaftlichkeit überhaupt – offenkundig nicht zu greifen vermochten, wurden vielfach weitere sinnweltstützende Theoriebildungen als erforderlich angesehen. Wenn wir den Überlegungen Bergers und Luckmanns zum gesellschaftlichen Umgang mit alternativen Wirklichkeitsbestimmungen folgen, sind hier also die sozialen Prozesse der „Therapie" und „Nihilierung" zu fokussieren (vgl. Berger und Luckmann [1969] 2018, S. 121 ff.). Die gesteigerte Prominenz (sozial-)psychologischer und teils klinisch-psychologischer Erklärungsansätze für Verschwörungstheorien sowohl in massenmedialen, politischen und wissenschaftlichen Diskursen als auch in alltäglichen Interaktionszusammenhängen deutet einerseits darauf hin, dass eine „diagnostische Methodik und ein theoretisches System der ‚Seelenheilung'" (Berger und Luckmann [1969] 2018, S. 121), also der *Therapie,* bis zu einem gewissen Grad nachgefragt ist und für möglich gehalten wird: Nimmt man sich wechselseitig noch als Bewohner derselben Sinnwelt wahr, so kann sowohl von orthodoxer als auch von heterodoxer Seite regelmäßig die Rückbesinnung auf den ‚gesunden' Menschenverstand bemüht werden. Andererseits: Mit Blick auf die hoffnungslosesten Fälle der ‚Corona-LeugnerInnen' und ‚CovidiotInnen' (oder eben: der ‚Schlafschafe') legt sich gegenwärtig offenbar eher die Strategie der *Nihilierung* nahe, denn den von ihnen behaupteten Phänomenen und ihren

Interpretationen wird nicht selten *a priori* ein negativer bzw. inferiorer ontologischer Status zugeschrieben. Nicht nur sind ihre Theorien (epistemo-)logisch aus der Perspektive der angegriffenen und zu verteidigenden Sinnwelten fragwürdig, sondern sie sind vor allem auch normativ unhaltbar; *in nuce: illegitim* (vgl. Berger und Luckmann [1969] 2018, S. 123).

Die während der Pandemie beobachtbaren scharfen Abgrenzungsprozesse gegenüber Verschwörungstheorien und deren VertreterInnen können insofern als gesellschaftliche Verfahrensweisen der Krisenbewältigung, als „Normalisierungsbemühungen" (vgl. Garfinkel 2020 [1967], S. 107) angesichts des *Aufflammens einer bis auf Weiteres schwelenden Sinnkrise* gefasst werden. *Vice versa* verweisen auch die Vergemeinschaftungsprozesse aufseiten der als ‚VerschwörungstheoretikerInnen' bezeichneten Anderen auf ebendiese Strukturlogik. Unter den historischen Voraussetzungen einer sich als liberal-demokratisch beschreibenden Gesellschaft wie auch der in den USA und Westeuropa vor ca. 75 Jahren einsetzenden Delegitimierungs- und Stigmatisierungspraxis gegenüber Verschwörungstheorien (vgl. Butter 2018, S. 151 ff. sowie Anton und Schink 2021, S. 75 ff.) traten so während der Pandemie auch zentrale Parallelen zu gegenwärtig erfolgreichen, teils quer zu altbekannten politischen Lagergrenzen liegenden Populismen hervor.[23] Diese können das Verhalten von Eliten immer auch verschwörungstheoretisch deuten, müssen dies aber nicht (vgl. Butter 2018, S. 173 ff.). Die mit der Corona-Protestpraxis einhergehenden Vergemeinschaftungsprozesse scheinen allerdings demgegenüber indifferent: Die Idee der illegitimen Oktroyierung von Corona-Maßnahmen scheint ungeachtet spezifischer Erklärungsangebote für solches Elitenhandeln ihrerseits eben nicht nur spaltenden, sondern ebenso integrativen Charakters zu sein.[24] Die als solche wahrgenommene (politische) Gefahr, die von konkurrierenden Wirklichkeitsbestimmungen und deren durchaus

[23] Vgl. etwa Butter (2018, S. 170 ff.); Vobruba (2019, S. 99 f.); Vobruba in: Endreß et al. (2020, S. 116).

[24] Zur Absicherung ihrer Geltungsansprüche sind die Protestgemeinschaften insofern notwendig auf „moralische Kollektive" (Joller und Stanisavljevic, 2019) i. S. von „Legitimierungsinstanzen" (Joller 2019, S. 43) angewiesen, die im Sinne transsituativer wie transsubjektiver Größen intersubjektiv aktualisiert und so subjektiv plausibilisiert werden müssen. Dabei sind sie nicht als „Urteilskollektive", sondern „eher als Kriterienkollektive" zu begreifen: „Die Indifferenz gegenüber einzelnen Urteilen ermöglicht den moralischen Kollektiven aber den Umgang mit der Individualität ihrer Vertreter" (Joller 2019, S. 41 f.). Aus einer solchen Perspektive erscheinen auch Dynamiken der Allianzierung von ansonsten kaum zusammenzubringenden AkteurInnen analytisch wenig irritierend.

heterogenen TrägerInnen ausgeht, wird zu neutralisieren versucht, indem wechselseitig unterstellt wird, dass die jeweils standortabhängig als „Leugner" (Berger und Luckmann [1969] 2018, S. 124) bezeichneten Personen ohnehin nicht wüssten, was sie sagen. Gerade deshalb meint man aktuell auch „nur sorgfältig auf ihre Aussagen achten [zu müssen; SK], die ihren Defensivcharakter und ihre Verlogenheit enthüllen. Was immer gesagt wird, läßt sich in Bestätigung der Sinnwelt, die äußerlich verleugnet wird, übersetzen!" (ebd.). In Aufnahme und Erweiterung der von Berger und Luckmann skizzierten Strategien zur Bewältigung von Wirklichkeitskrisen ließe sich somit von in eine *wechselseitige-inverse Deutungslogik eingelassenen Delegitimierungs- und (Selbst-)Immunisierungsstrategien* sprechen (vgl. auch Kuhn in diesem Band sowie Endreß 2020, S. 133). Verschwörungstheorien einerseits und offiziellen Versionen andererseits werden also – so die These – von sich agonal, mittlerweile womöglich zunehmend antagonistisch gegenüberstehenden SprecherInnenpositionen aus, ihre gesellschaftliche Geltung, ja ihre soziale Gültigkeit *a priori* abgesprochen.

Entscheidend für die solchermaßen ausgetragenen Rivalitäten um Deutungshoheit – dies haben Berger und Luckmann auch gesehen – sind jedoch typischerweise gerade nicht theorie- bzw. sinnwelt-immanente Bezüge, sondern allem voran außertheoretische Interessen:

> „So wird über konkurrierende Wirklichkeitsbestimmungen in der Sphäre konkurrierender gesellschaftlicher Interessen entschieden, Interessen, deren Antagonismus auf diese Weise ins Theoretische ‚übersetzt' wird. Ob die Experten und ihre Gönner dann als Einzelne und im einzelnen die Theorien subjektiv ‚ehrlich' meinen, ist für das soziologische Verständnis solcher Prozesse von nur sekundärer Bedeutung." (Berger und Luckmann [1969] 2018, S. 129)

Die dieser Tage populäre Verflechtung von Krisen- und Verschwörungssemantik könnte also zunächst einmal als (nicht intentionalistisch misszuverstehender) Übersetzungsversuch außertheoretischer gesellschaftlicher Interessen ins Theoretische gelesen werden – und zwar beiderseits. Sie sagt aber insofern weder etwas darüber aus, ob Verschwörungstheorien ‚ehrlich' gemeint werden, noch lässt sich damit eine auf Individuen zurechenbare (Fern-)Diagnostik kurzschließen. Deswegen erübrigt sich zumindest aus wissenssoziologischer Perspektive auch die Fahndung nach Prädikatoren für Empfänglichkeiten, problematischen Persönlichkeitsmerkmalen oder Charaktereigenschaften im Sinne von „Verschwörungsmentalitäten" (vgl. zu dieser Einschätzung auch Anton 2020, S. 14). Dass das Beharren auf der epistem(olog)ischen Überlegenheit und Gesundheit der eigenen Wirklichkeitsbestimmungen sowohl demokratische Debatten als auch wissenschaftliche Diskurse nachhaltig fehlleiten bzw. aufgrund wechselseitiger Absolutheitsansprüchen gar *ad absurdum* führen kann (vgl. Endreß 2014; Endreß in: Endreß et al. 2020, S. 48 ff.), gerät dabei gegenwärtig allzu leicht aus dem Blick.[25]

5 Zur dialektischen Signatur von Verschwörungs- und Krisensemantik

Abschließend werden zunächst die vorstehenden Überlegungen zusammengetragen, um sodann deren Implikationen für die am Fall der Corona-Pandemie auszumachende *dialektische Signatur von Verschwörungs- und Krisensemantik* zu skizzieren.

Erstens gilt es mit Blick auf die Krisensemantik zwischen Konstruktionen ersten und zweiten Grades zu unterscheiden (vgl. Schütz [1953] 2010, 334 f.) und diese Unterscheidung in der Analyse ernst zu nehmen. Hier geht es insbesondere um die eigentümliche *Spannung von Krise und Routine,* also im Kern um die soziologisch zu konstatierende *objektive Alltäglichkeit von auf Außeralltäglichkeit abstellenden Deutungen*[26] – dem also, was Joris Steg als „normale Anomalie" bezeichnet (Steg 2020a, b). *Zweitens* ist hinsichtlich beider Konstruktionsebenen von einer Vielfalt und wechselseitigen Durchdringung von Krisenbegriffen auszugehen, die aus der Perspektive einer empirischen Wissens- und Wissenschaftssoziologie der Krise erforschbar sind. Zentral ginge es hier um eine Rekonstruktion der jeweils angelegten Krisenverständnisse vor dem Hintergrund der jeweils leitenden Routineverständnisse, die typischerweise nur *ex negativo* aufscheinen. Das seinerseits als Routine zu verstehende Deutungsmuster Krise ermöglicht es, von AkteurInnen, TeilnehmerInnen und BeobachterInnen als solche identifizierte Abweichungen von einer wie auch immer gearteten Normalität zu erforschen. Dies in einem *doppelt relationalen Sinne:* In Rechnung zu stellen ist dabei sowohl die Standortspezifik als auch die damit verbundene Entscheidung darüber, ab wann etwas als Krise bezeichnet wird. *Drittens* kann aus der Perspektive einer (selbst-)reflexiven (Wissens-)Soziologie auch das eigene Unterfangen zum Gegenstand

[25] Die fortwährende Pathologisierung subjektiver Sinnkrisen kann ebenso wie das Lächerlich-Machen alternativer Wirklichkeitsbestimmungen und ihrer Träger(gruppen) paradoxerweise deren Popularität und mithin deren Plausibilitätsstrukturen gar stärken (vgl. Schetsche und Schmied-Knittel 2018, S. 13 ff.).

[26] ‚Krise' fungiert als Erfahrungs- und Deutungsschema, also als *Routine* zur Bezeichnung von wahrgenommenen *Routinebrüchen.*

gemacht werden (Endreß 2008, S. 91 ff.). Somit können verschiedene aufeinander verweisende Reflexionsebenen von *Krise und Routine* ausgemacht und hinsichtlich ihrer Implikationen, Möglichkeiten und Grenzen in den Blick genommen werden: a) sozialtheoretische (konstitutionstheoretische), b) allgemein-soziologische (systematische) und schließlich c) gesellschaftstheoretische sowie gegenwartsdiagnostische (also historisch-spezifische) (vgl. Endreß 2010, S. 93).

Ad (a) In sozialtheoretischer (konstitutionstheoretischer) Hinsicht erscheinen Krisen in einem von Konstruktionen ersten Grades zu unterscheidenden Sinne: *Routine* konstituiert sich überhaupt nur in *Krisen,* also in vorübergehend sinnlos erscheinenden, also deutungs- wie handlungspraktisch nicht-beantwortbaren Situationen. Diese sind somit integraler Bestandteil menschlichen Selbst-, Sozial- und Weltverhältnisses, Ausdruck eines Nicht-Nicht-Handeln-Könnens, eines Ausdruckszwangs, der seinerseits im Kontext der „sozialen Elementardialektik" (Endreß 2008, S. 93) von Externalisierung, Objektivierung und Internalisierung zu verorten ist. Aus dieser Perspektive erscheint also *sämtliches Wissen* als in (Deutungs- und Handlungs-)Krisen sich konstituierende Routine. Wenn fortwährend die Rede davon ist, dass ‚Verschwörungstheorien in Krisen blühten', dann ist damit unter sozial- bzw. konstitutionstheoretischen Gesichtspunkten gerade *keine differentia specifica* eines verschwörungstheoretischen Wissenstypus ins Feld geführt. Dies kann einer wissenssoziologischen Perspektive also *keine strukturelle Besonderheit* verschwörungstheoretischer Wirklichkeitsbestimmungen bedeuten (vgl. auch Anton und Schink 2021, S. 51).

Ad (b) Sodann erscheinen *Grenzsituationen* und *Wirklichkeitskrisen* als integrale Elemente der fundamentalen gesellschaftlichen Dialektik von (Ent-)Institutionalisierung, (Ent- bzw. De-)Legitimierung und (Re-)Sozialisierung, die damit also *gleichermaßen* immer schon sowohl auf Bestand und Wandel, auf Kontinuität und Diskontinuität, auf Formations- und Transformationsprozesse verweist. Auch in diesem Sinne ist der analytische Mehrwert der Rückführung von Verschwörungstheorien auf Krisen zumindest fraglich, denn Transformationen subjektiver Wirklichkeit entfalten sich ebenso wie gesellschaftliche Wirklichkeitskrisen allerorten entlang einer pluralistischen Konkurrenz von Sinnwelten, die einander permanent herauszufordern imstande sind – auch darin besteht also *keine verschwörungstheorien-spezifische Phänomensignatur.*

Ad (c) Aus einer in diesem Sinne verlängerten gesellschaftstheoretischen Perspektive schließlich ist insbesondere für liberal-demokratische Gegenwartsgesellschaften strukturell von einer Vielfalt einander teils fundamental widersprechender und sich wechselseitig fortwährend gefährdender Wirklichkeitsbestimmungen und Deutungsoptionen und damit von einer bis auf Weiteres als Normalfall anzusehenden *schwelenden Sinnkrise* auszugehen. Verschwörungstheorien stellen auch in diesem Sinne kein Unikat dar, sind aber während der Pandemie – nicht zuletzt aufgrund der medialen Dauerthematisierung im Kontext der Corona-Proteste – zu einem prominenten Bezugspunkt einer solchen, zumindest *vorübergehend aufflammenden Sinnkrise* geworden.

Demnach ist also in Rechnung zu stellen, dass als verschwörungstheoretisch beschriebene alternative Wirklichkeitsbestimmungen aus wissenssoziologischer Perspektive nicht zufriedenstellend als zwangsläufige Folge von über WissensträgerInnen hereinbrechende Quasi-Naturereignisse zu verstehen sind. Ebenso wenig sind ihre Folgen nicht gleichsam natürlicherweise krisenhaft, sondern sie beziehen diese (ihnen zugeschriebene) Qualität *nur* daraus, dass sie immer schon Teil eines *„Konflikts um Geltungsansprüche"* (vgl. Kuhn in diesem Band; Herv. im Orig.) sind. Soziale Wirklichkeit ist insofern konsequent entlang des sich fortwährend in reziproken Deutungsprozessen artikulierenden konstitutiven Spannungsverhältnisses von *Krise und Routine* zu denken: Verschwörungstheoretische Erfahrungs- und Deutungsschemata fungieren offenkundig einerseits als transsubjektiv verfügbare, intersubjektiv ratifizierbare und nur insofern standortabhängig subjektiv plausibilisierbare Deutungsoptionen in Reaktion auf brüchig gewordene Routinen, also als *objektiv mögliche* Antwort auf infrage gestellte Selbstverständlichkeiten. Sie unterlaufen damit andererseits aber potenziell die alltagsweltlichen Gewissheiten anderer und können insofern ihrerseits die „Nicht-Selbstverständlichkeit des Selbstverständlichen" (Endreß 2010, S. 95) im sozialen Anderswo thematisch werden lassen. So lässt sich durchaus verstehen und erklären, dass Verschwörungstheorien als krisenhaft ausgeflaggt werden. Daran zeigt sich aber zugleich auch, dass es zu kurz greift, in ihnen schlicht eine *a priori* fehlgeleitete, individualistisch-essentialisierend gedachte Form der Abweichung oder Pathologie zu sehen – als ob die Deutungsoption Verschwörung *a priori* unsinnig (durchaus im Sinne des frühen Wittgensteins)[27] wäre und als ob sie ohne genuin soziale Plausibilitätsstrukturen auskäme.

---

[27] Vgl. hierzu Bjerg und Presskorn-Thygesen (2017). Die Autoren sehen eine eigentümliche Paradoxie darin, dass mit der Bezeichnung von Sprechhandlungen als verschwörungstheoretisch einhergehe, dass diese der kritischen Prüfung gar nicht wert seien, dass eine solche gar *unangemessen* wäre, während man sich paradoxerweise umgekehrt unentwegt auf das Ideal der unvoreingenommenen empirischen Überprüfung berufe. Dies münde dann typischerweise in folgendem Credo: „Da sie [Verschwörungstheorien; SK] *a priori* keinen Sinn ergeben, hat es keinen Sinn, überhaupt zu untersuchen, ob sie wahr sind" (Bjerg und Presskorn-Thygesen 2017, S. 154; eigene Übers.). Ob eine solche „‚anti-verschwörungstheoretische Einstellung möglicherweise grundsätzlich einem ‚Verstehen' des Phänomens zuwiderläuft", da sie nur ein „halbiertes" Phänomenverständnis zu liefern imstande ist, diese Frage werfen nicht nur Anton und Schetsche (2020, S. 96), sondern auch Bührer (2022, S. 308) auf.

In diesem Zusammenhang scheint es also erneut angebracht zu betonen, dass nicht nur, aber vor allem „konspirologische" (Meyer 2018, S. 157 ff.) Wirklichkeitsbestimmungen,[28] wie sie während der Pandemie als dominant angesehen werden können, im Kern selbst (wirtschaftlich-politische) Missstände identifizieren zu können meinen, für die ‚demokratische Eliten' verantwortlich gemacht werden. Insofern sind sie also ihrerseits als Krisendiagnosen zu verstehen, die wesentlich und explizit das Tun, Dulden und Unterlassen anderer zum Gegenstand haben. *Deswegen* stellen sie eine – gegenwärtig vorwiegend als illegitim geltende – Form der „Kritik der Leute" (Vobruba 2019; vgl. auch Vobruba in: Endreß et al. 2020) dar. Konspirologische Wirklichkeitsbestimmungen deuten ja gerade die Routinen ‚demokratischer Eliten', das unterstellte Verschwören, unter den (Transparenz- und Aufrichtigkeits-)Vorzeichen liberaler Demokratie (vgl. etwa August und Osrecki 2019) als illegitim und mithin als (auch) ihre Krise. *Vice versa* kommen insbesondere konspirologische Deutungsangebote und die mit ihnen einhergehenden Vergemeinschaftungsprozesse gerade aufgrund ihrer nach außen hin strukturell delegitimierenden Stoßrichtung dieser Tage vermehrt als illegitime Routine der anderen in den Blick (vgl. auch Anton und Schink 2021, S. 215 ff.).

Ausgehend von den hier zugrunde gelegten empirischen Beobachtungen ist also von einem dialektischen Konstitutionsverhältnis zwischen „‚verschwörungstheoretischen' Deutungsmustern" und dem „Deutungsmuster ‚Verschwörungstheorie'" (Anton und Schetsche 2020, S. 105) auszugehen. Dieses ist eingebettet in eine am Fall der Corona-Pandemie nachzuvollziehende wechselseitig-inverse Deutungslogik, der zufolge die jeweils anderen und ihr (Sprech-)Handeln zum Fluchtpunkt mehr oder weniger profunder Krisendiagnosen werden. *Verschwörungstheoretische Deutungsmuster* können somit als krisenbewältigende Routinen gelten, die die Routinen anderer (das unterstellte Verschwören) als krisenhaft ausweisen *(Apriori der Illegitimität des (Verschwörungs-)Handelns anderer)*. Umgekehrt dient das *Deutungsmuster Verschwörungstheorie* sowohl denjenigen, die selbst des Verschwörens bezichtigt werden, als auch denjenigen, die ihre Wirklichkeitsordnung durch verschwörungstheoretische Wirklichkeitsbestimmungen infrage gestellt sehen, als krisenbewältigende Routine. Das Deutungsmuster Verschwörungstheorie dient hier der kommunikativen Irrealisierung der damit behaupteten Verschwörung, der epistem(olog)ischen Inferiorisierung des

[28] Die vermeintlichen VerschwörerInnen stehen hier innerhalb der Gesellschaft und häufig sogar ganz oben, werden also als macht- bzw. herrschaftsnah entworfen. Insofern lässt sich hier von einer *Elite-Volk-Figuration* sprechen.

damit bezeichneten Wissens und Sprechens wie auch der moralischen Immunisierung diesem gegenüber *(Apriori der Illegitimität des (Verschwörungs-)Denkens und (-)Wissens anderer).*

In beiden Fällen artikuliert sich die Illegitimitätszuschreibung entlang des *Deutungsmusters Krise,* das als Marker für unter Zeitdruck sich stellende Handlungserfordernisse fungiert: Folgt man dem *Apriori der Illegitimität des Verschwörungshandelns anderer,* so gilt es, sämtliches Verschwörungshandeln und insbesondere die dieses erst ermöglichenden Strukturen zu ‚entlarven' und zu ‚entschwören'. Folgt man hingegen dem *Apriori der Illegitimität des Verschwörungsdenkens und -wissens anderer,* so gilt es, sämtliche so bezeichneten Wissensbestände zu bekämpfen. Indessen verfallen paradoxerweise selbst VerfechterInnen des Deutungsmusters Verschwörungstheorie bisweilen in verschwörungstheoretische Argumentationsmuster. So ist auch in gegenüber Verschwörungstheorien sich als kritisch ausweisenden Kontexten von „Entschwörung" (vgl. etwa Amadeu Antonio-Stiftung 2021, 2022) die Rede, was anschaulich auf die dialektische Verwobenheit beider verschwörungssemantischen Deutungsmuster verweist. Denn die Semantik des „Entschwörens" wird typischerweise Verschwörungstheorien zugeschrieben, hier aber gerade für eine verschwörungstheorien-kritische Perspektive reklamiert: Verschwörungstheorien meinen ja *Ver*schwörungen identifizieren zu können, suchen diese der Selbstbeschreibung nach zu *ent*larven und sind somit im Kern mit nichts anderem als *Ent*schwörungsarbeit befasst. Dass also ausgerechnet diese Bezeichnung titelgebend für verschwörungstheorien-kritische Broschüren ist, muss insofern irritieren, als sie Verschwörungstheorien und das Agieren von ‚VerschwörungstheoretikerInnen' damit ihrerseits *prima facie* verschwörungstheoretisch rahmt: Semantisch wird eine zu *ent*schwörende *Ver*schwörung der ‚VerschwörungstheoretikerInnen' nahegelegt. Umgekehrt scheint es tatsächlich manchen der als ‚VerschwörungstheoretikerInnen' bezeichneten Anderen angezeigt, sich gegen die vermeintlichen ‚VerschwörerInnen' zu verschwören.[29]

Dass der (Il-)Legitimitätsstatus von Verschwörungstheorien empirisch variieren kann, diese also sowohl heterodoxes als auch orthodoxes Wissen darstellen können, ändert nichts an dieser *spezifischen Strukturlogik der Verschwörungssemantik:* Indem *verschwörungstheoretische (insbesondere konspirologische) Deutungsmuster* andere des Konspirierens bezichtigen, machen sie das Handeln

[29] Als geradezu paradigmatischer Fall können die Reichsbürger-Razzien im Dezember 2022 gelten.

anderer zum Gegenstand moralisierender Einlassungen und betreiben mithin Beweislastumkehr zu ihren eigenen Gunsten. Strukturanaloges lässt sich aber auch auf der Gegenseite beobachten: Indem das *Deutungsmuster Verschwörungstheorie* sowohl Geäußertes kommunikativ irrealisiert und mithin epistem(olog) isch inferiorisiert, erfahren die damit adressierten SprecherInnenpositionen moralisierende Abwertung, man selbst hingegen moralische Aufwertung.[30] Strukturell unterscheiden sich die entlang der Verschwörungssemantik ausgetragenen Aushandlungen von Geltungsansprüchen somit insofern von anderen Debatten um alternative Wirklichkeitsbestimmungen, als es sich hier um zwei dialektisch aufeinander bezogene Krisendiagnosen handelt, in deren Zentrum jeweils explizit die Illegitimität des Denkens und/oder Handelns anderer steht. Sowohl das Deutungsmuster Verschwörungstheorie als auch verschwörungstheoretische Deutungsmuster sind insofern „Theorien der Abweichung" (Berger und Luckmann [1969] 2018, S. 122) im besten Sinne, die zur negativen Legitimierung eigener Geltungsansprüche dienen können. So erscheinen also sowohl Verschwörungen als auch Verschwörungstheorien je perspektivisch gebrochen als Krisen. Und zwar sozusagen als Signa einer Krise der Kritik, die nicht wenigen BeobachterInnen zufolge auf eine in Schieflage geratene Diskursethik, wenn nicht gar auf eine vermeintlich vor dem Abgrund stehende liberale Demokratie verweist (‚Lügenpresse' vs. ‚Postfaktizität'). Sowohl TrägerInnen konspirologischer Wirklichkeitsbestimmungen als auch ihre KritikerInnen beziehen sich also entweder selbst fortwährend mehr oder weniger explizit auf die symbolische Sinnwelt der *Demokratie,* oder aber sie werden von den jeweils anderen auf diese verwiesen. Sie fordern dann – je standortabhängig, also perspektivisch gebrochen – deren Geltung ein, sehen

[30] An anderer Stelle (Klimasch 2023) habe ich anhand zweier Fälle rekonstruiert, dass und inwiefern sowohl das Deutungsmuster Verschwörung als auch das Deutungsmuster Verschwörungstheorie letztlich zur Selbstimmunisierung tendieren. Es lässt sich also von einer wechselseitig-inversen, letztlich strukturanalogen Deutungslogik sprechen, die typischerweise im Modus moralischer Kommunikation erfolgt (vgl. Bergmann und Luckmanns ([1999] 2013). Eine solche Analytik stellt kein normatives Argument und auch keine Parteinahme dar, sondern eine Zwischenposition, die einzunehmen erforderlich ist, um dialektisch verwobene Prozesse der Selbst- und Fremdbeschreibung überhaupt erst *als solche* rekonstruieren zu können. Die gesellschaftspolitische Beurteilung alternativer Wirklichkeitsbestimmungen sehe ich als davon zu trennendes Unterfangen an. In einer solchen analytisch-neutralen Perspektive liegt – entgegen einem häufig begegnenden und offenkundig gefälligen Missverständnis einer sozialkonstruktiven Perspektive – keine in erkenntnistheoretischer Hinsicht relativistische Position, sondern ein „methodischer Relationismus" i. S. Karl Mannheims vor (vgl. Endreß 2000).

diese aber durch die jeweils anderen in Gefahr gebracht (‚Hygienediktatur' vs. ‚verfassungsschutzrelevante Delegitimierung des Staates').[31] Diese *konstitutive Dialektik* zu unterschlagen, führte in der Tat zu einem „halbierten" Phänomenzugriff (vgl. Anton und Schetsche 2020, S. 96): Die (je unterstellte) Routine der einen ist die Krise der anderen und *vice versa* – darin liegt die Strukturlogik und mithin der spezifische soziale Sinn der dieser Tage prominenten diskursiven Verflechtung von Krisen- und Verschwörungssemantik.[32]

Literatur

Amadeu Antonio-Stiftung. 2021. Entschwörung konkret. https://www.amadeu-antonio-stiftung.de/wp-content/uploads/2021/08/Entschwoerung_konkret_web.pdf. Zugegriffen: 13. November 2022.

Amadeu Antonio-Stiftung. 2022. Entschwörung mit Format. Neue Wege der Erwachsenenbildung. https://www.amadeu-antonio-stiftung.de/wp-content/uploads/2022/08/entschwoerung-mit-format-netz.pdf. Zugegriffen: 13. November 2022.

Anton, A. 2011. *Unwirkliche Wirklichkeiten. Zur Wissenssoziologie von Verschwörungstheorien*. Berlin: Logos.

Anton, A. 2020. Willkommen in der Paranoia-Gesellschaft! Verschwörungstheorien in Zeiten von Corona. In *Forum: Verschwörungstheorien als narratives Phänomen*, hrsg. Simon Spiegel, Andreas Anton, Carolin Amlinger, Johannes Pause und Solvejg Nitzke, 12–19.

Anton, A., und M. Schetsche. 2020. Vielfältige Wirklichkeiten. Wissenssoziologische Überlegungen zu Verschwörungstheorien. In *Verschwörungstheorien im Diskurs* (= 4. Beiheft zur Zeitschrift für Diskursforschung), hrsg. Sören Stumpf und David Römer, 88–115. Weinheim u. a.: Beltz Juventa.

Anton, A., und A. Schink. 2021. *Der Kampf um die Wahrheit. Verschwörungstheorien zwischen Fake, Fiktion und Fakten*. München: Komplett-Media.

Antony, A., G. Sebald, und F. Adloff. 2016. Handlungs- und Interaktionskrisen. Eine Annäherung in systematisierender Absicht. In *Handlungs- und Interaktionskrisen* (= Österreichische Zeitschrift für Soziologie, 41 (1) (Supplement)), hrsg. Alexander Antony, Gerd Sebald und Frank Adloff, 1–15. Wiesbaden: Springer VS.

[31] Dabei ist gegen allzu alarmistische Einlassungen einzuwenden, dass empirisch weiterhin von einer Legitimitäts- und Plausibilitätshierarchie zuungunsten verschwörungstheoretischer Deutungsangebote auszugehen ist. Die hier in Rede stehende Reziprozitätsstruktur ist also empirisch nach wie vor – wenn nicht gar in einem gegenüber ‚prä-pandemischen' Zeiten gesteigerten Maße – als eine asymmetrische zu verstehen.

[32] Hinsichtlich möglicher, über die Corona-Pandemie hinausgehender Generalisierungshorizonte der hier ausgemachten dialektischen Signatur von Verschwörungs- und Krisensemantik drängen sich – wie eingangs bereits angedeutet – gegenwärtig insbesondere Materialien mit Bezug zum russischen Überfall auf die Ukraine geradezu auf.

August, V., und F. Osrecki (Hrsg.) 2019. *Der Transparenz-Imperativ. Normen – Praktiken – Strukturen*. Wiesbaden: Springer VS.

Beck, U. 1986. *Risikogesellschaft. Auf dem Weg in eine andere Moderne*. Frankfurt am Main: Suhrkamp.

Beck, U. 2007. *Weltrisikogesellschaft*. Frankfurt am Main: Suhrkamp.

Berger, P. L., und T. Luckmann. 1995. *Modernität, Pluralismus und Sinnkrise. Die Orientierung des modernen Menschen*. Gütersloh: Bertelsmann Stiftung.

Berger, P. L., und T. Luckmann. [1969] 2018. *Die gesellschaftliche Konstruktion der Wirklichkeit. Eine Theorie der Wissenssoziologie*. Frankfurt am Main: Fischer.

Berger, P. L., B. Berger, und H. Kellner. [1975] 1987. *Das Unbehagen in der Modernität*. Frankfurt am Main: Campus.

Bergmann, J., und T. Luckmann. [1999] 2013. Moral und Kommunikation. In *Kommunikative Konstruktion von Moral, Bd. 1. Struktur und Dynamik der Formen moralischer Kommunikation*, hrsg. Jörg Bergmann und Thomas Luckmann, 13–36. Mannheim: Verlag für Gesprächsforschung.

Bjerg, O., und T. Presskorn-Thygesen. 2017. Conspiracy Theory. Truth Claim or Language Game? *Theory, Culture & Society* 34 (1): 137–159.

Blessing, C. 2020. Warum Verschwörungstheoretiker in der Krise zu Hochform auflaufen. f1rstlife Online-Magazin. https://www.firstlife.de/warum-verschwoerungstheoretiker-in-der-krise-zu-hochform-auflaufen/. Zugegriffen: 5. November 2022.

Boltanski, L. 2010. *Soziologie und Sozialkritik*. Frankfurt am Main: Suhrkamp.

Bühl, W. L. 1984. *Krisentheorien. Politik, Wirtschaft und Gesellschaft im Übergang*. Darmstadt: Wissenschaftliche Buchgesellschaft.

Bührer, W. 2022. Neue Literatur zu Verschwörungstheorien. *Neue Politische Literatur* 67 (3): 287–318.

Bundesamt für Verfassungsschutz. 2021. Neuer Phänomenbereich „Verfassungsschutzrelevante Delegitimierung des Staates". https://www.verfassungsschutz.de/SharedDocs/kurzmeldungen/DE/2021/2021-04-29-querdenker.html. Zugegriffen: 29. Juni 2022.

Bundesministerium des Innern und für Heimat. 2021. Verfassungsschutzbericht 2021. https://www.bmi.bund.de/SharedDocs/downloads/DE/publikationen/themen/sicherheit/vsb-2021-gesamt.pdf?_blob=publicationFile&v=6. Zugegriffen: 8. November 2022.

Butter, M. 2016. Sinnsuche in Krisenzeiten: „Verschwörungstheorien lösen Chaos auf". Interview Kai Stoppel. n-tv.de, 30. März 2016. https://www.n-tv.de/wissen/Verschwoerungstheorien-loesen-Chaos-auf-article17339811.html. Zugegriffen: 10. November 2022.

Butter, M. 2018. „Nichts ist, wie es scheint." *Über Verschwörungstheorien*. Berlin: Suhrkamp.

Butter, M. 2020. „Wie ein Buschfeuer im Kopf". Interview Frank Werner und Markus Flohr. In *Vorsicht, Verschwörung! Hexen, Illuminaten, finstere Eliten: Die Macht konspirativer Mythen (= ZEIT Geschichte, Nr. 3/2020)*, hrsg. Christian Staas und Volker Ullrich, 110–115.

Butter, M. 2021. Verschwörungstheorien. Eine Einführung. *Aus Politik und Zeitgeschichte* 71 (35–36): 4–11.

COMPACT Education Group. 2020. Leitfaden Verschwörungstheorien. https://conspiracy-theories.eu/_wpx/wp-content/uploads/2020/04/COMPACT_Guide_Deutsch-2.pdf. Zugegriffen: 11. November 2022.

Darrelmann, T. 2020. Die Corona Krise und Verschwörungstheorien – Eine Gefahr für die Demokratie? .divers – Ein Magazin für Jugendliche, 17. Mai 2020. https://diversmagazin.de/2020/05/17/die-corona-krise-und-verschworungstheorien-eine-gefahr-fur-die-demokratie/. Zugegriffen: 5. November 2022.

Deutsche Presseagentur. 2020a. Öffentliches Leben: Regierung erwartet „für lange Zeit eine neue Normalität". ZEIT ONLINE, 18. April 2020. https://www.zeit.de/news/2020-04/18/regierung-erwartet-fuer-lange-zeit-eine-neue-normalitaet. Zugegriffen: 11. November 2022.

Deutsche Presseagentur. 2020b. Die gefährliche Allianz zwischen Krise und Verschwörungsglaube. Swisscom blue News, 17. Mai 2020. https://www.bluewin.ch/de/news/wissen-technik/die-gefaehrliche-allianz-zwischen-krise-und-verschwoerungsglaube-392577.html. Zugegriffen: 5. November 2022.

Deutsche Presseagentur. 2020c. Corona-Verschwörungstheorien weltweit oft nur Randphänomen. SZ.de, 21. Mai 2020. https://www.sueddeutsche.de/gesundheit/gesundheit-corona-verschwoerungstheorien-weltweit-oft-nur-randphaenomen-dpa.urn-newsml-dpa-com-20090101-200521-99-136129. Zugegriffen: 29. November 2022.

Die Bundesregierung. 2022. Empfehlungen zum Umgang mit Verschwörungsanhängern. https://www.bundesregierung.de/breg-de/themen/umgang-mit-desinformation/umgang-verschwoerungstheorien-1790886. Zugegriffen: 11. November 2022.

Dilling, M. 2020. Verschwörungstheorien in Krisenzeiten: „Einen Grund zur Gelassenheit sehe ich nicht". Interview Lucas Böhme. Leipziger Zeitung, 28. März 2021. https://www.l-iz.de/leben/gesellschaft/2021/03/verschwoerungstheorien-in-krisenzeiten-einen-grund-zur-gelassenheit-sehe-ich-nicht-381677. Zugegriffen: 5. November 2022.

Endreß, M. 2000. Soziologie als methodischer Relationismus. Karl Mannheims Auseinandersetzung mit der Relativismusproblematik als Kern seiner wissenssoziologischen Analyse der Moderne. In *Karl Mannheims Analyse der Moderne. Mannheims erste Frankfurter Vorlesung von 1930. Edition und Studien (= Jahrbuch für Soziologiegeschichte 1996)*, hrsg. Martin Endreß und Ilja Srubar, 329–351. Opladen: Leske + Budrich.

Endreß, M. 2008. Reflexive Wissenssoziologie als Sozialtheorie und Gesellschaftsanalyse. Zur phänomenologisch fundierten Analytik von Vergesellschaftungsprozessen. In *Phänomenologie und Soziologie. Theoretische Positionen, aktuelle Problemfelder und empirische Umsetzungen*, hrsg. Jürgen Raab, Michaela Pfadenhauer, Peter Stegmaier, Jochen Dreher und Bernt Schnettler, 85–95. Wiesbaden: VS.

Endreß, M. 2010. Vertrauen. Soziologische Perspektiven. In *Vertrauen. Zwischen sozialem Kitt und der Senkung von Transaktionskosten*, hrsg. Matthias Maring, 91–113. Karlsruhe: KIT Scientific.

Endreß, M. 2014. Unabdingbare Kompromisse angesichts unbedingter Ansprüche. Versuch zur Rehabilitierung des Kompromisses als politische Figur. In *Bedingungslos? Zum Gewaltpotenzial unbedingter Ansprüche im Kontext politischer Theorie*, hrsg. Burkhard Liebsch und Michael Staudigl, 141–166. Baden-Baden: Nomos.

Endreß, M. 2018. Trauma. Schritte zu einer phänomenologisch-fundierten soziologischen Analyse. In *Lebensweltheorie und Gesellschaftsanalyse. Studien zum Werk von Thomas Luckmann*, hrsg. Alois Hahn und Martin Endreß, 39–75. Köln: Herbert von Halem.

Endreß, M. 2020. „Systemrelevanz" oder: die Umwertung der Werte in Zeiten von Corona. *Aptum* 16 (2–3): 128–133.

Endreß, M., und S. Klimasch. 2020. Noch eine Frage bitte, Herr Endreß und Herr Klimasch. Kommentar anlässlich der Veröffentlichung des Bd. IX der Alfred Schütz Werkausgabe. https://www.halem-verlag.de/noch-eine-frage-bitte-herr-endress-und-herr-klimasch/. Zugegriffen: 29. Juni 2022.

Endreß, M., und N. Zillien. 2014. Routinen der Krise - Krise der Routinen. Themenpapier zum 37. Kongress der Deutschen Gesellschaft für Soziologie in Trier vom 06. bis 10. Oktober 2014. https://soziologie.de/fileadmin/user_upload/kongress/2014/DGS-Kongress_2014_Trier_Hauptprogramm.pdf. Zugegriffen: 18. Mai 2021.

Endreß, M., S. Nissen, und G. Vobruba. 2020. *Aktualität der Demokratie. Strukturprobleme und Perspektiven*. Weinheim u. a.: Beltz Juventa.

Frei, N., und O. Nachtwey. 2021. Quellen des „Querdenkertums". Eine politische Soziologie der Corona-Proteste in Baden-Württemberg (= Basler Arbeitspapiere zur Soziologie 5). https://doi.org/10.31235/osf.io/8f4pb. Zugegriffen: 10. Juni 2022.

Frei, N., R. Schäfer, und O. Nachtwey. 2021. Die Proteste gegen die Corona-Maßnahmen. Eine soziologische Annäherung. *Forschungsjournal Soziale Bewegungen* 34 (2): 249–258.

Garfinkel, H. 1967. *Studies in Ethnomethodology*. Englewood Cliffs: Prentice Hall.

Garfinkel, H. [1967] 2020. *Studien zur Ethnomethodologie*. hrsg. v. Erhard Schüttpelz, Anne Warfield Rawls und Tristan Thielmann, aus dem Englischen von Brigitte Luchesi. Frankfurt am Main: Campus.

Ghebreyesus, T. A. 2020. Munich Security Conference. World Health Organization, 15. Februar 2020. https://www.who.int/director-general/speeches/detail/munich-security-conference. Zugegriffen: 25. November 2022.

Groh, R. 2001. Verschwörungstheorien und Weltdeutungsmuster. Eine anthropologische Perspektive. In *Verschwörungstheorien. Anthropologische Konstanten – historische Varianten*, hrsg. Ute Caumanns und Matthias Niendorf, 37–45. Osnabrück: fibre.

Habermas, J. 1973. *Legitimationsprobleme im Spätkapitalismus*. Frankfurt am Main: Suhrkamp.

Habermas, J. 1981. *Theorie des kommunikativen Handelns, Bd. 1: Handlungsrationalität und gesellschaftliche Rationalisierung*. Frankfurt am Main: Suhrkamp.

Harrer, G. 2022. Die große Verschwörung. DER STANDARD, 22. Februar 2022. https://www.derstandard.at/story/2000133569602/die-grosse-verschwoerung. Zugegriffen: 5. November 2022.

Hudecek, M. 2020. Verschwörungstheorien in Zeiten von Cororna. Interview Veronika Bayer. Wochenblatt – Die Zeitung für alle, 13. Mai 2020. https://www.wochenblatt.de/archiv/verschwoerungstheorien-in-zeiten-von-corona-326673. Zugegriffen: 27. August 2020.

Imhoff, R., und M. Bruder. 2014. Speaking (Un-)Truth to Power: Conspiracy Mentality as A Generalised Political Attitude. *European Journal of Personality* 28 (1): 25–43. https://doi.org/10.1002/per.1930.

Imhoff, R., F. Zimmer, O. Klein et al. 2022. Conspiracy mentality and political orientation across 26 countries. *Nature human behaviour* 6 (3): 392–403. https://doi.org/10.1038/s41562-021-01258-7.

Joller, S. 2019. Zur Konkurrenz moralischer Kollektive. In *Moralische Kollektive. Theoretische Grundlagen und empirische Einsichten*, hrsg. Stefan Joller und Marija Stanisavljevic, 19–47. Wiesbaden: VS.

Joller, S., und M. Stanisavljevic (Hrsg.) 2019. *Moralische Kollektive. Theoretische Grundlagen und empirische Einsichten*. Wiesbaden: VS.

Kiess, J. 2019. *Die soziale Konstruktion der Krise. Wandel der deutschen Sozialpartnerschaft aus der Framing-Perspektive*. Weinheim u. a.: Beltz Juventa.

Klimasch, S. 2023. Verschwörungssemantik und moralische Kommunikation. Zur (De-) Legitimierung von Kritik und Protest während der Corona-Pandemie. In *Empörte Welten. Moralschwere Sinnsuche in polarisierten und polarisierenden Zeiten*, hrsg. Michael Ernst-Heidenreich, Paul Eisewicht und Winfried Gebhardt. Im Erscheinen. Wiesbaden: Springer VS.

Koselleck, R. 1982. Krise. In *Geschichtliche Grundbegriffe. Historisches Lexikon zur politisch-sozialen Sprache in Deutschland, Bd. 3 (H–M)*, hrsg. Otto Brunner, Werner Conze und Reinhart Koselleck, 617–650. Stuttgart: Klett-Cotta.

Lamberty, P. 2022a. Sozialpsychologin Pia Lamberty: Warum die Energiekrise Verschwörungsideologien anheizt. Interview Martin Gramlich. SWR 2, 02. August 2022. https://www.swr.de/swr2/leben-und-gesellschaft/sozialpsychologin-pia-lamberty-die-energiekrise-kann-verschwoerungsideologien-anheizen-100.html. Zugegriffen: 5. November 2022.

Lamberty, P. 2022b. Vom Corona-Kritiker zum Putin-Versteher. Warum Verschwörungstheorien in Krisenzeiten so gut gedeihen. Interview Katrin Büchenbacher. Neue Zürcher Zeitung, 14. April 2022. https://www.nzz.ch/international/verschwoerungstheorien-vom-corona-kritiker-zum-putin-versteher-ld.1677189. Zugegriffen: 5. November 2022.

Lamberty, P., und R. Imhoff. 2021. Verschwörungserzählungen im Kontext der Coronapandemie. *Psychotherapeut* 66: 203–208.

Lamberty, P., und J. Knäble. 2020. CIA, HIV und BRD GmbH. Die Psychologie der Verschwörungstheorie. In *Verschwörungstheorien im Diskurs* (= 4. Beiheft zur Zeitschrift für Diskursforschung), hrsg. Sören Stumpf und David Römer, 32–55. Weinheim u. a.: Beltz Juventa.

Mayr, F. 2014. Gibt es Krisen, und wenn ja wie viele? Theoretisch-konzeptionelle Überlegungen zu einer Soziologie der Krise (= Eichstätter Beiträge zur Soziologie, Nr. 5). https://www.ku.de/fileadmin/1405/Eichstaetter_Beitraege_zur_Soziologie/FM_-_Gibt_es_Krisen__und_wenn_ja_wie_viele_-_EBS_5-2014.pdf. Zugegriffen: 11. November 2022.

Menzel, A. 2020. Widerstand und Verschwörungstheorien in der Gesundheitskrise. Ein Beitrag zur Reihe „Sicherheit in der Krise". Soziopolis, 03. September 2020. https://www.soziopolis.de/widerstand-und-verschwoerungstheorien-in-der-gesundheitskrise.html. Zugegriffen: 29. Juni 2022.

Mergel, T. 2012. Einleitung: Krisen als Wahrnehmungsphänomene. In *Krisen verstehen. Historische und kulturwissenschaftliche Annäherungen*, hrsg. Thomas Mergel, 9–24. Frankfurt am Main: Campus.

Meyer, K. 2018. *Das konspirologische Denken. Zur gesellschaftlichen Dekonstruktion der Wirklichkeit*. Weilerswist: Velbrück Wissenschaft.

Müller, A. 2022. Die Krise als Deutungsmuster. In *Verstehendes Forschen in der Pandemie und anderen Ausnahmesituationen. Praktische und methodologische Erkenntnisse der Rekonstruktiven Sozialen Arbeit*, hrsg. Sylke Bartmann, Nina Erdmann, Meike Haefker, Christin Schörmann und Claudia Streblow-Poser, 75–92. Opladen u. a.: Barbara Budrich.

Nachtwey, O., N. Frei, und R. Schäfer. 2021. Generalverdacht und Kritik als Selbstzweck. Empirische Befunde zu den Corona-Protesten. In *Querdenken. Protestbewegung zwischen Demokratieverachtung, Hass und Aufruhr*, hrsg. Wolfgang Benz, 194–213. Berlin: Metropol.

Nocun, K., und P. Lamberty. 2020. *Fake Facts. Wie Verschwörungstheorien unser Denken bestimmen.* Köln: Bastei Lübbe.

Nocun, K., und P. Lamberty. 2021. *True facts. Was gegen Verschwörungserzählungen wirklich hilft.* Köln: Bastei Lübbe.

Oberhauser, C. 2020. „Verschwörungstheorien in Krisen sind eine normale Reaktion". Interview Austria Presse Agentur. VIENNA.AT, 26. November 2020. https://www.vienna.at/verschwoerungstheorien-in-krisen-sind-eine-normale-reaktion/6820638. Zugegriffen: 5. November 2022.

Oevermann, U. 2016. „Krise und Routine" als analytisches Paradigma in den Sozialwissenschaften. In *Die Methodenschule der Objektiven Hermeneutik. Eine Bestandsaufnahme*, hrsg. Roland Becker-Lenz, Andreas Franzmann, Axel Jansen und Matthias Jung, 43–114. Wiesbaden: Springer VS.

Pierburg, M. 2020. Reisen während der COVID-19-Pandemie: die Erosion alltäglicher Gewissheiten. *Forum: Qualitative Sozialforschung / Forum: Qualitative Social Research* 22 (1). https://doi.org/10.17169/fqs-22.1.3581.

Preunkert, J. 2011. Die Krise in der Soziologie. *Soziologie* 40 (4): 432–442.

Redaktionsnetzwerk Deutschland. 2021. Experte [Michael Butter]: Verschwörungstheorien haben in Corona-Zeit nicht zugenommen. Redaktionsnetzwerk Deutschland, 19. Oktober 2021. https://www.rnd.de/medien/experte-verschwoerungstheorien-haben-in-corona-zeit-nicht-zugenommen-77BMCM2UG33GNHD32PJTR23CZA.html. Zugegriffen: 5. November 2022.

Reichardt, S. (Hrsg.) 2021. *Die Misstrauensgemeinschaft der „Querdenker"*. Frankfurt am Main u. a.: Campus.

Roose, J. 2020. Verschwörung in der Krise. Repräsentative Umfrage zum Glauben an Verschwörungstheorien vor und in der Corona-Krise. Konrad-Adenauer-Stiftung. https://www.kas.de/documents/252038/7995358/Verschw%C3%B6rung+in+der+Krise+%28PDF%29.pdf/7703c74e-acb9-3054-03c3-aa4d1a4f4f6a?version=1.1&t=1608644973365. Zugegriffen: 10. November 2022.

Schetsche, M., und I. Schmied-Knittel. 2018. Zur Einleitung. Heterodoxien in der Moderne. In *Heterodoxie. Konzepte, Traditionen, Figuren der Abweichung*, hrsg. Michael Schetsche und Ina Schmied-Knittel, 9–33. Köln: Herbert von Halem.

Schink, A. 2020. Verschwörungsdenken als gesellschaftliche Praxis und im Diskurs: kultur- und wissenssoziologische Annäherungen. In *Verschwörungstheorien im Diskurs. Interdisziplinäre Zugänge* (= 4. Beiheft der Zeitschrift für Diskursforschung), hrsg. Sören Stumpf und David Römer: 116–158.

Scholz, O. 2022. Regierungserklärung von Bundeskanzler Olaf Scholz am 27. Februar 2022. https://www.bundesregierung.de/breg-de/suche/regierungserklaerung-von-bundeskanzler-olaf-scholz-am-27-februar-2022-2008356. Zugegriffen: 10. November 2022.

Schütz, A. [1957] 2003. Strukturen der Lebenswelt. In *Theorie der Lebenswelt 1. Die pragmatische Schichtung der Lebenswelt* (= Alfred Schütz Werkausgabe, Bd. V.1), hrsg. Martin Endreß und Ilja Srubar, 325–348. Konstanz: UVK.

Schütz, A. [1953] 2010. Wissenschaftliche Interpretation und Alltagsverständnis menschlichen Handelns. In *Zur Methodologie der Sozialwissenschaften* (= Alfred Schütz Werkausgabe, Bd. IV), hrsg. Thomas Eberle, Jochen Dreher und Gerd Sebald, 329–399. Konstanz: UVK.

Schütz, A. [1958] 2020. Strukturen der Lebenswelt. In *Strukturen der Lebenswelt* (= Alfred Schütz Werkausgabe, Bd. IX), hrsg. Martin Endreß und Sebastian Klimasch, 35–453. Köln: Herbert von Halem.

Schütz, A., und T. Luckmann. 2017. *Strukturen der Lebenswelt.* Konstanz u. a.: UVK.

Schwarz, T. 2020. Coronavirus. Verschwörungstheorien als Krisenphänomen. science ORF. at, 26. November 2020. https://science.orf.at/stories/3203168/. Zugegriffen: 5. November 2022.

Srubar, I. 1988. *Kosmion. Die Genese der pragmatischen Lebensweltheorie von Alfred Schütz und ihr anthropologischer Hintergrund.* Frankfurt am Main: Suhrkamp.

Staas, C., und V. Ullrich. (Hrsg.) 2020. *Vorsicht, Verschwörung! Hexen, Illuminaten, finstere Eliten: Die Macht konspirativer Mythen* (= ZEIT Geschichte, Nr. 3/2020).

Steg, J. 2020a. Was heißt eigentlich Krise? *Soziologie* 49 (4): 423–435.

Steg, J. 2020b. Normale Anomalie. Die Coronakrise als Zäsur und Chance. *Blätter für deutsche und internationale Politik* 65 (6): 71–79.

Steil, A. 1993. *Krisensemantik. Wissenssoziologische Untersuchungen zu einem Topos moderner Zeiterfahrung.* Wiesbaden: Springer VS.

Uscinski, J., A. Enders, C. Klofstad, et al. 2022. Have beliefs in conspiracy theories increased over time? *Plos One* 17 (7). https://doi.org/10.1371/journal.pone.0270429.

Vobruba, G. 2019. *Die Kritik der Leute. Einfachdenken gegen besseres Wissen.* Weinheim u. a.: Beltz Juventa.

Werneburg, K. 2020. Alles Verschwörung. Warum Verschwörungstheorien gerade in Krisenzeiten florieren und was sie über den Wunsch nach autoritären Reaktionen aussagen. *Gewerkschaftsmagazin GEW Ansbach*, 29. April 2020. http://www.gew-ansbach.de/data/2020/04/Uni-Leipzig_Alles_Verschwoerung_2020-04-28.pdf. Zugegriffen: 25. November 2022.

Winter, S. 2020. Warum Fake News und Verschwörungsmythen derzeit Hochkonjunktur haben. Universität Koblenz Landau. https://www.uni-koblenz-landau.de/de/coronavirus/beitraege/fake-news/view. Zugegriffen: 29. November 2022.

Sebastian Klimasch, M.A., Studium der Sozialwissenschaften (BA) sowie Medien- und Kultursoziologie (MA) an der Universität Trier. Wissenschaftlicher Mitarbeiter an der Professur für Allgemeine Soziologie der Universität Trier, derzeit wissenssoziologische Promotion zur Verschwörungssemantik während der Corona-Pandemie. Interessen- und Arbeitsschwerpunkte: Soziologische Theorie, Wissenssoziologie, Politische Soziologie, Soziologie der Krise, Soziologie der Moral, Soziologie alternativer Wirklichkeitsbestimmungen und Wissensbestände.

Covid-19: Verschwörungstheorien, Experten und der Kampf gegen sie in der Krise

Alan Schink

1 Einleitung

In dem am 4. Mai 2020 auf *YouTube* veröffentlichten und über drei Millionen Mal angeklickten Videoclip „Gates kapert Deutschland!“[1] stellt der Medienmacher Ken Jebsen (früher „KenFM“, heute „apoulut“) verschiedene Behauptungen auf. Unter anderem sagt er, dass die WHO von der *Bill & Melinda Gates Foundation* „gekapert“ worden sei, diese auch die Bundesregierung korrumpiert hätte und eine Impfpflicht vorbereiten würde, indem Menschen weltweit mit einer digitalen Identität (die sogenannte Initiative „ID-2020“) ausgestattet werden sollten, was in eine „Gesundheitsdiktatur“ führe. Er ruft mehrfach dazu auf, „auf die Straße“ zu gehen und „Widerstand“ zu leisten. Das Video und seine Rezeption sind beispielhaft für die Verbreitung von Verschwörungstheorien sowie ihre ‚infodemische‘ Bekämpfung durch Faktenchecks in der Corona-Pandemie. Sucht man es in einer der großen Suchmaschinen, so finden sich ein Dutzend Berichte und Faktenchecks diverser Leitmedien vom Mai 2020, die Fehler aufzeigen und seine Aussagen widerlegt haben wollen. Das Originalvideo selbst ist so nicht auffindbar, es wurde von *YouTube* gelöscht. Ein genauerer Blick zeigt, dass die darin geäußerte

[1] https://apolut.net/gates-kapert-deutschland/. Zugegriffen: 30. November 2022.

A. Schink (✉)
Weinstadt, Deutschland
E-Mail: alan.schink@uni-ulm.de

A. Anton et al. (Hrsg.), *Konspiration*,
https://doi.org/10.1007/978-3-658-43429-8_5

Kritik hochgradig zugespitzt und emotionalisiert ist. Der Protagonist steigert sich zunehmend in ein mutmaßliches globales Komplott hinein. Im Faktencheck des *YouTuber*s „Walulis“, auf den sich auch ein verbreiteter *SWR3*-Faktencheck bezieht, heißt es, das Video könne „Angst machen“, einzelne Aussagen werden herausgegriffen, teils satirisch geprüft und widerlegt.[2] Der *Focus* behauptet gar, an „Ken Jebsens Video ist alles falsch“. Bei den Behauptungen zur Impfung oder zur „Gates-Verschwörung“ handle es sich um „faktenlosen Unsinn“, Jebsen sei „Aktivist und kein Journalist“.[3] Der *KenFM*-Star trat einige Tage nach der Veröffentlichung seines Erfolgsvideos, u. a. zusammen mit dem Maßnahmen-Kritiker Stefan Homburg, auf einer „Querdenken“-Demo in Stuttgart vor ca. 10.000 Menschen auf. Dort wiederholte er die Warnungen vor dem Angriff der Gates’ auf WHO, Grundrechte und Demokratie. Er leugne nicht, dass es Corona gibt oder „Risikogruppen“, „die einen besonderen Schutz bedürfen“, doch die Maßnahmen seien „völlig überzogen“. Das „Merkel-Regime“ habe „große Teile der im Grundgesetz verankerten Grundrechte willkürlich und dauerhaft auf Eis gelegt“. „Corona wird als trojanisches Pferd genutzt“, so Jebsen in seiner Rede, „um den Staat noch mächtiger und den Bürger noch ohnmächtiger zu machen“.[4]

Die Ansichten Jebsens zur Rolle von Gates in der Pandemie finden auch in der breiten Bevölkerung Anklang. Nach einer Studie der *Friedrich-Naumann-Stiftung,* die Anfang Juli 2020 durchgeführt wurde, stimmten der Aussage, Bill Gates habe mehr Macht als die jeweilige Landesregierung, weltweit durchschnittlich 39 % der Bevölkerung zu, in Deutschland ca. ein Viertel der Befragten. Der Aussage, dass Gates die WHO „gekauft“ habe, stimmten weltweit im Schnitt noch 20 % zu, in Deutschland lag der Wert bei knapp 12 %.[5] Im weiteren Verlauf der Pandemie wird die Zustimmung zu einzelnen Verschwörungstheorien größer, das Vertrauen in die Demokratie in Deutschland sinkt.[6] Die während

---

[2] https://www.swr3.de/aktuell/fake-news-check/faktencheck-ken-jebsen-kenfm-bill-gates-corona-100.html. Zugegriffen: 30. November 2022.

[3] https://www.focus.de/kultur/medien/aussagen-im-fakten-check-drei-millionen-menschen-sahen-es-doch-an-ken-jebsens-corona-video-ist-alles-falsch_id_11979155.html. Zugegriffen: 30. November 2022.

[4] https://www.kontextwochenzeitung.de/gesellschaft/476/querdenken-an-der-frontlinie-6733.html. Zugegriffen: 30. November 2022.

[5] https://www.freiheit.org/de/globale-studie-desinformationen-durchdringen-gesellschaften-weltweit. Zugegriffen: 30. November 2022.

[6] https://www.fr.de/politik/vertrauen-in-demokratie-sinkt-91426178.html?fbclid=IwAR2O7Q-aCncwmatZYjsTdmfdxiX1qKJHCcMNGwFuvcTRulL_8AbkAx_ggRc. Zugegriffen: 30. November 2022.

der Corona-Krise medial breit rezipierte Sozialpsychologin und Vorsitzende des *Think Tanks* CeMAS, Pia Lamberty, warnt in einer Handreichung für die *Bundeszentrale für politische Bildung* vom Oktober 2020 vor Verschwörungstheorien und ihrer Verbreitung. „Verschwörungserzählungen" bezeichnet sie als „Radikalisierungsbeschleuniger", da „Verschwörungsgläubige" angeblich eine „erhöhte Gewaltaffinität" aufwiesen (Lamberty 2020, S. 9). Es habe sich, so Lamberty, „mittlerweile ein Netzwerk aus Agitatoren entwickelt, die sich aufeinander beziehen und damit eine eigene Interpretation der Realität erschaffen" (ebd., S. 10). Als Beispiele werden in der Info-Broschüre auch Verschwörungstheorien über Bill Gates genannt und wird auf die Gefahr der Anti-Maßnahmen-Proteste verwiesen. Wenige Monate später bezeichnet die damalige Bundeskanzlerin Angela Merkel Verschwörungstheorien gar als einen „Angriff auf unsere ganze Lebensweise" und ruft zum Kampf gegen sie auf. Weil sie kontrafaktisch seien, sei ihnen nicht mit Argumenten beizukommen. „Das wird vielleicht auch eine Aufgabe für Psychologen sein"[7], meint Merkel.

In diesem Beitrag sollen auf diese und ähnliche Behauptungen eingegangen und dabei vor allem drei Dinge gezeigt werden: *Erstens,* dass Verschwörungstheorien, die im Corona-Diskurs kursieren, sehr heterogen sind und ein Spektrum zwischen politisch-ideologischen und potenziell gewaltaffinen am einen und legitimen sachlichen und prinzipiell falsifizierbaren Deutungen am anderen Ende bilden. *Zweitens* soll dargestellt werden, wie, sich in zunehmendem Maße popularisierende und institutionalisierende, Expertendiskurse dazu beitragen, dieses breite Spektrum auf Gefahren für die öffentliche Gesundheit zu reduzieren. *Drittens* wird im Hinblick auf die Corona-Pandemie die Behauptung hinterfragt, inwiefern ‚Verschwörungstheorien' bzw. ‚Verschwörungstheoretiker' als solche eine Gefahr für die Demokratie darstellen. Dieser Behauptung wird gegenübergestellt, dass der mittlerweile zur Staatsräson erhobene Kampf gegen Verschwörungstheorien selbst eine Bedrohung für die demokratische Verfassung im Sinne eines offenen, sich widerstreitenden (Experten-)Diskurses geworden ist.

Verschwörungstheorien betrachte ich dabei einerseits als *soziale Deutungsmuster,* die Orientierungsrahmen, Wissensrepertoires und Sinnkonstruktionen für Alltagsprobleme bereitstellen, indem sie Entwicklungen oder Ereignisse als Ergebnis einer Verschwörung deuten (vgl. Anton und Schetsche 2020; Anton 2011). Für gewöhnlich kommen diese Deutungsmuster in Krisen oder anomalen Situati-

---

[7] https://www.spiegel.de/politik/deutschland/angela-merkel-zu-verschwoerungsideologien-angriff-auf-unsere-ganze-lebensweise-A-95cb7814-515f-48e1-8092-9384ecd22e7c. Zugegriffen: 30. November 2022.

onen zum Einsatz. Sie können zur Aufklärung von Kriminalität, Korruption oder Komplotten beitragen, aber auch Täuschungen, Ideologie und Desinformation transportieren (Anton und Schink 2021; Schink 2020). Zum anderen sind Verschwörungstheorien *diskursive Zuschreibungen* der Delegitimierung und Stigmatisierung entsprechender Deutungen und Wissensbestände. „Verschwörungstheorie“ ist als Kampfbegriff in einen Problemdiskurs eingebettet, der etwa bis in die 1950er-Jahre zurückreicht (Thalmann 2019). Anders als das sozialpsychologische Konzept der „Verschwörungsmentalität“, das Verschwörungstheorien als *an Individuen oder Gruppen gekoppelte und damit abgrenzbare Dispositionen* erfasst, die einen Verschwörungsglauben prädisponieren (vgl. Imhoff et al. 2022; Lamberty 2020; Imhoff und Bruder 2014), begreift eine soziologische Perspektive diese vielmehr als *interaktive Deutungsmuster,* die zwar eine gewisse Persistenz aufweisen, doch nicht ‚in‘ Individuen oder Gruppen zu ‚finden‘ sind, sondern sich vorwiegend im gesellschaftlichen Prozess kommunikativ *zwischen* Individuen oder Gruppen entfalten. Der als solcher bezeichnete „Glaube“ an oder das Misstrauen gegenüber „mächtige[n] Eliten, die scheinbar im Geheimen böse Machenschaften planen“ (Lamberty 2020, S. 1) sind insofern kein ‚Problem‘ misstrauischer Individuen oder Gruppen. Sie sind vielmehr gesamtgesellschaftlich und im Kontext der jeweiligen sozialen Umstände, (Macht-)Strukturen und Krisenverläufe zu betrachten, in denen sie als verschwörungstheoretische Deutungen relevant werden, inter-subjektiv Sinn erzeugen und auch problematisiert werden. Insofern verweisen verschwörungstheoretische Deutungen sowie die Gefahren-Diskurse, die sie stigmatisieren, wechselseitig aufeinander (vgl. Anton und Schink 2022).

Um dies zu zeigen, werden im folgenden zweiten Kapitel zunächst die, neben den schon erwähnten Deutungen über Bill Gates, bekanntesten in der Covid-19-Krise kursierenden Verschwörungstheorien vorgestellt. Bei einer anschließenden näheren Betrachtung der demographischen Verbreitung von Verschwörungstheorien wird zum einen deutlich, dass ein wesentlicher Teil der Bevölkerung der einen oder anderen Verschwörungstheorie (nicht nur) in Bezug auf Covid-19 zustimmt, und zum anderen die typischen Merkmale vermeintlicher ‚Verschwörungstheoretiker‘ je nach Fragestellung und sozialem Kontext variieren. Damit rückt die *Zuschreibungs*dimension in den Blick. In Kap. 3 soll daher die Rolle von Experten in der Pandemie näher beleuchtet und herausgestellt werden, wie Experten-Diskurse ihren Anteil an der gesellschaftlichen Stigmatisierung von Verschwörungstheorien haben. Die Konstruktion des irrationalen gewaltaffinen Verschwörungstheoretikers wird im Hinblick auf den Corona-Diskurs hinterfragt. Das von der WHO entwickelte ‚*Infodemic Management*‘, das Experten als Berater und Multiplikatoren im Kampf gegen die sogenannte ‚Epidemie' von Falschinformationen ausbildet, wird als ein spezifischer Kontext des Problemdiskurses über Verschwörungstheorien in der Pandemie beschrieben. Vor dem Hintergrund einer zunehmenden Etablierung von Expertenregimes fungiert es, so die Beobachtung, als hegemoniale Machttechnik zur Unterdrückung abweichender bzw. Propagierung zulässiger gesundheitsbezogener Informationen. In Kap. 4 folgt der Versuch einer Einordnung der Ergebnisse im Kontext wissenschaftspolitischer Fragen, die eine exemplarische Evaluation der eingangs dargestellten Verschwörungstheorie „Gates kapert Deutschland!" einschließt und für eine auch machttheoretische Aspekte inkludierende, differenzierende und reflexive Perspektive in der Forschung plädiert.

2 Das Spektrum von Verschwörungstheorien in der Corona-Krise

Im Folgenden stelle ich drei bekannte Verschwörungstheorien zur Covid-19-Pandemie überblicksartig vor, die deutlich verschiedene inhaltliche Schwerpunkte setzen, aber teils auch aufeinander verweisen. Begonnen wird mit der populär-populistischen und großteils fiktiven QAnon-Erzählung, die sich primär in politisch rechtskonservativen und christlichen Diskursen bereits vor der Pandemie etabliert hatte (Abschn. 2.1). Demgegenüber ist die Erzählung vom „Great Reset" zunächst eine hegemoniale Eliten-Erzählung, propagiert durch den *World-Economic-Forum*-Gründer Klaus Schwab, die sich erst in der verschwörungstheoretischen Rekontextualisierung zu einem dystopischen Gegennarrativ entwickelte und seither im ‚Mainstream'-Diskurs vor allem als „Verschwörungstheorie" thematisiert wird (Abschn. 2.2). Den dritten Bereich bilden Verschwörungstheorien zum Ursprung des Virus, die bekannteste ist die sogenannte ‚*Lab-Leak*'-Hypothese, die davon ausgeht, das Virus entstamme dem Biosicherheitslabor in Wuhan, was von Behörden vertuscht worden sei.

2.1 Heilsbringer: Der Verschwörungsmythos von QAnon

Die Anfänge des QAnon-Mythos sind nicht eindeutig rekonstruierbar. Das hat zum einen damit zu tun, dass *bis dato* unklar ist, wer wirklich hinter der virtuellen Identität von „Q" steckt, aber auch damit, dass die Erzählung zu einem Großteil über sogenannte ,*Memes*' funktioniert, die das Publikum und dessen affektive Kommunikation stark in die Genese des Verschwörungsmythos[8] einbinden. Im Kern dieser Erzählung steht Ex-US-Präsident Donald Trump, der einen Erlösungskampf gegen eine globale „Kabale" aus satanistischen Kinderschändern anführt. Dem finalen Kampf folge ein glorreicher, kurz bevorstehender Sieg gegen die Verschwörer. Die Stereotype dieser Erzählung verweisen u. a. auf antisemitische Motive und Topoi von rituellen Kindsmorden sowie Teufelsanbetung und finden daher verstärkt in christlich-evangelikalen und konservativ-rechten Milieus und Diskursen Anklang und sprechen aufgrund ihrer digitalen Verbreitung und populären Ausprägung verstärkt junge Personen, v. a. Wähler der Parteien AfD, FPÖ und MFG sowie der Republikaner an (CeMAS 2022, S. 33–34).

Einen Anknüpfungspunkt des QAnon-Mythos bildeten Beiträge der Politik-Sektion im US-amerikanischen *Imageboard* „4chan" vom Oktober 2017. Der Benutzeraccount „Q", ein vermeintlicher Insider aus dem militärisch-geheimdienstlichen Apparat von Trump, kommunizierte hier in ebenso kryptischen wie prophetischen Botschaften, die zwar schillernd sind, aber einer klaren politischen Ausrichtung gegen bestimmte politische Gruppen folgen. Angeblich weil das Q-Kollektiv aus Sicherheitsgründen nichts über die eigene Identität preisgeben kann, wurden die Botschaften vage gehalten, ja sogar vorsorglich teils mit „Desinformation" gespickt, wie es heißt.[9] In einzelnen dieser Beiträge werden Personen des öffentlichen Lebens, vorweg Trump-Gegner aus dem Lager der US-Demokraten und ihrer Unterstützer, in Zusammenhang mit organisiertem rituellem Kindesmissbrauch und dem sogenannten *„Deep State"* (vgl. Anton und Schink 2021, S. 141 ff.) gebracht. So hieß es in einem Eingangspost vom 28. Oktober 2017: „Hillary Clinton will be arrested between 7:45 AM – 8:30 AM EST on Monday – the morning on Oct 30, 2017". Die Erzählung um Q funktioniert einerseits über Verweise auf bekannte verschwörungstheoretische Topoi und Memes wie ,*Deep State*', ,*False Flag*' oder ,*New World Order*' und, wie in diesem Fall, der Verschwörungstheorie von ,*Pizzagate*'. Andererseits werden neue kryptische Codes und Begriffe geschaffen, die Q-Anhänger erkennbar machen und damit eine Art Glaubensgemeinschaft um die Erlösungsfigur Trump erschaffen. Über mehrere Jahre hinweg wuchs die Anhängerschaft von QAnon erheblich, entwickelte sich eine Bewegung, mithin eine Art Kult. Dessen apokalyptisches Mo-

[8] Siehe zur definitorischen Unterscheidung der Begriffe Verschwörungstheorie, -mythos, -glauben oder -ideologie (Schink 2020, S. 85 ff., 92 ff. und 158–159).

[9] https://www.bellingcat.com/news/americas/2021/01/07/the-making-of-qanon-A-crowd-sourced-conspiracy/. Zugegriffen: 13. Juli 2022.

ment besteht in der Auffassung, es werde einen „Sturm“ geben, eine Metapher für einen finalen Sieg über das Böse, nachdem die Schuldigen zur Rechenschaft gezogen werden. Der *Think Tank Bellingcat* fasst die Endzeiterzählung zusammen:

> „After the Storm, military tribunals will ensure that these baby-eating traitors are executed or sentenced to life in prison. Faced with overwhelming proof of the cabal's existence, a stunned public will mourn; rage; and ultimately unite behind President Trump, ushering in a golden age of patriotism and prosperity.“[10]

Während der Corona-Krise und im zweiten Wahlkampf von Donald Trump erreichte die Bekanntheit des und die Zustimmung zum QAnon-Mythos ihren Höhepunkt. Im Jahr 2020 ergab eine Internet-Umfrage, dass einer von zehn US-Amerikanern und 21 % der Anhänger von Trump QAnon-Narrativen anhängen.[11] Den Anhängern kommt dabei vor allem die Funktion zu, die Information zu verbreiten, die Botschaften ‚richtig‘ zu entschlüsseln und dann gegebenenfalls ein integraler Teil des Mythos zu sein, der Trump auch auf der Straße und in Kampagnen unterstützt. Die Bewegung ist dabei hochgradig widersprüchlich, vereint in sich passiven Internet-Konsum, libertäre ‚Infokrieger‘ wie auch gewaltbereite und teils bewaffnete Anhänger und Milizen, wie sie beim sogenannten „Sturm auf das Capitol“[12] aktiv waren. Mit der Wahlniederlage Trumps verlor auch QAnon an Bedeutung.

Für die Popularität von QAnon sorgten im deutschsprachigen Raum der Vegankoch Attila Hildmann und der Sänger und Popstar Xavier Naidoo. Ersterer hatte durch zahlreiche kontroverse Demo- und Medienauftritte im Rahmen der Corona-Proteste auf sich aufmerksam gemacht. In seinem *Telegram*-Kanal, der über 100.000 Abonnenten umfasste, verbreitete Hildmann regelmäßig Inhalte von Q-Kanälen und teilte deren apokalyptische Mythen ebenso wie Symbole und Ideologeme der Reichsbürger-Szene. Nachdem er zunehmend durch gewaltverherrlichende und antisemitische Aussagen aufgefallen war und sich offenbar auch in finanzielle Not verstrickt hatte, setzte er sich ab. Die *Social Media*-Kanäle von Hildmann wurden gelöscht oder in Deutschland gesperrt, was seine Reichweite

---

[10] https://www.bellingcat.com/news/americas/2021/01/07/the-making-of-qanon-A-crowd-sourced-conspiracy/. Zugegriffen: 13. Juli 2022.

[11] https://www.independent.co.uk/news/world/americas/us-election-2020/trump-qanon-us-election-conspiracy-theory-voters-supporters-b1373704.html. Zugegriffen: 13. Juli 2022.

[12] https://www.bbc.com/news/world-us-canada-56004916. Zugegriffen: 13. Juli 2022.

stark einschränkte.[13] Letztlich meldete Hildmann selbst Zweifel am QAnon-Mythos an: Es sei möglich, dass „Q nur eine Psyop der CIA" ist, schrieb er.[14] Xavier Naidoo hatte schon vor Corona öffentlich mit verschwörungstheoretischen Aussagen auf sich aufmerksam gemacht. Seine Nähe zu QAnon wurde jedoch erst durch einen über *Telegram* millionenfach geteilten Videoclip vom 2. April 2020 einer breiten Öffentlichkeit bekannt, als er schweißgebadet und tränenbenetzt über die sogenannte „Adrenochrom"-Verschwörung und vermeintlich gerettete Kinder sprach.[15] Anfang 2022 revidierte Naidoo diesbezügliche Aussagen und entschuldigte sich bei seinen Fans, er habe sich blenden lassen, falschen „Gruppierungen geöffnet" und in „Verschwörungserzählungen" „verrannt".[16]

In Deutschland haben sich QAnon-Inhalte vielfach mit der Weltanschauung der sogenannten Reichsbürger vermischt. Jeder Achte in Deutschland sei laut einer CeMAS-Online-Befragung von Anfang 2022 offen für die QAnon-Verschwörungstheorie. Die Umfrage stellt einen deutlichen positiven Zusammenhang zwischen dem Impfstatus und der Zustimmung der QAnon-Erzählung in Deutschland und Österreich fest (CeMAS 2022, S. 33), was angesichts der diskursiven Verknüpfung von Impfskepsis und Anti-Establishment-Ideologie nicht verwundert. Generalisiert man die demographischen Erkenntnisse über QAnon, so zeigt sich, dass der Mythos 1) in den USA weitaus stärker verbreitet war als im deutschsprachigen Raum und dass er 2) im zunehmenden Pandemieverlauf irrelevanter wurde, was sicher mit der abnehmenden Popularität Donald Trumps und seiner missglückten Wiederwahl zusammenhängt.

2.2 „COVID-19: The Great Reset"

Verschwörungsdeutungen über den „Great Reset" decken anders als die Erzählung von QAnon ein weitaus heterogeneres politisches Spektrum ab. Es handelt sich dabei um eine genuin während der Corona-Pandemie entwickelte Verschwörungstheorie, die nicht auf einer Fiktion beruht, sondern sich auf eine offizielle Agenda des *World Economic Forum* (WEF) und seines Gründers und Vorsitzenden Klaus

[13] https://www.tagesschau.de/faktenfinder/hetzinhalte-reichweite-101.html. Zugegriffen: 13. Juli 2022.

[14] https://www.nytimes.com/2020/10/11/world/europe/qanon-is-thriving-in-germany-the-extreme-right-is-delighted.html. Zugegriffen: 13. Juli 2022.

[15] https://twitter.com/holnburger/status/1245748269780738060. Zugegriffen: 13. Juli 2022.

[16] https://www.youtube.com/watch?v=SBhRmS37fzI. Zugegriffen: 13. Juli 2022.

Schwab bezieht. In dem Buch „COVID-19: The Great Reset“ (2020) entwerfen der Ingenieur und Ökonom und sein Koautor Thierry Malleret – ein ehemaliger Berater von Präsident Emmanuel Macron und *Investment Banker* – bereits wenige Wochen nach der offiziellen Ausrufung der Pandemie durch die WHO das Zukunftsszenario einer Welt nach Corona. Diese sei durch „Social Distancing“, die Aufwertung der „öffentlichen Gesundheit“ und die „Digitalisierung“ aller Lebensbereiche geprägt. Die Autoren meinen, dass die „Zwangspause“, zu der der Lockdown nötigte, Zeit gebe, „darüber nachzudenken, was wirklich von Wert ist“ (ebd., S. 45). Zuversichtlich stellen sie fest, dass „Regierungen“ bis vor der SARS-CoV-2-Krise „das Einführungstempo für neue Technologien oft durch langwieriges Abwägen des besten Ordnungsrahmens verlangsamt“ haben. Beispiele von „Telemedizin“ oder „Drohnen-Lieferungen“ zeigten aber, dass „eine drastische, durch die Notwendigkeit erzwungene Beschleunigung möglich“ sei (ebd., S. 114). Obschon am Ende des Buches auch dystopische Szenarien eines totalitären „Überwachungskapitalismus“ in der Post-Corona-Zeit nicht ausgeschlossen werden (ebd., S. 122–123; vgl. Zuboff 2019), bleiben die Autoren optimistisch, dass die Weltordnung nach Corona smarter, gerechter und ökologischer werde. Das ist nicht verwunderlich, sind sie doch selbst Teil und Sprachrohr einer (High-Tech-)Elite (vgl. Dörre 2020), die von der Covid-19-Krise bzw. den Maßnahmen zur Seuchenbekämpfung (Lockdowns, Digitalisierung, Kontrolle) profitierte.

Schwab und Malleret propagieren im „Great Reset“ einen sozialen und ökologischen „Stakeholder“-Kapitalismus, in dem sich der Staat privatisierte Bereiche wieder aneignen werde und „Unternehmen […] auch für soziale und Umweltprobleme zur Rechenschaft gezogen“ würden (Malleret und Schwab 2020, S. 69). Doch dieses ökosoziale Narrativ muss nicht zuletzt aufgrund der bis zu der letzten Publikation von Schwab noch dezidiert neoliberalen Geisteshaltung des Autors hinterfragt werden. In dem Buch „The Fourth Industrial Revolution“ (2016) preist Schwab beispielsweise die Innovationskraft „flexibler“, „innovativer“ und „disruptiver“ Unternehmen im Sinne von Schumpeters Prinzip der *kreativen Zerstörung* an. Aus seiner Technikbegeisterung macht der Ingenieur keinen Hehl und prophezeit gar eine „ontologische Ungleichheit“ zwischen jenen, die sich der neuen sozio-technischen Revolution (z. B. durch „genetic engineering“, „artificial intelligence“, „autonomous weapons“ usw.) anzupassen vermögen, und jenen, die es nicht können (ebd., S. 82–83):

> „This ontological inequality will separate those who adapt from those who resist – the material winners and losers in all senses of the word. The winners may even benefit from some form of radical human improvement generated by certain segments of the fourth industrial revolution (such as genetic engineering) from which the losers will be deprived.“ (Ebd., S. 92)

Neben anderen Publikationen widmet das *Time Magazine* vom Oktober 2020 dem Thema „Great Reset" eine ganze Ausgabe und Schwab einen Gastbeitrag. Millionenfach geteilte Memes und Verweise auf QAnon und den Topos des „Great Reset" prägten während der Corona-Krise (Gegen-)Diskurse in Sozialen Medien – vor allem auf *Twitter, Facebook, YouTube* oder *Instagram* – oder zierten Transparente bei weltweiten Anti-Maßnahmen-Protesten. Auf *Twitter* ging beispielsweise ein Zitat viral, in dem Schwab „stolz" über die „junge Generation" der „Young Global Leaders" (YGL) spricht, ein WEF-Programm, das weltweit Nachwuchs-Führungskräfte schult. Zu ihnen gehören, neben ‚älteren Politiker-Generationen' wie Angela Merkel, auch die deutsche Außenministerin Annalena Baerbock, der amtierende US-Präsident Joe Biden oder der französische Präsident Emmanuel Macron. „Wir penetrieren die Regierungen", rühmt sich Schwab in dem Video-Clip und erwähnt seine Präsenz bei einem Empfang des kanadischen Ministerpräsidenten Justin Trudeau (auch ein YGL), dessen Kabinett, so der WEF-Chef, zu über der Hälfte aus Mitgliedern der YGL bestehe.[17] Die Protest-Zeitung „Demokratischer Widerstand", die deutschlandweit bei Anti-Maßnahmen-Demonstrationen verteilt und verkauft wurde, veröffentlicht in ihrer 28. Ausgabe vom November 2020 einen Hintergrundbericht mit dem Titel „China und der Great Reset". In diesem Bericht, über dem eine Collage mit Klaus Schwab und Xi Jinping prangt, wird die *Lockdown*-Politik während der Pandemie als ein Produkt totalitärer Ideologie begriffen, das „der Welt" durch „die kommunistische Partei Chinas und westliche Tech-Globalisten […] verkauft" worden sei.[18] Schwab und das WEF, aber auch Tech-Milliardäre wie Bill Gates oder Jeff Bezos werden hier nicht nur als Profiteure, sondern teils auch als Akteure der Pandemie beschrieben. Das Kofferwort *„Plandemic"* – das auf einem gleichnamigen Online-Film beruht, der auf sozialen Plattformen früh zensiert wurde (vgl. Schink 2022, S. 202 ff.) – bringt diese Verschwörungstheorie einer von Machteliten geplanten Krise auf den Begriff. Das eher öko-linksalternative Schweizer Magazin „Zeitpunkt – für friedliche Umwälzung" widmet dem „Great Reset" ebenfalls eine Ausgabe.[19] In der Beschreibung heißt es:

[17] https://twitter.com/jamesmelville/status/1550084441317539840?lang=de. Zugegriffen: 29. November 2022.

[18] https://demokratischerwiderstand.de/artikel/158/china-und-der-great-reset. Zugegriffen: 29. November 2022.

[19] https://zeitpunkt.ch/archiv/reset-oder-renaissance. Zugegriffen: 29. November 2022.

> „Die Welt steckt in einer historischen Sackgasse – aus politischen, ökologischen, sozialen und nicht zuletzt aus finanziellen Gründen. Die Eliten haben dies erkannt und als Lösung den ‚Great Reset' auf den Weg gebracht. Der unvermeidliche Umbruch bietet aber auch uns grosse Chancen. Was ist unsere Antwort auf dieses Konzept einer diktatorischen, materialistischen Weltordnung?"

Auch der politisch konservativ-rechts einzuordnende *KOPP*-Verlag bringt ein Buch über den „Great Reset" auf den Markt. Er bezeichnet ihn als „menschenfeindliche[n]" „Angriff auf Demokratie, Nationalstaat und bürgerliche Gesellschaft"[20] sowie auf dem Buchrücken in einer anderen Publikation mit dem Titel „Young Global Leaders – die geheime Saat des Klaus Schwab" als einen „politischen Kampf gegen eine weiße Bevölkerung" und eine „undemokratisch entstandene Weltregierung", die „längst existiert".[21] Die AfD transportierte den „Great Reset" teils in ihren Wahlkampf und die parlamentarische Debatte.[22] Im ‚Mainstream'-Diskurs wird der „Great Reset" in der Regel als „Verschwörungstheorie" delegitimiert. So in einem ausführlichen „Faktenfuchs" des *Bayerischen Rundfunk* vom Mai 2021. Dort wird auf die Gefahren der entsprechenden Verschwörungstheorien und antisemitischer Varianten verwiesen. Das geht soweit, dass ein Politikwissenschaftler als Experte zitiert wird, der behauptet, Suggestionen wie ‚Politiker seien Marionetten und bestätigten nur, was mächtigere globale Akteure entscheiden' seien ein „Versuch der Delegitimierung der liberalen Demokratie."[23] Dass auch der öffentlich präsente ehemalige Verfassungsschutz-Präsident und CDU-Politiker Hans-Georg Maaßen den „Great Reset" kritisch thematisiert, empfindet ein Experte vom *Think Tank* CeMAS als problematisch. Maaßens Aussage vom Dezember 2020: „Jeder, der von einem großen Reset oder einer großen Transformation träumt, muss wissen, dass dies als Kriegserklärung gegenüber der freiheitlich demokratischen Grundordnung verstanden werden kann", trage dazu bei, „dass mehr Menschen Zugang zu diesen teils antisemitischen Verschwörungstheorien bekommen und sie damit auch normaler im Diskurs werden."

---

[20] https://www.kopp-verlag.de/a/great-reset. Zugegriffen: 29. November 2022.

[21] https://www.kopp-verlag.de/a/young-global-leaders. Zugegriffen: 29. November 2022.

[22] https://dserver.bundestag.de/btd/19/305/1930580.pdf. Zugegriffen: 29. November 2022.

[23] https://www.br.de/nachrichten/deutschland-welt/faktenfuchs-die-verschwoerungstheorie-the-great-reset,SY2OK1r. Zugegriffen: 29. November 2022.

2.3 Lab-Leak: Das Virus aus dem Labor

Am 18. Februar 2020 veröffentlichte eine Gruppe von 27 international tätigen Wissenschaftlern, unter ihnen auch der deutsche Virologe Christian Drosten, in der renommierten Medizinzeitschrift *The Lancet* eine Erklärung. Das neuartige Corona-Virus sei natürlichen Ursprungs, heißt es da. Dazu werden in dem kurzen Text mehrere Studien angeführt. Die Autoren schreiben: „Wir stehen zusammen, um Verschwörungstheorien, die nahelegen, dass COVID-19 keinen natürlichen Ursprung hat, scharf zu verurteilen." Solche Theorien würden nichts als Angst, Gerüchte und Vorurteile erzeugen und „die globale Zusammenarbeit im Kampf gegen das Virus" gefährden. Der Inhalt des *Lancet*-Statements wurde am 9. Juni 2020 nochmal im britischen *Guardian* unter dem Titel „Ignorieren Sie die Verschwörungstheorien: Wissenschaftler wissen, dass Covid-19 nicht im Labor erzeugt wurde"[24] von Peter Daszak, dem Initiator der *Lancet*-Erklärung, veröffentlicht. Daszak ist Virologe und Vorsitzender der *Eco-Health Alliance.* Seit 2003 arbeitet er eng mit dem virologischen Institut in Wuhan an der Erforschung neuartiger Coronaviren, die von Fledermäusen stammen und auf Menschen übertragen werden könnten. In dem Institut wird auch die sogenannte ‚*Gain-of-Function*'-Forschung betrieben. Dabei werden Viren und Bakterien künstlich modifiziert und dadurch entstehende neue Eigenschaften untersucht, etwa, um auf künftige Pandemien vorbereitet zu sein oder im Hinblick auf die Entwicklung von Impfstoffen. Solche Experimente wurden in der Vergangenheit zur Erforschung und Entwicklung biologischer Kampfstoffe eingesetzt. Die Modifizierung von Erregern birgt immer die Gefahr, dass hochgradig gefährliche Varianten des Erregers erzeugt und absichtlich freigesetzt werden oder versehentlich entweichen. Die *New York Times*[25] sowie das Wissenschaftsmagazin *Nature*[26] verteidigen in der ersten Jahreshälfte 2020 die Forschung in Wuhan und die Tätigkeiten Daszaks und weisen auf „Verschwörungstheorien" und „Desinformation" in Verbindung mit der Labor-Hypothese hin, die seinerzeit auch der amtierende CIA-Chef Mike

[24] https://www.theguardian.com/commentisfree/2020/jun/09/conspiracies-covid-19-lab-false-pandemic. Zugegriffen: 6. Dezember 2022.

[25] https://www.nytimes.com/2020/05/21/health/wuhan-coronavirus-laboratory.html. Zugegriffen: 29. November 2022.

[26] https://www.nature.com/articles/d41586-020-01452-Z. Zugegriffen: 29. November 2022.

Pompeo vertreten hatte, „trotz fehlender Evidenz“, wie es bei *Nature* noch am 27. Mai 2020 heißt. *Facebook* beginnt infolge des *Lancet*-Statements die Labor-Hypothese als Fehlinformation zu markieren.[27]

Daszak war Mitglied der offiziellen Untersuchungsgruppe der WHO, die dem Ursprung von SARS-CoV-2 auf die Spur kommen sollte. Die These, dass das Virus unbeabsichtigt aus dem Labor in Wuhan entwichen sein könnte, wurde von dem WHO-Team von Anfang an praktisch ausgeschlossen. Die Zoonose-Theorie wurde dagegen hochgehalten. Daszaks starker Interessenskonflikt bei der Mitarbeit im WHO-Untersuchungs-Team wurde von mehreren internationalen Medien kritisiert. So forderte das *Wall Street Journal* im Januar 2021 unter Berufung auf skeptische Stimmen aus der Fachwelt: „Die Welt braucht eine richtige Untersuchung zu den Ursprüngen von Covid-19.“[28] Ende März 2021 erschien der WHO-Bericht zum Ursprung der Pandemie. SARS-CoV-2 sei „wahrscheinlich bis sehr wahrscheinlich“ von Fledermäusen auf ein anderes Tier und schließlich auf den Menschen übergegangen, heißt es in dem Bericht. Ein Laborursprung wurde dagegen als „extrem unwahrscheinlich“ eingeschätzt.[29]

Genau ein Jahr nach der Veröffentlichung des *Lancet*-Statements, am 18. Februar 2021, war einer Pressemitteilung der Universität Hamburg zu entnehmen, dass der deutsche Physiker Roland Wiesendanger einen Laborunfall als Ursache für die Corona-Pandemie für wahrscheinlich hält. In einem über 100-seitigen Dokument hatte er Informationen ausgewertet, die den Schluss nahelegten, „dass sowohl die Zahl als auch die Qualität der Indizien für einen Laborunfall am virologischen Institut der Stadt Wuhan als Ursache der gegenwärtigen Pandemie sprechen.“ Als Motivation für die Veröffentlichung der „Studie“ wird angeführt, dass „eine breit angelegte Diskussion“ über „die ethischen Aspekte“ der Gain-of-Function-Forschung „angeregt werden“ soll.[30] Die Veröffentlichung sorgte in öffentlich-rechtlichen und sozialen Medien für teils heftige Kritik und

[27] https://www.politico.com/news/2021/05/26/facebook-ban-covid-man-made-491053. Zugegriffen: 29. November 2022.

[28] https://www.wsj.com/articles/the-world-needs-A-real-investigation-into-the-origins-of-covid-19-11610728316. Zugegriffen: 29. November 2022.

[29] https://www.spiegel.de/wissenschaft/mensch/corona-virus-wahrscheinlich-ueber-fledermaeuse-auf-mensch-uebertragen-A-34bdc0e9-3b1e-4a7f-a030-2c82f041b428. Zugegriffen: 29. November 2022.

[30] https://www.uni-hamburg.de/newsroom/presse/2021/pm8.html. Zugegriffen: 29. November 2022.

fand vor allem in Alternativmedien großen Zuspruch. Teile der Universität Hamburg distanzierten sich von Wiesendanger, der Präsident hielt zu ihm. Dem Nanowissenschaftler wurde vorgeworfen, ‚fachfremd' zu sein und, dass seine „Studie" wissenschaftlichen Standards nicht entspreche. Es handle sich, so ein im *ZDF*-Faktencheck zitierter Sachverständiger, vielmehr um „eine Kompilation altbekannter Dokumente und Theorien zu einem möglichen Laborunfall".[31] Wiesendanger wird dabei in die Nähe von Verschwörungstheorien gerückt. Dieser wirft dagegen dem Faktencheck vor, ihn falsch zitiert zu haben, wie Wiesendanger unter anderem gegenüber der alternativen Webseite *„achgut.com"* äußert.[32] Er wehrt sich aus nachvollziehbaren Gründen dagegen, mit Verschwörungstheorien in Verbindung gebracht zu werden. Genau genommen impliziert die Lab-Leak-These aber tatsächlich eine Verschwörungstheorie, insofern die Vertuschung des mutmaßlichen Laborunfalls ein Komplott wäre. Am 22. Februar 2021 bekommt Wiesendanger Unterstützung durch die *Washington Post:* „Die USA sollten ihre Geheimdienstinformationen über das Wuhan-Labor enthüllen"[33], heißt es dort. Im Mai 2021 wurde die Lab-Leak-These schließlich von offizieller Stelle rehabilitiert: US-Präsident Joe Biden ordnete die Untersuchung des Ursprungs der Pandemie durch US-Geheimdienste an. Er bezog sich dabei auch auf Informationen, nach denen drei Forscher des virologischen Labors in Wuhan vor dem offiziellen Ausbruch der Pandemie möglicherweise mit Covid-19 infiziert worden seien – was wiederum von chinesischen Behörden bestritten wird. In der Zwischenzeit forderten immer mehr Wissenschaftler eine unabhängige Untersuchung der These von einem Laborunfall. Einer davon ist der Virologe Charles Calisher, einer der Unterzeichner des *Lancet*-Statements, in dem derartige Überlegungen noch im Februar 2020 als „Verschwörungstheorien" bezeichnet wurden. Es gebe, sagte Calisher gegenüber *ABC News,* „zu viele Zufälle", um die These vom Laborunfall zu ignorieren.[34] Weltweit mehrten sich die Stimmen, die die Labor-These ernst nehmen und für wahrscheinlich(er) halten. Diese Einschätzung bleibt zwar nicht

[31] https://www.zdf.de/nachrichten/politik/corona-labortheorie-universitaet-hamburg-100.html. Zugegriffen: 29. November 2022.

[32] https://www.achgut.com/artikel/roland_wiesendanger_und_der_stich_ins_wespennest. Zugegriffen: 29. November 2022.

[33] https://www.washingtonpost.com/opinions/global-opinions/the-us-should-reveal-its-intelligence-about-the-wuhan-laboratory/2021/02/22/da0e9e90-753f-11eb-9537-496158cc5fd9_story.html. Zugegriffen: 29. November 2022.

[34] https://abcnews.go.com/US/nature-based-man-made-unraveling-debate-origins-covid/story?id=78268577. Zugegriffen: 29. November 2022.

unwidersprochen, doch sie wird plausibilisiert durch Erkenntnisse aus den USA, nach denen „E-Mails, die durch den Freedom of Information Act veröffentlicht wurden", gezeigt hätten, „dass [Anthony] Fauci, der Direktor des National Institutes of Health (NIH), Francis Collins, und andere prominente Beamte die Möglichkeit eines Laborursprungs viel ernster nahmen, als sie zugaben", wie das Internet-Magazin *Telepolis* unter Verweis auf US-amerikanische Quellen schreibt.[35] Im März 2023 häufen sich Meldungen darüber, dass das US-amerikanische Energieministerium sowie das FBI die Labor-These für plausibel halten, und den Corona-Ursprung in Wuhan vermuten, wonach auch die WHO eine Neubewertung des Falles verlangt.[36]

2.4 Zur gesellschaftlichen Verbreitung von Verschwörungstheorien in der Pandemie

Wie diese Zusammenschau zeigt, gibt es in der Pandemie verschiedene Verschwörungsdeutungen, die – obschon die Auswahl nicht vollständig ist – nicht pauschal als irrational, antisemitisch oder extremistisch bezeichnet werden können. Zwar können sich einzelne Deutungen wechselseitig aufeinander beziehen und affirmieren, quantitative Erhebungen über Covid-19-Verschwörungstheorien zeigen jedoch, dass die betreffenden Deutungen während der Pandemie auch in verschiedenen Gruppen der Bevölkerung unterschiedliche Relevanz und Verbreitung und in Summe teils erhebliche Zustimmung fanden (Tuters und Willaert 2022; Hövermann 2021).

Nach einer repräsentativen Studie der *Friedrich-Naumann-Stiftung,* die Anfang Juli 2020 durchgeführt wurde, meinten weltweit knapp die Hälfte aller Befragten (47 %), das Virus entstamme einem chinesischen Labor, in Deutschland stimmten der Aussage des Labor-Ursprungs ein Viertel der Befragten zu. Der These, dass es sich bei SARS-CoV-2 um eine „chinesische Bio-Waffe" handle, stimmten 38 % weltweit zu, in Deutschland waren es 13 %. In einer Studie des *Instituts für interdisziplinäre Konflikt- und Gewaltforschung* der Universität Oldenburg zur Wahrnehmung der Pandemie in den ersten beiden Wochen wurden

[35] https://www.heise.de/tp/features/Zehn-zweifelhafte-Faktenchecks-und-wie-die-Politik-die-Wissenschaft-diskreditierte-7339388.html?seite=all. Zugegriffen: 29. November 2022.

[36] https://www.berliner-zeitung.de/news/laborunfall-who-verlangt-us-daten-zu-corona-ursprungsthese-li.324042. Zugegriffen: 6. März 2022.

u. a. verschwörungstheoretische Einstellungen gemessen. Knapp ein Viertel der deutschen Bevölkerung (24 %) stimmte dabei der Aussage „voll und ganz" oder „eher" zu, dass „Medien und Politik gezielt bestimmte Informationen […] während der Corona-Krise" verschweigen, weitere 24 % stimmten dieser Aussage „teils teils" zu. Der stärkeren Aussage, „Es gibt geheime Organisationen, die während der Corona-Krise großen Einfluss auf politische Entscheidungen haben", stimmten dagegen in Summe nur etwa 8 % der Bevölkerung zu, 13 % waren unentschieden und 77 % lehnten sie ab oder stimmten „eher nicht zu" (Rees et al. 2020, S. 12). Die Autoren stellen in ihrer Zusammenfassung fest: „Die Zustimmung zu autoritären Einstellungen [in der Gesamtpopulation, A.S.] war relativ hoch (37–57 %), während Verschwörungstheorien eher abgelehnt wurden. Die durchschnittliche Zustimmung zu restriktiv-autoritären Aussagen nahm über den Erhebungszeitraum ab, während die Zustimmung zu verschwörungstheoretischen Aussagen zunahm." Nach Erhebungen der *Hans-Böckler-Stiftung* vom Oktober 2021 beläuft sich die „Skepsis" und Zustimmung zu „Verschwörungsmythen im Zusammenhang mit der Corona-Pandemie" in der deutschen Bevölkerung zwischen „20 und 43 %, je nach Aussage" (Hövermann 2021, S. 16). Eine positive Korrelation zum Pandemieverlauf in der Form eines Rückgangs verschwörungstheoretischer Skepsis mit dem Rückgang von Inzidenzen konnte dabei nicht festgestellt werden, zeitweise wurden mit dem Rückgang der gemeldeten Infektionszahlen im Sommer 2021 „gar weitgehend ansteigende Zustimmungen" gemessen. Erklärt wird dies mit einer ‚Immunität' von Verschwörungsgläubigen gegen Beweise (ebd.). Eine Meta-Studie von Tsamakis et al. (2022), die die Verbreitung von Verschwörungstheorien während des ersten Pandemie-Jahres 2020 untersucht,[37] kommt zu dem Ergebnis, dass 8 von 10 Personen mindestens einer Covid-19-bezogenen Verschwörungstheorie zustimmten und damit der Glaube an entsprechende Deutungen „kein seltenes Phänomen war" (ebd., S. 22). Nach einer *Big-Data*-Studie von Tuters und Willaert (2022) über die Verbreitung und Konvergenz von Verschwörungsnarrativen auf *Instagram* sei ein verbindendes Element zwischen den verschiedenen Corona-bezogenen Deutungen der *Deep-State*-Topos, der eng mit einer Angst vor einem Überwachungsstaat verknüpft sei. Die Autoren kommen zu dem Ergebnis, dass das QAnon-Narrativ primär „in seinem eigenen diskreten konspirologischen Universum" kursiert und identifizieren den „Great Reset" als ein umfassenderes verschwörungstheoretisches „Meta-Nar-

[37] Einbezogen wurden nur englischsprachige Publikationen, wobei gleichzeitig eine mögliche Überrepräsentation von Gruppen mit überdurchschnittlichem digitalem Medienverhalten proklamiert wird.

rativ", das es gar bis in die Kommunikationskanäle des WEF selbst geschafft habe und sehr schwer von legitimer Kritik an der neoliberalen und globalistischen Agenda des *World Economic Forum* zu trennen sei (ebd., S. 1232). Tuters und Willaert zeigen auch, dass Verschwörungstheorien über Bill Gates und seine Stiftung oftmals im Kontext des „Great Reset"-Topos kommuniziert werden, wobei Gates, mehr noch als Schwab, als eine Art „Synekdoche" dieser Erzählung fungiere, in der sich „alte und neue Kritik an Global Governance" verbinde (ebd., S. 1234).

Nach der erwähnten Erhebung von Tsamakis et al. (2022) sind typische „Verschwörungstheoretiker" als wahrscheinlicher jung, weiblich, nicht-weiß, verheiratet, körperlich gesund, mit Kindern, einem geringeren Einkommen und niedrigerem Bildungsabschluss charakterisiert. Während die letzten beiden Merkmale auch in anderen Studien zu nicht-Covid-bezogenen Verschwörungstheorien sichtbar sind, widersprechen erstere Merkmale dem Stereotyp des alleinstehenden, weißen, männlichen Verschwörungstheoretikers (vgl. Smallpage et al. 2020, S. 267). Sie weisen das Verschwörungsdenken als kontextabhängig zu entsprechend hegemonialen Diskursen aus. Die Erkenntnisse decken sich auch mit den Erfahrungen der Feldforschung bei Corona-Protesten vom Sommer 2020 im deutschsprachigen Raum, bei denen Verschwörungstheorien stark verbreitet waren. Abseits des gemeinsamen Selbstverständnisses *Opposition* zur Corona-Politik und Maßnahmen-Kritiker zu sein, findet die quantitative und ethnographische Erhebung von Frei et al. (2021) bei den Befragten vor allem eine starke Heterogenität so wie eine bemerkenswert hohe Zustimmung zu anti-autoritären Einstellungen, gemeinsam mit einer verbreiteten Offenheit für alternativmedizinische Angebote. Politisch seien die Corona-Proteste eher aus dem linken, grünen und alternativen Spektrum gekommen, jedoch im Verlauf der Pandemie zunehmend nach politisch rechts gerückt. Die Verbindung von alternativen (Diskurs-) Milieus und verschwörungstheoretischer politischer Opposition wurde bereits in früheren ethnographischen Arbeiten dokumentiert (Harambam 2022; Schink 2020; Buchmayr 2019).

In der soziologischen Perspektive gibt die Verbreitung von Verschwörungstheorien in der Gesellschaft nicht nur Auskunft über die sozialen Standorte verschiedener Gruppen, sondern zugleich über ihre *sozialen Beziehungen* zueinander, ebenso wie über (Deutungs-)Macht-Verhältnisse. So ist es nicht verwunderlich, dass die Zustimmung zu Verschwörungstheorien generell mit oppositioneller und systemkritischer politischer Haltung korreliert (Imhoff et al. 2022; Smallpage 2020) oder dass, wie aktuelle Studien aus der Corona-Zeit für Deutschland zeigen, Personen in prekären Lebenslagen eher gewillt sind, Verschwörungstheorien zuzustimmen (Roose 2020). Gerade auch angesichts der oppositionellen Haltung der AfD und der weitestgehend konformistischen bis regierungstragenden Pandemiepolitik der Parteien *die Linke* und *Bündnis90/die Grünen* in Deutschland während der Corona-Krise (vgl. Hanloser et al. 2021) verwundert es nicht, dass sich auch der Straßenprotest gegen die Corona-Maßnahmen in Deutschland mangels linksliberaler parlamentarischer Alternativen politisch nach rechts verschoben hat. Ebenso wenig verwundert die Beobachtung, dass es einen Zusammenhang zwischen der Zustimmung zu (Covid-19-)Verschwörungstheorien und der Offenheit für alternativmedizinische Angebote gibt, waren doch die Gesundheitspolitik und der hegemoniale Diskurs durch einen „unzureichenden epistemischen Pluralismus" gekennzeichnet, der vor allem von der „biomedizinischen Perspektive" (Bschir und Simon 2021) geprägt wurde und, wie der Medizinhistoriker Heinz Schott schreibt, durch „die Ausklammerung des Seelenlebens, seiner sozialpsychologischen und religiösen Grundierung" (Schott 2020, S. 99). Darüber hinaus war die Diskurs-Milieu-Konvergenz von Verschwörungsdenken und alternativer Spiritualität auch schon vor Corona manifest (Schink 2020, S. 395; Dyrendal et al. 2018), sie hängt offenbar mit der Marginalisierung spiritueller Sinn- und Heilsangebote in der gesellschaftlichen Wissensordnung zusammen.

3 Verschwörungstheorien als Gefahr und die Kritik der Experten

In der Pandemie sind für die erwähnte epistemische Marginalisierung entsprechender Wissensbestände, die als ‚Verschwörungstheorie', ‚Esoterik' oder ‚Pseudowissenschaft' delegitimiert werden, im Wesentlichen Wissenschaft, Medien und Experten verantwortlich. Medienberichte zeichneten sich vor allem in den ersten Wochen und Monaten u. a. durch Fixierungen auf „die immer gleichen Expert*innen und Politiker*innen"[38] aus und eine Berichterstattung, die als regierungsfreundlich und „behördennah" (Gräf und Hennig 2020) zu charakterisieren ist, sowie durch aktive Zensur und Unterdrückung abweichender Informationen (Elisha et al. 2021), wie sie im oben nachgezeichneten Diskurs über die Lab-Leak-Theorie offenbar wird. Vor allem angsterregenden *Worst-Case*-Szenarien, die auf teils fragwürdigen Prognosen von Modellrechnungen beruhten, wurden in der Corona-Berichterstattung durch gesellschaftliche Verantwortungsträger eine

[38] https://mmm.verdi.de/beruf/gehts-auch-mal-wieder-kritisch-65457. Zugegriffen: 19. November 2022.

nahezu prophetische Kraft zugesprochen (vgl. Schott 2020; Niemann 2022), wobei viele Regierungen auf eine gezielte Schock- und Angststrategie in der Pandemiebekämpfung setzten, um die Folgebereitschaft in der Bevölkerung zu erhöhen (Schink 2023, S. 135 ff.). Experten aus dem Bereich der Psychologie und den Kultur- und Sozialwissenschaften kam während der Pandemie eine tragende Bedeutung in der (Regierungs-)Beratung und der Versorgung der Öffentlichkeit mit Informationen zu, gerade auch dort, wo es um die Einordnung, Problematisierung oder Bekämpfung von „Verschwörungstheorien" ging.

3.1 Der Problemdiskurs von Experten und Verschwörungstheorien

Insofern muss gerade der Standort der Experten bzw. ihre Konstruktion der „Verschwörungstheorie" und ihre performative und politische Deutungsmacht kritisch in den Blick genommen werden. Experten(diskurse) werden nicht erst seit der Pandemie, aber in dieser in deutlich erheblicherem Ausmaß, zu einer entscheidenden Instanz der gesellschaftlichen Konstruktion von Wirklichkeit und damit auch zu einem zentralen Faktor der Legitimierung von konkreten politischen Maßnahmen (Bogner 2021; Münch 2022) bzw. der Abwertung ihrer Kritik. So forderte beispielsweise das oben genannte Autorenkollektiv um Tsamakis et al. (2022) am Ende der erwähnten Meta-Studie explizit politische „Interventionen" für von ihnen identifizierte Zielgruppen von „Verschwörungsgläubigen":

> „Spread of misinformation needs to be combated. Collaborative initiatives between governments and the World Health Organisation [...] are absolutely vital in myth-basting" [sic!] conspiracy beliefs and helping people improve their media literacy. Also, given that the current review identified a number of conspiracy believers with specific characteristics [...] could be especially targeted for intervention." (Ebd., S. 23)

Begründet wird diese pro-aktive Haltung mit der „ernsthaften Gefahr", die Covid-19-kritische Verschwörungstheorien für das gesundheitsbezogene Verhalten darstellten: Regeln des *Social Distancing* würden wegen ihnen wahrscheinlicher missachtet, Impfungen oft abgelehnt, daher seien sie eine „Gefahr für unsere Gesellschaft insgesamt" (ebd.). Bemerkenswert in anderer Hinsicht ist, dass den Studienergebnissen von Tsamakis et al. zufolge, der Stereotyp des Verschwörungstheoretikers, wie schon erwähnt, nicht männlich, weiß und Single ist, sondern weiblich, nicht-weiß und verheiratet (sowie körperlich gesund und mit Kindern).

Dies wirft ein Schlaglicht auf die epistemologische Praxis der Konstruktion des „Verschwörungstheoretikers" als Sozialfigur eines irrationalen oder radikalen anderen (vgl. Husting und Orr 2007) sowie auf die Diskurse, in denen sie relevant wird. Die Sozialfigur des Verschwörungstheoretikers hat, ebenso wie die Nachfrage nach Verschwörungstheorie-Experten, vor allem in Krisenzeiten Konjunktur.

Dass Verschwörungstheorien ‚in Krisenzeiten „Konjunktur"' haben, galt dementsprechend schon vor der Corona-Krise als eine immer wieder gehörte Experten-Diagnose (vgl. Schink 2018, S. 161), deren Status als solche sich im Pandemie-Diskurs weiter verfestigte. Was diese ‚Konjunktur' genau meint, wird selten, und wenn, dann in der Regel psychologisch erklärt. So heißt es in einem Beitrag des *DLF* vom April 2020, „Fake News, Verschwörungstheorien und Desinformationskampagnen haben in der Coronakrise Konjunktur". Im Beitrag werden unterschiedliche wissenschaftliche Erklärungen erwogen, jedoch „Kontrollverlust" als zentrale Ursache im Leadtext hervorgehoben.[39] In einem *Tagesspiegel*-Artikel vom Oktober 2020 heißt es ebenfalls „Verschwörungstheorien haben Hochkonjunktur", wobei wieder „Kontrollverlust" als Hauptursache im Mittelpunkt steht.[40] Verwiesen wird in dieser und ähnlichen Diagnosen auf die Sozialpsychologie und Studien zur Verschwörungsmentalität. Personen, bei denen entsprechende Merkmale durch Fragebogen-Items erfasst werden, seien „anfälliger"[41] für verschiedenste Verschwörungstheorien, heißt es da. Im Falle von Corona sind das aber offenbar nicht alte weiße und ‚gekränkte Männer', wie eine andere akademische Expertin meint[42], sondern den erwähnten Erhebungen zufolge, vielfach junge Mütter mit niedrigem Einkommen und Bildungsstand. Dieser Widerspruch verweist auf die soziale Kontextabhängigkeit des Verschwörungsdenkens, das im Konzept der Verschwörungsmentalität psychologisiert und tendenziell auch pathologisiert wird. Neben erlebtem Kontrollverlust, der in Krisenzeiten und Pandemien bei entsprechenden Gruppen zunehme, sind nach Erkenntnissen der Sozialpsychologie weitere Faktoren für Verschwörungsglauben das Bedürfnis einer „positiven Selbstwahrnehmung" und das „Streben nach Verstehen" (Lamberty

[39] https://www.deutschlandfunk.de/falschmeldungen-zu-covid-19-der-boom-der-corona-100.html. Zugegriffen: 19. November 2022.

[40] https://www.tagesspiegel.de/potsdam/landeshauptstadt/verschworungsglauben-ist-kein-spass-7953001.html. Zugegriffen: 19. November 2022.

[41] Ebd.

[42] https://www.deutschlandfunk.de/verschwoerungstheorien-in-corona-zeiten-es-betrifft-eher-100.html. Zugegriffen: 19. November 2022).

2020, S. 5). Im Experten-Problemdiskurs über Verschwörungstheorien werden für „Querdenker" und Gegner der Regierungsmaßnahmen neben der gekränkten Männlichkeit dementsprechend auch „Persönlichkeitsmerkmale" wie „ein hohes Misstrauen" oder „Narzissmus" (ebd., S. 12) ins Spiel gebracht. Das geht bis hin zu Studien, die einen Zusammenhang zwischen der Zustimmung zu Covid-19-Verschwörungstheorien und Psychose-nahen Erfahrungen herstellen (Ferreira et al. 2022).[43] Die erwähnte Sozialpsychologin Pia Lamberty erklärt: „Verschwörungserzählungen blühen vor allem in Krisenzeiten [...]. In solchen Zeiten haben [...] viele Menschen das Gefühl, allem ausgeliefert zu sein und keine Kontrolle mehr zu haben" (Lamberty 2020, S. 13).

Diese Form der Personalisierung und Psychologisierung ist nicht nur deshalb hinterfragenswert, weil sie nicht zwischen legitimen und sachbezogenen Verschwörungstheorien und politisch-ideologischen unterscheidet – für Lamberty sind die Lab-Leak-Verschwörungstheorie wie QAnon gleichermaßen eine „Verschwörungserzählung" (ebd., S. 11 ff.) –, sondern auch, weil sich ihre Forschung einseitig auf Regierungskritik und heterodoxe Einstellungen bezieht. Die Reduktion von Misstrauens- oder Angstkommunikation auf ‚Verschwörungstheoretiker' unter Auslassung der in der Pandemie erzeugten gesamtgesellschaftlichen Angstdynamiken (vgl. Schink 2023) ist reduktionistisch und insofern kritikwürdig, jedoch hochgradig anschlussfähig an hegemoniale Machtdiskurse. In der Konsequenz erscheinen Verschwörungstheorien – und nicht politische Verhältnisse oder ökonomische (Macht-)Strukturen – als Problem(ursache), denn, so Lamberty, sie „sprechen genau diese Gefühle [der Ohnmacht, A.S.] an" (ebd., S. 13). Lamberty bezeichnet Verschwörungstheorien, wie eingangs erwähnt, auch als „Radikalisierungsbeschleuniger" (ebd., S. 9). Das Problem an einer solchen suggestiven Beschreibung ist, dass sie zwar dramatisch klingt, über Ursachen und Folgen der Zustimmung zu Verschwörungstheorien als solchen aber wenig aussagt. Es gibt zwar empirische Hinweise auf Korrelationen zwischen der Zustimmung zu *bestimmten* Verschwörungstheorien und der *Zustimmung* zu Gewalt, die erklärende Variable ist hier aber in der Regel eine politische (und menschenfeindliche) Ideologie – etwa im Fall von Verschwörungstheorien über eine jüdische Weltverschwörung oder den sogenannten ‚Großen Austausch' (Önnerfors 2020; Kampmann 2022) – und nicht das Verschwörungsdenken als solches (vgl. Smallpage et al. 2020, S. 166 ff.). Differenziert man den Gefahrendiskurs über

[43] Was Verschwörungstheorien in die Nähe zu psychosozialen Pathologien rückt und bereits über lange Zeit ein Merkmal des gesellschaftlichen Problemdiskurses über diese ist (vgl. Anton und Schetsche 2020).

Verschwörungstheorien, so scheint das Problem weniger die Annahme einer Verschwörung zu sein als vielmehr die damit verbundenen Dynamiken von Inklusion und Exklusion und schließlich das schon genannte „Othering" (Jolley et al. 2020, S. 235) in der Gestalt einer Sündenbock-Zuschreibung. Zur Gefahr wird das Verschwörungsdenken vor allem dann, wenn es sich in Form von verbaler oder physischer Gewalt gegen Minderheiten und marginalisierte Gruppen richtet. Der Verlauf der Corona-Krise führt die Behauptung, ‚Verschwörungstheorien' seien als solche „eine Gefahr für den gesellschaftlichen Zusammenhalt" (Lamberty und Rees 2019), auch insofern *ad absurdum,* als dass hier paradoxerweise auch Experten(diskurse) als ‚Radikalisierungsbeschleuniger' fungierten, die bestimmte heterodoxe Ansichten erst als „Verschwörungsmythen" delegitimierten und damit Kritik verunmöglichten, was in und gegenüber bestimmten Bevölkerungsgruppen „Radikalität und Feindseligkeit" schürte (Münch 2022, S. 76; vgl. Roth 2020, S. 70). Es waren vor allem ‚Querdenker' ‚Impfgegner' und ‚Verschwörungstheoretiker', die aus dem rationalen Diskurs und gesellschaftlichem Leben ausgeschlossen und gegen die insofern verbale und politische Gewalt ausgeübt wurde.

3.2 ‚Infodemic Management' als politische Machttechnik

Das sogenannte *‚Infodemic Management'* steht exemplarisch für diese Form des Regierens durch Experten bzw. die „expertokratische" Legitimierung (vgl. Münch 2022) der Unterdrückung abweichender Information. Die Idee des „Infodemic Management" wurde von der WHO bereits vor der offiziellen Ausrufung der Corona-Pandemie gemeinsam mit privaten Akteuren entwickelt. Es geht `hierbei darum, in einer Pandemie nicht nur das Virus als biologischen Erreger, sondern zugleich die ‚Seuche' der Falsch- oder Desinformation, zu der Verschwörungstheorien zählen, gezielt zu bekämpfen. Verschwörungstheorien gelten in dieser Doktrin als so gefährlich wie Viren.

Am 8. Februar 2020, zu einer Zeit, als in Deutschland der *Bayerische Rundfunk* Panik vor dem neuartigen „Wuhan-Virus" noch als „Verschwörungstheorie" und die Forderung nach Lockdowns als politisch „rechts" einordnete (vgl. Anton und Schink 2021, S. 204–205.), trat Tedros Adhanom Ghebreyesus, der Vorsitzende der WHO, an die Öffentlichkeit und warnte: „Bei der WHO bekämpfen wir nicht nur das Virus: Wir bekämpfen auch die Trolle und Verschwörungstheoretiker, die Falschinformationen verbreiten und die Reaktionen auf den Ausbruch unterminieren."[44] Diese Aussage wurde in einem offiziellem Statement der WHO am 25. August 2020 nochmals bekräftigt und dabei der Begriff und die Praxis des „Infodemic Management" unter dem Titel „Immunizing the public against misinformation" präzisiert.[45] Die Infodemie wird hier definiert als: „an overabundance of information and the rapid spread of misleading or fabricated news, images, and videos. Like the virus, it is highly contagious and grows exponentially." Zentral in diesem Konzept ist das Filtern von Informationen durch Autoritäten und ein Expertenregime der WHO oder nationaler Behörden in Kooperation mit *Tech-*Plattformen und *Influencern*.[46] Seit der ersten „WHO Infodemiology Conference" im Juni/Juli 2020[47] fördert die WHO die Ausbildung sogenannter „infodemic manager", das sind Personen, denen in Schulungen und Simulationen die Fähigkeit vermittelt werden soll, als Experten in verschiedenen Bereichen, bei der Bewältigung einer Infodemie zu fungieren. Dazu gehört u. a., den „Einfluss" und die „Ausbreitung" einer Infodemie während „Gesundheitskrisen" zu verstehen, Interventionen umzusetzen sowie „die Resilienz von Individuen und Gemeinschaften zu stärken" und die „Entwicklung, Anpassung und Anwendung" von „Werkzeugen" zur Bewältigung einer Infodemie zu „bewerben".[48] Die geschulten Experten fungieren in ihren jeweiligen Kompetenzbereichen, v. a. im öffentlichen Gesundheitswesen, an Universitäten und Bildungseinrichtungen, im (Plattform-)Journalismus oder in der Politik als Berater und Autoritäten, wenn es darum geht, die Bevölkerung während eines Gesundheitsnotstands mit passenden Informationen zu versorgen. Nach dem mittlerweile dritten Infodemic-Management-Training wurden bislang mehrere hundert Personen weltweit ausgewählt, um diese Agenda umzusetzen.

---

[44] https://www.who.int/director-general/speeches/detail/director-general-S-remarks-at-the-media-briefing-on-2019-novel-coronavirus---8-february-2020. Zugegriffen: 19. November 2022.

[45] https://www.who.int/news-room/feature stories/detail/immunizing-the-public-against-misinformation. Zugegriffen: 19. November 2022.

[46] https://www.who.int/director-general/speeches/detail/director-general-S-remarks-at-the-media-briefing-on-2019-novel-coronavirus---8-february-2020. Zugegriffen: 19. November 2022.

[47] https://www.who.int/teams/epi-win/infodemic-management/1st-who-infodemiology-conference. Zugegriffen: 19. November 2022.

[48] https://www.who.int/teams/epi-win/infodemic-management/3rd-who-training-on-infodemic-management. Zugegriffen: 19. November 2022.

Unabhängig vom Einfluss des WHO-Programms knüpft der Infodemie-Diskurs sowohl an den Problemdiskurs über Verschwörungstheorien wie auch an biopolitische Diskurse der Sicherheit an. Insofern ist das Infodemic Management nicht nur als konkrete Maßnahme, sondern vielmehr als weiterer Kontext oder Differenzierung des gesellschaftlichen Kampfes gegen Verschwörungstheorien zu betrachten. In der Corona-Pandemie hat sich dieser Kampf zum einen professionalisiert, zum anderen popularisiert. Letzteres zeigt sich in der drastischen Zunahme und Förderung von *Infotainment*-Angeboten, die, etwa über *YouTube* und andere Medienkanäle, die Öffentlichkeit mit der ‚richtigen' Information versorgen bzw. falsche Informationen ‚entlarven' (engl. *to debunk*) (vgl. Anton und Schink 2021, S. 259 ff.) sollen. Zu ihnen gehören etwa durch öffentlich-rechtliche Formate der *Funk*-Produktion finanzierte *Influencer*-Formate wie „maiLab", das Reportageformat „STRG_F" oder der eingangs erwähnte *YouTube*r „Walulis", aber auch Stiftungen und Faktenchecker, die teils privat, teils staatlich gefördert werden. Einerseits fungieren sie selbst als Autoritäten und *Gate-Keeper* einer nach diesem Verständnis uniformierten oder gar „dummen" Bevölkerung (Bogner 2021, S. 118). Andererseits beziehen die Faktenchecker in der Regel nur bestimmte Experten (und Informationen) in ihre ‚Fakten'-Recherche mit ein bzw. lösen das Problem der Gewichtung widersprüchlicher Experten-Auffassung zugunsten offizieller Statements oder (vermeintlicher) wissenschaftlicher Konsense. So verweist auch der *SWR3*-Faktencheck zu dem *KenFM*-Video „Gates kapert Deutschland!" wiederum auf den Faktencheck des öffentlich-rechtlich-finanzierten *YouTuber*s „Walulis", einen *ZDF*-Faktencheck oder Portale wie *Correctiv*, den Jugendschutz sowie den GWUP-Skeptiker Bernd Harder oder die CeMAS-Chefin Pia Lamberty. Das CeMAS wiederum ist für das dem Bundesgesundheitsministerium unterstellte *Robert-Koch-Institut* in einem Projekt zum „infodemic management" tätig.[49] Im Rahmen von Formulierungen wie „[v]iele Experten sehen den Kanal [KenFM, A.S.] als Forum für Verschwörungstheorien […]" oder den Verweis auf „umstrittene Experten wie Wolfgang Wodarg, Bodo Schiffmann oder Sucharit Bhakdi" deutet die Selektion der genannten und anderer Experten in dem *SWR3*-Faktencheck auf einen wesentlich selbstaffirmativen Diskurs hin, der in den Dispositiven der Sicherheit verankert ist und in dem das Engagement gegen Verschwörungstheorien zur moralischen Pflicht bzw. Staatsräson gehört (Anton und Schink 2021, S. 256 ff.). Als psychologische Erklärung für Ver-

[49] https://www.rki.de/EN/Content/Institute/DepartmentsUnits/ProjectGroups/P1/P1_node.html. Zugegriffen: 06. Dezember 2022.

schwörungstheorien wird dementsprechend auch hier wieder von zwei verschiedenen Experten „Kontrollverlust" angegeben, was die Frage nach dem Mehrwert der getroffenen Auswahl unterstreicht. Der Begriff der „Verschwörungstheorie" kommt in verschiedenen Varianten 13 mal in dem Beitrag vor (nicht aber im Originalbeitrag) und dient neben dem ‚*Debunking*' einzelner Inhalte vor allem dazu, „einen gegnerischen Standpunkt zu diskreditieren und die politisch gewünschten Grenzen des Diskurses über Krisen und Konflikte zu demarkieren" (Roth 2020, S. 70). Im Mai 2020 berichtet unter anderem der *Spiegel* darüber, dass der Berliner Verfassungsschutz das Portal „KenFM" als „Verdachtsfall" eingestuft habe mit der Begründung, dort würden „Desinformation und Verschwörungsmythen" verbreitet, wodurch die Szene der „Querdenker" „radikalisiert" würde. Dem Medium, das Corona-skeptischen Medizinern wie Wolfgang Wodarg oder Sucharit Bhakdi von Beginn der Proteste gegen die Maßnahmen an eine Stimme gegeben hatte, werde, im Einklang mit der „inzwischen bundesweite[n] Beobachtung der Coronaleugner-Szene durch den Verfassungsschutz", eine sogenannte „verfassungsschutzrelevante Delegitimierung des Staates vorgeworfen".[50] Nachdem das Online-Angebot von *KenFM* seit Frühjahr 2020 zusätzlich von der Landesmedienanstalt Berlin-Brandenburg aufgrund vorgeblicher Verletzungen der journalistischen Sorgfaltspflicht beobachtet wurde, stellte Jebsen die Plattform im Oktober 2021 ein.[51]

In einem anderen Fall von Online-Zensur wurde ein *YouTube*-Video des renommierten Epidemiologen John Ioannidis, in dem dieser die Covid-Mortalitätsrate weitaus geringer schätzte, als es seinerzeit (wissenschafts-)politischer Konsens war, vom Betreiber gelöscht mit der Begründung, der Inhalt habe gegen die *community standards* verstoßen. Wenige Monate später tauchte Ioannidis als anerkannter Experte in einer WHO-*Bulletin*-Studie (wieder) auf (vgl. Anton und Schink 2021, S. 224). Offensichtlich hatte er zuvor gegen eine verbreitete orthodoxe Auffassung im hegemonialen Pandemie-Diskurs verstoßen und wurde entsprechend aus diesem verbannt (Liester 2022, S. 57 ff.). Nach einer Studie von Shir-Raz et al. (2022), die verschiedene Fälle von „Zensur und Unterdrückung" etablierter akademischer Experten-Stimmen in der Pandemie mittels Interviews mit Betroffenen untersucht haben, waren Exklusion, Abwertung oder die Hinzu-

[50] https://www.spiegel.de/panorama/justiz/ken-jebsen-berliner-verfassungsschutz-fuehrt-kenfm-offenbar-als-verdachtsfall-A-6258ab55-e3d0-4aae-b1a5-10f822f4257e. Zugegriffen: 29. November 2022.

[51] https://www.tagesspiegel.de/gesellschaft/medien/kenfm-war-einmal-ken-jebsen-nicht-4286605.html. Zugegriffen: 29. November 2022.

ziehung von Dritten zur Diskreditierung verbreitete Techniken der Meinungsunterdrückung. Auch der Vorwurf, „Verschwörungstheoretiker" oder „Impfgegner" zu sein, wird als Abwertungsstrategie aufgeführt (ebd., S. 8). Ein Großteil dieser Unterdrückung erfolgte durch oder über bekannte *Social-Media*-Plattformen sowie das „medizinische Establishment", so Shir-Raz et al. (ebd., S. 10). Unter anderem sei über den Verweis auf anerkannte oder anonyme Faktenchecker diskreditiert worden, wobei die Betroffenen teilweise von Diffamierungen und Kampagnen berichten, die ihre berufliche Reputation und persönliche Existenz nachhaltig geschädigt hätten (ebd., S. 18). Eine Strategie im Umgang mit Unterdrückung, von der die betroffenen Akademiker mitunter berichten, sei es, „alternative Gesundheits- und (Medien-)Kanäle zu etablieren, die eine freie Verbreitung von Informationen und professionellen Standpunkten ermöglichen würden" (ebd.).

4 Zusammenfassung

Verschwörungstheorien haben in der Corona-Krise eine gestiegene Relevanz und Sichtbarkeit erfahren, ebenso wie Experten, die sie für die Öffentlichkeit besprechen und einordnen und damit in der Regel an einen persistenten Problem- und Gefahrendiskurs anknüpfen. Dieser reduziert Verschwörungstheorien auf potenziell *gefährliche* Konsequenzen für Gesundheit und Demokratie und *generalisiert* damit die sehr verschiedenen heterodoxen (Verschwörungs-)Deutungen über die Pandemie (Bill Gates, QAnon, Great Reset, Lab-Leak usw.). Die epistemologische Diskurs-Verengung im Zuge der Bekämpfung der Pandemie (Bschir und Simon 2021; Schott 2020) ist in dieser Hinsicht sowohl mit der Konjunktur von Verschwörungstheorien wie auch der Konjunktur von Experten untrennbar verbunden – womit auch die Etablierung von Gegen-Expertise über „alternative [...] Kanäle" erklärbar ist, wie sie Shir-Raz et al. (2022) beschreiben. Das Infodemic-Management bzw. der Infodemie-Diskurs sind dahingehend als Spezifizierungen und Institutionalisierungen einer vorweg politischen Machttechnik zu verstehen, die sich seit dem „War On Terror" unter dem Etikett des Kampfes gegen Verschwörungstheorien in der gesellschaftlichen Wissensordnung stabilisiert und legitimiert hat (vgl. Bratich 2008). Das Konzept der Verschwörungsmentalität, das bestrebt ist, ‚feste' Persönlichkeitsstrukturen oder Merkmale von ‚Verschwörungstheoretikern' zu finden, ist an entsprechende Machtdiskurse anschlussfähig und deshalb im leitmedialen Pandemiediskurs so präsent. Die Psychologisierung von Verschwörungstheorien, für die beständige Verweise auf subjektiv empfundenen „Kontrollverlust" in Krisenzeiten emblematisch sind (vgl. dazu das „Conspiracy Theory Handbook" von Lewandowsky und Cook 2020, S. 4), lenkt hierbei den Problem-Fokus von *gesellschaftlichen* Konflikten auf einzelne Gruppen oder Individuen und entlastet somit einerseits etablierte Institutionen und Entscheidungsträger in Medien und Politik von der Verantwortung, komplexe und strukturelle, vor allem systembedingte Konflikte und Krisen in den Blick zu nehmen. In Grenzsituationen, wie sie die Pandemie darstellte, wohnt der reduktionistischen Experten-Diagnose andererseits selbst die Gefahr inne, Sündenbock-Dynamiken eine ‚wissenschaftliche' Grundlage zu liefern. Die epistemologische Verknüpfung von Impfgegnerschaft und Verschwörungstheorie und ihre Psychopathologisierung beispielsweise, hat, vor dem Hintergrund fragwürdiger Experten-Konsense wie der vermeintlichen „Pandemie der Ungeimpften" (Liester 2022, S. 58), zu teils gewaltförmigen Auswüchsen geführt. In Deutschland und Österreich wurde auf dieser Basis etwa mit Kampfbegriffen wie einer „Tyrannei der Ungeimpften" oder der Behauptung, Nichtgeimpfte seien „Staatsfeinde" oder „Todesengel" eine Rhetorik bedient, die charakteristisch für Verschwörungsideologien ist (Schink 2023, S. 144–145).

Dies geschah zu einem Zeitpunkt, als die Verschwörungstheorien von *KenFM* und anderen längst aus den etablierten sozialen Medienkanälen verbannt waren. Liest man entsprechende Verschwörungstheorien vor diesem Hintergrund weniger, wie es Faktenchecker tun, als Beschreibung eines vermeintlich ‚Faktischen', sondern vielmehr als ernsthaft um die Demokratie besorgte *Appelle,* im Sinne einer „Antizipation von Zukunftsentwicklungen" (vgl. Anton 2011, S. 77–78; Plaß und Schetsche 2001, S. 525), so muss rückblickend im Fall von „Gates kapert Deutschland!" festgehalten werden, dass dieses Video einerseits, wie etwa die Kritik des *Focus* an ihm zu recht bescheinigt, in erster Linie eine aktivistische und keine journalistische Intervention ist. Das Video verbreitet auch tatsächlich „Angst", wie der *YouTube*r „Walulis" feststellt, und die Zahlen werden von Ken Jebsen übertrieben bis falsch dargestellt. Nimmt man die Aussagen dieses Videos „ernst […], aber nicht wörtlich" (Buchmayr 2019, S. 379), so ergibt sich dennoch eine gewisse Berechtigung in der Sorge um „Demokratie" und „Grundrechte", aber auch um „Gesundheit", wie im Video mehrfach betont und gar unter Verweis auf C. W. Mills „Power Elite" in den Kontext einer kapitalistischen Systemkrise gestellt wird. Diese Sorge, die bis in die Angst und den Wahn abgleiten kann, ist Ausdruck der ihr eigenen historischen Situation und Konstellation. In dieser Phase der Pandemie war die Kritik an den „imperialen" und „disruptiven Praktiken" der *Bill & Melinda Gates Foundation* (Levich 2015, 2018) im Zuge einer „schleichenden Aushöhlung demokratischer Entscheidungsverfahren" (Münch 2022, S. 40), vor allem aber im Hinblick auf die globale Gesundheitspolitik in der ‚Mainstream'-Debatte bemerkenswert unterrepräsentiert. Wenige Tage vor der Veröffentlichung des *KenFM*-Videos konnte der Multimilliardär Bill Gates noch symbolträchtig „ausgerechnet am Ostersonntag“ in einer der „reichweitenstärkste[n] deutsche[n] Nachrichtensendungen“ wie ein „Heilsbringer“ zehn Minuten lang „hoffnungsfroh“ verkünden, mit seiner Stiftung und Partnern schon bald die gesamte Welt durchimpfen zu wollen (Hofbauer und Komlosy 2020, S. 80), wie er es an den Tagen zuvor bereits in anderen großen westlichen Medien getan hatte. Die Kritik an dieser Form des „Philanthrokapitalismus“ (Shiva et al. 2022) und ihrer biopolitischen Aspekte blieb zu Zeiten von „Gates kapert Deutschland!“ in der Breite aus. Das *KenFM*-Video „Gates kapert Deutschland!“ gab dieser fehlenden Kritik Raum, wenn auch in einer verkürzten und populistischen Ausprägung, die sie weniger für den intellektuellen, sondern eher für den subalternenen Diskurs nicht-weißer, nicht-männlicher, einkommensschwacher und eher im globalen Süden verorteter sozialer Gruppen attraktiv macht (vgl. Fassin 2021). Angesichts des sich in den Folgemonaten im deutschsprachigen Raum etablierenden praktischen Impfzwangs durch 2G- oder 3G-Regeln sowie der in Deutschland geltenden einrichtungsbezogenen Impfpflicht, die von politisch-medialem und sozialem Druck bis hin zur Ausgrenzung Nichtgeimpfter begleitet wurde,[52] waren die in im *KenFM*-Video artikulierten Aussagen einer „durch die Hintertür“ eingeführten „Impfpflicht“ näher an der Realität als die Beteuerungen der Politik, eine solche nicht einführen zu wollen, oder ihre Verteidigung durch den *SWR3*-Faktencheck, eine „Impfpflicht“ oder „ein Impfzwang […] ist im Moment nicht geplant“. Die Einschätzung, „dass das Corona-Virus gerade nicht der *Superkiller* ist, für den es zunächst gehalten wurde“ (Schott 2020, S. 79), kommt dort ebenfalls stärker zum Ausdruck als im leitmedialen Diskurs seiner Zeit. Auch in Bezug auf Folgen und Schäden der mRNA-Injektionen, die über viele Monate von der Politik und entsprechenden Experten negiert oder relativiert wurden, waren die in dem Video geäußerten Sorgen und Mutmaßungen rhetorisch überzogen, aber rückblickend nicht ungerechtfertigt. Während Politik, Leitmedien, Faktenchecks mitsamt etablierter Experten dieses Thema über einen langen Zeitraum herunterspielten, kursierten entsprechende Fallberichte bereits Monate lang in Alternativmedien, bevor sie ab Anfang/Mitte 2022 zunehmend auch von öffentlich-rechtlichen und privaten Medien aufgegriffen wurden.[53] Vor dem Hintergrund einer Gesundheits- und Pandemiepolitik, die sich wesentlich über das ‚Heilsversprechen‘ der Impfung definierte (Schink 2022, S. 188 ff.; Liester 2022,

---

[52] https://www.mdr.de/nachrichten/deutschland/panorama/corona-impfung-wirkung-kritik-ungeimpfte-100.html#sprung3. Zugegriffen 3. Dezember 2022.

[53] https://www.youtube.com/watch?v=jxD9OHKbvXo. Zugegriffen: 3. Dezember 2022.

S. 57–58), ist die Unterdrückung gegenläufigen Wissens konsequent, in gleicher Weise wie Verschwörungstheorien über Bill Gates oder einen „Great Reset“ innerhalb dieses Diskurses logischerweise als gefährlich angesehen werden – vor allem dann, wenn sie zu politischer Opposition und „Widerstand“ aufrufen. Zu bedenken bleibt diesbezüglich, ob und inwiefern es demokratietheoretisch nicht ‚gefährlicher‘ ist, Informationen zu unterdrücken, statt einen pluralistischen Diskurs zu fördern. Wenn beispielsweise Lamberty (2020, S. 9) „Verschwörungserzählungen“ pauschal als „Radikalisierungsbeschleuniger“ bezeichnet und von einer „erhöhte[n] Gewaltaffinität“ spricht oder dass sich im Hinblick auf die Corona-Proteste „mittlerweile ein Netzwerk aus Agitatoren entwickelt“ habe, „die sich aufeinander beziehen und damit eine eigene Interpretation der Realität erschaffen“ (ebd., S. 10), blendet diese Beschreibung die zuvor beschriebene „Immunisierung“ der Öffentlichkeit im Sinne des Infodemic Management aus, die erst dazu führt, dass Alternativmedien überhaupt einen Sinn und eine Funktion haben.

Angesichts solcher Einseitigkeiten plädiert dieser Beitrag für eine weitere Differenzierung und Reflexivität. Dies hinge, wenn es um Verschwörungstheorien geht, *zum einen,* an einer partikularisierenden Herangehensweise, wie sie etwa Dentith (2018) vorgezeichnet hat, sowie, hinsichtlich der Einordnung von (Gesundheits-)Krisen, an ihrer konsequenten historisierenden Kontextualisierung (Schott 2020). Dahingehend müsste gerade im Hinblick auf entsprechende Deutungen wie der Lab-Leak-Hypothese von kritischer Seite genauer gezeigt werden, was an ihren Inhalten 1) *verschwörungstheoretisch* und 2) *demokratietheoretisch* gefährlich ist. Während die ideologische und potenziell gewaltaffine Verschwörungstheorie von QAnon in dieser Hinsicht leichter zu kritisieren und zu diskreditieren ist, wird es, wie Tuters und Willaert (2022) darlegen, schon bei verschwörungstheoretischen Deutungen über den „Great Reset“ schwer entscheidbar, wo legitime Kritik aufhört und wo sie destruktiv wird, bietet doch die offizielle WEF-Agenda bereits eine hinreichende Angriffsfläche für Misstrauen und Kritik aus demokratietheoretischer Perspektive (vgl. Güntert 2022; Roth 2021). Selbiges gilt, wie angeführt, für Bill Gates als einen „Pionier des globalen Regierens“ (Münch 2022, S. 40) und erst recht für die These des Labor-Ursprungs. Diese Deutungen werden erst dort ‚irrational‘ oder ‚gefährlich‘, wo der vermeintliche wissenschaftliche oder gesellschaftliche Konsens *andere* Narrative oder Paradigmen prädisponiert. Die soziologische Kritik der Verschwörungstheorie muss in diesem Sinne mit einer gesamtgesellschaftlichen Kritik an Machtstrukturen und hegemonialen Diskursen einhergehen, die Probleme nicht einseitig nur auf bestimmte Phänomene oder Gruppen bezieht, sondern interaktiv im Rahmen von Dialektiken und Konfliktdynamiken beforscht. Dazu müsste aber die Soziologie, *zum anderen,* ihre eigene Standortgebundenheit und Experten-Rolle in der Wissensgesellschaft (selbst-)kritisch hinterfragen. Eine solche reflexive Auseinandersetzung, die Verschwörungstheorien sowohl in ihrer subjektiven Sinndimension als auch als delegitimierende Zuschreibung und gesellschaftlichen Problemdiskurs ernst nimmt, kann schließlich, nicht nur in Bezug auf eine soziohistorische Falluntersuchung von Verschwörungstheorien in der Pandemie, sondern ebenso in Bezug auf die Beforschung der „Schattenseiten der Wissensgesellschaft" (Bogner 2021, S. 97) Sinnvolles beitragen.

Literatur

Anton, A. 2011. *Unwirkliche Wirklichkeiten. Zur Wissenssoziologie von Verschwörungstheorien.* Berlin: Perilog.

Anton, A., und M. Schetsche. 2020. Vielfältige Wirklichkeiten. Wissenssoziologische Überlegungen zu Verschwörungstheorien. *Zeitschrift für Diskursforschung. 4. Beiheft: Themenschwerpunkt Verschwörungstheorien im Diskurs*, hrsg. S. Stumpf, und D. Römer, 88–115 Weinheim: Beltz.

Anton, A., und A. Schink. 2021. *Der Kampf um die Wahrheit. Verschwörungstheorien zwischen Fake, Fiktion und Fakten.* München: Komplett Media.

Anton, A., und A. Schink, A. 2022. Die konspirative Herausforderung. Zum individuellen und gesellschaftlichen Umgang mit Verschwörungstheorien. Bewusstseinswissenschaften. *Transpersonale Psychologie und Psychotherapie*, 28 (2): 47-61.

Bogner, A. 2021. *Die Epistemisierung des Politischen. Wie die Macht des Wissens die Demokratie gefährdet.* Bonn: Bundeszentrale für politische Bildung.

Bratich, J. Z. 2008. *Conspiracy Panics. Political Rationality and Popular Culture.* New York: State University of New York Press.

Bschir, K., und L. Simon. 2021. Wider die Einseitigkeit. Ein Plädoyer für mehr Pluralismus in der öffentlichen Gesundheitspolitik. *Soziopolis: Gesellschaft beobachten.* https://nbn-resolving.org/urn:nbn:de:0168-ssoar-80906-6.

Buchmayr, F. 2019. Im Feld der Verschwörungstheorien – Interaktionsregeln und kollektive Identitäten einer verschwörungstheoretischen Bewegung. *Österreichische Zeitschrift für Soziologie* 44: 369–386.

CeMAS. 2022. Q VADIS? Zur Verbreitung von QAnon im deutschsprachigen Raum. Berlin. https://cemas.io/publikationen/q-vadis-zur-verbreitung-von-qanon-im-deutschsprachigen-raum/CeMAS_Q_Vadis_Zur_Verbreitung_von_QAnon_im_deutschsprachigen_Raum.pdf. Zugegriffen: 6. Dezember 2022.

Dentith, M. R. X. 2018. *Taking conspiracy theories seriously.* London: Rowman & Littlefield.

Dörre, K. 2020. Die Corona-Pandemie – eine Katastrophe mit Sprengkraft. *Berliner Journal für Soziologie* 30: 165–190.

Dyrendal, A. et al. 2018. *Handbook of Conspiracy Theory and Contemporary Religion.* Leiden: Brill.

Elisha, E. et al. 2021. Retraction of scientific papers: The case of vaccine research. *Critical Public Health* 32 (4): 533–541. doi.org/https://doi.org/10.1080/09581596.2021.1878109.

Fassin, D. 2021. Of Plots and Men. The Heuristics of Conspiracy Theories. *Current Anthropology* 62 (2): 138–137. doi.org/https://doi.org/10.1086/713829.

Ferreira, S. et al. 2022. What drives beliefs in COVID-19 conspiracy theories? The role of psychotic-like experiences and confinement-related factors. *Social Science & Medicine* 292. https://doi.org/10.1016/j.socscimed.2021.114611.

Frei, N. et al. 2021. Die Proteste gegen die Corona-Maßnahmen. Eine soziologische Annäherung. *Forschungsjournal Soziale Bewegungen* 34 (2): 249–258. https://doi.org/10.1515/fjsb-2021-0021.

Gräf, D., und M. Hennig. 2020. Die Verengung der Welt. Zur medialen Konstruktion Deutschlands unter Covid-19 anhand der Formate ARD Extra – Die Coronalage und ZDF Spezial. https://www.researchgate.net/publication/343736403_Die_Verengung_der_Welt_Zur_medialen_Konstruktion_Deutschlands_unter_Covid-19_anhand_der_Formate_ARD_Extra_-Die_Coronalage_und_ZDF_Spezial. Zugegriffen: 6. Dezember 2022.

Güntert, M. 2022. Wovor fürchtet sich das World Economic Forum? *ContraLegem* 1: 12–17. https://www.contralegem.ch/2022/05/16/wovor-f%C3%BCrchtet-sich-das-world-economic-forum/#top. Zugegriffen: 6. Dezember 2022.

Hanloser, G. et al. 2021. *Corona und linke Kritik(un)fähigkeit. Kritisch-solidarische Perspektiven „von unten" gegen die Alternativlosigkeit „von oben"*. Neu Ulm: AG SPAK Bücher.

Harambam, J. 2022. *Contemporary Conspiracy Culture: Truth and Knowledge in an Era of Epistemic Instability*. London/New York: Routledge.

Hofbauer, H., und A. Komlosy. 2020. Neues Akkumulationsmodell: Verhalten und Körper im Visier des Kapitals. In *Lockdown 2020. Wie ein Virus dazu benutzt wird, die Gesellschaft zu verändern*, hrsg. H. Hofbauer, und A. Komlosy, 79–89. Wien: Promedia.

Hövermann, A. 2021. Sommer 2021: Inzidenzen sinken, Corona-Zweifel und Verschwörungsmythen bleiben. Aktuelle Befunde der 5. Welle der HBS-Panel-Erwerbspersonenbefragung 2020/21. https://www.econstor.eu/bitstream/10419/243306/1/1773516019.pdf. Zugegriffen: 6. Dezember 2022.

Husting, D., und M. Orr. 2007. Dangerous Machinery: „Conspiracy Theorist" as a Transpersonal Strategy of Exclusion. *Symbolic Interaction* 30 (2): 127–150.

Imhoff, R., und M. Bruder. 2014. Speaking (Un–)Truth to Power: Conspiracy Mentality as A Generalised Political Attitude *European Journal of Psychology* 28 (1): 25–34. https://doi.org/10.1002/per.1930.

Imhoff, R. et al. 2022. Conspiracy mentality and political orientation across 26 countries. *Nature Human Behaviour* 6: 392–403. https://doi.org/10.1038/s41562-021-01258-7.

Jolley, D. et al. 2020. Consequences of Conspiracy Theories In *The Routledge Handbook of Conspiracy Theories*, hrsg. M. Butter, und P. Knight, 231–241. London and New York: Routledge.

Kampmann, R. J. 2022. Der große Austausch. Über Verschwörungstheorien im demographischen Diskurs In *Arbeitspapiere des Instituts für Ethnologie und Afrikastudien der Johannes Gutenberg-Universität Mainz 199*. https://www.blogs.uni-mainz.de/fb07-ifeas-eng/files/2022/10/AP199.pdf Zugegriffen: 6. Dezember 2022.

Lamberty P., und J. Rees. 2019. Mitreißende Wahrheiten: Verschwörungsmythen als Gefahr für den gesellschaftlichen Zusammenhalt. In *Verlorene Mitte – Feindselige Zustände: Rechtsextreme Einstellungen in Deutschland 2018/*19, hrsg. A. Zick et al., 203–227. Berlin: Dietz

Lamberty, P. 2020. Verschwörungserzählungen. *Informationen zur politischen Bildung aktuell Nr. 35/2020.* https://www.bpb.de/system/files/dokument_pdf/BPB_Info-aktuell-35-2020_barrierefrei.pdf. Zugegriffen: 5. Dezember 2022.

Levich, J. 2015. The Gates Foundation, Ebola, and Global Health Imperialism. *American Journal of Economics and Sociology* 74 (4): 704–742.

Levich, J. 2018. Disrupting global health. The Gates Foundation and the vaccine business In *Routledge Handbook on the Politics of Global Health*, hrsg. R. Parker, und J. Garcia, 207–218. London/New York: Routledge.

Lewandowsky, S., und J. Cook. 2020. *The Conspiracy Theory Handbook*. http://sks.to/conspiracy Zugegriffen: 6. Dezember 2022.

Liester, M. B. 2022. The Suppression of Dissent During the COVID-19 Pandemic. *Social Epistemology Review and Reply Collective* 11 (4): 53–76. https://wp.me/p1Bfg0-6Jw.

Malleret, T., und K. Schwab. 2020. *Covid-19: Der große Umbruch*. Genf: Weltwirtschaftsforum.

Münch, R. 2022. *Die Herrschaft der Inzidenzen und Evidenzen. Regieren in Zeiten des Szientismus*. Frankfurt am Main: Campus.

Niemann, R. 2022. *Prognostische Propheten. Rhetorische Menschenführung in der Coronapandemie*. Leipzig: Hase & Köhler.

Önnerfors, A. 2020. Der grosse Austausch: conspiratorial frames of terrorist violence in Germany In *Europe: Continent of Conspiracies. Conspiracy Theories in and about Europe*, hrsg. A. Önnerfors, und A. Krouwel, 76–96. London/New York: Routledge.

Plaß, C., und M. Schetsche. 2001. Grundzüge einer wissenssoziologischen Theorie sozialer Deutungsmuster. *Sozialer Sinn* 3 (2): 511–536. https://doi.org/10.1515/sosi-2001-0306.

Rees, J. et al. 2020. Erste Ergebnisse einer Online-Umfrage zur gesellschaftlichen Wahrnehmung des Umgangs mit der Corona-Pandemie in Deutschland. Bielefeld: Institut für interdisziplinäre Konflikt- und Gewaltforschung (IKG) https://pub.uni-bielefeld.de/record/2942930 Zugegriffen: 6. Dezember 2022.

Roose, J. 2020. Sie sind überall. Eine repräsentative Umfrage zu Verschwörungstheorien. Konrad-Adenauer-Stiftung e. V. Berlin. https://www.kas.de/documents/252038/7995358/Eine+repr%C3%A4sentative+Umfrage+zu+Verschw%C3%B6rungstheorien.pdf/0f422364-9ff1-b058-9b02-617e15f8bbd8?version=1.0&t=1599144843148. Zugegriffen: 6. Dezember 2022.

Roth, S. 2020. Verschwörungstheorie als Fremdbeschreibung. In *Lockdown: Das Anhalten der Welt*, hrsg, H. Kleve et al., 69–71. Heidelberg: Carl-Auer Verlag.

Roth, S. 2021. The Great Reset. Restratification for lives, livelihoods, and the planet. *Technological Forecasting & Social Change* 166. https://doi.org/10.1016/j.techfore.2021.120636.

Schink, A. 2018. Die Bilderberg-Verschwörung zwischen heterodoxer Deutung und orthodoxer Praxis. In *Heterodoxie. Konzepte, Traditionen, Figuren der Abweichung*, hrsg. M. Schetsche, und I. Schmied-Knittel, 161–179. Köln: Halem.

Schink, A. 2020. *Verschwörungstheorie und Konspiration. Ethnographische Untersuchungen zur Konspirationskultur*. Wiesbaden: Springer.

Schink, A. 2022. „Biosicherheit" oder „Maschinenmedizin"? Über die diskursive Dialektik von Ausnahmezustand und Widerstandspraktiken in der Corona-Krise. In *‚Öffentliches Leben': Gesellschaftsdiagnose Covid-19,* hrsg. K. Hahn, und A. Langenohl, 171–220. Wiesbaden: Springer.

Schink, A. 2023. Verschwörungsangst und Viruswahn. Über Paranoia in der Corona-Krise und die (post-)pandemische Verengung des gesellschaftlichen Diskurses In *Schwerer Verlauf. Corona als Krisensymptom*, hrsg. A. Urban. Wien: Promedia, S. 123–148.

Schott, H. 2020. *Corona und was die Seuchengeschichte lehrt. Essay*. Norderstedt: BoD.

Schwab, K. 2016. *The Fourth Industrial Revolution*. Genf: Weltwirtschaftsforum.

Shir-Raz, Y. et al. 2022. Censorship and Suppression of Covid-19 Heterodoxy: Tactics and Counter-Tactics. *Minerva,* Nov. 1: 1–27. https://doi.org/10.1007/s11024-022-09479-4.

Shiva, V. et al. 2022. *Philanthrocapitalism and the Erosion of Democracy: A Global Citizens Report on the Corporate Control of Technology, Health, and Agriculture*. Santa Fe: Synergetic Press.

Smallpage, S. M. et al. 2020. Who are the Conspiracy Theorists? Demographics and Conspiracy Theories In *The Routledge Handbook of Conspiracy Theories*, hrsg. M. Butter, und P. Knight, 263–277. London/New York: Routledge.

Thalmann, K. 2019. *The Stigmatization of Conspiracy Theory since the 1950s. „A Plot to Make us Look Foolish"*. London/New York: Routledge.

Tsamakis, K. et al. 2022. Summarising data and factors associated with COVID-19 related conspiracy theories in the first year of the pandemic: a systematic review and narrative synthesis. *BMC Psychology* 10: 244. https://doi.org/10.1186/s40359-022-00959-6.

Tuters, M, und M. Willaert. 2022. Deep state phobia: Narrative convergence in coronavirus conspiracism on Instagram. *Convergence* 28 (4): 1214–1238.

Zuboff, S. 2019. *The Age of Surveillance Capitalism: The Fight for a Human Future at the New Frontier of Power*. New York: Public Affairs.

Alan Schink. Dr. phil., ist Soziologe mit dem Schwerpunkten Kultur- und Religionssoziologie und Soziologie des Körpers. Er hat ethnographisch u. a. über die Kultur des Verschwörungsdenkens geforscht, zum Thema promoviert und vielseitig publiziert. Derzeit unterrichtet er qualitative Forschungsmethoden an der Paracelsus Medizinischen Privatuniversität Salzburg und ist freiberuflicher Achtsamkeits- und Stressreduktionstrainer.

Der Verschwörungstheoretiker – eine Sozialfigur unserer Zeit?

Johannes Wessel-Bothe

Im Zuge der Covid-19-Pandemie hat das Thema Verschwörungstheorien massiv an öffentlicher Aufmerksamkeit gewonnen. Einerseits entstand durch die krisenhafte und unsichere Situation zu Beginn der Pandemie sowie die rasante Entwicklung des neuartigen mRNA-Impfstoffs ein Nährboden, auf dem verschiedenste *Verschwörungstheorien* gedeihen konnten. Andererseits wurden Verschwörungstheorien und ihre Protagonisten, die Verschwörungstheoretiker, zu zentralen Motiven vieler Diskurse, die sich um die Corona-Pandemie drehten.

Die verstärkte Auseinandersetzung mit Verschwörungstheorien beginnt jedoch keinesfalls erst mit der Corona-Pandemie. Diese stellt lediglich den vorläufigen Höhepunkt einer sich schon länger abzeichnenden politischen, medialen und (pop-)kulturellen Auseinandersetzung dar.

Auf dieser Grundlage geht der vorliegende Beitrag von der Hypothese aus, dass es sich bei der Figur des ‚Verschwörungstheoretikers' heute um eine Sozialfigur, also eine prägende Figur unserer Zeit handelt und zeichnet nach, wie diese konstruiert wird. Theoretische Ausgangspunkte sind dabei zum einen die Wissenssoziologie, zum anderen das Konzept der Sozialfigur, welches auf die Soziologen Stephan Möbius und Markus Schroer zurückgeht (2010). Darauf aufbauend wird untersucht, welche Rolle der Verschwörungstheoretiker in den Feldern *Popkultur, Medien* und *Politik* einnimmt.

J. Wessel-Bothe (✉)
Augsburg, Deutschland
E-Mail: j.wessel-bothe@web.de

A. Anton et al. (Hrsg.), *Konspiration*,
https://doi.org/10.1007/978-3-658-43429-8_6

1 Von der Verschwörung zum Verschwörungstheoretiker

Der erste notwendige Schritt, um zu verstehen, was gemeint ist, wenn von Verschwörungstheoretiker gesprochen wird, ist die Klärung der Begriffe Verschwörung und Verschwörungstheorie. Laut Andreas Anton und Alan Schink kann Verschwörung folgendermaßen definiert werden: „Eine Verschwörung liegt vor, wenn zwei oder mehrere Personen in geheimer Kooperation einen Plan entwickeln und diesen umsetzen oder umzusetzen versuchen, um ein konkretes Ziel zu erreichen" (2021, S. 17). Wendet man diese Definition nun konsequent auf den Begriff Verschwörungstheorie an, so lässt sich feststellen, dass „eine Verschwörungstheorie […] zunächst einmal nichts anderes [ist] als ein Erklärungsansatz, der aktuelle oder historische Zustände oder Ereignisse als Ergebnis einer Verschwörung interpretiert" (ebd., S. 20). Diese Definition mag überraschen, weicht sie in ihrer Bedeutung doch deutlich von alltagssprachlichen, medialen, politischen und auch vom heute dominierenden wissenschaftlichen Diskurs ab. Oft werden Verschwörungstheorien dort als generell unzutreffend dargestellt: Verschwörungen zeichneten sich laut dem Historiker Daniel Pipes durch ihren Bezug zu einer realen Tat aus, während es sich bei Verschwörungstheorien um real nicht existente Verschwörungen handle (vgl. Pipes 1998, S. 43). Wolfgang Wippermann schlägt den Begriff der *Verschwörungsideologie* vor, um zu verdeutlichen, dass es sich bei Verschwörungstheorien nicht um verifizierbare Theorien, sondern Glaubensfragen handle (vgl. Wippermann 2010, S. 7). Diese klare Trennung zwischen realer Verschwörung und unrealer Verschwörungstheorie ist durchaus problematisch. Ist es doch nicht unüblich, dass vermeintliche Verschwörungstheorien sich im Nachhinein als wahr herausgestellt haben[1] – und umgekehrt, dass sich eine gesellschaftlich anerkannte Wahrheit im Nachhinein als unwahre Verschwörungstheorie herausstellte.

Um zu vermeiden, dass die einseitig negative Konnotation des Begriffs Verschwörungstheorie die wissenschaftliche Auseinandersetzung mit dem Begriff korrumpiert, ist eine wissenssoziologische Perspektive von Nutzen. Diese wird im Folgenden genauer dargestellt, um schließlich auf eine Definition von Verschwörungstheorie bzw. Verschwörungstheoretiker zurückzukommen, mithilfe dessen die Ausgangshypothese geprüft werden kann.

[1] Ein prominentes Beispiel für eine Verschwörungstheorie, die sich als wahr herausgestellt hat, sind die Enthüllungen Edward Snowdens über die Überwachung durch die NSA.

2 Die wissenssoziologische Perspektive

Die Wissenssoziologie betrachtet gesellschaftliche Wissensbestände nicht als objektive Wahrheiten, sondern als von der Gesellschaft produzierte Wirklichkeiten (vgl. Knoblauch 2014, S. 16). Wirklichkeit und Wissen sind damit immer relativ und von der jeweiligen Gesellschaft abhängig. Gesellschaftlich anerkanntes „wahres" Wissen bezeichnet der Soziologe Michael Schetsche als *orthodox,* gesellschaftlich „unwahres" Wissen als heterodox (vgl. Schetsche 2007, S. 119). Diese Begrifflichkeiten werden im Folgenden übernommen.[2]

Welche Wissensbestände als orthodox bzw. heterodox gelten, hängt in hohem Maße von Machtverhältnissen ab. Orthodoxe Wissensbestände werden von den legitimierenden Deutungsinstanzen (insbesondere Politik, Medien und Wissenschaft) vertreten. Heterodoxes Wissen dagegen findet sich in alternativen Medien, an den politischen und medialen Rändern und in ungefilterten Direktmedien.[3] Gruppen, die Abweichungen von gesellschaftlicher Deutung, also heterodoxes Wissen, objektiviert haben, stellen eine Gefahr dar „für die institutionale Ordnung, deren Legitimation die angefochtene symbolische Sinnwelt ist" (Berger und Luckmann 1970, S. 115). Ihnen wird mit Repressalien durch die „Hüter der,offiziellen' Wirklichkeitsbestimmungen" (ebd.) begegnet. Wichtig ist dabei „das Bedürfnis […], solche Repressalien zu legitimieren, wozu natürlich wiederum theoretische Konzeptionen herangezogen werden, die zur Stütze der,offiziellen' Sinnwelt gegen die Herausforderer entworfen werden" (ebd.).

Nimmt man also die Perspektive der Wissenssoziologie ein, entsteht gesellschaftliche Wirklichkeit in Deutungskämpfen um die Anerkennung von Wissensbeständen. Rütteln diese an Weltbildern und Identitäten, so können sie sich durch eine enorme Intensität bzw. Emotionalität auszeichnen.Die abwertend gemeinte Bezeichnung *Verschwörungstheoretiker* ist also dort zu erwarten, wo gesellschaftliche Deutungskämpfe ausgetragen werden.

---

[2] Dies bedeutet nicht, dass alle Wissensformen von gleicher Qualität sind und absolut beliebig ist, was gesellschaftlich anerkannt ist.

[3] Besonders kompliziert wird es in Gesellschaften, die politisch wie medial eine starke Spaltung aufweisen. So kann man in den USA bereits einen orthodoxen Diskurs der demokratischen und einen orthodoxen Diskurs der republikanischen Partei und den jeweils nahestehenden Medien erkennen, der die Gesellschaft in zwei Lager spaltet, die in unterschiedlichen Wirklichkeiten leben. Ähnliches war im Rahmen der letzten Präsidentschaftswahl auch in Brasilien zu beobachten.

Verschwörungstheorien können aus wissenssoziologischer Theorieperspektive gesehen zur gleichen Zeit wahr *und* unwahr sein. Dies hängt damit zusammen, welche Gesellschaften, welche Öffentlichkeiten, welche Diskurse und welche Akteure man jeweils zum Maßstab nimmt. Anton, Schetsche und Walter unterscheiden außerdem zwischen heterodoxen und orthodoxen Verschwörungstheorien:

> „Bei einer heterodoxen Verschwörungstheorie handelt es sich um ein Überzeugungssystem oder Erklärungsmodell, welches aktuelle oder historische Ereignisse, kollektive Erfahrungen oder die Entwicklung einer Gesellschaft insgesamt als die Folge einer Verschwörung interpretiert, wobei die Existenz dieser Verschwörung von der Mehrheit der Bevölkerung, den Leitmedien oder anderen gesellschaftlich legitimierten Deutungsinstanzen nicht anerkannt wird. Eine orthodoxe Verschwörungstheorie ist ein von der Mehrheit der Bevölkerung, den Leitmedien oder anderen gesellschaftlich legitimierten Deutungsinstanzen anerkanntes Überzeugungssystem oder Erklärungsmodell entsprechender Art." (2014, S. 6)

Darüber hinaus ist der Status der Verschwörungstheorie dynamisch: „Was gestern noch als krude Verschwörungstheorie galt, kann morgen eine anerkannte Verschwörung sein – und gelegentlich auch umgekehrt" (Anton und Schink 2021, S. 46).

3 Der Verschwörungstheoretiker

Nicht nur die Verschwörungstheorie an sich, sondern auch ihre Anhänger haben in den letzten Jahren viel Aufmerksamkeit in der Wissenschaft erfahren. Viele psychologische Studien bringen den Glauben an Verschwörungstheorien mit pathologischen Phänomenen wie Paranoia (siehe Darwin et al. 2011, S. 1290; Brotherton und Eser 2015) oder Schizotypie (siehe Darwin et al. 2011, S. 1290; Barron et al. 2014, S. 156) in Verbindung. Menschen, die an Verschwörungstheorien glauben, werden als besonders unzufrieden, argwöhnisch, sich als Opfer wahrnehmend dargestellt.

Neuere Forschungen widersprechen dieser Vorstellung:

> „Während einige einzelne Verschwörungstheoretiker durchaus paranoid sein mögen, ist der Glaube an solche Theorien doch viel zu weit verbreitet, um mit Hilfe von abnormaler Psychologie erklärt werden zu können. Einige der jüngsten Umfragen haben sogar ergeben, dass die Mehrheit der Bürgerinnen und Bürger in Europa und

> den USA an eine oder mehrere Verschwörungstheorien glaubt." (COMPACT Education Group 2020, S. 7)[4]

Noch einen Schritt weiter geht die Studie des Philosophen Matthew R. X. Dentith, die zu dem Ergebnis kommt, dass Verschwörungstheorien in vielen Fällen die rationalste Erklärung darstellen und der Glaube an Verschwörungstheorien daher in verschiedenen Kontexten naheliegend sei (vgl. 2016).

Für Andreas Anton und Alan Schink ist die treibende Kraft hinter dem Glauben an Verschwörungstheorien ein generelles Misstrauen gegenüber Eliten in Politik und Medien, das zum Teil selbst verschuldet ist.[5] Misstrauen allein reiche jedoch noch nicht als Erklärung für die Entstehung von Verschwörungstheorien aus. Vielmehr bedürfe es zusätzlich krisenhafter Ereignisse, die sich Handlungsskripten entziehen,

> „[...] als beängstigend und problematisch empfunden werden, [...] ein hohes Maß an kollektiver Aufmerksamkeit sowie emotionaler Erregung und moralischer Entrüstung erzeugen und darüber hinaus zumindest aus der Sicht mancher Beobachter Merkmale aufweisen, die den Verdacht einer Verschwörung nahelegen." (Anton und Schink 2021, S. 56)

Der hier vorliegende Beitrag kann dem kritischen Punkt, welche Persönlichkeitsstrukturen Personen, die an Verschwörungstheorien glauben, auszeichnen, aus dem Weg gehen. In den Blick genommen wird vielmehr seine *gesellschaftliche Relevanz*. Das bedeutet, dass die Sozialfigur das Bild des Verschwörungstheoretikers in der Gesellschaft und die Rolle, die er in der Gesellschaft einnimmt, darstellt, nicht aber seine Persönlichkeitsstruktur oder Schichtzugehörigkeit in den Blick nimmt.

---

[4] Eine Studie der Konrad Adenauer Stiftung kommt zum Ergebnis, dass 30 % der Deutschen an Verschwörungstheorien glauben (vgl. Roose 2020).

[5] „Die aktuelle Verbreitung von Verschwörungstheorien ist zumindest zu einem Teil auch eine Reaktion auf das Fehlverhalten gesellschaftlicher Eliten. Lügen und Täuschungen in der Politik, Komplotte in wirtschaftlichen Strukturen, außergesetzliche Geheimdienst-Aktionen, Klüngelei in der Wissenschaft oder journalistische Fehltritte untergraben das Vertrauen der Bevölkerung gegenüber den entsprechenden Personen und Institutionen" (Anton und Schink 2021, S. 56). Wenn sich, um ein aktuelles Beispiel zu bemühen, einflussreiche Politikern in einer Krise mit Maskendeals bereichern, ist es nicht verwunderlich, dass Menschen sich Politikern gegenüber im Allgemeinen in Zukunft kritischer bzw. misstrauischer zeigen.

Auf Basis der bisherigen Überlegungen ergibt sich folgende Definition: *Verschwörungstheoretiker* sind Personen, die im öffentlichen Diskurs als Vertreter einer heterodoxen Verschwörungstheorie markiert werden. Wer als Verschwörungstheoretiker gilt und den entsprechenden sozialen Sanktionen ausgesetzt wird, ist also abhängig von hegemonialen gesellschaftlichen Diskursen, die bestimmte Wissensbestände als heterodox einstufen und damit als unwahr diskreditieren. An dieser Stelle wird klar, dass es sich bei dieser Rolle um eine Zuweisung Dritter handelt, die von den Betroffenen nicht geteilt werden muss und in der Regel auch nicht geteilt werden dürfte.[6]

4 Die Rolle des Internets

Ein Medium, das für die Rolle, die der Verschwörungstheoretiker in der heutigen Gesellschaft einnimmt, besonders hervorzuheben ist, ist das Internet. Es herrscht weitgehend Einigkeit darüber, dass das Internet enormen Einfluss auf die Entstehung, Verbreitung und Auseinandersetzung mit heterodoxen Wissensbeständen hatte und hat (vgl. u. a. Anton und Schink 2021, S. 230 f.; Butter 2020, S. 180).

> „Das Internet scheint demnach für die Entstehung und Verbreitung von Falschinformationen, Gerüchten und Verschwörungstheorien geradezu prädestiniert zu sein. Durch seine offene und dezentrale Struktur können Informationen jeder Art nahezu ungefiltert veröffentlicht werden. Da die klassische Trennung zwischen Produzent und Rezipient von Informationen im Netz weitestgehend aufgehoben ist und in vielen Bereichen keinerlei Redaktion stattfindet, hat jede noch so individuelle Sichtweise eine Chance auf Verbreitung." (Anton und Schink 2021, S. 230)

Das Internet erfüllt also einige Bedingungen, die zur Verbreitung heterodoxen Wissens beitragen und diesem zu größerer gesellschaftlicher Sichtbarkeit verhelfen.[7] Durch die Möglichkeit, innerhalb kurzer Zeit eine hohe Reichweite aufzubauen und diese langfristig zu erhalten, entstehen im Internet Gegenöffentlichkeiten, die

---

[6] Verschwörungstheoretiker sind damit auch nicht alle Personen, die an eine beliebige Verschwörungstheorie glauben, sondern diejenigen, die diskursiv als Verschwörungstheoretiker „überführt" werden.

[7] Zu untersuchen ist dahingehend, ob die Sichtbarkeit dazu führt, dass mehr Menschen an Verschwörungstheorien glauben oder ob durch die eindeutige Identifikation von Verschwörungstheorien eine verstärkte Abgrenzung auftritt.

sich aus alternativen Medien wie dem *COMPACT Magazin*[8], reichweitenstarken Kanälen wie *KenFM* oder einschlägigen Internetforen zusammensetzen. Ebenso können sich einzelne Protagonisten hervortun, die direkt mit ihren Rezipienten in Kontakt treten. Im Zuge der Corona-Pandemie waren Xavier Naidoo, Attila Hiltmann oder Michael „Der" Wendler dahingehend besonders umtriebig (siehe hierzu Anton und Schink 2021, S. 9; Vogel 2020, S. 1 f.).

Da das Internet also die Entstehung heterodoxer Gegenöffentlichkeiten ermöglicht, stehen etablierte Medien als Protagonisten der orthodoxen Öffentlichkeit, diesem tendenziell skeptisch gegenüber. Das Internet werde „semantisch stark mit Unsicherheit, Bedrohung und Anarchie assoziiert [und] Veröffentlichungen von Internet-AktivistInnen […] daher im leitmedialen Diskurs oftmals als ‚Verschwörungstheorien' im pejorativen Sinne diskreditiert" (Schink 2016, S. 187 f.). Durch ein solches Vorgehen, so Schink, der damit genau den Kern der hier vorliegenden Hypothese trifft, ohne sie jedoch weiter zu spezifizieren, werde der Verschwörungstheoretiker zur Sozialfigur konstituiert (vgl. ebd.). Was er damit meint, ist, dass der Verschwörungstheoretiker erst im gesellschaftlichen Diskurs, durch Sichtbarkeit und Auseinandersetzung, zur Sozialfigur gemacht wird.

Die Tatsache, dass eine große Anzahl von Menschen an Verschwörungstheorien glaubt, führt jedoch nicht automatisch dazu, dass die Sozialfigur des Verschwörungstheoretikers entsteht. Die Voraussetzung dafür ist die Identifizierung bzw. Beschreibung des Phänomens Verschwörungstheorie und die (problematisierende) Kategorisierung derjenigen, die an heterodoxe Verschwörungstheorien glauben. Darüber hinaus muss den Verschwörungstheoretikern eine gesellschaftliche Relevanz zugesprochen werden. Weitere Voraussetzungen sind der plurale Austausch von Wissen und die Möglichkeit, heterodoxes Wissen publik zu machen.

5 Die Sozialfigur

Die These, von der dieser Beitrag ausgeht, ist, ob es sich bei dem oben definierten Verschwörungstheoretiker um eine Sozialfigur handelt und wie diese konstruiert wird. Das Konzept der Sozialfigur geht auf Stefan Moebius und Markus Schroer zurück; sie definieren Sozialfiguren als „zeitgebundene historische Gestalten,

[8] Ironischer- wie irritierenderweise haben das alternative COMPACT Magazin und das EU-Forschungsprojekt COMPACT zum Thema Verschwörungstheorien denselben Namen.

anhand derer ein spezifischer Blick auf die Gegenwartsgesellschaft geworfen werden kann“ (Moebius und Schroer 2010, S. 8). Sie zu bestimmen heißt, eine neue Perspektive auf die Gesellschaft einnehmen zu können. Die beiden Autoren grenzen die Sozialfigur bewusst von der sozialen Rolle ab. Das Typische der Rolle, nur in einem bestimmten Umfeld, in einer sozialen Sphäre eingenommen zu werden, trifft auf die Sozialfiguren gerade nicht zu. Diese zeichnen sich vielmehr dadurch aus, mehrere solcher Sphären zu umfassen und sich auch mit anderen Sozialfiguren zu überschneiden. Darüber hinaus ist für sie „typisch, dass sie zwar aus verschiedenen Feldern stammen, ihre Tätigkeiten sich aber mehr und mehr verselbstständigen“ (ebd.). Sozialfiguren sind also auch keine Professionen, man kann sich in dem Sinne nicht zu einer Sozialfigur ausbilden lassen. Allerdings können aus Berufsgruppen Sozialfiguren entstehen: „Beraten, managen, spekulieren – das sind Tätigkeiten, die zu Praktiken geworden sind, die ihr angestammtes Feld längst verlassen haben, um durch die gesamte Gesellschaft zu vagabundieren“ (ebd.). Der Berater, Manager, Spekulant ist zwar erst einmal eine Berufs- bzw. Tätigkeitsbezeichnung, „wenn er jedoch zum Typus wird, dann ist er hinsichtlich seiner Erscheinungs- und Darstellungsform, seines Auftretens und seiner Selbstinszenierung zu einem charakteristischen Merkmal der gegenwärtigen Gesellschaft mutiert“ (ebd.). Ebenso unterscheiden Moebius und Schroer die Sozialfigur vom Sozialcharakter, der spezifische Charaktereigenschaften bestimmter „Klassen, Gruppen, Völker und Nationen“ (Moebius und Schroer 2010, S. 8) abbildet, sich aber nicht auf bestimmte, sichtbare Figuren beziehe.

Moebius und Schroer gehen „nicht mehr von einem organisierten Zentrum der Gesellschaft“ aus (Moebius und Schroer 2010, S. 8). Vielmehr versuchen sie „den Blick auf die vielfältigen Möglichkeiten der Fremd- und Selbstbeschreibung sowie auf Identifizierungsschemata [zu] richten, mit denen man sich heute als Subjekt modellieren und ausdrücken kann“ (ebd., S. 8 f.).

Ihr Ansatz zielt also darauf, die Gesellschaft zu beschreiben und ihre soziale Ordnung zu ergründen, indem ihre herausstechenden Elemente, die Sozialfiguren, untersucht werden. Im Hinblick auf den hier vorliegenden Beitrag bedeutet dies, dass über die Sozialfigur des Verschwörungstheoretikers ein spezifischer Blick auf die Gesellschaft, insbesondere auf den Umgang mit heterodoxem Wissen, geworfen werden kann.

Die konkretisierte Hypothese lautet also: Der *Verschwörungstheoretiker* prägt die Gesellschaft in ausreichender Weise und hilft diese damit besser zu verstehen, um den Status einer Sozialfigur zu erlangen. Um diese Hypothese zu überprüfen, werden im Folgenden meinungsprägende gesellschaftliche Bereiche genauer analysiert.

6 Popkultur, Medien und Politik

Wie oben angesprochen, hat die Figur des Verschwörungstheoretikers insbesondere in den letzten Jahren Einzug in den wissenschaftlichen Diskurs gehalten. Ob ihr der Status einer Sozialfigur zuteilwerden kann, entscheidet sich allerdings nicht (nur) hier, sondern vor allem im politisch-medialen Diskurs, der die gesellschaftliche Meinungsbildung weit stärker beeinflusst. Ein weiteres Feld, das die Grundlage für die Auseinandersetzung im politischen und medialen Mainstream ermöglicht hat, ist die Popkultur. Durch das Aufgreifen von Verschwörungen bzw. Verschwörungstheorien trug diese dazu bei, dass das Themenfeld in Politik und Medien salonfähig wurde. Auf dieser Basis werde ich mich also mit drei Feldern näher auseinandersetzen: Der Popkultur, dem politischen Diskurs sowie dem medialen Diskurs. Alle drei Felder prägen die öffentliche Meinung maßgeblich und stehen in einem Wechselverhältnis mit ihr. Wenn man also davon sprechen kann, dass es sich beim Verschwörungstheoretiker um eine Sozialfigur handelt, muss diese in den genannten Feldern eine signifikante Rolle spielen.

7 Verschwörungstheoretiker als popkulturelles Phänomen

Einer der Auslöser des aufkommenden wissenschaftlichen Interesses am Thema Verschwörungstheorien war die größer werdende Sichtbarkeit von Verschwörungstheorien in den 1990er-Jahren, die auch durch die Popkultur ausgelöst wurde (vgl. Lutter 2001, S. 13).[9] Filme wie der oscarprämierte Verschwörungsthriller *JFK* von Oliver Stone, der eine Verschwörung hinter dem Attentat auf den US-Präsidenten John F. Kennedy behandelt (1991) und Fernsehserien wie Chris Carters *The X-Files* (ab 1993), die unter anderem geheime Alien-Projekte der US-Regierung behandeln und als „significant and symptomatic part" (Kellner 2002, S. 205) des Verschwörungsdenkens Anfang der 2000er-Jahre bezeichnet werden können, trugen Verschwörungstheorien weit in die Mitte der Gesellschaft

[9] Die Entwicklung von Verschwörungstheorien, von, wie Daniel Pipes es ausdrückt „politischer Pornografie" (Pipes 1998, S. 85) zu einem Phänomen der Popkultur, brachte ihnen die lange verwehrte wissenschaftliche Aufmerksamkeit und beendete damit, was Anton, Schetsche und Walter als „merkwürdige Diskrepanz zwischen der gesellschaftlichen Relevanz von Verschwörungstheorien und deren wissenschaftlicher Erforschung" (Anton et al. 2014, S. 9) bezeichnen.

und in die Politik hinein. Um die Jahrtausendwende folgte dann die *Matrix*-Reihe (1999, 2003): Die Matrix ist eine computergenerierte Scheinwelt, die den versklavten Menschen nur vorgespielt wird, um sie ausbeuten zu können. Dem Protagonisten des Films, Thomas Anderson („Neo"), wird von einer Gruppe Widerstandskämpfer die Wahl gegeben, sich für eine rote Pille zu entscheiden und hinter die Kulissen der Matrix zu schauen oder die blaue Pille zu wählen und alle seine Zweifel an der Rechtmäßigkeit der Matrix zu vergessen. Natürlich greift der Protagonist zur roten Pille. Wie der Kultur- und Medienwissenschaftler Roberto Simanowski feststellt, ist dieser Akt der Wahl zwischen roter und blauer Pille inzwischen

> „[…] zum Lieblingsbild aller möglichen Verschwörungstheoretiker geworden, die den Schlafschafen – die in der Matrix leben, ohne es zu wissen – die rote Pille empfehlen, damit auch sie aufwachen und endlich ihr Leben selbst in die Hand nehmen." (Simanowski 2021)

Ebenfalls besonders hervorzuheben sind die Verschwörungs-Thriller des amerikanischen Autors Dan Brown. Vor allem seine Werke *Illuminati* (2000) und *Das Sakrileg* (2003), die beide verfilmt wurden, behandeln eine Vielzahl von klassischen Verschwörungen und führten zu einem wahren Verschwörungs-Hype, der die Themen in Formaten wie *Galileo Mystery,* die den in den Werken behandelten Verschwörungen mehr oder weniger investigativ nachgingen, multiplizierte.[10]

Auch in anderen popkulturellen Formaten werden Verschwörungstheorien verarbeitet. Ein Genre, dass aus diesem Grund immer wieder im Fokus steht, ist der (deutsche) Gangster Rap, der sich in den letzten Jahren zur erfolgreichsten Musikrichtung in den deutschen Charts entwickelte (vgl. Baier 2020, S. 173). Prominente Rapper, die Verschwörungstheorien in ihren Liedern verarbeiten, sind *Prinz Pi* oder *Kollegah.* Beide greifen in Ihren Texten immer wieder auf verschiedenste (vermeintliche) Verschwörer und Verschwörungstheorien zurück. In ihrem gemeinsamen Song „Dschungelabenteuer" aus dem Jahr 2015 schlüpfen beide in eine *Indiana-Jones*-Rolle. Insbesondere *Kollegah* fiel dabei immer wieder mit umstrittenen und zum Teil als antisemitisch bewerteten Inhalten auf.[11]

---

[10] In einer dieser Sendungen geht Galileo-Moderator Aiman Abdallah etwa der Frage nach, ob sich der *Heilige Gral* in Südfrankreich verberge (vgl. Becker 2006).

[11] Besonders hervorzuheben sind dabei die Songs „NWO" (2013), „Armageddon" (2013) und „Apokalypse" (2016), in denen der Rapper unterschiedlichste Mythen und Verschwörungstheorien aufgreift.

Allen bisher genannten Werken gemein ist, dass sie Verschwörungstheorien aufgreifen und als reale Verschwörungen etwa der US-Regierung, der Illuminaten, der katholischen Kirche oder allgemein der „Eliten", darstellen. Sie übernehmen damit die heterodoxe Perspektive des Protagonisten, der gegen die Widerstände der Wächter orthodoxen Wissens ‚die Wahrheit' ans Licht bringt. Hier wird gerade derjenige, der als Verschwörungstheoretikers markiert wird und sich gegen orthodoxes Wissen auflehnt, die Rolle des Helden, des Aufklärers, Warners oder Dissidenten zugesprochen, der mutig und zum Teil unter Lebensgefahr für die Wahrheit kämpft. Dieses Bild wird uns im Folgenden noch begegnen.

Auf die verstärkte Rezeption von Verschwörungstheorien in der Popkultur folgte indes die direkte oder indirekte Kritik an Verschwörungstheorien innerhalb der Genres. Die bewusst überspitzte Science-Fiction-Filmreihe *Iron Sky* (seit 2012) stellt beispielsweise ein Potpourri abstruser Verschwörungstheorien dar. Im Kern handelt die Filmreihe von Nazis, die sich im Jahr 1945 mit Reichsflugscheiben auf dem Mond angesiedelt haben und mithilfe eines riesigen Kampfschiffes („Götterdämmerung") die Erde erobern wollen. Im zweiten Teil (2018) entdecken die Protagonisten, dass die Erde hohl ist und von Echsen bewohnt wird. Diese sind in der Lage, ihre Gestalt zu wandeln und verfügen über eine Dinosaurierarmee. Angeführt werden sie von Adolf Hitler, der auf einem T-Rex reitet. Durch die Absurdität der Handlung werden hier im Gegensatz zu den oben genannten Werken Verschwörungstheorien auf humorvolle Weise durch den Kakao gezogen und damit lächerlich gemacht.

Eine aktuelle Verfilmung, die für das Anliegen des vorliegenden Beitrags von besonderem Interesse ist, ist *Die Känguru-Verschwörung* aus dem Jahr 2022. Die Komödie basiert auf der äußerst erfolgreichen *Känguru*-Reihe des Autors Marc-Uwe Kling, die einen fiktionalen Bericht über das Leben des Autors an der Seite eines kommunistischen Kängurus darstellt. Im Film versuchen die Protagonisten, eine Klimawandelleugnerin von der Echtheit des Phänomens zu überzeugen. Dieses Vorhaben führt sie tiefer in die Szene der Verschwörungstheoretiker, wo allerlei abstruse und rechtsextreme Verschwörungstheorien kursieren. Auf der Verschwörungstheoretiker-Messe „Cocon" wollen Besucher (unter ihnen Nazis), die sich provoziert fühlen, die Protagonisten lynchen. Der Film, der auf Platz zwei der deutschen Kinocharts einstieg, handelt also nicht, wie die weiter oben besprochenen, von Verschwörungen, sondern von Verschwörungstheorien. Das heißt, die Verschwörungstheoretiker werden hier nicht als Helden, sondern im Gegenteil als im besten Fall naive, im schlimmsten Fall als militante „Aluhutträger" bzw. rechtsextreme Gewalttäter dargestellt. Das Ziel ist nicht, eine Verschwörung aufzudecken, sondern im Gegenteil einen Verschwörungstheoretiker über die orthodoxe Wirklichkeit aufzuklären. Damit bewegt er sich auf einer Ebene, die typisch für den orthodoxen Diskurs ist und in den folgenden Kapiteln weiter herausgearbeitet wird. Abschließend lässt sich also feststellen, dass die Popkultur sehr ambivalent mit dem Themenkomplex Verschwörung/Verschwörungstheorie/Verschwörungstheoretiker umgeht. Während einerseits häufig reale oder fiktionale Ereignisse als Verschwörung interpretiert und die Vertreter heterodoxen Wissens so zu Helden stilisiert werden, gibt es andererseits eine gegenläufige Tendenz, Verschwörungstheorien bzw. -theoretiker ins Lächerliche zu ziehen oder eine konkrete Gefahr in ihnen zu sehen. Was sich trotz oder gerade wegen dieser Gegenläufigkeit sagen lässt, ist: Der Verschwörungstheoretiker ist in der Popkultur äußerst präsent.

8 Verschwörungstheoretiker im medialen Diskurs[12]

In der medialen Auseinandersetzung mit Verschwörungstheorien muss zunächst einmal die Unterscheidung zwischen etablierten und alternativen Medien getroffen werden. Die etablierten Medien bilden dabei, grob vereinfacht ausgedrückt, die orthodoxen Wissensbestände ab, welche in den alternativen Medien wiederum zugunsten von heterodoxen Deutungen angezweifelt werden. Wie oben erläutert, herrscht dabei ein großes Machtungleichgewicht zugunsten der etablierten Medien. Jedoch verfügen alternative Formate inzwischen über enorme Reichweiten, die nicht zu unterschätzen sind (vgl. Anton und Schink 2021, S. 242 ff.).

Zunächst wird auf die Berichterstattung der etablierten Medien eingegangen. Untersucht man diese, erkennt man ein Spektrum von Deutungen den Verschwörungstheoretiker betreffend. An einem Ende steht der Vorwurf, bestimmte Themen übertrieben kritisch zu interpretieren. Dies trifft insbesondere auf Journalisten und Wissenschaftler zu, die mit ihren Ergebnissen orthodoxe Wissensbestände infrage stellen. Die Vorwürfe, welche vonseiten der etablierten Medien gemacht werden, sind unausgewogene Recherche, Übertreibung, Einseitigkeit oder das Heischen nach Aufmerksamkeit. Diese *übertriebenen Kritiker* werden in der

[12] Die Aussagen dieses Kapitels gehen im Wesentlichen auf die unveröffentlichte Studie des Autors „Zwischen Paranoia und Aufklärung. Die Konstruktion der Sozialfigur des Verschwörungstheoretikers anhand von Deutungskonflikten zwischen den etablierten und alternativen Medien" aus dem Jahr 2017 zurück. Dabei wurden konkret der Medienwissenschaftler Uwe Krüger, der Historiker Daniele Ganser sowie die Journalisten Ken Jebsen und Udo Ulfkotte untersucht.

Regel noch nicht als Verschwörungstheoretiker bezeichnet, aber in deren Dunstkreis verortet. Die Politologin Ulrike Guérot etwa fällt in diese Kategorie.

Am anderen Ende des Kontinuums steht der Vorwurf des Extremismus, der Gefährdung, der Menschenfeindlichkeit und geistigen Brandstiftung sowie von Irrationalität, Lächerlichkeit und Verrücktheit. Auf diese Weise passiert eine qualitative Abstufung, die hinsichtlich des Grades der Abweichung der heterodoxen Wissensbestände einerseits und der Relevanz, Aktualität und Akuität der Themengebiete andererseits vorgenommen wird. Dieses Phänomen lässt sich sehr gut am Beispiel der Impfgegner beobachten. Während diesen vor der Corona-Pandemie wenig Aufmerksamkeit geschenkt wurde, bildeten sie währenddessen zeitweise ein zentrales Thema der medialen und politischen Diskurse. Aus einem esoterisch angehauchten gesellschaftlichen Randphänomen wurde politisch und medial plötzlich eine irrationale, antisoziale und gesellschaftsgefährdende Bewegung.

In der alternativen Berichterstattung haben die Vertreter heterodoxen Wissens eine fundamental andere Bedeutung. Auch hier lassen sich jedoch unterschiedliche Deutungen erkennen. Diese reichen von Kompetenz und Sachverstand bis hin zu Mut. Typische Figuren sind zum Beispiel der *kompetente Wissenschaftler,* der *mutige Journalist,* der *Aufklärer* oder der *Dissident.* Darüber hinaus wird er oftmals als Opfer der „Systempresse“ stilisiert, der für ‚das Volk‘ spreche.[13] Verschwörungstheoretiker werden hier also wohlwollend bis überschwänglich bewertet. Dabei ist es wichtig, hervorzuheben, dass die alternativen Medien den Begriff *Verschwörungstheoretiker* als diffamierende Zuschreibung ablehnen und ihrerseits gegen etablierte Medien einsetzen. Ein *Reclaiming,* also die ins Positive gewendete Selbstbezeichnung, mit einem ursprünglich diffamierenden Begriff, ist bisher nur vereinzelt zu beobachten, etwa durch den niederländischen Politiker Thierry Baudet (vgl. Kirchner 2022).

9 Verschwörungstheoretiker als politische Kategorie

Die Entwicklung des Themas Verschwörungstheorien aus einer Nische heraus zur relevanten Kategorie ist auch im politischen Diskurs vollzogen. Verschwörungstheorien werden in der Regel als Teil eines Problems identifiziert, zu dem unter anderem auch Fake News, alternative Fakten, Desinformation oder false-balan-

[13] Damit gewinnt der Verschwörungstheoretiker ein populistisches Moment.

ce-Darstellungen gezählt werden. Insbesondere der Wahlsieg Donald Trumps[14] und die erfolgreiche Leave-Kampagne der Brexit-Befürworter haben ein politisches Umdenken bewirkt, das Anton und Schink als „gesellschaftliche[n] Kampf gegen Verschwörungstheorien" bezeichnen, der „heute nicht weniger ‚Konjunktur' als Verschwörungstheorien selbst" (Anton und Schink 2021, S. 254) habe. Neben der damaligen Bundeskanzlerin Angela Merkel sagten auch Bundespräsident Frank-Walter Steinmeier, UN-Generalsekretär António Guterres (ebd.) und US-Präsident Joe Biden (Biden 2022) Verschwörungstheorien öffentlich den Kampf an, um nur die prominentesten Namen zu nennen.

Verschwörungstheoretiker werden somit als Demokratiefeinde relevanter Größenordnung eingestuft und mit allen Mitteln des Rechtsstaats bekämpft. Ein Indiz dafür ist, dass die Häufigkeit der Verwendung der Begriffe „Verschwörung", „Verschwörungstheorie" und „Verschwörungstheoretiker" in den Berichten des Verfassungsschutzes (des Bundes und der Länder) jeweils um etwa den Faktor 10 stieg (vgl. Verfassungsschutzberichte 2022). Ein weiterer Auslöser für die verstärkte Auseinandersetzung mit Verschwörungstheorien, die sich auch in den Verfassungsschutzberichten niederschlugen, waren Gewalttaten der Reichsbürgerszene, insbesondere der Polizistenmord in Georgensgmünd im Jahr 2016 (vgl. Frankfurter Allgemeine Zeitung 2017). Auch wenn seitdem eine fallende Tendenz zu beobachten ist, lässt die annähernde Verzehnfachung der Häufigkeit in den Verfassungsschutzberichten auf die erhöhte politische Relevanz des Themas schließen.

Ein weiteres Feld, auf dem sich der Kampf gegen Verschwörungstheorien manifestiert hat, ist die politische Bildung bzw. Medienbildung. Bildungsprojekte werden auf allen politischen Ebenen angestoßen. So finanzierte die Europäische Union beispielsweise das großangelegte, interdisziplinäre Forschungsprojekt COMPACT (Comparative analysis of conspiracy theories in Europe), das unter anderem Bildungsmaterialien für Schulen entwickelt hat. Darüber hinaus verfügt die EU mit der Internetseite EUvsDisInfo.eu über eine Homepage, die konkret über russische Falschinformationen und Verschwörungstheorien aufklärt. Auch auf nationaler Ebene gibt es ein dichtes Angebot von Projekten und Aufklärungsmaterialien gegen Verschwörungstheorien. Die Bundesregierung informiert auf ihrer Homepage über den Umgang mit Verschwörungstheoretikern (vgl. Bundesregierung 2022). Des Weiteren wird der ehemalige Regierungssprecher Steffen

---

[14] Ebenso die Wahlsiege von Boris Johnson in Großbritannien, Jair Bolsonaro in Brasilien oder Rodrigo Duterte auf den Philippinen.

Seibert auf der Seite der Bundesregierung mit der Aussage zitiert, dass Verschwörungstheoretiker das Land spalteten (vgl. Seibert 2022). Auch über das Programm „Demokratie leben!“ fördert die Bundesregierung die Arbeit gegen Verschwörungstheorien (vgl. Bundesregierung 2022a).

Ferner hat die Bundeszentrale für politische Bildung (bpb) 2022 das Förderprogramm „Stärkung politischer Bildung zur Auseinandersetzung mit Rechtsextremismus und Verschwörungsideologien“ ausgeschrieben. Darin heißt es:

> „In Zeiten der massiven Verbreitung von Verschwörungserzählungen mit meistens rechtsextremem, menschenverachtendem und antisemitischem Antlitz sind die Träger der politischen Bildung besonders gefordert, sich den neuen Herausforderungen und Bedrohungen entgegenzustellen.“ (Bundeszentrale für politische Bildung 2022)

Zudem finden sich unter den Angeboten der bpb eine Vielzahl von Lehrmaterialien zum Umgang mit Verschwörungstheorien. Ebenso bieten die Landeszentralen für politische Bildungsarbeit inzwischen ein breites Spektrum von Bildungsmaterialien zum Thema Verschwörungstheorien.[15]

Die Auseinandersetzung mit Verschwörungstheorien findet auch auf Ebene der Zivilgesellschaft statt. Ein zivilgesellschaftlicher Akteur, der sich gegen Verschwörungstheorien einsetzt, ist die „Gesellschaft zur wissenschaftlichen Untersuchung von Parawissenschaften e. V.“ oder kurz die „Skeptiker“. In einem Blog sowie verschiedenen Publikationen und Handreichungen klären die Skeptiker über die Gefahren von Verschwörungstheorien auf. Die bekannteste Aktion der gemeinnützigen Organisation ist die jährliche Negativ-Preisverleihung des „goldenen Aluhuts“ in unterschiedlichen Kategorien. Gewinnerin der Kategorie „Gesellschaft & Politik“ ist 2022 die Linken-Politikerin Sahra Wagenknecht. Gewinner der Kategorie „Medien & Blogs“ ist der österreichische TV-Sender „Servus TV“ (vgl. Der goldene Aluhut 2022). Darüber hinaus bietet die Organisation auf ihrer Internetseite wissenschaftliche Arbeiten zur Auseinandersetzung mit Verschwörungstheorien bzw. -theoretikern.

Auch existieren inzwischen verschiedene zivilgesellschaftliche Anlaufstellen für Menschen, deren Angehörige, Freunde oder Bekannte an Verschwörungstheorien glauben. Einige Beispiele sind „veritas – Die Beratungsstelle für Betroffene und Angehörige von Verschwörungsgläubigen“, „entschwört. – Beratung zu Ver-

---

[15] Siehe unter anderem: Landeszentrale für politische Bildung Baden-Württemberg (2022); Sächsische Landeszentrale für politische Bildung (2022); Bayerische Landeszentrale für politische Bildungsarbeit (2022).

schwörungsmythen im persönlichen Umfeld“ oder „MITMENSCH – Beratung bei Konflikten im Zusammenhang mit Verschwörungserzählungen“.

Diese vielfältigen Präventions- und Bildungsprogramme zeigen, welchen Stellenwert das Thema Verschwörungstheorien inzwischen im politischen Raum einnimmt.

10 Der Verschwörungstheoretiker als Sozialfigur unserer Zeit

Ausgehend von der Hypothese, dass der Verschwörungstheoretiker als eine Sozialfigur, also eine prägende Figur unserer Zeit betrachtet werden kann, wurden die Bereiche Popkultur, Medien und Politik untersucht. Alle drei Felder sind maßgeblich für die gesellschaftliche Wirklichkeitsproduktion.

Auf dieser Grundlage wurde herausgearbeitet, dass die Relevanz von Verschwörungstheoretikern in allen drei Bereichen seit den 1990er-Jahren stetig zugenommen hat. Ein besonders herausragendes Ereignis war dabei die Corona-Pandemie, die als verschwörungstheoretischer Schlüsselmoment angesehen werden kann.

Dominant in der diskursiven Auseinandersetzung sind dabei insbesondere im politischen Feld orthodoxe Deutungen. Hier wird der Begriff Verschwörungstheoretiker dezidiert negativ konnotiert. Jedoch wird der Verschwörungstheoretiker als Verfechter heterodoxer Deutungen in den z. T. reichweitenstarken alternativen Medien sowie großen Teilen der Popkultur auch als Held dargestellt, der sich entgegen allen Widrigkeiten für die Wahrheit einsetzt.

Ein weiterer Punkt, der herausgearbeitet werden konnte, ist, dass der Deutungskampf im politischen und medialen Feld dann mit besonderer Härte geführt wird, wenn er aktuelle, akute und politisierte Themen betrifft bzw. eine starke Polarisierung und/oder eine Krisensituation besteht. Das heißt, dass nicht die absurdesten, wenn man so will heterodoxesten Themen besonders emotional wirken, sondern diejenigen, die in der aktuellen Situation die öffentliche Meinung an einem empfindlichen Punkt treffen. Der Verschwörungstheoretiker kann damit auch als Projektionsfläche emotionaler gesellschaftlicher Konflikte gesehen werden, was einerseits dazu führt, dass er in hohem Maße diffamiert, andererseits, dass er in überspitztem Maße glorifiziert wird.

Trotz dieser Ambiguität ist das Bild des Verschwörungstheoretikers relativ klar umrissen. Dies hat mit der Dominanz der orthodoxen Deutung zu tun. Somit setzt sich das Bild des Verschwörungstheoretikers aus den oben behandelten Deutungen der Akteure aus etablierten Medien Politik und Bildung zusammen, die deutlich negativ konnotiert sind. Es wird durch die politische und mediale Aufmerksamkeit und Allgegenwärtigkeit in der Gesellschaft verfestigt und bildet damit wiederum die Grundlage einer Sozialfigur. Der Verschwörungstheoretiker wird als überkritisch und ein wenig verrückt angesehen. Er ist je nachdem naiv, leichtgläubig oder auch böswillig und manipulativ.[16] Einerseits wird er als übertriebener Kritiker, der mit wissenschaftlich fragwürdigen und ideologisch gefärbten Wahrheiten aufwartet, wahrgenommen, andererseits als irrationaler Brandstifter oder Demagoge dargestellt, der fragwürdige, radikale, extremistische oder absurde Positionen vertritt.

Verschwörungstheoretiker ist damit zu einem allgegenwärtigen Begriff geworden, zu dem die Gesellschaft eine bestimmte Vorstellung entwickelt hat. Je nach individuellem Medienkonsum ist diese entsprechend unterschiedlich stark ausgeprägt und kann darüber hinaus sehr unterschiedliche Formen annehmen. Wer orthodoxe Medien konsumiert und sich in einem Milieu bewegt, in welchem dies die Regel ist, wird mit hoher Wahrscheinlichkeit die orthodoxen Deutungen übernehmen und *vice versa*. Wichtig ist es dahingehend jedoch zu betonen, dass es sich bei orthodoxem und heterodoxem Wissen natürlich nicht um zwei hermetisch abgeschlossene Echokammern handelt. Immer wieder prallen die unterschiedlichen Wissensbestände in Diskursen aufeinander, was wiederum zu Reibung, Konflikt und im besten Fall Synthese führt.

Wie dieser Beitrag gezeigt hat, kommt der Figur des Verschwörungstheoretikers heute eine hohe gesellschaftliche Bedeutung zu. Sie bietet die Möglichkeit einer eigenen Perspektive auf gesellschaftliche Konflikte, Deutungskämpfe und Wahrheitsproduktion. Sie gibt Einblicke, wie die Gesellschaft beziehungsweise die Hüter der gesellschaftlichen Wahrheiten mit Vertretern bestimmter heterodoxer Wissensbestände umgehen und eigene Wahrheiten verteidigt werden.

Literatur

Anton, A., M. Schetsche, und M. K. Walter (Hrsg.) 2014. *Konspiration. Konspiration des Verschwörungsdenkens*. Wiesbaden: Springer.

Anton, A., und A. Schink. 2021. *Der Kampf um die Wahrheit. Verschwörungstheorien zwischen Fake, Fiktion und Fakten*. München: Komplett-Media.

[16] Die genannten Attribute sind auf den ersten Blick widersprüchlich. Dies geht auf den Umstand zurück, dass auch die diskursive Auseinandersetzung mit der Sozialfigur des Verschwörungstheoretikers kein eindeutiges und widerspruchsfreies Bild ergibt.

Baier, J. 2020. „Die Welt ist noch nicht gerettet … Aber der Widerstand erstarkt!“. 171–187 Pages / *Im Dialog – Beiträge aus der Akademie der Diözese Rottenburg-Stuttgart*, No 3: Von Hinterzimmern und geheimen Machenschaften. Verschwörungstheorien in Geschichte und Gegenwart. https://doi.org/10.25787/IDADRS.V0I3.259.

Barron, D., B. Altemeyer, K. Morgan, V. Swami, und T. Towell. 2014. Associations between schizotypy and belief in conspiracist ideation. *Personality and Individual Differences* 70: 156–159.

Bayerische Landeszentrale für politische Bildungsarbeit 2022. ZfP: Verschwörungstheorien. https://www.blz.bayern.de/verschwoerungstheorien_zfp_49.html. Zugegriffen: 15. November 2022.

Becker, M. 2006. Gralssuche auf ProSieben: In der Gruft von „Galileo“. https://www.spiegel.de/kultur/gesellschaft/gralssuche-auf-prosieben-in-der-gruft-von-galileo-a-416806.html. Zugegriffen: 05. November 2022.

Berger, P. L., und T. Luckmann 1970. *Die gesellschaftliche Konstruktion der Wirklichkeit. Eine Theorie der Wissenssoziologie*. Frankfurt am Main: Fischer.

Biden, J. 2022. Remarks by President Biden on Standing up for Democracy. https://www.whitehouse.gov/briefing-room/speeches-remarks/2022/11/03/remarks-by-president-biden-on-standing-up-for-democracy/. Zugegriffen: 15. November 2022.

Brotherton, R., und S. Eser. 2015. Bored to fears: Boredom proneness, paranoia, and conspiracy theories. *Personality and Individual Differences* 80: 1–5.

Bundesregierung 2022: Was tun, wenn Familie oder Freunde an Verschwörungsmythen glauben? https://www.bundesregierung.de/breg-de/themen/umgang-mit-desinformation/umgang-verschwoerungstheorien-1790886. Zugegriffen: 15. November 2022.

Bundesregierung 2022a: Gemeinsam Desinformation bekämpfen. https://www.bundesregierung.de/breg-de/themen/umgang-mit-desinformation/foerderpogramme-demokratie-leben-1871300. Zugegriffen: 15. November 2022.

Bundeszentrale für politische Bildung 2022. Förderprogramm „Stärkung politischer Bildung zur Auseinandersetzung mit Rechtsextremismus und Verschwörungsideologien“. https://www.bpb.de/die-bpb/foerderung/foerdermoeglichkeiten/509488/foerderprogramm-staerkung-politischer-bildung-zur-auseinandersetzung-mit-rechtsextremismus-und-verschwoerungsideologien/. Zugegriffen: 13. November 2022.

Butter, M. 2020. *„Nichts ist, wie es scheint“. Über Verschwörungstheorien*. Berlin: Suhrkamp.

Darwin, H., J. Holmes, und N. Neave. 2011. Belief in conspiracy theories. The role of paranormal belief, paranoid ideation and schizotypy. *Personality and Individual Differences* 80: 1289–1293.

Dentith, M. R. X. 2016. When Inferring to a Conspiracy might be the Best Explanation. *Social Epistemology* 30 (5–6): 572–591. https://doi.org/10.1080/02691728.2016.1172362.

Der goldene Aluhut 2022: Der goldene Aluhut + FACTS HEROES 2022 - die Verleihung. https://dergoldenealuhut.de/der-goldene-aluhut-facts-heroes-2022-die-verleihung/. Zugegriffen: 15. November 2022.

Frankfurter Allgemeine Zeitung. 2017. Wolfgang P. aus Georgensgmünd: Lebenslange Haft wegen Polizistenmordes für Reichsbürger. https://www.faz.net/aktuell/gesellschaft/kriminalitaet/reichsbuerger-erhaelt-lebenslange-haft-wegen-polizistenmordes-15259630.html. Zugegriffen: 15. November 2022.

Kellner, D. 2002. The X-Files and Conspiracy. A Diagnostic Critique. In *Conspiracy nation. The politics of paranoia in postwar America*, hrsg. Peter Knight, 205–232. New York: New York University Press.

Knoblauch, H. 2014. *Wissenssoziologie*. Konstanz: UVK.

Kirchner, Thomas. 2022. Niederlande: Echsen und Hundeflöten. https://www.sueddeutsche.de/politik/niederlande-baudet-faschismus-1.5683879. Zugegriffen: 03. November 2022.

Landeszentrale für politische Bildung Baden-Württemberg 2022: Verschwörungstheorien. Warum sind sie so verbreitet und was kann man dagegen tun? https://www.lpb-bw.de/verschwoerungstheorien. Zugegriffen: 15. November 2022.

Lutter, M. 2001. *Sie kontrollieren alles! Verschwörungstheorien als Phänomen der Postmoderne und ihre Verbreitung über das Internet*. München: Edition Fatal.

Moebius, S., und M. Schroer (Hrsg.) 2010. *Diven, Hacker, Spekulanten. Sozialfiguren der Gegenwart*. Frankfurt am Main: Suhrkamp.

Pipes, D. 1998. *Verschwörung. Faszination und Macht des Geheimen*. München: Gerling Akademie Verlag.

Roose, J. 2020. Sie sind überall. Eine repräsentative Umfrage zu Verschwörungstheorien, hrsg. v. der Konrad Adenauer Stiftung. https://www.kas.de/documents/252038/7995358/Eine+repr%C3%A4sentative+Umfrage+zu+Verschw%C3%B6rungstheorien.pdf/0f422364-9ff1-b058-9b02-617e15f8bbd8?version=1.0&t=1599144843148. Zugegriffen: 20. November 2022.

Sächsische Landeszentrale für politische Bildung 2022. Verschwörungstheorien. https://www.slpb.de/themen/gesellschaft/verschwoerungstheorien. Zugegriffen: 15. November 2022.

Schetsche, M. 2007. Die ergoogelte Wirklichkeit. Verschwörungstheorien und das Internet. In *Die Google-Gesellschaft. Vom digitalen Wandel des Wissens*, hrsg. Kai Lehmann und Michael Schetsche, 113–120. Bielefeld: transcript.

Schink, A. 2016. Veröffentlichung und Verschwörungsdenken. Eine diskursethnographische Untersuchung zur Debatte über heterodoxe Praktiken des Internet-Aktivismus. In *Kritische Öffentlichkeiten – Öffentlichkeiten in der Kritik*, hrsg. Kornelia Hahn und Andreas Langenohl, 187–212. Wiesbaden: Springer VS.

Seibert, S. 2022. Wer Verschwörungstheorien verbreitet, will unser Land spalten. https://www.bundesregierung.de/breg-de/themen/buerokratieabbau/wer-verschwoerungstheorien-verbreitet-will-unser-land-spalten-1752854 Zugegriffen: 15. November 2022.

Simanowski, R. 2021: Die rote Wahrheitspille gibt es nicht, hrsg. v. Deutschlandfunk Kultur. Online verfügbar unter https://www.deutschlandfunkkultur.de/matrix-pille-verschwoerungstheorie-100.html. Zugegriffen: 05. November 2022.

Verfassungsschutzberichte.de. 2022. Verfassungsschutz Suche. https://verfassungsschutzberichte.de/suche?q=verschw%C3%B6rung&jurisdiction=alle&min_year=kein&max_year=kein. Zugegriffen: 15. November 2022.

Vogel, S. 2020. Apokalypse und Antihumanismus: Von der Popkultur zum Verschwörungsmythos. *Blätter für deutsche und internationale Politik* 6: 80–86. Online verfügbar unter https://www.blaetter.de/ausgabe/2020/juni/apokalypse-und-antihumanismus-von-der-popkultur-zum-verschwoerungsmythos#_ftnref1. Zugegriffen: 31. Oktober 2022.

Wippermann, W. 2010. *Top Secret. Die großen Verschwörungstheorien und was dahinter steckt*. Freiburg im Breisgau: Herder.

Johannes Wessel-Bothe studierte Politologie und Soziologie an der Universität Augsburg, der Università di Bologna sowie der National Chengchi University Taipei. Seine Themenschwerpunkte sind Extremismus, Populismus, internationale Politik und europäische Integration. Aktuell arbeitet Johannes Wessel-Bothe im Europabüro der Stadt Augsburg und ist dort für die EU- Kommunikationsarbeit zuständig.

Ist etwas faul im Staate? Im Flow mit Verschwörungstheorien

Marius Hans Raab

> The truth is, we know so little about life,
> we don't really know what the good news is
> and what the bad news is.
> (Kurt Vonnegut: *A Man Without a Country*)

Die Zeit ist aus den Fugen – der Ausruf von Shakespeares Hamlet ist 400 Jahre später eine Binsenweisheit; er beschreibt unser Erleben der Gegenwart mit all ihren Krisen. Nicht eindeutig geklärt worden ist in diesen 400 Jahren die psychologische Frage: Wie mit der Unsicherheit der Weltlage umgehen? Unsere Gesellschaft wird als *fragil* erlebt. Dies kann einerseits als Verlust von Steuerungsmöglichkeiten und Hierarchien wahrgenommen werden, aber auch als Innovationsraum (vgl. Dederich 2022), der die Fähigkeit erfordert, neue Informationen auch dann deuten zu können, wenn gängige moralische und persönliche Bezugssysteme wenig verlässlich sind. In diesem Beitrag diskutiere ich, wie Verschwörungstheorien als Realitätserkenntnis über das narrative Muster einer *Hamlet*-Geschichte gelesen werden können. Der Schriftsteller Kurt Vonnegut beschreibt in seiner Erzähltheorie in *A Man Without a Country* (2005) damit die Geschichten, die viele Interpretationen zulassen und das Ringen um den richtigen Umgang mit unsicherer Information schildern. Für Hamlet ist die Welt ‚aus den Fugen' und die Erscheinung des Geistes seines Vaters eines der Ereignisse, die sowohl für die

M. H. Raab (✉)
Technische Hochschule Nürnberg, Nürnberg, Deutschland
E-Mail: marius.raab@th-nuernberg.de

A. Anton et al. (Hrsg.), *Konspiration*,
https://doi.org/10.1007/978-3-658-43429-8_7

Dramatis Personae als auch für die Zuschauer:innen mehr Fragen aufwirft als beantwortet.

Diese Dynamik des Verstehens und Einordnens kann mit der *Flow*-Theorie von Csikszentmihalyi (1975, 1990) als psychologische Herausforderung begriffen werden, in der die Rezeption als beglückend *aus sich selbst heraus* erlebbar wird. Die Auseinandersetzung mit Fragilität wäre dann kein Versuch der Beseitigung eines unangenehmen Zustandes, um Klarheit zu schaffen. Das Erleben von Mehrdeutigkeiten und die Integration in das bestehende Weltbild wären Selbstzweck. Aus dieser Perspektive werde ich Verschwörungstheorien als Erzählungen betrachten, die nicht notwendigerweise auf eine Vereinfachung komplexer Verhältnisse abzielen, sondern vielmehr die Möglichkeit eröffnen, die kognitive Einordnung aktueller Ereignisse dynamisch auf einem anspruchsvollen, aber nicht überfordernden Niveau zu regulieren.[1]

1 Motivation ist relativ

Die Diagnose der verlorenen Bezugssysteme ist mit der Postmoderne ein Allgemeinplatz für die Beschreibung der kulturellen Umstände des Menschen geworden: Die *großen Erzählungen* haben ihre Kraft verloren (vgl. Lyotard 1982), bis hin zu einer von El Quassil und Karig (2021) festgestellten „narrativen Obdachlosigkeit" (S. 307), in der „Geschichten und ihre inhärenten Erklärungen" (S. 307) nicht mehr funktionieren. Verschwörungstheorien können für Individuen eine Orientierungsfunktion übernehmen (Raab et al. 2013) und Handlungsoptionen in der Unsicherheit aufzeigen. Menschliche Grundbedürfnisse nach Autonomie, Kompetenz und sozialer Eingebundenheit (vgl. Ryan und Deci 2000) können direkt oder indirekt über eine Verschwörungstheorie erreicht werden (Raab 2019, 2020).

Diese Annahme hat eine hohe Augenscheinvalidität. Verschwörungstheorien versprechen, dass „truth, and therefore goodness, must prevail if only truth is given a fair chance" (Popper 1976, S. 7–8). Für dieses Weltbild werden bedeutsame Ereignisse als geplantes Ergebnis der geheimen Verabredung mächtiger und

[1] Ich bedanke mich bei Anne-Catherine Kleindienst, Greta Lassen und Selina Krahnert für die spannenden Diskussionen und Anregungen, die in diesen Beitrag eingeflossen sind.

bösartiger Menschen erklärt (Brotherton und French 2014). Für sich genommen ist diese Argumentation psychologisch schlüssig. Die Rückführung auf die derzeit einflussreichste Motivationstheorie der Psychologie, die Selbstbestimmungstheorie von Deci und Ryan, liegt zuerst einmal nahe und ist in den vergangenen Jahren vorgenommen worden (Douglas, Sutton und Cichocka 2017; Leonard und Philipe 2021; Raab 2019).

Aber für jedes gezeigte menschliche Verhalten, das zumindest zum Teil bewusst gesteuert wurde, werden sich *ex post* Argumente finden lassen, dass es Bedürfnisse erfüllt oder erfüllen hätte können; sonst hätte der Mensch dieses Verhalten gar nicht erst angestrebt. Die Psychologie muss erklären, warum Verschwörungstheorien aus Sicht der Motivationsforschung *besser* sind – aus der Sicht des Individuums besser als andere Welterklärungen, aber vor allem auch belohnender als andere herausfordernde Tätigkeiten. Das Engagement in einem Verein oder einer Partei zum Beispiel kann sehr starke Erlebnisse von Autonomie und Kompetenz ermöglichen. Ein solches Engagement ist auch immer sozialer Natur. Jedes Hobby, und sei es regelmäßiger Sport, kann sehr erfüllend sein. Wir müssten also erklären, warum die aktive Auseinandersetzung mit Verschwörungstheorien *relativ zu anderen* epistemischen und tatsächlichen Auseinandersetzungen mit der Welt so attraktiv ist, dass ihr viel Zeit gewidmet wird. Diesen inkrementellen Erkenntniswert gilt es nachzuweisen.

In diesem Beitrag werde ich anhand einer Analyse der narrativen Eigenschaften von Verschwörungstheorien eine Erklärung anbieten, warum sie als Basis für die Auseinandersetzung mit der Welt als intrinsisch belohnend erlebt werden können. Als eine Grundlage dafür dient die Erzähltheorie von Vonnegut. Ein weiterer Baustein ist die Motivationspsychologie des kindlichen Spiels von Heckhausen (1964), gefolgt von der Anwendung der Flow-Theorie von Csikszentmihalyi (1975, 1990) auf die Werke Shakespeares (Ben Amor 2022). Integriert wird die Lese-Ästhetikforschung von Thissen, Menninghaus und Schlotz (2021), die das ästhetische Erleben bei der Textrezeption über intellektuellen Flow erklärt. Ich werde argumentieren, dass Verschwörungstheorien aus literarisch-psychologischer Sicht das Potenzial haben, aus sich selbst heraus belohnend zu wirken. Die Wirkung entfaltet sich über die narrativen Eigenschaften der Theorien in der aktiven Auseinandersetzung mit der Welt. Daraus leite ich eine Strategie für den Umgang mit Verschwörungstheorien ab.

2 Persönlichkeitseigenschaften und die Voreingenommenheit der Psychologie

Eine Voreingenommenheit in der Forschung über Verschwörungstheorien analysieren Anton und Schetsche (2020) aus der Perspektive der Wissenssoziologie. Basham und Dentith (2018) sehen bei einigen Sozialpsychologen gar eine „pathologisierende Geisteshaltung“ in deren Umgang mit dem Phänomen Verschwörungstheorie.

Ein aktuelles Beispiel für die angesprochene Befangenheit zeigt sich in einer Studie von Swami und Barron (2021), die einen Zusammenhang zwischen einem rationalen, analytischen Denkstil (mit seinen Grundlagen im Zwei-Prozess-Modell bei Chaiken und Trope 1999) mit einer Ablehnung von COVID-19-Verschwörungstheorien feststellt. Der Zusammenhang ist signifikant auf einem Niveau von 0,1 % und mit einer Stichprobengröße von $N=520$ sicher belastbar, erklärt mit einem Korrelationskoeffizienten von 0.19 aber weniger als vier Prozent des einen Merkmals durch die Varianz des anderen Merkmals. Ein sehr kleiner Anteil der Schwankung in der Stichprobe, was die Ablehnung von COVID-19-Verschwörungstheorien angeht, lässt sich also durch ein psychologisches Konstrukt erklären, das eine Neigung zu bewusstem und aufwendigem Denken unterstellt. Als Eindruck aus der Studie kann aber bleiben: Menschen, die an Verschwörungstheorien glauben, sind weniger rational – obwohl, genau genommen, diese Frage gar nicht untersucht wurde, sondern nur die *Ablehnung* von Verschwörungstheorien in Zusammenhang mit *einem* Denkstil.

Neben sehr kleinen Effektstärken und Bestimmtheitsmaßen reduzieren solche Studien komplexe Annahmen und Theorien auf einige wenige Items in einem Fragebogen. Aber Theorien sind Narrationen, also Geschichten, die Ereignisse in einen zeitlichen und ursächlichen Zusammenhang bringen und dabei Charaktere, Absichten und Bewertungen berücksichtigen[2]. Das neuartige Coronavirus ist nicht einfach so entstanden, sondern es ist (zum Beispiel) auf den Menschen übertragen worden, *weil* die chinesische Regierung in Wuhan an biologischen Kampfstoffen forscht, *nachdem* sie *von der Bill-und-Melinda-Gates-Foundation* Forschungsgelder bekommen hatte. In den Konjunktionen *weil, nachdem* und *von* dieser Aussage stecken weitere Annahmen über die Regierung, deren Absichten,

[2] Für die Eigenschaften von Narrationen, vor allem aus psychologischer Perspektive, zusammenfassend László (2008); mit dem Ausgangspunkt von Narration als „instrument of mind in the construction of reality“ bei Bruner (1991, S. 6).

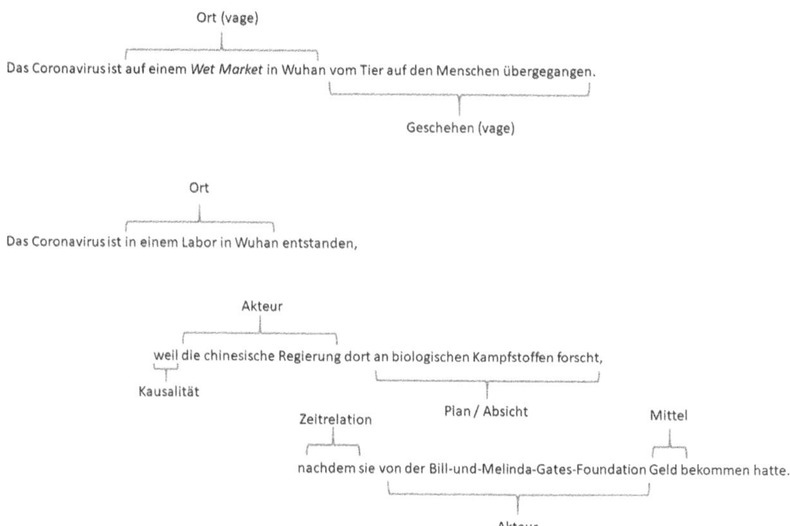

Abb. 1 Narrations-Elemente einer Verschwörungstheorie (unten) im Vergleich zu einer nicht-narrativen Schilderung. (Eigene Darstellung)

die Rolle von Bill Gates etc., wie in Abb. 1 dargestellt. Es handelt sich eben um eine Theorie, um ein Geflecht von aufeinander bezogenen Aussagen. Widerstreitende Verlautbarungen der chinesischen Regierung und der WHO zur Entstehung und Ausbreitung des Virus sind in diesem Verständnis konkurrierende Narrationen.

Die Stärke einer Narration ist es, Verbindungen herzustellen und Ursachen zu erklären. Für ein Individuum muss dabei nicht faktische Korrektheit der zu Grunde liegenden Annahmen das wichtigste Kriterium bei der Konstruktion einer solchen Narration sein. Im Konstruktivismus ist ein Ansatz, nach der *Viabilität* zu fragen (von Glasersfeld 1997): Hilft eine Sichtweise bei der Bewältigung der Realität? So können auch Unwahrheiten, Fehlschlüsse und Wunschvorstellungen – zumindest aus der Innenperspektive – für einen Menschen eine viable Weltsicht sein (auch wenn die Gefahr von Konflikten und schließlich eines Scheiterns an der Welt bei extrem idiosynkratischen Realitätskonstruktionen höher sein dürfte).

Ein Herunterbrechen auf einzelne Fragen ignoriert den Zusammenhangscharakter solcher narrativen Konstruktionen, der nach László (2008, S. 9) „carrier and the ingredient of creating meaning and reality on a social-cognitive basis“ ist.

Wertvorstellungen und Weltbild eines Menschen prägen die Kausalannahmen in seiner Theorie.

Kritik an der einen Herangehensweise, hier mit Fokus auf der empirischen, eigenschaftsorientierten Psychologie, ist aber nicht automatisch ein Argument für einen anderen Ansatz. Wir müssen zeigen, dass eine Würdigung von Verschwörungstheorien als Narrationen, als komplexe Geschichten von Ursache und Wirkung, einen Mehrwert hat. Dieser Zusatznutzen sollte sich auf persönlicher Ebene zeigen. Für ein Individuum müssten sich Vorteile ergeben, wenn beispielsweise komplexe Geschichten über verborgene Machenschaften in Zusammenhang mit einem elitären Kreis verborgener und distinkter Menschen mit eigenen Dynastien und speziellen Erkennungszeichen geglaubt werden. Daraus sollten wir dann Gründe ableiten können, warum die Auseinandersetzung mit solchen Erzählungen und Theorien befriedigender ist als das Betreiben von anderen politischen und nicht-politischen Aktivitäten. Denn eine Erklärung, die sich auf die drei Grundbedürfnisse der Selbstbestimmungstheorie von Deci und Ryan stützt (Raab 2019, 2020), bleibt unvollständig, wenn der inkrementelle motivationale Gewinn einer Verschwörungstheorie nicht schlüssig gezeigt werden kann. Dann wäre eine Würdigung des narrativen Charakters solcher Theorien nicht zielführend – und eine Reduktion von Verschwörungstheorien auf einzelne Statements in einem Fragebogen gerechtfertigt.

Ich werde mit der Flow-Theorie von Csíkszentmihályi einen Ansatz einbeziehen, der das individuelle Erleben und die aktive, dynamische Auseinandersetzung mit der Umwelt betont. Er eignet sich besonders für die Beschreibung des Aufgehens in anspruchsvollen Tätigkeiten und wird im Folgenden für die Realitätserkenntnis mittels Verschwörungstheorie adaptiert.

3 Shakespeare im *Flow*

Flow im Sinne Csikszentmihalyis (1975, 1990) ist ein Konzept der Psychologie, das einen selbstvergessenen Zustand aus Anspannung und Lösung beschreibt. Dieses Aufgehen in einer Tätigkeit wird als lustvoll erlebt und ist als psychisches Phänomen lange bekannt. So soll der biblische Schuster Henoch so vertieft in das perfekte Vernähen seiner Schuhe gewesen sein, dass er in der Selbstvergessenheit entrückt und zu Metatron wurde (Scholem 1994). Ursprünglich beschrieb Csíkszentmihályi das Flow-Erleben für körperliche Herausforderungen wie Ski fahren und Klettern oder für spezialisierte Tätigkeiten wie das Ausführen chirurgischer Eingriffe. Solche Handlungen werden in einem Flow-Zustand autotelisch, also um ihrer selbst willen ausgeführt. Grundlage ist eine Herausforderung, die die bestehenden Kompetenzen eines Menschen voll ausreizt. Wichtig sind weiterhin klare Ziele und eine unmittelbare Rückmeldung aus der Umwelt, wie gut man sich gerade schlägt. Dann kann sich eine intensive Fokussierung auf den Moment einstellen, in dem Handlung und Aufmerksamkeit zueinander passen. Ein Gefühl der vollständigen Kontrolle und der Selbstvergessenheit stellt sich ein (Nakamura und Csikszentmihalyi 2002).

Ursprünglich wurde dieses Konzept auf körperliche Aktivitäten wie das Klettern angewandt. Bei dieser Tätigkeit sind Zielklarheit und Rückmeldung über den momentanen Erfolg unmittelbar gegeben. Bei intellektuellen Tätigkeiten wie dem Lesen kann aber ebenfalls ein Flow-Zustand eintreten, wie McQuillan und Conde (1996) gezeigt haben: wenn der Text das eigene Interesse trifft, zum Vorwissen passt, etwas Neues gelernt wird und sich ein Gefühl einstellt, sich persönlich oder intellektuell weiterentwickelt zu haben.

Flow-Erleben darf dabei nicht direkt mit Zufriedenheits-Erleben gleichgesetzt werden. Im Arbeitskontext werden höhere Flow-Werte gemessen als in der Freizeit; das erlebte Glück ist aber in der Freizeit höher. Eine Ursache ist möglicherweise, dass Arbeit sehr stark auf Ziele ausgerichtet ist und Zufriedenheit eher mit geringer Zielausrichtung einhergeht (Rheinberg et al. 2007). Auch müssen keine im normativen Sinne positiven Tätigkeiten Grundlage der als belohnend erlebten Erfahrung sein. Vandalismus beispielsweise kann in einen Flow-Zustand münden. In einem frühen Fallbericht überträgt Sato (1980) das Konzept auf das Verhalten der *Bosozoku,* eine Subkultur japanischer Motorrad-Tuning-Gangs.

In der Beobachtung kindlichen Spiels hat Heckhausen (1964) ein ganz ähnliches Muster gesehen. In der zweckfreien Tätigkeit, schon bei wenige Monate alten Kindern, sah er den Wunsch nach einer Folge von Anspannung und Erregung, gefolgt von Entspannung und Erleichterung. Ideal ist ein insgesamt mittlerer Aktivierungsgrad, ein Austesten der eigenen Fähigkeiten, bei dem „eine gewisse Wahrscheinlichkeit des Scheiterns" (S. 232) gegeben ist. Darin liege dann eine Basismotivation, die beim Erwachsenen in der Realitätserkenntnis sichtbar werde, auch für „betrachtende, denkerische, gestalterische" (Heckhausen 1964, S. 241) Handlungen. Als „Funktionslust" findet sich diese Art des Spiels mit Anspannung und Lösung schon 1927 bei Bühler (aus Scheuerl 1997).

Ben Amor (2022) wendet Csíkszentmihályis Theorie auf literarische Charaktere an und zeigt für Shakespeares *König Lear,* wie die handelnden Personen Flow erleben; so auch für die Folterszene, als *Lears* Töchter den *Earl of Gloucester* blenden. Wie *Mr. Blonde* in Tarantinos *Reservoir Dogs* foltern sie aus reinem Sadismus und gehen ganz in dieser Tätigkeit auf. Ein Aufgehen in der Tätigkeit kann auch in der Abkehr von jeder Humanität geschehen. Flow ist „amoralisch" (Nakamura und Csikszentmihalyi 2002, S. 101).

Ganz aktuell entdeckt die literarische Ästhetik-Forschung das Flow-Konzept für Rezipient:innen als konzeptionelle Klammer, die verschiedene Dimensionen des Lese-Erlebens für fiktionale Texte integriert. Thissen, Menninghaus und Schlotz (2021) nennen unter anderem das Kompetenzerleben beim Verstehen der Narration und die Aktivierung kognitiver Schemata bei der Konstruktion eines mentalen Modells der Geschichte als Flow-relevant. „Reading is thereby conceptualized as an active construction of mental story models, in which flow is defined as the experience of optimal stimulation based on balanced text demands and reader skills" (S. 720). Die Autor:innen fanden in ihrer empirischen Studie zudem Hinweise, dass das Flow-Erleben die Aufmerksamkeit von den negativen Aspekten der gelesenen Passage (hier aus *Ulysses* von Joyce) abziehen kann und so negative Emotionen abmildert.

Die Rezeption bildender Kunst kann ebenfalls in ein lustvolles Auf und Ab der Einsicht münden. Das *Ästhetische AHA!* ist das Finden von Einsichten in der Auseinandersetzung mit Gemälden. Immer wenn eine kleine Erkenntnis einen Teil des ästhetischen Geheimnisses des Werks entschlüsselt, wird das als angenehm erlebt. Im gleichen Moment gefällt das Bild besser als zuvor (Muth, Raab und Carbon 2015). Bilder, die mehrdeutig – *semantisch instabil* (Muth und Carbon 2016) – sind, eignen sich besonders für dieses lustvoll-ästhetische Spiel.

Zusammengefasst: Flow ist ein Konzept des Aufgehens in einer Tätigkeit – die nicht im moralischen Sinne gut sein muss –, sodass sie als intrinsisch belohnend erlebt wird. Das Phänomen ist den Menschen seit Jahrtausenden intuitiv bekannt, für die Protagonisten in Werken von Shakespeare nachweisbar und aktuell in der Ästhetik-Forschung als zentrales Konzept für die Rezeption fiktionaler Texte empirisch belegt. Wie im Aktivierungszirkel des kindlichen Spiels sehen wir im Finden von Erkenntnis eine Abfolge von Anspannung und Erleichterung, die als Basismotivation für die Realitätserkenntnis angenommen werden kann. In der Literaturrezeption gibt es Hinweise auf eine Funktion des Flows für die Emotionsregulation in der Informationsverarbeitung.

4 Verschwörungstheorien als Flow-Narrativ

„The truth is, we know so little about life, we don't really know what the good news is and what the bad news is": Ausgangspunkt für die Hamlet-Geschichten bei Vonnegut (2015, S. 37), die die Bedeutung von Ereignissen im Strom der Geschehnisse einordnen, war der *Hamlet* von William Shakespeare. Die innere Zerrissenheit des Prinzen von Dänemark wird psychologisch gedeutet, seit es die Psychologie als Wissenschaft gibt (etwa in *Die Traumdeutung* von Freud 1921) und auch als Metapher für politische Verhältnisse gelesen. In meiner Betrachtung steht das Drama von Shakespeare für eine Geschichte, die von ihrer Ambiguität lebt. Sie teilt die Welt nicht eindeutig in Gut und Böse. Sie verhandelt, wie man mit unsicherer Information umgehen kann, und wie man unter dieser Unsicherheit Entscheidungen trifft. Das Werk greift, beispielsweise mit dem Symbol des vergifteten Kelches, den Bruch der religiösen Ordnung auf, mit einer Erschütterung in allen Gesellschaftsschichten. MacGregor (2013) zeigt anschaulich, wie die „Geister der Vergangenheit durchaus noch spuken" (S. 42) für die Menschen in England um 1600, so wie der Geist von *Hamlets* Vater in eben jenem Drama.

Der *Hamlet* ist damit paradigmatisch für ein Erzählmuster, in dem die Geschichte nicht auf einen Höhepunkt oder Abgrund zuläuft. Vielmehr sind es viele kleine Höhen und Tiefen, die die Protagonist:innen durchlaufen – und damit auch die Zuschauer:innen. Die Handlungen und mutmaßlichen Motive der Figuren greifen ineinander und ergeben in der subjektiven Sicht eines Rezipienten eine Narration, eine Verknüpfung und Bewertung von Ursachen und Wirkungen.

Ich habe bisher vorwiegend in den Domänen Ästhetik, Spiel und Fiktion argumentiert. Nun will ich zeigen, dass die hier vorhandenen Prinzipien übertragen werden können auf den Alltag mit seinen Krisenthemen Pandemie, Energieknappheit, Krieg und Klima – und auf die dazu existierenden Verschwörungsnarrative.

In ihrem *Activation Model of Information Exposure* (AMIE) haben Donohew, Palmgreen und Duncan (1980) empirische Belege gefunden für die Annahme, dass „the human information processing system […] acts to minimize negative or noxious psycho-emotional states produced by either understimulation or overstimulation" (S. 303). In der Studie mussten sich die Teilnehmenden mit Texten zu verschiedenen Themen, wie etwa Abtreibung, auseinandersetzen. Menschen mit einem großen Bedürfnis nach stimulierenden Inhalten (*High Sensation Seekers* nach Zuckerman 1994) wählten emotional aufgeladene, erregende Inhalte.

Wir sind also keine passiven Rezipienten. Schon bei der Auswahl der Informationsquellen selektieren wir. Die Information, die wir dann aufnehmen, wird vor dem Hintergrund unseres Vor- und Weltwissens beurteilt. Wie bei Vonneguts *Hamlet*, der wissen will, ob er es gerade mit guten oder schlechten Neuigkeiten zu tun hat, läuft für diesen Abgleich ständig ein Überwachungsprozess (*Two-Step Model of Processing Conflicting Information;* Richter und Maier 2017). Routinemäßig nutzen wir den kognitiv leicht verfügbaren, gut zugänglichen Anteil unserer Überzeugungen und unseres Vorwissens, um abzuschätzen: Sind die Nachrichten, die mich gerade erreichen, richtig (also konsistent mit meiner Vorerfahrung) oder falsch (*epistemic monitoring:* Isberner und Richter 2014; Richter und Maier 2017)? Wahrheiten werden in der Gesellschaft seit jeher als Narration verhandelt: „No one in the world knew what truth was till someone had told a story" (Rouse 1978, nach McAdams 1998, S. 29). Bruner (1991) hat dies den *narrativen Modus* des Weltverstehens genannt, der sich auf Ziele, Erlebnisse und Bedürfnisse stützt. Im Gegensatz dazu steht eine Verarbeitung basierend auf Logik und Fakten – der *paradigmatische Modus.*

Wenn der laufende epistemische Überwachungsprozess auf Inkonsistenzen stößt und die Information dem Individuum relevant erscheint, startet ein aufwendigerer Prüfungsprozess, der mit Nachdenken und dem Abruf von Hintergrundwissen eine tiefere Elaboration einschließt (*epistemic elaboration:* Isberner und Richter 2014; Richter 2011). Diesen Validierungsprozess können wir aus der Perspektive der narrativen Psychologie als Prozess verstehen, der nicht nur prüft, sondern sich dabei auch im Austausch mit anderen Menschen selbst bestätigt:

> „The validity of narrative hinges on its credibility, authenticity and coherence, which in turn are dependent on the proper use of narratives – time, plot, characters, perspective, narrative intentions and evaluation. The paradox of narrative is that it is a universally valid human cognitive mechanism and, at the same time, a form of knowledge created by this mechanism that is validated and maintained socially". (László 2008, S. 157)

Eine Verschwörungstheorie ist in einer sehr grundlegenden Form die Annahme, dass a) eine Gruppe von Akteuren mit einem Plan b) Schritte unternommen hat, um die öffentliche Aufmerksamkeit davon abzulenken, und c) damit ein Ziel angestrebt wurde oder wird (Dentith 2016). Während über den hier anzuwendenden Theoriebegriff in der Forschung diskutiert wird (Dentith 2016), können wir als Minimalanforderung an eine Theorie stellen: Ein Gebilde aufeinander bezogener Aussagen, das Sachverhalte erklärt und Voraussagen für die Zukunft erlaubt. Dieser Gedanke findet sich schon bei Popper (1958), wenn er mit der *Verschwörungstheorie der Gesellschaft* die Annahme bezeichnet, dass gegenwärtige Zustände durch das Wirken einflussreicher, verborgener Gruppen hervorgerufen wurden.

Sobald dieses Muster mit konkretem Inhalt gefüllt wird, also mit Verschwörern und deren Zielen, sind die Anforderungen von László an eine Narration erfüllt. Eine kognitiv-emotionale Verarbeitung im narrativen Modus nach Bruner ist nun möglich: Nicht nur das eigene Handeln wird als biografisch beeinflusst und zielgerichtet erlebt; auch Informationen über Geschehnisse in der Umwelt werden als Ergebnisse von Absichten verborgener Akteure gedeutet und können damit ebenfalls auf ihre Ziele und Bedürfnisse hin bewertet werden. Ziel- und Bedürfnisorientierung wiederum sind notwendige Voraussetzung für ein Flow-Erleben,

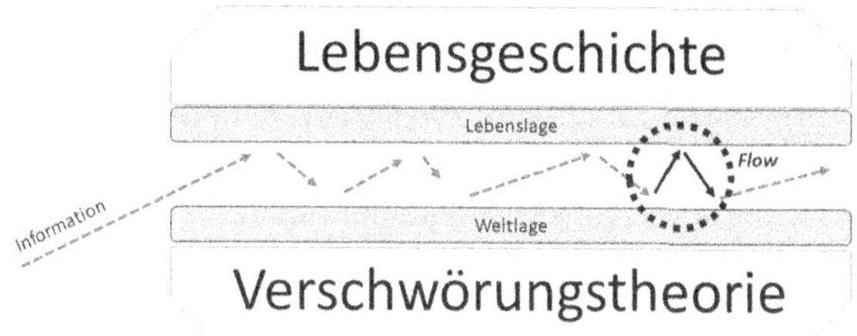

Abb. 2 Im dynamischen In-Beziehung-Setzen von Lebensgeschichte und Verschwörungstheorie im Alltag kann ein Flow-Zustand entstehen, ein aus sich selbst heraus belohnendes Gefühl der Beherrschung der Situation. (Eigene Darstellung)

das die narrative Auseinandersetzung mit der Welt zum belohnenden Erlebnis macht.

Eine Geschichte – die eigene – trifft auf eine Geschichte (der anderen). Hier spielt sich nun Realitätserkenntnis ab, wenn versucht wird, „das Unerhörte erträglicher, vertrauter und begreiflicher zu machen", wie Heckhausen über die „Bewältigungsformen auf der quasi-realen Spielebene" (Heckhausen 1964, S. 234) schreibt. Er meint den religiösen Kult, und es ist leicht zu erkennen, wie Menschen das „ungeheuerliche Anregungspotenzial" (Heckhausen 1964, S. 234) existentieller Fragen mit Kult und Ritus begreifbarer machen. Die eingangs erwähnte „narrative Obdachlosigkeit" (El Quassil und Karig 2021) lässt vielen Menschen die überkommenen Kulte und Riten aber kraftlos erscheinen. Tradierte Riten haben zudem die Eigenschaft, starr und ausdefiniert zu sein. Wenn wir konfrontiert sind mit dem „Neuen, […] dem Noch-nicht-Erfahrenen, […] dem Noch-nicht-Beherrschten" (Heckhausen 1964, S. 235), dann wäre eine flexiblere Wissensbasis für die *epistemic elaboration* effektiver, um den Aktivierungszirkel im Fluss zu halten.

Die Annahme einer Verschwörung, also verborgener Akteure, kann unserem Vorwissen die Freiheitsgrade bieten, die wir für eine dynamische Anpassung unserer Narration benötigen: Was verborgen ist, bietet die Möglichkeit einer situationsangepassten Exegese. In den Momenten der Passung von Weltsicht und neuer Information, mit kleinen Anpassungen des Vorwissens, mit Umdeutungen und Zusatzannahmen, erlebt ein Mensch die „Funktionslust" (Bühler 1927, aus Scheuerl 1997), den Flow. Er oder sie fühlt sich als Mensch mit Erfahrung und Geschichte: in der unmittelbaren Auseinandersetzung mit dem, was einströmt über Social-Media-Kanäle und Messenger-Gruppen, und mit dem, was an Argumenten und Gegenargumenten in einer persönlichen Diskussion kommt (Abb. 2).

Eine qualitative Studie von Semle und Raab (2021) hat mit der Heidelberger Struktur-Lege-Technik alternative Gesundheitsüberzeugungen von Menschen analysiert und die Rolle von Verschwörungstheorien in diesen subjektiven Theorien über Gesundheit und Krankheit untersucht. Das Beispiel in Abb. 2 zeigt eine elaborierte Verschwörungstheorie, die aber nur ein Teil einer großen subjektiven Theorie[3] über Gesundheit und Krankheit ist. Neben den vielen kausalen Verknüpfungen, der Nennung von Zielen und Konsequenzen und sehr spezifischen Aussagen, etwa über Zuwanderung und Methadon, bieten vage Elemente wie „Superreiche", „Lobbyisten" und „spirituelle Kraft" Freiheiten für eine weitere (ad-hoc) Ausdifferenzierung.

Nun verstehen wir, warum offizielle Narrative, die sich zum Beispiel auf wissenschaftliche Studien oder orthodoxe Beschreibungen geschichtlicher Ereignisse berufen, im Nachteil sein können. Solche Narrative passen sich weniger gut der eigenen Lebensgeschichte und -erfahrung an: Sie sind veränderungsresistent, da sie durch einen Konsens festgelegt wurden. Ein dynamisches Anpassen, eine intellektuelle Herausforderung im Integrieren neuer Information, ist schwieriger mit Narrativen, die nach sozialen Regeln festgelegt wurden.

Paradoxerweise könnte gerade der gemeinhin epistemische Status von Verschwörungstheorien als intellektuell suspekt (diskutiert bei Basham 2018) dazu führen, dass dieses narrative Muster so attraktiv ist. Pfaller (2018) hat über die *Illusionen der Anderen* geschrieben. Mit diesen meint er zum Beispiel Horoskope und damit das Phänomen, dass manche Kulturinhalte gerade deshalb als lustvoll erlebt werden, weil es scheinbar niemanden gibt, der sich ernsthaft zu ihnen bekennt. Der Satz „Das ist jetzt vielleicht eine Verschwörungstheorie, aber …" entwaffnet meine Diskurspartner, denn mit dem Bekenntnis zur mutmaßlichen epistemischen und moralischen Anrüchigkeit signalisiere ich: „Das ist jetzt ein intellektuelles Spiel, und ich weiß das".

Zusammengefasst: *Epistemic monitoring* und *epistemic elaboration* funktionieren besonders gut über Geschichten, denn so können wir neue Informationen schnell und im Hinblick auf unsere Lebensgeschichte, Bedürfnisse und Ziele bewerten. Dieser narrative Verarbeitungsmodus kann mit Verschwörungstheorien besonders gut arbeiten, denn sie bieten Freiheitsgrade für die dynamische Anpassung der Geschichte und nennen Akteure und Ziele. Mit der Distanzierungsmöglichkeit, als *Illusion der Anderen* gelesen zu werden, sind sie auch moralisch

[3] Subjektive Theorien sind nach Scheele und Groeben (1988) alltagspsychologische Überzeugungssysteme, die primär die Gründe und Wirkungen des eigenen und des fremden Handelns erklären und zudem Hinweise für die Prognose und Veränderung der Welt geben.

flexibel und bieten Menschen die Chance, sich als eins mit der Welt (-geschichte) erleben zu können.

Verschwörungstheorien sind, so meine These, demnach Geschichten, die – wie ein Drama von Shakespeare – ein Auf und Ab der Gefühle hervorrufen. Im Alltag einer komplexen Welt geben sie nicht unbedingt die absolute Gewissheit, aber immer wieder eine Hilfestellung, ob eine neue Information als *good news* oder als *bad news* einzustufen ist. Dabei ist nicht unbedingt ein großes Ziel oder ein sicherer Endzustand in Sicht; aber die Auseinandersetzung mit der Welt wird als Flow, als lustvoll und herausfordernd erlebt. Mit dem *epistemic monitoring* und der *epistemic elaboration* existieren in der Psychologie zwei Modelle, die verschiedene Stufen eines mitlaufenden kognitiven Bewertungsprozesses beschreiben. Verschwörungstheorien können als gut verfügbares, strukturiertes und bedeutungsvolles Wissen verstanden werden, mit dem neue Information abgeglichen wird.

5 Konsequenzen für den Umgang mit Verschwörungstheorien

Wir müssen bereit sein, das Konzept des menschlichen Spiels und das Erleben von Flow als wertneutral zu betrachten. Einem positiven Erleben aus der Innensicht können für die Person langfristig negative Folgen entgegenstehen. Für andere Menschen können die Konsequenzen sogar extrem negativ sein. Verschwörungstheorien können für manche Individuen das narrativ-kognitive Schema sein, in dem neu eintreffende, zunächst ambivalente Informationen in gute und schlechte Nachrichten sortiert werden. Gerade in Social-Media-Feeds können solche Ströme von Informationen zu längeren Phasen der Selbstvergessenheit führen, in denen der Mensch vor dem Bildschirm eins wird mit den *messages* und den *comments,* den *likes* und *retweets.* Mit einer komplexen Weltsicht, einer elaborierten Verschwörungstheorie im Kopf, kann das intellektuell sehr herausfordernd sein; mit einem vielfach erlebten Auf und Ab; dem Ziel, die Welt zu verstehen und, über Likes und Kommentare, mit schnellen Rückmeldungen von anderen Nutzer:innen.

Der Schlüssel zu diesem Flow-Erleben kann das narrative Muster der Verschwörungstheorie sein. Jede neue Information muss geprüft werden, ob und wie sie mit den bisherigen Annahmen erklärt werden kann. Klappt das nicht, muss die Theorie verändert werden. Mit der Annahme verborgener Akteure und geheimer Machenschaften sind solche Theorien zwar einerseits sehr flexibel; sie erfordern andererseits aber ein gewisses Maß an Exegese. Eine erfolgreiche Einordnung neuer Informationen wird danach zu einer kleinen, bestandenen Herausforderung, damit zu einem Erfolgserlebnis, und so zu einem Beitrag zur selbstvergessenen intellektuellen Tätigkeit.

Mit diesem Blick auf die Rezeption von Verschwörungstheorien ist klar, warum *Debunking* und *Faktenchecks* oft nicht nur keinen Effekt haben, sondern das Gegenteil bewirken können: Manche Menschen kommen erst richtig in Fahrt, wenn sie mit Gegenargumenten konfrontiert werden. Der autotelische Mechanismus, das intellektuelle Spiel, neue und auch konträre Information mit den eigenen Ansichten in Einklang zu bringen, wird geradezu gefüttert. Das gilt umso mehr, wenn wir, im Einklang mit Pfaller, davon ausgehen können, dass eine Verschwörungstheorie für einige Menschen nicht unbedingt eine tiefe Überzeugung ist, sondern als *Illusion der Anderen* gerade deshalb zum lustvollen intellektuellen Spiel einlädt, weil man ja gar nicht so recht daran glaubt (oder das zumindest vorgibt).

Eine wertneutrale Betrachtung psychologischer Mechanismen meint dabei nicht, die Inhalte aller Theorien gleich zu bewerten. Wenn die Auseinandersetzung mit ausgrenzenden und hetzerischen Ansichten als intellektuelle, autotelische Herausforderung erlebt wird, dann ist das ein perfider Mechanismus. Für die Rezeption von *Mein Kampf* im Dritten Reich vermutet Koschorke (2016) diesen Effekt: Wer sich bei der Partei andienen wollte, der konnte die vielen logischen Mängel im Buch mit eigenen Elaborationen rechtfertigen und sich so als überzeugter Nationalsozialist darstellen. Für das Sicherheitsgefühl von Menschen jüdischen Glaubens ist es keine Beruhigung, wenn antisemitische Thesen als *Illusion der Anderen* ironisiert in den Diskurs eingebracht werden. Die Bedrohung, die daraus erwächst, ist real.

Fassen wir zusammen: Es kann für Menschen ein aus sich selbst heraus gutes Gefühl sein, mit einer komplexen Verschwörungstheorie die Welt zu erklären und dabei die Theorie zu modifizieren. Und: Die Verschwörungstheorie muss noch nicht einmal aus tiefer Überzeugung geglaubt werden; gerade mit einer ironischen Distanz kann sie Grundlage eines lustvollen Spiels werden. Diese Eigenschaften ergeben sich aus der narrativen Struktur der Verschwörungstheorie und aus ihrem epistemischen Status.

Gegen Kontra-Fakten dürften Menschen immun sein, bei denen *Flow* und *Illusion* wirksam sind. Denn neue Fakten, wenn sie verarbeitet werden, können den intellektuellen Flow auslösen. Gegenargumente werden direkt, im Sinne eines verstärkten Dogmas nach Popper (1940), *in* die Theorie gezogen. Flow erfordert eine tiefe Elaboration und eine ständige Auseinandersetzung mit den Theorieinhalten. Diese Weltsicht ist sehr stabil, denn kontrafaktische Evidenzen werden intellektuell passend gemacht und stützen dann sogar die Theorie. Diese Integration kann als Lust erlebt werden.

Der postulierte narrativ-autotelische Verarbeitungsmodus geht damit über psychologische Erklärungen hinaus, die vor allem Bedürfnisbefriedigung und Ziele betrachten. Langfristige Bedürfnisorientierung und autotelisches Erleben ergänzen sich aber: Eine intrinsisch belohnende Art der Auseinandersetzung mit der Welt, die ein Erleben von Selbstwirksamkeit ermöglicht, wird so auch langfristig attraktiv.

Die hier entwickelte These ist empirisch prüfbar. Es wäre zum Beispiel denkbar, Menschen in einer Postkorb-Übung (ein Verfahren aus der Personalauswahl: Bewerber:innen müssen unter Zeitdruck Informationen sortieren und bewerten) mit einer großen Menge an Aussagen zum menschengemachten Klimawandel (von wissenschaftlich gesicherten Erkenntnissen bis hin zu Verschwörungsannahmen, die eine Manipulation des Wissenschaftsbetriebes unterstellen und menschengemachte Einflüsse leugnen) zu konfrontieren und dann mit einer Event-Sampling-Methode (eine gängige Methode zur Flow-Messung, vgl. Nakamura und Csikszentmihalyi 2002) zu erfassen, ob das Sortieren und Bewerten der Information in einem Flow-Erleben mündet. In Interviews könnte man zudem erfragen, ob Verschwörungs-Elemente in der Einstellung zum Klimawandel bedingungslos geglaubt oder als Möglichkeit, vielleicht sogar als mögliche Unwahrheit, betrachtet werden. Wenn wir dann Hinweise finden, dass das in diesem Beitrag skizzierte Modell für manche Menschen den Rezeptions- und Elaborations-Prozess für Verschwörungstheorien gut beschreibt, dann können wir neue Strategien für den Umgang mit diesen Theorien entwickeln.

Ein erster Schritt dieser Strategie kann sein, die *epistemic elaboration* zu stören. Bei diesem kognitiven Prozess der Informationsverarbeitung- und Bewertung können wir Flow vermuten, also den selbstvergessenen und autotelischen Prozess des Modifizierens von Vorwissen und des Integrierens neuer Information. *Stören* heißt nicht, den Menschen mit anderen oder gar voreingenommenen Botschaften zu beeinflussen – es heißt nur, den automatischen Verarbeitungsprozess so zu unterbrechen, dass sich mein Gegenüber wieder bewusst wird, dass wir *über* eine Ansicht sprechen, nicht *in* ihr. Ein Debunking von mutmaßlicher Falschinformation ist dazu nicht geeignet; es könnte den autotelischen Verarbeitungs- und Rechtfertigungsprozess sogar noch anfachen.

Bei einer Diskussion im narrativen und nicht im paradigmatischen Modus, wie wir sie hier vorfinden, müssen wir vielmehr über die für diesen Modus relevanten Inhalte eine Brücke bauen. Das sind nicht Tatsachen, sondern Ziele, Bedürfnisse, Bedeutungen und Erfahrungen. Was mein Gegenüber erlebt hat und welche Bedeutungen er oder sie den aktuellen Geschehnissen gibt, wird angenommen;

und die eigene Sicht als Narration entgegengesetzt. Das gilt auch dann, wenn wir die Position des Gegenübers als problematisch oder sogar als gefährlich bewerten würden. Dan Bar-On (2003, 2006) hat einen theoretischen und praktischen Storytelling-Ansatz für hoch emotionale Begegnungen entwickelt. Jugendliche aus Israel und Palästina, die Krieg und Tod erlebt hatten, haben über das Erzählen und das Aushalten von Geschichten der jeweils anderen die eigene monolithische Weltsicht aufbrechen können. Mit diesem Ansatz hat Bar-On auch Täter:innen- und Opferkinder der Schoah zusammengebracht.

Idealerweise kann so eine gemeinsame Geschichte entstehen, in der Ereignisse gemeinsam bewertet oder – bei Differenzen in der Bewertung – mit Bezug auf die jeweilige Lebensgeschichte unterschiedlich gedeutet werden. Die nach McAdams (1998) inhärent soziale Natur von Erzählungen kommt hier zum Tragen. Dies fordert meinem Gegenüber gleichzeitig Verbindlichkeit ab: Er oder sie muss sich auf eine Sichtweise festlegen.

Das Ziel dieser Begegnung auf narrativer Ebene ist wiederum ein Narrativ. Für das Verstehen politischer Prozesse, aber vor allem auch für die Überwindung von Krisen und Traumata auf individueller und gesellschaftlicher Ebene, hat sich dieser Ansatz als fruchtbar erwiesen (Hammack und Pilecki 2012). Auch im Bereich des alltäglichen psychischen Erlebens kann eine narrative Konstruktion der eigenen Identität positive Effekte haben (Adler et al. 2016). So erschaffen wir Geschichten, die, wie der *Hamlet,* die *good news* und die *bad news* einordnen, die uns jeden Tag erreichen, sei es zu COVID, Klimawandel oder Krieg. Im Idealfall sind das dann aber Geschichten, in denen es weniger um ironische Distanz, geheime Machenschaften und unbelegte Annahmen geht; und mehr um verbindliche Aussagen, klare Bewertungen und Verständnis für andere Standpunkte.

Literatur

Adler, J. M., J. Lodi-Smith, F. L. Philippe, und I. Houle. 2016. The incremental validity of narrative identity in predicting well-being: A review of the field and recommendations for the future. *Personality and Social Psychology Review* 20 (2): 142–175. https://doi.org/10.1177/1088868315585068.

Anton, A., und M. Schetsche. 2020. Vielfältige Wirklichkeiten. Wissenssoziologische Überlegungen zu Verschwörungstheorien. In *Verschwörungstheorien im Diskurs. Zeitschrift für Diskursforschung* [4. Beiheft], hrsg. S. Stumpf, und D. Römer, 88–115. Weinheim: Beltz.

Bar-On, D. 2003. *Die Last des Schweigens. Gespräche mit Kindern von NS-Tätern.* Frankfurt am Main: Campus.

Bar-On, D. 2006. *Die „Anderen“ in uns. Dialog als Modell der interkulturellen Konfliktbewältigung*. Hamburg: Edition Körber-Stiftung.

Basham, L., und M. X. Dentith. 2018. The Psychologists' Conspiracy Panic: They Seek to Cure Everyone. In *Taking conspiracy theories seriously*, hrsg. M. R. X. Dentith, 79–93. Lanham, Maryland: Rowman and Littlefield International.

Basham, L. 2018. Social Scientists and Pathologizing Conspiracy Theorizing. In *Taking conspiracy theories seriously*, hrsg. M. R. X. Dentith, 95–107. Lanham, Maryland: Rowman and Littlefield International.

Ben Amor, Z. 2022. „That ebb and flow by th'moon“: The Dynamics of Flow Theory and Optimal Experience in William Shakespeare's King Lear. *ATRAS-Journal* 3 (2): 39–56.

Bruner, J. 1991. The Narrative Construction of Reality. *Critical Inquiry* 18 (1): 1–21. https://doi.org/10.1086/448619.

Chaiken, S., und Y. Trope (Hrsg.). 1999. *Dual-process theories in social psychology*. New York: The Guilford Press.

Csikszentmihalyi, M. 1975. *Beyond Boredom and Anxiety*. Hoboken, New York: Jossey-Bass Publishers.

Csikszentmihalyi, M. 1990. *Flow: The psychology of optimal experience*. New York: Harper & Row.

Dederich, M. 2022. Fragilität. In *Glossar der Vulnerabilität*, hrsg. M. Dederich, und J. Zirfas, 193–202. Wiesbaden: Springer VS. https://doi.org/10.1007/978-3-658-30778-3_17.

Dentith, M. X. 2016. When Inferring to a Conspiracy might be the Best Explanation. *Social Epistemology* 30 (5–6): 572–591.

Donohew, L., P. Palmgreen, und J. Duncan. 1980. An activation model of information exposure. *Communications Monographs* 47 (4): 295–303.

Douglas, K. M., R. M. Sutton, und A. Cichocka. 2017. The psychology of conspiracy theories. *Current Directions in Psychological Science* 26 (6): 538–542.

El Ouassil, S., und F. Karig. 2021. *Erzählende Affen: Mythen, Lügen, Utopien – wie Geschichten unser Leben bestimmen*. München: Ullstein.

Freud, S. 1921. *Die Traumdeutung*. Leipzig/Wien: Deuticke.

Glasersfeld, von E. 1997. *Der Radikale Konstruktivismus*. Frankfurt am Main: Suhrkamp.

Hammack, P. L., und A. Pilecki 2012. Narrative as a root metaphor for political psychology. *Political Psychology* 33 (1): 75–103.

Heckhausen, H. 1964. Entwurf einer Psychologie des Spielens. *Psychologische Forschung* 27: 225–243. https://doi.org/10.1007/BF00424560.

Isberner, M.-B., und T. Richter. 2014. Comprehension and validation: Separable stages of information processing? A case for epistemic monitoring in language comprehension. In *Processing inaccurate information: Theoretical and applied perspectives from cognitive science and the educational sciences*, hrsg. D. N. Rapp, und J. L. G. Braasch, 245–276. Cambridge, Massachusetts: The MIT Press.

László, J. 2008. *The science of stories: An introduction to narrative psychology*. Oxfordshire, UK: Routledge.

Leonard M-J, und F. L. Philippe. 2021. Conspiracy Theories: A Public Health Concern and How to Address It. *Frontiers in Psychology* 12. https://doi.org/10.3389/fpsyg.2021.682931.

Lyotard, J.-F. 1982. *Das postmoderne Wissen. Ein Bericht*. Wien: Theatro Machinarum 1.

MacGregor, N. 2013. *Shakespeares ruhelose Welt*. München: C. H. Beck.

McAdams, D. P. 1998. *The stories we live by. Personal myths and the making of the self.* New York: Guilford Press.

McQuillan, J., und G. Conde 1996. The conditions of flow in reading: Two studies of optimal experience. *Reading Psychology: An International Quarterly* 17 (2): 109–135.

Muth, C., und C. C. Carbon. 2016. SeIns: semantic instability in art. *Art & Perception* 4 (1–2): 145–184. https://doi.org/10.1163/22134913-00002049.

Muth, C., M. H. Raab, und C. C. Carbon. 2015. The stream of experience when watching artistic movies. dynamic aesthetic effects revealed by the continuous evaluation procedure (CEP). *Frontiers in Psychology* 6 (365). https://doi.org/10.3389/fpsyg.2015.00365.

Nakamura, J., & M. Csikszentmihalyi. 2002. The concept of flow. In *Handbook of positive psychology*, hrsg. C. R. Snyder, und S. J. Lopez, 89–105. Oxford: Oxford University Press.

Pfaller, R. 2018. *Die Illusionen der anderen: Über das Lustprinzip in der Kultur*. Frankfurt am Main: Suhrkamp.

Popper, K. R. 1940. *Die offene Gesellschaft und ihre Feinde, Band I: Der Zauber Platons.* Tübingen: Francke.

Popper, K. R. 1958. *Die offene Gesellschaft und ihre Feinde, Band II: Falsche Propheten. Hegel, Marx und die Folgen*. Tübingen: Francke.

Raab, M. H., S. Ortlieb, K. Guthmann, N. Auer, und C. C. Carbon. 2013. Thirty shades of truth: Conspiracy theories as stories of individuation, not of pathological delusion. *Frontiers in Personality Science and Individual Differences* 4. https://doi.org/10.3389/fpsyg.2013.00406.

Raab, M. H. 2019. „Reichsbürger" zwischen GmbH und GbR – die psychologische Funktion einer alternativen gesellschaftlichen Realität. In *Die Reichsbürger. Verfassungsfeinde zwischen Staatsverweigerung und Verschwörungstheorie*, hrsg. C. Schönberger, und S. Schönberger, 107–126. Frankfurt am Main: Campus.

Raab, M. H. 2020. Fluch und Segen des Erkennens: Welchen psychologischen Nutzen hat der Glaube an Verschwörungstheorien? In *Verschwörungstheorien im Diskurs. Zeitschrift für Diskursforschung* [4. Beiheft], hrsg. S. Stumpf, und D. Römer, 57–87. Weinheim: Beltz.

Rheinberg, F., Y. Manig, R. Kliegl, S. Engeser, und R. Vollmeyer. 2007. Flow bei der Arbeit, doch Glück in der Freizeit: Zielausrichtung, Flow und Glücksgefühle. *Zeitschrift für Arbeits-und Organisationspsychologie A&O* 51 (3): 105–115. https://doi.org/10.1026/0932-4089.51.3.105.

Richter, T. 2011. Cognitive flexibility and epistemic validation in learning from multiple texts. In *Links Between Beliefs and Cognitive Flexibility*, hrsg. J. Elen, E. Stahl, R. Bromme, und G. Clarebout, 125–140. Dordrecht, Niederlande: Springer. https://doi.org/10.1007/978-94-007-1793-0_7.

Richter, T., und J. Maier. 2017. Comprehension of multiple documents with conflicting information: A two-step model of validation. *Educational psychologist* 52 (3): 148–166. https://doi.org/10.1080/00461520.2017.1322968.

Ryan, R. M., und E. L. Deci. 2000. Self-determination theory and the facilitation of intrinsic motivation, social development, and well-being. *American Psychologist 55* (1): 68–78. https://doi.org/10.1037/0003-066X.55.1.68.

Sato, I. 1980. Bosozoku: Flow in Japanese motorcycle gangs. In *Optimal Experience: Psychological Studies of Flow in Consciousness*, hrsg. M. Csikszentmihalyi, und I. S. Csikszentmihalyi, 92–117. Cambridge: Cambridge University Press.

Scheele, B., und N. Groeben. 1988. *Dialog-Konsens-Methoden zur Rekonstruktion subjektiver Theorien: die Heidelberger Struktur-Lege-Technik (SLT), konsensuale Ziel-Mittel-Argumentation und kommunikative Flussdiagramm-Beschreibung von Handlungen.* Tübingen: Francke.

Scheuerl, H. 1997. *Das Spiel: Theorien des Spiels.* Weinheim: Beltz.

Scholem, G. 1994. *Zur Kabbala und ihrer Symbolik.* Frankfurt am Main: Suhrkamp.

Semle, R., und M. H. Raab 2021. „Da kann doch kein Mensch gesund bleiben". Gesundheitsbezogene Verschwörungstheorien in subjektiven Theorien über Gesundheit und Krankheit – eine Untersuchung mit der Heidelberger Struktur-Lege-Technik. *Forum Qualitative Sozialforschung* 22 (1). https://doi.org/10.17169/fqs-22.1.3534.

Swami, V., und D. Barron. 2021. Rational thinking style, rejection of coronavirus (COVID-19) conspiracy theories/theorists, and compliance with mandated requirements: Direct and indirect relationships in a nationally representative sample of adults from the United Kingdom. *Journal of Pacific Rim Psychology* 15. https://doi.org/10.1177/18344909211037385.

Thissen, B. A. K., W. Menninghaus, und W. Schlotz. 2021. The pleasures of reading fiction explained by flow, presence, identification, suspense, and cognitive involvement. *Psychology of Aesthetics, Creativity, and the Arts 15* (4): 710–724. https://doi.org/10.1037/aca0000367.

Vonnegut, K. 2015. *A Man Without a Country.* New York: Seven Stories Press.

Zuckerman, M. 1994. *Behavioral expressions and biosocial bases of sensation seeking.* Cambridge: Cambridge University Press.

Marius Hans Raab forscht und lehrt an der Technischen Hochschule Nürnberg. Er hat 2016 über experimentelle Ansätze zur Erforschung des Glaubens an Verschwörungstheorien promoviert. Weitere Schwerpunkte als Psychologe und Informatiker sind Digitalisierung und Virtualisierung für KMU, Spiel und Gamification, sowie Pixel-Ästhetik.

Verschwörungstheorien und Echokammern: die Wiederkehr des Idealismus

Karl Hepfer

1 Theorie

Theorien[1] prägen unseren Blick auf die Welt. Sie sind die Voraussetzung dafür, dass wir Muster in den Daten erkennen, die unsere Sinne uns liefern. Und dies ist wiederum die Grundlage jeder zielgerichteten Interaktion, das heißt, die Grundlage unseres Handelns. In dieser Hinsicht unterscheiden sich wissenschaftliche Theorien nicht von solchen des Alltags – oder eben von Verschwörungstheorien.[2]

[1] „Theorie" meint hier (in einem weiten Sinn) solche Erklärungen, mit denen wir unseren Beobachtungen, und den Vorgängen in unserer Umgebung eine Struktur geben, indem wir Aussagen in systematischer und logischer Weise aufeinander beziehen. Der Einstieg in die (uferlose) wissenschaftstheoretische Diskussion um die Engführung des Begriffs ist für das Folgende nicht erforderlich.

[2] Verschwörungstheorien erklären (wichtige) Ereignisse als Folge geheimer Absprachen und Aktionen einer (in der Regel überschaubaren) Gruppe von Personen, die versucht, die Ereignisse zu ihrem eigenen Vorteil (und damit zugleich zum Nachteil der Allgemeinheit) zu beeinflussen. Ausführlicher dazu: Hepfer 2021, Abschn. 1.2; vgl. Pigden 1995, S. 20; Basham 2001, S. 61; Basham 2003, S. 93; Keeley 1999, S. 116 und Coady 2003. – In der letzten Zeit ist zunehmend auch die Rede von „Verschwörungsmythen" oder „Verschwörungserzählungen". Die Absicht hinter dieser terminologischen Verschiebung ist nicht zuletzt, dem Eindruck entgegenzutreten, dass eine ernsthafte wissenschaftliche Auseinandersetzung mit den Behauptungen derartiger „Theorien" lohne. Gegen die Umetikettierung

K. Hepfer (✉)
Universität Erfurt, Hannover, Deutschland
E-Mail: karl.hepfer@uni-erfurt.de

A. Anton et al. (Hrsg.), *Konspiration*,
https://doi.org/10.1007/978-3-658-43429-8_8

Der Unterschied liegt in der „Qualität". Einige Theorien lassen uns erfolgreicher mit unserer Umgebung in Beziehung treten als andere – weil ihre Aussagen *wahr* sind.

Zu bestimmen, wann Aussagen „wahr" oder „falsch" sind, ist oft nicht leicht. Im Folgenden geht es vor allem um zwei strukturelle Gründe, die den klaren Blick verstellen können und es uns damit schwer machen, die Validität von Theorien einzuschätzen. Nämlich erstens um die Vorstellung, es gebe die eine unumstößliche Wahrheit: Obwohl diese Vorstellung intuitiv naheliegt, führt sie uns leicht auf Abwege. Und zweitens um eine Äquivokation, für die dasselbe gilt. Sie entsteht, weil es wenigstens zwei gebräuchliche Modelle gibt, mit deren Hilfe wir die Wahrheit und Falschheit von Aussagen bestimmen. Beide haben ihre Berechtigung, aber verschiedene Anwendungsbereiche. Wer hier nicht genau hinsieht erhält so leicht Aussagen, die wahr erscheinen, es aber bei näherer Betrachtung eben nicht sind. Diesen Umstand nutzen Verschwörungstheorien und die Echokammern[3] des digitalen Raums gern, um ihren Behauptungen Überzeugungskraft und Nachdruck zu verleihen. Die philosophische Analyse bringt Licht ins Dunkel und bewahrt vor Abwegen. Wir beginnen mit einem Blick auf die Vorstellung, es gebe den einen richtigen Blick auf die Welt.

---

sprechen allerdings wenigstens drei gute Gründe: Erstens kennt die historische Forschung eine Vielzahl von gut belegten Verschwörungen, sodass die Behauptungen der „Verschwörungstheoretiker", die auf sie aufmerksam machten, allein deshalb schon lohnt. Zweitens ist eine Präjudizierung des Untersuchungsgegenstandes unvereinbar mit einem seriösen wissenschaftlichen Vorgehen. Und, drittens, erschwert die Einordnung als „Mythos" (dt.: Erzählung) die Auseinandersetzung in der Sache, weil sie den Untersuchungsgegenstand begrifflich in die Literaturwissenschaft verschiebt und damit ohne Not die Möglichkeit einer wissenschaftstheoretischen Analyse verschenkt.

[3] Ursprünglich ein Begriff aus der analogen Tontechnik, wo es darum ging, durch (kontrollierte) Nachhalleffekte ein größeres Tonvolumen zu erzeugen, bezeichnet die Echokammer heute oft Gemeinschaften im digitalen Raum, in denen Menschen vor allem mit Gleichgesinnten kommunizieren und in denen abweichende Meinungen nicht erwünscht sind. – Wesentliche Effekte der digitalen Echokammer sind neben der Verfestigung individueller Meinungen durch ihre ständige Wiederholung und Rückspiegelung und deren Verstärkung durch die gegenseitige Bestätigung, ein überproportionales „Tonvolumen" kleiner Gruppen im allgemeinen Diskurs.

2 Wirklichkeit und „absolute" Wahrheit

Philosophiegeschichtlich dauerte es, bis sich die Einsicht durchsetzte, dass „Wirklichkeit" etwas ist, das wir *erzeugen*. Dies liegt nicht zuletzt daran, dass unsere Intuition uns das Gegenteil aufdrängt und selbst große Denker, wie etwa der griechische Philosoph Aristoteles, mit Nachdruck die Meinung vertraten, die Außenwelt bilde sich (weitgehend) unverfälscht im menschlichen Gehirn ab.[4] Im deutschen Ausdruck „*Wahr*nehmung" klingt diese Haltung nach. Tatsächlich änderte sich bis zur Neuzeit wenig am aristotelisch geprägten Blick auf die Welt. Als der Glaube an die eine richtige Sicht der Dinge schließlich ins Wanken geriet, erfasste der Zweifel allerdings in rascher Folge immer mehr Bereiche unseres Wissens. Die (geistesgeschichtliche) Ironie dabei: Kurz zuvor, zu Beginn der Epoche, hatte die aristotelische Einschätzung gerade noch einmal kräftigen Auftrieb erhalten durch die Erfolge Isaac Newtons[5] und anderer bei der Entschlüsselung der Natur. Denn die neuzeitliche Hinwendung zu Beobachtung, Experiment und Erfahrung, verbunden mit einer neu definierten Sorgfalt bei der Erforschung der Natur, hatte die Hoffnung darauf geweckt, dass der endgültige Blick auf die Welt nun in greifbarer Nähe rücke, nicht nur in den Natur- sondern auch in den Humanwissenschaften. Dennoch: Besonders in den Humanwissenschaften bekam diese Hoffnung bereits kurze Zeit später deutliche Risse. Schon 60 Jahre nach der Veröffentlichung von Newtons epochalen *Prinzipien der Physik* wies Thomas Hobbes, der Begründer der modernen Politischen Philosophie, überzeugend nach, dass wenigstens die Regeln und die Institutionen unseres gesellschaftlichen Zusammenlebens *willkürliche* Festlegungen des Menschen sind – indem er zeigte, dass dem Glauben, *Herrschaftsverhältnisse* seien zeitlos, gottgegeben oder aus einem anderen Grund von „absoluter" Geltung, jegliche Begründung fehlt.[6] Wenig später machte der schottische Philosoph David Hume deutlich, dass dieser Befund nicht nur für den sozialen Bereich, sondern für unser *gesamtes Wissen* gilt: Nicht einmal das für unsere Erkenntnis so grundlegende Kausalitätsprinzip sei gut begründet.[7] Und schließlich gab der Königsberger Philosoph Immanuel

[4] Aristoteles (in der Übersetzung von H. Seidl, 1995, bes. S. 428a f.).

[5] Siehe Newton ([1687] 1999) (heutige Ausgaben folgen der vierten Auflage von 1730) und Newton ([1704] 1952).

[6] Hobbes entwickelt diesen Gedanken in seiner bis heute einflussreichen Schrift *Leviathan or the Matter, Forme, and Power of a Commonwealth Ecclasiasticall and Civil* (Hobbes [1651] 1996).

[7] Siehe Hume ([1739/1740] 2000); hierzu ausführlicher Hepfer (2011).

Kant noch zu bedenken, dass sogar die für die Möglichkeit unserer Erkenntnis noch grundlegendere Einteilung der Erfahrungswelt in diskrete „Gegenstände" ebenfalls ein Akt menschlicher Willkür ist.[8]

Diese Einsicht, auch wenn zunächst in der Philosophie artikuliert, betrifft auch die Naturforschung und sie erhält heute zunehmend Rückendeckung aus den (empirischen) Kognitionswissenschaften. Die Feststellung, dass es nicht nur eine Unzahl verschiedener Interpretationen derselben Daten gibt, sondern unter diesen Interpretationen sogar unzählige Deutungen, welche die gleiche Berechtigung für sich in Anspruch nehmen können, kann daher als gesichert gelten.[9] Ein Beispiel macht den Gedanken konkret. Angenommen, in einem Cartesischen Koordinatenkreuz seien die Punkte (1,0) und (2,0) markiert.[10] Diese Punkte können mit demselben Recht durch eine Linie verbunden, d. h. als Werte einer linearen Funktion interpretiert werden wie auch als Werte einer quadratischen Gleichung – tatsächlich können sie sogar durch eine *unendliche* Menge von Funktionen erfasst werden. Die Pointe ist: Wer sie durch eine Linie verbindet, tut dies mit demselben Recht wie derjenige, der an sie eine Parabel anlegt. Und wer hofft, seine epistemische Lage durch eine breitere Datenbasis grundsätzlich verbessern zu können, täuscht sich: Denn, auch wenn wir im Beispiel etwa die Punkte (3,0), (4,0) und (5,0) hinzunehmen, werden nur die Formeln der (nicht-linearen) Interpretationen komplexer – die Menge der berechtigten Interpretationen dagegen bleibt gleich groß, nämlich unendlich.

Diesen Umstand machen sich Verschwörungstheorien gern zunutze, wenn sie eine oft etwas komplizierte und unbefriedigende „offizielle" Version der Ereignisse durch eine eigene, in der Regel einfachere, alternative Interpretation ersetzen.[11] Denn dabei ist es offensichtlich hilfreich, wenn sich der Zweifel an der Konkurrenz mit dem Hinweis darauf absichern lässt, dass eine endgültige

---

[8] Kant (1781/7); siehe dazu Hepfer (2006, Abschn. 2.3) und die dort angegebene Literatur.

[9] Erschwerend kommt an dieser Stelle hinzu, dass die Daten, auf die wir für unsere Interpretation der Welt zurückgreifen, niemals vollständig sind und dies auch nicht sein können, denn es ist *prinzipiell* unmöglich, sämtliche Eigenschaften eines Gegenstandes zu erfassen. – Tatsächlich konzentrieren wir uns bei der Bildung von Theorien stets auf einige wenige „relevante" Merkmale, vernachlässigen andere und gewichten, verbinden und sortieren diese nach Maßgaben unserer kognitiven Voraussetzungen und der spezifischen Beschaffenheit unseres Wahrnehmungsapparates.

[10] Der Rückgriff auf eine axiomatische Disziplin vermeidet die (ausufernde) Diskussion darüber, was überhaupt als „Datum" zählen darf.

[11] Für diese in der Diskussion um Verschwörungstheorien geläufige Unterscheidung zwischen „offizieller" und „alternativer" Version siehe z. B. Coady (2003).

Deutung der Ereignisse *prinzipiell* unmöglich ist und deshalb jede Interpretation unter dem Vorbehalt steht, durch eine „bessere" abgelöst zu werden. Mit dem Versprechen, dass es sich bei der eigenen Deutung um die einzig richtige Version der Ereignisse handelt, unterlaufen Verschwörungstheorien anschließend allerdings oft bereits selbst die Überzeugungskraft dieser Argumentation. Denn nur bei oberflächlicher Betrachtung erhöht das Versprechen einer endgültigen Version die Anziehungskraft der alternativen Interpretation (weil kein erneutes Nachdenken nötig ist). Sieht man genauer hin, wird klar, dass hier etwas nicht stimmt. Denn es geht nicht beides zugleich: den Zweifel an der Konkurrenz mit dem Hinweis auf die prinzipielle Vorläufigkeit *jeder* (empirischen) Theorie zu schüren und gleichzeitig die eigene Theorie von diesem Vorbehalt auszunehmen.

Wie können wir, angesichts der Tatsache, dass es unzählige Interpretationen derselben Ereignisse gibt, nun vermeiden, uns die Interaktion mit unserer Umwelt unnötig schwer zu machen, weil wir eine *fragwürdige* Interpretation anlegen? Glücklicherweise ist diese Frage für Verschwörungstheorien etwas leichter zu beantworten als für solche Theorien, die versuchen, den Phänomenbestand unvoreingenommen und nach bestem Wissen zu erfassen und dabei mit anderen Theorien konkurrieren, die dies ebenfalls tun, aber von anderen Annahmen ausgehen und deshalb komplizierter ausfallen oder stärker vereinfachen.[12] Sich zwischen solchen Theorien zu entscheiden, ist wissenschaftstheoretisch oft überaus anspruchsvoll.[13] Anders als bei konkurrierenden wissenschaftlichen Theorien allerdings, kann bei Verschwörungstheorien und solchen aus der Echokammer bereits ein kurzer Blick in den Maschinenraum der Theoriebildung mehr Klarheit in

[12] Ein Beispiel für den ersten Fall ist das geozentrische (ptolemäische) Weltbild, dessen Formeln für die Berechnung der Planetenbahnen komplizierter sind als die Formeln eines heliozentrischen Weltbildes. Ein Beispiel für den zweiten Fall sind die Formeln der Newtonschen Mechanik, deren Vereinfachungen in alltäglichen Zusammenhängen gut funktionieren, in relativistischen Zusammenhängen aber zu erheblichen Fehlern führen. – Bei Theorien, die nicht von vornherein unterstellen, dass ein Phänomenbestand nur unter Rückgriff auf die Annahme einer Verschwörung oder Ähnlichem zu erklären ist, kommt zudem erschwerend hinzu, dass hier nicht nur wissenschaftstheoretische Überlegungen, sondern oft auch wissenschaftssoziologische Faktoren für die allgemeine Akzeptanz einer Theorie relevant sind (siehe Kuhn, [1962] 2003).

[13] Psychologisch naheliegend ist es, bei gleicher Erklärungsleistung, der „eleganteren" Theorie den Vorzug zu geben – auch wenn dieses „Kriterium" selbst sich einer exakten Bestimmung entzieht. „Elegance can make the difference between a psychologically manageable conceptual scheme and one that is too unwieldy for our poor minds to cope with effectively. Where this happens, elegance is simply a means to the end of a pragmatically acceptable conceptual scheme" (Quine, [1948] 1980, S. 79).

die Angelegenheit bringen. Und zwar nicht zuletzt deshalb, weil aus der Einsicht, dass es den einen *richtigen* Blick auf die Welt nicht gibt, selbstverständlich *nicht* folgt, dass eine Interpretation so gut wie jede andere ist – und schon gar nicht, wie gelegentlich behauptet wird, dass „alles geht" („anything goes"), dass also *jede* Interpretation den Ereignissen gerecht wird – ebenso wie daraus, dass etwas nicht weiß ist, *nicht* folgt, dass es schwarz sein muss. Aus der Feststellung, dass es bei unseren empirischen Theorien keine absolute Sicherheit gibt, folgt allenfalls, dass wir bescheidener auftreten sollten, was unsere Ansprüche an Wissen und Wahrheit angeht.

3 Idealismus

Sehen wir uns mit dieser Einsicht im Rücken die grundsätzlichen theoretischen Optionen an, die wir bei der Auseinandersetzung mit unserer Umgebung haben. Hier gibt es im Wesentlichen zwei Möglichkeiten. Die erste geht davon aus, dass unsere Umgebung unsere „Wirklichkeit" vollständig festlegt. Dieser Ansatz liegt unter anderem der aristotelischen Zuversicht zugrunde, die Welt bilde sich weitgehend unverfälscht in unserem Erkenntnisvermögen ab. Gegenspieler dieses *realistischen* (oder empiristischen) Ansatzes ist der *Idealismus*. Der irische Denker George Berkeley (1685–1753) brachte dessen Grundannahme auf die griffige Formel: „esse es percipi" („Sein heißt wahrgenommen werden"). Anders ausgedrückt: Der Idealismus unterstellt, dass unser Wahrnehmungsvermögen gemeinsam mit unserem Erkenntnisvermögen festlegt, was „Wirklichkeit" ist.[14] Auf die Frage, was es in der Welt gibt und wie die Welt beschaffen ist, erhalten wir also, je nach unseren Grundannahmen, sehr verschiedene Antworten.

Der hier wichtige Gedanke ist, dass die Entscheidungen in der *Seinsfrage* Folgen für die Bestimmung der Wahrheit von Behauptungen haben. Denn nähern wir uns unserer Wirklichkeit unter realistischen Vorzeichen, dann beziehen wir unsere Behauptungen auf die äußeren Verhältnisse (im Bewusstsein, dass der Bezug seine Probleme hat), um zu entscheiden, ob sie wahr sind. Die Philosophie kennt diesen Ansatz als „Korrespondenztheorie der Wahrheit". Nähern wir uns der Wirklichkeit dagegen unter idealistischen Vorzeichen, so bleibt uns nur eine „Kohärenztheorie der Wahrheit", die die Wahrheit von Aussagen anhand der

[14] Heute wird der Grundgedanke des Idealismus meistens etwas schwächer formuliert, nämlich als „esse est percipile esse" („Sein bedeutet wahrnehm*bar* zu sein").

Frage bestimmt, ob diese sich in systematischer und „stimmiger" Weise auf die übrigen Behauptungen einer Theorie bezieht, ohne dass es dabei zu (logischen) Widersprüchen kommt – denn ein Abgleich mit den äußeren Gegebenheiten ist von vornherein nicht vorgesehen.

Es liegt nahe, dass, wenn es um die Erfahrungswelt geht, keine der Optionen allein zu einer dauerhaft erfolgreichen Interaktion mit unserer Umgebung führt, weder Realismus und Korrespondenz noch Idealismus und Kohärenz. Auch diejenigen, die sich in idealistisch-kohärentistischen Echokammern zusammenfinden, setzen schließlich voraus, dass wenigstens ihre Gesprächspartner nicht nur Geschöpfe ihrer Phantasie sind, ebenso wie auch diejenigen, die realistisch-korrespondenztheoretisch vorgehen, versuchen, Widersprüche in ihren Theorien zu vermeiden. Tatsächlich liegt die „Wahrheit" (nach unserem modernen Wissenschaftsverständnis) irgendwo zwischen diesen beiden Polen,[15] in einer Kombination von Korrespondenz und Kohärenz, von Realismus und Idealismus, allerdings mit einem deutlichen Übergewicht von Realismus und Korrespondenz.

In den letzten Jahren sehen wir, besonders ausserhalb wissenschaftlicher Zusammenhänge, ein Wiedererstarken des idealistischen Blicks auf die Welt. Und dies, obwohl der Idealismus, nach seiner letzten Blüte philosophisch weitgehend zu den Akten gelegt schien und sich an den Gründen, aus denen dies geschah, seitdem nichts geändert hat. Geändert allerdings hat sich die Art und Weise des kollektiven Zugriffs auf die Gegebenheiten unserer Welt. Er ist in weiten Bereichen zu einem *mittelbaren* geworden, bei dem der direkte Kontakt mit den Gegebenheiten immer mehr in den Hintergrund tritt. Allein die mit mobilen Endgeräten (und ihrem indirekten Weltzugriff) verbrachte Lebenszeit liegt derzeit bei ungefähr vier Stunden pro Person und Tag[16] – Tendenz steigend. Zusätzlich sind die Informationen, die den Einzelnen so erreichen, immer öfter bereits vorgefiltert,

[15] Der erste Versuch, dieser Einsicht systematisch Rechnung zu tragen und sie erkenntnistheoretisch fruchtbar zu machen, findet sich im *Transzendentalen Idealismus* der ersten *Kritik* (siehe Kant, [1781/7] 1998).

[16] So die Zahl für Deutschland. Die jüngeren Jahrgänge tragen etwas mehr zum Durchschnitt bei als die älteren. In der Gruppe der 16–18-jährigen tritt die digitale Welt mit insgesamt über 70 h Online-Zeit wöchentlich (davon Handy: Mädchen 49.7 h, Jungen 38.1) an die Stelle analoger Beschäftigungen und direkter Weltwahrnehmung; wobei in jüngster Zeit die Corona-Pandemie noch einmal zu einer deutlichen Steigerung der auch 2019 schon nicht unerheblichen 58 Online-Stunden pro Woche geführt hat (Postbank Jugend-Digitalstudie 2021).

das heißt, auf dessen Vorlieben und Abneigungen zugeschnitten.[17] Diese Grundkonstellation trifft auf einen Hang des menschlichen Gehirns, erneutes Nachdenken in derselben Angelegenheit nach Möglichkeit zu vermeiden, und stattdessen bevorzugt nach bestätigenden Instanzen für eine einmal gefasste Meinungen Ausschau zu halten sowie Gründe dafür zu finden, das zu glauben, was es glauben will.[18]

Beides trägt dazu bei, dass Kohärenz auch im Hinblick auf die Erfahrungswelt (und nicht nur in axiomatischen Zusammenhängen, wo dies wegen des fehlenden Weltbezugs unumgänglich ist) zum Mittel der Wahl wird, wenn es darum geht, zu beurteilen, ob eine Behauptung wahr ist. Wer seine Wirklichkeit mehr und mehr auf der Grundlage von *Informationen* formt, denen keine direkte (eigene) Wahrnehmung zugrunde liegt, kann jedenfalls leichter zu „stimmigen" Erklärungen gelangen, weil es ihm gelingt, widerständige Erfahrungen weitestgehend auszublenden, fünf Finger zu „sehen", wo nur vier hochgehalten werden. Anders allerdings als Winston Smith, dem Protagonisten in George Orwells Klassiker *1984*, dem dies erst nach einer gründlichen Gehirnwäsche gelingen will,[19] sorgt heute eine *freiwillige* Selbstverortung in den von jedem direkten Erfahrungsbezug befreiten Meinungsbiotopen dafür, dass dies leicht fällt. Dabei beginnt die Begünstigung einer idealistisch-kohärentistischen Grundhaltung bereits dort, wo wir zulassen, dass die Inhalte, die uns erreichen, „personalisiert" werden. Wer den Weg weitergeht und seine Weltsicht aus Meinungen zusammensetzt, die sich in der Echokammer in ständiger Zurückspiegelung verstärken und befestigen, ohne das Korrektiv einer widerständigen Erfahrung, wer die eigene „Existenz" und die seiner Mitmenschen am medialen Wahrgenommen-Werden misst – *esse est percipi* –, für den treffen Erklärungen und Theorien am Ende allein schon deshalb zu, weil sie stimmig klingen und mit den eigenen Vormeinungen übereinstimmen –,

[17] Im Dezember 2009 kündigte Google (heute Alphabet) erstmalig öffentlich an, seine Angebote zu „personalisieren", das heißt, gezielt auf jeden einzelnen Nutzer zuschneiden zu wollen. Die Konkurrenz – unter ihnen viele Informations- und Meinungsportale – zog schnell nach (siehe dazu Pariser, 2011).

[18] Für eine Zusammenstellung von (empirisch unterschiedlich gut gesicherten) kohärenzfördernden Strategien, denen unser Gehirn aufgrund seiner evolutionären Geschichte kaum ausweichen kann, siehe Kahnemann (2011) und Dobelli (2011).

[19] Orwell (1949, S. 312 f.; 320).

auch wenn sie mit den Gegebenheiten seiner Umgebung kaum Berührungspunkte haben.[20]

4 Indirekter Weltbezug

Wer seine Meinungen, im Gegensatz dazu, nicht in der Echokammer formen möchte, sondern versucht, sie mit den Gegebenheiten der Erfahrungswelt in Beziehung zu setzen, sieht sich, wie bereits angedeutet, zwei Schwierigkeiten gegenüber. Die erste folgt aus der eingangs genannten Einsicht, dass jede Bezugnahme auf die Erfahrung bereits eine Interpretation ist und nicht nur die Zahl der unberechtigten, sondern eben auch die Zahl der berechtigten Interpretationen (derselben Daten) stets unendlich ist. Diese Schwierigkeit lässt sich zwar abmildern (aber nicht grundsätzlich vermeiden) durch Aufmerksamkeit und den Versuch, den Phänomenbestand unvoreingenommenen zu erfassen und das eigene Urteil im Licht neuer Erfahrungen gewissenhaft zu überprüfen. Die zweite Schwierigkeit allerdings betrifft besonders solche Deutungsmuster, die behaupten, ihr Gegenstand entzöge sich *aktiv* seiner Erforschung, wie dies bei Verschwörungstheorien der Fall ist. Verschwörer vertuschen, beseitigen Beweise, legen falsche Fährten, täuschen nach Kräften, damit ihr finsteres Tun nicht ans Licht kommt. So wird bei Verschwörungsanhängern aus der Abwesenheit von Beweisen sogar ein Beweis *für* die Theorie; denn: Lassen sich keine Beweise finden, „belegt" dies schließlich nur, wie lang der Arm der Verschwörer bei der Vertuschung ihres sinistren Tuns ist. Ebenso, wie sich unter dieser Annahme jeder Hinweis auf eine gegenläufige Erfahrung zu einer Bestätigung für das eigene Weltbild umdeuten lässt. Anders als gegen die erste Schwierigkeit lässt sich *dieser* (Immunisierungs-)Strategie mit wissenschaftstheoretischen Mitteln gut begegnen. Und zwar, indem der Erfahrungsbezug auf *indirekte* Weise hergestellt wird. Dies ist möglich durch eine Betrachtung von Existenzaussagen, denn diese sind das Fundament, auf denen jede Theorie ruht.

[20] Dabei ist die kollektive Bereitschaft, den direkten Bezug auf die Erfahrung in der Echokammer weitgehend zu verabschieden (und die entsprechende Zunahme von Verschwörungstheorien), ein Gradmesser für das Wohlergehen des Gemeinwesens, dem Kanarienvogel der Bergleute gleich, der unter Tage frühzeitig vor Gefahren warnt (McArthur 1995, S. 46; vgl. auch S. 38; Hofstadter 1965). Und zwar deshalb, weil die Weigerung, sich ernsthaft und konstruktiv mit einer widerständigen Erfahrungswelt und fremden Meinungen auseinanderzusetzen, totalitären Tendenzen Vorschub leistet (siehe Levitzky und Ziblatt, 2019).

Um nachzuvollziehen, wie Existenzaussagen uns dabei helfen können, selbst dann einen Erfahrungsbezug herzustellen, wenn der Untersuchungsgegenstand versucht, dies zu unterlaufen, gilt es, sich zunächst bewusst zu machen, dass einem Gegenstand „Existenz" zu- oder abzusprechen etwas anderes ist, als zu behaupten, er sei blau, warm oder groß; oder, in philosophischer Diktion, sich klar zu machen, dass „Existenz" kein *reales* Prädikat ist. Das bedeutet: Die Behauptung, ein Gegenstand „existiere", fügt der Liste seiner Eigenschaften nichts hinzu. Denn nur Dinge, die es *gibt,* können auch Eigenschaften besitzen. Deshalb ist es beispielsweise eine völlig sinnlose Frage, ob die gegenwärtige Königin der Schweiz braune Augen hat oder nicht. Sie lässt sich mit dem gleichen (Un)Recht mit „ja" wie mit „nein" beantworten. Denn aus Falschem – die Schweiz ist bisher gut ohne Königin zurechtgekommen –, folgt nach den Gesetzen der Logik Beliebiges. Also: Die Existenz eines Gegenstandes zählt als *Voraussetzung* dafür, dass diesem überhaupt sinnvoll Eigenschaften zugeschrieben werden können, nicht selbst zu dessen (normalen) Eigenschaften.

Mit dieser Einsicht im Rücken hilft uns, im zweiten Schritt, die Auflösung einer klassischen *Paradoxie* weiter. In ihrer ursprünglichen Fassung (aus den frühen Tagen der abendländischen Philosophie) lautet sie: Wie können wir Pegasus, dem geflügelten Pferd, mit dem *Bellerophon* der Sage nach in den Kampf gegen die *Chimäre* zog, seine Existenz *absprechen?* Denn dazu müssen wir doch zunächst voraussetzen, dass es ein Wesen mit diesem Namen gibt –, bevor wir im zweiten Schritt dann behaupten können, es existiere *nicht.* Oder allgemeiner: Wie können wir die „Existenz" eines Gegenstands verneinen, ohne uns auf ihn zu beziehen? Die Einsicht, dass die Zuschreibung von Existenz etwas grundsätzlich anderes ist als die Zuschreibung normaler Eigenschaften hilft hier weiter, weil sie uns sehen lässt, dass der Eindruck, hier liege eine Paradoxie vor, davon abhängt, dass wir es bei „Pegasus" mit einem Gegenstand zu tun haben, der durch einen Eigennamen bezeichnet wird. Dies erweckt zwar den Anschein, hier müsse allein schon deshalb irgendetwas als „existierend" angenommen werden, weil es einen Namen trägt, ist aber eine Denkfalle, die es zu vermeiden gilt.

Der britische Philosoph Bertrand Russell führte zu Beginn des letzten Jahrhunderts vor, wie dies gelingt. Er überführte dazu die in der Behauptung enthaltenen Eigennamen in Beschreibungen. Die gemäß Russells Vorschlag überarbeitete Existenzaussage lautet für unser Beispiel: Es gibt keinen Gegenstand, der die Eigenschaft hat, ein Pferd zu sein, Flügel zu besitzen und zusammen mit *Bellerophon* in den Kampf gegen die *Chimäre* gezogen zu sein; wobei die weiteren Eigennamen in einer ausführlichen Version ebenfalls aufzulösen wären.

Um für verschwörungstheoretische Behauptungen und solche aus der Echokammer den (indirekten) Erfahrungsbezug herzustellen, braucht es allerdings noch zwei weitere Schritte. Diese finden sich etwas später bei Russells Kollegen William van Orman Quine, der Russells Analyse von Existenzaussagen zum Anlass nahm, um die Aufmerksamkeit auf den „logischen" Charakter von Existenzbehauptungen zu lenken. Das Fazit seiner Überlegungen war: Bei Existenzaussagen geht es vor allem darum, den *Geltungsbereich* sprachlicher Zeichen abzustecken.[21] Das heißt: Wenn „x" der Platzhalter für eine beliebige Gegenstandsbezeichnung sei, so besteht die eigentliche Funktion einer Existenzaussage in der *Festlegung* von „x" nach einem der folgenden Muster: „für alle x gilt …", „für einige x gilt …", „es gibt ein x, für das gilt …", oder eben „es gibt kein x, für das gilt …". Dies mag zunächst wie ein philosophischer Taschenspielertrick erscheinen, weil es der Frage aus dem Weg geht, welche Gegenstände es denn nun tatsächlich gibt. Dennoch ist die Verlagerung der Diskussion auf die logisch-sprachliche Ebene sinnvoll; denn sie lenkt die Aufmerksamkeit auf eine wichtige Eigenschaft von Existenzbehauptungen: Sie sind stets Aussagen vor dem Hintergrund einer *ganzen Theorie;* nur vor dem Hintergrund einer ganzen Theorie lässt sich der Geltungsbereich sprachlicher Zeichen sinnvoll bestimmen. Das bedeutet: Existenzaussagen verraten uns zwar wenig über die Welt, dafür aber umso mehr über uns; genauer, über den Aufbau und die logische Struktur unserer *Theorien über die Welt.* Und zwar, indem sie anzeigen, welche Gegenstände wir in unseren Theorien an welcher Stelle zuzulassen bereit sind.

Und es ist diese Überlegung Quines, die uns einen klaren Vorteil im Umgang auch mit solchen empirischen Theorien verschafft, die in ihrer Anlage weitgehend kohärentistisch sind und darüber hinaus behaupten, ihr Untersuchungsgegenstand hintertreibe die Überprüfung ihrer Aussagen an der Erfahrung aktiv. Denn die üblichen Existenzbehauptungen von „alternativen" Theorien, etwa über geheimnisvolle Strahlen zur Bewusstseinskontrolle oder (reptilienartige) Aliens in unserer Mitte, erscheinen vor diesem Hintergrund weit weniger folgenlos als gedacht. Sie erfordern weitaus mehr, als dass wir dem, was wir für wahr halten, nur eine einzige weitere Behauptung hinzufügen. Sie ziehen weitere Behauptungen nach sich, die dann oft quer zu unseren derzeitigen wissenschaftlichen Theorien oder unserer Alltagserfahrung stehen (in die sie angeblich eingebettet sind). In den gerade genannten Beispielen müssten wir etwa nicht wenige der wissenschaftlich gut

[21] Quine ([1948] 1980).

belegten Meinungen über die Funktionsweise des menschlichen Gehirns grundsätzlich ändern, damit die Möglichkeit, seine Arbeitsweise durch eine technische Manipulation gezielt aus der Ferne zu steuern, Überzeugungskraft erlangen kann; ebenso, wie wir die nach dem derzeitigem Stand der Wissenschaft besten physikalischen Modelle grundlegend modifizieren müssten, um die Möglichkeit, Materie mit Überlichtgeschwindigkeit durch die Weiten des Alls zu transportieren, auch nur annähernd plausibel erscheinen zu lassen (was eine Voraussetzung für die Alien-Hypothese ist).[22]

Um es kurz zu machen: Die Aufmerksamkeit auf den logischen Charakter von Existenzbehauptungen hilft uns abzuschätzen, wie weit wir uns bereits durch eine einzige zusätzliche Behauptung dieser Art von Interpretationen der Vorgänge in unserer Umgebung entfernen können, die im Alltag und nach dem derzeitigen Stand der Wissenschaft gut gesichert sind. Auch erfordert ein Festhalten an Behauptungen, die sich nicht ohne Weiteres in ein vorhandenes Meinungssystem einfügen, im Angesicht fortgesetzter gegenläufiger Beobachtung und Erfahrung über die Zeit die Anpassung und Änderung von immer mehr Meinungen – oder aber die Aufgabe der zweiwertigen Logik (nach der etwas wahr oder falsch, aber eben nicht beides zugleich sein kann).[23]

Aufmerksamkeit auf Existenzaussagen verschafft uns also die Möglichkeit einer wenigstens indirekten empirischen Überprüfung von Aussagen. Und zwar selbst dann, wenn der Untersuchungsgegenstand selbst alles unternehmen sollte, um dies zu verhindern. Auch wenn Verschwörer falsche Fährten legen und auch wenn Verschwörungstheorien die Wahrheit ihrer Aussagen (weitgehend) kohärentistisch bestimmen, ist es so durchaus möglich, ihren Idealismus einzuhegen.

---

[22] Wie valide es ist, Phänomenen durch Beobachtung und Experiment auf den Grund zu gehen und die so gewonnenen Einsichten systematisch und unter Berücksichtigung der zweiwertigen Logik aufeinander zu beziehen, ist eine Frage, die den vorliegenden Rahmen klar übersteigt. Hier deshalb nur so viel: Dieses Vorgehen stellen auch Verschwörungstheorien (und andere Theorien aus der Echokammer) in aller Regel nicht zur Disposition –, auch wenn der von ihnen diagnostizierte Phänomenbestand aufgrund eines idealistischen Kohärentismus und eines selektiven Erfahrungsbezugs („Beobachtungen" zählen nur dann, wenn sie die eigene Vormeinung stützen) sich eben oft anders darstellt als bei einer unvoreingenommenen Betrachtung.

[23] Für die ausführliche Darstellung siehe Hepfer (2021).

Literatur

Aristoteles. *De anima/Über die Seele*. Gr./dt. Übers. Hamburg: H. Seidl, 1995.

Basham, L. 2001. Living with the Conspiracy. *The Philosophical Forum* 32: 265–280. Abgedruckt in Coady 2006: 61–75.

Basham, L. 2003. Malevolent Global Conspiracy. *Journal of Social Philosophy* 34: 91–103. Abgedruckt in Coady 2006: 93–105.

Coady, D. 2003. Conspiracy Theories and Official Stories. In *Conspiracy Theories: The Philosophical Debate*, hrsg. D. Coady 2006, 115–127. Aldershot: Ashgate Publishing.

Dobelli, R. 2011. *Die Kunst des klaren Denkens: 52 Denkfehler, die Sie besser anderen überlassen*. München: Hanser.

Hepfer, K. [3]2021. *Verschwörungstheorien: Eine philosophische Kritik der Unvernunft*. Bielefeld: transcript.

Hepfer, K. 2006. *Die Form der Erkenntnis. Immanuel Kants theoretische Einbildungskraft*. Freiburg: Karl Alber.

Hepfer, K. 2011. Die Konstruktion der Erkenntnis: „Imagination" im Treatise of Human Nature. *Archiv für Geschichte der Philosophie* 93: 349–365.

Hobbes, Th. [[1]1651] 1996. *Leviathan or the Matter, Forme, and Power of a Commonwealth Ecclasiasticall and Civil*. Hamburg: Meiner.

Hofstadter, R. 1965. *The Paranoid Style in American Politics and other Essays*. New York: Knopf.

Hume, D. [[1]1739/1740] 2000. *A Treatise of Human Nature: Being an Attempt to Introduce the Experimental Method of Reasoning Into Moral Subjects*, hrsg. D. F. Norton und M. J. Norton. Oxford: Oxford Philosophical Texts.

Kahnemann, D. 2011. *Thinking Fast and Slow*. London: Allen Lane.

Kant, I. [[1]1781/[2]1787] 1998. *Kritik der reinen Vernunft*, hrsg. J. Timmermann. Hamburg: Felix Meiner.

Kuhn, Th. [[1]1962] 2003. *Die Struktur wissenschaftlicher Revolutionen*. Frankfurt: Suhrkamp.

Levitzky, S., und D. Ziblatt 2019. *How Democracies Die*. New York: Broadway Books.

McArthur, B. 1995. Another Look at Our Paranoid Tradition. *The History Teacher* 29: 37–50.

Newton, I. [[1]1687] 1999. *Die mathematischen Prinzipien der Physik/Philosophiae naturalis principia mathematica*. Berlin: De Gruyter.

Newton, I. [[1]1704] 1952. *Opticks*. New York: Dover Publications.

Orwell, G. [[1]1949] 2006. *1984*. München: De Gruyter.

Pariser, E. 2011. *The Filter Bubble. What the Internet is Hiding from You*. London: Penguin Press.

Pigden, Ch. 1995. Popper Revisited, or What is Wrong with Conspiracy Theories? *Philosophy of the Social Sciences* 25 (1): 3–34. Abgedruckt in Coady 2006: 17–43.

Postbank Jugend-Digitalstudie 2021 2021. https://postbank.de/unternehmen/meldungen/2021/august/jugendliche-in-deutschland-surfen-im-schnitt-mehr-als-70-stunden-pro-woche-im-netz.html. Zugegriffen: 15. Februar 2023.

Quine, W. v. O. [[1]1948] 1980. *On what there is*. In Ders., *From a Logical Point of View*, 1–19. Cambridge: Harvard University Press.

Karl Hepfer, PD, Dr., Studium der Philosophie, Wirtschaftswissenschaften, Anglistik, Germanistik und Kunstgeschichte in Göttingen, Heidelberg, Basel und Edinburgh. Privatdozent der Universität Erfurt. Arbeitsschwerpunkte: Erkenntnistheorie, praktische Philosophie, Sprachphilosophie, Virtualität.

Fallstudien

Ach, wie gut, dass niemand weiß…! Ortho- und heterodoxe Perspektiven auf die Ermordung John F. Kennedys

Gerd H. Hövelmann

1 Zur Einführung

Dass Marcus Iunius Brutus oder John Wilkes Booth seinerzeit mit den Verschwörungen zur Beseitigung ihrer jeweiligen Staatsoberhäupter unerkannt davongekommen seien, kann man heute niemandem mehr weismachen. Wir wissen zu viel. Den Zweck allfälliger Versuche keuschen Verschweigens von Namen und Absichten hat uns nämlich schon in der Kindheit das Märchen gelehrt und ihn uns zugleich verdächtig gemacht. Denn seit *Rumpelstilzchen* (KHM 55) ist uns klar: Kenne ich den Namen eines Menschen, die Bezeichnung einer Sache oder einer Tat, dann habe ich mich ihrer bereits halb bemächtigt. Ich kann Erkundigungen einholen über die schwachen Seiten, die sinistren Interessen, die perfiden Absichten von Herrn Rumpelstilzchen, ich kann sein Vorleben durchleuchten, mir die Anlässe seiner Taten und die Gründe für deren Verheimlichung plausibel machen. Und schon der bloße Umstand, dass da jemand etwas zu verschweigen versucht, kommt ja einer beredten Mitteilung gleich, und sei es nur der Mitteilung einer Schwäche, einer Sucht, einer Hinterhältigkeit oder einer Begierde. Und schauen wir uns in der Historie aufmerksam um, dann bemerken wir ehrsamen Bürger bald: Es waren und sind ganze Scharen von Dunkelmännern (und auch die eine oder andere Dunkelfrau) unterwegs, Banden von Mördern und Totschlägern, von Spionen und Geheimpolizisten, von Fährtenlegern und Beweisfälschern, von Heimlichtuern

---

Gerd H. Hövelmann ist verstorben

G. H. Hövelmann (✉)
Marburg, Deutschland

A. Anton et al. (Hrsg.), *Konspiration*,
https://doi.org/10.1007/978-3-658-43429-8_9

und Heimlichwegschauern. Sicher sind manche, nein, viele von ihnen frei (und oft auch noch ganz schlecht) erfunden; manche andere aber sind es nicht.

Nun ist der Umfang der wissenschaftlichen, der gutachterlichen und auch der populären Literatur über die Ermordung John F. Kennedys, des 35. Präsidenten der Vereinigten Staaten von Amerika, und über die vielfältigen ortho- oder heterodoxen Deutungen dieser Tat, die sich über das vergangene halbe Jahrhundert angesammelt hat, inzwischen praktisch unüberschaubar. Niemand, der daneben noch ein paar andere Lebensziele verfolgt, kann dies alles mit Verstand gelesen, hinreichend zur Kenntnis genommen und sorgsam erwogen haben. Im Umfang übertroffen wird diese spezialisierte Literatur wohl allenfalls noch vom Schrifttum über die inzwischen schon fast mythisch gewordenen Mordtaten Jack the Rippers und über dessen mutmaßliche Identität, das allerdings mehr als die doppelte Zeit hatte, um auf seinen heutigen Umfang (Kelly 1984) anzuwachsen. Aber auch die Fülle der auf den Kennedy-Mord bezugnehmenden Literatur ist ehrfurchtgebietend genug. Dies belegt schon die im Vergleich zum Ripper-Fall etwas breitere und bessere, insgesamt aber ebenfalls unzureichende bibliografische Dokumentation dieses Schrifttums – immerhin brauchbare und zusehends umfangreicher werdende Übersichten bieten Cavanagh und Shapiro (1979), Wrone (1972), Guth und Wrone (1980) sowie Scott (1999).

Wenn man von dem umfangreichen amtlichen Bericht der Warren-Kommission mit seinen 26 Ergänzungsbänden absieht[1], dann dürfte ein dickleibiger Wälzer von Bugliosi (2007) mit einem Umfang von stattlichen 1.632 Druckseiten, dazu weiteren 1.000 Seiten Anmerkungen auf einer Begleit-CD, die mit Abstand voluminöseste Publikation über den Kennedy-Mord und allemal das umfangreichste nichtbehördliche Dokument sein. Und ganz ebenso wie es in der weit gespannten (und zuweilen überspannten) Ripper-Literatur fast keine Beiträge gibt, die nicht irgendeine Person identifizieren, der sie die Mordtaten zur Last legen, verhält es sich auch in den zahllosen Publikationen über die Ermordung John

[1] Die *JFK Assassination Records* werden in den National Archives in Washington aufbewahrt und sind unter http://www.archives.gov/research/jfk/ einsehbar. Dort findet der Interessent auch die riesige englischsprachige Komplettfassung des Warren Reports (President's Commission on the Assassination of President John F. Kennedy 1964) – fast; denn auch hier fehlen die entscheidend wichtigen Anhänge 8 (Medical Reports from Doctors at Parkland Memorial Hospital, Dallas, Tex. – von 20 Seiten ist nur eine enthalten), 9 (Autopsy Report and Supplemental Report) und 11 (Reports Relating to the Interrogation of Lee Harvey Oswald at the Dallas Police Department). Anderenorts (etwa http://www.history-matters.com/archive/contents/wc/contents_wr.htm) stehen aber auch sie inzwischen zur Verfügung (Zugegriffen jeweils Anfang April 2013).

F. Kennedys in Dallas am Mittag des 22. November 1963. Auch hier gibt es im Schrifttum kaum jemanden, der sich mit anspruchsvollen und voraussetzungsreichen Falldeutungen und Schuldzuweisungen geziemend zurückhielte. Behutsame, umsichtige Haltungen und Darstellungen, die sich bemühen, auch fremde Positionen zu vermitteln, kommen kaum vor. Vielmehr fühlt sich nahezu jeder, der sich zu Wort meldet, auch gleich bemüßigt, entweder einen bestimmten Einzeltäter (und dieser ist dann fast immer Lee Harvey Oswald) oder mehrere zusammenwirkende Verschwörer (dann allermeist unter Einschluss Oswalds) namhaft und als Täter erkennbar zu machen.

Dabei erscheinen nicht alle dieser Verschwörungskonstrukte[2] sonderlich subtil oder auffallend intelligent. Jedenfalls aber gibt es in diesem Fall kaum jemanden, der nicht in den Verdacht der Mittäterschaft geriete oder prinzipiell in einen solchen Verdacht zu bringen wäre. Ja, große Teile der sog. „Verschwörungsliteratur“ erwecken geradezu den Anschein, als wollten sie den Argwohn von Sunstein und Vermeule (2009, S. 208) bestätigen, dass „conspiracy theorists go wrong not by positing intentional actors, but by misidentifying them“. Das vorliegende, kaum entwirrbare Konglomerat aus miteinander konkurrierenden und sich wechselseitig ausschließenden individuellen „Wahrheiten“ ist als „Labyrinth“ (Buchholz 2009) jedenfalls durchaus zutreffend beschrieben. Nur wenige der oft sehr umfangreichen Arbeiten helfen immerhin bei einer oberflächlichen Orientierung. Als interpretatorisch vergleichsweise wenig festgelegte und ihre Arbeiten sauber strukturierende Autoren mag man im deutschen Sprachbereich vielleicht auf den schon erwähnten Buchholz (2009), im naturgemäß viel umfangreicheren englischsprachigen Schrifttum beispielsweise auf Callahan und Zingarelli (1993), Kurtz (2006) oder Knight (2007) verweisen.

1.1 Methodologische Selbstbeschränkung: Was wir uns nicht vornehmen

Wer sich also heutzutage noch anschickt, den Tod Kennedys als verschwörungsaffines Thema überhaupt zu behandeln, der ist möglicherweise nicht gut beraten, es sei denn, ihm stünden bisher nicht bekannt gewordene Beweismittel oder

[2] Ich ziehe hier durchgehend den Terminus *„Verschwörungskonstrukt“* dem alternativen Begriff *„Verschwörungsszenario“* vor, weil Ersterer schon sprachlich eher an behauptete und als solche „konstruierte“ vergangene, Letzterer hingegen an mögliche, aber nicht notwendigerweise eintretende zukünftige Ereignisse denken lässt.

noch nicht ersonnene Argumente zu Gebote, die auf die eine oder andere Weise ein paar neue Schlaglichter auf den Tod dieses US-Präsidenten werfen. Ersteres kann hier allerdings glaubwürdig bestritten und Letzteres kaum glaubhaft in Aussicht gestellt werden. Denn zur bis heute kaum emotionsfrei zu diskutierenden Ermordung Kennedys scheint mittlerweile fast alles Sagenswerte bereits gesagt. Einer Branche, in der notorisch keiner keinem über den Weg traut, ist stattdessen aber vielleicht schon damit gedient, dass wir uns im Folgenden um etwas größere Übersichtlichkeit sowie um die eine oder andere Perspektive bemühen, die bisher ein wenig zu kurz gekommen oder nach meiner Literaturkenntnis in dieser speziellen Weise noch gar nicht zur Sprache gebracht worden ist.

Konzentration und kluge Beschränkung auf sinnvoll zu Bewältigendes ist für das Folgende also unvermeidlich. Entsprechend werde ich nicht noch dadurch die Verwirrungen und die Unübersichtlichkeit der Diskussion mehren, dass ich weitläufigen Mutmaßungen über den oder die Täter weitere Nahrung gebe oder freihändig Tatverdächtige hinzufüge. Insbesondere habe auch ich keine zufriedenstellende Antwort auf die vielleicht entscheidende Frage, wie es einem denn ohne fremde Hilfe gelingen könne, jemanden hinterrücks von vorne zu erschießen (Callahan und Zingarelli 1993; Knight 2007). Und überhaupt ist mir hier weniger an einer Antwort auf die „Whodunit“-Frage der kriminalistischen Spurensicherung und Ermittlung gelegen als vielmehr daran, einige allgemeinere Fragen etwas genauer oder doch wenigstens mit veränderter Betonung neu zu stellen.

Hier kann zudem nicht der Ort sein, in nennenswertem Umfang auf die in den letzten Jahren zunehmend beachtete und sicher zu begrüßende Konzeptualisierung von Verschwörungen und Verschwörungstheorien in unterschiedlichen disziplinären Kontexten einzugehen. Vielmehr mag der allgemeine Hinweis genügen, dass Konspiratives in seinen vielerlei Facetten neuerdings Gegenstand breiter Diskussionen beispielweise in psychologischen, philosophischen, politikwissenschaftlichen oder wissenssoziologischen Fachdiskursen ist. Dabei darf aber schon darauf verwiesen werden, dass sich etwa die Auseinandersetzungen seitens eingetragener Philosophen ab und an durch eine gewisse epistemologische Arroganz und Einäugigkeit auszeichnen. Mandik (2007) vollzieht gar eine Art philosophischen Rückzugsgefechts, das das Argument zulässt, Verschwörungstheorien seien schon deshalb zurückzuweisen, weil man ja wisse, dass sie *als Verschwörungstheorien eben per se intellektuell defizitär* seien. Die Diskussionen, die manche Psychologen diesem Thema haben angedeihen lassen, fallen dagegen zuweilen mit der sachlich ungerechtfertigten und moralisch fragwürdigen Neigung auf, alle oder doch viele Befürworter von Verschwörungstheorien zu psychopathologisieren und im Gegenzug selbsternannte „Skeptiker“ und „Kritiker“ solcher Positionen zu Beispielen mustergültiger Vernunft zu erklären – Byford (2011, bes.

S. 120–143) hat sich in dieser Hinsicht besonders hervorgetan.[3] Beide Extrempositionen werden uns später noch beschäftigen.

Ich werde also gar nicht erst den ehrgeizigen Versuch unternehmen, eine Tat wie den Kennedy-Mord einer Aufklärung näherzubringen, zu seiner Entschlüsselung beizutragen oder der Beweislage bisher Übersehenes hinzufügen zu wollen. Vielmehr habe ich bloß – wesentlich bescheidener und doch anspruchsvoll genug – die Absicht, zunächst einmal nur für die Zwecke des vorliegenden Kapitels verständlicher und nachvollziehbarer zu machen, wie es denn eigentlich kommt, dass sich ausgerechnet der Tod John F. Kennedys für Verschwörungstheorien und mancherlei andere unersprießliche Szenarien als so außerordentlich anfällig erwiesen hat. Dabei liegt manche Einsicht selbstverständlich auf der Hand, die ich folglich nicht mit dem Anspruch auf eigene Entdeckerschaft oder auch nur auf besondere Originalität mitteilen werde. Die eine oder andere hier vorgetragene Auffassung – so viel darf dann aber schon in Aussicht gestellt werden – ist mir in der Literatur, soweit ich sie überschaue, bisher jedoch *so* noch nicht begegnet.

1.2 Drei Verdachtsmomente

Theorien zu mutmaßlichen Verschwörungen, zumal zu solchen in politisch relevanten Umfeldern, sind uns, wie der ganze vorliegende Diskussionsband ja vor Augen führt, insgesamt nicht fremd. Sie sind kein Umstand mehr, der uns noch sonderlich überraschte oder aus der Ruhe brächte, auch weil wir schon über viele,

[3] Dabei verlieren die Advokaten für oder gegen die Ernsthaftigkeit und intellektuelle Redlichkeit von Verschwörungstheorien nur zu gerne den Umstand aus dem Blick, dass Handlungsweisen, die in jeder diskussionserheblichen Hinsicht und nach jeder leidlich gängigen Definition mit Fug und Recht als „verschwörerisch" aufgefasst werden können, längst Teil eines ganz unaufgeregt betriebenen politischen Alltagsgeschäfts sind (Bale 2007). Solche politischen „Alltagsverschwörungen" spielen sich nicht selten in kleinem, unaufdringlichem Rahmen ab, stellen sich in Auseinandersetzungen zwischen Parteien oder anderen politischen Kontrahenten manchmal fast „naturwüchsig" ein und scheinen den politisch Agierenden zuweilen eher zuzustoßen, als dass sie sie planmäßig in Angriff nähmen, lenkten oder orchestrierten. „Skeptical individuals", beklagt der amerikanische Politikwissenschaftler und Terrorismusforscher Jeffrey Bale, „have unfortunately sometimes moved too far […], so much so that they often deny the importance – if not the actual existence – of real clandestine and covert political activities […] An entire dimension of political history and contemporary politics has thus been consistently neglected" (ebd., S. 46, 48). Ähnliche Besorgnisse wie Bale hatte Gary Marx (1974, bes. 402–403) schon Jahrzehnte früher zum Ausdruck gebracht.

vermutlich zu viele, solcher Spekulationen gehört und gelesen haben. *Was aber, so ist zu fragen, macht das Attentat auf Präsident John F. Kennedy* – über die fraglose Prominenz und die einflussreiche Position des Opfers sowie über den enormen weltpolitischen Widerhall der Tat hinaus – *zu einem so spektakulären politischen Mordfall und vor allem zu einem so ausnehmend hartnäckigen Gegenstand von Verschwörungsdiskursen?*

Selbst bei meinem vorstehend angedeuteten reduzierten Aufklärungsanspruch tun besondere Zurückhaltung und Konzentration zweifellos not. Angesichts eines so komplexen Falles und einer so vielschichtigen, kaum noch sortiertauglichen Diskussionslage gibt es zwangsläufig vielerlei Gründe, die sich für die beachtliche Anzahl und den großen Variantenreichtum einschlägiger Verschwörungstheorien geltend machen lassen. Sie sind einerseits den zahlreichen filigranen Details und Verdachtsmomenten geschuldet, auf die im Rahmen einer solchen Darstellung unmöglich separat eingegangen werden kann. Andererseits mag es (wenn man so will: auf einer Meta-Ebene) auch mancherlei übergreifende, von Einzelumständen kaum abhängig zu machende Gründe für Verschwörungskonstrukte geben, die zudem oft auch die theoretisch spannenderen, weil lehrreicheren sind. Drei solcher übergreifender Anlässe, die mir bisher in der Literatur in ihrer Bedeutung für das Entstehen von Verschwörungsüberzeugungen nicht hinreichend erkannt und gewürdigt scheinen, sollen daher nachfolgend etwas ausführlicher besprochen werden. Ich möchte im Rest dieses Kapitels zu der am Ende des letzten Absatzes formulierten Frage deshalb drei Vermutungen äußern und sie diskutieren – oder sagen wir vielleicht besser: drei *Verdachtsmomenten* Ausdruck geben. Diese Verdachtsmomente sind die Folgenden:

Erster Verdacht: Die ungewöhnliche Prominenz, ja die Popularität von Verschwörungskonstrukten um die Ermordung John F. Kennedys hat ganz entscheidend mit dem *Grad der Sichtbarkeit der Tat* zu tun. Dies ist, denkt man an die verheerenden Anschläge von 9/11, zweifellos kein Alleinstellungsmerkmal, aber das ist auch nicht erforderlich. Nach einer gründlichen Befassung mit ungezählten Quellen zu diesem Fall verstärkt sich der Eindruck, dass ein besonderes Maß der Sichtbarwerdung, der öffentlichen Notorietät und der allgemeinen „Verfügbarkeit" der Tat gerade diesen Mordanschlag von vielen vergleichbaren Fällen abhebt. Der Tod John F. Kennedys, das werden wir noch feststellen, ist sichtbarer, öffentlicher und damit in gewissem Sinne auch aufdringlicher als die Tode vieler vergleichbarer Attentats- oder sonstiger Todesopfer. Das hat zweifellos auch, aber keineswegs ausschließlich mit der seit der Mitte des 20. Jahrhunderts wohlfeilen medialen Vermittlung nahezu aller Weltereignisse (und zahlloser Nichtereignisse) zu tun. Dank einer kurzen, von dem Tatzeugen Abraham Zapruder aufgenommenen Filmsequenz sowie eines stattlichen verfügbaren Bestandes von wohl mehreren hundert zeitgenössischen Tatortfotos waren wir vielmehr alle dabei, als Kennedy ermordet wurde. Wir alle haben gesehen, was passiert ist; wir alle können es, wenn auch bestenfalls aus zweiter Hand, bezeugen. Und jeder kann seine Erinnerungen auch jederzeit auffrischen, indem er sich der Geschehnisse und des Tathergangs medial immer wieder, ja beliebig oft, neu vergewissert.[4] Darüber hinaus werde ich dafür argumentieren, dass dieser ungewöhnliche Grad der *Sichtbarmachung* und *Sichtbarwerdung* zugleich jedoch die kaum durchdringliche dickichtartige Struktur des gesamten Fallkonstrukts nicht auflockert, sondern sie tendenziell weiter verstärkt. Gerade diese erhöhte Sichtbarkeit hat nämlich zur Folge, dass sich das Geben und Nehmen, das Erhellen und Vertuschen, das Zeigen und Verbergen ein zwiespältiges Wechselspiel liefern, das einer letztendlichen Aufklärung kaum dienlich sein kann.

Zweiter Verdacht: Machen wir uns die Substanz unserer zweiten Vermutung an einem konkreten Beispiel deutlich: Weit mehr als 40 namentlich identifizierte Augenzeugen (vom Tatort, der Dealey Plaza in Dallas, über das Parkland Hospital ebendort bis zur Pathologie im Bethesda Hospital in Washington)[5] haben, ihren protokollierten Zeugenaussagen zufolge, bei Kennedys Leichnam eine überwiegend abgesprengte, zertrümmerte, über den Tatort verstreute und daher hernach zu großen Teilen fehlende hintere Schädelkalotte mit entsprechenden Verlusten an Hirnmasse bezeugt. Auch einst zurückgehaltene Fotografien, die diesen Sachverhalt hinreichend dokumentieren, sind inzwischen verfügbar. Trotz dieses unstrittigen Umstandes aber ist auf amtlich veröffentlichten Röntgenaufnahmen ein fast vollständig intakter Kopf mit dem Hinweis zu sehen, dass dessen tatsächliches Aussehen wiedergegeben sei. Entweder alle Zeugen einschließlich des Leibarztes des Präsidenten und des medizinischen und pathologischen Personals beider Krankenhäuser haben sich dramatisch geirrt, oder die Röntgenaufnahmen (die als materiale Evidenz den verbalen Bezeugungen von Dabeigewesenen normalerweise vorzuziehen wären) sind nicht authentisch. Dabei geht es mir überhaupt nicht um dieses konkrete Exempel, denn es könnten ihm sehr leicht eine große Zahl weiterer hinzugefügt werden. Entscheidend ist es vielmehr zu verstehen, dass sich angesichts ganz *offenkundiger Manipulationen* wie dieser, wirklich nie-

[4] Dass es mit der bisher meist unterstellten dokumentarischen Qualität des Zapruder-Films neueren Kenntnissen zufolge aber ebenfalls ungeahnte Schwierigkeiten gibt, wird uns noch beschäftigen.

[5] Enzyklopädisch aufbereitete Informationen zu rund drei Dutzend unmittelbaren Zeugen des Attentats hat Creative Commons (2011) in einer lohnenden Broschüre zusammengestellt.

mand mehr ernstlich und nachvollziehbar darüber wundern können sollte, dass der Tod Kennedys eine so unsägliche Flut oft miteinander konkurrierender, teils sehr kluger, teils ganz absurder Verschwörungstheorien ausgelöst hat.

Dabei gilt es, zwei in den Jahrzehnte währenden Diskussionen nicht immer unterschiedene Sorten von Verschwörung sorgsam auseinander zu halten: Denn selbst wenn es nur einen Einzeltäter und mithin keine Verschwörung zur Tat (eine ‚Verschwörung erster Art') gegeben haben sollte, wie beispielsweise der Warren Report (Kempner 1964) und etliche Autoren wie Epstein (1966), Posner (2003) und Bugliosi (2007) behaupten, so dürfte es doch mit einiger Wahrscheinlichkeit eine ‚Verschwörung zweiter Art' gegeben haben, die gerade die Vertuschung einer mutmaßlichen ersten zum Ziel hatte. Eine *Verschwörung zur Tat* muss folglich von einer *Verschwörung zur Vertuschung der Verschwörung zur Tat* (sei Letztere real oder nicht) stets unterschieden werden.

Dritter Verdacht: Der Dilettantismus und die Absurditäten, die bei den ja eigentlich legitimen Versuchen des Hinwegerklärens einer Verschwörung und der Verteidigung einer verschwörungsfreien Allein- oder Einzeltäterthese immer wieder so offensichtlich zutage treten und die zuweilen einer Beleidigung der Intelligenz der angesprochenen Leser- oder Zuhörerschaft gleichkommt, sind ein weiterer Grund für die Entstehung und die Persistenz von Verschwörungstheorien gerade im Falle des Kennedy-Attentats. Denn muss nicht derjenige, der sich auch um den Preis seiner eigenen Reputation nicht scheut, erkennbar fadenscheinig zusammengeflickten empirischen Behauptungen und theoretischen Konstrukten das Wort zu reden, nur um sich eine (möglicherweise ja ebenfalls schwach begründete und kaum zu rechtfertigende) Verschwörungstheorie vom Halse zu schaffen, tatsächlich Dinge oder Taten zu verbergen trachten, die wir letztendlich lieber publik gemacht sähen? Schürt nicht schon dieser banale Ingrimm der sich professionell als besonders vernünftig gebenden Aufklärer den Argwohn, dass da gar nicht aufgeklärt, sondern bloß *diszipliniert* werden soll? Und müssen die beunruhigend vielen Fälschungen seitens solcher Fälschungsentlarver, von denen manche noch zur Sprache kommen werden, nicht den Verdacht noch verstärken, dass das vermeintlich zu Entlarvende vielleicht doch nicht gar so weit von der historischen Wahrheit entfernt liegt? Kurzum: Ist die *Irrationalität der rationalen Aufklärer* nicht zuweilen besorgniserregender als das, was sie so eifernd aus der Welt zu schaffen trachten?

2 Vergewisserungen

Wissenssoziologisch gesprochen, unterscheiden sich Verschwörungen von Verschwörungstheorien zunächst lediglich durch den Grad ihrer gesellschaftlichen Anerkennung. Während Erstere mal ignoriert werden (siehe abermals Fußnote 3), mal als politisch real, aber keiner sonderlichen Aufregung wert gelten, wird Letzteren eine solche Geltung von der Mehrheit der Gesellschaftsmitglieder, nicht zuletzt unter dem Einfluss medialer Vermittlung, gerade abgesprochen. Ob also eine Verschwörungstheorie eine reale Verschwörung beschreibt, wird nicht theorieintern entschieden und auch nicht mittels empirischer Recherche ermittelt, sondern in den meisten Fällen diskursiv ausgehandelt. Das verleitet den einen oder anderen zu dem möglicherweise ein wenig vorschnellen Schluss, dass es zwar vielleicht nicht einerlei sei, aber doch nur eine untergeordnete Rolle spiele, ob etwa die CIA, Castro und/oder die Mafia sich wirklich Kennedys hätten entledigen wollen, ob die Apollo-Astronauten tatsächlich auf dem Mond gewesen seien oder ob Roosevelt vorab über den japanischen Angriff auf Pearl Harbor informiert gewesen sei. Die Auffassung, dass (gesellschafts-)politisch vor allem oder gar allein die handlungsrelevanten Wirkungen zählten, die solche Verschwörungstheorien auf die Bürger haben, nicht hingegen ihr Wahrheitsgehalt, mag soziologisch einiges für sich haben und sich hinreichend begründen und verteidigen lassen. Ganz befriedigend ist sie nicht.

2.1 Wir waren dabei: Vorzüge der Sichtbarkeit

In Situationen wie der vorstehend geschilderten mag es für den aufmerksamen Bürger von einem gewissen Interesse sein, wenn er sich nicht allein auf die Worte und Theorien Dritter, seien es konspirative oder nicht, verlassen muss, sondern in die Lage gerät, über (mutmaßlich) wahr und (mutmaßlich) unwahr eigenständig zu befinden. Auch im Medienzeitalter stehen im Falle dramatischer Gewalttaten derartige Chancen und Beurteilungsinstanzen aber nicht allzu häufig zur Verfügung. Und in den langen Zeiträumen davor waren die direkte oder wenigstens eine zeitnahe Augen- oder Ohrenzeugenschaft für die meisten Menschen, mit den wenigen Ausnahmen unmittelbar Beteiligter oder lokal zufällig Bevorzugter, praktisch ausgeschlossen. Das Attentat auf Präsident Kennedy war in dieser Hinsicht mindestens ein Wendepunkt und verdient schon deshalb besonderes Interesse.

Rein ‚kriminalistisch' oder ermittlungstechnisch betrachtet (Douglas und Munn 1992), so scheint es auf den ersten Blick, ist der Kennedy-Mord doch ein recht schlichter, mutmaßlich nicht allzu schwierig zu bearbeitender und zu entschlüsselnder Routinefall. Nicht vieles gibt es offenbar, das Recherche- oder Ermittlungstätigkeiten erforderte, die über die bei einem gewöhnlichen Tötungsdelikt obligatorischen hinausgingen – wäre es da nicht um dieses maximal prominente, ja in mancherlei Hinsicht charismatische Opfer gegangen und hätte nicht eine nachgerade unüberschaubare Zahl von öffentlichen, nachrichtendienstlichen und privaten (durchweg aber heimlichtuenden) Instanzen ihre Finger im Ermittlungsspiel gehabt. Jedenfalls scheint es so, als hebe sich Kennedys Tod aufklärungsstrategisch in eher günstiger Weise von anderen prominenten Todesfällen ab, die einer Entschlüsselung bedürftig scheinen oder es einstmals schienen. Anders als bei zahllosen sonstigen politisch oder anderweitig motivierten Mordanschlägen der jüngeren oder weiter zurückliegenden Vergangenheit waren bei der Ermordung John F. Kennedys nämlich bereits vom Moment der Tatausführung an, mehrere wichtige Aspekte und Merkmale ganz und gar unstrittig – und zwar unstrittig selbst unter denjenigen, die diesen Fall seither in praktisch jeder Hinsicht kontrovers diskutieren.

Bei genauerer vergleichender Betrachtung mit historischen Referenzfällen scheint dies vor allem an einem Merkmal zu liegen, das wir oben bereits als unser erstes Verdachtsmoment besonders hervorgehoben haben: am Grad der allgemeinen öffentlichen *Sichtbarkeit der Tat.* Sie unterscheidet den Anschlag auf Kennedy zwar nicht von allen, aber doch von einer sehr beträchtlichen Zahl anderer, teils weit zurückliegender, teils auch jüngerer, bis heute aber allesamt mindestens unter Verschwörungsverdacht stehender Attentate. Betrachtet man prominente Todesfälle sehr unterschiedlicher Zeiten, aber gleichfalls aus dem politischen Handlungsbereich, dann stellt man unschwer fest, dass sie in aller Regel von ganz anderen Weisen der Sichtbarkeit geprägt sind als das Kennedy-Attentat. Bei vielen dieser Taten steht nämlich bis heute mindestens der Tathergang, oft aber sogar bereits die Tatsächlichkeit eines tödlich verlaufenen Attentats nachhaltig in Frage. Kontrovers diskutiert die Geschichtsforschung, teils auch die Medizingeschichte, in diesem Sinne bis heute zum Beispiel die Art und Weise der Ermordung Rosa Luxemburgs oder Rasputins, Reinhard Heydrichs oder Tutanchamuns, während sie an der Tatsache der Ermordung dieser Personen (im letztgenannten Falle gar erst seit ganz wenigen Jahren; vgl. Boyer et al. 2003, Egyptian Supreme Council of Antiquities 2005) nicht den geringsten Zweifel hat. Umgekehrt steht die Tatsache einer Ermordung, ja die Frage, ob überhaupt ein Anschlag auf das Leben der Betreffenden verübt worden ist, in Fällen wie jenen Lady Dianas oder Jörg Haiders bzw. aus früheren Jahren, René Descartes oder

Tycho Brahes, überhaupt in Zweifel, und entsprechende Behauptungen erfreuen sich nicht in allen Fällen eines sonderlich respektierlichen Rufs.

Anders als in den vorstehend angesprochenen Fällen haben sich in der Causa Kennedy die Spekulationen und die Legendenbildung *zu keiner Zeit* an der Frage entzündet, ob der Präsident denn überhaupt ermordet und auf welche grundsätzliche Weise er ggf. ums Leben gebracht worden sei. In den historischen Referenzfällen ist oder waren eben diese Aspekte gerade fraglich, bei Kennedy aber gab es daran vom ersten Moment an nicht den geringsten Zweifel. Wir wissen: Der Präsident ist keiner heimtückischen Krankheit erlegen, er wurde nicht klammheimlich vergiftet, nicht hinterrücks erdolcht, nicht heimtückisch über eine Brüstung gestoßen, mittels eines Briefbeschwerers erschlagen oder versehentlich bei einem Jagdunfall erlegt. Wenn irgendetwas, dann sind es das Faktum und die Art seines Todes, die zu keiner Zeit Gegenstand beklommenen Raunens oder fantasievoller Ausschmückung waren. Nein, im früher schon beschriebenen Sinne wissen wir gerade bei Kennedy gewissermaßen aus allererster Hand über den Mord Bescheid. Wir haben ihn nämlich gesehen. Wir waren Augenzeugen, viele von uns sogar ganz zeitnah, wenn auch nicht direkt vor Ort. Und wir sind nicht allein: Vermutlich sind mehrere hundert Millionen Menschen – zwar meist zeitverzögert, dafür aber bis heute mehr- oder vielfach – mediale Zeugen des tödlichen Anschlags auf diesen US-Präsidenten geworden. Wir haben gesehen, wie die Geschosse ihn trafen, wie sein Kopf „explodierte", wie die First Lady, die übrigen Insassen des Fahrzeugs, die Leibwächter, Dutzende von Umstehenden sich verhalten und reagiert haben. Und sollten wir es vergessen, verdrängt oder aus anderen Gründen nicht mehr präsent haben: per Mausklick oder durch einen Griff ins Bücherregal können wir uns jederzeit neuerlich und im Wortsinne „ins Bild setzen". Von wie vielen Attentaten lässt sich Vergleichbares behaupten? Und wie viele sind darunter, bei denen immerhin das eine oder andere Indiz den Verdacht nährt, dass ihm eine sorgsam zu verbergende Verschwörung zugrunde liegt?

Aber glauben wir denn dem, was wir da sehen? Welche Schlüsse ziehen wir aus dem Gesehenen? Und macht das, was wir sehen und was uns gezeigt wird, nicht gerade dadurch, *dass* wir es sehen, anderes unsichtbar, das dann eben nicht mehr zu sehen ist und vielleicht ja auch gar nicht gesehen werden soll? Ist es denn ausgeschlossen, dass – wie am Beispiel des Zapruder-Films (siehe unten) vielleicht noch deutlicher werden wird – gerade die *Sichtbarwerdung* der Tat, ja, ihre gezielte *Sichtbarmachung*, insgeheim ebenfalls im Dienste einer Vertuschung, einer Maskierung und eines absichtsvollen *Sichtbarkeitsentzuges* beurteilungsrelevanter Details steht? Unsichtbarkeit durch Sichtbarmachung? Dieser ungewöhnliche Konflikt, diese Dialektik zwischen öffentlich (und späterhin auch privat) für jedermann Sichtbarem und einem mutmaßlich sorgsam dem Blick Verborgenen ist es, der im Falle Kennedys ein Faszinosum ganz besonderer Güte begründet hat. Die öffentliche Sichtbarkeit, ja Sichtbarmachung gegenüber einer möglicherweise gleichzeitigen Verheimlichung und Verschleierung macht den so facettenreichen Kennedy-Fall eigentlich erst aus; diese beiden Pole halten das Verschwörungsbehauptungs- wie auch das Verschwörungsdementierungsgeschäft überhaupt in Gang.

2.2 Alle Augen voll zu tun: Krisen der Sichtbarkeit

Die angesprochene öffentliche und praktisch nach Belieben reproduzierbare Sichtbarkeit des Kennedy-Attentats wie auch ihre doppelbödige Rolle sind untrennbar mit dem berühmten Zapruder-Film verknüpft, der deshalb wenigstens in der einen oder anderen Hinsicht kurz besprochen werden muss. Die in Rede stehende Filmsequenz hat der Geschäftsmann Abraham Zapruder während des Attentats aufgenommen. Der Film ist zwischen 26 und 27 s lang, und er umfasst genau 486 Einzelbilder. Die Erörterung des Status, der Authentizität und der Aussagekraft dieser kurzen Filmsequenz zählt ohne Zweifel zu den interessantesten, charakteristischsten, aber auch bei weitem kompliziertesten Aspekten der 50jährigen Diskussionsgeschichte um das Kennedy-Attentat. Ein klein wenig ausholen müssen wir daher schon.

Zunächst einmal ist es ganz bemerkenswert, wie viele von professionellen und von Laienfotografen aufgenommene Bilder allein in den wenigen Minuten von kurz vor bis kurz nach dem Attentat entstanden und nach und nach auch öffentlich zugänglich gemacht worden sind (vgl. z. B. Groden 1993, 1995; Olson und Turner 1971). Die sorgfältige, umfangreiche Studie von Richard Trask (1994) dokumentiert mehr als 250 solcher Fotografien, dazu rund 100 weitere relevante Aufnahmen, und diskutiert sie meist sehr ausführlich. Ein paar dieser Situationsfotografien finden ihre bleibende Bedeutung nicht zuletzt in dem irritierenden Umstand, dass sie mit den Bildern des Zapruder-Films zuweilen in Aussagewidersprüche geraten.[6] Sie geben zum Teil Umstände der Tat und Verlaufsdetails wieder, die sich mitunter wechselseitig vollständig ausschließen. Auch dokumentieren sie zuweilen, in der Regel ganz unabsichtlich, Manipulationsversuche

[6] Eben dasselbe trifft auch für eine große Zahl von Autopsiefotos, Röntgenaufnahmen, zeichnerische Situationsrekonstruktionen etc. zu, die sich mit beunruhigender Häufigkeit in nicht zu vereinbarendem Widerspruch zu Zeugenaussagen und zu anderen nicht in Zweifel stehenden Fakten befinden.

unterschiedlichster Art (etwa hinsichtlich von Autopsie-Ergebnissen oder der angeblichen Tatwaffe, die auf Polizeifotos aus Dallas eine erkennbar andere ist als die auf nur wenige Stunden jüngeren FBI-Fotos aus Washington etc.), oder sie scheinen Umstände zu belegen, von denen wir aus anderen Quellen bereits sicher wissen, dass sie sich so keineswegs abgespielt haben können oder dass sie physikalisch oder anatomisch (Mantik 1998, 2003) unmöglich sind. Auch die unter sehr merkwürdigen Umständen entstanden Fotos Lee Harvey Oswalds, die ihn im heimischen Hinterhof mit einem Carcano-Gewehr zeigen, das die Warren-Kommission für die Tatwaffe hielt, sind laut Robert Groden (1993; 1995, S. 90–95) von äußerst zweifelhafter Authentizität.

„Auffälligkeiten" und Irritationen dieser Art alleine belegen – und das muss man heute stets hinzusagen – selbstverständlich in keiner Weise, dass die Verschwörungstheoretiker (gleich welcher Konspirationsthese sie sich verschrieben haben mögen) die ganze Zeit über recht hatten. Aber sie belegen sehr wohl, dass die Proponenten von verschwörungsfreien Einzeltäterszenarien sehr häufig unrecht hatten (und im einen oder anderen Fall bisweilen Unrecht taten). Aber selbst dies sagt noch nicht unbedingt viel über die letztliche Haltbarkeit von Einzeltäterthesen aus, nur über die nicht selten beklagenswerte Qualität von „Beweisen" und Argumenten, die zu ihrer Rechtfertigung geltend gemacht werden.

Dabei ist der neuerdings inkriminierte Zapruder-Film vermutlich das wichtigste singuläre Beweisstück, das uns – fast egal, im Dienste welcher Hypothese – überhaupt zur Verfügung steht. Ja, er gilt als die wahrscheinlich wichtigste Amateur-Filmaufnahme der Weltgeschichte. Seine Bedeutung ist gar nicht zu überschätzen. So beschreibt ihn das House Select Committee on Assassinations (1979, S. 45) als „the best available photographic evidence of the number and timing of the shots that struck the occupants of the Presidential limousine." Der Assassination Records Review Board (1998, S. 124) hält ihn für „perhaps the single most important assassination record," und schon Thompson (1967) hatte in ihm „the single most important piece of evidence" ausgemacht, „the nearest thing to 'absolute truth' about the sequence of events in Dealey Plaza".

Vincent Bugliosi (2007, S. 504–512) zufolge gilt der Zapruder-Film, „originally touted by the vast majority of conspiracy theorists as incontrovertible proof of [a] conspiracy", vielen Verschwörungstheoretikern inzwischen jedoch nur noch als „sophisticated forgery". Zu jenen, die glauben zeigen zu können, dass der Zapruder-Film gegenüber der ursprünglichen „In-Camera"-Version verändert worden ist, zählen der Physiker John Costella (2003a, b), der Wissenschaftstheoretiker James H. Fetzer (2003a, b; Fetzer und Lederer, 2003), der Ingenieur David Lifton (2003), der Mediziner und Physiker David Mantik (2003), der fotografische Gutachter Jack White (2003a, b) und die Historiker Noel Twyman (1997) und Harrison Livingstone, der den Film inzwischen für „the biggest hoax of the twentieth century" hält (zit. n. Bugliosi 2007). Andererseits hat im Jahr 1996 Roland Zavada, ehemals Ingenieur bei Kodak, den Film im Auftrag des Assassination Records Review Board (1998) aufwendig untersucht und behauptet, keine Manipulationen entdecken zu können (ebd.). Lifton zufolge befand sich der Zapruder-Film in der Nacht nach dem Attentat jedenfalls im Gewahrsam des CIA National Photographic Interpretation Center (Lifton 1998, S. 555–557; Fetzer 1998, S. 209, 224). Fetzers Resümee weckt wenig Vertrauen in die Filmaufnahmen selbst und in die Zuverlässigkeit sonstigen amtlichen Fotomaterials: „The findings reported [...] include extensive, scientific and objective evidence of X-ray alteration, photographic manipulation, and the recreation of the Zapruder film." (Fetzer 2007, S. 11).

Jack White, fotografischer Berater des House Select Committee on Assassinations (1979) des US-Repräsentantenhauses zufolge, gibt es „Anomalien" im Zapruder-Film. Zu diesen zählen Bewegungssprünge, deutliche Bildretuschen, Personen, die sich im Bild schneller bewegen, etwa ihre Köpfe schneller umwenden, als es ihnen körperlich möglich wäre, solche, die in Einzelbildern (und auch nur dort erkennbar) unvermittelt auftauchen und dann auch sofort wieder verschwinden, die physikalisch unmögliche Schatten werfen oder im Vergleich zu anderen bekannten Personen in manchen Bildern die falsche Körpergröße aufweisen. Ferner ist (allerdings schon seit den 1980er Jahren bekannt) die Reihenfolge mancher Einzelbilder im Film vertauscht worden (alles nach Fetzer 2003 und den schon erwähnten anderen Autoren seiner Anthologie). Beispiele wie diese, die beträchtlich vermehrt werden könnten, sprechen nach Fetzers Auffassung für mehr als nur schlichte Manipulationen des Zapruder-Films, nämlich dafür, dass es sich um ein aus Filmtorsi vollständig gefälschtes Machwerk handelt.

Sollte sich also ausgerechnet dieses Dokument, dessen Echtheit über lange Jahre bei nahezu jedermann als unbezweifelbar galt, als ganz oder wenigstens in Teilen manipuliert erweisen, wie die angeführten Beiträgen mit erstaunlichem Detailreichtum behaupten, dann ist dies eine überaus ernste Angelegenheit – wiederum weitgehend unabhängig davon, welcher Deutung der Ereignisse man denn selbst zuneigt. Was wird damit aus der vorhin beschworenen außergewöhnlichen Sichtbarkeit dieses Mordfalles? Immerhin ist sie zwar nicht allein, aber doch in ganz besonderem Maße auch der besonderen „Sichtbarkeit" dieser Filmsequenz geschuldet. Das bleibt auch weiterhin so, nur – an welchem Zapruder-Film wollen wir uns denn eigentlich orientieren? Denn während vor allem Thompson (1967) und Wrone (2003) die Authentizität des Zapruder-Films intelligent verteidigen, können Fetzer und Lederer (2003) immerhin plausibel machen, dass die gängige Rede von „dem" Zapruder-Film in jedem Fall irreführend ist. Es existieren nämlich *wenigstens vier verschiedene* Versionen, die sich in filigranen, aber oft entscheidend wichtigen Details unterscheiden und deren Authentizität und Aussagekraft deshalb in den letzten Jahren Gegenstand kontroverser Auseinandersetzungen gewesen sind. Welcher Film ist *„der"* Zapruder-Film? Und was verbergen eine oder mehrere dieser Filmversionen, das die jeweils anderen möglicherweise subtil in den Blick rücken?

Allerdings: Ganz gleich, welche der heute bekannten vier Versionen des Zapruder-Films (falls überhaupt eine von ihnen) man für authentisch halten mag – sie alle stützen nachhaltig den Verdacht, dass Lee Harvey Oswald kaum als Einzeltäter gehandelt haben kann, was dann zwingend auf eine Verschwörung verweist. Alle Filmfassungen machen es darüber hinaus wahrscheinlich, dass seinerzeit in Dallas nicht nur drei Schüsse von einem Täter (Oswald) aus einer Richtung abgegeben worden sind, sondern dass es bis zu sechs, eventuell sogar sieben Schüsse aus mindestens drei Richtungen von entsprechend vielen Schützen (darunter zwei Schüsse von vorne) gewesen sein dürften.[7] Was kann es denn aber noch heißen, dass eine der Filmversionen „authentisch" (oder „authentischer als die anderen") sein soll, wenn keine oder wenige unabhängige und noch unkontaminierte Kriterien zur Verfügung stehen, anhand deren man seine Präferenzen rechtfertigen könnte, und wenn außerdem nicht mehr zu beurteilen ist, welche der Filmversionen der (eventuell nicht einmal mehr existierenden) originalen „In-Camera"-Fassung am nächsten kommt?

Die permanente Sichtbarkeit des (oder eines) Zapruder-Films, mithin die deutliche und kontinuierliche Visualisierung des Attentats spätestens mit der Verfügbarkeit einer ersten Filmfassung hat zudem noch einen weiteren Pferdefuß, der diese Sichtbarmachung nicht nur als ungetrübten Segen für eine mögliche Aufklärung erscheinen lässt. Der Umstand verlangt nämlich Beachtung, dass alle seit der Verfügbarkeit filmischer Aufnahmen wieder oder neu getätigten, möglicherweise mit früheren nicht mehr kompatiblen Aussagen unmittelbarer Tatzeugen

[7] Auch belegen Tonaufnahmen und Bildsequenzen, dass zwischen dem ersten und dem zweiten Schuss höchsten 1,6 s vergangen sein können, während alle Tests mit L. H. Oswalds mutmaßlicher Tatwaffe gezeigt haben, dass das Durchladen und die Abgabe eines zweiten Schusses (ohne Zielen) mindestens 2,2 s erforderte. Beobachtete Schusswirkungen sind außerdem zum Teil mit der angeblich von Oswald verwendeten Munition nicht erzielbar, während Munition von einer Art, die entsprechende Effekte hätte zeitigen können, mit Oswalds Waffe nicht verschossen werden kann. Ungeklärt ist bis heute auch, weshalb im Schulbuchladen vier verschossene Patronen gefunden wurden, obschon Oswald nach der Einzeltäterthese u. a. der Warren-Kommission nur drei Schüsse abgegeben hat. So häufen sich die Ungereimtheiten, je länger und genauer man hinschaut.

von diesen Filmaufnahmen erwartbar nicht unabhängig sind. Die Erinnerung an die Filmbilder mag die Erinnerung an die Tat längst überlagern oder sie in einer Weise verfälschen, die selbst keiner Überprüfung mehr zugänglich ist. Niemand kann letztlich noch beurteilen, welchen Einfluss die dauerhafte Sichtbarkeit der Tat auf ihre nachträgliche oder heutige Beschreibung (gehabt) haben mag. Sämtliche nach Ansicht solchen filmischen oder fotografischen Materials von seinerzeitigen Tatzeugen getätigten Aussagen stehen also unter erheblichen Vorbehalt. Ähnliches gilt im Übrigen auch für Oliver Stones *JFK*-Spielfilm. Auch er hat – empirisch hinreichend belegt (vgl. Keller 1993; Butler, Koopman und Zimbardo 1995) – nicht nur Auswirkungen auf die emotionale Befindlichkeit beträchtlicher Teile der amerikanischen Öffentlichkeit gehabt, sondern in mehreren Fällen wohl auch die Erinnerungen von Augenzeugen kontaminiert, deren Neuaussagen von der Suggestivkraft der Filmbilder nicht unbeeinflusst geblieben sind.

2.3 Großes Ereignis, also große Ursache?

Für eine der besprochenen Sichtbarkeits-Diagnose weitläufig verwandte Überlegung hat sich indes keine oder jedenfalls keine unmittelbare empirische Bestätigung finden lassen. Gleichwohl verdient sie wenigstens eine kurze Diskussion. Der amerikanische Journalist Tom Bethell hatte schon Mitte der 1970er Jahre die Hypothese vertreten, dass Verschwörungserklärungen für Attentate auf US-Präsidenten[8] sich gerade deshalb einer besonderen Verbreitung und Anhängerschaft erfreuten, weil die Menschen nur zu gerne dem irrationalen Bedürfnis nachgäben, großen, bedeutenden, ja von vielen als traumatisch empfundenen Ereignissen Ursachen von proportionaler Größe, Bedeutung und Schicksalsträchtigkeit zuzuschreiben (Bethell 1975). In der Tat wuchsen ja schon bald nach dem Attentat dessen Opfer (und damit auch die Tat selbst) auf Überlebensgröße an. Kennedys Witwe, Jackie Kennedy, hat dazu wesentlich beigetragen, indem sie den durchaus abwechslungsreichen Lebenswandel ihres Mannes in jeder erdenklichen Hinsicht schönte und sein Leben sehr anspielungsreich als mythisches Camelot mit ritter-

[8] Bis heute hat es mindestens 17 (und wahrscheinlich mehr) erfolglose Attentate auf Präsidenten der Vereinigten Staaten von Amerika gegeben. Kennedy war 1963 der letzte US-Präsident, der einem Anschlag zum Opfer fiel. Vor ihm wurden Abraham Lincoln (1865), James A. Garfield (1881) und William McKinley (1901) im Amt ermordet.

licher Tafelrundenseligkeit[9] umschrieb (White 1963). Damit hat sie, sicher klug kalkulierend, zugleich dafür gesorgt, dass die Tat nachgerade zum Königsmord und zum Sakrileg um- und ausgedeutet wurde.

Bethells Mutmaßung hat somit auf den ersten Blick eine gewisse Plausibilität – dass ein bedeutendes, für viele so emotional aufgeladenes Ereignis wie der Tod von Lady Diana im Wesentlichen der Trunksucht ihres Fahrers geschuldet gewesen sein könnte, ist den Betreffenden einfach eine zu kleinkalibrige Erklärung –, und sie hat zudem den Vorzug, dass sie prinzipiell empirisch überprüft werden kann. So folgt aus Bethells These zum Beispiel, dass ein Schuss, der einen Präsidenten tötet, von den Menschen eher und häufiger einer Verschwörung zugeschrieben werden müsste, als ein Schuss, der sein präsidiales Ziel verfehlt. In vier Studien mit studentischen Stichproben haben McCauley und Jacques (1979) sich eine solche Prüfung vorgenommen, die Hypothese jedoch nicht bestätigt gefunden. Vielmehr zeigte ihre Untersuchung, dass Menschen (jedenfalls die Probanden) nicht aufgrund eines Bedürfnisses nach proportionaler Ausgewogenheit zwischen Größe der Ursache und Größe der Wirkung erfolgreiche Anschläge mit Verschwörungen assoziieren, sondern deshalb, weil sie, weit rationaler als von Bethell geargwöhnt, der nachvollziehbaren Auffassung sind, dass eine gemeinschaftlich begangene Tat einfach erheblich größere Erfolgsaussichten habe als die Handlung eines Einzeltäters.

Im wesentlichen ähnliche Resultate hat auch die deutlich spätere Untersuchung von Leman und Cinnirella (2007) erbracht. Deren Ergebnisse lassen darüber hinaus darauf schließen, dass selbst, wenn sich die vermutete Beziehungsherstellung zwischen „großem Ereignis" und „großer Ursache" experimentell doch bestätigen ließe, dies dennoch gerade nicht als charakteristisches Merkmal einer etwaigen Neigung zum Verschwörungsdenken anzulasten sei. Attribuierungen solcher Art entstehen folglich nicht (oder nicht erst) im Zusammenhang mit

---

[9] Das ist eine Geschichtsdeutung, die für die Witwe des Betroffenen angängig sein mag, der aber beispielsweise der Linguist und Politaktivist Noam Chomsky (1993) entschieden widersprochen hat. Chomsky hat den Außenpolitiker Kennedy vielmehr als beinharten kalten Krieger beschrieben, dem mythische Deutungen der geschilderten Art nicht gerecht würden. Douglass (2008, vor allem S. 1–54) hingegen gesteht Letzteres zwar zu, versucht aber zu zeigen, dass Kennedys Haltung sich gerade in dieser Hinsicht während der Jahre 1961 bis 1963 grundlegend gewandelt habe und dass eben Kennedys von Douglass umfangreich beschriebener „turn toward peace" der eigentliche politische Anlass für seine Ermordung gewesen sein könnte.

Verschwörungsgedanken, die im Umfeld nur schwer zu entschlüsselnder Straftaten, ihren Tribut fordern und Menschen dazu verleiten, in möglicherweise allzu schlichten Verhältnisbeziehungen eine abhanden gekommene Orientierung wiederfinden zu wollen.

3 Den Dolch im Gewande

It's murderous, it's insane.
Dealey Plaza[...] is a perfect ambush area.
It's a sortof inevitability about that plaza.
That plazais made for an ambush.
(Oliver Stone)[10]

Der zweite eingangs formulierte Verdacht bezüglich der Gründe für den hohen Kurs, in dem Verschwörungstheorien zum Kennedy-Mord bis heute stehen – nämlich der offenkundige Dilettantismus, ja die Unverfrorenheit und das sehr mäßige Geschick bei der Manipulation, der Präsentation und der Erläuterung der Beweislage zugunsten einer Einzeltäterthese – gilt praktisch ausnahmslos für alle gängigen Ausprägungen einer solchen These. Konzeption, Begründung und Verteidigung dieser Vorstellung von einer alleinigen Täterschaft haben bekanntlich, der durchaus unerquicklichen Tradition des Warren Reports folgend, Lee Harvey Oswald als den allein und umfassend Schuldigen ausersehen. Aber der Mord an Kennedy, einem zumindest als Person, wenn auch nicht unbedingt als Politiker und Amtsinhaber beliebten Präsidenten, schien der amerikanischen Bevölkerung (und nicht nur dieser) von Beginn an nicht allein als ein Akt roher, aber eher zufälliger Gewalt. Vielmehr vermuteten die meisten sofort einen konspirativen Plan im Interesse hinterhältiger Motive. Schon wegen dieses intuitiven Grundargwohns stieß die amtlich verbreitete Version der Aufklärung des Attentats umgehend auf Ablehnung, ja auf Misstrauen. Und die Annahme, die Verschwörung ‚erster Art' zum Präsidentenmord, die viele von Beginn an zu wittern glaubten, finde nun in einer Verschwörung ‚zweiter Art' zur Vertuschung der vorgängigen Konspiration ihre unmittelbare Fortsetzung, verbreitete sich weit und umgehend.

[10] Das Zitat Oliver Stones ist seinem mündlichen Begleitkommentar zum sog. Bonus-Material auf einer CD mit dem Director's Cut seines Spielfilms *JFK* von 1991 entnommen.

3.1 Kritischer Blick auf den Warren Report

Dass bis heute der größte Teil der US-Bevölkerung und (weit stärker noch) der interessierten Europäer der sowohl amtlich als auch von nahezu allen Medien offensiv vertretenen und verbreiteten Einzeltäterthese keinen Glauben schenken, hat eben hier seinen Ursprung. Bis heute gilt Lee Harvey Oswald, obwohl zu keiner Zeit mit nennenswerten Sympathiewerten gesegnet, in den Augen vieler auch und vornehmlich als das Opfer einer Intrige oder eines Hinterhalts und sozusagen nur nebenbei auch als ein Täter. Dass Oswald wiederum sein mutmaßliches Opfer, den Präsidenten, nur um kaum zwei Tage überlebte und selbst vom undurchsichtigen Nachtclubbesitzer Jack Ruby vor laufenden Kameras erschossen wurde, hat zu einer solchen Haltung sicher beigetragen. Dass die Ermordung des beliebten Präsidenten die irre Zufallstat eines mental instabilen, psychisch derangierten[11] Ex-Marines gewesen sein solle, haben viele US-Bürger ihrer Regierung bis heute nicht abgenommen.

Auch die über den Kennedy-Mord in besonderer Weise erschrockenen Deutschen hielten den Warren Report fast ohne Zeitverzug in Händen. In der Bundesrepublik wurde, keine zwanzig Jahre nach Kriegsende und nur wenige Wochen nach einem triumphalen Deutschland-Besuch des Präsidenten, die These von einem nicht ganz zurechnungsfähigen Einzeltäter mit besonderem Nachdruck vertreten. Robert Max Wassili Kempner, ein deutscher Jurist und ehemaliger stellvertretender US-Chefankläger in den Nürnberger Prozessen, nahm sich dieser Aufgabe an. Er trat formal als deutscher Herausgeber des Warren Reports auf, und er stellte dem dickleibigen Band ein „Vorwort des Herausgebers" (Kempner 1964, S. 13–16) voran. Dort sprach er rückhaltlos Klartext und redete nicht um die Dinge herum: Es habe „keine konspirative […] Verbindung" gegeben, verkündete er, und „[a]uch von einer Verschwörung zur Ermordung von Präsident Kennedy […] kann keine Rede sein." Kempners einleitende Bemerkungen nehmen auch sonst kein Blatt vor den Mund, etwa wenn er sich über den als Täter ausgemachten Lee Harvey Oswald äußert: „Oswald war menschlich ein vollkommener Versager […] Oswalds Geisteszustand stimmte nicht mit dem eines normalen Menschen überein" – man bedenke: Wir befinden uns noch immer auf der allerersten Textseite von Kempners Vorwort zur deutschen Ausgabe des Warren

[11] Keines der existierenden psychologischen Profile, die über Oswald posthum erstellt wurden (etwa Abrahamsen 1967; Roffman 1975; Hamilton 1986; Keener 1997), bestätigt die ihn betreffenden Unterstellungen und Urteile des Warren Reports.

Reports (ebd., S. 13), bevor noch irgendein Beweis vorgelegt, irgendeine Argumentation geführt worden ist. Bedarf es nach diesen Zurichtungen noch aufwendigerer Erläuterungen dessen, was der Leser vom Rest dieses über 700 Seiten starken Berichts zu erwarten hat?

Die wirklich nachhaltig Verdacht erregenden und unfreiwillig auf die Möglichkeit einer Verschwörung verweisenden Elemente dieses Falles sind in Wirklichkeit gar nicht die zu diesem Zweck immer wieder gerne ins Feld geführten Argwohnskandidaten, wie beispielsweise lange gehegte Animositäten gegenüber dem Präsidenten, Machenschaften der Exilkubaner oder der Mafia. Nein, es sind gerade diejenigen Momente und Dokumente, die eigentlich dazu vorgesehen waren, entsprechende Verdächte und Verschwörungsbedenken gerade zu zerstreuen oder sie gar nicht erst aufkommen zu lassen. Die in großen Teilen der amerikanischen (und mehr noch der europäischen) Bevölkerung verbreitete Überzeugung, dass es sich im Falle der Ermordung Kennedys nicht um die Irrsinnstat eines Einzelnen[12], sondern um eine Verschwörung gehandelt haben müsse, ist ganz wesentlich in dem Umstand begründet, dass alle Versuche, einen entsprechenden Verschwörungsargwohn auszuräumen, so erstaunlich dilettantisch und transparent absurd erscheinen. Viele mit ernstester Miene vorgetragene „Erklärungen" für Verdacht erregende Tatmerkmale oder Beweismittel kann man nach der Lektüre der umfangreichen amtlichen Darstellungen nur als gedankenlos und als eine Zumutung für jene werten, die zu Recht Aufklärung einfordern.

Dabei muss an erster Stelle selbstverständlich auf den notorischen Bericht der von Präsident Johnson eingesetzten, vom Obersten Richter Earl Warren geleiteten und schon mehrfach angesprochenen Warren-Kommission verwiesen werden. Erstaunlich genug ist schon die Zusammensetzung dieser Kommission, der einige altbekannte Kennedy-Gegner (wie der vom ermordeten Präsidenten erst gerade zuvor entlassene CIA-Direktor Allen W. Dulles, der republikanische Kongressabgeordnete und spätere Präsident Gerald Ford und der ehemalige Weltbank-Präsident J. J. McCloy) angehörten. Der im Bericht offen zutage liegende (und erst sehr viel später bisweilen auch eingestandene) Dilettantismus der Kommissions-

[12] Mit fortschreitender Zeit (inzwischen liegt das Attentat auf Präsident Kennedy immerhin ein halbes Jahrhundert zurück) nimmt der prozentuale Anteil derer, die glauben, dass Lee Harvey Oswald die Tat nicht ohne Unterstützung Dritter begangen habe, kontinuierlich zu (Goertzel 1994, 2011; McHoskey 1995). Das gilt übrigens nicht nur für Nordamerika und Mitteleuropa, sondern auch für nicht-westliche Gesellschaften, soweit aus ihnen vergleichbare Erhebungen vorliegen (Zonis und Joseph 1994; Gentzkow und Shapiro 2004).

arbeit und ihrer öffentlichen Darstellung übertrifft jeden vernünftigen Pessimismus.

Wie schon mehrfach angedeutet, behauptet der Bericht dieser Untersuchungskommission die unvorhersehbare und damit auch grundsätzlich unvermeidliche Einzeltat Oswalds. Gegen beide Behauptungen, die der Unvorhersehbarkeit der Tat wie auch die ihrer Unvermeidlichkeit, bestehen jeweils erhebliche und überzeugende Einwände, deren Erörterung hier jedoch zu weit führen würde. Die Kommission liefert auch kein nur annähernd plausibles Motiv für eine Einzeltäterschaft, weshalb sie eben zu einer psychischen Zerrüttung Oswalds Zuflucht nehmen muss. Diskutable Motive verflüchtigen sich zudem um so rascher, je ausgiebiger man sich mit Oswalds Biografie befasst und dafür, wie es der Schriftsteller Norman Mailer auf 820 Druckseiten ausgiebig und penibel getan hat, vor allem auch Oswalds Lebenszeit in der Ukraine (Mailer 1995) mit ins Kalkül zieht. Dass zudem die Staatsanwaltschaft von Dallas noch am Tag der Tat nicht nur die Verhaftung des Tatverdächtigen Lee Harvey Oswald präsentierte, sondern ihn vielmehr bereits als sicheren Alleintäter ausgab, der zusätzlich zum Präsidenten auch den Streifenpolizisten J. D. Tippit erschossen habe, widersprach wohl allen Regeln elementaren ermittlungstechnischen und polizeitaktischen Handwerks (vgl. Douglas und Munn 1992).

Vor allem die Geschichte der sogenannten „magischen Kugel" *(magic bullet)*, die insgesamt sieben Verletzungen an Kennedy und Connally herbeigeführt haben soll, ohne dabei nennenswert verformt zu werden (sie wurde angeblich später fast intakt auf Connallys Trage gefunden), stieß auf sich weit verbreitenden Unglauben. Bald wurde auch bekannt, dass die Warren-Kommission Indizien, die auf mehr als nur einen Täter deuteten, gar nicht näher verfolgt hatte. Zu keinem Zeitpunkt wurden die Arbeitsergebnisse von FBI und CIA infrage gestellt, und weder Fotografien noch Röntgenaufnahmen, die während der Autopsie erstellt worden waren, hatten der Kommission je vorgelegen. In den vielen Verschwörungstheorien, die aufgrund dieser Einseitigkeiten der Warren-Kommission rasch um sich griffen, wurde auch die persönliche Integrität sowohl der Kommissionsmitglieder als auch die des neuen Präsidenten Lyndon B. Johnson öffentlich in Zweifel gezogen. Daraufhin gab die CIA im Januar 1967 Hinweise zum Umgang mit der Kritik am Warren Report an ihre Mitarbeiter mit dem Ziel, die um sich greifenden Verschwörungstheorien zu diskreditieren und zu widerlegen (Kurtz 2006, S. 223). Vom Warren Report (engl. Fassung: Presidents Commission on the Assassination of President John F. Kennedy 1964; deutsch: Kempner 1964) wurden binnen weniger Monate zwei Millionen Exemplare verkauft (Knight 2007, S. 65).

Der Bericht der Kommission war von Beginn an Gegenstand heftigster Kritik. Selbst diejenigen, die seine Schlussfolgerungen grundsätzlich teilten, ließen ob der zahllosen erkennbaren methodischen, handwerklichen und logischen Unzulänglichkeiten kein gutes Haar an diesem so umfangreichen Dokument. Und viele der zahlreichen Enttäuschten, die den Report in bemerkenswerter Detailversessenheit kritisch auseinander nahmen, kamen zu dem Schluss, dass Oswald, der vermeintliche Täter, von den Strafverfolgungsbehörden offenkundig hereingelegt und zum Sündenbock gemacht worden sei.[13] Zu den ganz wenigen Autoren, die die Warren-Kommission und ihren Bericht mit deutlichen Worten rechtfertigten und sie (u. a. gegen die Kritik Bertrand Russells) verteidigten, gehörte der Journalist I. F. Stone (1964) – der aber macht dafür ausdrücklich und möglicherweise sehr klarsichtig geltend, dass, wenn man die zugegebenermaßen fragwürdigen Befunde der Kommission nicht akzeptieren könne, eben nur noch die Zuflucht zu Verschwörungstheorien bleibe, und solche seien ihm als bekennendem Linken ein Graus.

Weil die Verschwörungstheorien einfach nicht zum Schweigen gebracht werden konnten, wurde 1976 ein parlamentarischer Untersuchungsausschuss des Repräsentantenhauses, das House Select Committee on Assassinations (HSCA) (1979), mit weiteren Nachforschungen betraut. Nach dreijähriger Arbeit legte es 1979 einen Bericht vor, der die Ergebnisse der Warren-Kommission im Wesentlichen bestätigt, die Ermittlungen des FBI aber als „grob fehlerhaft" *(seriously flawed)* kritisiert. Das FBI habe zwar das Vorleben und die Täterschaft Oswalds adäquat ermittelt, jedoch die Möglichkeit einer Verschwörung nicht sachgerecht verfolgt. Als Ursache dieser Versäumnisse benannte der Bericht die mangelnde Kooperationsbereitschaft der Geheimdienste sowie „Zeitdruck und den Wunsch der Staatsführung, die Befürchtungen der Öffentlichkeit zu beschwichtigen, es habe eine Verschwörung gegeben".

---

[13] Zu den wichtigsten, gehaltvollsten und ausnahmslos bis heute lesenswerten Kritiken des Warren Reports aus den ersten paar Jahren zählen u. a. Brown (1966), Epstein (1966 – obwohl auch er die Einzeltäter-These favorisiert), Freese (1965), Lane (1966), Roffman (1975 – der zu zeigen versucht, dass und wie die Warren-Kommission Oswald mit manipulierten Beweismitteln hereingelegt und falsches Spiel mit ihm getrieben habe), Meagher (1967), Salandria (1965), Sauvage (1966), Thompson (1967), Wecht (1966) und Weisberg (1965a, 1994), vgl. auch McKnight (2005). Knight (2007, S. 165) bemerkt über diese frühen Kritiken am Warren Report, dass „some of the early books […] remain some of the most coherent and impassioned advocacy of the critical position". Dabei hebt er die kritischen Studien in Buchlänge von Mark Lane (1966), Sylvia Meagher (1967) und Josiah Thompson (1967) besonders hervor. In seiner umfangreichen Studie über Oswald bezeichnet der Schriftsteller Norman Mailer (1995, S. 351) den Warren Report rückblickend als „a dead whale decomposing on a beach".

3.2 Multiple Verschwörungskonstrukte

Ich habe oben vorgeschlagen (und auch bereits die Gründe dafür erläutert), wann immer es sich sachlich anbietet, systematisch zwischen einer Verschwörung ‚erster Art' (hier) zur Ermordung des Präsidenten der Vereinigten Staaten und einer Verschwörung ‚zweiter Art' zur Vertuschung der Gründe oder der Umstände dieser konspirativen Tat zu unterscheiden. Dabei darf man nicht aus dem Blick verlieren, dass beide Sorten von Verschwörungen zwar möglicherweise, aber *nicht zwangsläufig* voneinander abhängig sind. So ist beispielsweise durchaus vorstellbar, dass ein staatlich eingesetztes Gremium (sagen wir: die Warren-Kommission) sich zur Vertuschung (oder zur Ignorierung von Hinweisen auf die Existenz) einer Verschwörung entschließt, an der das Gremium selbst oder der Staat, der es beauftragt, nicht beteiligt war und von der das betreffende Gremium noch nicht einmal Kenntnis hatte. Denkbar ist sogar, dass das betreffende Gremium eine Verschwörung vertuscht, von der ihm dauerhaft unbekannt ist, dass es sich überhaupt um eine Verschwörung handelt. *Die faktische Vertuschung einer Verschwörung setzt folglich weder eine Beteiligung an ihr noch auch nur die Kenntnis ihrer Existenz zwingend voraus.*

Nun schafft sich das breite Verlangen nach Aufklärung einer so folgenträchtigen Tat, das durch offizielle Deklarationen (etwa einer einäugig agierenden Warren-Kommission) nicht befriedigt worden ist, notfalls seine eigenen Entlastungen. Dazu dienen nicht zuletzt alle Mechanismen einer floriden Verschwörungstheorieindustrie, die sich nur irgendwie gangbar machen lassen. Bereits im Jahr 1967, nur gut drei Jahre nach der Mordtat, konnte die Zeitschrift *Esquire* eine Übersicht über nicht weniger als sechzig verschiedene Verschwörungsvarianten und Mordszenarien zusammenstellen (Knight 2007, S. 79). Wir müssen hier mit einer ganz kleinen *Auswahl* gängiger, fast immer miteinander in Konkurrenz befindlichen[14] Ausprägungen solcher Verschwörungstheorien vorlieb nehmen, die anlässlich des Kennedy-Attentats bis heute im Gespräch geblieben sind. Beispiele:

- Die sog. New-Orleans-Verschwörung – sie geht auf Jim Garrison, den Staatsanwalt von New Orleans, zurück und unterstellt ein kompliziertes Verschwörungsgeflecht, an dem amerikanische Geheimdienste, die organisierte Krimi-

[14] Gemäß ihren eigenen Einlassungen gelingt es einigen Befürwortern von Verschwörungstheorien offenbar, gleichzeitig und frei von kognitiven Dissonanzen von mehreren miteinander konkurrierenden Verschwörungskonstrukten überzeugt zu sein, die sich erkennbar wechselseitig ausschließen (Wood, Douglas und Sutton 2012).

nalität, mexikanische Drogendealer und anderes Personal von ausgesuchter Zwielichtigkeit beteiligt waren (vgl. Garrison 1988; DiEugenio 1992). Oliver Stones Spielfilm *JFK* fußt wesentlich auf diesem komplexen Konstrukt und gibt ihm angemessenen Ausdruck;

- die Kubanische Verschwörung unterstellt eine Beteiligung Fidel Castros und seiner Regierung, nachdem CIA und FBI zeitweilig (und nachweislich) in Kennedys Auftrag Mordpläne gegen Castro betrieben haben (President's Commission on the Assassination of President John F. Kennedy 1964, S. 305, 374; Summers 1998, S. 182–189; Kurtz 2006, S. 172–195);
- die CIA-Verschwörung – spricht für sich und hat eine sehr stattliche Zahl von Anhängern (vgl. Canfield und Webermann 1975; Lane 1991; Scott 1993; Armstrong 2003; Douglass, 2008; Newman 2008);
- eine Verschwörung durch andere US-Geheimdienste, an denen im Lande schon damals kein Mangel herrschte (vgl. Weisberg 1965b; Palamara 1997; Artwohl 1993; Russo 1998, S. 13–84; Kurtz 2006, S. 169–195; Douglass, 2008);
- eine Verschwörung zur Regierungsumbildung, betrieben vor allem im Interesse konservativer Politiker und Industrieller (Fresia 1988; Scott 1993; Douglass 2008);
- von US-Vizepräsident Lyndon B. Johnson veranlasste Verschwörung, der von Kennedys Tod in vielerlei Hinsicht profitiert hat (eine in den USA sehr „populäre" Theorie, die gleich zu Beginn dadurch Nahrung erhielt, dass auf direkte Veranlassung Johnsons noch in Dallas am Tag des Attentats die Limousine gereinigt (und damit alle Spuren beseitigt) und das Fahrzeug nach Überstellung nach Washington im Werk komplett zerlegt und die Teile in anderen Fahrzeugen verbaut wurden (McClellan 2003);
- eine Verschwörung, angezettelt im Auftrag des sog. industriell-militärischen Komplexes (Douglass 2008); selten diskutiert, aber gut zu rechtfertigen ist unter dem Stichwort „industriell-militärischer Komplex" auch Kennedys folgenreiche, große Teile des Staatshaushaltes langfristig bindende Entscheidung zugunsten des aufwendigen Raumfahrtprogramms und der Mondlandung[15];

[15] Befürworter einer solchen Theorie dürften, wären sie konsequent, nicht zugleich zu jenen gehören, die Lyndon B. Johnson zu den Schuldigen rechnen. Am Raumfahrt-Projekt hatte nämlich auch Vizepräsident Johnson als Vorsitzender des National Aeronautics and Space Council ein eigenes persönliches und politstrategisches Interesse (Johnson 1971). Nach dem Erstflug Gagarins 1961 und dem Schweinebucht-Desaster schienen die USA jedenfalls technologisch wie politisch im Hintertreffen zu sein. Kennedys Mondlandeversprechen, im Mai 1961 vor dem US-Kongress abgegeben, behob wenigstens zeitweilig sein PR-Problem.

- Verschwörung durch Exilkubaner, die von Kennedys Friedensschwenk enttäuscht waren (Didion 1987; Scott 1993, u. a. S. 113–117; Summers 1998, S. 182–189; Kurtz 2006, S. 172–195);
- Verschwörung der Mafia oder anderer Gruppen des organisierten Verbrechens (Scheim 1988; Davis 1989; Scott 1993; Bonanno 1999; Kurtz 2006, S. 196–221);
- die Russen waren es – in den 1960ern fast obligatorisch (President's Commission on the Assassination of President John F. Kennedy 1964, S. 374; Beschloss 1991);
- unvermeidlich gibt es auch in diesem Kontext die ausformulierte Theorie einer zionistisch-israelischen Verschwörung (vgl. Bass 2003);
- schließlich erfreut sich wohl eine nachträgliche Vertuschungsverschwörung unter Medizinern beachtlichen Zuspruchs: Artwohl (1993) berichtet im renommierten *Journal of the American Medical Association* über eine Interviewstudie mit Ärzten, die u. a. zeigt, dass Mediziner (keine typische Verschwörungsklientel) auch noch 30 Jahre nach der Tat mehrheitlich überzeugt sind, die damals mit der Wiederbelebung und Obduktion Kennedys befassten Ärzte hätten sich den Anweisungen von Militär, CIA, FBI und Secret Service gebeugt, die darauf abzielten, bestimmte medizinische Beweise zu vertuschen oder zu unterdrücken, die hätten belegen können, dass der Präsident seinerzeit von mehr als einem Schützen regelrecht hingerichtet worden sei.

Täterschaft und Hintergründe des Kennedy-Attentats sind bis heute umstritten. Umfragen zeigen, dass eine große Mehrheit der Amerikaner nicht an eine alleinige Täterschaft Oswalds glaubt. In einer Gallup-Umfrage aus dem Jahr 2003 werden von denjenigen, die davon ausgehen, dass statt eines Einzeltäters eine Verschwörung hinter dem Attentat stecke, folgende „Drahtzieher" bevorzugt genannt: an erster Stelle die Mafia (37 %), an zweiter Stelle die CIA (34 %), an dritter Stelle bereits Kennedys Nachfolger Johnson (18 %), danach Kuba und die Sowjetunion (jeweils 15 %). Andererseits bemängelt Bale (2007, S. 45), dass gerade Akademikern und anderen Intellektuellen die Zivilcourage fehle, auch öffentlich einmal zugunsten einer Verschwörungstheorie geradezustehen, sofern es ausreichende Hinweise auf eine Verschwörung gebe:

Die Kosten des Raumfahrtprogramms waren allerdings gigantisch (knapp 4,5 % des Staatshaushalts) und riefen heftige Kritik auf den Plan.

> „So strong is [their] prejudice that even among academics, even when clear evidence of a plot is inadvertently discovered in the course of their own research, they frequently feel compelled, either out of a sense of embarrassment or a desire to diffuse anticipated criticism, to preface their account of it by ostentatiously disclaiming a belief in conspiracies.“ (ebd., 47)

Diese besondere Sorte intellektuellen Unvermögens – auch diese – verleiht den Beispielen, die wir im abschließenden Teil dieses Beitrags diskutieren wollen, nochmals zusätzliches Gewicht.

4 Akte geschlossen? Lehrstücke in pseudorationaler Aufklärung

Sicherlich die meisten der im Laufe der Jahrzehnte erstellten Verschwörungstheorien zur Aufklärung des Attentats auf John F. Kennedy haben ein Glaubhaftigkeitsproblem. Einige von ihnen leiden darüber hinaus, zurückhaltend gesprochen, an Vernünftigkeitsdefiziten. Beides trifft allerdings in ähnlichem Ausmaß auch auf ihre theoretische Alternative, nämlich auf alle Einzeltäterthesen, zu, wie immer diese auch konkret ausgelegt sein mögen. Jedenfalls wurde oben schon anhand einer Reihe schwerwiegender Probleme festgestellt, dass es sowohl um die Glaubhaftigkeit dieser Einzeltäterthese als auch um die Vertrauenswürdigkeit und die Vernünftigkeit ihrer Vertreter bisweilen nicht zum Besten bestellt ist. Besonders deutlich – und in einem beunruhigenden Umfang, der wenig Raum für Dementis lässt – ist dies am Beispiel der gewissermaßen klassischen Formulierung der Einzeltäterthese abzulesen: ihrer Rechtfertigung im Rahmen des Warren Reports.

Nun ist aber diese These vom alleinigen Täter, jedenfalls in ihren Grundzügen, bereits genauso viele Jahre alt wie Kennedy tot ist. Sie wurde der Öffentlichkeit nämlich von Polizei und FBI schon wenige Stunden nach dem Attentat als des Mordrätsels Lösung aufgedrängt, als man sich anschickte, Lee Harvey Oswald als „einsamen Wolf“ zu portraitieren, der die Tat ohne fremde Hilfe begangen habe. Gegenteilige Sichtweisen waren und sind bis heute nicht gut gelitten. Das war vermutlich aus mancherlei Gründen nicht sonderlich clever, aber allemal folgenträchtig. Angesichts der unverzüglich einsetzenden und bis heute anhaltenden Schelte für die Naivität und die vielen Fehler des Warren Reports möchte man eigentlich hoffen und könnte es sich auch sehr wohl vorstellen, dass es während des halben Jahrhunderts, das seit dem Anschlag vergangen ist, Zeit und Anlässe zur Genüge gegeben hätte, sich zu besinnen und die Einzeltäterthese vielleicht nicht zu revidieren, sie aber doch wenigstens dem Stand der Kritik und der Faktenlage anzupassen. Die Untersuchungen des House Select Committee on Assassinations (1979) des US-Repräsentantenhauses und des Assassination Records Review Board (1998) waren dazu willkommene, aber halbherzige und letztlich untaugliche Versuche. Wie aber steht es mit aktuellen Fassungen dieser Einzeltäterthese, deren jüngere Vertreter sich gerne als besonders kritisch und rational, als orthodox und vernunftgestählt präsentieren?

Schaut man sich die einschlägige Literatur daraufhin an, kommt man allerdings – wie schon eingangs bei der Formulierung unseres „dritten Verdachts" festgestellt – gar nicht umhin, wenig schmeichelhafte Schlussfolgerungen zu ziehen. Einerseits vertreten die Proponenten der Einzeltäterthese auch heute (mit Nuancen freilich) Versionen dieser Theorie, die nicht erkennen lassen, dass sie im Laufe der vergangenen Jahrzehnte nennenswert hinzugelernt und die vielen alten Schwachstellen erkannt, vermieden oder sie wenigstens ausgebessert hätten. Ihre Behauptung lautet weiterhin relativ schlicht, Lee Harvey Oswald habe Kennedy alleine und ohne fremde Mitwirkung ‚zur Strecke gebracht' Diese Behauptung ignoriert fast vollständig die vielen Einwände, die über all die Jahre mit oft guten Gründen erhoben worden sind. Zugleich führen die Vertreter dieser These, wie man dann recht bald merkt, einen szientistischen Feldzug gegen alle Theorien, die ein differenzierteres Bild zeichnen und das seinerzeitige Vorliegen einer Verschwörung zumindest nicht ausschließen mögen.

Wissbegier, Vernunftbegabung und Gutwilligkeit der Betreffenden haben sich, wie noch festzustellen sein wird, seit den Tagen des Warren Reports nicht erkennbar zu ihrem Vorteil entwickelt. Insgesamt erweist sich diese ganze Geschichte als noch finsterer als man gehofft haben mag. Auch ist nicht zu übersehen, dass zumindest eine beträchtliche Zahl derjenigen, die weitgehend ungeachtet der tatsächlichen Sachlage die Alleinschuld Oswalds behaupten und Fundamentalopposition gegen alle auch nur vagen Verschwörungsverdächte betreiben, ein und derselben, sich selbst für besonders rational und skeptisch haltenden Tradition entstammen. Dabei sind ihnen Verschwörungstheorien jeglicher Machart weniger als konkrete Aufklärungsansätze suspekt, sondern vielmehr als Symptom für eine vermeintlich generell um sich greifende Unvernunft, deren Ausmerzung sie sich verschrieben haben.

4.1 Zweifel am Zweifel

Die Verteidigung wissenschaftlicher Rationalität (oder vielmehr dessen, was ihm als solche gilt) hat sich seit der Mitte der 1970er Jahre ein Verein mit dem ungelenken Namen „Committee for the Scientific Investigation of Claims of the Paranormal“ (CSICOP, neuerdings gewitzt zu CSI verkürzt) zur Aufgabe, ja zur Mission gemacht. Mit der längerfristigen Rückendeckung und der organisatorischen Unterstützung der American Humanist Association und anderer Atheisten- und sog. Freidenker-Organisationen gilt den Mitgliedern von CSICOP alles das als irrational, gesellschaftlich riskant bis gefährlich und entsprechend kritik- und abschaffenswürdig, was mit herkömmlichem Wissen mitunter schwer vereinbar scheint und in Konflikt mit ihren eigenen Vorstellungen davon gerät, wie die Welt physisch und sozial beschaffen ist. Ein solches – sich selbst als „skeptisch“ annoncierendes – Interesse hat zweifellos völlig legitime, ja begrüßenswerte Aspekte, denn Irrationalismen unterschiedlichster Couleur bergen durchaus Gefahren sowohl für den wissenschaftlichen Blick auf die Welt als auch für den individuellen oder kollektiven sozialen Umgang. Bedenklich aber sind nach allen inzwischen selbst schon historischen Erfahrungen mit CSICOP und den Betätigungen und Veröffentlichungen seiner Vertreter einerseits die wissenschaftlich oft selbst dilettantischen Versuche, wissenschaftliche Rationalität zu bewahren und zu kultivieren. Nicht minder fragwürdig ist andererseits die faktisch kaum erkennbare Bereitschaft zu differenzierter Betrachtung und Argumentation, die daher über Jahrzehnte meist nicht die angekündigte rationale Aufklärung, sondern vielmehr szientistisch-skeptizistische Exzesse gezeitigt hat, bei denen selten Wahrheits-, aber immer Durchsetzungs- und Autoritätsprioritäten galten.[16]

Verschwörungen und Verschwörungstheorien sind in Kreisen dieses „skeptischen“ Komitees (wie auch bei seinem deutschen Ableger, der „Gesellschaft zur wissenschaftlichen Untersuchung von Parawissenschaften“, GWUP) gewissermaßen von vorneherein als gegenstandslos definiert (vgl. u. a. Polidoro 2005; Shermer 2009). CSICOP stellt sich dabei gerne als Wächter und Garant wissenschaftlicher Orthodoxie und einer verschwörungsfreien Weltgeschichte dar. Dies passt nicht schlecht zu der früher schon angesprochenen Auffassung von Mandik (2007), der zufolge Verschwörungstheorien schon deshalb nicht ernst zu nehmen seien, weil man ja schon wisse, dass sie, eben als Theorien, die Verschwörungen behaupten, zwangsläufig defizitär seien.

Einiges Interesse verdient in jedem Fall, wie und in welche Kontexte die betreffenden Verschwörungsdiskurse argumentativ eingebettet werden: Wer normalsinnig und ansonsten leidlich bei Trost ist, so versichert uns CSICOP programma-

[16] Dies ist nicht der Ort, um detaillierter auf Ziele und Tätigkeiten dieser und ähnlicher sog. „Skeptiker“-Organisationen einzugehen; verwiesen sei aber auf Hansen (1992).

tisch, der sehe beispielsweise keine UFOs am Himmel und auch keine Ungeheuer in Loch Ness, der habe hellsichtig allenfalls die Vergangenheit, aber sicher nicht die Zukunft im Blick, der liefere sich weder alternativen Heilmethoden noch den Ratschlägen von Astrologen aus und der glaube eben auch, dass Lee Harvey Oswald alleine und ohne fremde Unterstützung oder Anleitung hinterrücks den amerikanischen Präsidenten erschossen habe. Alle diese Auffassungen sind für CSICOP rational und logisch äquivalent, während gegenteilige Auffassungen als intellektuell fragwürdig und im Extremfall als kriminalistisch oder psychiatrisch untersuchungswürdig diagnostiziert werden. Dabei gilt zugleich, dass, wer eine politische Verschwörungstheorie plausibel finde, mit hoher Wahrscheinlichkeit auch Yeti oder Bigfoot nachstelle. In ungebührlicher Ehrfurcht vor einer vermeintlich gesicherten wissenschaftlichen Orthodoxie stellen sich in dieser skeptizistischen Subkultur defensive Reflexe (z. B. gegen Verschwörungsvermutungen) ein, die kaum rational zu verteidigen sind. „CSICOP“, bemerkt der Journalist Olson (1994, S. D5) nach Teilnahme an einer Tagung des Verbandes,

„takes as its mandate the weeding out of pseudoscience and bunk from the garden of science. Many of CSICOP's targets, such as Uri Geller and spoon-bending, pretty much wither under their gaze [...] Whether it's the Kennedy Conspiracy, the Loch Ness monster or dowsing, CSICOP doesn't buy it.“

Geradezu paradigmatisch beschreibt Volkay (2007) diese Haltung im *Skeptical Inquirer:*

> „According to articles I've read[17], 70 percent of the public believes that there was a vast conspiracy to kill JFK, 80 percent believes in the existence of UFOs, and approximately 95 percent believes in supernatural beings such as ghosts, gods, devils, angels, and poltergeists. In effect, everything in the world of conspiracies is the opposite of what it is in reality. Paul McCartney, who is really alive, is dead; Elvis, who is really dead, is alive. Since so many people saw JFK being fatally injured, you can't say he's alive, so they go for the next best thing: massive conspiracy. Whatever is ... isn't.“ (ebd., S. 44)

Diese CSICOP-Rhetorik über die Vernunftwidrigkeit alles dessen, was ihnen selbst nicht so recht geheuer scheint, ist von beträchtlichem Einfluss auch auf die Beurteilung aller Sorten politischer Verschwörungstheorien. Und da dieser Verband sich öffentlich mit Erfolg als Hüter von Wissenschaft und Rationalität anpreist, ist diese Rhetorik offenbar selbst für jene ansteckend, die dieser Ideologie

[17] Was er denn da gelesen habe, verrät Volkay seinen Lesern allerdings nicht.

ansonsten nicht nahestehen: So stellt zum Beispiel Clarke (2002, S. 131) in einem philosophischen Text fest, Verschwörungstheoretiker, „like creation scientists and astrologers", seien Befürworter von allgemein populären Theorien. Mit Berufung auf Shermer (1997, S. 91–93) unterstellt er Proponenten von Verschwörungen auch gleich noch eine Neigung zum Glauben an staatlich verheimlichte „visits by alien life forms". Unter ‚wirklichen Intellektuellen' stünden Verschwörungstheorien jedoch nicht hoch im Kurs. „Conspiracy theorizing", schließt Clarke (2002, S. 132), „has long been favored by populists, who are almost invariably antielitist, and therefore generally anti-intellectual as well". Hier steht die seit langem tief begraben geglaubte Adornosche Fantasie von der „Metaphysik der dummen Kerle" (Adorno 1951) noch oder wieder in voller Blüte.

Überrascht es nach dem bisher Ausgeführten noch, dass, wenn nicht alle, so doch sehr viele Kritiker von Verschwörungstheorien zum Kennedy-Attentat mit CSICOP auf die eine oder andere Weise verbandelt sind? Als beratende wissenschaftliche Experten und als eingeladene Vortragsredner treten sie für diese Organisation auf, und sie sind als Verfasser von Artikeln im *Skeptical Inquirer* tätig. Verschwörungstheorien unter Einschluss solcher über Kennedys Ermordung sind immer wieder Gegenstand auch gesonderter Themenhefte, so auch in der deutschen GWUP-Vierteljahresschrift *Skeptiker* (Jahrgang 21, 2008, Heft 4). Häufiger sind Verschwörungsthemen und deren Fundamentalkritik jedoch im *Skeptical Inquirer* vertreten. Und dort ist es auch, wo man erste Indizien für ein generelles Problem entdeckt, mit dem man es – mal mehr, mal weniger ausgeprägt – in fast allen Texten ähnlicher Herkunft und Ausrichtung zu tun bekommt. Dieses Problem liegt – verkürzt, aber zutreffend – darin, dass diese Kritiken von Verschwörungstheorien sehr häufig Fehler, „motivierte" Missverständnisse, freie Erfindungen, gar atemberaubende Plagiate und direkte Fälschungen und Entstellungen in einer besorgniserregenden Anzahl enthalten, die die Zahl solcher Unzulänglichkeiten in den Verschwörungstheorien, um deren Korrektur oder Verabschiedung es ja eigentlich geht, meist deutlich in den Schatten stellt.

Ein erstes Anzeichen für dieses Problem, das unten noch in aufdringlicherer Form zu besichtigen sein wird, findet man beispielsweise in einem kleinen Aufsatz von Massimo Polidoro (2005) über das Kennedy-Attentat, der uns schon im Titel verspricht, er werde „facts" von „fiction" scheiden. Davon ist er freilich weit entfernt. Denn sieht man davon ab, dass dieser kurze, kaum drei Druckseiten füllende Text gar nicht mehr als eine knappe und notgedrungen unzulängliche Synopse des Diskussionsstandes bieten kann, führt er seine Leser auch noch mit einer Abbildung in die Irre, die sein Verfasser sicher keinem seiner Kontrahenten hätte durchgehen lassen: Das betreffende Foto, das angeblich eine Straßenszene in Dallas mit dem Wagen Kennedys kurz vor dem Attentat zeigt, präsentiert uns die Präsidenten-Limousine nämlich leuchtend weiß (statt schwarz), ein Fahrzeug ohne statt mit erhöhtem Präsidentensitz und wem auch immer (aber gewiss nicht Senator Connally) auf dem Sitz vor Kennedy (Coffey 2005).

4.2 Die Posner-„Verschwörung"

Bevor man das Richtige tun kann, muss man das Richtige denken. Das gilt ohne Zweifel auch für das Abfassen von Texten, die zur Veröffentlichung taugen sollen. Möglicherweise liegt genau hier das Problem derjenigen, denen eine Kritik von Verschwörungstheorien als gleichbedeutend mit einer Kritik blühender gesellschaftlicher und wissenschaftlicher Unvernunft gilt. Hier stellt sich ein selbst schwerlich noch als rational zu bezeichnender Abwehrreflex ein und zeitigt publizistische Folgen, der heterodoxe Auffassungen stets als schädliche Auffassungen übersetzt. Auch in einem Verschwörungsdiskurs empfiehlt es sich augenscheinlich, das letzte Wort zu behalten, wenn man zu jenen gehört, die eine skeptizistische Mission zu erfüllen haben. Diese Missionierungsabsicht verleitet leicht dazu, Verschwörungsideen ohne viel Federlesens als politisch illegitim und als moralisch verwerflich zu diskreditieren.

Nun ist auch Gerald Posner, wie der erwähnte Massimo Polidoro, jemand, der sich mit beträchtlichem Einsatz einbringt, wenn es darum geht, im Sinne von CSICOP aufklärerisch und vernunftwahrend tätig zu werden. Die große Geste ist Gerald Posner dabei nicht fremd. Im Gegenteil, Posner ist einer, der sich populär zu machen weiß. Allerdings ist er auch jemand, der, wie nicht zu übersehen sein wird, manchen schwarzen Fleck auf der weißen Weste spazieren führt.[18] Um was geht es?

In seinem in erster Auflage 1993 erschienenen Buch *Case Closed* vertritt und verteidigt Posner (2003) die seit dem Attentatstag geläufige These, dass Lee Harvey Oswald der alleinige Attentäter beim Mord an John F. Kennedy war, und dass auch Oswalds Mörder Jack Ruby als Einzeltäter handelte. Spätestens bis zum Ende des ersten Kapitels, so beobachtet Newman (1993), soll auch der renitenteste Leser begriffen haben, dass Oswald ein irrer Killer war, und aufhören, Fragen nach etwaigen weiteren Tätern zu stellen.

[18] Vielleicht ist der Hinweis angebracht, dass ich Mr. Posner zum ersten und einzigen Mal anlässlich einer CSICOP-Tagung in Pasadena im Frühjahr 1987 persönlich begegnet bin, mehr als ein halbes Jahrzehnt bevor sein Buch über Oswald und Kennedy erschien.

Posners Buch fand sogleich weite Verbreitung. Es wurde in der Presse euphorisch besprochen, war auf der Beststeller-Liste der *New York Times* und 1994 auf der Shortlist für den Pulitzer-Preis. Die Laudatoren reichten von den Journalisten des *Toronto Sun,* der Posners „meticulous research and careful conclusions" lobte und sogar „some pretensions to scholarship" erkannte, über *Newsday,* der die gründliche Erforschung dessen imponierte, was das Blatt, erstaunlich genug, für „a novel conclusion" hielt, bis zur *Chicago Tribune,* die Posners Buch „utterly convincing" und „almost revolutionary" fand. Der *Sun-Sentinal* stellte besonders Posners „exact and thorough destruction of the conspiracy theorists" heraus. Solche Einschätzungen der Presse sind in einem öffentlich so dauerpräsenten Fall wie dem Kennedy-Mord ja nicht unerheblich. Entscheidender sind aber vermutlich die kaum minder enthusiastischen Einschätzungen professioneller Historiker und anderer Experten. Selbst der im allgemeinen exzellent informierte schottische Historiker Peter Knight (2007, S. 35) vermochte bei Posner einen „machtvollen anklagenden Angriff auf die Berichte über eine Verschwörung" auszumachen, und der renommierte deutsche Historiker Christof Mauch (2008, S. 130) sprach kürzlich noch von der „empirisch exaktesten Studie zum Mordfall JFK". Kann man bessere Referenzen, Empfehlungen und Belobigungen erhalten? Oder war nur jedermann einfach erleichtert, dass da jemand, der sich zu verkaufen weiß, nun allen anderen sagt, wie es wirklich war?

Allerdings begegnete Posners vermeintlich endgültige Aufklärung auch vehementem Widerspruch gerade bei unstreitig guten Kennern des Falles. Posners Kritiker stellten eine „massive Anzahl von faktischen Fehlern" fest (vgl. Wrone 1995; Newman, 1993; Weisberg 1994; Kiel 2000, S. 318). Schlimmer als das: Posner wird vorgeworfen, Zeugenaussagen frei erfunden zu haben. Als ihn in den 1990er Jahren das Assassination Records Review Board (1998) des amerikanischen Kongresses zu seinen „Erkenntnissen" vernahm, bestritten von Posner benannte angebliche Interview-Partner (u. a. Aguilar 1994) je mit ihm gesprochen und die ihnen zugeschriebenen Positionen vertreten zu haben. Trotz Aufforderung und entsprechender Zusage hat Posner dem Board seine Interviewbänder bisher nicht zugänglich gemacht.

Detaillierte Posner-Kritiken, die dem Autor zahllose Fehler, Entstellungen und offenkundige Unwahrheiten einschließlich verfälschter Zitate und erfundener Interviews nachweisen, haben unter anderem McHoskey (1995), Newman (1993), Parenti (1999, S. 190–198), Snyder und Snyder (1998), Starks (1997), Weisberg (1994) und Wrone (1995) vorgelegt. Fast alle diese Autoren stellen die Frage, was denn von Personen, die politisch etwas zu verlieren haben, an Glaubwürdigkeit zu erwarten sei, wenn schon ein politisch mutmaßlich Ungebundener wie Gerald Posner in einem fehlgeleiteten, vorgeblichen Interesse an der Bewahrung wissenschaftlicher Rationalität, kritischer Vernunft und bürgerlichen Wohlbetragens die Menschen allenthalben hinters Licht führe und seine Beweise und die Faktenlage manipuliere.

Dabei stammt die Gegenkritik an Posner nicht nur von Autoren, die man dem Spektrum der Verschwörungstheoretiker zuzurechnen hat. So gehen Arthur und Margaret Snyder (1998), selbst als eingetragene „Skeptiker" im Sinne von CSICOP, in einem längeren Aufsatz in der Zeitschrift *The Skeptic* mit ihrem Mitskeptiker Posner besonders harsch ins Gericht und lassen an dessen Darstellungen kein gutes Haar. Insbesondere werfen sie ihm unseriöse Versuche der Diskreditierung der Kritiker der Warren-Kommission vor: „The evidence as presented fits the theory, contrary evidence is debunked, and critics are made to look like fools or charlatans. However, a critical reading shows that the evidence has been cut-to-fit. The case is far from closed." (ebd., S. 51) Posner präsentiere die Faktenlage als „straightforward and scientifically well established when it actually is messy and confused", und er arbeite durchweg mit „oversimplified explanations" (ebd., S. 54). Ferner werfen sie Posner vor, er manipuliere Zeitangaben, um Oswald mehr Zeit als die allgemein zugestandenen „Six Seconds in Dallas" (Thompson 1967) für die Abgabe der Schüsse einzuräumen (Snyder und Snyder 1998, S. 55), er unterschlage wichtige Zeugenaussagen (ebd.), biege widersprüchliche Aussagen so zurecht, dass sie konsistent erschienen (ebd.), fälsche vorliegende oder erfinde neue Zeugenaussagen (ebd., S. 57) etc. Die Snyders ziehen den wenig schmeichelhaften Schluss:

> „The evidence as presented in *Case Closed* is distorted and misrepresented to support the lone assassin theory [...] Posner leads his readers to believe that advances in science and technology have allowed him to close the case, but science and technology serve only a rhetorical function [...] He is misdirecting your attention, so that you will not look for yourselves and see that the evidence he is referring to does not support the claim he is making [...] These are not just isolated errors. *Case Closed* is biased in its presentation of all the evidence. It is a brief for the prosecution, not a serious work of historical research. It is an apologetic – convincing to those who already believe. It fails as historical science. Although *Case Closed* has been thoroughly discredited by serious assassination researchers, many skeptics have swallowed it without a twinge of criticism and the mainstream media turn to Posner as the authority on the assassination whenever the subjects arises [...] Skeptics should be more skeptical." (ebd., S. 62–63)

Als ob dies nicht genüge, ist Posner inzwischen vielfach des Plagiats bezichtigt und überführt worden – im Buch *Case Closed* ebenso wie in anderen seiner Bücher, in dutzenden Zeitungs-, Magazin- und Online-Beiträgen, Radio-Features etc. Auftrag- und Arbeitgeber haben ihm mittlerweile nicht nur gekündigt, sondern ihn auch verklagt. Die Suchbegriffe „Gerald Posner" und „plagiarism" erzielen bei Google aktuell rund eine Viertelmillionen Einträge, „Gerald Posner" und „falsification" führen zu 350.000 Verbindungen. Als „Fass ohne Boden" *(a bottomless pit)* bezeichnet die *Miami New Times,* die zahllosen Plagiatsnachweise gegen ihren ehemaligen Mitarbeiter und diesen als „superplagiarist" und „world record plagiarist".

Die skeptizismusskeptischen Skeptiker Snyder und Snyder (1998) sind mit ihrer Haltung und der zitierten Posner-Kritik jedoch echte Ausnahmen in der vorstehend beschriebenen Skeptiker-Gilde. Sie bestehen darauf, dass Posners „lone assassin scenario suffers from serious inconsistencies". Auch seien Diskursbeiträge wie jene von Polidoro und Shermer unredlich, denn sie diskreditierten Verschwörungsvermutungen mit dem Versuch, „to lump the possibility of a conspiracy in the Kennedy assassination with UFOs, dowsing, clairvoyance, and other extraordinary claims. Conspiracy 'buffs' are portrayed as 'nuts' or 'true believers'. Yet there is nothing extraordinary about conspiracies". Die Insinuation, Verschwörungstheoretiker im Falle des Attentats auf Kennedy seien nicht ernst zu nehmen, weil ja schon George Adamski in den 1950ern seine Besucher von der Venus erfunden und Uri Geller in den 1970ern Löffel mittels ziemlich irdischer Kräfte verbogen habe, folgt einer Argumentationsfigur, die die ernsthafte Auseinandersetzung scheut und unter sog. „Skeptikern" beunruhigend populär ist. „Perhaps", argwöhnen Snyder und Snyder, „skeptics regard it as irrational to mistrust our Government's official conclusions" (ebd., S. 51).

Swami und Coles (2010, S. 561) bringen diese Attitüde der aufklärungsbeflissenen „Skeptiker" auf den Punkt:

„[S]ome scholars came to view conspiracy theories as a product of psychopathology, such as extreme paranoia, delusional ideation or narcissism […] In this view, the incorrectness of conspiracy theories was usually assumed a priori and, more than this, the delusional aspect of conspirational beliefs was thought so result in an incapacity for social or political action […]. While it is possible that some people who believe in conspiracy theories suffer forms of psychopathology, this in itself is an incomplete explanation given how widespread conspiracy theories are."

Und sie empfehlen (ebd., S. 563), auf die auch in der bisherigen empirischen Forschung gängige Annahme künftig zu verzichten, dass alle Verschwörungstheorien „gleichermaßen unglaubwürdig" *(equally unbelievable)* seien.

Gewissermaßen Posners Nachfolger und propagandistischer Erbe ist der Jurist Vincent Bugliosi, dessen 2.600-Seiten-Buch *Reclaiming History* (Bugliosi, 2007) eingangs schon erwähnt wurde. Im Ergebnis stimmt Bugliosi der Warren-Kommission und Posner zu; seine Darstellungen kranken jedoch an demselben Leiden wie die genannten Vorgänger. Zwar bemängelt auch Bugliosi an Posners Arbeit die „Auslassungen und Verzerrungen", räumt dann aber ein, Posner sei ein bedeutendes Werk gelungen (ebd., S. xxxviii). Das überrascht insofern nicht, als Bugliosi mittels genau derselben strukturell und im faktischen Detail fehlerhaften Argumente dieselben Schlüsse zieht wie seine Vorgänger. Bugliosi und Posner wiederum ergehen sich beide in heftiger Polemik gegen Moore (1990), obgleich dieser schon vor ihnen zum selben Resultat (Oswald war ein Einzeltäter) gekommen ist wie sie, und wie auch von Beginn an der Warren Report. In seiner Rezension von *Reclaiming History* betont der Wissenschaftstheoretiker und Zapruder-Experte James H. Fetzer (2007, S. 1–2):

> „Bugliosi has misled his readers by lies, omissions, and deliberate distortions, where, in particular, when confronted with evidence that is incompatible with his own – official but fanciful – theory, he either twists, warps, and distorts the evidence or simply ignores it. His key claims are not merely provably false but, in crucial cases, not even physically possible."

Es ist nicht zu übersehen, dass die sich „Skeptiker" nennenden Welterklärer, die sich in eigentümlicher Weise dem Kampf gegen all jenes verschrieben haben, das ihnen in irgendeiner Weise irrational vorkommt, einerseits zuweilen mit Mitteln arbeiten, deren Anwendung man beim Versuch rationaler Erklärung eigentlich weder erwarten würde noch gutheißen möchte. Andererseits ist festzustellen, dass auch diese „Rationalisten" und ausgewiesenen Gegner jeglichen Verschwörungsdenkens sich wechselseitig nicht wohl gesonnen sind, obgleich sie zu denselben Ergebnissen kommen. Daraus und aus den unersprießlich vielen Irrtümern, gar Manipulationen derjenigen, die behaupten, für besondere wissenschaftliche und soziale Vernunft zu stehen, muss man ferner wohl den Schluss ziehen, dass es um das Diskursniveau aufseiten der angeblich Vernünftigen zumindest nicht besser bestellt ist als um das derer, die von Ersteren gerne als irrationale Verschwörungsfanatiker abgekanzelt werden. Dass solche Art unglaubwürdigen skeptizistischen Overkills die Bereitschaft Unvoreingenommener fördert, selbst abenteuerlicheren Verschwörungstheorien den Vorzug vor den Meinungen von Vernunftaposteln zu geben, die sich selbst diskreditieren (selbst wenn sie recht hätten), kann den Beobachter nicht überraschen.

5 Konspirationsfreie Schlussbemerkung

Auch nach artiger Kenntnisnahme großer Teile der einschlägigen Literatur muss ich zugeben, dass ich keine mitteilenswerte Ahnung habe, wer im Jahr 1963 Täter oder Mittäter, Verschwörer oder Mitwisser beim tödlichen Attentat auf Kennedy gewesen ist. Noch bin ich mir letztlich völlig sicher (und es kommt mir wenigstens im Kontext der hier geführten Diskussion auch nicht unbedingt darauf an), ob es damals auf der Dealey Plaza in Dallas bloß einen oder mehrere Schützen und damit im letzteren Fall eine tatsächlich realisierte Verschwörung gegeben hat. Freilich scheinen mir manche Aufklärungsoptionen deutlich plausibler als andere, und die Einzeltäterthese ist nicht unter ihnen. Was ich jedoch sicher weiß, ist, dass die Vertreter von Verschwörungs- wie auch von Einzeltätertheorien allesamt an ihren Argumentationsgängen und Beweismitteln noch zu arbeiten haben werden, soll denn irgendwann einmal eine allseits oder wenigstens mehrheitlich überzeugende und akzeptable Aufklärung erfolgen.

Darüber hinaus bin ich mir weitgehend sicher, dass die zu Beginn dieses Kapitels formulierten und im Textverlauf weiter erläuterten drei Verdachtsmomente im Fall des Kennedy-Mordes sehr wesentlich sowohl für die Entstehung als auch für die Dauerhaftigkeit der vielfältigen Verschwörungstheorien mit verantwortlich sind. Dies zeigt ironischerweise zudem, dass in allen entscheidenden Entwicklungsstadien dieser „Fallgeschichte" vorwiegend diejenigen, die die Entstehung von Verschwörungsgedanken um jeden Preis verhindern wollten, dieselben zuallererst heraufbeschworen haben. Ohne ihren irritierenden Dilettantismus, ihre Argwohn erzeugenden Ausflüchte, teils auch ihre ungeschickten Manipulationen an Beweisen, Dokumenten und Narrationen, wäre manche Verschwörungsvariante gar nicht erst entstanden und für viele Beobachter sogar glaubhaft geworden. Mindestens solange, wie solche Unzulänglichkeiten „orthodoxer" Theorien, die sich auf die Version von der einsamen Tat des einsamen Täters versteift haben, nicht aufgelöst werden, dürften uns „heterodoxe" Verschwörungskonstrukte, darunter sowohl hochintelligente als auch sehr absonderliche, langfristig erhalten bleiben.

Und was immer man von John F. Kennedy als Person, als Bürger oder als Politiker auch halten mag – er hätte allemal verdient, dass wir irgendwann genau wissen, was ihm widerfahren ist, von wem und warum.

Literatur

Abrahamsen, D. 1967. A study of Lee Harvey Oswald: Psychological capability of murder. *Bulletin of the New York Academy of Medicine* 43: 861–888.

Adorno, T. W. 1951. *Minima Moralia. Reflexionen aus dem beschädigten Leben*. Frankfurt am Main: Suhrkamp.

Aguilar, G. 1994. Letter to the Editor. *Federal Bar News & Journal* 41: 388.

Armstrong, J. 2003. *Harvey and Lee: How the CIA Framed Oswald*. Arlington, TX: Quasar.

Artwohl, R. R. 1993. JFK's assassination: Conspiracy, forensic science, and common sense. *Journal of the American Medical Association* 269: 1540–1543.

Assassination Records Review Board. 1998. Chapter Six, Part II: Clarifying the Federal Record. *Final Report of the Assassination Records Review Board*. Washington, DC: United States Government Printing Office.

Bale, J. M. 2007. Political paranoia vs. political realism: On distinguishing between bogus conspiracy theories and genuine conspirational politics. *Patterns of Prejudice* 41 (1): 45–60.

Bass, W. 2003. Support Any Friend: Kennedy's Middle East and the Making of the U.S.–Israel Alliance. Oxford: Oxford University Press.

Beschloss, M. R. 1991. *The Crisis Years: Kennedy and Khrushchev, 1960-1963*. New York: Edward Burlingame Books.

Bethell, T. 1975. The quote circuit. *The Washington Monthly* 7 (12): 34–39.

Bonanno, B. 1999. *Bound by Honor: A Mafioso's Story*. New York: St Martin's Press.

Boyer, R. S., E. R. Rodin, T.C. Grey, und R. C. Connolly. 2003. The skull and cervical spine radiographs of Tutankhamen: A critical appraisal. *American Journal of Neuroradiology* 24: 1142–1147.

Brown, W. 1966. The Warren Omission: A Micro-Study of the Methods and Failures of the Warren Commission. Wilmington, DE: Delmar Publishing.

Buchholz, L. 2009. *Labyrinth der Wahrheiten. Todesschüsse auf Kennedy. Die Ermordung eines Präsidenten in Dallas/Texas am 22. November 1963. Eine Spurensuche bis in die jüngste Zeit*. Rangsdorf: Marketing-Service Buchholz.

Bugliosi, V. 2007. *Reclaiming History: The Assassination of President John F. Kennedy*. New York: W. W. Norton.

Butler, L. D., C. Koopman, und P. G. Zimbardo. 1995. The psychological impact of viewing the film *JFK*: Emotions, beliefs, and political behavioural intentions. *Political Psychology* 16: 237–257.

Byford, J. 2011. *Conspiracy Theories: A Critical Introduction*. New York: Palgrave Macmillan.

Callahan, B., und M. Zingarelli. 1993. *Who Shot JFK? A Guide to the Major Conspiracy Theories*. New York: Simon and Schuster.

Canfield, M., und A. J. Webermann. 1975. *Coup d'Etat in America: The CIA and the Assassination of John F. Kennedy*. New York: Third Press.

Cavanagh, S., und S. Shapiro. 1979. *The Assassination of President John F. Kennedy: An Alphabetical Bibliography / A Chronological Bibliography*. Washington, DC: Congressional Research Service, The Library of Congress.

Chomsky, N. 1993. *Rethinking Camelot: JFK, the Vietnam War, and US Political Culture*. Boston, MA: South End Press.

Clarke, S. 2002. Conspiracy theories and conspiracy theorizing. *Philosophy of the Social Sciences* 32: 131–150.

Coffey, R. J. 2005. JFK assassination car. *Skeptical Inquirer* 29 (3): 63–64.

Costella, J. 2003a. A scientist's verdict: The film is a fabrication. In *The Great Zapruder Film Hoax: Deceit und Deception in the Death of JFK*, hrsg. J. H. Fetzer, 145–238. Chicago: Carfeet Press.

Costella, J. 2003b. Mary Moorman and her polaroids. In *The Great Zapruder Film Hoax: Deceit und Deception in the Death of JFK*, hrsg. J. H. Fetzer, 259–290. Chicago: Carfeet Press.

Creative Commons (Hrsg). 2011. *Witnesses to the John F. Kennedy Assassination*. Memphis, TN: Books LLC.

Davis, J. H. 1989. *Mafia Kingfish: Carlos Marcello and the Assassination of John F. Kennedy*. 2. Aufl. New York: McGraw-Hill.

DiEugenio, J. 1992. *Destiny Betrayed: JFK, Cuba, and the Garrison Case*. New York: Sheridan Square Press.

Didion, J. 1987. *Miami*. New York: Simon and Schuster.

Douglas, J. E., und C. Munn. 1992. Violent crime scene analysis: Modus operandi, signature, and staging. *FBI Law Enforcement Bulletin* 61 (2): 1–10.

Douglass, J. W. 2008. *JFK and the Unspeakable: Why He Died and Why It Matters*. Maryknoll, NY: Orbis Books.

Egyptian Supreme Council of Antiquities. 2005. The mummy of Tutankhamun: The CT scan report. *Ancient Egypt*, June/July.

Epstein, E. J. 1966. *Inquest: The Warren Commission and the Establishment of Truth*. London: Hutchinson.

Fetzer, J. H. (Hrsg.). 1998. *Assassination Science: Experts Speak Out on the Death of JFK*. Peru, IL: Open Court.

Fetzer, J. H. (Hrsg). 2003a. *The Great Zapruder Film Hoax: Deceit und Deception in the Death of JFK*. Chicago: Carfeet Press.

Fetzer, J. H. 2003b. Prologue: Fraud and fabrication in the death of JFK. In *The Great Zapruder Film Hoax: Deceit und Deception in the Death of JFK*, hrsg. J. H. Fetzer, 1–28. Chicago: Carfeet Press.

Fetzer, J. H. 2005–2006. Reasoning about assassinations: Critical thinking in political contexts. *International Journal of the Humanities* 3: 3–12.

Fetzer, J. H. 2007. Reclaiming History: A closed mind perpetrating a fraud on the public. *Assassination Research* 5 (1): 1–11.

Fetzer, J. H., und S. A. Lederer. 2003. Which film is „The Zapruder Film"? In *The Great Zapruder Film Hoax: Deceit und Deception in the Death of JFK*, hrsg. J. H. Fetzer, 29–44. Chicago: Carfeet Press.

Freese, P. L. 1965. The Warren Commission and the fourth shot: A reflection on the fundamentals of forensic fact finding. *New York University Law Review* 40: 424–465.

Fresia, G. J. 1988. *Toward an American Revolution: Exposing the Constitution and Other Illusions*. Brookline, MA: South End Press.

Garrison, J. 1988. *On the Trail of the Assassins*. New York: Sheridan Square Press.

Gentzkow, M. A., und J. M. Shapiro. 2004. Media, education, and anti-Americanism in the Muslim world. *Journal of Economic Perspectives* 18: 117–133.

Goertzel, T. 1994. Belief in conspiracy theories. *Political Psychology* 15: 733–744.

Goertzel, T. 2011. The conspiracy meme: Why conspiracy theories appeal and persist. *Skeptical Inquirer* 35 (1): 28–37.

Groden, R. J. 1993. The Killing of a President: The Complete Photographic Record of the JFK Assassination, the Conspiracy, and the Cover-Up. New York: Viking Studio Books.

Groden, R. J. 1995. *The Search for Lee Harvey Oswald: A Comprehensive Photographic Record*. New York: Penguin.

Guth, DeL. J., und D. R. Wrone. 1980. *The Assassination of John F. Kennedy: A Comprehensive Historical and Legal Bibliography, 1963–1979*. Westport, CN: Greenwood.

Hamilton, J. W. 1986. Some observations on the motivations of Lee Harvey Oswald. *Journal of Psychohistory* 14: 43–54.

Hansen, G. P. 1992. CSICOP and the skeptics: An overview. *Journal of the American Society for Psychical Research* 86: 19–63.

House Select Committee on Assassinations. 1979. *Report of the Select Committee on Assassinations of the U.S. House of Representatives*. Washington, DC: U.S. Government Printing Office.

Johnson, L. B. 1971. Space. In L. B. Johnson, *The Vantage Point: Perspectives of Presidency, 1963-1969*. New York: Holt, Rinehart & Winston.

Keener, J. F. 1997. Biography, conspiracy, and the Oswald enigma. *Biography* 20: 302–330.

Keller, J. R. 1993. Oliver Stone's *JFK* and the „Circulation of Social Energy" and the „Textuality of History". *Journal of Popular Film and Television* 21: 72–78.

Kelly, A. G. [Pseud.]. 1984. *Jack the Ripper: A Bibliography and Review of the Literature*. Rev. and expanded ed. (1st ed., 1973; 3rd ed., 1995). London: Association of Assistant Librarians.

Kempner, R. M. W. (Hrsg). 1964. *Warren Report über die Ermordung des Präsidenten John F. Kennedy. Vollständige Ausgabe des Berichtes, Anhänge in Auszügen*. Köln: Kiepenheuer und Witsch/Esslingen: Bechtle.

Kiel, R. A. 2000. *J. Edgar Hoover: The Father of the Cold War. How his Obsession With Communism Led to the Warren Commission Cover-up and Escalation of the Vietnam War*. Lanham, MD: University Press of America.

Knight, P. 2007. *The Kennedy Assassination*. Edinburgh: Edinburgh University Press.

Kurtz, M. L. 2006. *The JFK Assassination Debates: Lone Gunman Versus Conspiracy*. Lawrence, KS: University Press of Kansas.

Lane, M. 1966. *Rush to Judgement: A Critique of the Warren Commission's Inquiry Into the Murder of President John F. Kennedy, Officer J. D. Tippit, and Lee Harvey Oswald*. New York: Holt, Rinehart and Winston.

Lane, M. 1991. *Plausible Denial: Was the CIA Involved in the Assassination of JFK*? New York: Thunder's Mouth Press.

Leman, P. J., und M. Cinnirella. 2007. A major event has a major cause: Evidence for the role of heuristics in reasoning about the role of conspiracy theories. *Social Psychological Review* 9: 18–28.

Lifton, D. 1998. *Best Evidence: Disguise and Deception in the Assassination of John F. Kennedy*. New York: Carroll & Graf Publishers.

Lifton, D. 2003. Pig on a leash: A question of authenticity. In *The Great Zapruder Film Hoax: Deceit und Deception in the Death of JFK*, hrsg. J. H. Fetzer, 309–426. Chicago: Carfeet Press.

Mailer, N. 1995. *Oswald's Tale: An American Mystery*. New York: Random House.

Mandik, P. 2007. Shit happens. *Episteme: A Journal of Social Epistemology* 4: 205–218.

Mantik, D. W. 1998. The JFK assassination: Cause for doubt [with several postscripts on President Kennedy's skull and chest X-rays]. In *Assassination Science: Experts Speak Out on the Death of JFK*, hrsg. J. H. Fetzer, 93–175. Peru, IL: Open Court.

Mantik, D. W. 2003. The Dealey Plaza home movies: The reel story or the real story? In *The Great Zapruder Film Hoax: Deceit und Deception in the Death of JFK*, hrsg. J. H. Fetzer, 291–308. Chicago: Carfeet Press.

Marx, G. T. 1974. Thoughts on a neglected category of social movement participant: the agent provocateur and the informant. *American Journal of Sociology* 80: 402–442.
Mauch, C. 2008. *Die 101 wichtigsten Fragen. Amerikanische Geschichte*. München: C. H. Beck.
McCauley, C., und S. Jacques. 1979. The popularity of conspiracy theories of presidential assassination: A Bayesian analysis. *Journal of Personality and Social Psychology* 37: 637–644.
McClellan, B. 2003. *Blood, Money & Power: How L. B. J. Killed J. F. K.* Springdale, AR: Hannover House.
McHoskey, J. W. 1995. Case closed? *Basic and Applied Social Psychology* 17: 395–409.
McKnight, G. D. 2005. *Breach of Trust: How the Warren Commission Failed the Nation and Why*. Lawrence, KS: University Press of Kansas.
Meagher, S. 1967. *Accessories After the Fact: The Warren Commission, the Authorities, and the Report*. Indianapolis, IN: Bobbs-Merrill.
Moore, J. 1990. *Conspiracy of One: The Definitive Book on the Kennedy Assassination*. Fort Worth, TX: Summit.
Newman, J. 1993. 'Case Closed' doesn't close the Oswald file. *The Baltimore Sun*, September 22.
Newman, J. 2008. *Oswald and the CIA: The Documented Truth About the Unknown Relationship Between the U.S. Government and the Alleged Killer of JFK*. New York: Skyhorse Publishing.
Olson, D., und R. E. Turner. 1971. Photographic evidence and the assassination of President John F. Kennedy. *Journal of Forensic Sciences* 16: 399–419.
Olson, G. 1994. Truth can be selective for the sceptics who probe the paranormal. *The Vancouver Sun*: August 13, S. D5.
Palamara, V. 1997. *The Third Alternative – Survivor's Guilt: The Secret Service and the JFK Murder*. Southlake, TX: JFK Lancer Productions & Publications.
Parenti, M. 1999. *History as Mystery*. San Francisco: City Lights Books.
Polidoro, M. 2005. Facts and fiction in the Kennedy assassination. *Skeptical Inquirer* 29 (1): 22–24.
Posner, G. 2003. *Case Closed: Lee Harvey Oswald and the Assassination of JFK* [1993]. New York: Anchor Books, Random House.
President's Commission on the Assassination of President John F. Kennedy. 1964. *Report of the President's Commission on the Assassination of President John F. Kennedy and 26 Accompanying Volumes of Hearings and Exhibits*. Washington, DC: U.S. Government Printing Office.
Roffman, H. 1975. *Presumed Guilty: Lee Harvey Oswald in the Assassination of President Kennedy*. Rutherford, NJ: Fairleigh Dickinson University Press.
Russo, G. 1998. Live by the Sword: The Secret War Against Castro and the Death of JFK. Baltimore, MD: Bancroft Press.
Salandria, V. J. 1965. A Philadelphia lawyer analyses the President's back and neck wounds. *Liberation* 10 (1): 13–18.
Sauvage, L. 1966. *The Oswald Affair: An Examination of the Contradictions and Omissions of the Warren Report*. Cleveland, OH: The World Publishing Co.
Scheim, D. E. 1988. *Contract on America: The Mafia Murders of John and Robert Kennedy*. New York: Shapolsky.

Scott, P. D. 1993. *Deep Politics and the Death of JFK*. Berkeley, CA: University of California Press.
Scott, W. E. 1999. *November 22, 1963: A Reference Guide to the JFK Assassination*. Lanham, MD: University Press of America.
Shermer, M. 1997. *Why People Believe Weird Things: Pseudoscience, Superstition, and Other Confusions of Our Time*. New York: Freeman.
Shermer, M. 2009. Why people believe in conspiracies. *Scientific American* 301 (9): 30.
Snyder, A., und M. Snyder. 1998. Case still open: Scepticism and the assassination of JFK. *The Skeptic* 6 (4): 51–63.
Starks, D. 1997. *The Posner Report: A Study in Propaganda. One Hundred Errors in Gerald Posner's* Case Closed: Lee Harvey Oswald and the Assassination of JFK. Devon, PA: Imagi-Vision, Inc.
Stone, I. F. 1964. The Left and the Warren Commission Report. *I.F. Stone's Weekly*, 5 October: 1–2.
Summers, A. 1998. *Not in Your Lifetime*. 2. Aufl. New York: Marlowe.
Sunstein, C. R., und A. Vermeule. 2009. Symposium on conspiracy theories. Conspiracy theories: Causes and cures. *Journal of Political Philosophy* 17: 202–227.
Swami, V., und R. Coles. 2010. The truth is out there. *The Psychologist* 23: 560–563.
Thompson, J. 1967. *Six Seconds in Dallas: A Micro-Study of the Kennedy Assassination*. New York: Bernard Geis Associates.
Trask, R. B. 1994. *Pictures of the Pain: Photography and the Assassination of President Kennedy*. Danvers, MA: Yeoman Press.
Twyman, N. 1997. *Bloody Treason: On Solving History's Greatest Murder Mystery*. Rancho Santa Fe, NM: Laurel Publishing.
Volkay, C. 2007. Is this article on conspiracies part of a conspiracy? *Skeptical Inquirer* 31 (5): 44–46.
Wecht, C. H. 1966. A critique of the medical aspects of the investigation into the assassination of President Kennedy. *Journal of Forensic Sciences* 2: 300–317.
Weisberg, H. 1965a. *Whitewash: The Report on the Warren Report*. Hyattstown, MD: Weisberg.
Weisberg, H. 1965b. *Whitewash II: The FBI–Secret Service Coverup*. New York: Dell.
Weisberg, H. 1994. *Case Open: The Omissions, Distortions and Falsifications of Case Closed*. New York: Carroll and Graf.
White, J. 2003a. Mysteries of the JFK assassination: The photographic evidence from A to Z. In *The Great Zapruder Film Hoax: Deceit und Deception in the Death of JFK*, hrsg. J. H. Fetzer, 45–112. Chicago: Carfeet Press.
White, J. 2003b. Was Mary standing in the street? In *The Great Zapruder Film Hoax: Deceit und Deception in the Death of JFK*, hrsg. J. H. Fetzer, 239–258. Chicago: Carfeet Press.
White, T. H. 1963. For President Kennedy: An epilogue. *LIFE*, 6 December: 158–160.
Wood, M. J., K. M. Douglas, und R. M. Sutton. 2012. Dead and alive: Beliefs in contradictory conspiracy theories. *Social Psychological and Personality Science* 3: 767–773.
Wrone, D. R. 1972. The assassination of John Fitzgerald Kennedy: An annotated bibliography. *Wisconsin Magazine of History* 56 (1): 21–36.
Wrone, D. R. 1995. Book review of Gerald Posner, Case Closed. *Journal of Southern History* 6: 186–188.

Wrone, D. R. 2003. *The Zapruder Film: Reframing JFK's Assassination*. Lawrence, KS: University Press of Kansas.
Zonis, M., und C. G. Joseph. 1994. Conspiracy thinking in the Middle East. *Political Psychology* 15: 443–459.

Gerd H. Hövelmann († 2017) studierte Philosophie, Linguistik, Literaturwissenschaft und Psychologie; von 1984 bis 1993 wissenschaftlicher Mitarbeiter am Institut für Philosophie der Universität Marburg. Mehr als 250 wissenschaftliche Veröffentlichungen in einem breiten Spektrum disziplinärer Kontexte von der Philosophie bis zur bemannten Raumfahrt.

Die P2-Loge und die geheimen Gladio-Truppen in Italien

Regine Igel

1 Der Ausbau von Geheimstrukturen im Kalten Krieg[1]

Der Fall der Berliner Mauer im Jahr 1989 hatte weit reichende Konsequenzen auch für Italien. Die Jahrzehnte der Nachkriegszeit waren wie in Deutschland ähnlich stark durch den Ost-West-Gegensatz charakterisiert. Statt überfällige Reformen auf den Weg zu bringen, drehte sich in Italien alles darum, mit welchen Mitteln – legal, illegal, offen oder geheim – die im Westen einmalig starke kommunistische Partei und zunächst auch noch die Sozialisten von den Regierungsgeschäften fern gehalten werden konnten. Bald nach 1989 lösten sich die Christdemokraten und die Kommunisten in ihren eingefahrenen Parteistrukturen auf. Justiz und Parlamentsausschüsse begannen mit großem Echo in den Massenmedien und der Bevölkerung die Geheimmanöver des Kalten Krieges aus ihrer Grauzone heraus aufzudecken. Während in Deutschland auch vergangene Geheimpolitik weitestgehend geheim zu bleiben hat, ist in Amerika oder Italien über Ermittlungen von Justiz und Parlamentsausschüssen oder die Deklassifizierung geheimer Dokumente mehr Aufklärung möglich.

1990 wurde ein Dokument des amerikanischen *National Security Councils* (NSC) vom 16.01.1961 freigegeben, in dem von Amerikanern angeordnete *covert actions,* die im befreundeten Land durchgeführt werden, gerechtfertigt sind,

[1] Ausführlicher zur Thematik siehe Igel (2006).

R. Igel (✉)
Berlin, Deutschland

A. Anton et al. (Hrsg.), *Konspiration,*
https://doi.org/10.1007/978-3-658-43429-8_10

wenn der „Einsatz“ der Regierung des Gastlandes „nachlässt“. Unter welchen Bedingungen dieser Fall eintreten würde, wurde nicht spezifiziert, denn eine derart dehnbare Formulierung regelt schon vorab, dass die Amerikaner zum Eingreifen im Prinzip immer berechtigt sind.

> „Lässt der antikommunistische Einsatz (der italienischen Regierung – R. I.) nach, dann sollten die Vereinigten Staaten die Möglichkeit überprüfen, selbständig oder in Zusammenarbeit mit anderen Alliierten geeignete Initiativen zu ergreifen, um den italienischen Widerstand gegen eine derartige Tendenz zu stützen.“

Der „antikommunistische Einsatz“ der italienischen Regierung ließ nach Ansicht der Hardliner in Amerika schon in der Haltung gegenüber der geplanten Mitte-Links-Regierung mit den Sozialisten nach.

Anfang/Mitte der 60er Jahre wurde die amerikanische Geheimpolitik in Italien intensiviert. Man spann ein Verbindungsnetz zuverlässiger antikommunistischer Mitglieder der gesellschaftlichen Elite quer durch alle bürgerlichen Parteien und ein Netz für den verdeckten Einsatz paramilitärisch ausgebildeter, einheimischer Kämpfer. Was nach dem Krieg zunächst noch der NATO unterstellt war, kam nun unter das Kommando der CIA. Zentrales organisatorisches Gremium wurde das im Innenministerium angesiedelte „Ufficio per gli affari riservati“(Büro für vertrauliche Angelegenheiten). Für den politischen Flügel der Geheimpolitik wurden Freimaurerlogen mit der Elite-Loge P2 reaktiviert und ausgebaut. Für die militärische Seite stellte man Stay-behind-Truppen[2] (in Italien Gladio genannt) oder Gladio-ähnliche „Aktionseinheiten“[3] zusammen. Mit Stay-behind oder Gladio werden paramilitärische Organisationen bezeichnet, die vonseiten der NATO offiziell für den Fall der Besetzung eines Staates durch feindliche Truppen nachrichtendienstlich tätig werden und Guerillaoperationen und Sabotageakte im Hinterland verüben sollten. Inoffiziell sind derartige Truppen jedoch sowohl im Westen wie im Osten zur Zeit des Kalten Krieges und möglicherweise auch weiterhin zum Einsatz gekommen. Die Amerikaner sicherten sich über diese Geheimtruppen eine Einflussnahme auf die italienische Innenpolitik – und die anderer NATO-Staaten – unabhängig von möglichen Schwankungen der jeweils inländischen Verbündeten.

---

[2] Zum Westen siehe die ausführliche Arbeit von Ganser (2008). Für den Osten das viel zu wenig beachtete Buch von Auerbach (1998).

[3] In Italien wurden neben Gladio-Einheiten auch gesondert organisierte so genannte Aktionseinheiten aufgedeckt, siehe weiter unten.

2 Aufgedeckte Gladio-Einsätze – vor allem im Bereich des Terrorismus

Anders als in Deutschland konnten in Italien, aufgrund der autonom organisierten und weitestgehend von der Politik unabhängig ermittelnden Justiz Gladio-Aktivitäten aufgedeckt werden.[4] Von diesen sollen im Folgenden einige kurz skizziert werden.

Erste Gladio-Spuren wurden in den 1995 wieder aufgenommenen Ermittlungen zum Tod des mächtigen „Erdölministers“ Enrico Mattei von 1963 entdeckt. Enrico Mattei hatte es gewagt, eine von den Amerikanern unabhängige Erdölpolitik zu verfolgen. Ein Mann der Leibwache Matteis und ein mysteriöser Hauptmann, der die letzte Inspektion der Maschine, mit der Mattei in den Tod stürzte, vorgenommen hatte, waren Gladio-Mitglieder. Ein Parlamentsausschuss stieß Ende der 60er Jahre auf den Einsatz von Gladio-oder Gladioähnlichen Einheiten. Der Staatsstreichversuch des von 1955–1962 als Chef des militärischen Geheimdienstes SIFAR tätigen Giovanni de Lorenzo vom Jahr 1964 sollte durch diese ersten so genannten Gladiatoren mit provokatorischen Aktionen flankierend unterstützt werden.

Im selben Jahr zog der Geheimdienstfunktionär Oberst Renzo Rocca durchs Land, um Altfaschisten für die Gladio-ähnliche Organisation „Atlantici d`Italia“ anzuheuern. Der Parlamentsausschuss von 1990 stellte fest, dass der erste Einsatz dieser durch Oberst Rocca organisierten Leute als Agent Provocateurs im Oktober 1963 in einer Arbeiterdemonstration in den Straßen Roms erfolgte. Ihre Aufgabe sei es gewesen, Zusammenstöße mit den Ordnungskräften zu provozieren und zu Kampfaktionen zu steigern.[5]

Erst im Jahr 2000 enthüllte einer der herausragendsten christdemokratischen Politiker der Nachkriegszeit, Paolo Emilio Taviani, vor dem Mailänder Untersuchungsrichter Guido Salvini, dass Teile des Staatsapparates über die Planung des ersten großen Bombenanschlags am 12. Dezember 1969 an der Piazza Fontana in Mailand informiert waren. Das heißt zumindest, man hatte den Anschlag von Staatsseite nicht verhindert. Taviani war mehrere Male Minister und einer der Väter des Aufbaus der geheimen paramilitärischen Gladio-Milizen.

Erste Ermittlungen zu diesem Anschlag, der zwanzig Jahre Terrorismus in Italien einläutete, stießen auf rechtsradikale Spuren. Doch diesbezügliche Berichte

[4] Zu den Besonderheiten der italienischen Justiz siehe Igel (2003).

[5] *Unità* vom 27.10.1990.

des zuständigen Staatsanwaltes an seine Vorgesetzten verschwanden unter Verschluss in Schränken des Gerichtsarchivs. Wie erst Jahre später herauskam, geschah dies auf Geheiß des damals höchst aktiven, verdeckt tätigen „Ufficio per gli Affari Riservati" beim Innenministerium, dem italienischen Sitz der CIA.

Erst im achten Prozess wurden im Frühjahr 2001 die beiden Rechtsterroristen Delfo Zorzi und Carlo Maria Maggi, Mitglieder der rechtsterroristischen Gruppe *Ordine Nuovo* in Venedig, für schuldig befunden, den Tod von 17 Personen durch die Explosion der Bombe an der Piazza Fontana verursacht zu haben. Doch die beiden Angeklagten saßen nicht auf der Anklagebank, Zorzi hatte sich schon 1974 nach Japan abgesetzt und leitete dort, vermögend geworden, eine Im- und Export-Firma. Als japanischer Bürger konnte er nicht ausgeliefert werden. Carlo Maria Maggi war aus gesundheitlichen Gründen in den Hausarrest auf der Giudecca in Venedig entlassen. Zeithistoriker gehen heute davon, dass Zorzi und Maggi schon früh einer Gladio-Einheit angehörten.

Der neofaschistische Sprengstoff- und Waffenspezialist Carlo Digilio, zwischen 1967 und 1978 im CIA-Auftrag in der *Ordine Nuovo*- Gruppe in Venedig aktiv, teilte Untersuchungsrichter Salvini 1995 mit, dass die Order alle von der CIA kamen. Salvini kommentierte zu den Gründen für die sehr verzögerte Aufklärung:

> „Die Ermittlungen haben wieder aufgenommen werden können, als mit dem Fall der Berliner Mauer am Ende der 80er Jahre der Kalte Krieg zu Ende ging. Man konnte freier ermitteln, weil die Kontrollen der Geheimdienste auf die am Terror beteiligten Personen nachließen. Das ganze Geheimdienstsystem erfuhr weniger Kontrolle. Die Gladio- oder Stay Behind-Struktur wurde entdeckt, eine illegale Struktur der italienischen und amerikanischen Geheimdienste, die es sicher auch in Deutschland gab. Mit der abnehmenden Kontrolle durch die Geheimdienste haben einige Personen von *Ordine Nuovo* begonnen, mit der Justiz zusammenzuarbeiten und man konnte endlich an die Wahrheit herankommen."[6]

Während der Anschlag an der Piazza Fontana bis heute nicht aufgeklärt ist, konnte man immerhin zwei führende Geheimdienstfunktionäre, General Gian-Adelio Maletti und Oberst Antonio Labruna, überführen und verurteilen, weil sie falsche Spuren für die Ermittlungen gelegt haben. Das gleiche konnte für andere terroristische Anschläge nachgewiesen werden.

Ebenfalls erst Jahrzehnte später gelang es, Licht in einen am 31. Mai 1972 verübten Anschlag in Peteano im Veneto (Tod dreier Polizisten, zwei Verletzte) zu

[6] In einem Interview mit der Autorin im September 2003.

bringen. Der geständige Rechtsterrorist Vincenzo Vinciguerra wurde als Täter zu lebenslänglicher Haft, drei Carabinieri-Offiziere wegen Vernichtung von Beweisen oder Irreführung der Ermittler bis zu zehn Jahren Haft verurteilt. Der für die Behinderung der Aufklärung verantwortliche General Giuseppe Palumbo, Mitglied der P2, wurde nicht verurteilt.

Die Ermittlungen des venezianischen Untersuchungsrichters Felice Casson zu diesem Anschlag hatten 1990 zur Aufdeckung von Gladio geführt. Felice Casson resümierte Jahre später:

> „Aufgrund der Ermittlungen zum Anschlag in Peteano konnten die Kontakte zwischen Rechtsextremismus, Polizeipräsidium und den Carabinieri und dem Geheimdienst und Politikern nachgewiesen werden. Ein Polizeipräsident ist festgenommen worden, einem Staatsanwalt wurde der Prozess gemacht. Dieser Fall wurde zu einem Fenster auf die Geschichte Italiens, auf die Verbindungen des Rechtsextremismus mit dem italienischen, aber auch mit ausländischen Geheimdiensten. Deutlich wurde die große Abhängigkeit des italienischen Geheimdienstes von der CIA. Er folgte allen Direktiven des amerikanischen Geheimdienstes. Das ging über alle Grenzen der Souveränität hinaus."[7]

Diese Anschläge hatten allgemein das Ziel, Unruhe und Spannung im Land zu steigern, um gegebenenfalls hart gegenüber den starken Kommunisten, denen viele dieser Anschläge fälschlicherweise auch angehängt wurden, bis hin zur Errichtung einer Militärdiktatur durchgreifen zu können. Richteten sich die Anschläge gegen einzelne Politiker, wie Aldo Moro, so deshalb, weil sie als „Feinde" der vorherrschenden Sicherheitslinie galten.

Spuren im Bombenanschlag in der Via Fatebenefratelli in Mailand (4 Tote, 52 Verletzte) vom 17. Mai 1973 führten ebenfalls zu Aktivitäten der Gladio-Struktur. Der neofaschistische Attentäter Gianfranco Bertoli gab sich als Anarchist aus, der vorgab, Rache für den Tod eines Genossen genommen zu haben. Doch man entdeckte, dass er ein Mann im Dienste der CIA und Gladio-Mitglied war. Er wurde zu lebenslänglicher Haft verurteilt.

Auch bei dem politisch gewichtigsten Terroranschlag in Italien, dem Anschlag auf den Vorsitzenden der christdemokratischen Partei, Aldo Moro, im März 1978 deckten die Ermittlungen Gladio-Spuren und ein aktives Netz von P2-Mitliedern während der Durchführung des Anschlags auf. 39 der am Tatort des Überfalls gesicherten Geschosse waren mit einem Schutzlack zu dauerhafter Lagerung versehen. Ein Waffengutachter stellte fest, dass sie nur aus einem Waffenlager für

[7] In einem Interview mit der Autorin im September 2003.

militärische Sondereinheiten, und das heißt, aus einem Gladio-Waffenlager stammen konnten. An dem Anschlag waren auch deutsche Linksterroristen beteiligt, die paramilitärisch ausgebildet waren und eng mit der Stasi kooperierten. Italienische Ermittler und Zeithistoriker sprechen hier von östlichen paramilitärischen Aktionseinheiten, der *Gladio rossa*.[8] 1991 wurde ermittelt, dass der bei diesem Überfall anwesende Oberst Camillo Guglielmi, Funktionär des militärischen Geheimdienstes SISMI, im Gladio-Hauptausbildungslager in Capo Marrargiu auf Sardinien Gladio-Mitglieder in der Technik des Überfalls ausbildete.

Kurz nach dem Attentat waren die Telefonleitungen in der Umgebung für eine Stunde gestört, was eine fehlende Koordination der Ordnungskräfte untereinander zur Folge hatte. Ermittlungen ergaben, dass die Geheimdienste zahlreiche ihrer Leute in der staatlichen Telefongesellschaft SIP untergebracht hatten. Die Lahmlegung der Telefonverbindungen führte dazu, dass erst eine Stunde nach dem Anschlag Straßensperren aufgestellt wurden. Das verschaffte den Rotbrigadisten ausreichend Zeit, um mit ihrem Entführungsopfer Aldo Moro ungestört an ihren Zielort zu gelangen. Das Telefonnetz wurde noch in anderen Gelegenheiten dieser über Wochen das Land in Atem haltenden Entführung außer Funktion gebracht. Kein Zufall, so lässt sich schließen, dass der Chef der Telefongesellschaft Mitglied der P2 war.

Ein P2-Mann war auch Antonio Esposito, der Polizeikommissar, der an dem Morgen des Überfalls auf Aldo Moro im römischen Polizeipräsidium Dienst hatte und für den Polizeieinsatz verantwortlich war. Unschwer ließ sich hier auf eine Koordination zwischen Ausschaltung des Telefonnetzes und verzögertem Polizeieinsatz über miteinander in Absprache agierende P2-Mitglieder schließen. Später fand man im persönlichen Telefonbuch Valerio Morucci, dem bei diesem Anschlag führenden Rotbrigadisten, nicht nur die Telefonnummer des im Einsatz stehenden Polizeikommissars, sondern auch die des Geheimdienstgenerals Giovanni Romeo, einer der nationalen Gladio-Verantwortlichen. Er war während der Moro-Entführung Leiter der Abteilung für Innere Sicherheit des Geheimdienstes SISMI.

Die Ermittler stießen nach der Ermordung Moros in einer Druckerei auf eine Druckerpresse, auf der die für die Öffentlichkeit bestimmten Mitteilungen der Roten Brigaden während der Zeit der Entführung Aldo Moros vervielfältigt wurden. Dieser von dem Rotbrigadisten Mario Moretti besorgte Drucker stammte aus der „Abteilung für Spezialeinheiten" des SISMI. Ein Gladio-Büro, wie es Gla-

---

[8] Zur Rolle des Ostens im Terrorismus siehe Igel (2012).

dio-General Gerardo Serravalle vor dem Parlamentsausschuss enthüllte. Moretti schwieg dazu, und SISMI-Chef Giuseppe Santovito spielte die Angelegenheit vor dem Parlamentsausschuss herunter.

Aldo Moro selbst nahm in seinen Aufzeichnungen in der Gefangenschaft der Roten Brigaden im März 1978 an, dass die „Antiguerilla-Organisation der NATO“ mit seiner Entführung zu tun habe. Aldo Moros Absichten, im sogenannten *Historischen Kompromiss* die starken Kommunisten mit in die Regierung zu holen, waren sowohl in Washington als auch in Moskau auf Ablehnung gestoßen. Nach seinem Tod war von einer solchen Großen Koalition nie wieder die Rede.

Geheimdienstgeneral Romeo, von 1966 bis 1969 Gladio-Verantwortlicher und in den 70er Jahren Chef der Abteilung D für Innere Sicherheit im SID (servizio informazioni difesa, Nachfolger des SIFAR), räumte bei seiner Anhörung 1990 ein, dass es schon von Anfang an von den Geheimdiensten gesteuerte V-Leute gegeben habe, durch die man alles über Bewegungen und Absichten der Roten Brigaden hätte erfahren können.

Nach der Aufdeckung Gladios im Jahr 1990 bestätigte der bekennende Gladio-Aktivist Roberto Cavallaro, dass Gladio-Mitglieder die Aufgabe gehabt hätten, sich in Gruppen der extremen Linken einzuschleusen, um dort für die Steigerung der politischen Spannung im Lande tätig zu werden: „Ich hatte ganz genaue Kenntnis davon, dass ein guter Teil der Terroristen, ob rot oder schwarz, auf Anweisung oder Anregung der Geheimdienste tätig war.“[9]

Die Untersuchungsrichter des Prozesses zum Bombenanschlag in Bologna im Jahr 1980 kamen Jahre später zu dem gleichen Ergebnis. Auch in ihren Ermittlungen tauchte eine scheinbar nicht greifbare, vom Geheimdienst zwar gedeckte, aber auch unabhängig von ihm operierende Geheimorganisation auf. In der Anklageschrift des Bologna-Prozesses heißt es:

> „Man muss sich hier des neuartigen und komplexen Problems bewusst werden, dass in Italien eine Geheimstruktur existiert, die zusammengesetzt ist aus Militär- und Zivilpersonen, deren Ziel es ist, das politische Gleichgewicht zu erhalten. (…) Dieses Ziel soll über die Benutzung unterschiedlichster Mittel, unter anderem über von neofaschistischen Gruppen durchgeführte Bombenanschläge erreicht werden.“[10]

Das „politische Gleichgewicht“ bedeutete – so italienische Ermittler und Zeithistoriker – die in Jalta 1945 festgelegten Einflusszonen für Ost und West nicht zu

[9] *Panorama* vom 04.11.1990.

[10] La strage (1986, S. 168).

stören. Dass erst in den späten 2000er Jahren die Spur zu einem Mitglied der von der Stasi unterstützten Carlos-Gruppe als eigentlicher Attentäter für den Anschlag in Bologna in das Blickfeld der Justiz rückte, steht zu der Präsenz auch neofaschistischer Gruppen in diesem Anschlag nicht im Widerspruch. Zeitgeschichtsforscher und einschlägige Ermittler gehen davon aus, dass östliche und westliche Geheimdienststrukturen gegen gemeinsame Feinde, wie z. B. diejenigen Länder oder Politiker, die weder auf der Seite des Ostens noch des Westens waren, im Terrorismus punktuell zusammenarbeiteten.[11]

3 Geschichte der Gladio-Geheimorganisation

Das Dokumentenmaterial der parlamentarischen und juristischen Ermittlungen zur italienischen Stay-behind/Gladio-Organisation hat in Italien mehr Informationen als in jedem anderen Land über diese Nato-weite Geheimstruktur zum Vorschein gebracht. Dadurch konnten schönfärberische offizielle Verlautbarungen der Politiker oder der NATO etwa über angeblich nur 622 Mitglieder und einen nur geplanten Einsatz für den Fall einer Invasion östlicher Truppen widerlegt werden. Die Ermittler fragten weniger nach dem, was Gladio sein sollte, als vielmehr nach dem, was Gladio konkret war. Das stieß auf fast unüberwindliche Schwierigkeiten. Zwar wurde Material aus den italienischen Geheimdienstarchiven beschlagnahmt, doch ab dem Moment, als Gladio der Öffentlichkeit bekannt wurde, begann man im Geheimdienst zahlreiche Unterlagen zu vernichten, wie es die untersuchenden Parlamentsausschüsse feststellen mussten und wie es in der Tagespresse immer wieder veröffentlicht wurde.[12]

Gladio-Vorläufer war die unmittelbar nach dem Zweiten Weltkrieg gegründete antikommunistische Geheimmiliz *Osoppo,* erklärtermaßen aufgebaut gegen die Aktivitäten von Kommunisten und Gewerkschaftern und nicht für den Tag X einer Invasion durch Truppen des Warschauer Pakts, sondern für das Hier und Jetzt. Erste Direktiven von 1950 benennen den erfolgten Aufbau der Organisation „O" mit 256 Offizieren, 496 Unteroffizieren und 5.728 Truppenmitglie-

[11] Siehe Igel, Linksterrorismus (2007).

[12] Z. B. *La Nuova Sardegna* 09.12.2000 S. Siro: Gladio militare- Documenti distrutti senza ordine.

dern.[13] Auch nichtmilitärische Einheiten, wiewohl der Planung des Generalstabs der Streitkräfte unterstehend, sollten zu *Osoppo* gehören. Mit der offiziellen Gladio-Gründung am 28. November 1956 durch eine Übereinkunft zwischen CIA und dem italienischen Geheimdienst SIFAR wurde *Osoppo* in eine der fünf Gladio-Einheiten, *Stella Alpina,* überführt. In einem ersten ausdrücklichen Gladio-Dokument des Geheimdienstes SIFAR vom 26. März 1958 wird als Bestimmung von *Stella Alpina* genannt: „Aufgaben in Friedenszeiten: Kontrolle und Neutralisation der slawo-kommunistischen Aktivität; im Fall eines Konfliktes oder Aufstandes im Inneren: Antiguerilla und Gegensabotage."[14] Der Einsatz der paramilitärischen Geheimorganisationen vor und dann gleich nach der Gründung von Gladio ist also von Anfang an nicht nur gegen den äußeren, sondern auch gegen den inneren Feind in Friedenszeiten vorgesehen.

Die Ausbildung der Mitglieder der Geheimstruktur erfolgte zunächst in einem spezialisierten und geheimen englischen Militärlager, dann von 1954 bis 1990 in dem mehr oder weniger geheim gebliebenen Gladio-Ausbildungslager CAG (Centro Addestramento Guastatori = Ausbildungszentrum für Sturmpioniere) auf Sardinien. Gelder dafür kamen weder aus Rom noch von der NATO, sondern ausschließlich von der CIA. Dies bezeugte 1991 auch der damals Verantwortliche für die Ausbildungsbasis CAG:

> „Das Ausbildungslager CAG wurde von den Amerikanern finanziert, die das Geld direkt an mich überwiesen. Da ich Geschäftsführer des SIFAR war, unterschrieb ich den Empfangsschein, aber natürlich mit meinem Pseudonym. Für das CAG überwiesen die Amerikaner 5–6 Millionen in drei Monaten. Die Rechnungsführung wurde jeweils auf Anweisung des Generalstabs der Verteidigung und mit Zustimmung der verantwortlichen Minister vernichtet."[15]

Am 1. Juni 1959 hielt das SIFAR-Büro „R" (Ricerca all'estero = Auslandsinformation) fest, dass fünf Gladio-Einheiten aus 1.500 ständigen und 300 mobil zu machenden Männern aufgebaut sind. Zur organisatorischen Struktur wird festgehalten: 40 operative Einheiten, davon sechs für geheimdienstliche Informationstätigkeit, zehn für Sabotage, sechs für Propaganda, sechs für Ausbruch und Flucht,

---

[13] Geheim-Direktive des Verteidigungsministers 1/3000/Op. vom 31. Oktober 1950 zitiert nach De Lutiis, (1996, S. 17).

[14] Geheim-Direktive des Verteidigungsministers 1/3000/Op. vom 31. Oktober 1950 zitiert nach De Lutiis, (1996, S. 17).

[15] Interview mit General Luigi Tagliamonte im *Espresso* vom 27.10.1991.

zwölf für Guerilla-Aktionen.[16] Interne Sitzungsberichte zu Gladio zeigen, dass der SIFAR zunächst weniger an dem Aufbau einer vom Geheimdienst gesonderten Struktur interessiert war, sie vielmehr zusammen mit dem Ausbildungszentrum selbst nutzen wollte.[17]

Ende 1959 wird Italien (Verteidigungsminister ist von 1959 bis 1965 Giulio Andreotti) dem im August 1951 gegründeten, geheimen Planungskomitee bei der NATO, dem CPC (= Clandestine Planning Committee), Koordinationsgremium der Stay behind-Organisationen der einzelnen Länder, angegliedert. Aus dem Jahre 1961 ist über die Ermittlungen zu Gladio von Felice Casson ein Dokument bekannt geworden, das von drei geheimen Organisationen spricht: einer paramilitärischen, einer vom Generalstab der Armee und einer vom SIFAR abhängigen.[18]

Ab 1962 begannen erste Attentate, Bombenanschläge und Sabotageakte in Tirol den geplanten „nicht-orthodoxen Krieg" durch Geheimdienst und den Einsatz von Gladiatoren umzusetzen.[19] Über Jahrzehnte spielte sich auch hier der konkrete Kalte Krieg ab, denn parallel war hier auch der Osten aktiv.[20]

Im Juni 1962 unterschrieb SIFAR-Chef De Lorenzo ein Abkommen mit der CIA, in dem der SIFAR sich verpflichtete, Notstandsaktionen zu planen, ohne die Regierung zu informieren. In einem Dokument des SIFAR von 1963 heißt es nun schon deutlicher für alle fünf Gladio-Einheiten, dass die „Ziele sich gewandelt haben", was konkret heißt: „Paragraph 2 f.) Aktivierung von Gladio-Elementen auf unserem Territorium in Funktion von Propaganda und Gegenpropaganda und Störung". „Kontrolle und Neutralisation" des Gegners soll nun schon weitaus präventiver, vor beginnenden Unruhen und Aufständen stattfinden.

Im Februar 1964 trat der SIFAR dem geheimsten aller NATO-Gremien, dem *Allied Clandestine Committee* (ACC) bei, das gegründet wurde für die Planung von Geheimoperationen des „unorthodox warfare", des unorthodoxen Krieges in Europa und die Koordination der Stay behind-Einheiten in allen 16 NATO-Staa-

---

[16] Siehe Relazione Gladio (1992) Die Abteilungen für den Soforteinsatz sind in fünf Einheiten eingeteilt (bis 1974): Stella alpina, Stella marina, Rododendro, Azalea, Ginestra. Ab 1974: Guerilla-Einheiten (105), geheime Aktionseinheiten (25), Kerneinheiten (5).

[17] Siehe Relazione Gladio (1992) Die Abteilungen für den Soforteinsatz sind in fünf Einheiten eingeteilt (bis 1974): Stella alpina, Stella marina, Rododendro, Azalea, Ginestra. Ab 1974: Guerilla-Einheiten (105), geheime Aktionseinheiten (25), Kerneinheiten (5).

[18] Urteilsspruch Casson, in: *Supplemento Avvenimenti* N. 21, 1993, S. 81.

[19] Relazione Alto Adige Doc. XXIII, 52, 22.04.1992.

[20] Siehe Igel (2012) Kap. 4. Rechtsterroristen an der Seite der Stasi. Rechtsextremist Peter Weinmann: als Dreifachagent in Südtirol, S. 279.

ten.[21] Das war Mitte der 1960er Jahre, als die Zielscheibe amerikanischer Geheimpolitik nicht mehr nur die Kommunisten, sondern auch die Sozialisten mit ihren „das Gleichgewicht störenden reformistischen Bestrebungen" und die eher links orientierten Christdemokraten um Aldo Moro waren.

Im Mai 1965 versammelten sich ausgewählte italienische Rechtsextremisten und Spezialagenten auf einer vom SIFAR finanzierten und für die Umsetzung der *Strategie der Spannung* bedeutungsvollen Tagung des Pollio-Instituts in Rom. Spuren der Teilnehmer zum Thema „unorthodoxer Krieg" tauchten in späteren Terroranschlägen immer wieder auf. Dieser Tagung folgte der Aufbau der „Nuclei per la difesa della stato", einer Gladio-ähnlichen paramilitärischen Organisation, mitunter auch als Aktionseinheit bezeichnet. Im November 1965 wurden im Ausbildungszentrum CAG in Capo Marrargiu in Sardinien zwischen SIFAR und Generalstab des Militärs Ausbildungskurse für junge Offiziere für den nicht-orthodoxen Krieg organisiert. Kurse, die „Kenntnisse über Methoden und Techniken des politischen Umsturzes sowie deren Zielscheiben und Absichten" vermitteln sollten. Sie sind ein weiterer Beweis für die Ausrichtung des Einsatzes der Gladio-Einheiten gegen den „inneren Feind".[22] Ganz deutlich wird in dieser Frage dann ein Treffen zwischen SIFAR und CIA vom 26. Januar 1966, auf dem die Amerikaner eine Umorientierung von Gladio auf ihren Einsatz in Friedenszeiten vorschlagen. Im Protokoll dieses Treffens heißt es:

> „Im Zusammenhang mit der aktuellen internationalen Lage schlägt der Vertreter des amerikanischen Dienstes vor, dass das gemeinsame Projekt Gladio, unter Sicherstellung von erreichtem Zustand und Effizienz der Organisation, seine Aktivitäten umorientiert auf ein Programm, das schon in Friedenszeiten von Nutzen sein kann und die aktuelle Möglichkeit bietet, im Rahmen der Doktrin von ‚Aufruhr und Gegenaufruhr' eingesetzt zu werden."[23]

Der amerikanische Geheimdienst schlägt außerdem vor, das gemeinsame Ausbildungszentrum CAG nun auch für die Entwicklung des Programms der verdeck-

---

[21] Siehe Ganser (2007).

[22] Ein weiteres Ausbildungszentrum von Stay Behind ist Camp Darby bei Livorno, das nach den Ermittlungen der venezianischen Untersuchungsrichter Felice Casson und Carlo Mastelloni das wichtigste Ausbildungslager von Gladio war. Hier wurden auch Mitglieder der neofaschistischen Organisation *Ordine Nuovo* und *Rosa dei Venti*, dank der erlassenen Erlaubnis der Amerikaner, ausgebildet. In Brüssel soll es das verdeckteste Ausbildungszentrum des gesamten Stay Behind-Netzes geben.

[23] Siehe Relazione Gladio (1992, S. 19).

ten Präventiv- oder Gegenoperationen („Aufruhr und Gegenaufruhr") sowohl für Gladio-Personal, aber auch für andere, wie Carabinieri, zu nutzen. Vorher waren Kurse für Gegenoperationen nur von der U.S. Army Special Warfare School in Fort Bragg/North Carolina durchgeführt worden.

Nach diesem Treffen findet sich in den Geheimdienstarchiven über Gladio so gut wie keine Dokumentation mehr. Für Zeithistoriker ist dies ein Hinweis darauf, dass das offizielle SIFAR-CIA-Gremium nach 1966 durch andere inoffizielle Befehlskanäle ersetzt wurde. Mit dem Ausbruch der Studentenunruhen wurde nun auch mit der Umsetzung der *Strategie der Spannung* begonnen. Die Geheimpolitik wurde noch geheimer, Kontrollmöglichkeiten auf ein Minimum reduziert.

Im März 1966 bekräftigte der SIFAR die unbedingte Geheimhaltung von Gladio und die ausschließliche Kompetenz der Militärs (wozu auch der SIFAR gehörte), und nicht der politischen Entscheidungsgremien. Nach einigen Geheimdienstskandalen wurde der SIFAR in der sogenannten Geheimdienstreform im Jahr 1967 in SID umbenannt. Gladio erhielt eine größere Eigenständigkeit, nicht mehr nur für punktuelle Einsätze, sondern für eine deutlichere Ausrichtung im Sinne einer parallelen geheimdienstähnlichen Struktur. In dem Dokument „Cosmic top secret byacinth saceur's directive for unorthodox warfare" (Top-Secret-Direktive des SACEUR [Oberstes NATO -Kommando für Europa] für den orthodoxen Krieg) vom 2. Juni 1968 heißt es, dass die „Operationen der geheimen Dienste" von nationalen Autoritäten und nicht von denen der NATO abhängen.[24]

Im gleichen Jahr wurde das Gladio-Ausbildungszentrum auf Sardinien ausgebaut und die Zufuhr der Auszubildenden intensiviert. Zu den Kursen dort wurden die Gladiatoren-Anwärter nachts vom militärischen Flughafen in Rom in Flugzeugen mit verhängten Fenstern eingeflogen. Die zwischen zwei Wochen und sechs Monate dauernden Kurse waren untergliedert in „Information-Desinformation", „Guerilla", „Gegenguerilla" und „Sabotage". Erworben wurden Qualifikationen für die Infiltration in linke Organisationen und provokatorische Aktionen, die dann zu sogenannten „Notstandssituationen" führen sollten. Die deutlichsten Anweisungen für den Einsatz von Gladiatoren finden sich in der CIA-Direktive „Chaos" von 1967 und dem zitierten Handbuch Field-Manual 30–31 des amerikanischen Generalstabs von 1970.[25]

---

[24] Urteilsspruch Casson (1993, S. 75). Cosmic ist die höchste Geheimhaltungsstufe von NATO-Dokumenten.

[25] Abgedruckt in Igel (2006) Dort auch mehr Einzelheiten.

Ab 1972 wurde die Geheimpolitik noch weiter intensiviert. Die direkte und eigenständige Einmischung der Amerikaner (bzw. ihrer italienischen Vertrauensleute) in die innere Entwicklung Italiens wurde massiver. Im Oktober jenes Jahres wurde bei einem Besuch des für Italien verantwortlichen CIA-Mannes, Howard Stone, in Capo Marrargiu über den Einsatz von Gladio gegen den Einfluss von KPI, PSI und Gewerkschaften gesprochen. Geheimdienstdokumente zeigen nun immer deutlicher das direkte Interesse der CIA, die subversiven Aktivitäten von Gladio oder anderer ihrem Kommando unterstehender Geheimorganisationen zu verstärken. Nach den Aussagen des Gladio-Generals Serravalle wird der Einsatz von Gladio „für interne antikommunistische Zwecke" offiziell am 15. Dezember 1972[26] über den CIA-Verantwortlichen Stone „äußerst bestimmt und nachdrücklich" angeordnet. Die 1973 entdeckte, mit der Ausarbeitung eines Staatsstreichplans befasste Organisation *Rosa dei venti* gilt als Teil der parallelen Geheimstrukturen. Im Oktober 1993 ging die Gladio-Basis CAG in Sardinien vom SISMI zu den Streitkräften über und wurde damit für aufgelöst erklärt. Diese über 80 Hektar große Gladio-Basis ist nach 1990 zum Symbol der sogenannten Geheimnisse Italiens aus der Zeit der *Strategie der Spannung* geworden.

In seinem Urteilsspruch zu Gladio vom 10. Oktober 1991 beantwortete Untersuchungsrichter Casson die strittige Frage, ob die paramilitärische Geheimstruktur eine NATO – oder CIA-Organisation war. In der SACEUR-Direktive vom 2. Juni 1968 sah Casson den vollzogenen Übergang Gladios von der NATO in die Abhängigkeit der CIA. Laut Casson sind das *Clandestine Planning Committee* (CPC) und das *Allied Clandestine Committee* (ACC) keine Organe der NATO, sondern Organe, die die NATO und nationale Strukturen miteinander verbinden. CPC und ACC hätten Funktionen der Koordinierung zwischen den Geheimdiensten nicht nur der NATO -Länder, sondern auch von Ländern gehabt, die außerhalb der NATO standen, wie Spanien, der Schweiz und dem Iran.

In den *Nuclei di difesa dello stato* (Einheiten zur Staatsverteidigung) sieht der Mailänder Untersuchungsrichter Guido Salvini eine noch geheimere, hinter Gladio stehende Organisation. Ehemalige Mitglieder dieser Organisation sagten Mitte der 90er Jahre aus, dass diese Einheiten von den Streitkräften – nicht von den Geheimdiensten – abhängig gewesen waren, in Verbindung zur NATO standen und über eigene Sprengstoff- und Waffenlager verfügten. Die Mitglieder waren Söldner, Ex-Militärs, Zivile aus *Avanguardia Nazionale* und *Ordine*

[26] „Memorandum d'intesa" vom 15.12.1972 zwischen CIA und SID; siehe Urteilsspruch Casson (1993, S. 81 u. S. 84).

Nuovo, von denen einige direkt von der CIA bezahlt wurden. Über ganz Italien waren 36 Legionen dieser seit 1965 aufgebauten Organisation verteilt.

Man kann von einer Struktur Gladios nach Art russischer Puppen ausgehen: hinter der ersten eine zweite und dahinter wieder eine dritte Ebene – alles Teilorganisationen, die zur größeren Sicherheit getrennt voneinander agierten und für unterschiedliche Einsätze zu aktivieren waren. Das wurde genauso auch von dem Ex-Vize des militärischen Geheimdienstes Gian-Adelio Maletti gegenüber dem Vorsitzenden des parlamentarischen Untersuchungsausschusses zu den terroristischen Anschlägen, Giovanni Pellegrino, bestätigt.[27]

4 Die Illegalität von Gladio

Libero Gualtieri, bis 1995 Vorsitzender des Parlamentarischen Untersuchungsausschusses zu den Bombenanschlägen, sah in der Entwicklung der Gladio-Struktur seit den 50er Jahren eine zunehmende Unrechtmäßigkeit und Gefährlichkeit. Schon die Tatsache, dass der damalige Geheimdienst SIFAR im Alleingang, ohne Absprache mit der Regierung und letztlich anstelle der Regierung den Vertrag zum Aufbau von Gladio-Einheiten mit einer ausländischen Institution, der CIA, abschloss, stelle einen schweren Verstoß gegen die Staatsverfassung dar.[28] Zudem waren – so Gualtieri – die beiden Vertragspartner in einer ungleichen Position, denn die amerikanische Regierung war im Gegensatz zur italienischen in voller Kenntnis der CIA-Initiativen.

Die Anhörung aller ehemaligen Ministerpräsidenten und Justizminister ergab, dass keineswegs jeder von ihnen über die Existenz der Gladio-Organisation aufgeklärt worden war. In das Staatsgeheimnis eingeweiht wurden nur diejenigen, die in ihrem entschiedenen Antikommunismus und ihrer „atlantischen Treue" hinreichend vertrauenswürdig waren. Dazu noch einmal Untersuchungsrichter Felice Casson:

> „Nicht nur dem italienischen Volk ist nichts gesagt worden, auch einige Ministerpräsidenten sind nie über die Organisation Gladio informiert worden. Eklatant ist der Fall von Amintore Fanfani, der sechsmal Ministerpräsident war und dem nie die Existenz von Gladio mitgeteilt wurde. Eine über allem stehende Instanz entschied, welcher italienische Politiker es verdiente informiert zu werden und wer nicht. Die

[27] Fasanella et al. (2000, S. 25).

[28] Relazione Gladio (1992, S. 33).

Kontinuität bewahrte hier der Geheimdienst, was für eine Demokratie äußerst gefährlich ist, denn sie bedarf der Transparenz."[29]

Casson äußerte die Überzeugung, dass die Auswüchse der Geheimpolitik mit dem Zusammenbruch des kommunistischen Blocks kein Ende finden würden und die Aufdeckung der Organisation Gladio in Zukunft kaum verhindere, dass eine derart massive Illegalität vonseiten des internationalen Staatenbündnisses nicht mehr stattfinde:

„Solche Organisationen gab es immer, sie gibt es und sie wird es immer geben. Derartige Geheimorganisationen sind Teil der staatlichen Strukturen, in jeder Situation und überall in der Welt. Das ist ein Problem der Politik. Doch wenn es Gesetze gibt, müssen diese respektiert werden. Die italienische Verfassung ist da sehr klar und die Organisation Gladio ist eindeutig verfassungsfeindlich und gegen die nationale Gesetzgebung. Von ihr wusste das Parlament nichts und also auch nicht das italienische Volk. Wenn man der Politik ein Doppelspiel einräumt, dann muss man auch den Mut haben dies einzugestehen, was in unserem Fall nicht geschehen ist."[30]

Der Parlamentarische Untersuchungsausschuss hat im Fall der Gladio-Milizen nicht wirklich aufklären können. Dazu Parlamentsmitglied Sergio Flamigni:

„Diese Dinge werden nie aufgedeckt werden können. Hier betreten wir den Bereich des Geheimen. Es ist schwierig, etwas über eine Organisation zu erarbeiten, wenn sie vonseiten des Staates geschützt ist und im Geheimen tätig ist und Macht innehat. Wir haben gesehen, dass es dem Parlamentsausschuss nicht möglich war, an alle Aufzeichnungen Moros oder Protokolle des Krisenkomitees der Regierung während der 55 Tage heranzukommen, also die Offenheit einer offiziellen Institution zu erreichen. Man kann sich vorstellen, wie schwierig es dann ist, wenn man es mit einer verborgen gehaltenen Organisation zu tun bekommt. Nie wird man etwas Gedrucktes finden, das besagt, wie die Dinge genau sich abgespielt haben."[31]

5 Das führende politische Zentrum im Hintergrund: die P2

Die Fäden der hinter den Terrorjahren stehenden *Strategie der Spannung* hielt eine Deck-Organisation zusammen: die geheime Freimaurerloge Propaganda Due (P2). Da ging es weniger um allgemeine hehre Ziele oder die Pflege freimaureri-

[29] Im Interview mit der Autorin im Jahr 2003.

[30] Im Interview mit der Autorin im Jahr 2003.

[31] Im Interview mit der Autorin im Jahr 2003.

scher Bräuche, sondern um handfest Politisches. Schon in den 50er Jahren sorgten die Amerikaner für eine Reorganisation bestimmter Teile des Freimaurertums in Europa unter ihrer Führung. Ihr entscheidender Mann war Frank Gigliotti, der neben den Freimaurern für die CIA auch die Mafia in Italien reorganisierte. Dem Antikommunismus wurden einige Grundsätze des Parlamentarismus geopfert. Zeitgleich mit der Umsetzung der *Strategie der Spannung* Ende der 60er Jahre wurden diese Anstrengungen intensiviert. Die Eliteloge P2 wurde zu einem im Verborgenen agierenden politischen Entscheidungszentrum, das ohne jegliche demokratische Legitimierung, nur gestützt von führenden amerikanischen und italienischen Politikern, die politischen Geschicke des Landes parallel zur offiziellen Regierung bestimmte.[32]

Das Merkmal einer Propaganda-Loge gegenüber anderen Freimaurerorganisationen ist ihr verdeckter und ideologisch ausgerichteter Elitestatus. In der ersten, 1890 entstandenen „Loge Propaganda" blieben die im öffentlichen Leben einflussreichen Mitglieder nicht nur nach außen, sondern auch nach innen, gegenüber anderen Logen und sogar Logenmitgliedern, verdeckt. Die „Loge Propaganda" sah es als ihre Aufgabe an, Regierungsmitglieder nur aus den eigenen Reihen zu stellen und die eher dunklen Finanzgeschäfte ihrer Mitglieder zu deren Vorteil zu regeln und im Verborgenen zu halten.[33]

Die P2 der 70er Jahre hielt es im Kern nicht anders als ihr Vorgänger des 19. Jahrhunderts. Sie war Teil des Freimaurerdachverbandes „Grande Oriente" des Palazzo Giustiniani in Rom, antiklerikal und unter völligem Einfluss der amerikanischen Freimaurer und der CIA stehend. Staatspräsident Cossiga bestätigte 1993 die P2 als einen „amerikanischen Import", der „die Antwort auf die Ängste atlantischer Zirkel" gegenüber einer möglichen DC-PSI-KPI-Allianz war.

Die Aufdeckung dieses Zentrums von Verschwörungen im Jahr 1981 verursachte den größten Skandal, den das an politischen Skandalen nicht gerade arme Italien in seiner Nachkriegsgeschichte erlebt hat. Licio Gelli, Chef der P2, floh ins Ausland, staatliche und militärische Funktionsträger verloren ihren Posten. Ein Parlamentarischer Untersuchungsausschuss brachte einiges Licht in diese geheime Entscheidungsstruktur der italienischen (Tiefen-)Politik.[34] Der Untersuchungsausschuss hat 115 umfangreiche Bände seiner Arbeit hinterlassen, in ihnen

---

[32] In Deutschland werden ähnlichen Zwecken dienend die *Atlantik-Brücke* und der *Orden der Ritter vom Heiligen Grab zu Jerusalem* angesehen.

[33] Ciuffoletti und Moravia (2004).

[34] Nach Peter Dale Scotts Begriff *deep politics*.

sind die Ermittlungen, Dokumente, Gesprächsprotokolle und Einschätzungen zusammengefasst – und der Forschung zugänglich gemacht. Mit dem Auffliegen der P2 und der Machtenthebung Licio Gellis haben nur die Auswüchse der verdeckten Politik im Dienste des Antikommunismus ihre Basis verloren. Das Freimaurertum ist bis heute in Italien eine beachtenswerte gesellschaftliche Kraft.

6 Wie ein Geheimdienstchef: Licio Gelli

Ermittlungen der Justiz brachten 1983 in seltener Deutlichkeit Dokumente zu den Entstehungszusammenhängen der P2 ans Tageslicht.

> „Es war Ted Shackly, Direktor aller verdeckten Operationen der CIA im Italien der 70er Jahre, der den Chef der Freimaurerloge P2 Alexander Haig (zu der Zeit NATO -Oberbefehlshaber – R. I.) vorstellte. Haig und Kissinger gaben Gelli im Herbst 1969 die Ermächtigung für die Rekrutierung von 400 hohen italienischen und NATO-Offizieren in seine Loge."[35]

Mit diesen 400 garantiert antikommunistischen hohen Militärs an seiner Seite hatte Gelli ausreichende Rückendeckung für die äußerst brisante Umsetzung der *Strategie der Spannung*.

Gellis Gesinnung ließ nicht zu wünschen übrig: Zu Mussolinis Zeiten eifriger Faschist, kämpfte er als Freiwilliger im spanischen Bürgerkrieg aufseiten des Diktators Franco. Schon zu Kriegszeiten arbeitete er mit dem noch in der antifaschistischen Front stehenden amerikanischen Geheimdienst zusammen. Schnell wurde er in der Nachkriegszeit zum Verbindungsglied der Interessen der Hardliner-Kreise der amerikanischen Außenpolitik und der NATO zu italienischem Militär und Geheimdiensten. Diese Kontakte waren nicht nur für die Rettung des Vaterlandes, sondern auch für die Geschäfte nützlich. So lieferte Gelli schon Anfang der 60er Jahre 40.000 Matratzen aus seiner Matratzen-Fabrik Permaflex an die NATO. Vermittler des Geschäfts war niemand geringerer als der damalige Verteidigungsminister Andreotti. Zweifelsfrei wird er zu seinem später festgestellten enormen Vermögen nicht über Matratzengeschäfte gekommen sein.

Doch wie kommt ein Mann, der sich außerhalb jeglichen demokratisch-parlamentarischen Rahmens bewegte, zu einer derartigen Machtposition? Als 1969 jene 400 hohen Militärs auf einen Schlag Mitglieder der Geheimloge wurden, war

[35] *Espresso* vom 25.11.1990.

Gelli gerade „Logenmeister" geworden, also Leiter der von ihm seit 1966 aufgebauten Spezialloge P2. Dank seiner Fähigkeiten, Menschen, Geschäfte und Ereignisse zu manövrieren, seiner geradezu besessenen antikommunistischen Gesinnung und engen Bindung an italienische und amerikanische Geheimdienstkreise, gelang es Gelli, bei höchsten politischen Stellen in Amerika, in Europa und einigen südamerikanischen Staaten mit mächtigem Freimaurertum, Aufmerksamkeit zu erhalten. Geheimdienstchef Santovito berichtete vor dem untersuchenden Ausschuss, dass Gelli bei den Inaugurationszeremonien der Präsidenten Carter und Reagan als Gast geladen war, bei Reagan 1981 sogar in der ersten Reihe sitzend. Dass er auch dem Demokraten Carter willkommen war, zeigt nur, dass er beiden Strömungen der amerikanischen Regierungspolitik ein treuer Helfer war. Schon bald nach dem Zweiten Weltkrieg wurde ihm Argentinien über Freimaurerverbindungen, dortige eigene Kapitalanhäufung und eine enge Beziehung zu Diktator Peron ein zweites Zuhause. Viele Rechtsterroristen, die in den 70er Jahren in die Fänge der Justiz gerieten, tauchten in Argentinien unter.

Obwohl die italienischen Freimaurer ihren eigenen gewählten »Großmeister« aus ihren Reihen hatten, wurde Gelli schnell der im Hintergrund führende Mann aller Freimaurer. Doch die Umsetzung der gigantischen Maschinerie der *Strategie der Spannung* erforderte eine ebenso führende Stellung in den Geheimdiensten.

Einer seiner engen Mitarbeiter, Geheimdienstfunktionär und P2-Mitglied Oberst Antonio Viezzer, bezeichnete Gelli für die 70er Jahre als den „mächtigsten Mann Italiens, über dem niemand mehr steht". Ähnlich äußerten sich die Ankläger des Prozesses zum Bombenanschlag in Bologna, die in Gelli „den eigentlichen und im dunkeln gebliebenen Chef der italienischen Geheimdienste" sehen. Umberto Federico D'Amato, andere graue Eminenz der Geheimpolitik und Chef des „Ufficio per gli affari riservati", nennt den Ausschussmitgliedern ein Beispiel für Gellis außerordentliche Machtposition:„Vor mir stehend, rief ein Politiker ihn an, der gerade Ministerpräsident werden sollte. Er sagte zu ihm: ‚Licio, wenn du sagst, dass ich nicht annehmen soll, dann nehme ich nicht an.'"[36] General Siro Rossetti, ebenfalls P2-Mitglied, bestätigte, dass Gelli der Chef „einer operativen Zentrale war, von Leuten geleitet, die ihren Beruf so wie ich und besser als ich ausübten".[37]

[36] D'Amato in einem Interview mit dem *Corriere della sera* vom 17.01.1994. Man nimmt an, dass der genannte Politiker Francesco Cossiga war, von März 1979 bis Oktober 1980 Ministerpräsident.

[37] Commissione Parlamentare P2 (1984, S. 823).

Zur P2-Spitze gehörte außer Gelli der für die Finanzen verantwortliche Umberto Ortolani und neben dem später zu vielen Jahren Gefängnis verurteilten Spitzenagenten Francesco Pazienza auch Flavio Carboni, zuständig für beste Kontakte zur sizilianisch-amerikanischen Mafia. Gelli wurde also – auf Geheiß der Amerikaner und in Übereinstimmung mit hohen italienischen Politikern, darunter insbesondere Giulio Andreotti, und Militärs – ab Ende der 60er Jahre Kopf einer zur Regierung parallel laufenden Entscheidungsstruktur. Im Hotel *Excelsior* in Rom empfing Gelli in den 70er Jahren immer zwischen Dienstag und Freitag in seiner monatlich 50.000 DM kostenden Suite, eine Vielzahl wichtiger Persönlichkeiten aus Politik, Wirtschaft und gesellschaftlichem Leben in Italien.

Es entbehrt nicht einer gewissen Logik des Kalten Krieges, dass ein SIFAR-Geheimdienstdokument aus dem Jahr 1950 Gelli bezichtigte, als Agent für den Osten schon seit 1944 tätig zu sein.[38] Gründe als Doppelagent tätig zu sein, gibt es immer. Für die späteren Jahre ist hier jedoch wichtig zu verstehen, dass Moskau kein Freund der ab Ende der 60er Jahre deutlicher auftretenden Eurokommunisten war. Es war neben der CIA *auch* das Interesse der KPdSU, die italienischen Eurokommunisten nicht in eine Regierung(Enrico Berlinguer und der Historische Kompromiss) eintreten und damit einen Dritten Weg zwischen den Blöcken wachsen zu sehen. Dies hätte auch die west-östlichen Absprachen auf Jalta über die Nachkriegsordnung und die Wahrung der jeweiligen Einflusssphären verletzt.[39]

7 Die Mitglieder der P2

Als 1981 in der Villa Gellis bei Arezzo in der Toskana ein Archiv und eine Mitgliederliste der P2 mit 962 Namen gefunden wurden, stockte der Nation der Atem. Der Fund zeigte, wie weit verzweigt das Netz der P2 in allen Gesellschaftsbereichen war: 52 hohe Offiziere der Carabinieri, 50 gleichgestellte der Armee, 37 der Finanzpolizei und 29 der Marine, elf Polizeipräsidenten, fünf Präfekten, 70 Unternehmer, zehn Bankpräsidenten, drei Minister im Amt, zwei Ex-Minister, ein Parteisekretär, 38 Parlamentsabgeordnete, 14 Staatsanwälte und

[38] Camera dei deputati. Atti parlamentari seduta 21.11.1980.

[39] Diese Sicht der Dinge hat wohl unter italienischen, aber nicht unter deutschen Historikern im letzten Jahrzehnt ausgebreitet. Siehe Igel (2012).

Richter, dann Bürgermeister, Krankenhauschefs, Notare, Rechtsanwälte, Journalisten. P2-Mitglied war auch Silvio Berlusconi, Fernsehkönig und später mehrmals Ministerpräsident.

Erstaunlich ist die große Anzahl hoher Militärs. Von insgesamt 195 Militärangehörigen dieser Liste sind 92 Generäle und hohe Offiziere. Die Oberbefehlshaber aller Militärbereiche, die gesamten Spitzen der Geheimdienste und die einflussreichsten Leute aus dem öffentlichen Verwaltungsapparat waren P2-Mitglieder. Über die bekannt gewordene Liste hinaus, ging der Parlamentsausschuss von 2.500 tatsächlichen Mitgliedern aus. Das heißt, von 1.650 P2-Mitgliedern sind die Namen nie bekannt geworden.

Dass die Loge überhaupt und zu diesem Zeitpunkt aufflog, führte Giovanni Pellegrino, langjähriger Vorsitzender des parlamentarischen Untersuchungsausschusses zu den Terroranschlägen, auf gezieltes Lancieren enthüllender Tatsachen gegenüber Staatsanwaltschaften zurück. In der mächtigen P2 sei es um Geschäfte und politische Verschwörungen gegangen, da hätten innerhalb sich widerstreitender Fraktionen auf diesem Wege alte Rechnungen beglichen werden können.[40]

8 Das Machtgefüge

Ähnlich wie die Rotary- oder Lions-Clubs dienen Freimaurerorganisationen ihren Mitgliedern durchaus auch zur gegenseitigen ökonomischen Hilfestellung und in Zeiten der Dominanz des atlantischen Antikommunismus auch zur Unterstützung von Karrieren, zur Schaffung von Vorteilen, zum Zusammenhalt von Eliten. In den Akten des Parlamentsausschusses zur P2 finden sich ganze Bände nur mit Empfehlungsschreiben, die Gelli erhalten oder verschickt hat. Er bestimmte die Wahl der Minister, der Staatssekretäre, der Geheimdienstspitzen mit. Bis Anfang der 80er Jahre hatte er einen derartigen Einfluss, dass er in allen Schaltstellen des Staatsapparates P2-Mitglieder unterbringen konnte. Nicht anders war es im wirtschaftlichen Machtbereich: Staatliche Unternehmen, Banken, Zeitungen und private Fernsehsender unter solide Kontrolle zu bekommen, war für Gelli und die P2-Mitglieder von eminenter Bedeutung. Ein besonderer Coup gelang Gelli 1978. Der Verlagsleiter von Rizzoli, der größten italienischen Verlagsgruppe mit der auflagenstärksten italienischen Tageszeitung, dem „Corriere della sera“, kam

[40] Fasanella und Pellegrino (2005, S. 94)

zur P2 – eine Garantie für den ideologischen Einfluss über einen großen Teil der öffentlichen Meinung.

Wie bei der schon im 19. Jahrhundert existierenden Propaganda-Loge bestand eine strikt eingehaltene Geheimhaltung der Organisation und ihrer Mitglieder. Der Untersuchungsausschuss des Parlaments konnte feststellen, dass es keinerlei organisatorischen Kontakte zwischen einzelnen P2-Mitgliedern, geschweige denn Versammlungen gab. Erst 1981 wurde das 1976 ausgearbeitete P2-Programm „Plan zur demokratischen Wiedergeburt" entdeckt, ein komplettes politisches Geheimprogramm zur schleichenden Umgestaltung der Gesellschaft in eine eingeschränkte Demokratie, genau das, was Gelli 2003 in vielen Punkten unter der Regierung Berlusconi als verwirklicht benannte.

Das, was die P2 in Italien anrichtete, wurde von kritischen Geistern verglichen mit dem Befall eines Schrankes durch eine Armee von Holzwürmern: Nach außen wie eh und je auf seinen Beinen stehend, ist der Schrank – die Gesellschaft – in seinem Innern jedoch nur noch ein von Würmern zersetztes Skelett. Der Parlamentsausschuss bezeichnete die P2 als »eine politische Vereinigung, deren Ziel nicht die Übernahme, sondern die Kontrolle der Regierungsgeschäfte ist«. Diese Kontrolle übten Gelli und seine P2-Mitglieder aus, indem sie in Schaltstellen des Staats- und Verwaltungsapparates platziert waren. Die Bereitschaft zu permanenten Gesetzesübertretungen wurde zum Markenzeichen eines P2-Mitglieds, nicht nur im Namen des Antikommunismus, sondern auch um die gesamte, auch moderate Linke in Schach zu halten. Gab es Probleme mit der Justiz, so fanden sich in dieser immer mächtige und schützende weitere P2-Mitglieder.

Trotz des Nachweises unzähliger Delikte, konnte der 1919 geborene Licio Gelli bis heute als Drahtzieher der Strategie der Spannung nicht überführt werden. Mitglieder der P2 und der Schatten Licio Gellis sind in allen Prozessen zu den blutigen Anschlägen der Strategie der Spannung aufgetaucht.

1988 wurde Gelli im Prozess zum Bombenattentat im Bahnhof von Bologna zu zehn Jahren Haft verurteilt. Er wurde für schuldig befunden, den Ermittlern falsche Fährten gelegt und damit unschuldige Menschen belastet und die wirklichen Täter gedeckt zu haben. Die Anklageschrift bestätigte aufgrund von Zeugenaussagen und Dokumentenmaterial die Rolle Gellis in der P2 und als Drahtzieher von Attentaten und dunklen Machenschaften in der Politik der 70er Jahre. Das helfende P2-Netz blieb auch für ihn aktiv.

Andere Verfahren zu Mord- und Terroranschlägen wurden eröffnet, führten aber zu keinen Inhaftierungen. Lediglich seine Verwicklung in den Zusammenbruch der mit der Mafia verbundenen Ambrosiano-Bank führte aus Gesundheitsgründen zu einer Verurteilung zu acht Jahren Hausarrest. Zu mächtig, zu gefürchtet blieb er, zu gründlich wird er belastendes Material und Belastungszeugen eliminiert haben lassen, als dass in allen diesen hoch brisanten Kriminalgeschichten *strafrechtlich* wirklich brauchbare Beweise auffindbar waren. *Historisch* ist seine Rolle jedoch ausreichend geklärt.

Gian-Adelio Maletti, Ex-Vize des italienischen militärischen Geheimdienstes, enthüllte im Gerichtssaal in Mailand Anfang 2001, dass noch in einem anderen Land die Geheimdienste in einer *Strategie der Spannung* derartig aktiv waren wie in Italien. Und das sei die Bundesrepublik Deutschland gewesen.

Literatur

Auerbach, T. 1998. *Einsatzkommandos an der unbekannten Front.* Berlin: Ch. Links.

Casson, F. 1993. *Supplemento Avvenimenti* N. 21: 81.

Ciuffoletti, Z., und S. Moravia. 2004. *La Masoneria. La storia, gli uomini, le idee.* Milano: Mondadori.

Commissione parlamentare d'inchiesta sulla loggia massonica P2. 1984. Doc. XXIII. n. 2-quater/3/IV, tomo IV.

Commissione parlamentare d`inchiesta sul terrorismo (..) audizione del generale Gian-Adelio Maletti 3 3. 1997.

De Lutiis, G. (Hrsg.) 1986. *La strage. L`atto d`accusa dei giudici di Bologna. Pref. di Noberto Bobbio.* Roma: Editori Riuniti.

De Lutiis, G. 1996. *Il lato oscuro del potere.* Roma: Editori Riuniti.

Fasanella, G., C. Sestieri, und G. Pellegrino. 2000. *Segreto di Stato.* Torino: Einaudi.

Fasanella, G., und G. Pellegrino. 2005. *La guerra civile.* Milano: Bur.

Ganser, D. 2008. *Nato-Geheimarmeen in Europa: Inszenierter Terror und verdeckte Kriegsführung.* Zürich: Orell Füssli.

Igel, R. 2003. Kein Maulkorb für den Staatsanwalt. Vom Nutzen italienischer Verhältnisse in der Justiz. *Blätter für deutsche und internationale Politik* 11: 1380 – 1389.

Igel, R. 2006: *Terrorjahre. Die dunkle Seite der CIA in Italien.* München: Herbig.

Igel, R. 2007. Linksterrorismus fremdgesteuert? Kooperation von RAF, Roten Brigaden, CIA und KGB. *Blätter für deutsche und internationale Politik* 10.

Igel, R. 2012. *Terrorismus-Lügen. Wie die Stasi im Untergrund agierte.* München: Herbig.

Relazione sull'inchiesta condotta sulle vicende connesse all'operazione Gladio v. 22. April 1992. Doc. XXIII. n. 51.

Relazione sull'inchiesta condotta su episodi di terrorismo in Alto Adige 1992. Doc. XXIII. n. 52.

Regine Igel studierte Sozialwissenschaften und Germanistik. Seit 1984 ist sie u. a. für die *Süddeutsche Zeitung*, die *Zeit*, die *Neue Zürcher Zeitung*, die *taz*, verschiedene Rundfunksender und die Blätter für deutsche und internationale Politik publizistisch tätig. Aktuelle Veröffentlichungen: *Terrorjahre. Die dunkle Seite der CIA in Italien* (Herbig 2006), *Terrorismus-Lügen. Wie die Stasi im Untergrund agierte* (Herbig 2012). Nach 18 Jahren in Italien lebt und arbeitet die freie Autorin heute in Berlin.

Die diskrete Macht der Bilderberger

Marcus Klöckner

1 Der politische Formationsprozess der Machtelite

Die Reichen und Mächtigen dieser Welt finden sich bei vielen Anlässen zusammen. Einige dieser Zusammenkünfte sind einer breiten Öffentlichkeit bekannt, wie etwa das World Economic Forum in Davos oder die Münchner Sicherheitskonferenz. Andere elitäre Vereinigungen und Zusammenkünfte, wie etwa die Mont Pèlerin Society[1], Bohemian Grove[2] oder das Council on Foreign Relations[3] tauchen hingegen selten in der Berichterstattung der großen Medien auf.

[1] Die Mont Pèlerin Society ist ein neoliberaler Think Tank, dessen Mitglieder in einem breiten Netz an weiteren ideologisch gleich ausgerichteten Think Tanks verwoben sind. Vgl. hierzu die Arbeit von Walpen (2004) und Plehwe (2002).

[2] Bohemian Grove ist ein Areal am Russian River in Kalifornien, USA. Das Grundstück gehört dem Bohemian Club. Einmal im Jahr treffen sich dort gut 2000 Eliten aus der Politik und anderen Bereichen zu einer großen Zusammenkunft mitten im Wald. Vgl. hierzu die Arbeit des US-amerikanischen Sozialwissenschaftlers G. William Domhoff (1982, 1987) und Klöckner (2008a).

[3] Das Council on Foreign Relations in den USA gilt als einer der einflussreichsten US-amerikanischen Denkfabriken.

M. Klöckner (✉)
Duisburg, Deutschland
E-Mail: marcus.kloeckner@gmx.de

A. Anton et al. (Hrsg.), *Konspiration*,
https://doi.org/10.1007/978-3-658-43429-8_11

Dabei verweisen die vielfältigen informellen Interaktionsmuster auf ein für die Sozialwissenschaften hoch interessantes Phänomen. Die Treffen in entsprechenden politischen Elite-Zirkeln mit ‚Reichweitenmacht' zeigen auf, dass sich Eliten aus dem sichtbaren politischen Meinungsfindungsprozess, wie er sich etwa in Parteien vollzieht, ausdifferenzieren und Teil eines vorgelagerten politischen Formationzprozesses sind. Der Zugang zu Zirkeln wie Bohemian Grove und anderen Elite-Gruppen ist hierbei in aller Regel nur Akteuren gestattet, die über bestimmte Strukturstellungsmerkmale (wie etwa ein Überschuss an Kapitalarten[4]) verfügen, die die breite Mehrheit der Gesellschaftsmitglieder nicht aufweisen kann. Welche Elite-Vereinigungen es gibt, was diese tun, wie groß oder klein ihr Einfluss ist, darauf versucht das *Power Structure Research* bzw. die Machtstrukturforschung[5] innerhalb der Soziologie Antworten zu finden. Es liegt nahe, dass immer dann, wenn es um Gruppierungen geht, die im Verborgenen agieren und die Frage im Raum steht, über wie viel Einfluss solche Gruppierungen verfügen, auch das verschwörungstheoretische Moment eine Rolle spielt.

Ein Zirkel der informellen Macht, dessen Wirken seit vielen Jahrzehnten zu diversen Verschwörungstheorien geführt hat, heißt Bilderberg. Da es in diesem Band um Verschwörungstheorien geht, soll die nachfolgende Auseinandersetzung mit Bilderberg vor allem im Hinblick auf die verschwörungstheoretischen Verdächtigungen, die den Zirkel umgeben, geführt werden. Als Einstieg zur Diskussion über das „Phänomen" Bilderberg, wird nachfolgend eine Verschwörungstheorie zusammengestellt, die als Destillat jener Verschwörungstheorien verstanden werden kann, die im Zusammenhang mit dieser Gruppe zu finden sind. Die folgende Verschwörungstheorie beinhaltet diverse Wirklichkeitsfragmente wie auch unbewiesene Behauptungen zum Elite-Zirkel Bilderberg, womit vor allem den uninformierten Lesern die Möglichkeit gegeben werden soll, den Wahrheitsgehalt der Verschwörungstheorie selbst kritisch einzuschätzen.

---

[4] Ich denke hier an die Kapitalarten nach Bourdieu: ökonomisches, kulturelles, soziales und symbolisches Kapital. Vgl. Schwingel (2000, S. 80 ff.), Bourdieu (2003, S. 211 ff.) und Steinrücke (2004, S. 52 ff.).

[5] „Neben den elitentheoretischen Ansätzen ist das *Power Structure Research* (PSR) der zweite große Ansatz in den Sozialwissenschaften, mit dem man die ‚Herrschaftsspuren der Mächtigen' verfolgen kann. Anders formuliert: Das PSR ermöglicht mit verschiedenen Erfassungsrastern die Strukturen, die Eliten in der Alltagswelt hinterlassen, zu erforschen. Bezeichnenderweise gilt Charles Wright Mills, neben Floyd Hunter, als der Hauptbegründer dieser Methode. In Deutschland ist das PSR gesellschaftswissenschaftlich wenig rezipiert […] Einer der wenigen prominenten deutschen Wissenschaftler, der sich hauptsächlich mit dem PSR auseinandersetzt, ist H. J. Krysmanski" (Klöckner 2007, S. 12).

1.1 Bilderberg als Verschwörungstheorie

Seit über 60 Jahren existiert eine Gruppe, die sich aus hochrangigen Persönlichkeiten der westlichen Welt zusammensetzt und einmal im Jahr zu einer Geheimkonferenz zusammen kommt. Die Teilnehmer der Konferenz sind allesamt gewichtige Vertreter aus zentralen gesellschaftlichen Teilbereichen wie etwa Politik, Wirtschaft, Hochfinanz, Wissenschaft, Medien und Militär, aber auch Vertreter von Geheimdiensten und dem Adel stehen auf der Gästeliste. Kurz: Es ist die Machtelite, die sich trifft. Die Geheimkonferenz findet in jährlich wechselnden Ländern statt. Die Gruppe, die zum ersten Mal 1954 zusammenfand, mietet sich für drei Tage ein gesamtes Hotel. Private und staatliche Sicherheitskräfte schirmen den Tagungsort ab. Die Presse berichtet nicht über die Zusammenkunft. Kein Wort darüber, was genau auf den Treffen besprochen wird, dringt an das Licht der Öffentlichkeit. Es liegt auf der Hand: Der Elite-Zirkel bildet eine geheime Weltregierung. Die Mitglieder der Gruppe untergraben indirekt demokratische Strukturen, sie hebeln durch ihre Zusammenkunft demokratische Prinzipien aus. Als Mitglieder einer Elite-Kaste legen sie die Grundrichtung der großen Weltpolitik fest und veranschlagen so eine Marschrichtung, die vor allem ihnen, ihren Interessen, ihren Geschäften und ihrem Vermögen zu Gute kommen wird. Doch die Bestrebungen der Gruppe gehen weiter: Hauptziel der Konferenzen ist es, eine „Neue Weltordnung" zu schaffen, innerhalb derer demokratische Strukturen nur noch als Fassade aufrecht erhalten werden, um schließlich eine Weltdiktatur zu errichten und die Menschen völlig zu versklaven.

1.2 Gedanken zum verschwörungstheoretischen Moment, das die Gruppe umgibt

Die beschriebene Verschwörungstheorie vermischt Fakten mit Vermutungen. Verschwörungstheorien rund um die Bilderberg-Gruppe oder die „Bilderberger", wie die Teilnehmer an der Konferenz und die Mitglieder des Zirkels bezeichnet werden, sind zahlreich. Wer in der Suchmaschine Google den Begriff Bilderberg eingibt, findet derzeit[6] um die 10 Mio. Treffer. Unter den angebotenen Webseiten, die Google liefert, finden sich sehr viele, die auf die ein oder andere Weise eine Verschwörungstheorie verbreiten oder vertreten, die mit der oben von mir

[6] Stand 09.12.2012.

in komprimierter Form dargestellten korrespondiert. Auf der anderen Seite werden die Treffen der Gruppe aber auch völlig konträr zur großen Weltverschwörungstheorie gelesen und als völlig legitimer und nicht zu kritisierender Teil eines demokratischen Systems verstanden. Wer sich mit der Gruppe und den sie umgebenden Vermutungen auseinandersetzt, wird schnell feststellen, dass Bilderberg bestimmte Merkmale aufweist, die immer wieder im Kontext von Verschwörungstheorien zu finden sind. Verschwörungstheorien beinhalten oft Wirklichkeitsbestandteile, die nach objektiver Überprüfung als „wahr", als „richtig" klassifiziert werden können. Die so herausgefilterten Fakten sind dann sicherlich Gegenstand von Interpretationen und Deutungen, aus denen dann wiederum Wirklichkeitskonstruktionen aufgebaut werden, die zu einem hohen Grad spekulativ und mit reichlich Fantasie versehen sind. Objektiv wahre Bestandteile eines Sachverhaltes vermischen sich so mit Spekulationen, die mehr oder weniger nah an der Realität dran sein können. Die in der oben konstruierten Verschwörungstheorie aufgeworfene Vermutung, die Mitglieder von Gruppierungen wie Bilderberg würden dank ihrer Position innerhalb des gesellschaftlichen Systems und dank ihrer Kapitalvorteile versuchen, Strukturen zu errichten, die in erster Linie ihnen selbst zu Gute kommen, liegt durchaus nahe. An diese Feststellung anschließend, sollte eine Gruppe wie Bilderberg aus demokratietheoretischer Sicht analysiert werden. Kann es sein, dass ein Elite-Zirkel wie Bilderberg eine Gefahr für die Demokratie darstellt? Oder, andersherum, ist Bilderberg vielleicht sogar förderlich für den demokratischen Prozess, da durch ein Gremium wie Bilderberg hochrangigen Funktionsträgern die Möglichkeit geboten wird, miteinander zu reden und Gedanken auszutauschen?

In der folgenden Aufarbeitung des Phänomens „Verschwörungstheorie Bilderberg" wird die Bilderberg-Gruppe, soweit es die vorhandenen Informationen zulassen, vorgestellt und mit einem analytischen Blick im Hinblick auf den Verschwörungsverdacht diskutiert.

2 Die Bilderberg-Gruppe

Wer verlässliche Daten zum Elite-Zirkel Bilderberg finden möchte, muss suchen. Die Wissenschaft, insbesondere die Politikwissenschaft und die Soziologie, tut sich sehr schwer damit, sich des Phänomens Bilderberg anzunehmen. Einigen wenigen Wissenschaftlern[7] und Journalisten[8] ist es über die vergangenen Jahrzehnte gelungen, die Eckpfeiler der Gruppe freizulegen und der Forschung zugänglich zu machen. Seit 2010 ist die Gruppe immerhin auch mit einer Webseite im Internet vertreten.[9]

2.1 Die Entstehung von Bilderberg

Wie kam es zum Zusammenschluss der „Bilderberger"? Was war die Motivation, ein Gremium ins Leben zu rufen, das wichtige Persönlichkeiten der westlichen Welt zu einer Art Geheimkonferenz zusammenbringen wollte?

Drei Personen können namentlich genannt werden, die eine zentrale Rolle bei der Gründung von Bilderberg gespielt haben: Paul Rijkens, der damalige Präsident des Konzerns Unilever, Prinz Bernhard von den Niederlanden und schließlich Joseph Retinger, ein Exil-Pole, der als eine Art graue Eminenz im Nachkriegseuropa galt und ausgezeichnete Kontakte auf der politischen und wirtschaftlichen Ebene hatte.

Laut Peters[10] ist Joseph Retinger in den Jahren nach dem Zweiten Weltkrieg in die USA gereist, wo er sich mit Walter Bedell, dem damaligen Direktor der CIA traf. Bei dem Treffen wurde die Idee eines transatlantischen Elitezirkels erörtert. Der Spezialist für psychologische Kriegsführung, Charles D. Jackson, wurde mit in den Entstehungsprozess der Gruppe involviert. Jackson war auch Präsident des *Committee for a Free Europe,* das 1949 in den USA gegründet wurde, anti-kommunistisch ausgerichtet war und dem auch der spätere CIA-Direktor Allen Welsh Dulles angehörte. Das *Committee for a Free Europe* stand hinter dem Radiosender *Radio Free Europe,* dessen Finanzierung durch die CIA erfolgte und der auch in den folgenden Jahrzehnten aufgrund zu enger Geheimdienstkontakte immer wieder in die Kritik geriet. Aufgrund dieser Verbindungen liegt die Vermutung nahe, dass auch die Finanzierung der ersten Bilderberg-Konferenz zum Teil auf verdecktem Wege durch die CIA erfolgte (vgl. Klöckner 2007, S. 66 f.). Nachdem die ersten schwierigen Hürden zur Ausrichtung der Konferenz von Retinger

---

[7] Vgl. van der Pijl (1996, S. 340 f., 1998, S. 122 f. und S. 127) sowie Richardson et. al. (2011).

[8] Vgl. Allen (1976/1995, S. 110); Skelton (2009–2012); Estulin (2007, 2011); Klöckner (2007, 2008b, 2009, 2010, 2011a, 2011b, 2011c, 2011d, 2012a, 2012b).

[9] www.bilderbergmeetings.org. Zugegriffen: 09.12.2012.

[10] www.bilderberg.org/bblob.rtf. Zugegriffen: 09.12.2012.

und seinen Unterstützern beseitigt worden waren, ging es darum, sorgfältig eine exklusive Auswahl an Persönlichkeiten zusammenzustellen, die dem ersten Treffen beiwohnen sollten. Und so wurden hochrangige Akteure aus den USA und anderen NATO-Ländern ausgewählt, wie zum Beispiel:

- Antoine Pinay (französischer Premierminister)
- Guy Mollet (Führer der Sozialisten in Frankreich)
- Otto Wolf von Amerongen (einflussreicher deutscher Unternehmer, der über viele Jahre Präsident des deutschen Industrie- und Handelstages war)
- –Ole Bjorn Kraft (dänischer Außenminister und Herausgeber der *Dänischen Tageszeitung*)
- David Rockefeller (Bankier, ausgezeichnet vernetzt in diversen Elite-Zirkeln und Einrichtungen wie etwa der Trilateralen Kommission,[11] dem Council on Foreign Relations, oder der Group of Thirty[12])
- Dean Rusk (ehemaliger US-Secretary of State, Präsident der Rockefeller Stiftung, naher Freund von Jean Monnet!)

Insgesamt umfasste die Teilnehmerliste 67 Personen.

Eine Passage aus einer von John Pomian verfassten Biographie über Joseph Retinger vermittelt einen guten Eindruck über den vermutlichen Rekrutierungsprozess. So schreibt Pomian:

---

[11] Hierzu Klöckner (2007, S. 68):„Die Trilaterale Kommission ist knapp gefasst eine Einrichtung, welche die Politik, insbesondere die Wirtschaftspolitik der Länder der Welt vereinigen möchte. Der Vorsitzende des europäischen Zweiges war lange Zeit Otto Graf Lambsdorf (vgl. van der Pijl 1998, S. 125). Der erste Direktor der Trilateralen Kommission, Zbigniew Brezinski, nennt in einem Memorandum von 1973 einige Ziele der TC, als da wären: ‚Unter […] Amerikanern, Japanern und Europäern die Gewohnheit einer Zusammenarbeit auf trilateraler Basis zu kultivieren, d. h. gemeinsame Probleme mit einer einheitlich formulierten Politik angehen; ein gemeinsames Verständnis über die zentralen Fragen, die im Verkehr miteinander, aber auch mit Drittländern auftreten; zu abgestimmten, praktisch trilateralen Vorgehensweisen kommen, die nicht nur eine engere trilaterale Zusammenarbeit fördern sollen, sondern auch eine gerechtere weltweite Gemeinschaft; schließlich die betroffene Öffentlichkeit und Regierungen über die einschlägigen Beschlüsse und Empfehlungen zu informieren'" (Shoup und Minter 1981, S. 171).

[12] The Group of Thirty ist eine internationale Verbindung von Personen aus dem Finanzsektor und der Wissenschaft. Sie existiert seit 1978. Vgl. http://www.group30.org/ Zugegriffen: 09.12.2012.

> „ […] during the first 3 or 4 years the all important selection of participants was a delicate and difficult task. This was particularly so as regards politicians. It was not easy to persuade the top office holders to come. Retinger displayed great skills and an uncanny ability to pick out people who in a few years time were to accede to the highest offices in their respective countries today there are very few figures among government on both sides of the Atlantic who have not attended at least one of these meetings.“ (zit. n. Peters 1996)[13]

Doch was war der Grund, überhaupt eine Konferenz der veranschlagten Art abzuhalten? Eine dünne Broschüre, die das Sekretariat der Gruppe auf Anfrage versendet, schildert die Motivation aus Sicht der Gruppe:

> „That pioneering meeting grew out of the concern expressed by leading citizens on both sides of the Atlantic that Western Europe and North America were not working together as closely as they should on common problems of critical importance. It was felt that regular off-the-record discussions would help create a better understanding of the complex forces and major trends affecting Western nations in the difficult postwar period. The cold war has now ended. But in practically all respects there are more, not fewer, common problems... It is hard to think of any major issue in either Europe or North America whose unilateral solution would not have repercussions for the other.“[14]

Nach dem Selbstverständnis des Elite-Zirkels sollten die Treffen zur Gründungszeit zunächst einmal dazu dienen, ein Forum für Funktionsträger der USA und Europas bereitzustellen, wo diese ohne Protokoll offen reden konnten, um so den Kommunikationsaustausch zu diversen zentralen politischen Themen, die sowohl diesseits wie jenseits des Atlantiks von Bedeutung waren, flüssiger und reibungsfreier werden zu lassen.

2.2 Erstes Bilderberg-Treffen

Vom 29.-31. Mai des Jahres 1954 trafen sich Machteliten aus der westlichen Welt im niederländischen Ort Ooesterbeek, genauer gesagt im *Hotel De Bilderberg*.

[13] Ebd. 09.12.2012.

[14] Zitiert aus der Bilderberg-Broschüre (2005, S. 2).

Das Hotel diente als Namensgeber der Gruppe. Wenn in den Medien über die Gruppe berichtet wird, werden unterschiedliche Bezeichnungen verwendet.[15]

Die Teilnehmer an der Konferenz werden kurz als „Bilderberger" bezeichnet. Beim ersten Treffen der Gruppe wurden nach eigenen Angaben von Bilderberg vier Themen besprochen:

- The attitude towards communism and the Soviet Union
- The attitude towards dependent areas and peoples overseas
- The attitude towards economic policies and problems
- The attitude towards European integration and the European Defense Community[16]

2.3 Organisationsstruktur und Vorgehensweise der Bilderberg-Gruppe

Auf der Homepage[17] der Bilderberg-Gruppe gibt es ein paar spärliche Angaben zur Struktur des Zirkels.[18] Der Zirkel umfasst einen Lenkungsausschuss, der einen Vorsitzenden ernennt. Darüber hinaus gibt es Mitglieder, die für vier Jahre gewählt werden und danach auch noch einmal wiedergewählt werden können. Auf der Homepage von Bilderberg sind keine Angaben dazu zu finden, aus wie vielen Personen der Lenkungsausschuss besteht, genauso wenig gibt es einen Hinweis darauf, wie viele Mitglieder die Gruppe für jeweils vier Jahre umfasst. Es ist auch nicht ersichtlich, *wie*, d. h. nach welchen Vorgaben die Mitglieder von Bilderberg gewählt werden. Die einzigen Angaben, die Bilderberg weiter zur Struktur bzw. der Vorgehensweise der Gruppe macht, sind folgende Ausführungen:

> „The Chair's main responsibilities are to chair the Steering Committee and to prepare with the Steering Committee the conference program,the selection of partici-

[15] Anzuführen sind: Bilderberg, Bilderberg Meetings, Bilderberg-Treffen, Bilderberg-Gruppe, Bilderberg-Konferenz.

[16] http://www.bilderbergmeetings.org/conferences-50s.html. Zugegriffen: 09.01.2013.

[17] http://www.bilderbergmeetings.org/index.php. Zugegriffen 09.01.2013.

[18] http://www.bilderbergmeetings.org/governance.html Zugegriffen: 09.01.2013.

pants. He also makes suggestions to the Steering Committee regarding its composition. The Executive Secretary reports to the Chairman."[19]

Auf der Internetseite, die erst seit 2010 existiert, finden sich weder Impressum noch Kontaktdaten. Es besteht noch nicht einmal die Möglichkeit, eine E-Mail an Bilderberg zu senden. Aus Recherchen diverser alternativer Journalisten und Blogger ist bekannt, dass die Gruppe über ein Sekretariat verfügt, das sich in der niederländischen Stadt Leiden befindet.

Auf der Internetseite www.bilderberg.org, die von dem britischen Staatsbürger Tony Gosling betrieben wird und auf der sich zahlreiche Informationen zu der Gruppe befinden, ist auch eine Telefonnummer aufgeführt, die zum Sekretariat der Gruppe führt.

Ich habe in den Jahren 2005–2009 mehrere Male das Sekretariat zu Recherchezwecken kontaktiert, die Kontaktaufnahme verlief jedes Mal gleich: Eine Frauenstimme (vermutlich Maya Banks-Poldermann, die langjährige Sekretärin der Bilderberg-Gruppe) meldet sich und ist stets darauf bedacht, das Gespräch möglichst schnell zu einem Abschluss zu bringen. Inhaltliche Fragen zur Gruppe werden nicht beantwortet, stattdessen wird angeboten, eine dünne Informationsbroschüre an die Adresse des Anrufers zu schicken. Die Informationsbroschüre entspricht weitestgehend dem Inhalt, wie er derzeit auf der Homepage von Bilderberg zu finden ist.

Wenig ist darüber bekannt, wie die Gruppe sich grundsätzlich formiert bzw. wie ihre Mitglieder und Teilnehmer ausgesucht werden und zusammenkommen. Es liegt nahe, dass, wie bei anderen Elite-Vereinigungen (Rotarier, Lions etc.), über die wesentlich mehr bekannt ist als über Bilderberg, die Mitglieder, also die Akteure der Gruppe, die zum inneren Kern gehören, durch Kooptation, d. h. durch Vorschläge aus der Gruppe heraus, aufgenommen werden. Auf der Internetseite von Bilderberg heißt es in Bezug auf die Auswahl der Konferenz-Teilnehmer sehr vieldeutig:

„Participants are chosen for their experience, their knowledge, their standing and their contribution to the selected agenda."[20]

Interessant sind die Einlassungen des langjährigen Zeit-Journalisten und Teilnehmer der Bilderberg-Konferenzen, Theo Sommer, der sich in einem Interview

[19] http://www.bilderbergmeetings.org/governance. Zugegriffen: 09.01.2013.

[20] http://www.bilderbergmeetings.org/index.html. Zugegriffen: 21.12.2012.

gegenüber der Fachzeitschrift für Journalisten, *message,* zu dem Elite-Zirkel geäußert hat. Auf die Frage, wie er, Sommer, zur Bilderberg-Konferenz gekommen sei, antwortet der Journalist:

> „Ich glaube, es war der Unternehmer Otto Wolff von Amerongen, der mich hineinholte. Er gehörte auch zu den Gründern, neben Prinz Bernhard, David Rockefeller und Giovanni Agnelli. Für Deutschland saßen im Lenkungsausschuss immer zwei Leute: Einer, der den intellektuellen Input brachte, der sagte: Das wäre ein Thema, das wäre ein Redner. Und einer, der die Finanzen besorgte, der Fundraising betrieb bei Banken und großen Unternehmen. Lange Zeit war ich dann der ideelle Part und der finanzielle war Alfred Herrhausen. Nach mir hat sich dieser Sitz innerhalb der Zeit vererbt: Erst kam Christoph Bertram, und jetzt ist Matthias Nass im steering committee" (Krüger 2007: S. 61).

Diese Informationen knüpfen auch an ein schriftliches Interview an, das ich mit Jürgen Trittin zu dessen Teilnahme an der Bilderberg-Konferenz von 2012 führte (vgl. Klöckner 2012b). Aus Trittins Aussagen geht hervor, dass in Deutschland offensichtlich der Zeit-Journalist Matthias Nass[21] für die Einladung der deutschen Teilnehmer verantwortlich ist. So bemerkt Trittin:

> „Eingeladen wurde ich durch den internationalen Korrespondenten der Wochenzeitung ‚Die Zeit', Matthias Naß" (ebd.).

Einlassungen wie diese zu Bilderberg führen dazu, dass sich nach und nach zwar einige „Puzzleteile" zusammenfügen lassen; was sich aber genau bei den Bilderberg-Konferenzen im Innern in jedem Jahr abspielt, ist nur bedingt rekonstruierbar. Sicher ist, dass es jeweils verschiedene Themen auf der Agenda gibt, die zum Gegenstand von Reden, Diskussionen und Arbeitsgruppen werden. Anbei ein kleiner Auszug aus bisher diskutierten Themen[22]:

Bilderberg-Konferenz in Telfs-Buchen, Österreich, 3.–5. Juni 1988

[21] Mathias Naß nahm bereits mehrere Male an der Bilderberg-Konferenz teil. Der Journalist Uwe Krüger, der über die Netzwerke deutscher Journalisten in Politik und Wirtschaft promoviert hat, bemerkte in einem Interview mit mir: „Matthias Naß von der Wochenzeitung Die Zeit nimmt nicht nur regelmäßig teil, sondern ist auch Mitglied im Inner Circle von Bilderberg und bestimmt Themen und Teilnehmer der Konferenz mit. In den letzten zehn Jahren waren außerdem Josef Joffe (Die Zeit) sowie die Medienmanager bzw. -eigentümer Mathias Döpfner (Axel Springer AG) und Hubert Burda (Burda-Verlag) dabei" (Klöckner 2011c).

[22] http://www.bilderbergmeetings.org/conferences-10s.html Zugegriffen: 17.12.2012.

- What can be done with the world economy: alternative scenarios
- How to handle a world awash with public and private debt?
- The German question revisited
- The new information era
- Briefing on the Moscow summit
- The impact of glasnost
- Future strategy of the Alliance
- The Gulf and Afghanistan

Bilderberg-Konferenz Rottach-Egern, Deutschland, 5–8 Mai 2005:

- What Do We Mean by Freedom?
- Development: Reflections and Perspectives
- How Can Europe and the US Work Together to Deal with Common Problems?
- Iraq
- Asia: the Geo-Strategic Challenges
- Where is Europe Going?
- Israel-Palestine
- Russia: Do the Transatlantic Partners have a Common Strategy?

An dieser Stelle sei auf eine weitere Aussage von Theo Sommer aus dem bereits zitierten Interview hingewiesen: Sommer antwortet auf die Frage, wie so eine Konferenz ablaufe, wie folgt:

> „Im Grunde nicht anders als eine akademische Konferenz oder eine Konferenz der Deutschen Gesellschaft für Auswärtige Politik. Alle sitzen in einem Konferenzraum, es gibt zu einem Thema jeweils ein oder zwei einführende Referate und dann wird debattiert. Bloß dass da eben Prime Ministers oder Weltbankpräsidenten sitzen und nicht irgendein Ministerialdirigent oder Doktorand. Das ist Networking auf sehr hohem Niveau." (Krüger 2007, S. 61)

Leichter als die inneren Zusammenhänge der Gruppe zu erfassen, ist es jedoch, was die Informationslage angeht, das äußere, also das sichtbare Vorgehen der Gruppe zu beschreiben. Wie erwähnt, dauern die Bilderberg-Konferenzen in der Regel drei Tage. Die Konferenzen werden in jährlich wechselnden Ländern der westlichen Welt abgehalten, in der Regel in den Monaten Mai oder Juni. Als Tagungsort dient jeweils ein Hotel, das für die Konferenz komplett angemietet wird. Noch während die letzten Gäste das Hotel verlassen, trifft privates Sicherheitspersonal ein, das das Hotel auf die Sicherheit hin überprüft. Am Ankunftstag der

Bilderberger wird das Hotel nicht nur von privaten, sondern auch von staatlichen Sicherheitskräften überwacht. Während die Konferenz 2005 in Rottach-Egern am Tegernsee abgehalten wurde, war ein massives Aufgebot der deutschen Polizei vor Ort. Die Zufahrt und das hotelnahe Gelände werden in aller Regel abgesperrt, es entsteht eine Art „Bannmeile“ um den Tagungsort. Je nachdem, wo die jeweilige Konferenz gerade stattfindet, kommen die Bilderberg-Teilnehmer mit dem Auto oder lassen sich mit dem Flugzeug oder einem Hubschrauber einfliegen.

3 Diskussion

Aus den hier holzschnittartig angeführten Informationen zur Bilderberg-Gruppe lassen sich sicherlich verschiedene Aspekte diskutieren. Für den hier in dem Buch veranschlagten Blickwinkel, der sich auf Verschwörungstheorien richtet, ist es sinnvoll, die Frage nach der tatsächlichen Handlungsmacht des Zirkels zu beleuchten und die sich daraus ableitenden demokratietheoretischen Implikationen zu betrachten.

3.1 Was ist dran an der „Verschwörungstheorie Bilderberg"?

Die Diskussion um die Bilderberg-Gruppe, wie sie immer wieder zu beobachten ist, schwankt in aller Regel zwischen zwei extremen Positionen: Während die eine Seite in Bezug auf die Bilderberg-Meetings an eine große Weltverschwörung glaubt, reagieren die Kritiker der Kritiker gelassen und betrachten die Treffen als nicht zu kritisierenden Teil des demokratischen Prozesses, in dem sich eben diverse Interessengruppen zusammenfinden, um sich miteinander über die vielfältigen politischen Herausforderungen auszutauschen. Beide Positionen sind gekennzeichnet durch einen zu undifferenzierten Blick auf die Verhältnisse. Zunächst das Wichtigste: Es gibt keine mir bekannten greifbaren Belege, dass es sich bei den Bilderberg-Treffen um die postulierte große Weltverschwörung handelt. Aus den zur Verfügung stehenden Informationen leitet sich dennoch ein Bild ab, das auf ein hochspannendes und für die Gesellschaftswissenschaften äußerst interessantes Phänomen verweist: Die Zusammenkunft der Bilderberger, ja die Existenz des Elite-Zirkels, verdeutlicht etwas, was innerhalb der Machstrukturforschung schon seit langer Zeit bekannt ist[23] und was ich bereits erwähnt habe: In unseren Gesellschaften findet eine Art vorgelagerter politischer Formationsprozess der Reichen und Mächtigen statt.

Dass es für diejenigen, die sich für das Thema interessieren, jedoch nicht über ein entsprechendes Fachwissen aus der Machtstruktur- und Eliteforschung verfügen, zunächst einmal durchaus so aussieht, als handle es sich bei Bilderberg tatsächlich um eine Verschwörung, ist im Grunde genommen verständlich. Die äußeren erkennbaren Merkmale der Bilderberg-Gruppe, also die Tatsache, dass es die Bilderberger über Jahre geschafft haben, ihren Zirkel aus der öffentlichen Diskussion herauszuhalten, die hochrangigen Persönlichkeiten, die sich unter dem Gebot der Verschwiegenheit treffen, ja, die ganze Zusammenkunft mit ihrer Geheimniskrämerei und ihren Sicherheitskräften: Noch etwas Fantasie dazu und fertig ist das Drehbuch für einen Hollywood-Film über die große Weltverschwörung. Aber genau genommen wird die Bedeutung der Existenz eines Zirkels wie Bilderberg durch den großen Verschwörungsverdacht geradezu verschleiert.

Die Tatsache, dass an den Konferenzen zu einem großen Teil jedes Jahr unterschiedliche Persönlichkeiten teilnehmen, wie auch die Tatsache, dass der Zirkel sich nur einmal im Jahr trifft, lassen den Verschwörungsverdacht doch in weite Ferne rücken. Es ist wenig plausibel, dass eine heterogene[24] Gruppe wie Bilderberg eine geheime Weltregierung bilden kann und die Politik der Welt bei ihrer jährlichen Zusammenkunft festlegt und steuert. Die Bedeutung von Bilderberg (genauso wie von anderen vergleichbaren Elite-Zirkeln) liegt vielmehr auf einer subtileren Ebene – und rüttelt dabei durchaus an demokratischen Prinzipien.

Oberflächlich betrachtet spiegelt sich die politische Willensbildung innerhalb demokratischer Systeme in Wahlen wider. Abgeordnete, die in den Parlamenten ihre Arbeit verrichten, repräsentieren den Willen der Bevölkerung, der sich in den Wahlergebnissen abbildet. Doch dieses, bei Lichte betrachtet naive Bild, findet weite Verbreitung, sei es in den Medien, sei es im akademischen Feld. Die Tatsache, dass unsere Demokratien vielerlei Einflüssen von den unterschiedlichsten

[23] Vgl. Krysmanski (2004 und 2012).

[24] Also heterogen in Bezug auf die jeweiligen beruflichen und politischen Ausrichtungen der Mitglieder – homogen ist die Gruppe durchaus ja auch in dem Sinne, dass ihre Mitglieder und die Teilnehmer an den Konferenzen alle über einen großen Einfluss verfügen, zur Elite bzw. zur Machtelite zu zählen sind und dem Großkapital durchaus sehr nahe stehen.

Interessengruppen ausgesetzt sind, wird leider allzu leicht übersehen oder aber nicht mit letzter Konsequenz bedacht.[25]

Die Existenz der Bilderberg-Gruppe zeigt, dass hochrangige Persönlichkeiten aus den zentralen gesellschaftlichen Teilbereichen sich bewusst abseits der Öffentlichkeit treffen, um dabei über wichtige politische Themen zu reden. Der Frage, wie groß die Wirkungsmacht eines Zirkels wie Bilderberg ist, lässt sich beim gegenwärtigen Informationsstand nur anhand theoretischer Überlegungen annähern, die auf beschränkten empirischen Daten basieren, da konkrete Nachweise über das Wirken der Gruppe nicht vorhanden oder nicht ergiebig genug sind, um eine konkrete und lückenlose „Beweiskette" zusammenzustellen. Es liegt jedoch sehr nahe, dass die Konferenzen keineswegs nur den Charakter eines einfachen Debattierclubs haben, aus dem sich keinerlei Auswirkungen auf die gesellschaftlichen, wirtschaftlichen und politischen Felder ergeben.

Der langjährige Ehrenvorsitzende der Bilderberg-Gruppe selbst, Etienne Davignon, belgischer Staatsbürger und eine der grauen Eminenzen in Europa, wird wie folgt zitiert:

> „A meeting in June in Europe of the Bilderberg Group – an informal club of leading politicians, businessmen and thinkers chaired by Mr Davignon – could also 'improve understanding' on future action, in the same way it helped create the euro in the 1990s, he said."[26]

Davignons Worte erhärten den Verdacht, dass es sich bei Bilderberg tatsächlich um eine einflussreiche Ideenschmiede handelt. Doch auch unabhängig von Davignons Einlassungen ist davon auszugehen, dass die auf den Konferenzen erzielten Konsense zu den dort behandelten Themen sich auf die eine oder andere Weise auch ihren Weg in die offizielle Politik bahnen.

Wer sich die Namensliste[27] der Teilnehmer anschaut, wird feststellen, wie gewaltig das soziale Kapital ist, das sich bei Bilderberg vereint. Hier sitzt der ehemalige Chef der Deutschen Bank, Josef Ackermann, neben Alexander B. Keith, dem Direktor der National Security Agency (NSA) oder ein Oscar Brunner, Herausgeber der österreichischen Tageszeitung *Der Standard,* neben Wolfgang

[25] Vgl. Leif (2004). Der Band *Gesteuerte Demokratie? Wie neoliberale Think Tanks Politik beeinflussen* (Müller et. al. 2004) bietet hier eine erfrischende Ausnahme.

[26] http://euobserver.com/political/27778. Zugegriffen: 21.12.2012.

[27] http://www.bilderbergmeetings.org/participants2012.html. Zugegriffen: 21.12.2012.

Ischinger, dem Vorsitzenden der Münchner Sicherheitskonferenz oder neben Peter Voser, Chef von Royal Dutch Shell.

Wenn gut 140 vergleichbar hoch reputierte Persönlichkeiten in einem Elitenetzwerk zusammenkommen, entfaltet sich eine zwar nur schwer greifbare, aber doch offensichtliche Struktursetzungsmacht, die nicht unterschätzt werden darf. Um diese Struktursetzungsmacht zu aktivieren, also die Fähigkeit, gesellschaftliche, politische oder wirtschaftliche Gefüge zu verändern, zu formen, zu bewegen oder zu erschaffen, ist es noch nicht einmal notwendig, dass alle Teilnehmer der Konferenzen „an einem Strang ziehen". Dies wäre ein Punkt, an dem die Verschwörungstheorien tatsächlich Komplexität reduzieren, da in ihren Ausarbeitungen alle Bilderberg-Teilnehmer auch „Verschwörer" sind. Doch realistisch betrachtet müssen längst nicht alle Teilnehmer der Tagung einer Meinung sein, um die angesprochene Struktursetzungsmacht zur Entfaltung zu bringen. Die Akteure, die bei Bilderberg zusammenkommen, sind in der Regel ausgezeichnet vernetzt, sodass ihre „Reichweitenfähigkeit", d. h, ihre Möglichkeiten, weitreichende politische Entscheidungen zu treffen oder aber zumindest in der Lage zu sein, politische Entwicklungen anzustoßen, die in eine vorherbestimmte Richtung gehen, gar nicht hoch genug veranschlagt werden kann.

Doch an diesem Punkt sind wir im „Vorhof der Verschwörungstheorien" angelangt. Es ist genau diese Grauzone zwischen einer realistischen Macht, über die Machteliten verfügen, die ihren Handlungsradius miteinander verknüpfen, und den daraus abstrahierten oder vermuteten tatsächlichen (erfolgreichen) „Machtanwendungen", in der der Verschwörungsverdacht um die Bilderberger aufblüht. Es ist daher zu empfehlen, sich zunächst nicht mit den vielen Unbekannten, die die Gruppe umgeben und die erst mal nur in Spekulationen münden können, auseinanderzusetzen, sondern sich auf das Greifbare, auf das Offensichtliche, zu konzentrieren.

Die Bilderberg-Konferenzen sind geheim bzw. sie finden unter Ausschluss der Öffentlichkeit statt. Warum? „Warum?" ist eine erste naive Frage, aus deren sorgfältiger Reflexion sich das Phänomen Bilderberg zumindest im Hinblick auf seinen demokratietheoretischen Berührungspunkt erfassen lässt. Die Fragen nach der tatsächlichen Handlungsmacht und nach den konkreten realen oder fiktiven Interventionen des Zirkels in die nationale Politik sollten erst nach Klärung dieser Frage diskutiert werden. Warum also gibt es überhaupt einen Zirkel wie Bilderberg, in dem Eliten sich unter Ausschluss der Öffentlichkeit treffen?

Vertreter eines pluralistischen Ansatzes sind hier schnell mit gefälligen Antworten zur Stelle. Man hört dann davon, dass es auch in einer Demokratie nichts Außergewöhnliches sei, wenn Funktionsträger, ohne die Öffentlichkeit mit einzubeziehen, miteinander redeten und diskutierten. Hinterzimmer-Gespräche seien zwischen Politik und Wirtschaft gang und gäbe und längst nicht per se verwerflich. Zusammenkünfte, bei denen Führungspersönlichkeiten sich ungehemmt austauschen könnten, förderten den offenen Dialog und könnten dabei behilflich sein, Konflikte und Probleme auf eine konstruktive Weise zu lösen. Innerhalb solcher vertraulicher Runden, bei denen nicht jedes Wort auf die Goldwaage gelegt werde, könne man offener und ungezwungener reden und niemand müsste Angst davor haben, in der Öffentlichkeit sein Gesicht zu verlieren. Die Ausführungen, mit denen sich ein eher positives Bild eines Zirkels wie Bilderberg zeichnen ließe, könnte man leicht fortführen. Wer wollte dem ernsthaft widersprechen, dass nicht auch mal ein Bundeskanzler mit einem Wirtschaftsvertreter in Ruhe und in einem vertraulichen Rahmen sprechen können sollte, weil es vielleicht gerade um die Schließung eines großen Werkes und die Entlassung vieler Arbeiter ginge oder einfach darum, Gedanken über eine allgemein schwierige Wirtschaftslage auszutauschen?

Doch wenn sich die Auseinandersetzung mit einem Phänomen wie Bilderberg mit der hier nur skizzenhaft angeführten naiven Relativierung erschöpft, dann ist das in etwa so, als würde man mit einem Strohhalm den Mond betrachten, wie es im Buddhismus heißt. Zwischen dem großen Verschwörungsverdacht und der eben kurz vertretenen naiv-demokratietheoretischen Sichtweise ist noch reichlich Platz. Könnte es nicht auch sein, dass Gruppierungen wie Bilderberg zu einer Untergrabung des politischen Formationsprozesses[28] in unseren Demokratien führen? Daran, dass auch Eliten sich untereinander verständigen möchten, ist nichts auszusetzen, aber das Bild, das eine Gruppe abgibt, die sich ganz bewusst den kritischen Augen der Öffentlichkeit entzieht, die ohne Probleme zur Abschirmung für ihre vorgebliche Privatkonferenz staatliche Sicherheitskräfte in einem großen Umfang aktivieren kann, ist im Hinblick auf demokratische Grundprinzipien kritisch zu betrachten.

Doch es geht noch nicht mal so sehr um das Bild, das eine Gruppe wie Bilderberg nach außen abgibt, es geht um handfeste Fragen, die beantwortet werden müssen: Warum betonen und loben die Teilnehmer der Runde so sehr den diskreten Charakter des Gremiums? Warum stellt es offensichtlich ein Problem dar, die Konferenzen der demokratischen Öffentlichkeit zugänglich zu machen? Was wird besprochen und was wird wie, auf welche Weise gesagt, dass die Ohren der Öf-

[28] Unter dem politischen Formationsprozess verstehe ich das Zustandekommen politischer Ideen und Gestaltungsmöglichkeiten, die sich normalerweise im Wesentlichen innerhalb der demokratischen Institutionen bzw. in einem demokratischen Rahmen vollziehen (sollten).

fentlichkeit es nicht hören sollen? Der Vergleich zwischen Bilderberg und kleinen privaten Runden zwischen Politikern und anderen Funktionsträgern in den Hinterzimmern des politischen Berlins, die quasi jeden Tag stattfinden, hinkt alleine schon aufgrund der Dimension der jeweiligen Zusammenkünfte. Während „normale" Hinterzimmer-Gespräche nur wenige Personen umfassen und zeitlich eng begrenzt sind, was durchaus Rückschlüsse auf die Reichweitenkraft der jeweiligen Runden zulässt, kommt zu Bilderberg für drei Tage die *crème de la crème* der westlichen Elite zusammen.

Ein Blick zu einer ähnlich elitären Konferenz, die 1995 in Kalifornien stattgefunden hat und von der der ehemalige Spiegel-Journalist Hans Peter Martin in dem Buch *Die Globalisierungsfalle* (Martin und Schuhmann 1996) berichtet, dürfte einen guten Einblick geben, wenn es darum geht, herauszufinden, warum solche „off the record-Meetings" bei den Eliten so beliebt sind. Martin war nur einer von drei Journalisten, die zu der Veranstaltung, zu der der ehemalige sowjetische Präsident Michael Gorbatschow 500 hochrangige Persönlichkeiten geladen hatte, zugelassen waren.

Die Beschreibung von Martin ist eindringlich:

> „Jetzt hat Gorbatschow 500 führende Politiker, Wirtschaftsführer und Wissenschaftler aus allen Kontinenten einfliegen lassen [...] Erfahrene alte Weltenlenker wie George Bush, [...] Margaret Thatcher treffen auf die neuen Herren des Planeten wie CNN-Chef Ted Turner [...] Sachsens Ministerpräsident Kurt Biedenkopf bemüht sich um deutsche Akzente in der Debatte. Niemand ist zum Schwadronieren angereist. Keiner soll die freie Rede stören, die aufdringliche Journalistenschar wird aufwendig abgeschirmt [...] Der angesprochene ist David Packard, Mitbegründer des High-Tech-Riesen Hewlett Packard. Der greise Self-made-Milliardär verzieht keine Miene. Mit hellwachem Verstand stellt er lieber die zentrale Frage: ‚Wie viele Angestellte brauchst Du wirklich John?' ‚Sechs, vielleicht acht', antwortet Gage [damals Manager bei der US-Computerfirma Sun Microsystems – M. K.] trocken. ‚Ohne sie wären wir aufgeschmissen [...]' Jetzt hakt der Diskussionsleiter, Professor Rustum Roy von der Pennsylvania State University nach: ‚Und, wie viele Leute arbeiten derzeit für Sun Systems?' Gage: ‚16.000. Sie sind bis auf eine kleine Minderheit Rationalisierungsreserve.' Kein Raunen geht da durch den Saal [in dem sich auch Hans Peter Martin befunden hat – M. K.], den Anwesenden ist der Ausblick auf bislang ungeahnte Arbeitslosenheere eine Selbstverständlichkeit [...] Im Fairmont wird eine Gesellschaftsordnung skizziert: reiche Länder, keinen nennenswerten Mittelstand – und niemand widerspricht [...] Vielmehr macht der Ausdruck Tittytainment Karriere, den der alte Haudegen Zbiegniew Brzezinski ins Spiel bringt [...] Mit einer Mischung aus betäubender Unterhaltung und ausreichender Ernährung könnte die frustrierte Bevölkerung der Welt schon bei Laune gehalten werden. Nüchtern diskutieren die Manager die möglichen Dosierungen, überlegen, wie denn das wohlhabende Fünftel den überflüssigen Rest beschäftigen könnte. Soziales Engagement

der Unternehmen sei beim globalen Wettbewerbsdruck unzumutbar, um die Arbeitslosen müssten sich andere kümmern." (ebd., S. 10–13)

Dass bei den Bilderberg-Konferenzen ähnliche Äußerungen getätigt werden, liegt nahe. Hier darf jeder Bürger zu Recht nachhaken und fragen, wie es sein kann, dass demokratisch gewählte Politiker, deren Aufgabe es ist, die Interessen der Bürger zu vertreten, Öffentlichkeit und Transparenz, wie sie ein zentraler Bestandteil jeder Demokratie sind, plötzlich für drei Tage ignorieren. Alleine schon aufgrund der Tatsache, dass hier im Amt stehende politische Funktionsträger, die selbstverständlich aufgrund ihrer Position in der Lage sind, politische Ideen zu forcieren und Entscheidungen zu fällen, sollte die Konferenz nicht einfach wie ein geselliger Abend im Lieblingsrestaurant eines Politikers betrachtet werden.

Die Konferenzen sind, und daran besteht kein Zweifel, wenn man sich die Themen und die Mitgliederlisten anschaut, bis ins Mark politisch. Hier geht es auch nicht um einen einfachen politischen Plausch, sondern es geht darum, möglichst viele Teilnehmer zu konkreten Konsensen zu bewegen. Wer die Themenlisten von Bilderberg studiert, wird feststellen, dass auffällig viele Themen auf der Agenda als Fragen formuliert sind. Und auf Fragen werden Antworten erwartet. Diese Antworten oder eben Konsense wären keine drei Tage der kostbaren Zeit der Bilderberg-Teilnehmer wert, wenn durch sie und mit ihnen an irgendeiner Stelle innerhalb des globalen politischen Systems nicht auch Politik gemacht werden könnte. Die Hauptkritik besteht daher darin, dass konkrete Ideen, dass klare politische Ausrichtungen und Marschrouten, ob nun in allen Details festgelegt (was unwahrscheinlich ist) oder nur in Ansätzen (was die wahrscheinlichere Variante sein dürfte), von Eliten und Machteliten aus den zentralen gesellschaftlichen Feldern sich innerhalb eines demokratisch nicht legitimierten Gremiums formieren, um dann nach außen in die offiziellen Kanäle des demokratischen Systems gespeist zu werden.

Es ist schon sehr bezeichnend, dass bei Bilderberg nur bestimmte Interessengruppen vertreten sind, man könnte auch sagen: das Großkapital und die mit ihm in Verbindung stehenden Fraktionen, nicht jedoch auch Vertreter alternativer Institutionen und Bewegungen, wie etwa Nichtregierungsorganisationen etc.

Dass eine Gruppe wie Bilderberg es Machteliten erlauben kann, sich eine gewisse „Verfügungsgewalt" über politische Weichenstellungen zu sichern, heißt sicherlich nicht, um auch an dieser Stelle auf die Verschwörungstheorien zu sprechen zu kommen, dass die entsprechenden Sicherungsvorkehrungen des demokratischen Systems, wie etwa die Parlamente, impotent gegenüber solchen Machtgruppen wie Bilderberg sind. Es wäre ein völlig falscher Schluss, aus der hier geäußerten Kritik von einer „totalen Steuerung der Welt" durch eine Gruppe wie Bilderberg auszugehen. Die Realität zeigt immer wieder, dass auch Eliten oder Machteliten, die eine bestimmte gesellschaftspolitische Ordnungsvorstellung durchsetzen wollen, bestimmte Vorstellungen zur Gestaltung der Welt haben, seien diese Vorstellungen nun am Wohle der Allgemeinheit ausgerichtet oder darauf, die eigene Macht noch zu vergrößern, nicht im luftleeren Raum agieren. Ihnen gegenüber stehen andere Eliten und Machteliten, die mitunter völlig konträre Vorstellungen haben, genauso wie die bereits erwähnten NGOs, ein breit aufgestelltes politisches Feld, aber auch die Bürger, die eine Stimme haben. Und letztlich müssen auch die Bilderberger mit den Unwägbarkeiten und Eventualitäten einer komplexen Welt zurechtkommen, die sich über die Macht eines Zirkels wie Bilderberg „hinwegsetzt".

4 Schluss

In der Verschwörungstheorie „Bilderberg" vermischen sich all jene Aspekte, die immer wieder auftauchen, wenn es um das Thema Verschwörungstheorien geht. Es gibt eine große Unbekannte, über die sich spekulieren lässt, es gibt alternative Rechercheure und Wirklichkeitsdeuter, die versuchen, ein Thema, das ihrer Meinung nach größere Aufmerksamkeit verdient, nach außen, in die öffentliche Diskussion zu heben, und schließlich gibt es diejenigen, die das Thema als „dämliche Verschwörungstheorie" abtun, ohne sich überhaupt damit auseinandergesetzt zu haben.

Bilderberg dient aber auch als gutes Beispiel dafür, dass Verschwörungstheorien oftmals eine interessante Perspektive bieten, die Wissenschaftler, aber auch Journalisten, nicht pauschal beurteilen oder ignorieren sollten. Wie hier aufgezeigt, ist es aus wissenschaftlicher genauso wie aus journalistischer Sicht schlicht nicht zu vertreten, ein Thema wie Bilderberg zu ignorieren, nur weil es im Verdacht steht, eine Verschwörungstheorie zu sein.

Wie hier nur in Ansätzen aufgezeigt wurde, bieten die Bilderberg-Konferenzen durchaus Raum für diverse Recherchen und Forschungen. Für die Gesellschaftswissenschaften bieten die Bilderberg-Konferenzen, genauso wie andere, ähnlich angelagerte Elite-Zirkel, ein hoch interessantes Forschungsfeld. Bei Bilderberg findet ein Networking auf höchster Ebene statt. Wir sehen Vertreter einer Machtelite, die zusammenkommen, um „unter sich" über gewichtige gesellschaftspolitische Fragen zu diskutieren. Die Politikwissenschaft müsste sich eigentlich darum reißen, herauszufinden, ob, und wenn ja, wie die Bilderberg-Gruppe bisher Einfluss ausgeübt hat, wenn es um die politische Gestaltung Europas und der Welt geht.

Leider muss man lange suchen, um innerhalb der Sozial- bzw. Politikwissenschaften überhaupt verlässliche Informationen zum Phänomen Bilderberg zu finden. Dies mag auch daran liegen, dass lange Zeit so gut wie keine Berichterstattung über die Konferenzen in den Massenmedien zu finden war. Und was man nicht kennt, darüber kann man sicherlich nicht forschen. Aber die Ignoranz des wissenschaftlichen Feldes gegenüber einer Gruppe wie Bilderberg ist nicht alleine durch eine kollektive Unkenntnis zu erklären. Die Ignoranz entsteht früher. Sie entsteht an der Stelle innerhalb des Wissenschaftssystems, an der der Ton darüber, was ein legitimer Forschungsgegenstand ist und wie ein legitimes Forschungsinteresse auszusehen hat, den angehenden Wissenschaftlern explizit oder implizit vorgegeben wird. Über viele Jahrzehnte haben wir in den Sozialwissenschaften, vor allem aber in der Soziologie, geradezu eine Potenzbeschneidung erlebt, was eine kritische politische Forschung angeht. Wer über die Komplexität diverser miteinander im Austausch stehender gesellschaftlicher Systeme und Subsysteme forschen möchte, wird gefördert, wer als Wissenschaftler eine Forschung betreibt, die versucht, politisch unbequeme Themen aufzuarbeiten, Ross und Reiter ausfindig zu machen und beim Namen zu benennen, muss um Forschungsgelder mehr als üblich kämpfen und sich dabei verteidigen, kein „Verschwörungstheoretiker" zu sein. Der Münsteraner Soziologe Krysmanski verweist auf das Problem der Forschungsgeldergewinnung, wenn es um die Erforschung der Elite geht, indem er süffisant bemerkt:

> „Gerechterweise muss man hinzufügen, dass der gesenkte Forscherblick durch gelegentliche Rundumblicke in Augenhöhe ergänzt wird, durch die Beobachtung der Mittelschichten, denen man in der Regel selbst angehört. Gleichwohl bleibt das Sehvermögen der Soziologie myopisch. Bloß nicht hinauf zu den Gipfeln linsen. Zumal von dort die Forschungsgelder kommen." (Krysmanski 2005, S. 2)

Nicht anders sieht es im journalistischen Feld aus. Auch hier herrscht, was die Berichterstattung zu den Bilderberg-Konferenzen angeht, eine merkwürdige Vorsicht vor. Ob ein Bundespräsident Christian Wulf mit einem Bobby Car bestochen wurde, ist eine Frage, die ausreicht, um Schlagzeilen zu produzieren, die Tatsache, dass der CDU-Politiker Eckhard von Klaeden seine Kosten für die eigentlich privaten Bilderberg-Konferenzen über den Deutschen Bundestag, also über die Steuerzahler hat abrechnen lassen, findet jedoch keine Erwähnung.[29] Journalisten

---

[29] Bei *abgeordnetenwatch.de* äußert sich Klaeden wie folgt: „Meine Teilnahme ist kein Privatvergnügen. Ich habe an der Konferenz zwar nicht als offizieller Vertreter meiner Fraktion oder des Bundestages teilgenommen. Eine solche offizielle Teilnahme kennt die

tun sich sehr schwer, mit dem Thema Bilderberg angemessen umzugehen (Vgl. Klöckner 2011c). Und das hat sicherlich auch damit zu tun, dass sie die Bilderberg-Konferenzen als „verschwörungstheoretisches Thema" betrachten.

Literatur

Allen, G. 1976/1995. *Die Insider. Baumeister der Neuen Welt Ordnung*. Band 2. Wiesbaden: VAP.

Anton, A. 2011. *Unwirkliche Wirklichkeiten: Zur Wissenssoziologie von Verschwörungstheorien*. Berlin: Logos.

Berger, P. L., und T. Luckmann. 1980/2001. *Die gesellschaftliche Konstruktion der Wirklichkeit*. Frankfurt am Main: Fischer.

Bourdieu, P. 1987. *Die feinen Unterschiede*. Frankfurt am Main: Suhrkamp.

Bourdieu, P. 1992. *Homo Academicus*. Frankfurt am Main: Suhrkamp.

Bourdieu, P. 1993. *Sozialer Sinn*. Frankfurt am Main: Suhrkamp.

Coady, D. (Hrsg.) 2006. *Conspiracy Theories: The Philosophical Debate*. Hampshire: Ashgate.

Domhoff, G. W. 1971. *The Higher Circles*. New York: Vintage Books.

Domhoff, G. W. 1979. *The Powers That Be*. New York: Vintage Books.

Domhoff, G. W. 1980. *Power Structure Research*. Beverly Hills, California: SAGE.

Domhoff, G. W. 1982. *Who Rules America Now?* New Jersey: Prentice Hall.

Domhoff, G. W., und T. R. Dye. 1987. *Power Elites And Organizations*. Beverly Hills, California: SAGE.

Fichtner, U. 2002. Die September-Lüge. *Spiegel Online*, 14.10.2002. http://www.spiegel.de/spiegel/print/d-25448065.html. Zugegriffen: 23.12.2012.

Fuchs-Heinritz, W., und A. König. 2005. *Pierre Bourdieu*. Konstanz: UVK.

Gill, S. 1990. *American Hegemony and the Trilateral Commission*. Cambridge: Cambridge University Press.

Klöckner, M. B. 2007. *Machteliten & Elitenzirkel. Eine soziologische Auseinandersetzung*. Saarbrücken: VDM.

Klöckner, M. 2008a. Spiel mit dem Feuer. *Frankfurter Rundschau*, 12.07.2008. http://www.fr-online.de/politik/verbrannte-sorgen-spiel-mit-dem-feuer,1472596,3451372.html. Zugegriffen: 08.01.2013.

Konferenz nicht, sie stände im Widerspruch zu ihrem informellen Charakter, der Voraussetzung für die nahezu einzigartige Gesprächsatmosphäre ist.Die mir entstandenen Kosten wurden vom Deutschen Bundestag übernommen. Zu Ihrer weiteren Information habe ich der Antwort die offizielle Presseerklärung zur diesjährigen Konferenz angefügt." Vgl. http://www.abgeordnetenwatch.de/eckart_von_klaeden-650-5605--f115466.html. Zugegriffen: 09.01.2013.

Klöckner, M. 2008b. Verschwiegene Weltmacht. *Frankfurter Rundschau*, 5.06.2008. http://www.fr-online.de/politik/bilderberg-konferenz-verschwiegene-weltmacht,1472596,3453266.html. Zugegriffen: 08.01.2013.

Klöckner, M. 2009. Elite fern der Demokratie. *Junge Welt*, 19.05.2009. https://www.jungewelt.de/loginFailed.php?ref=/2009/05-19/037.php. Zugegriffen: 07.01.2013.

Klöckner, M. 2010. Geheimes Treffen der Elite. *Frankfurter Rundschau*, 07.06.2010. http://www.fr-online.de/politik/bilderberg-konferenz-geheimes-treffen-der-elite,1472596,4471506.html. Zugegriffen: 07.01.2013.

Klöckner, M. 2011a. SPD trifft Facebook trifft NSA. *Frankfurter Rundschau*, 14.06.2011. http://www.fr-online.de/politik/bilderberg-konferenz-spd-trifft-facebook-trifft-nsa,1472596,8551702.html. Zugegriffen: 07.01.2013.

Klöckner, M. 2011b. „Notwendig wäre aus meiner Sicht hier ein sauberer investigativer Journalismus". *Telepolis*, 12.06.2011. http://www.heise.de/tp/artikel/34/34929/1.html. Zugegriffen: 07.01.2013.

Klöckner, M. 2011c. „Einen ‚Schweigepakt' kann ich mir nur schwer vorstellen". *Telepolis*, 12.06.2011. http://www.heise.de/tp/artikel/34/34928/1.html. Zugegriffen: 07.01.2013.

Klöckner, M. 2011d. Geheimtreffen mit ungebetenen Zaungästen. *Frankfurter Rundschau*, 09.06.2011. http://www.fr-online.de/politik/bilderberg-konferenz-geheimtreffen-mit-ungebetenen-zaungaesten,1472596,8537040.html. Zugegriffen: 07.01.2013.

Klöckner, M. 2012a. Die Geldelite verselbständigt sich. *Telepolis*, 02.11.2012. http://www.heise.de/tp/artikel/37/37867/1.html. Zugegriffen: 07.01.2013.

Klöckner, M. 2012b. „Ist es nicht eine echte Sauerei, dass in einer Demokratie Interessen verfolgt werden?" *Telepolis*, 07.06.2012. http://www.heise.de/tp/artikel/37/37059/1.html. Zugegriffen: 23.12.2012.

Krüger, U. 2007. Alpha-Journalisten embedded. *Message* 3: 55–61.

Krysmanski, H. J. 2012. *0,1 % - Das Imperium der Milliardäre*. Frankfurt am Main: Westend.

Krysmanski, H. J. 2005. „„...und wer überwacht die Herrschenden?". Eröffnungsreferat zur Tagung ‚*Neue Formen der Überwachung*'. Universität Hamburg, 8.-9.9.2005. http://www.uni-muenster.de/PeaCon/psr/n1psr/krysmanski-ueberwachung-hh.pdf. Zugegriffen: 10.01.2013.

Krysmanski, H. J. 2004. *Hirten & Wölfe. Wie Geld- und Machteliten sich die Welt aneignen oder: Einladung zum Power Structure Research*. Münster: Westdeutsches Dampfboot.

Lau, J. 2003. Ein Wahn stützt den anderen. *Zeit Online*, 11.09.2003. http://www.zeit.de/2003/38/Verschw_9arung. Zugegriffen: 18.12.2012.

Leyendecker, H. 2003: Affen der Angst. *Süddeutsche Zeitung*. http://www.sueddeutsche.de/politik/bingo-bibber-affen-der-angst-1.312421. Zugegriffen: 18.12.2012.

Leif, T. 2004. Wer bewegt welche Ideen? Medien und Lobbyismus in Deutschland. In *Gesteuerte Demokratie? Wie neoliberale Eliten Politik und Öffentlichkeit beeinflussen*, hrsg. U. Müller, S. Giegold und M. Arhelger, 84–89. Hamburg: VSA.

Martin, H.-P., und H. Schumann. 1996. *Die Globalisierungsfalle. Der Angriff auf Demokratie und Wohlstand*. Hamburg: Rowohlt.

Mills, C. W. 2000. *The Power Elite*. New York: Oxford University Press.

Müller U., S. Giegold, und M. Arhelger (Hrsg.) 2004. *Gesteuerte Demokratie? Wie neoliberale Eliten Politik und Öffentlichkeit beeinflussen*. Hamburg: VSA.

Nassehi, A., und G. Nollmann. 2004. *Bourdieu und Luhmann*. Frankfurt am Main: Suhrkamp.

Peters, M. J. 2005. The Bilderberg Group and the European Unification. www.bilderberg.org/bblob.rtf. Zugegriffen: 10.01.2013.

Pipes, D. 1998. *Verschwörung. Faszination und Macht des Geheimen*. München: Gerling Akademie Verlag.

Plehwe, D., und B. Walpen. 2002. Wissenschafts- und ideologiepolitische Bollwerke – Die internationale Mont Pèlerin Society und Think Tank Bewegung für eine neoliberale kapitalistische Globalisierung. In *Unsere Welt ist keine Ware. Handbuch für Globalisierungskritiker*, hrsg. C. Buchholz et. al., 185–196. Köln: Kiepenheuer & Witsch.

Putnam, R. D. 1976. The *Comparative Study of Political Elites*. Englewood Cliffs, New York: Prentice Hall.

Pomian, J. 1972. *Joseph Retinger: Memoirs of an Eminence Grise*. Sussex: Sussex University Press.

Rettmanm A. 2009. 'Jury's out' on future of Europe, EU doyen says. *EU Observer*, 16.03.09. http://euobserver.com/political/27778 Zugegriffen: 10.01.2013.

Richardson I., A. Kakabadse, und N. Kakabadse. 2011. *Bilderberg People. Elite Power and Consensus in World Affairs*. London/New York: Routledge.

Robbins, A. 2002. *Secrets Of The Tomb: Skull and Bones, The Ivy League, and the Hidden Paths of Power*. Boston/New York/London: Little, Brown and Company.

Schetsche, M., und I. Schmied-Knittel. 2004. Verschwörungstheorien und die Angst vor über- und unterirdischen Mächten. In *kuckuck. Notizen zur Alltagskultur* 1: 24–29.

Schwingel, M. 2000. *Pierre Bourdieu zur Einführung*. Hamburg: Junius.

Shoup, L. H., und W. Minter. 1981. *Kulissenschieber e.V. Der Council on Foreign Relations & die Außenpolitik der USA*. Berlin: Roter Funke. 1981.

Skelton, C. 2009–2012. Artikelserie zu Bilderberg. http://www.guardian.co.uk/profile/charlie-skelton%3Fpage%3D3. Zugegriffen: 10.01.2013.

Sklair, L. 2001. *The Transnational Capitalist Class*. Oxford: Wiley-Blackwell.

Sklair, L. 1995. *Sociology Of The Global System*. Baltimore: John Hopkins University Press.

Steinrücke, M. (Hrsg.) 2004. *Pierre Bourdieu. Politisches Forschen, Denken und Eingreifen*. Hamburg: VSA.

van der Pijl, K. 1984. *The Making of an Atlantic Ruling. Class* London: Verso Verlag.

van der Pijl, K. 1996. *Vordenker der Weltpolitik*. Opladen: Leske + Budrich.

van der Pijl, K. 1998. *Transnational Classes and International Relations*. New York: Routledge.

Walpen, B. 2004. *Die offenen Feinde und ihre Gesellschaft. Eine hegemonietheoretische Studie zur Mont Pèlerin Society*. Hamburg: VSA.

Wippermann, W. 2007. *Agenten des Bösen – Verschwörungstheorien von Luther bis heute*. Berlin: be.bra Verlag.

Marcus Klöckner, M.A., Studium der Soziologie, Medienwissenschaften und Amerikanistik. Herrschafts- und Medienkritik kennzeichnen seine Arbeit als Journalist und Autor. Zum Thema Bilderberg Meetings veröffentlichte Klöckner zahlreiche Artikel, u. a. für die *Frankfurter Rundschau* und *Telepolis*.

AIDS und seine Erreger – ein Gespinst von Hypothesen, Erkenntnissen und Verschwörungstheorien

Erhard Geißler

Wenn es um Verschwörungstheorien geht, wird häufig die erworbene Immunschwäche, das „**a**cquired **i**mmuno**d**eficiency **s**yndrom" AIDS, als besonders dramatisches Beispiel angeführt. *The AIDS Conspiracy* wurde inzwischen sogar zum Buchtitel (Nattrass 2012). Tatsächlich wurde um AIDS, insbesondere um seine Ursachen, ein ganzes Gespinst von Hypothesen und Konspirationstheorien mit zum Teil völlig gegensätzlichen Inhalten gewoben.

Bald nachdem AIDS 1981 erstmalig beschrieben und seine rasche Ausbreitung erkannt worden war, fragte man sich natürlich, wodurch das Syndrom verursacht sein könnte. Zwei grundsätzlich unterschiedliche Gruppen von Hypothesen wurden artikuliert: AIDS werde entweder durch Umweltfaktoren verursacht oder sei eine Infektionskrankheit. Bereits 1983 konnte von den Gruppen um Luc Montagnier und Robert Gallo bei AIDS-Patienten ein Virus entdeckt werden, das man verdächtigte, der Erreger von AIDS zu sein und das deshalb „HIV", „**h**uman **i**mmunodeficiency **v**irus", genannt wurde.

In zahlreichen Publikationen bezweifelt zwar der deutsch-amerikanische Molekularbiologe Peter H. Duesberg (1967) nicht die Existenz von HIV, behauptet aber, AIDS sei keine einheitliche Krankheit und werde nicht durch diesen Erreger hervorgerufen: je nach der betroffenen Gruppe – zum Beispiel Bluter oder Homosexuelle – hätte das Krankheitsbild andere, völlig unterschiedliche Ursachen (Cohen 1994). Duesbergs Behauptungen hatten und haben weitreichende negative Konsequenzen (Nattrass 2012, 87–118), nicht zuletzt weil seine Anhänger vor

E. Geißler (✉)
Berlin, Deutschland
E-Mail: professor.erhard.geissler@outlook.de

A. Anton et al. (Hrsg.), *Konspiration*,
https://doi.org/10.1007/978-3-658-43429-8_12

der Anwendung solcher Medikamente warnen, die Vermehrung und Wirkung von HIV minimieren.

1 AIDS wird von Nachkommen von Affen-Viren verursacht

Im Gegensatz zu Duesberg nimmt die Mehrzahl der Experten heute an, dass HI-Viren mit an Sicherheit grenzender Wahrscheinlichkeit die Erreger von AIDS sind. Es handelt sich um Viren, deren genetisches Material aus Ribonukleinsäure (RNS) besteht, welche in infizierten Zellen in die als Erbsubstanz bekannte DNS „umgeschrieben“ wird. Man bezeichnet solche Erreger deshalb als „Retroviren“.

Wie manche Autoren von Anfang an glaubten, stammen die AIDS-Erreger direkt von Affen-Viren ab. Der britische Mediziner John Seale vermutete:

> „The virus in tropical Africa started there some time in the 1970s and the most likely thing that happened is that the virus that is present in the green monkey, and caused no harm, went across to man.“ (Seale 1985)

Seale berief sich dabei auf Ergebnisse des amerikanischen Virologen Myron Essex. Der hatte kurz zuvor mit seinem Team in Afrikanischen Grünen Meerkatzen ein Virus gefunden, das Ähnlichkeiten mit dem AIDS-Erreger aufwies (Kanki et al. 1985) und das deshalb einige Monate lang als Vorläufer von HIV betrachtet wurde.

Ab 1989 konnten zahlreiche weitere Retroviren aus afrikanischen Menschenaffen isoliert werden, die mit AIDS-Erregern mehr oder weniger eng verwandt sind und die deshalb als Affen- (engl. *„simian“*) Immundefizienz-Viren, SIVs, bezeichnet wurden. Nach intensiver Forschungsarbeit ist die überwiegende Mehrzahl der Experten davon überzeugt, dass sich unter den SIVs die direkten Vorfahren von HIV befinden (Chahroudi et al. 2012). Molekulare Stammbaumanalysen ergaben, dass die Erreger der HIV-Gruppe 1 in verschiedenen Übertragungen des Schimpansenvirus SIV_{cpzPtt} und bei einer Übertragung des Gorillavirus SIV_{gor} auf den Menschen in unterschiedlichen Gegenden Kameruns entstanden. Der Urahn von HIV-1 M, des weltweit am meisten verbreiteten AIDS-Erregers, resultierte um 1908 aus einem einzigen Übertragungsakt. HIV-2-Viren dagegen stammen in mindestens vier, vielleicht sogar sechs verschiedenen Übertragungen vom Rauchgrau-Mangaben-Virus SIV_{sm} ab. Für HIV-2 A konnte ermittelt werden, dass es um 1932 erstmalig in der menschlichen Population auftauchte. Andererseits ist das von Seale erwähnte Virus Afrikanischer Grüner Meerkatzen, SIV_{agm}, von dem ursprünglich vermutet worden war, es sei ein Ahn des AIDS-Erregers, mit diesem tatsächlich nur sehr weitläufig verwandt.

Über die Art und Weise, wie damals die ersten HIV-Urahnen in menschliche Körper gelangten, kann man natürlich nur spekulieren. Vermutlich sind solche Übertragungen erfolgt, wenn SIV-haltiges, nicht völlig gegartes Affenfleisch gegessen wurde, wenn Menschen beim Schlachten getöteter infizierter Tiere direkt mit deren Blut in Kontakt kamen oder wenn Menschen von infizierten Tieren gebissen wurden, die als Haustier und/oder als Spielgefährte gehalten worden waren.

Die HI-Viren verbreiteten sich zunächst sehr langsam in der afrikanischen Bevölkerung. Seale (1985) vermutete wahrscheinlich mit Recht:

> „What has now happened is that the extensive use in Central Africa and other similarly poor parts of the world, of very large amounts of modern medicine, medicines, [sic] without sterilizing the needles in between, has spread the disease."

Um 1966 herum wurde Subtyp B von HIV-1 M nach Haiti übertragen, von wo er um 1969 in die USA gelangte und sich dann rasch weltweit verbreitete.

Vermutungen, der AIDS-Erreger könne bei Laborzwischenfällen (Hatch 1986) oder mit verunreinigter **o**raler **P**olio**v**akzine (OPV) (Hooper 1999) auf die Menschheit übertragen worden sein, gelten damit als widerlegt, obwohl die „OPV-Hypothese" zunächst durch ein wichtiges Indiz gestützt wurde: Die ersten, 1955 bis 1962 hunderten von Millionen Menschen verabfolgten Impfstoffe gegen die spinale Kinderlähmung waren tatsächlich mit dem – damals noch unbekannten – Affenvirus SV40 kontaminiert (Shah und Nathanson 1976). Noch schlimmer: Es handelte sich dabei um ein Tumorvirus. Glücklicherweise wirkt sich das beim Menschen nur marginal aus (Geissler 1990).

Allerdings ist die weitgehende Widerlegung der OPV-Hypothese in den Augen ihrer Verfechter auch schon wieder eine Konspirationstheorie,

> „a conspiracy about the origin of AIDS. The conspiracy is to suppress the OPV theory of origin at all costs, and to promote the unlikely alternative theory that the pandemic began in the first three or four decades of the twentieth century, when a hunter or butcher in south-eastern Cameroon came into contact with chimpanzee bushmeat." (Hooper 2012)

Von einer Verschwörung könne man wohl nur dann reden, wenn Chargen der 1958–59 in Belgisch-Kongo getesteten Poliomyelitis-Impfstoffe tatsächlich auch mit HIV-Vorfahren verunreinigt gewesen wären und wenn das nun vertuscht werden sollte. Versuchsergebnisse sprechen dagegen (Poinar et al. 2001). Interessanterweise ergaben sich bei der experimentellen Überprüfung der OPV-Hypothese aber in der Tat Hinweise darauf, dass kontaminierte Spritzen zur weltweiten Verbreitung von HIV-1 M – speziell in Afrika, China und Russland – beigetragen haben dürften (Weiss 2001).

2 Die Fort Detrick-Hypothese

Durch die Ermittlung der Geburtsdaten der ersten HI-Viren und die Entdeckung ihrer unmittelbaren Vorfahren wurde auch eine der bekanntesten Verschwörungstheorien widerlegt, die HIV-aus-Fort-Detrick-Hypothese. Der zufolge soll der AIDS-Erreger gentechnisch in einem US-amerikanischen Militärlabor konstruiert worden sein.

Die HIV-aus-Fort-Detrick-Hypothese speist sich aus mehreren Quellen und hat mehrere Väter, in West und Ost. Ende 1985 erschien in der einflussreichen und weit verbreiteten sowjetischen *Literaturnaya Gazeta* ein Artikel über die Herkunft des AIDS-Erregers. Er bezog sich weitgehend auf einen Leserbrief, den ein anonym bleiben wollender amerikanischer Anthropologe an eine indische Zeitschrift namens *Patriot* (Anonym 1983) geschrieben hatte. Der habe berichtet, Spezialisten aus Fort Detrick seien im Auftrag des Pentagon nach Afrika gereist,

> „specifically to Zaire and Nigeria, and then to Latin America, to collect material on highly pathogenic viruses not found in European or Asian countries. This information was subsequently processed at the CDC's[1] 'maximum security' laboratory and at Ft. Detrick. As a result, asserts *The Patriot*, they succeeded in isolating an entirely new type of virus – AIDS. The rest was 'just a technical matter.' Evidently, they infected with this virus part of the blood supply, which in the course of experiments, was transfusèd into unsuspecting patients during surgery and other operations. Special experiments, possibly, were conducted in Haiti (a U.S. satellite country, remember?), and among certain groups of the U.S. population – above all, society's pariahs-drug addicts, homosexuals', the homeless. This is the conclusion reached by *The Patriot*.“ (Zapevalov 1985)

Verschiedene Autoren begannen zur gleichen Zeit, aber wohl unabhängig voneinander, zu vermuten, der AIDS-Erreger sei bei gentechnischen Experimenten entstanden. Seit Einführung der Gentechnik kann man im Labor gezielt Erbma-

[1] **C**enters for **D**isease **C**ontrol and Prevention, das Analogon der USA zum Berliner Robert-Koch-Institut.

terial unterschiedlicher Herkunft miteinander kombinieren. Schon zwei Wochen, nachdem der SPIEGEL eine Titelgeschichte über AIDS gebracht hatte (Anonym 1984), vermutete ein Wissenschaftsautor, HIV könnte beim gentechnischen Experimentieren entstanden sein:

> „Vermutlich handelt es sich um einen Tiererreger, der die Barriere zwischen den Spezies durchbrach oder der im Austausch mit manipulierten Viren oder Bakterien neue Fähigkeiten erhielt. AIDS-Erreger passen nicht in das natürliche System. Daher ist der menschliche Organismus nicht fähig, die Krankheit wirksam zu bekämpfen. Dass die Genmanipulation solche grässlichen Seuchen heraufbeschwören kann, ist nichts Neues." (Strohm 1984)

Die gleiche Befürchtung artikulierten die GRÜNEN sogar im Bundestag. Erika Hickel (1985) erklärte, man könne

> „nicht ausschließen – niemand kann ausschließen; es ist im Gegenteil sehr wahrscheinlich – daß z.B. die neue Krankheit AIDS, die zumeist tödlich verlaufende erworbene Immunschwäche, von solchen im Laboratorium künstlich – wenn auch nicht willentlich – erzeugten Organismen hervorgerufen wird."

Außerdem ließen erste Ergebnisse molekularbiologischer Analysen von HIV und seiner Genprodukte einige Autoren tatsächlich vermuten, sein Erbgut könne aus dem genetischen Material anderer Viren zusammengesetzt sein:

> „This mosaic structure of the AIDS virus strongly suggests that genetic recombination occurred between a member of C-type virus[2] and a B-type virus related to MMTV[3] during evolution, generating a novel type of retrovirus, the AIDS virus." (Toh und Miyata 1985)

Eine ähnliche Meinung äußerte bald darauf auch John Seale. Ab Herbst 1986 vertrat er in einem Interview nicht mehr seine zuvor vertretene Ansicht, HIV stamme direkt von einem Affenvirus ab, sondern

[2] Als „C-Typ-Viren" wurden damals die menschlichen Leukämieviren HTLV-1 und HTLV-2 klassifiziert. Heute zählt man diese **H**umane **T**-Zell-**L**eukämie-**V**iren zu den Deltaretroviren, während HI-Viren und SIVs zur Retrovirus-Gattung Lentiviren gehören. MMTV ist ein Betaretrovirus.

[3] **M**urines-(Maus-)**M**amma**T**umor**V**irus, ein Betaretrovirus.

> „was genetically engineered in a laboratory *by* accident by combining part of the Maedi-Visna virus found in sheep and Bovine Leukaemia virus from cattle, which is similar to HTLV-1[4]. Dr. Seale said: […] 'My firm conviction is that a scientist in a laboratory somewhere, probably in the United States and doing cancer research with the two viruses, accidentally spliced elements of both together – and created Aids. But the scientist, or anybody else in the laboratory, would easily have been infected with the new virus through any minute cut or even by inhaling into the lungs.'" (Lee 1986a)

Dass HIV geplant mit den Methoden der Gentechnik konstruiert wurde, war der zentrale Inhalt von – zunächst auf beiden Seiten des Eisernen Vorhangs, in Kalifornien und in Ostberlin artikulierter – Verschwörungstheorien. Weltweit bekannt wurden sie vor allem durch einen Artikel über die „Aids sensation", der am 26. Oktober 1986 im Londoner *Sunday Express* erschien. In dessen Einleitung hieß es:

> „The killer Aids virus was artificially created by American scientists during laboratory experiments which went disastrously wrong – and a massive cover-up has kept the secret from the world until today. This is the sensational claim made independently by three international experts – and they reject the widely-held belief that Aids originated after an African green monkey bit a man." (Lee 1986a).

Lees Artikel bezog sich auf drei Interviewpartner: den bereits zitierten John Seale sowie den Ostberliner Biologen Jakob Segal und den amerikanischen Arzt Robert B. Strecker. Robert Strecker hatte bereits 1983 gemeinsam mit seinem Bruder Theodore, einem Anwalt, zu spekulieren begonnen, dass AIDS

> „was a man-made phenomenon. … The virus was invented in a laboratory [when] in 1972, a group of virologists said, 'Let's make AIDS.' … This virus was produced in a laboratory by the recombination or the mixing or the melting together or the mating of two viruses, one named bovine leukemia virus of cattle, and the other named visna virus of sheep." (Strecker 1990)

Drei Jahre später reichte Theodore Strecker (1986) dem US-Kongress ein Memorandum mit den Schlussfolgerungen ihrer Analysen ein:

> „I am sure that the United States Congress as then constituted, except for those members with allegiance to foreign governments, did not comprehend that their le-

[4] **H**umanes **T**-Zell-**L**eukämie-**V**irus, 1979–80, von Gallos Gruppe isoliert.

> gislation would result in a Bio-Attack on the United States from the World Health Organization assisted by some individuals in the United States National Institute of Health (NIH), National Cancer Institute (NCI), Department of Agriculture, and at various colleges and universities; all paid for by United States tax monies: ... The purpose of the attack may be to prepare America by infection with immune depressing virus for a fast bio-attack. If that is true, it was started in the homosexuals in America because the enemy correctly judged that most Americans would not be alarmed by a homosexual disease. [...] The Department of Defense must be prepared to respond to an attack originating elsewhere."

Tatsächlich ging zumindest in der Westberliner Homosexuellenszene in der Anfangsphase der Pandemie das Gerücht um, die CIA habe das Virus im Auftrage Reagans in Genlabors entwickelt, um in aller Welt Homosexuelle auszumerzen (von Praunheim 1984).

Später vermuteten zehn Prozent von in New York interviewten Farbigen, HIV sei gezielt in einem Labor entwickelt worden, um damit die Schwarzen zu infizieren; weitere 19 % hielten dies zumindest für möglich (Deparle 1990). Tatsächlich war beispielsweise explizit behauptet worden: „AIDS is a man-made disease invented by scientists to eradicate the black race" (Geisler 1996). Immerhin wird AIDS in den USA zehnmal häufiger bei Afroamerikanern diagnostiziert als bei Weißen und 86 % der HIV-positiven Kinder sind dort Afroamerikaner oder Abkömmlinge spanischer Einwanderer (Washington 2006, S. 4 u. S. 330).

Zu ähnlichen Überlegungen – auch wenn sie nicht so bizarr waren bezüglich der von den Streckers vermuteten Initiatoren der AIDS-Verschwörung – kam schließlich auch John Seale. Erstmalig berichtete dies der kommunistische Londoner *Morning Star* Ende Dezember 1985. Demnach hatte Seale seine ursprünglich vertretene Meinung geändert und nun geäußert,

> „the AIDS virus may have been manufactured in laboratories as a slow but deadly biological warfare weapon." (Anonym 1985a)

Diese Meinung vertrat Seale dann auch im Interview mit *Sunday Express:*

> „I am now totally convinced the Aids virus is man made." (Lee 1986a)

Seale erklärte später, dass er unter anderem durch den Artikel in *Literaturnaya Gazeta* zu dieser Ansicht gekommen sei, fügte aber hinzu:

> „The Soviet Government's hypothesis seems to be that the AIDS virus was developed by the Pentagon. [...] On the other hand, an alternative hypothesis might be

> that the virus was developed in the Ivanovsky Institute in Moscow, or in laboratories in Novosibirsk, and released in the USA in the mid-1970s." (Seale 1986)

Die BILD-Zeitung setzte noch eins drauf und verbreitete unter dem Titel „AIDS ‚Sowjets wollen uns vernichten'" Seales Alternativüberlegung stark pointiert und ausgeschmückt:

> „Die Sowjets haben Aids als ideale Waffe zur Vernichtung der westlichen Welt gezüchtet", behauptet Dr. John Seale (58), englischer Facharzt für Geschlechtskrankheiten. Schon unter Chrustschow hätten die Züchtungen des Aids-Virus in einem Labor für biologische Kriegsführung begonnen." (Anonym 1985b)

Nicht nur in dieser Hinsicht war Seale anderer Ansicht als der dritte Interviewpartner des *Sunday Express*, der emeritierte Direktor des Ostberliner Universitätsinstituts für Allgemeine Biologie Jakob Segal:

> „Dr. Seale said he did not necessarily agree with Professor Segal that this took place in a military establishment. ‚I think it is more likely to have been an ordinary laboratory where cancer research is being carried out'" (Lee 1986a).

Im Gegensatz zu Seale und den Streckers übernahm Segal von vornherein die bereits im *Patriot* und in *Literaturnaya Gazeta* artikulierte Meinung, bei der Entwicklung der AIDS-Erreger sei das Institut in Fort Detrick involviert gewesen. Auch glaubte er – im Gegensatz zu Seale – dass der Erreger von US-Militärwissenschaftlern absichtlich an Menschen getestet worden sei. Aber im Gegensatz zur sowjetischen Version war er mit Seale und Strecker davon überzeugt, dass HIV ein Hybrid-Virus sei, das in einem Genlabor entstanden war, aber nicht ungewollt, sondern zielgerichtet.

Wie Seale war offenbar auch Segal vor allem durch die Artikel in *Patriot* und *Literaturnaya Gazeta* angeregt worden, sich mit dem AIDS-Erreger zu beschäftigen. Das erwähnte er allerdings nur in einem Schreiben an den Kölner Molekulargenetiker Benno Müller-Hill, in dem er erstmalig einem Außenstehenden offenbarte, seiner Ansicht nach sei der AIDS-Erreger „Produkt einer Genmanipulation mit dem Ziel der Herstellung einer neuen biologischen Waffe" (Segal 1985). Merkwürdigerweise erwähnte Segal die Artikel in *Patriot* und *Literaturnaya Gazeta* nie in seinen gedruckten Texten.

Vielmehr erklärte er wiederholt, er sei „durch die wissenschaftlich absolut hanebüchene Geschichte vom ‚Grünen Affen'" (Segal 1987a) provoziert worden.

> „Eine Umwandlung des nicht pathogenen Affenvirus in ein für Menschen schädliches wäre so gewaltig, dass es außerhalb jeder Wahrscheinlichkeit lag.“ (Segal 1987b, S. 11)
> „Die als angeblich ‚wissenschaftlich‘ aufgebaute These, dass AIDS vom grünen Affen und aus Afrika stamme, war der eigentliche Grund, der uns dazu brachte, über AIDS Literaturstudien anzustellen, wobei sich der USA-Ursprung eindeutig herausstellte.“ (Segal 1987c)

Deshalb glaubte er wie Seale, HIV sei durch Rekombination der Viren HTL-V-1 und Meadi-Visna entstanden, und zwar nicht unter natürlichen Bedingungen, sondern durch Gentechnik. Die Begründung dafür ist abenteuerlich und verrät beachtliche Ignoranz:

> „Viren selbst haben kein Geschlechtsleben, das heißt, ihre Genome können sich nicht so kombinieren wie etwa die Genome eines Indianers und einer Chinesin. Es gibt keinen normalen Weg, auf dem der Austausch von [viralen] Genomteilen stattgefunden haben könnte.“ (Segal 1987b, S. 12)

Tatsächlich weiß man seit 1946, dass Viren durchaus rekombinieren können. Das gehört häufig sogar essentiell zu ihrem Vermehrungszyklus, auch beim AIDS-Erreger und seinen Vorfahren.

Weiter behauptete Segal, die „Gen-Manipulation“ sei durch Gentechniker im Auftrag des Pentagon erfolgt, die in Fort Detrick über entsprechende Hochsicherheits-Laboratorien verfügten. Anschließend sei das Virus an Strafgefangenen ausprobiert worden, denen man die Freiheit versprochen habe, wenn sie den Versuch überleben.

Spezifisches Hintergrundwissen zur Fort Detrick-Hypothese

Segal konnte bei der Entwicklung seiner Verschwörungstheorie durchaus auf spezifischem Hintergrundwissen aufbauen. So gab es nach Einführung der Gentechnik tatsächlich weit verbreitete Befürchtungen, mit gentechnischen Methoden könnten nicht nur biologische Waffen geschärft, sondern auch völlig neuartige „BW-Waffen der zweiten Generation“ entwickelt werden, biologische Kampfmittel, die unter natürlichen Bedingungen nicht vorkommen (Wright und Sinsheimer 1983; Geissler 1984).

Etwa zur gleichen Zeit waren in den USA Hochsicherheitslaboratorien in Betrieb genommen worden, auch im infektionsbiologischen Armeeforschungsinstitut USAMRIID in Fort Detrick, wo bis 1970 ein offensives Biowaffenprogramm betrieben worden war (Guillemin 2005). Die schon in *Patrio*t erwähnten „Maximum Containment Laboratories“ waren zwar ursprünglich – bereits eine Dekade vor Einführung der Gentechnik – eingerichtet worden, um hoch infektiöses Material gefahrlos untersuchen zu können (Hellman et al. 1973). Sie konnten natürlich aber dann auch genutzt werden, um gentechnische Arbeiten sicher durchführen zu können.

Überdies war gerade um diese Zeit immer mehr die Erkenntnis durchgesickert, dass es auch in den USA „Mediziner ohne Menschlichkeit" gab, die nicht vor Menschenversuchen zurückschreckten (Koch und Wech 2002). Zumindest ein sowjetischer Artikel zu diesem Thema nahm explizit auf solche Experimente Bezug (Vasil'ev 1986).

Schließlich erfuhr Segal von einem Hearing im amerikanischen Kongress, das scheinbar über den ersten Anstoß zur HIV-Konstruktion Auskunft gab. Nach Segal et al. (1988, S. 10)

> „verlangte ein Vertreter des Pentagons im Jahre 1969 vom Kongreß der USA zusätzliche Mittel für biologische Forschung […]. Als Gegenleistung versprach er, in spätestens 10 Jahren ein neues Kriegsvirus zu entwickeln, das vom Immunapparat nicht erfaßt wird, so daß der von ihm befallene Patient keine Abwehrkräfte entwickeln könnte. Er versprach nicht zu viel. Zehn Jahre danach, im Frühjahr 1979, traten in der Tat die ersten AIDS-Fälle in New York auf."

Dem Originaltext ist allerdings zu entnehmen, dass Dr. Donald M. MacArthur, Stellvertretender Direktor für Forschung und Technologie im US-Verteidigungsministerium, in diesem Hearing keinesfalls ein entsprechendes „Versprechen" abgegeben und überdies mitgeteilt hatte, dass das Pentagon keine entsprechenden Forschungsarbeiten durchführe (USA 1969, S. 104). Das wurde von den Segals nicht erwähnt – stattdessen bezeichneten sie MacArthurs Ausführungen als den „dokumentarischen Beweis" für ihre Behauptungen (L. Segal 1987, S. 15).

Auch von den kritischen Bemerkungen des Kölner Molekulargenetikers Müller-Hills ließ sich Segal nicht beeindrucken. Der fasste nach einem mehrmonatigen Schriftwechsel zusammen:

> „Ich halte nach wie vor Ihre Hypothese, das Aids-Virus sei in Fort Detrick konstruiert worden, durch die von Ihnen angeführten Indizien nicht bewiesen. […]Gerade weil das von ihnen vermutete (nicht bewiesene) Verbrechen so groß ist, ist es meiner Meinung nach unverantwortlich, die in vitro Rekombination in Fort Detrick aus den von Ihnen vorgelegten Daten als bewiesen anzusehen und damit an die Öffentlichkeit zu treten." (Müller-Hill 1986)

Von einem Psychiatrie-Professor und Wissenschaftspolitiker, dem Leiter der Abteilung Gesundheitspolitik des Zentralkomitees der SED Karl Seidel, wurde Segals Hypothese dagegen als politisch höchst bedeutsam eingeschätzt:

> „Die von Gen.[ossen] Prof. Segal vorgetragene Auffassung zur Entstehung und Ausbreitung von AIDS wäre, wenn sie sich bestätigt oder wenn sie auch nur z.T. eine Bestätigung findet, einer Entlarvung von Schritten der biologischen Kriegsvorbereitung seitens des USA-Imperialismus gleichzusetzen, die von hoher politischer Brisanz ist. Insbesondere dürfte die begründete Polemik gegen die Meerkatzen-**Theorie der Entstehung von AIDS bei zahlreichen politischen Kräften in Afrika, die diese Theorie als Beleidigung und Verunglimpfung durch Machenschaften des USA-Imperialismus verstehen müssten, antiimperialistische Gefühle und Aktivitäten verstärken**."[5] (Seidel 1986)

Trotzdem durfte Segal seine Auffassung auf Weisung von Politbüromitglied Kurt Hager (1986) in der DDR nicht publizieren. Eine Publikation in der Bundesrepublik kam zunächst auch nicht zustande. Der führende Sexualforscher Volkmar Sigusch war ursprünglich daran interessiert, Segals Thesen in einer Monographie über AIDS zu veröffentlichen. Nachdem er aber Segals Manuskript gelesen hatte, verzichtete er auf dessen Abdruck – aus heutiger Erinnerung hatte er wohl „Angst, einem politischen Akt aufzusitzen" (Sigusch 2012). Stattdessen erwähnte er marginal eine Behauptung, die völlig im Gegensatz zu Segals Vorstellungen stand: Sigusch (1987, S. 52) zitierte die anders gepolte, von *BILD* verbreitete erwähnte Verschwörungstheorie, der zufolge es die Sowjets gewesen seien, die HIV als Biowaffe entwickelt hätten. Aber Segals Thesen wurden im Ausland publik gemacht. Etwa zur gleichen Zeit, als in Harare die achte Konferenz der Blockfreien Staaten stattfand,[6] erschien in einer in Zimbabwe herausgegebenen Zeitschrift ein Artikel über:

> „*AIDS: USA – Home Made Evil; Not Imported From Africa.* […] Recently published research by two French trained scientists, Professor Jakob Segal and Dr. Lilli Segal working in Berlin, argues that the AIDS virus does not originate from Africa. […] It has been produced by gene manipulation. […] AIDS is a result of biological warfare research in the United States." (Anonym 1986b)

---

[5] Im Original von einem Empfänger am Rand unterstrichen.

[6] 26. August – 6. September 1986.

Der Text war als „Buchbesprechung“ deklariert; das besprochene Buch hat es allerdings nicht gegeben. Trotzdem erregten die von den Segals vertretenen Thesen sofort weltweite Aufmerksamkeit. Der *Sunday Telegraph* meldete beispielsweise:

> „A pamphlet written by Professor Jakob Germanovich Segal, retired director of the Institute of Biology in East Berlin, and his wife, Dr. Lilli Segal, was circulated at the summit meeting of the Non-Aligned Movement in Harare in September. It was titled „Aids: USA Home-Made Evil. Not Made in Africa.“ (Dobson 1986)

Und der *Bonner General-Anzeiger* erwähnte, wie viele andere Blätter auch, einen entsprechenden Bericht, den die Segals „in Form einer Broschüre“ auf der Konferenz der Blockfreien in Harare verteilt hätten (GA 1987). Seitdem wird in den einschlägigen Publikationen immer wieder auf dieses Pamphlet der Segals Bezug genommen – auch von mir (Geißler 2007, S. 102).

Allerdings gelang es mir trotz jahrelangen Suchens nicht, ein Exemplar des Segal-Pamphlets in die Hand zu bekommen. Eine Erklärung fand ich erst in Segals Nachlass. In einem Brief an einen japanischen Kollegen erklärte Segal (1987d):

> „Our original text was never published. African journalists had it transformed into a brochure, werry [*sic!*] correctly made: Prof.Dr.Sc.J.Segal, Dr.L.Segal: AIDS: USA-home made evil; not imported from Africa. They distributed it last summer in Harare at the meeting of non-aligned nations.“

Auch die US Administration wurde bei dieser Gelegenheit auf Segals Thesen aufmerksam. Ihre Vertretung in Ostberlin sollte nähere Erkundigungen darüber einziehen und nahm Kontakt zu dem Wissenschaftler auf. Darüber berichtete auch der *Sunday Express*:

> „Sunday Express investigations have revealed that two U.S. Embassy officials made a two-hour visit to Professor Segal at his home two weeks ago, questioning him about what he knows, what he thinks, where he got his information from, and what he intends doing with his report.
>
> The Professor said: ‚The two men showed me their credentials. One said he was a historian and the other said he was a political consul. But I am positive they were from the CIA - and that they were deeply concerned that the cover-up over the origin of Aids was going to be exposed. […]
>
> I told them I knew that in the mid-1970s experiments were being carried out at Fort Detrick, where the U.S. Army Medical Research Command has its headquarters, on volunteer long-term prisoners who were promised freedom after the tests. I believe

that scientists there created the Aids virus by combining parts of the Maedi-Visna virus and Human T-cell Leukemia virus-Type 1. [...]

After the prisoners were infected with the newly made virus, there would have been no immediate signs of illness, and they would have been released as promised into the world'." (Lee 1968a).

Der Artikel erregte sofort weltweite Aufmerksamkeit. Auch die Hauptabteilung II des Ministeriums für Staatssicherheit (MfS), die für Spionageabwehr verantwortlich war, nahm Notiz und ließ sogar eine Arbeitsübersetzung anfertigen (Lee 1986b). Und von einer sehr gut informierten Quelle wurde der Stasi bestätigt, dass die Segals tatsächlich von zwei Vertretern der Ostberliner US-Botschaft besucht worden waren: Lilly Segal schrieb für die Stasi zwei ausführliche Berichte darüber und informierte in diesem Zusammenhang auch, dass sie den Amerikanern auf deren Bitte hin ein Exemplar eines diesbezüglichen Manuskripts gegeben hätten (L. Segal 1986a, 1986b). Bald darauf wurden Segals Behauptungen in der *taz* veröffentlicht, und zwar in Form eines langen Interviews, das der regimekritische Ostberliner Autor Stefan Heym mit dem Wissenschaftler geführt hatte (Segal 1987b).

3 Wo liegt der Ursprung der Fort-Detrick-Hypothese?

Gelegentlich deutete Segal auch an, wen er für die gentechnische Konstruktion von HIV verantwortlich mache:

„Meine Frau und ich verfolgten die Arbeiten des Virologen Robert Gallo aus dieser Zeit. In den Jahren 1971 bis 1975 entdeckte er ein krebserregendes Retrovirus in Menschen. Später veröffentlichte er dieses Virus unter dem Namen HTLV-I. 1975 wurde ihm die Leitung der Virusabteilung von Fort Detrick, dem zentralen biologischen Labor des Pentagons, übertragen. 1976 - 1977 baute er dort das Hochsicherheitslabor P4. Mit den damals verfügbaren Methoden dürfte die Manipulation des Visna-Virus etwa sechs Monate gedauert haben und das neue Virus im Frühjahr 1978 verfügbar gewesen sein. 1979 wurden die ersten AIDS-Fälle verzeichnet." (Segal 1993)

Noch konkreter wurde später der überaus aktive amerikanische Konspirationstheoretiker Leonard Horowitz (1996a). Als Dentist sah er sich Anfang der 1990er von AIDS gefährdet und begann sich deshalb intensiv mit dieser Thematik zu beschäftigen. Unter anderem produzierte er ein Video explizit unter dem Titel

„Robert Gallo: The Man That Created AIDS“ (Horowitz 1996b). Geringfügig abweichend von Segal behauptete Horowitz, Gallo habe Affen mit einem neuartigen Virus infiziert, das er aus einem menschlichen Leukämie-Virus und dem Hühner-Sarkom-Virus oder einem anderen tierischen Erreger zusammengebaut habe.

Vor allem in den USA war man von Anfang an davon überzeugt, dass es sich bei den Behauptungen, das Pentagon habe die Entwicklung von HIV in Auftrag gegeben, um eine Desinformationskampagne des sowjetischen Geheimdienstes, des KGB handelte (USA 1987). Wichtige Gründe dafür waren nicht nur das Bündel ungerechtfertigter Beschuldigungen, sondern die Tatsache, dass die ersten Behauptungen dieser Verschwörungstheorie im obskuren *Patrio*t sowie in *Literaturnaya Gazeta* sowie in weiteren sowjetischen Journalen erschienen. Nicht nur das Ostberliner Ehepaar Jakob und Lilli Segal, sondern auch der Londoner John Seale traten mit ihren Behauptungen in die Öffentlichkeit kurz nachdem der betreffende Artikel in der Sowjetischen *Literaturnaya Gazeta* erschienen war. Und der hatte sich auf einen anonymen Leserbrief in einer weithin unbekannten Zeitschrift *Patriot* berufen, die offenbar unter sowjetischem Einfluss stand.

Nach dem Zerfall der Sowjetunion wurde klar, dass tatsächlich der KGB hinter dieser Konspirationstheorie steckte: Herbert Romerstein, 1983 bis 1989 Leiter des „Office to Counter Soviet Disinformation and Active Measures“ der U.S. Information Agency, zitiert dazu zwei verlässliche Zeugen:

> „On 17 March 1992, Yevgeniy Primakov, head of the Russian Foreign Intelligence Service (SVR), told an audience at a public meeting at the Moscow State Institute of International Relations that the AIDS disinformation story was fabricated by the KGB.[7] In August of that year, former KGB General Oleg Kalugin told Moskovskaya Pravda that the AIDS disinformation campaign was dreamed up in "the 'A' Directorate of the USSR KGB's First Chief Directorate. " When Kalugin was asked "[w]ho specifically developed operation AIDS?", he answered, "[i]t was the American Section of the 'A' Directorate I mentioned. An officer sits there and thinks about how he can put the United States in a compromising position or strike a blow against the Americans through disinformation.“[8] (Romerstein 2001, S. 61)

Völlig unklar bleibt allerdings, ob auch die eigentlichen Urheber der Verschwörungstheorie beim KGB saßen oder ob sie vielleicht nur Überlegungen übernah-

[7] Als Fußnote wird im Original angegeben: Izvestia, 19 March 1992, Moscow {in Russian}.

[8] Als Fußnote wird im Original angegeben: Moskovskaya Pravda, 15 August 1992, Moscow {in Russian}.

men und weiter entwickelten, die andere, vielleicht die Strecker-Brüder, zuerst angestellt hatten.

Bedeutet das, dass Segal, der wichtigste Akteur der Desinformations-Kampagne, auch Werkzeug oder wenigstens Kooperationspartner des KGB war? Bereits oben war erwähnt worden, dass sich Segal tatsächlich unmittelbar nach Erscheinen des *Literaturnaya Gazeta*-Artikels mit dem Thema zu beschäftigen begann.

Vorstellbar ist schon, dass Segal nicht erst durch den Zeitschriftenbeitrag, sondern direkt durch das KGB veranlasst wurde, sich über die Herkunft von HIV entsprechende Gedanken zu machen und diese dann weltweit zu propagieren. Für direkte Kontakte Segals mit dem KGB gibt es keine Beweise. Immerhin hatten die Segals die sowjetische Staatsbürgerschaft und folgten, als sie Ende 1952 aus ihrer Wahlheimat Frankreich nach Ostberlin übersiedelten, einer sowjetischen Empfehlung (L. Segal 1985, S. 252). Dort war er sofort nach seinem Eintreffen sehr aktiv als Informant für die Stasi tätig, bis sein Führungsoffizier Ende 1955 vom „Gen[ossen] Berater", also von einem KGB-Offizier angewiesen wurde, „keine Treffs mehr mit Segal durchzuführen. Alle Aufträge, die S. erledigen kann, sollen über Instrukteur gehen" (Kairies 1955).

4 Verschwörungstheorie über eine Verschwörungstheorie

Nach dem Zusammenbruch der DDR erregten zwei ehemalige Stasi-Offiziere, die Oberstleutnants Günter Bohnsack und Herbert Brehmer (1992), weltweites Aufsehen mit einem Buch, in dem sie spannend beschreiben, was sie doch für tolle Jungs gewesen waren. In diesem Zusammenhang warten sie mit einer ganz neuen Verschwörungstheorie auf, sozusagen einer Verschwörungstheorie im Quadrat (Geissler und Sprinkle 2013). Unter anderem behaupteten sie, bei der AIDS-Kampagne habe es sich – in Abstimmung mit der KGB-Zentrale in Moskau – um „unsere Desinformationsaktion" gehandelt. Es sei eine Aktion der Abt. X der Hauptverwaltung Aufklärung (HVA) gewesen, die für „Aktive Maßnahmen", das heißt für Desorientierung, Irreführung und Täuschung, vor allem in der Bundesrepublik, zuständig war.

Bohnsack und Brehmer (1992, S. 220) behaupteten: „Zunächst griff der Ostberliner Professor Jakob Segal diese Version auf." Thomas Boghardt, der Historiker des Washingtoner Spionage-Museums, kolportierte in einem viel beachteten, sogar preisgekrönten Aufsatz in einer von der CIA herausgegebenen Zeitschrift die Behauptungen der Stasi-Offiziere nicht nur unreflektiert, sondern erweiterte sie sogar noch:

> „Segals first major contribution to the AIDS disinformation campaign was a 47-page pamphlet titled *AIDS – its nature and origin*, co-auauthored by his wife Lilli and Ronald Dehmlow, a fellow retired Humboldt University professor. [...] HVA X had provided Segal with much of the material for his pamphlet." (Boghardt 2009, S. 9)

Tatsächlich war Segal Ende 1985 jedenfalls nicht von der Stasi angeregt worden. Beim MfS erfuhr man frühestens im Herbst 1986 durch Postkontrolle von Segals Thesen. Und Dehmlow war kein pensionierter Professor, sondern ein Chemiker, der auf biophysikalischem Gebiet mit Segal zusammenarbeitete.

Das von Boghardt erwähnte Pamphlet (Segal et al. 1986b), ist im State Department archiviert. Wie es dort hin kam, ist nicht bekannt. Vielleicht handelt es sich um eine Kopie des Manuskriptes, das Jakob Segal am 4. August 1986 einem Bekannten in den USA übermittelt hatte. Der hatte es nach Washington weitergeleitet, und das erfuhr man im MfS aus einem von der Postkontrolle abgefangenen Schreiben aus den USA an Segal:

> „Regarding your article which ——[9] brought here – Three copies were sent to Stanford research, the Defense Dept. and a friend. A week later he received a mysterious call from an unidentified man from the government who wanted to know where the material originated. He told him. Next week he will be in Washington and shall look into it further with his friends at the National Institute of Health. Nothing further was said and we expected to be visited but so far no-one has showed up. Just as well." (Anonym 1986a).

Es kann aber auch sein, dass es sich bei dem im State Department archivierten Manuskript um das Material handelt, das Lilli Segal (1986a) ihren amerikanischen Besuchern zur Verfügung gestellt hatte.

Das älteste Manuskript aus der Feder Segals, das die Stasi archiviert hatte, ist ein in Französisch verfasstes Manuskript von Jakob und Lilli Segal (1986), in dem die entsprechende Literatur bis August 1986 berücksichtigt wird; vermutlich ist es eine Kopie des Materials, das zu dieser Zeit afrikanischen Journalisten übermittelt worden war und das diesen als Grundlage für die angebliche „Buchbesprechung" diente. Wie auch in der Buchbesprechung fehlt auf dem von der Stasi archivierten Manuskript Dehmlows Name.

Weiter hatten Bohnsack und Brehmer (1992, S. 220) zunächst angegeben, Journalisten hätten „die Geschichte nach Afrika und andere von der Krankheit stark heimgesuchte Regionen" getragen. Das stimmt mit den oben erwähnten An-

[9] Name vom BStU geschwärzt.

gaben Segals (1987d) überein. Aber dann schmückte Boghardt (2009, S. 9) auf der Basis von zusätzlichen Informationen, die ihm Bohnsack übermittelt hatte, auch diesen Teil der Verschwörungstheorie noch beträchtlich weiter aus:

> „HVA X had provided Segal with much of the material for his pamphlet, which began circulating in Harare, Zimbabwe, on the eve of the Eighth Conference of NonAligned Nations (1–6 September 1986). The conference was attended by representatives of more than 100 Third World countries – as well as four HVA and 20 KGB officers, who were busily distributing Segal's paper to the press and delegates."

In einer Fußnote dazu ergänzt Boghardt:

> „According to Bohnsack, the HVA deployed Capt. Hans Pfeiffer and "officer on special assignment" [Offizier im besonderen Einsatz or OibE] Horst Schoetzki, officially a journalist representing the GDR magazine Horizont, to the conference. [...] The East German communist party leadership was delighted to see Segal's theses included in the conference's final report and heaped praise on the HVA for the operation."

Das stimmt alles nicht. Wie wir aus dem oben erwähnten, im Nachlass Segals (1987d) gefundenen, Schreiben wissen, gab es gar kein aus seiner Feder stammendes „Pamphlet" zur Herkunft von HIV, das auf der Konferenz der Blockfreien hätte verteilt werden können. Zu diesem Thema gab es nur die „Buchbesprechung", und davon hatten offenbar weder Bohnsack noch seine Kolporteure eine Ahnung, wohl aber die unter Vorsitz des State Department arbeitende „Active Measures Working Group", die sich mit den „worldwide active measures against the United States" beschäftigte (USA 1987, S. iii, S. 37).

Der von Boghardt erwähnte Horst Schötzki war in der Tat Stasi-Offizier und berichtete im *Horizont* auch über die Konferenz in Harare. Aber weder er noch Pfeiffer nahmen daran teil. Alle fünf von uns befragten damaligen Konferenzteilnehmer bestätigten übereinstimmend und unabhängig voneinander, dass dort nichts über AIDS verteilt wurde (Geissler und Sprinkle 2013).

Und im Gegensatz zur Behauptung Boghardts und seines Informanten war erstaunlicherweise – im Schlussdokument der Konferenz nicht einmal das Thema AIDS erwähnt, geschweige denn die Segalsche Konspirationstheorie (Anonym 2011, S. 258–351).

Weiter behaupteten Bohnsack und Brehmer (1992, S. 220):

> „Stefan Heym sorgte durch ein Interview, das er für die Westberliner tageszeitung (taz) mit dem Wissenschaftler führte, dafür, dass sich die AIDS-Lüge in Europa verbreitete."

Dabei erweckte Bohnsack noch 2010 im Interview mit zwei Journalisten der *taz* den Eindruck, dass selbst der Publikationsort bewusst vom MfS ausgesucht worden sein soll:

> „Wir haben schon gewusst, wofür man die *taz* benutzen kann. Das lag ja auf der Hand." (Bohnsack 2010, S. 16)

Unsere Recherchen ergaben, dass auch das alles so nicht stimmt (Geissler und Sprinkle 2013). Erstens erfuhr Stefan Heym von Segals Thesen nicht durch die Stasi, sondern von seinem Arzt, Dagobert Müller-Hegemann, der wie Heym unter Kontrolle der Stasi stand. Zweitens wusste man beim MfS zuvor nichts von dem Interview. Das fand am 8. November 1986 statt. Bei der Stasi erfuhr man trotz der intensiven Überwachung Heyms (Heym 1996) erst mehr als zwei Wochen später davon – vielleicht weil Segal nicht in Heyms, sondern in seiner Wohnung interviewt wurde. Drittens registrierte man bei der Stasi korrekt, dass Heym das Interview in der *ZEIT* veröffentlichen wollte und dass das Interview in Gegenwart von deren DDR-Korrespondentin Marlies Menge geführt worden war. Das war Bohnsack offenbar völlig entgangen, denn sonst hätte er nicht behauptet, die *taz* sei ganz bewusst als Publikationsorgan ausgewählt worden. Tatsächlich versuchte Heym erst dann, das Interview in der taz unterzubringen, nachdem die *ZEIT* den Abdruck abgelehnt hatte, der *SPIEGEL* auch, und *Quick* sowie *Stern* ebenfalls (Geissler und Sprinkle 2013).

So erschien der Text schließlich in der *taz* (Segal 1987b). Auch das erfuhr man im MfS erst zehn Tage später – beim Abhören eines Telefongespräches einer Mitarbeiterin der Ostberliner Botschaft der USA mit der in Westberlin stationierten US-Militärmission (Buchholz 1987). Übrigens erkannte man beim MfS offenbar erst zu diesem Zeitpunkt die ganze Brisanz des Themas, denn Generalleutnant Rudi Mittig, einer der Stellvertreter von Staatssicherheitsminister Erich Mielke, wurde direkt informiert, nachdem man davon erfahren hatte (Anonym 1986c). Nebenbei bemerkt soll hier erwähnt werden, dass kurz darauf Major Dewitz (1987) von der Berliner Bezirksverwaltung des MfS die Leitung des Hauses und andere Abteilungen informierte, dass

„alle DDR-Experten von der Unhaltbarkeit der Theorie von Prof. Segal überzeugt [sind …] Es gibt keinen einzigen echten Beweis für alle Behauptungen von Segal, aber auch in vielen Details eindeutig falsche Darstellungen seinerseits."

Angeblich haben die Stasi-Leute auch Bestsellerautor Johannes Mario Simmel instrumentalisiert. Bohnsack habe dem ehemaligen DDR-Diplomaten Klaus Behling (2003, S. 252–253) erzählt:

„Per Telefon hörten wir davon, dass Johannnes Mario Simmel ein Buch über bakteriologische Waffen schreiben will. Das ist unsere Chance. Wir spielen ihm Material über das AIDS-Virus zu. Ein DDR-Forscher namens Professor Dr. Jakob Segal – unser IM – liefert ein Gutachten dazu. Ergebnis: In seinem Buch […] wird millionenfach die Legende verbreitet, das AIDS-Virus sei aus US-Waffenlabors entwichen. Damit wollten wir damals die Afrikaner gegen die USA aufbringen, weil die Seuche in Afrika am heftigsten verbreitet ist. Der Plan gelingt. Johannes Mario Simmel merkt nichts von dem Schwindel, und 1987 erscheint sein Biowaffen-Thriller mit der Stasi-Lüge. Für die Offiziere in der ‚Desinformation' ist das ein Riesenerfolg, denn das Buch wird – wie alle Simmel-Werke mit einer weltweiten Auflage von über 72 Millionen Exemplaren – rasend schnell zum Bestseller."

Von Boghardt (2009, S. 13) wurde das als „biggest coup" der Stasi gewürdigt. Aber auch das stimmt nicht. Simmel (1987, S. 111–112) geht zwar in seinem gentechnik-kritischen Roman *Doch mit den Clowns kamen die Tränen* direkt auf die Fort-Detrick-Hypothese und speziell auf das Interview Segals durch Stefan Heym ein, macht aber ganz deutlich, dass das unbewiesene Behauptungen sind. Ganz abgesehen davon war Simmel nicht durch die Stasi oder deren Mittelsmänner auf die AIDS-Verschwörung aufmerksam gemacht worden (Simmel 2007), sondern durch einen Artikel des österreichischen Dichters Erich Fried (1987).

5 Desinformation im Quadrat

Weder die Fort-Detrick-Hypothese noch die diese überlagernde Stasi-Verschwörungstheorie der Herren Bohnsack und Brehmer ist haltbar – und das ist mehrfach publiziert worden (Geißler 2007; 2009; 2010a; 2010b; 2010c; 2010d, S. 243–252 u. S. 360–362). Trotzdem sind in der Zwischenzeit zahlreiche Publikationen erschienen, in denen Bohnsacks Stasi-Verschwörungstheorie weiterverbreitet wird, ohne deren Vertreter nach Belegen für ihre Behauptungen zu fragen.

Thomas Boghardt kolportiert die Stasi-Theorie fast vollständig nicht anhand von Beweisen, sondern persönlichen Mitteilungen und E-Mails von Bohnsack. Und Nicoli Nattrass hat keine Hemmungen, kritiklos aus Tertiärliteratur (Gordiewsky und Andrew 1990; Koehler 1999) zu zitieren, in der weder die Behauptungen von Bohnsack et al. korrekt wiedergegeben, geschweige denn belegt oder wenigstens hinterfragt werden. Ausgerechnet in ihrem jüngsten Buch, das sich – verdienstvollerweise – explizit mit den Verschwörungstheorien auseinandersetzt, die sich um AIDS und seine Ursache spannen, übernimmt sie unreflektiert die neue Stasi-Verschwörungstheorie:

> „But it was only after a KGB officer admitted the Soviet role in spreading AIDS conspiracy theories and two former Stasi officers published a book in 1992 describing how they had ‚collaborated with the KGB to spin the AIDS yarn, using [Russian-born Jakob] biophysicist Segal and his scientific credentials to lend the story credence‘ that the existence of the misinformation campaign was corroborated by inside sources. […] The story was given further impetus in 1985 when the Russian Literaturnaya Gazeta repeated and refined the allegations, bolstering them with a report by Jakob Segal.“ (Nattrass 2012, S. 27–28)

Und sie wird nicht müde, mit Erwähnung der „KGB-Stasi misinformation“ (Natrass 2012, S. 34), „ Soviet-Stasi-Segal misinformation“ (Nattrass 2012, S. 69), „Soviet-Stasi misinformation“ (Natrass 2012, S. 72) und den „KGB-Stasi plot to spread the HIV as US bioweapon story“ (Natrass 2012, S. 221) die neue Konspirationstheorie zu verbreiten. Und im Schneeballsystem wirkt das sofort: Die Thalia Holding GmbH (2012) leitet ihre Werbung für Nattrass‘ Buch folgendermaßen ein:

> „Millions of people across the globe erroneously believe America manufactured the human immunodeficiency virus (HIV) to be used as a biological weapon. Ironically, the idea grew from a real conspiracy theory hatched by Russian and East German intelligence officers in the mid-1980s, in the hopes of spreading misinformation about the disease. Yet while the cold war is over, the biological weapons myth continues to resonate on both sides of the Atlantic.“

Schon vor einem Vierteljahrhundert habe ich eine Kritik der HIV-aus-Fort-Detrick-Hypothese veröffentlicht (Geißler 1988). Ich fürchtete, damit nicht alle überzeugen zu können, zumal die Erreger von AIDS und ihre Herkunft damals noch nicht annähernd so gut bekannt waren wie heute. Also stellte ich dem Text ein Motto aus Gustave le Bons *Psychologie der Massen* voran. Heute ist das Zitat wohl noch aktueller:

> „Die reine, einfache, aller Vernünftelei und allen Beweises bare Behauptung ist eines der sichersten Mittel, um der Massenseele eine Idee einzuflößen. Je bestimmter eine Behauptung, je freier sie von allem Scheine von Beweisen und Demonstrationen ist, desto autoritativer ist sie.“ (le Bon 1922, S. 22)

Literatur

Anonym. 1983. Aids may invade India: Mystery disease caused by US experiments. *New Delhi Patriot* 16 Juli: 2, 7.

Anonym. 1984. Aids: Die Bombe ist gelegt. *Der Spiegel* 45: 101–114.

Anonym. 1985a. AIDS germ warfare fear. *Morning Star*, 20. Dezember: 5.

Anonym. 1985b. Aids. „Sowjets wollen uns vernichten". *Bild* Nr. 300, 27. Dezember: 9.

Anonym. 1986a. *Schreiben an Segal*, undatiert. Auszug. Anlage zu: Oberst Oldenburg (HV A Abteilung IX/C) an Oberstleutnant Häsler (HA II/), 23. Oktober. Information zu Aktivitäten von USA-Dienststellen im Zusammenhang einer wissenschaftlichen Arbeit über den Ursprung des AIDS. Der Bundesbeauftragte für die Unterlagen des Staatssicherheitsdienstes der ehemaligen Deutschen Demokratischen Republik (BStU) MfS – HA II, Nr. 22082: 38.

Anonym. 1986b. *Book review of „Aids: U.S.A. – Home-Made Evil; Not Imported From Africa by Prof. Jakob Segal […] and Dr. Lilli Segal […]"* Social Change and Development [Zimbabwe], 14: 34–37.

Anonym, (HA XX/9). 1986c. Schreiben an Rudi Mittig, 25 oder 26 November. BStU MfS – HA XX/AKG 6443: 112.

Anonym. 2011. Eighth NAM Summit-1986, Harare Declaration. In *Summit Declarations of Non-Aligned Movement* (1961–2009). IFA Tripureshwor, Kathmandu: Institute of Foreign Affairs.

Behling, K. 2003. *Kundschafter a. d. Das Ende der DDR-Spionage*. Stuttgart/Leipzig: Hohenheim Verlag.

Boghardt, T. 2009. Operation Infektion. Soviet bloc intelligence and its AIDS disinformation campaign. *Studies in Intelligence* 53 (4): 1–24.

Bohnsack, G. 2010, zitiert von J. Feddersen, und W. Gast. 2010. Wie das Aids-Virus nach Fort Detrick kam. *Die Tageszeitung* 9./10. Januar: 16–17.

Bohnsack, G, und H. Brehmer. 1992. *Auftrag Irreführung. Wie die Stasi Politik im Westen machte*. Hamburg: Carlsen: 218–220.

Buchholz (HA II/AKG) 1987. Schreiben an HA XX/AKG, Abt. 9. Re.: OV Diversant. „Information. Reaktionen der USA-Botschaft in der DDR und der US-Mission auf ein Interview des Schriftstellers Stefan Heym. 27. Februar. BStU MfS – AOP 26320/91 Beifügung 20 (Akte XV 334/66 „Diversant"): 15–16.

Chahroudi, A., S. E. Bosinger, T. H. Vanderford, M. Paiardini, und G. Silvestri. 2012. Natural SIV hosts: showing AIDS the door. *Science* 335: 1188–1193.

Cohen, J. 1994. The Duesberg phenomenon. *Science* 266: 1642–1644.

Deparle, J. 1990. Talk grows of government being out to get blacks. *The New York Times Metropolitan*, 29. October.

Dewitz. 1987. Information. Aktivitäten von Prof. Segal hinsichtlich der Verbreitung seiner Auffassungen zur Entstehung des AIDS-Virus (LAV). 18 März. BStU MfS – HA XX 7101 Teil 2: 304–305.

Dobson, C. 1986. Aids: How the Russians smear the Americans. *The Sunday Telegraph*, 09. November.

Duesberg, P. H. 1997. *Inventing the AIDS Virus*. Washington, D.C.: Regnery Publishing Inc.

Fried, E. 1987. Die Waffe AIDS. *Wochenpresse* 13 März, Nr. 11: 70.

GA. 1987. US-Botschaft: Aids wurde nicht in einem Militär-Labor erzeugt. *General-Anzeiger für Bonn und Umgegend*, 22. Juni.

Geissler, E. 1984. Implications of genetic engineering for chemical and biological warfare. In *World Armaments and Disarmament*, hrsg. Sipri, 421–454. London/Philadelphia: Taylor & Francis.

Geißler, E. 1988. AIDS – eine zusätzliche Lektion. In *Wissenschaft aktuell – Wissenschaft populär*, hrsg. Präsidium der URANIA, 67–76. Berlin: Präsidium der URANIA.

Geissler, E. 1990. SV 40 and human brain tumors. In *Progress in Medical Virology* 37, hrsg. J. L. Melnick, 211–222. Basel: S. Karger AG.

Geißler, E. 2007. „Lieber AIDS als gar nichts aus dem Westen!" Wie Partei- und Staatsführung der DDR mit dem AIDS-Problem umgingen. *Zeitschrift des Forschungsverbundes SED-Staat* 22: 91–116.

Geißler, E. 2009. AIDS-Erreger aus dem Militärlabor – Ignoranz oder bewusste Desinformation? In *Biologie im Spannungsfeld von Naturphilosophie und Darwinismus*, hrsg. M. Kaasch und J. Kaasch, 489–506. Berlin: Verlag für Wissenschaft und Bildung.

Geißler, E. 2010a. Das Aidsvirus als Geschöpf des Klassenfeinds. *Tagesspiegel* 14. Januar.

Geissler, E. 2010b. The AIDS disinformation campaign continues and bears rotten fruit. Part I: An overview. *The ASA Newsletter* 10–1 (136): 14.

Geissler, E. 2010c. The AIDS disinformation campaign continues and bears rotten fruit. Part II. *The ASA Newsletter* 10–2 (137): 16–19.

Geißler, E. 2010d. *Drosophila oder die Versuchung*. Berlin: Berliner Wissenschaftsverlag.

Geissler, E. und R. Sprinkle. 2013. Disinformation squared. Was the HIV-from-Fort-Detrick myth a Stasi project? *Politics and the Life Sciences* (eingereicht).

Geisler, W. 1996. Mass-infections with HIV not caused by sexual intercourse. *The Exposure*, Kampala, Januar, No. 71, 19–26.

Gordiewsky, O. und C. Andrew. 1990. *KGB: Die Geschichte seiner Auslandsoperationen von Lenin bis Gorbatschow*. München: C. Bertelsmann.

Guillemin, J. 2005. *Biological Weapons*. New York: Columbia University Press.

Hager, K. 1986. Hausmitteilung an Genossen Seidel, 25. September, Stiftung Archiv der Parteien und Massenorganisationen der DDR im Bundesarchiv (SAPMO) DY 30/vorl. SED 36832.

Hatch, B. 1986. Ist AIDS ein Laborunfall? In *Operation AIDS*, hrsg V. Sigusch und H. L. Gremliza, 32–37. Hamburg: Gremliza Verlags GmbH.

Hellman, A., M. N. Oxman,und R. Pollack. 1973. *Biohazards in Biological Research*. Cold Spring Harbor: Cold Spring Harbor Laboratory.

Heym, S. 1996. *Der Winter unseres Missvergnügens. Aus den Aufzeichnungen des OV Diversant*. München: Wilhelm Goldmann Verlag.

Hickel, E. 1985. Redebeitrag zur „Beratung der Großen Anfrage der Abgeordneten Frau Dr. Hickel und der Fraktion DIE GRÜNEN Gentechnik", Deutscher Bundestag, *Stenographischer Bericht*, 114. Sitzung, Plenarprotokoll 10/114, 17.1.

Hooper, E. 1999. *The River – A journey back to the source of HIV and AIDS*. London: Penguin Books.

Hooper, E. 2012. Some glimmer of light, perhaps, at the end of the tunnel? http://www.aidsorigins.com/content/view/229/2/. Zugegriffen: 12. Oktober 2012.

Horowitz, L. 1996a. *Emerging Viruses: AIDS and Ebola – Nature, Accident, or Intentional?* Sandpoint, Idaho: Healthy World Distributing, LLC.

Horowitz, L. 1996b. Robert Gallo: The Man That Created AIDS. http://www.youtube.com/watch?v=CDxZ7PX8YGI. Zugegriffen: 19.02.2013.

Kairies 1955. Vermerk. 5. November. BStU MfS Nr. 1459/62: 43.

Kanki, P. J., R. Kurth, W. Becker, G. Dreesman, M.F. McLane, und M. Essex. 1985. Antibodies to simian T-lymphotropic retrovirus type III in African green monkeys and recognition of STLV-III viral proteins by AIDS and related sera. *The Lancet* 325: 1330–1332.

Koch, E. R., und M. Wech. 2002. *Deckname Artischocke. Die geheimen Menschenversuche der CIA*. München: C. Bertelsmann.

Koehler, J. O. 1999. *Stasi: The Untold Story of the East German Secret Police Boulder.* Colorado, Oxford, UK: Westview Press.

Le Bon, G. 1922. *Psychologie der Massen* [1895]. 4. Aufl. Stuttgart: Alfred Kröner Verlag.

Lee, A. 1986a. AIDS sensation. *Sunday Express*, 26. Oktober. BStU MfS – HA II, Nr. 22082: 22–23.

Lee, A. 1986b. AIDS Sensation. Arbeitsübersetzung. BStU BStU MfS – HA II, Nr. 22082: 29–34.

Müller-Hill, B. 1986. Schreiben an J. Segal, Archiv der Berlin-Brandenburg Akademie der Wissenschaften, Berlin (ABBAW), Vorlass Erhard Geißler, Nr. 16.2.1.

Nattrass, N. 2012. *The Aids Conspiracy: Science Fights Back*. New York: Columbia University Press.

Poinar, H., M. Kuch, und S. Pääbo. 2001. Molecular analyses of oral polio vaccine samples. *Science* 292: 743–744.

Romerstein, H. 2001. Disinformation as a KGB weapon in the Cold War. *The Journal of Intelligence History* 1 (Summer), 54–67.

Seale, J. 1985. AIDS and the security of the Western world. *Executive Intelligence Review* 12 (41): 54–57.

Seale, J. 1986. Response to Zhores A. Medvedev's letter to the editor. *J. Royal Soc. Med.* 79 (August): 494–495.

Segal, J. 1985. Schreiben an B. Müller-Hill, 2. Dezember. ABBAW, Vorlass Erhard Geißler, Nr. 16.2.1.

Segal, J. 1987a. Schreiben an R. Piechocki, Halle, 16 Juli. SAPMO NY4516/vorl.K.12.

Segal, J. 1987b. AIDS. Man-made in USA. Interview durch Stefan Heym. *taz* 18. Februar.

Segal, J. 1987c. Schreiben an Irmgard Gollwitzer, Aachen, 30 Juli. SAPMO NY4516/vorl.K.13

Segal, J. 1987d. Schreiben an S. Shibata, Tokyo, 2 März. SAPMO NY4516/vorl.K.12.

Segal, J. 1993. Neuer Stand der AIDS-Diskussion. Monochrom (unveröffentlicht). Posthum publiziert 1997. http://www.monochrom.at/seg.

Segal, J. und L. Segal, undatiert, sehr wahrscheinlich Mitte 1986a. Le SIDA – sa nature et son origine. Unveröffentlicht. BStU MfS HA VII/1 ZMA Nr. 935.

Segal, J., L. Segal, und R. Dehmlow, undatiert, sehr wahrscheinlich Mitte 1986b. AIDS – its nature and origin. ABBAW, Vorlass Erhard Geißler, Nr. 16.2.1.

Segal, J., L. Segal, und R. Dehmlow. 1988. Das AIDS – seine Natur und sein Ursprung, *Streitbarer Materialismus*, Nr. 11, Juli: 7–65.

Segal, L. 1986a. Bericht zur Kontaktaufnahme durch Mitarbeiter der USA Botschaft in der DDR. BStU MfS – HA II 22082: 39–40.

Segal, L. 1986b. Ergänzung zur Information über Aktivitäten von US Dienststellen in Zusammenhang mit einer wissenschaftlichen Arbeit über den Ursprung von AIDS. Treffen mit —,second Secretary of the US Embassy und – [10] Secretary Political Section. BStU MfS – HA II, Nr. 22082: 46-48.

Segal, L. 1986. *Vom Widerspruch zum Widerstand: Erinnerungen einer Tochter aus gutem Hause*. Berlin: Aufbau-Verlag.

Segal, L. 1987. Die neue Krankheit. In *Ach, wär's doch nur ein böser Traum! Frauen und AIDS*, hrsg. M. Walter, 11–33. Freiburg im Breisgau: Kore-Verlag.

Seidel, K. 1986. Hausmitteilung an Genossen K. Hager, 22. September. Mit Anlage „Aktennotiz". SAPMO, DY 30/vorl. SED 36832.

Shah, K., und N. Nathanson. 1976. Human exposure to SV40. Review and comment. *Am. J. Epidemiol* 103: 1–12.

Sharp, P. M., und B. H. Hahn. 2011. Origins of HIV and the AIDS Pandemic. *Cold Spring Harbor Perspectives in Medicine*. September; 1(1): doi: https://doi.org/10.1101/cshperspect.a006841 PMCID: PMC3234451.

Sigusch, V. 1987. AIDS für alle, alle für AIDS. Momente der Vergesellschaftung. In *AIDS als Risiko*, hrsg. V. Sigusch, 39–53. Hamburg: Konkret Literatur Verlag.

Sigusch, V. 2012. Persönliche Mitteilung, 7. Mai.

Simmel J. M. 1987. *Doch mit den Clowns kamen die Tränen*. München: Droemer Knaur.

Simmel, J. M. 2007. Persönliche Mitteilung, 24. Mai.

Strecker, R. 1990. Is AIDS man made? August. http://thelastoutpost.com/video-5/designer-diseases/the-strecker-memorandum.html.

Strecker, T. A. 1986. This is a bio-attack alert, 28 March. http://www.umoja-research.com/bio-attack_doc.htm.

Strohm, H. 1984. Leserbrief. *DER SPIEGEL*, Nr. 47, 19. November.

Thalia Holding GmbH 2012. http://www.thalia.de/shop/tha_homestartseite/suchartikel/the_aids_conspiracy_science_fights_back/nicoli_nattrass/ISBN0-231-14912-3/ID29394160.html%3Ffftrk%3D2%3A2%3A10%3A1%26jumpId%3D6667196.

Toh, H., und T. Miyata. 1985. Is the AIDS virus recombinant? *Nature* 316:21–22.

USA. 1969. Department of Defense, Appropriations for 1970. Hearings Before a Subcommittee of the Committee of Appropriations, House of Representatives, Ninety-first Congress, First Session, Part 6. Chemical and Biological Warfare, June 9.

USA. 1987. Soviet Influence Activities: A Report on Active Measures and Propaganda,1986-87. Washington: Department of State Publications, August.

Vasil'ev, Iu. 1986. Biomonsters from the USA, Sotsialisticheskaia Industriia (In Russisch) 14. Juni.

von Praunheim, R. 1984. Gibt es Sex nach dem Tode? *DER SPIEGEL* 26. November.

Washington, H.A. 2006. Medical Apartheid. The Dark History of Medical Experimentation on Black Americans from Colonial Times to the Present. New York/London/Toronto/Sydney/Auckland: Doubleday.

Weiss, R. A. 2001. Polio vaccines exonerated. *Nature* 410: 1035–1036.

[10] Beides geschwärzt durch BStU.

Wright, S., und R. L. Sinsheimer. 1983. Recombinant DNA and biological warfare. *Bulletin of the Atomic Scientists* 39 (9): 20–26.

Zapevalov, V. 1985. Panic in the west or what is hiding behind the sensation surrounding AIDS [in Russisch]. *Literaturnaja Gazeta*, 30. Oktober. Englische Übersetzung: Hamerman, W. J. 1985. Soviets attack LaRouche for exposé of AIDS cover-up. *Executive Intelligence Review* 12 (46): 6–9.

Erhard Geißler, Prof. Dr. rer. nat. habil., Genetiker und Virologe. Nach jahrzehntelanger Tätigkeit auf den Gebieten von Mikrobengenetik und experimenteller Krebsforschung, seit Mitte der 1980er Jahre Arbeiten zur biologischen Rüstungskontrolle am Zentralinstitut für Molekularbiologie der Akademie der Wissenschaften, nach dem Beitritt der DDR zur Bundesrepublik am Max-Delbrück-Centrum für Molekulare Medizin. Veröffentlichungen: *Anthrax und das Versagen der Geheimdienste* (Berlin: Homilius 2003); *Drosophila oder die Versuchung. Ein Genetiker der DDR gegen Krebs und Biowaffe*" (Berliner Wissenschaftsverlag 2010).

Die Bennewitz-Affäre: staatliches Handeln zwischen Vertuschung und Verschwörung

Ingbert Jüdt

1 Einleitung

Die sogenannte Bennewitz-Affäre war ein Schlüsselereignis in der Geschichte des modernen UFO-Glaubens und der modernen UFO-Forschung. Sie war eine Verschwörung mit dem Ziel, eine Verschwörung vorzutäuschen, und sie ist darin eine der erfolgreichsten Verschwörungen der modernen Geschichte gewesen. Sie steht auf der Grenze zwischen orthodoxem und heterodoxem Wissen, denn sie wurde organisiert, um von der Tatsache eines orthodoxen Nichtwissens abzulenken, indem sie ein vermeintliches heterodoxes Wissen künstlich geschaffen hat. Ihre Nachwirkungen reichen bis in unsere Gegenwart, und die Geschichte dieser Nachwirkungen ist noch nicht an ihr Ende gelangt. Der Versuch, sie zu verstehen, wird behindert durch den Wunsch, an sie zu glauben, und das Material, sie weitgehend zu entschlüsseln, ist erst seit wenigen Jahren verfügbar. All dies ereignete sich in einer entlegenen Nische der zeitgenössischen Kultur, der stigmatisierten und gemiedenen Halbwelt derjenigen, die sich für unidentifizierte Flugobjekte und die Idee außerirdischer Besuche auf der Erde interessieren. Dennoch ist sie ein Teil unserer Kultur, und die Kenntnis ihrer Beschaffenheit ist meines Erachtens für ein Verständnis des Verhältnisses von Verschwörungen und Verschwörungstheorien sehr aufschlussreich.

In dem folgenden Aufsatz schließe ich an eine frühere Publikation an (vgl. Jüdt 2013), in welcher ich die Bennewitz-Affäre aus englischsprachigen Quellen

I. Jüdt (✉)
Karlsruhe, Deutschland
E-Mail: blog@ingbert-juedt.de

A. Anton et al. (Hrsg.), *Konspiration*,
https://doi.org/10.1007/978-3-658-43429-8_13

ausführlich geschildert und in einen analytischen Bezugsrahmen gestellt habe, der sie als Spezialfall eines fortschreitenden Vertrauensverlustes zwischen Staat und Staatsbürgern deutet, der sich in der Zeit des Kalten Krieges zu entfalten begonnen und sich im Verlauf der Jahrzehnte in subkulturellen Milieus verfestigt hat. Nach einer komprimierten Zusammenfassung der Ereignisse und wesentlichen Zusammenhänge, füge ich eine Auswertung weiteren Materials an, das in dem vorangegangenen Aufsatz keinen Platz gefunden hatte, und versuche, meine Interpretation der Geschehnisse um ergänzende analytische Pointen zu erweitern. Das im Folgenden ausgewertete Material entstammt der Welt des Internets, denn das Internet ist zur privilegierten Bühne all derer geworden, die sich, von den „alten", zentralisierten Medien im Guten wie im Schlechten unabhängig, ihre eigene Sphäre der subkulturellen Öffentlichkeit geschaffen haben. Genauer gesagt: ich werte die Teilmenge der für unser Thema relevanten Recherchen eines britisch-amerikanischen Blogs, *Reality Uncovered,*[1] aus, die meines Erachtens zum Besten gehören, was man sich von einem kritischen Insider-Blick auf die Szene der UFO-Forschung und des UFO-Glaubens erhoffen kann. Wie in meinem vorangehenden Aufsatz auch, handelt es sich somit um eine Art von Sekundäranalyse, die sich auf vorgefundenes Material aus dem englischen Sprachraum einlässt, ohne es selbst gegen die Quellen prüfen zu können. Insofern verstehe ich den folgenden Aufsatz als ein offenes Diskussionsangebot insbesondere an den deutschsprachigen Diskurs, der es sich aus meiner Sicht nicht leisten kann und sollte, die Untersuchungen von *Reality Uncovered* zu ignorieren.

2 Zusammenfassung der Bennewitz-Affäre

Die Bennewitz-Affäre verdankt ihren Namen einem in Albuquerque, New Mexico, ansässigen technischen Zulieferer der amerikanischen Luftwaffe, Paul Bennewitz, dessen Firma *Thunder Scientific* sich auch heute, nach dem Tod ihres Gründers, weiterhin in Familienbesitz befindet.[2] Paul Bennewitz hatte ein starkes persönliches Interesse am UFO-Phänomen sowie an den damals im amerikanischen Südwesten gehäuft auftretenden Viehverstümmelungen, und er hatte eine ausgeprägte Neigung zu verschwörungstheoretischen Deutungsmustern, die seine Fähigkeit zur kritisch-distanzierten Reflexion in nicht unbeträchtlichem Maße

[1] Vgl. http://www.realityuncovered.net/ (Zugegriffen: 14. Mai 2013).

[2] Vgl. http://www.thunderscientific.com/ (Zugegriffen 14. Mai 2013).

beeinträchtigten. Dies führte dazu, dass er unterschiedliche Stimuli, nämlich besagte Viehverstümmelungen, die Entführungserfahrung einer Bankangestellten, die an ihn als „Fachmann“ verwiesen worden war, sowie eine Reihe von professionellen optischen und radiometrischen Datenerfassungen auf dem Gelände der Kirtland Air Force Base in Albuquerque (in deren Sichtweite Bennewitz wohnte) zu einem Verschwörungsszenario integrierte. In dessen Mittelpunkt stand die Idee, dass an der Grenze zu Colorado, in der Nähe des Städtchens Dulce auf dem Territorium des Jicarilla Apache Reservats ein unterirdischer außerirdischer Stützpunkt existierte. Dieser Stützpunkt sei von extrem feindseligen und aggressiven Außerirdischen bewohnt, welche zudem eine Sicherheitsgefährdung für den Kirtland-Stützpunkt darstellten, dessen Forschungsprojekte wiederum von Bennewitz mit technischen Geräten beliefert wurden.

Als Bennewitz mit der Stützpunktkommandantur der Kirtland AFB Kontakt aufnahm, um vor der vermeintlichen außerirdischen Gefahr zu warnen, wurde er zum Opfer einer systematisch aufgebauten Diskreditierungskampagne besonderer Art: da Bennewitz einerseits ein zuverlässiger Lieferant war, aber andererseits aufgrund seiner technischen Kompetenz und hochwertigen Ausrüstung eine potentielle Gefährdung der Geheimhaltung mehrerer militärischer Forschungsprojekte darstellte, wurde er nicht dadurch zu neutralisieren versucht, dass man seinen Glauben an Außerirdische lächerlich machte, sondern im Gegenteil dadurch, dass man diesen Glauben zu bestärken und letztlich ad absurdum zu treiben versuchte: nicht die Air Force sollte Bennewitz lächerlich machen – man wollte es so einrichten, dass Bennewitz dies selbst tat[3]. Die Systematik dieser Täuschungskampagne, die nicht nur mündliche Falschinformationen und gefälschte Dokumente, sondern auch gefälschte Datensignale und einen als Attrappe aufgebauten Stützpunkt umfasste, war gemessen am Ziel der Täuschung eines einzelnen Zivilisten präzedenzlos. Sie mag auch dadurch angetrieben worden sein, dass Bennewitz kritik- und distanzlos alles als authentisch akzeptierte, was ihm an Desinformation übermittelt wurde. Die Kampagne wurde über mehrere Jahre fortgeführt und führte zu einer schweren Beeinträchtigung von Bennewitz‘ geistiger und körperlicher Gesundheit, von der er sich erst wieder erholte, nachdem er schließlich 1987 von seiner Familie für mehrere Wochen in eine psychiatrische Institution überstellt und mit Medikamenten behandelt worden war.

[3] Dies ist die von Greg Bishop (vgl. Bishop 2005) aufgestellte These, die bezüglich der Motivation hinter der Bennewitz-Affäre zugleich das Erklärungsmodell mit der geringsten Reichweite darstellt.

Die Affäre hatte aber noch eine zweite Ebene, die ihre Reichweite erhöhte und letztlich auf ein anderes Ziel gerichtet war: dieselbe Agentur, die mit der Irreführung von Bennewitz beauftragt war, nämlich das *Air Force Office of Special Investigations* (AFOSI, der interne Nachrichtendienst der Luftwaffe), nahm in Person von Special Agent Richard C. „Rick" Doty Kontakt mit einem der damals renommiertesten UFO-Forscher, William Moore, auf, der erst kurz zuvor sein einflussreiches Buch über den Roswell-Zwischenfall im Jahre 1947 veröffentlicht hatte, den er als Absturz eines außerirdischen Raumfahrzeugs deutete (vgl. Moore 1980). Moore wurde teils als Informant innerhalb der UFO-Forschungs-Szene angeworben, teils als fachkundiger Spezialist, der sich an der Verbreitung von Desinformation im Rahmen der Operation gegen Bennewitz beteiligen sollte. Moore ließ sich darauf ein, weil er hoffte, die Rolle eines Doppelagenten spielen und Informationen über die von ihm vermutete Vertuschung einer außerirdischen Anwesenheit durch amerikanische Behörden erlangen zu können. Tatsächlich aber wurde er dadurch zum unfreiwilligen Kollaborateur in einer umfassenderen Desinformationskampagne, die sich gegen die amerikanische UFO-Szene als ganze richtete.

Diese erweiterte Kampagne hatte das zwischen William Moore und Rick Doty bestehende besondere „Vertrauensverhältnis" zur Voraussetzung, das darin bestand, dass Moore Doty regelmäßig und ausführlich Einblick in seine vorläufigen Forschungsresultate, Hypothesen und Überlegungen gewährte. Doty wiederum nutzte Moores Material, um daraus auf die Erwartungshaltungen, Bedürfnisse und Plausibilitätskriterien der amerikanischen UFO-Forscher maßgeschneiderte Falschinformationen zu entwickeln, die schließlich die Form angeblicher Regierungsdokumente, nämlich der sog. *Majestic-12-Dokumente,*[4] annahmen. Über

[4] Diese angeblich Ende 1952 aus Anlass der bevorstehenden Amtseinführung von Präsident Eisenhower von amerikanischen Behörden verfassten Dokumente sollen belegen, dass der Absturz eines außerirdischen Raumschiffes bei Roswell, New Mexico, im Jahre 1947 tatsächlich stattgefunden und zur Bildung einer geheimen Regierungskommission unter dem Namen *Majestic-12* geführt habe, die dieses Wissen und den weiteren Umgang mit ihm steuern und verwalten sollte. Im Zentrum dieser Papiere steht das sog. *Eisenhower Briefing Document (EBD)*, das im Jahre 1987 von dem britischen UFO-Forscher Timothy Good im Anhang seines Buches *Above Top Secret* veröffentlicht wurde (vgl. Good 1991). Ein zentrales Thema, das aus diesen Dokumenten abgeleitet wurde und als Anschlusspunkt für weitere Verschwörungsvermutungen dient, ist die Frage nach einem *Reverse-Engineering*: der Erforschung und Nutzung außerirdischer Technologie und ihrer „Einspeisung" in irdische Forschungs- und Entwicklungsprojekte. Der Name eines Teilgeländes der *Edwards Air Force Base* am Groom Lake, Nevada, der *Area 51*, wurde zum Synonym für dieses angebliche Reverse-Engineering.

den Ursprung und die Authentizität dieser Dokumente ist seit ihrer Veröffentlichung 1987 praktisch unentwegt debattiert worden, aber erst 2007 haben zwei Autoren der amerikanischen UFO-Forschervereinigung *Mutual UFO Network (MUFON)* die bisher dichteste Indizienbeweisführung vorgelegt, welche nahelegt, dass die Dokumente gleichsam ein Rückkoppelungsprodukt aus jenen Informationen darstellen, die Anfang der 1980er Jahre von Moore an Doty geflossen sind (vgl. Sparks und Greenwood 2007). Es handelt sich faktisch um eine Desinformations-Feedback-Schleife, mit der vorläufige, hypothetische und spekulative Ideen aus der UFO-Forschung in eine scheinbare historische „Faktizität" des amerikanischen Staates verwandelt wurden.

Vermittels dieses durch Doty und seine Führungsoffiziere in der Luftwaffe in Umlauf gebrachten Materials ereignete sich eine grundlegende Weichenstellung im weiteren Verlauf der Geschichte der UFO-Forschung selbst: sie fielen auf den fruchtbaren Boden eines im Kontext des Kalten Krieges entstandenen und seit Affären wie *Watergate* vertieften grundsätzlichen Misstrauens eines Teils der amerikanischen Bevölkerung gegenüber ihrer Regierung. Dieses Misstrauen hatte auch im notorisch undurchsichtigen Feld der UFO-Phänomene eine latente, spezifische Bereitschaft zum Rückgriff auf verschwörungstheoretische Deutungsmuster hervorgebracht, die durch die Veröffentlichung der *Majestic-12*-Desinformation schlagartig katalysiert und zur Manifestation gebracht wurden. Dadurch bewirkten sie einen systematischen und nachhaltigen Wechsel in der Ausrichtung der zeitgenössischen UFO-Forschung: weg von wissenschaftlich-empirischen Untersuchungen und hin zu umfangreichen verschwörungstheoretischen Vorstellungen und Vorwürfen an eine Vielzahl US-amerikanischer Regierungsbehörden. Diese Veränderung war so nachhaltig, dass sich ein großer Teil zunächst der amerikanischen, später auch der internationalen „Ufologie" von einem losen Verbund empirisch ausgerichteter Wissenschaftler und Laienforscher allmählich zu einem subkulturellen politischen Akteur wandelte, der die feststehende Überzeugung von der Anwesenheit Außerirdischer, ihrer Vertuschung durch die (nicht nur) amerikanische Regierung sowie von den Verheißungen des technischen Re-Engineerings angeblich geborgener Raumfahrzeuge zur Grundlage jener neuartigen sozialutopischen Agenda machte, die uns heute als ideeller Kern der *Disclosure*- und *Exopolitik*-Bewegung bekannt ist.[5] Darüber hinaus wurde die Idee eines „Cover-Up"

[5] Die *Disclosure*-Bewegung ist eine US-amerikanische Bürgerbewegung, die in den 1990er Jahren von dem ehemaligen Notarzt Stephen Greer mit dem Ziel gegründet wurde, die angebliche „UFO-Geheimhaltung" der US-Regierung zu beenden und die unterstellten technischen Geheimnisse der Außerirdischen, insbesondere eine angebliche Nutzung von

außerirdischer Präsenz, vermittelt u. a. über die populäre Fernsehserie *Akte X*, zu einem festen Bestandteil zeitgenössischer Populärkultur. Die Essenz dieser Idee wird im Intro des Dokumentarfilms „The Day Before Disclosure" aus dem Jahre 2010 auf den Punkt gebracht:

> „What if our governments had known about an ET presence for more than half a century, if they were in possession of alien technology that had the potential of changing how our world is run, and they chose to keep the public in the dark through a secret campaign of suppressed information? What if that campaign acted as a chain around the ankle of humanity, keeping us from rising to a whole new level of consciousness and understanding of ourselves, our planet and the universe around us? And what if that campaign ended tomorrow?"

Die erwartete „Disclosure" übernimmt neben ihren technologischen Verheißungen geradezu die Rolle einer modernen gnostischen Offenbarung: es ist das Wissen als solches, das frei macht, ein Wissen darum, dass die Welt anders beschaffen ist, als die irdischen Verbündeten dieser kosmologischen Wissensverschleierung, die „Archonten", die Menschheit glauben lassen, weshalb die Erlangung dieses Wissens selbst ein revolutionärer Akt ist, der ihre Macht zu brechen vermag. In solchen Weltanschauungen hat sich der sozialutopische UFO-Glaube heute vollständig gegen seine historischen Ursprünge in einer erfolgreichen Desinformation verselbständigt, jedoch nicht von der Grundüberzeugung emanzipiert, dass es sich bei der Vorstellung von einer vertuschten Anwesenheit Außerirdischer um zweifelsfrei gesichertes Wissen handele.

3 Von „Serpo" zur „Core Story": die Recherchen von „Reality Uncovered"

Im folgenden Abschnitt möchte ich auf eine wahrscheinliche weitere Quelle des in der Bennewitz-Affäre und danach in Umlauf gebrachten Materials eingehen. Eine Vielzahl von Indizien spricht dafür, das mehrere der in den achtziger Jahren

Technologien „freier Energie", der Menschheit zur Verfügung zu stellen. Unter dem Namen *Exopolitics* sind mittlerweile weltweit organisatorisch unabhängige Ableger dieser Bewegung entstanden. In Deutschland erfolgte eine entsprechende Gründung im Jahre 2007, vgl. http://www.exopolitik.org.

aktiven Akteure auch heute noch, wenngleich offensichtlich auf privater Basis, im Geschäft der Distribution von Legenden tätig sind.

Zu Beginn des Jahres 2013 berichtete *Exopolitik Deutschland* über ein von Richard Dolan im September 2012 auf der *Exopolitics Conference* in Kopenhagen gehaltenes Seminar mit dem Titel *The Breakaway Civilization* (von Exopolitik als *Die abtrünnige Zivilisation* übersetzt).[6] Gegenstand dieses Seminars war die (hypothetische?) Fragestellung, ob und in welchem Umfang es in den USA geheime Projekte zur Erforschung des Weltraums gebe, die sich vorgeblich re-engineerter außerirdischer Raumfahrttechnologien bedienten, und bei denen möglicherweise bereits „andere Planeten" besucht würden. Was in der Berichterstattung über Dolans Seminar nicht erwähnt wurde, war, dass entsprechende Gerüchte in den USA bereits seit 2005 unter dem Etikett „Serpo" in Umlauf sind – dabei handelt es sich angeblich um „a top secret exchange program of twelve US military personnel to Serpo, a planet of Zeta Reticuli, between the years 1965–78".[7] Zu diesen Gerüchten hat der britisch-amerikanische Blog *Reality Uncovered,* vor allem vertreten durch Stephen Broadbent und Ryan Dube, zwischen 2005 und 2010 eine Reihe von Hintergrundrecherchen unternommen, die einen aufschlussreichen Zusammenhang mit der um fünfundzwanzig Jahre älteren Bennewitz-Affäre offenlegten und zugleich einen Einblick in die beide verbindende „Hintergrundstruktur"« erlauben.

Im Jahre 2005 erhielt der US-Amerikaner Victor Martinez in seiner damaligen Rolle als Moderator einer UFO-bezogenen Mailing-Liste von einer sich als *Request Anonymous* bezeichnenden Quelle, die behauptete, ein Angehöriger der US-Regierung im Ruhestand zu sein, eine Reihe von E-Mails, in denen die schrittweise Enthüllung einer angeblichen Geheimoperation amerikanischer Militärs angekündigt wurde. Der Inhalt dieser „Enthüllungen" besagte, dass im Jahre 1965 eine Delegation amerikanischer Militärs im Rahmen eines interstellaren „Austauschprogramms" eine Reise zu dem im Zeta-Reticuli-Sternsystem befindlichen Planeten Serpo unternommen und sich dort für den Zeitraum von zwölf Jahren aufgehalten habe. Acht Mitglieder der Delegation seien 1978 zurückgekehrt, zwei seien verstorben, und zwei hätten sich entschieden, zu bleiben. Während dieses Aufenthalts hätten sie umfangreiche Berichte angefertigt, die Request Anonymous der Öffentlichkeit bekanntzumachen gedenke. In einer umfangrei-

[6] Siehe „Spezial: Die Breakaway Civilization" auf http://www.exopolitik.org/magazin/ausgabe-1-2013 (Zugegriffen: 14. Mai 2013).

[7] Vgl. http://www.serpo.org/intro.php und http://www.serpo.org/release1.php (Zugegriffen: 14. Mai 2013).

chen Serie weiterer E-Mails wurden die angeblichen Erlebnisse dieser Delegation sodann berichtet.

Zu diesem Zeitpunkt existierte in den USA im Umfeld der *Disclosure*-Bewegung bereits eine wohletablierte Szene, die dieser Erzählung nicht nur recht umstandslos Glauben zu schenken bereit war, sondern sie im Sinne eines weiteren Belegstücks für die bereits vorgefasste Überzeugung von einer UFO-bezogenen Regierungsverschwörung als mehr oder weniger selbstverständliche Wahrheit behandelte.

Die Recherchen von *Reality Uncovered* zur Herkunft dieser Behauptungen haben den Charakter einer veritablen Detektivgeschichte. Sie beginnen mit den technischen Fallstricken des Internet. Stephen Broadbent, einem der Blogger von *Reality Uncovered,* der beruflich im Bereich der Softwareentwicklung tätig war und in diesem Kontext auch die Server von Diskussionsforen betreute, gelang es, die IP-Adressen der Rechner zu ermitteln, von denen die Serpo-Mails gesendet wurden. Es stellte sich heraus, dass sowohl die eigentlichen „Enthüllungsmails" als auch eine Reihe weiterer Mails, die die Seriosität der getätigten Behauptungen unterstützen sollten und angeblich von verschiedenen Personen verfasst worden waren, in Wirklichkeit von ein und derselben Maschine stammten. Dieser Rechner gehörte einer der schillerndsten Persönlichkeiten der amerikanischen UFO-Szene, nämlich niemand anderem als Rick Doty,[8] der in den entsprechenden Online-Kommunikationen nicht nur unter dem Pseudonym „Request Anonymous" sondern auch unter den Namen Paul McGovern und Sylvester McCoglin auftrat. Hiermit lag das erste klare Indiz für einen manipulativen Hintergrund der Serpo-Geschichte vor.[9]

Nun hatte ein anderer Angehöriger der UFO-Szene mit Vergangenheit in den amerikanischen Streitkräften, der für die *Foreign Technology Division (FTD)* der Air Force tätig gewesene Robert M. Collins, ebenfalls im Jahr 2005 gemeinsam mit Rick Doty das Buch *Exempt from Disclosure* veröffentlicht, das mittlerweile in einer dritten Auflage vorliegt (vgl. Collins und Doty 2005). Es handelt sich um

[8] IP-Adressen identifizieren ans Internet angeschlossene Computer anhand eindeutiger Identifikationsnummern, die in den Headern von E-Mails ausgewiesen werden und die die verschiedenen Netzknoten bezeichnen, über die die Mails weitergeleitet wurden (zur Funktionsweise von Internetprotokollen vgl. Fall und Stevens 2012). Diese kompromittierenden technischen Details wurden von Doty bei seinem Versuch, unterschiedliche Absender von E-Mails zu simulieren, schlicht übersehen.

[9] Vgl. http://www.realityuncovered.net/ufology/articles/serpo/index.php (Zugegriffen: 14. Mai 2013).

eines jener Bücher, die beanspruchen, Zeugenaussagen und Dokumente zusammenzutragen, welche die These von einer Vertuschung der Präsenz Außerirdischer durch amerikanische Behörden untermauern – in diesem Fall durch Berufung auf die frühere Tätigkeit der Autoren als ehemalige „Insider".

In diesem Zusammenhang stellte sich heraus, dass eine weitere Teilnehmerin an den Serpo-Diskussionen, Marilyn Ruben, welche die Authentizität der angeblichen Enthüllungen verteidigte, zugleich gemeinsam mit ihrem Ehemann Doug Ruben eine Consulting-Firma für Medienauftritte betrieb, welche die zu *Exempt from Disclosure* gehörende Website hostete sowie das entsprechende Buch auf der eigenen Webseite bewarb. Zu Doug Rubens Portfolio wiederum gehörte die Marketing-Beratung von Buchautoren. Und schließlich wurde ein Seitenstrang der Serpo-Erzählung, die sogenannten *Seinu-Disclosures,* welche die Serpo-Veröffentlichungen in einem kritischen Moment der Diskussion zu stützen versuchten, von Servern in der nahen räumlichen Umgebung des Firmensitzes von *Best Impressions,* der Firma der Rubens, in Umlauf gebracht. Auf direkte Anfragen von Stephen Broadbent bezüglich der Firmenverbindungen zu Collins und Doty antwortete Marilyn Ruben zunächst ausweichend und schließlich überhaupt nicht mehr.[10]

Vor diesem Hintergrund wurde das Material der Serpo-Erzählung daher von *Reality Uncovered* als Versuch bewertet, das Erscheinen von *Exempt from Disclosure* mit einer viralen Marketing-Kampagne zu begleiten. Bis hierhin war die Angelegenheit offenbar nicht mehr als ein unbedeutender Versuch der Irreführung von Leichtgläubigen. Die Verwicklung von Rick Doty in die Affäre war jedoch eine Verbindung, die in die Vergangenheit verwies, da er in der zum betreffenden Zeitpunkt fast ein Vierteljahrhundert zurückliegenden Bennewitz-Affäre eine Hauptrolle eingenommen hatte. Zudem fiel dem Team von *Reality Uncovered* auf, dass das Serpo-Material in wesentlichen Elementen den Behauptungen aus dem Umfeld der Bennewitz-Affäre ähnelte, und es gab Indizien dafür, dass dies nicht allein auf die personelle Kontinuität in Gestalt von Rick Doty zurückzuführen war. Zur Serpo-Geschichte gehörten die folgenden Erzählelemente:[11]

[10] Vgl. http://www.realityuncovered.com/expose9.shtml (Zugegriffen: 14. Mai 2013).

[11] Vgl. http://www.realityuncovered.net/blog/2009/03/the-philosophy-within-the-mj-12-documents/ (Zugegriffen: 14. Mai 2013).

1. Ein geheimes, von US-Behörden verfasstes Buch mit Informationen über eine bestimmte, als „Extraterrestrial Biological Entities" (EBE) bezeichnete Außerirdische und zusätzlichen Informationen über eine Mehrzahl außerirdischer Spezies
2. angebliche Informationen über die menschliche Frühgeschichte von ca. 8.000 v. Chr. bis zur Zeit Christi Geburt
3. die Aussage der Sicherstellung außerirdischer Fahrzeuge und außerirdischer Körper bzw. lebender Gefangener
4. die Aussage, dass es sich bei den Außerirdischen um Vegetarier handele
5. sowie die Aussage, dass es sich bei dem Herkunftssystem der Außerirdischen um ein Doppelsternsystem handele

Für die Kombination dieser Erzählelemente gab es einen Präzedenzfall. Kurz nach dem Erscheinen von *Exempt from Disclosure* veröffentlichte der amerikanische UFO-Forscher Bruce Maccabee online und separat einen von ihm sogenannten „Anhang" zu diesem Buch, der die Transkriptionen mehrerer ausführlicher Interviews enthielt, die Maccabee im Jahre 1985 mit einem als „Hawk" bezeichneten Informanten geführt hatte.[12] Bei diesem Informanten handelte es sich um Ernie Kellerstrass, einen Oberstleutnant der amerikanischen Luftwaffe, der ebenso wie Robert Collins in den 1970er Jahren für die auf der Wright Patterson AFB angesiedelte *Foreign Technology Division (FTD)* tätig gewesen war, die er aber vier Jahre vor dem Dienstantritt von Collins verlassen hatte.[13] Aus diesen umfänglichen Interviews geht unter anderem hervor, dass die oben genannten Elemente des Serpo-Materials bereits im Jahre 1978 in Diskussionen herumgereicht wurden und ursprünglich nicht von Rick Doty stammten. Kellerstrass nannte hierfür wiederum eine andere Quelle: Dale Graff, einen Physiker und Arbeitskollegen bei der *Foreign Technology Division.* Im Jahre 2007 führte Ryan Dube von *Reality Uncovered* mehrere Gespräche mit Dale Graff, in denen dieser zwar einräumte, Kellerstrass zu kennen (Kellerstrass sei zeitweise sein Vorgesetz-

[12] Während der Bennewitz-Affäre war William Moore dazu übergegangen, unterschiedliche UFO-Forscher und angebliche Regierungsinformanten mit Vogelnamen zu benennen: „Falcon" (Richard Doty), „Condor" (Robert Collins), „Seagull" (Bruce Maccabee) etc. (vgl. http://www.realityuncovered.net/forum/viewtopic.php?t=37). Diese Gruppe von Personen wurde im Lauf der Zeit unter dem Sammeletikett „Aviary" („Vogelhaus") in der Szene sprichwörtlich.

[13] Vgl. http://www.realityuncovered.net/blog/2009/01/bruce-maccabee-interviews-ernie-hawk-kellerstrass/ sowie http://brumac.8k.com/HAWKTALES/ (Zugegriffen: 14. Mai 2013).

ter gewesen), aber vehement bestritt, eine Quelle für angebliche Informationen über Außerirdische zu sein. Die entscheidende Information, die Graff seinem Interviewer gegenüber nannte, war etwas anderes: Graff gehörte zu jenem Kreis von Personen, die sich damals innerhalb der amerikanischen Streitkräfte mit Fernwahrnehmungs-Experimenten, dem so genannten „Remote Viewing", befassten (vgl. McRae 1984; Schnabel 1997), und innerhalb dieses Kreises habe es über Jahre hinweg intensive spekulative Debatten über die Natur des UFO-Phänomens gegeben. Es lohnt sich, auf diesen Punkt näher einzugehen.

Die Erforschung paranormaler Phänomene zu militärischen Zwecken durch Institutionen der UdSSR und der USA zählt zu den skurrileren Episoden in der Epoche des Kalten Krieges. Sie sind ein Beispiel dafür, wie sich in einem Klima des wechselseitigen Misstrauens buchstäblich nichtige Anlässe zu einander gegenseitig verstärkenden Handlungsketten aufschaukeln können. Der Darstellung von Jim Schnabel (vgl. Schnabel 1997, S. 90 ff.) zufolge war es ein sensationalistischer Artikel aus dem Jahre 1960 in der französischen Zeitschrift *Science et Vie* über die angebliche Herstellung einer telepathischen Kommunikationsverbindung zwischen dem amerikanischen Festland und dem unter dem arktischen Eis operierenden Atom-U-Boot *Nautilus,* der zunächst in der Sowjetunion als Stimulus für den Beginn militärischer Psi-Forschung diente, obwohl die Geschichte im Westen schließlich als Hoax des französischen Schriftstellers Jacques Bergier[14] identifiziert wurde. Im Kontext einer Logik des Verdachts wirken Dementis jedoch regelmäßig wie Bestätigungen.

Im Verlauf der 1960er Jahre erreichten wiederum die Gerüchte über die sowjetische Psi-Forschung die Welt der westlichen Nachrichtendienste, woraufhin heute reißerisch erscheinende Bedrohungsszenarien formuliert wurden, die analog zur amerikanischen „Raketenlücke"[15] eine „Psi-Lücke" identifizierten. Damit stand das Tor zu entsprechenden amerikanischen Forschungen offen. Das wohl wichtigste dieser Projekte wurde von dem Ingenieur Harold „Hal" Puthoff lange Zeit am renommierten Stanford Research Institute (SRI) durchgeführt, wo er mit

[14] Bergier ist vor allem durch sein gemeinsam mit Louis Pauwels verfasstes Buch „Aufbruch ins Dritte Jahrtausend" bekannt geworden (vgl. Pauwels und Bergier 1962) und kann wohl als ein Mitbegründer der zeitgenössischen „Mystery-Literatur" betrachtet werden.

[15] Bei der „Raketenlücke" handelte es sich um die in der Folge des „Sputnik-Schocks" propagierte, politisch motivierte Behauptung eines massiven US-amerikanischen Rüstungsdefizits im Vergleich zur Sowjetunion (insbesondere hinsichtlich des Bestands an Bombern und Langstreckenraketen), die zu einer Aufstockung entsprechender Rüstungsanstrengungen führte.

„Medien" (d. h. paranormal begabten Individuen) wie Ingo Swann und Patrick „Pat" Price Experimente zum Thema Fernwahrnehmung durchführte, die schließlich unter dem von Puthoff geprägten Etikett „Remote Viewing" bekannt wurden. Obwohl die anekdotische Evidenz auf eine Reihe beachtlicher Erfolge verweist, zu denen beispielsweise die Auffindung des Wracks einer sowjetischen Tupolev-22 *Backfire* im Dschungel von Zaire und die Gewinnung von Informationen über militärische Forschungs- und Fertigungsstätten bei Semipalatinsk (Kernforschung) und Severodvinsk (Bau des weltgrößten U-Boots der „Typhoon"-Klasse) gehörten, wurden diese Forschungen sowohl aufgrund ihrer Geheimhaltung als auch aufgrund ihrer eminent praktischen Natur niemals in der Form wissenschaftlicher Forschungsberichte systematisiert und publiziert.

Innerhalb militärischer Kreise waren diese Forschungen jedoch zumindest gerüchteweise bekannt, und es gab mehr als eine Person und Dienststelle, die in diesem Bereich tätig waren oder zumindest darüber debattierten und kommunizierten. Hierzu zählten beispielsweise der mittlerweile aus dem Film „Männer, die auf Ziegen starren" bekannte Generalmajor Albert Stubblebine vom *Intelligence and Security Command (INSCOM)* des amerikanischen Heeres, der kürzlich mit einem eigenen kritischen Buch zum UFO-Thema (vgl. Alexander 2011) hervorgetretene damalige INSCOM-Stabsoberst John B. Alexander (der eine Reihe von Stubblebines Projekten beaufsichtigte), der in der Foreign Technology Division der Luftwaffe tätige Physiker Dale Graff, der auch die mediale Suche nach dem Tupolev-Wrack beauftragt hatte, sowie der von 1969 bis 1985 als Analytiker für die CIA (zuletzt am *Office of Scientific and Weapons Intelligence*) tätige Christopher „Kit" Green. Green war nach eigener Aussage zudem zeitweise für die Verwaltung der UFO-Akten des CIA zuständig. Hinzu kam, dass die Forschung zum Remote Viewing im Verlauf der Jahre von unterschiedlichen Diensten und Behörden der USA finanziert und die Teams dementsprechend „herumgereicht" wurden. Auch der bekannte französische UFO-Forscher Jacques Vallée gehörte, vermittelt über seine zeitweise Tätigkeit am SRI, zu diesem Kreis. Und zu den Freunden dieser Szene zählte damals kein anderer als der notorische Rick Doty.

Hier gelangen wir nun zum Kern dessen, was in meinen Augen die eigentliche analytische Leistung der Untersuchungen des *Reality Uncovered*-Blogs darstellt – es gelingt ihnen, zumindest hinreichend plausible Indizien für die folgende Behauptung zusammenzutragen: sowohl die von RU als „Core Story" bezeichneten inhaltlichen Kernelemente der in der Bennewitz-Affäre, als auch die *Majestic-12-Dokumente* und weitere Hoaxes und Fälschungen bis hinunter zu den vermeintlichen *Serpo*-„Enthüllungen" gehen auf einen Satz von Spekulationen und Arbeitshypothesen zurück, die Ende der 1970er Jahre in einem informellen

Diskussionskreis der „Remote Viewer" mit Hal Puthoff, Kit Green und Jacques Vallée im Mittelpunkt entwickelt wurden.

> „Picture this. You've got three scientists that much of the „mainstream" scientific community consider a bit „odd" because they have strong interest in very fringe and unorthodox topics like remote viewing, strange energy theories and UFO cults. In the early 1980s, these were fairly young guys, sitting in a Denny's Restaurant in the middle of the night, discussing philosophy and the nature of the Universe as they observed folks walking in and out of a coffee house across the road. Those three scientists were Hal Puthoff, **Kit Green** and Jacques Vallée. (...) This event was significant, at least for Kit, as he mentioned it prominently throughout our discussions [mit Ryan Dube von *Reality Uncovered* – I. J.] and **defined the „core story" as nothing more than the basic elements that these particular three scientists could agree on**."[16] (Hervorhebung I. J.)

Doch das ist noch nicht alles. Nach Einschätzung von *Reality Uncovered* könnte diese Gruppe auch ihren eigenen aktiven Beitrag zum Beginn der später geradezu pandemischen Verbreitung dieser Legenden geleistet haben. Mit Bezugnahme auf die Szene der amerikanischen Remote Viewer insgesamt zitiert Ryan Dube die folgende Überlegung von Bruce Maccabee:

> „These guys who didn't believe in UFOs, but did believe strongly in metal bending, psychokinesis, remote viewing and all that mind research, were suddenly confronted with the UFO problem right in their face. ... But there was this intersection point where psychics started zeroing in on UFOs and the people in the paranormal side were saying, „This can't be. UFOs aren't real." So they had to start investigating what was going on in the UFO community."[17]

Dies könnte die Motivation gewesen sein – und das verwendete „Verfahren" könnte dasjenige gewesen sein, welches von Jacques Vallée formuliert wurde.

Ryan Dube zieht hieraus die Konsequenz:

[16] http://www.realityuncovered.net/blog/2009/08/2006-jacques-vallee-article-offers-insight-into-the-aviary/ (Zugegriffen: 14. Mai 2013).

[17] Http://www.realityuncovered.net/ufology/articles/kitgreen.php (Zugegriffen: 14. Mai 2013).

„The RU suggestion here is significant. We are proposing that a group of UFO researchers, in the 1970's, formulated their own 'attack plan' against the UFO phenomenon. Vallée published more books in the latter part of the 1970's that would elaborate upon what subject matter they would use and how they would test the system."[18]

Ein Teil dessen, was im Nachhinein als Desinformation erscheint, wäre somit anfangs ein Versuch gewesen, auf der Basis einer spekulativen Hypothese eine Interaktion mit einem als intelligent aufgefassten Phänomen herzustellen, das aber nicht im Sinne einer Handlungstheorie als akteursbasiert („Außerirdische"), sondern im Sinne einer Systemtheorie als „Kontrollsystem" aufgefasst wird:

„We're assuming that there is a feedback mechanism involved in the operations of the control system; if you change the information that's carried back to that system, you might be able to infiltrate it through its own feedback."[19]

Im rückblickenden Interview ist sich Kit Green des potenziell manipulativen Charakters einer solchen Vorgehensweise bewusst: Auf seine Verwicklung in den Serpo-Hoax anspielend sagt er:

„In hindsight, even my foray into „The Team of FIVE" to try and see if Anonymous … was really a sitting US Government person, … contributed [to the hoax – I. J.]. I am both continuously ashamed that I didn't see the risk, and better informed that fewer angels dance on pins than I thought. I believe in angels, too. But my stupid complicity has changed my entire way of both operating, and viewing what is happening."[20]

Reality Uncovered geht aber nicht so weit, zu unterstellen, auch die gesamte Bennewitz-Affäre sei Teil eines Versuchs gewesen, das hypothetische »Kontrollsystem« des UFO-Phänomens über sein eigenes System-Feedback zu erschließen. Die im Falle der Bennewitz-Affäre handelnden Akteure, bei denen es sich überwiegend um nichtwissenschaftliche Militärs gehandelt hat, lassen dies unwahrscheinlich erscheinen. Gleichwohl gibt es in der Person von Rick Doty eine

[18] http://www.realityuncovered.net/blog/2009/10/jacques-vallee-crosses-ufo-research-with-psychic-research/ (Zugegriffen: 14. Mai 2013).

[19] (Vallée zit. n. http://www.realityuncovered.net/blog/2009/10/jacques-vallee-crosses-ufo-research-with-psychic-research/)

[20] (http://www.realityuncovered.net/ufology/articles/kitgreen.php *(Zugegriffen: 13. Mai 2013).*

Querverbindung zu der Gruppe um „Hal, Kit und Jack", die erklären kann, aus welchem ideellen Fundus sich Doty neben seiner Ausbeutung von William Moores Forschungen bedient hat – und je nachdem, wie vertraut Doty mit den methodologischen Überlegungen dieser drei Forscher gewesen ist, könnte auch die Idee zum Einsatz eines Feedback-Mechanismus aus dieser Quelle stammen.

Neben Rick Doty ist – außerhalb der Bennewitz-Affäre – offenbar Ernie Kellerstrass ein wesentlicher Transportkanal für einen Teil des Gedankenguts gewesen. In der Gegenüberstellung und kritischen Bewertung der Aussagen von Kellerstrass und Dale Graff[21] kommt Ryan Dube aufgrund einer eher negativen Bewertung von Kellerstrass' Persönlichkeit durch mehrere Personen zu dem Schluss, dass dieser offenbar während seiner Tätigkeit bei der *Foreign Technology Division* entsprechendes Gedankengut von Graff übernommen hat, ohne dessen hypothetischen und spekulativen Status zu erkennen oder wahrnehmen zu wollen, denn wenige Jahre später präsentierte er diese Spekulationen Bruce Maccabee gegenüber als „Enthüllungen", der sie dann schließlich entsprechend Kellerstrass' Aviary-Codenamen[22] als die „Hawk Tales" vorstellte.

4 Schlussfolgerungen

Zunächst möchte ich einen Gedanken zur Motivation hinter der Bennewitz-Desinformationskampagne ergänzen. In meinem vorangegangenen Aufsatz zum Thema hatte ich zwei Erklärungsansätze vorgestellt: den begrenzten Ansatz von Greg Bishop (vgl. Bishop 2005), der im Wesentlichen das Interesse am Schutz der auf dem Kirtland-Luftwaffenstützpunkt durchgeführten Forschungsprojekte als Ursache sieht, und den erweiterten Ansatz von Mark Pilkington (vgl. Pilkington 2010), der eine Attacke auf die gesamte UFO-Szene für die ausschlaggebende Absicht hält, da deren Aufklärungsbemühungen ebenso wie ihre verschwörungstheoretische Logik des Verdachts einer prinzipielle Gefährdung der Geheimhaltung von militärischer Technologie insbesondere der US Air Force dargestellt habe. Einen dritten Aspekt, der sich als prinzipielle strategische Zwickmühle der Air Force in Hinblick auf das UFO Phänomen beschreiben lässt, hat Jacques Vallée bereits 1979 in *Messengers of Deception* angedeutet:

[21] Vgl. http://www.realityuncovered.net/blog/2009/01/a-breakthrough-the-dale-graff-interview/ (Zugegriffen: 13. Mai 2013).

[22] Vgl. oben Anm. 12.

„The intelligence community likes to give the impression that it knows all about UFOs but, of course, cannot reveal what it knows. Its job is to pretend that it knows everything. Yet I am beginning to suspect that the real secret in Washington, the secret that must be kept at all costs, is that the intelligence community knows nothing". (Vallée 2008, S. 2)

Vallée verweist hier auf einen Grundwiderspruch zwischen dem Auftrag und Anspruch der Luftwaffe, den amerikanischen Luftraum vor Übergriffen zu schützen einerseits, und dem Umstand andererseits, dass es offenbar atmosphärische Phänomene gibt, die sich der Kontrolle, der Identifikationsmöglichkeit und damit der Souveränität der Air Force im eigenen Luftraum entziehen. Damit hat die Air Force eine strukturelle „Krise des Nichtwissens" zu bewältigen, die umso virulenter wird, je stärker die Bemühungen von UFO-Forschern diese Diskrepanz zwischen Anspruch und Wirklichkeit ins Licht der Öffentlichkeit rücken. Eine mögliche Lösung kann nun darin bestehen, dass anstelle einer Problemdefinition, die dieses Nichtwissen eingestehen müsste, eine andere Problemdefinition in den Vordergrund gespielt wird, die sich mit Sicherheit verneinen lässt und in der Öffentlichkeit zudem als evident absurd erscheint. Das kann dadurch geschehen, dass ein entsprechender Fokus der Aufmerksamkeit künstlich hergestellt wird. Bildlich gesprochen: anstatt auf die Frage „Haben sie Ihrer tyrannischen Schwiegermutter schon einmal den Tod gewünscht?" mit einem unglaubwürdigen „Niemals!" antworten zu müssen, kann man auf die Frage: „Glauben Sie, dass es sich bei Ihrer tyrannischen Schwiegermutter in Wahrheit um ein außerirdisches Reptil handelt, das es darauf abgesehen hat, Ihre Kinder bei lebendigem Leib zu verspeisen?" mit einem sicheren „Keinesfalls!" antworten. Sicherzustellen, dass die zweite anstelle der ersten Frage gestellt wird, geschieht durch eine Manipulation des Kontextes der Fragestellung mit dem Resultat, dass die Vorstellung von als Schwiegermüttern getarnten außerirdischen Menschenfresser-Reptilien bei den Nachfragenden als plausible Hypothese gilt.[23] Die Bennewitz-Affäre und die auf sie folgenden *Majestic-12-Dokumente* haben genau dieses Ziel erreicht, und im Resultat hat eine Überführung von Nichtwissen in „sicheres Falschwissen" stattgefunden. Unter der Annahme, dass die Air Force die Deutungsmuster, in denen sich das Interesse an UFOs bewegt, erfolgreich ins Absurde gesteigert hat, kann man von einer erfolgreichen Krisenbewältigung sprechen. Dass dies langfristig dazu beiträgt, das Vertrauen in die Äußerungen von Regierungsbehörden wei-

[23] Dieses Beispiel mag künstlich überreizt erscheinen, beruht aber auf tatsächlich kursierenden und in Teilen der Szene für glaubwürdig erachteten Gerüchten.

ter erodieren zu lassen, erscheint aus Behördenperspektive irrelevant, weil diese Folgewirkung in der Öffentlichkeit nicht auf klare Ursachen zuordenbar ist und somit ein externalisierbares und zur Verdrängung geeignetes Folgeproblem darstellt.

Zweitens lässt sich meines Erachtens an diesem Fallbeispiel lernen, dass Entwurf und Ablauf einer Verschwörung weder einem zentralen Plan folgen noch einer zentralen Steuerung unterliegen müssen. Als Ausgangspunkt genügt eine zweckorientierte, spezifische Beauftragung, die zur Bearbeitung an eine Gruppe „kreativer Problemlöser" delegiert und von einem oder mehreren Mitarbeitern im Sinne einer selbständig auszugestaltenden „Auftragstaktik" in Handlungen umgesetzt wird. Staatliche Angestellte oder Beauftragte müssen nicht zwingend als strikt und im Detail weisungsgebundene Subalterne handeln, sondern können administrative und „kreative" Handlungsspielräume zur Bewältigung vorgegebener Aufgaben nutzen. Ebenso zeigt sich an der eher zufälligen Verwicklung der amerikanischen Remote-Viewing-Szene in die UFO-Thematik, dass die Grenzen zwischen staatlich beauftragten Handlungen und privaten Initiativen fließend sein und auch im zeitlichen Längsschnitt fließend ineinander übergehen können. Bestimmte Akteure halten ihre jeweiligen Rollen im Rahmen der „Verschwörung" relativ unabhängig von ihrem institutionellen Umfeld als Interessen oder Einstellungen über längere Zeiträume aufrecht.

Drittens sollte die Rolle der Zielgruppe nicht übersehen werden: die *Majestic-12-Dokumente* waren darum so stupend erfolgreich, weil sie gezielt auf eine präexistente Disposition der Resonanzgruppe zugeschnitten waren. Ohne die weitverbreitete Einstellung des „I want to believe" (das zentrale Motto der Akte-X-Serie), die nicht nur bei Einzelpersonen wie Paul Bennewitz, sondern in der „Szene" bis zum heutigen Tag eine weitverbreitete Einstellung ist, wäre eine Strategie der Desinformation nicht in einem solchen Maße aufgegangen. Die inhaltliche Erzählung dieser Verschwörung bietet ein stabiles Drehbuch für eine wiederholt aufführbare dramatische Inszenierung, die unabhängig von ihrem Wahrheitsgehalt die Bedürfnisse eines spezifischen Publikums erfüllt.

Und schließlich steht diese Verschwörung mit ihren ambivalenten Akteuren auf der Grenze von orthodoxem und heterodoxem Diskurs: in der Remote-Viewing-Szene, die das UFO-Thema für sich entdeckt, finden wir zu gleich zwei Themen heterodoxes Wissen in einem offiziellen institutionellen Kontext vor, und schillernde Persönlichkeiten wie Kellerstrass, Collins und Doty balancieren auch biografisch auf der Grenze zwischen orthodoxen und heterodoxen Kontexten. Die harte Abgrenzung zwischen legitimem und illegitimem Wissen im Schlaglicht des öffentlichen Diskurses findet im Halbdunkel pragmatischer Interessenverfolgung nur selten eine Entsprechung und hat primär eine propagandistische Funktion.

Verschwörungen und Verschwörungstheorien haben hier denselben ontologischen Status: das „Wissen" über eine Verschwörung kann ebenso selbst das Produkt einer Verschwörung sein wie die Identifizierung einer „Verschwörungstheorie" eine stigmatisierende sprachpragmatische Handlung darstellen kann. Die Bennewitz-Affäre und die *Majestic-12-Dokumente* waren letztlich beides.

Literatur

Alexander, J. B. 2011. *UFOs: Myths, Conspiracies, and Realities*. New York: St. Martin's Press.

Bishop, G. 2005. *Project Beta: The Story of Paul Bennewitz, National Security, and the Creation of a Modern UFO Myth*. Pocket.

Collins, R. M., und R. C. Doty. 2005, ²2008, ³2010. *Exempt from Disclosure. The Black World of UFOs*. Vandalia: Peregrine Communications.

Fall, K. R., und W. R. Stevens. 2012. *TCP/IP Illustrated. Volume 1: The Protocols*. Second Edition. Boston etc.: Addison Wesley.

Good, T. 1991. *Jenseits von Top Secret. Das geheime UFO-Wissen der Regierungen*. Frankfurt am Main: Zweitausendeins (engl. Original 1987).

Jüdt, I. 2013. Manipulation und Misstrauen in der UFO-Politik. Von der Bennewitz-Affäre zur Exopolitik-Bewegung. In Diesseits der Denkverbote. Bausteine für eine reflexive Ufo-Forschung, hrsg. M. Schetsche und A. Anton, 201–231, Berlin: LIT-Verlag.

McRae, R. 1984. *Mind Wars. The True Story of Government Research into the Military Potential of Psychic Weapons*. New York: St. Martin's Press.

Moore, W. 1980. *Der Roswell-Zwischenfall. Die UFOs und der CIA*. Wien: Zsolnay.

Pauwels, L. und J. Bergier. 1962. *Aufbruch ins dritte Jahrtausend. Von der Zukunft der phantastischen Vernunft*. Bern: Scherz.

Pilkington, M. 2010. *Mirage Men: A Journey into Disinformation, Paranoia and UFOs*.

Schnabel, J. 1997. *Remote Viewers: The Secret History of America's Psychic Spies*. New York: Dell.

Sparks, B., und B. Greenwood. 2007. *The Secret Pratt Tapes and the Origins of MJ-12*. MUFON Symposium Proceedings.

Vallée, J. 1979, 2008. *Messengers of Deception. UFO Contacts and Cults*. Brisbane: Daily Grail Publishing.

Online-Quellen

http://www.realityuncovered.com/emails.shtml
http://www.realityuncovered.com/emails2.shtml
http://www.realityuncovered.com/emails3.shtml
http://www.realityuncovered.com/emails4.shtml
http://www.realityuncovered.com/emails5.shtml

http://www.realityuncovered.com/emails6.shtml
http://www.realityuncovered.com/emails7.shtml
http://www.realityuncovered.com/emails8.shtml
http://www.realityuncovered.com/emails9.shtml
http://www.realityuncovered.com/emails10.shtml
http://www.realityuncovered.com/expose.shtml
http://www.realityuncovered.com/expose2.shtml
http://www.realityuncovered.com/expose3.shtml
http://www.realityuncovered.com/expose4.shtml
http://www.realityuncovered.com/expose5.shtml
http://www.realityuncovered.com/expose6.shtml
http://www.realityuncovered.com/expose7.shtml
http://www.realityuncovered.com/expose8.shtml
http://www.realityuncovered.com/expose9.shtml
http://www.realityuncovered.net/blog/2009/01/a-breakthrough-the-dale-graff-interview/
http://www.realityuncovered.net/blog/2009/01/bruce-maccabee-interviews-ernie-hawk-kellerstrass
http://www.realityuncovered.net/blog/2009/03/the-philosophy-within-the-mj-12-documents
http://www.realityuncovered.net/blog/2009/08/2006-jacques-vallee-article-offers-insight-into-the-aviary/
http://www.realityuncovered.net/blog/2009/10/jacques-vallee-crosses-ufo-research-with-psychic-research/
http://www.realityuncovered.net/ufology/articles/kitgreen.php
http://www.realityuncovered.net/ufology/articles/serpo/index.php
http://www.serpo.org/intro.php
http://www.serpo.org/release1.php
(Alle Quellen zuletzt abgerufen am 14. Mai 2013.)

Ingbert Jüdt, M.A., hat von 1987 bis 1994 in Heidelberg Soziologie und Politikwissenschaft studiert und arbeitet als freiberuflicher Software-Entwickler. Interessenschwerpunkte: Wissenschaftstheorie, Wissenssoziologie, Religionswissenschaft, Kulturgeschichte, Anomalistik.

Verschwörungstheorien zum 11. September

Andreas Anton

1 Ein Tag, der die Welt veränderte

„Der 11. September 2001 dürfte ein Tag sein, über den noch am Ende dieses Jahrhunderts gesprochen wird" (S. 7), schrieb der Journalist Cordt Schnibben im Vorwort zu dem Buch *11. September – Geschichte des Terrors,* das er gemeinsam mit Stefan Aust, dem damaligen Chefredakteur des Nachrichtenmagazins *Der Spiegel,* herausgegeben hatte (Schnibben und Aust 2002). Die meisten Menschen, die Zeitzeugen der Anschläge wurden, würden diese Einschätzung wohl teilen. Zweifellos hat es in den letzten Jahrzehnten nur wenige Ereignisse gegeben, die ein ähnlich hohes Maß an globaler Aufmerksamkeit erzielten wie die Terroranschläge auf die New Yorker Twin Towers und das Pentagon in Washington am 11. September 2001. Auch nach über zehn Jahren wirken die Bilder der Einschläge der beiden Passagiermaschinen in die Zwillingstürme des World Trade Centers in eigentümlicher Weise bizarr und schockierend und haben sich tief in das kollektive Gedächtnis eingebrannt.

Für viele Menschen, nicht nur in den USA, haben die Anschläge auf dramatische Weise gezeigt, wie verletzlich der Westen ist, und damit kollektive Ängste vor Krieg und Terror geschürt, die nach dem Ende des Kalten Krieges schon beinahe als überwunden galten. Die Terroranschläge des 11. September, bei denen über 3.000 Menschen getötet wurden, haben in der westlichen Welt ein Trauma

A. Anton (✉)
Institut für Grenzgebiete der Psychologie und Psychohygiene, Freiburg, Deutschland
E-Mail: anton@igpp.de

A. Anton et al. (Hrsg.), *Konspiration,*
https://doi.org/10.1007/978-3-658-43429-8_14

ausgelöst, das seine Wirkung in besonderer Weise durch den Umstand entfaltet, dass der ‚neue Feind' scheinbar zu jeder Zeit und an jedem beliebigen Ort zuschlagen kann. Die Massenmedien und die Politik der westlichen Welt tragen zur Ausweitung und Verfestigung derartiger Besorgnisse bei:

> „Nahezu überall auf der Welt gibt es Terrorgruppen, Terrorzellen, und ‚Schläfer'. Sie verfolgen ein Ziel: einen Krieg gegen die moderne Zivilisation, einen Krieg gegen die Gottlosigkeit, einen Krieg gegen die moralisch verkommenen Subjekte der westlichen Staaten. So lautet zumindest der politische und massenmediale Tenor." (Klöckner 2011, S. 1)

Die Innen- und Außenpolitik der westlichen Staaten wurde in den Jahren nach den Anschlägen erheblich durch die Ereignisse geprägt. Die Angst vor neuen Anschlägen und der unbedingte Wille, diese zu verhindern, wurden zu Leitlinien politischer Entscheidungen, vor allem in den USA.

Bereits einen Tag nach den Terroranschlägen wurden die Terrorangriffe scharf vom UN-Sicherheitsrat verurteilt und die NATO rief zum ersten Mal seit ihrem Bestehen den Bündnisfall aus, der alle Mitgliedstaaten dazu verpflichtet, den angegriffenen Bündnispartner militärisch zu unterstützen. Die Folgen waren zwei regionale Kriege im Irak und in Afghanistan sowie ein globaler ‚Krieg gegen den Terrorismus', in die nahezu die gesamte westliche Welt eingebunden waren und denen hunderttausende Soldaten und Zivilisten zum Opfer fielen. Neben diesen militärischen Folgen hatte der 11. September aber auch erhebliche Auswirkungen auf die Innenpolitik vieler Länder: „Die Verschärfung der Sicherheitsgesetze, der Ausbau des Überwachungsstaates und das Aufblähen des Behördenapparates kennzeichnen die ersten Jahre nach den Attacken" (S. 12), schreibt der Journalist Elmar Theveßen in seinem Buch *Nine Eleven – Der Tag, der die Welt veränderte* (2011). Mit dem *USA PATRIOT Act* wurde in den USA als unmittelbare Reaktion auf die Anschläge des 11. September ein umfassendes Sicherheitsgesetz verabschiedet, das in erheblicher Weise Bürgerrechte einschränkte und die Kompetenzen und Möglichkeiten der Sicherheitsbehörden ausweitete. So ermöglichte es das Gesetzespaket beispielsweise, ausländische Terrorverdächtige ohne Gerichtsverfahren festzunehmen und auf unbestimmte Zeit einzusperren (vgl. Schreyer 2011, S. 107), was den USA massive Kritik vonseiten verschiedener Menschenrechtsorganisationen einbrachte. Auch in Deutschland wurden umfangreiche Gesetze zur Terrorismusbekämpfung auf den Weg gebracht, die teils erhebliche Änderungen des „Straf- und Prozessrechtes, des Ausländerrechtes, verbunden mit neuen, weitgehenden Eingriffen der Sicherheitsbehörden" (Baum 2009, S. 26) mit sich brachten.

Schon kurz nach den Anschlägen des 11. September wurde das Ereignis zum Gegenstand intensiver kontroverser Debatten über mögliche Drahtzieher, Hintergründe und den Wahrheitsgehalt der öffentlichen Berichterstattung. Die deutschen Leitmedien teilten dabei im Wesentlichen die offizielle Darstellung der damaligen und auch der heutigen US-Regierung, nach der die Anschläge vor allem aufgrund diverser Koordinations- und Kommunikationsprobleme zwischen verschiedenen US-Behörden nicht verhindert werden konnten. Besonders dem FBI und der CIA seien im Vorfeld schwere Fehler unterlaufen, Befehle seien unklar formuliert worden, Informationsmangel habe zu falschen Entscheidungen geführt. Auch wenn diese Deutung der Ereignisse seit über zehn Jahren von den etablierten Medien der westlichen Staaten immer wieder reproduziert und ergänzt wird, halten sich in den entsprechenden Gesellschaften dennoch starke Zweifel an dieser Version der Anschläge vom 11. September. Darüber hinaus sind diverse alternative Deutungen entstanden, die in der Regel als ‚Verschwörungstheorien' bezeichnet werden. Die damalige US-Regierung scheint sich darüber im Klaren gewesen zu sein, dass die Ereignisse des 11. September in hohem Maße aufklärungs- und deutungsbedürftig waren und in der Bevölkerung schnell diverse Interpretationen des Geschehens entstanden. Schon kurz nach den Anschlägen wurden Attentäter und Drahtzieher benannt, Spuren präsentiert und eine umfassende Deutung vorgelegt. Fast scheint es, als hätte man mit diesem Tempo der Etablierung alternativer Erklärungen der Geschehnisse Vorschub leisten wollen. Bereits einen Monat nach den Anschlägen betonte der damalige Präsident George W. Bush in seiner Rede vor der Generalversammlung der UNO:

> „Wir müssen die Wahrheit über den Terror aussprechen. Laßt uns niemals frevelhafte Verschwörungstheorien im Zusammenhang mit den Anschlägen des 11. September tolerieren, boshafte Lügen, die bezwecken, die Schuld von den Terroristen abzulenken." (zitiert nach Bröckers 2001, S. 1)

Die Rede des Präsidenten zeigte allerdings nicht die erhoffte Wirkung, ganz im Gegenteil: Alternative Deutungen der Anschläge des 11. September erlangten in den folgenden Jahren eine enorme Popularität. Dies zeigt sich u. a. in diversen Repräsentativbefragungen zum Thema: So ergab beispielsweise eine Umfrage in den USA aus dem Jahr 2006, dass 40 % der Befragten die offiziellen Darstellungen der Ereignisse anzweifelten. Bei einer im Jahr 2003 in Deutschland im Auftrag der *ZEIT* durchgeführten Umfrage gaben nahezu 70 % der Befragten an, sich nicht vollständig über die wahren Hintergründe des 11. September informiert zu fühlen – bei den unter 30-Jährigen waren es sogar 78 %. 19 % hielten es darüber hinaus für möglich, dass die US-Regierung die Terroranschläge vom 11. September selbst in Auftrag gab (vgl. Klöckner 2011, S. 83 f.). In einer Befragung aus dem Jahr 2008 lag dieser Anteil sogar noch höher: Hier gaben 23 % an, dass sie glauben, die US-Regierung stecke selbst hinter den Anschlägen (vgl. Anonym 2010). Die Reaktionen verschiedener überregionaler deutscher Zeitungen auf derartige Vermutungen waren eindeutig: Alle abweichenden Erklärungen zu den Ereignissen des 11. September werden pauschal haltlosen ‚Verschwörungstheorien' und damit dem Bereich des Irrationalen, Lächerlichen, politisch Bedenklichen oder bisweilen gar Pathologischen zugeordnet.[1] Diese Stoßrichtung wird dabei oftmals schon anhand der Überschriften der entsprechenden Artikel deutlich:

- „Mythen: Die September-Lüge" *(Der Spiegel)*
- „Panoptikum des Absurden" *(Der Spiegel)*
- Verschwörungstheorien: Bush, bin Laden und die Meschugge-Brigade *(Spiegel-Online)*
- „Dämmerzone zwischen Wahn und Wissen" *(Spiegel-Online)*
- „Affen der Angst" *(Süddeutsche)*
- „Die Märchen der Verschwörungstheoretiker" *(FAZ)*
- „Ein Wahn stützt den anderen" *(Die Zeit)*
- „Viele Deutsche mit Dachschaden" *(TAZ)*

Die Artikel gehen dabei jedoch in der Regel kaum oder gar nicht auf die einzelnen Argumente im Rahmen der alternativen Deutungen ein, sondern beurteilen sie pauschal als „Mythen", „Wahn", „Hirngespinste", „Märchen", „Paranoia" oder „Blödsinn" und bringen sie oft in Zusammenhang mit besonders absurden Verschwörungstheorien aus anderen Diskursfeldern, um sie so zu diskreditieren (vgl. Anton 2011, S. 99–114; Klöckner 2011 sowie den Beitrag von Walter in diesem Band). Somit löste der 11. September neben dem *War on Terrorism* von Anfang an auch einen anderen Krieg aus: Einen Krieg um die Wahrheit, um die Bestimmung der Wirklichkeit, um die Anerkennung und Durchsetzung bestimmter Deutungen der Ereignisse.

Wenn man das Verhältnis zwischen den massenmedial scharf kritisierten ‚Verschwörungstheorien' und den dort als fraglos ‚real' unterstellen wirklichen Verschwörungen näher untersuchen will, eignet sich das Beispiel 11. September besonders gut, weil sowohl die offizielle Deutung der Ereignisse als auch alterna-

[1] In diesem Kontext wird ‚Verschwörungstheorie' von den genannten Massenmedien stets als negativer Wertbegriff verstanden und gebraucht – dies weicht deutlich von der differenzierten wissenschaftlichen Begriffsverwendung in diesem Band ab.

tive Interpretationen von einer Verschwörung ausgehen: Im ersten Fall von einer Verschwörung der islamistisch-dschihadistischen Organisation Al-Qaida unter maßgeblicher Führung von Osama bin Laden, im anderen Fall von einem verschworenen Kreis ranghoher Personen aus Politik, Geheimdiensten und Militär in den USA.[2] Damit hören die Gemeinsamkeiten der unterschiedlichen Erklärungen der Ereignisse doch beinahe auch schon auf. Das konsensuelle Wissen, d. h. die Schnittmenge geteilter Vorstellungen zwischen der offiziellen Version und den alternativen Deutungen, ist erstaunlich gering. Wie zu zeigen sein wird, bestehen zu nahezu allen Einzelfragen der genauen Abläufe der Ereignisse völlig unterschiedliche Auffassungen.

2 Mannigfaltige Wirklichkeiten: Theorien zum 11. September

Der 11. September kann als eines der ersten global bedeutsamen Großereignisse beschrieben werden, die von Anfang an intensiv innerhalb des neuen Mediums Internet kommuniziert wurden und dort gleichsam eine Art ‚Gegenöffentlichkeit' erzeugten. Bereits am Tag der Geschehnisse fanden sich erste Spekulationen über mögliche Hintergründe der Anschläge auf diversen Homepages und Foren im Internet. Diese intensive netzbasierte Kommunikation über die Ereignisse hat in der Folgezeit zu einer unüberschaubaren Menge an Informationen geführt, die für manchen Beobachter überhaupt erst den Nährboden für die Entwicklung der entsprechenden heterodoxen Verschwörungstheorien bildeten. Auch wenn die im Internet und bald auch in Form von Printmedien verbreiteten alternativen Deutungen der Anschläge hochgradig heterogen sind, kristallisieren sich bei näherem Hinsehen, neben der offiziellen Erklärung, im Wesentlichen zwei größere Interpretationsstränge heraus. Die unterschiedlichen Deutungen der Anschläge des 11. September lassen sich also grob in drei Varianten untergliedern, die von dem Schweizer Historiker und Friedensforscher Daniele Ganser als *Surprise-Theorie, LIHOP-Theorie (Let It Happen On Purpose)* und *MIHOP-Theorie (Make It Happen On Purpose)* bezeichnet werden (vgl. Ganser 2006).

Die Surprise-Theorie: Diese Deutung der Ereignisse entspricht der offiziellen Erklärung der Bush-Administration und den Schlussfolgerungen des Abschluss-

[2] Im Sinne der in der Einleitung dieses Bandes entwickelten Unterscheidung zwischen orthodoxen und heterodoxen Verschwörungstheorien handelt es sich im ersten Fall um eine orthodoxe, im zweiten um eine heterodoxe Verschwörungstheorie.

berichtes der Untersuchungskommission zum 11. September (Kean 2004) und geht davon aus, dass die US-Geheimdienste von den Terroranschlägen ‚überrascht' wurden und sie daher nicht verhindern konnten. Die Terrorangriffe sind hiernach das Ergebnis einer von langer Hand geplanten Verschwörung der islamistischen Organisation Al-Qaida unter Führung von Osama bin Laden und Chalid Scheich Mohammed. Die Motivation für die Anschläge sei dabei ein tief sitzender Hass der Verschwörer auf die westliche Welt und vor allem auf die USA gewesen:

> „Die westliche Welt sahen sie zerfressen von Geldgier, von Sex, von Egoismus. Die islamische Welt sahen sie als Oase des Glaubens und der Kultur, bedroht von Amerika, ausgehungert vom Westen, gedemütigt seit Jahrzehnten." (Schnibben 2002, S. 10)

Vor allem die Stationierung von US-Truppen in Saudi-Arabien im Zuge des Zweiten Golfkrieges (1990–1991) der USA gegen den Irak und der Operation *Restore Hope* in Somalia hätten Osama bin Laden und die Al-Qaida-Führung radikalisiert. Diese militärischen Operationen der USA und der Vereinten Nationen seien von der Al-Qaida als eine Art „christlicher Kreuzzug" gegen den Islam gedeutet worden, den es zu bekämpfen gelte. Nach langer Vorbereitung, so die offizielle Version der Ereignisse, haben am 11. September schließlich 19 islamistische Selbstmordattentäter der Al-Qaida vier Passagiermaschinen gewaltsam unter ihre Kontrolle gebracht. Zuvor hatten die Attentäter teilweise Flugschulen in den USA besucht, um zu lernen, wie man ein Flugzeug lenkt. Zwei der entführten Maschinen wurden von den Terroristen in die Türme des World Trade Centers gelenkt. Die Beschädigungen in den Zwillingstürmen sind nach der Wucht der Einschläge und der Schwächung der Stahlträger durch die anschließenden Kerosinbrände derart stark gewesen, dass die Gebäude kollabierten. Das dritte Flugzeug wurde in den Außenflügel des Pentagons gelenkt, das vierte stürzte bei Shanksville im Bundesstaat Pennsylvania ab, nachdem mehrere Geiseln die Terroristen im Flugzeug angegriffen hatten. Am Tag der Anschläge führten diverse Fehlentscheidungen und Pannen bei der Luftabwehr sowie unklare Befehle und Informationsmangel zu falschen Entscheidungen. Im Vorfeld sind den US-Geheimdiensten, besonders dem FBI und der CIA, grobe Fehler unterlaufen. Gerüchte über drohende Anschläge waren zwar bekannt, doch die entsprechenden Informationen wurden nicht richtig zusammengetragen. Diverse Aktivitäten der Terroristen zur Vorbereitung der Anschläge wurden ignoriert oder falsch behandelt. Demnach habe letztlich ein Versagen der Geheimdienste und der US-amerikanischen

Flugabwehr die Anschläge am 11. September möglich gemacht (vgl. Klöckner 2011, S. 24).[3]

Die LIHOP-Theorie: Diese These hat mit der offiziellen Erklärung der Ereignisse gemein, dass sie hinter den Anschlägen eine Verschwörung islamistischer Terroristen unter der Führung von Osama bin Laden sieht. Im Unterschied zur *Surprise-Theorie* wird hier jedoch davon ausgegangen, dass die US-Geheimdienste von den Vorbereitungen zu den Anschlägen wussten, aber in gezielter Weise nichts gegen sie unternahmen:

> „Im krassen Gegensatz zur Surprise-Theorie behauptet die LIHOP-Theorie jedoch, dass Personen innerhalb der US-Regierung die Angriffe bewusst zuließen, um in der Lage zu sein, eine Reihe von Kriegen zu beginnen, die bereits zuvor geplant waren." (Ganser 2006, S. 2)[4]

Skrupellose Personen innerhalb der Regierung hätten dabei Teile der Behörden manipuliert bzw. instrumentalisiert, um so dafür zu sorgen, dass die Anschläge am 11. September nicht verhindert werden, um hinterher eine Rechtfertigung für diverse unpopuläre innen- und außenpolitische Maßnahmen zur Sicherung der globalen Vormachtstellung der USA zu erhalten (vgl. Klöckner 2011, S. 24).

Die MIHOP-Theorie: Im Gegensatz zur *LIHOP-Theorie* geht diese Variante der Deutungen der Anschläge des 11. September von einer aktiven Mitwirkung verschworener Kreise innerhalb der US-Regierung, der Geheimdienste und des Pentagons an den Angriffen des 11. September aus. Hierbei handelt es sich gewissermaßen um ein Worst-Case-Szenario:

> „Nicht Al-Qaida hat sich gegen die USA verschworen, sondern eine korrupte und kriminelle Machtclique innerhalb des Herrschaftsapparates des eigenen Landes hat die Anschläge auf das World Trade Center inszeniert." (Klöckner 2011, S. 24)

Die Attentäter sind hiernach über Mittelsmänner (bzw. CIA-Agenten, die Al-Qaida unterwanderten) beauftragt worden, die Anschläge durchzuführen. Hierfür seien Kontakte der US-Geheimdienste zu Netzwerken islamistischer Kämpfer genutzt worden, die zur Zeit des Krieges zwischen Afghanistan und der Sowje-

[3] Vgl. auch die Spiegel-Online-Dokumentation *Dossier – Fakten zum 11. September*, einzusehen unter http://www.spiegel.de/spiegelspecial/ 0,1518,435547,00.html (letzter Zugriff: 14. April 2013)

[4] Diskutiert wird diese These beispielsweise bei Ahmed (2002) und Schreier (2011).

tunion (1979–1989) von den USA gezielt mit Waffen und Geld unterstützt wurden. Radikale Varianten der *MIHOP-Theorie* behaupten gar, dass die entführten Flugzeuge am 11. September in Wahrheit nicht von Terroristen gelenkt, sondern auf elektronischem Wege von außen in das World Trade Center und das Pentagon gesteuert worden seien.[5]

3 Vertreter alternativer Deutungen zum 11. September

Die enorme Aufmerksamkeit, die die Anschläge des 11. September 2001 weltweit erregten, spiegelt sich in einer kaum noch zu überblickenden Anzahl an Publikationen zum Thema wider. Dies gilt dabei in besonderer Weise für die alternativen Deutungen der Ereignisse. Neben unzähligen Büchern, die sich mit solchen heterodoxen Verschwörungstheorien zum 11. September beschäftigen, findet sich im Internet eine wahre Flut von Informationen in diversen Foren, Blogs und Webseiten, die auch nur ansatzweise zu überblicken, eine unmögliche Aufgabe darstellt. Dennoch lassen sich einige zentrale Akteure ausmachen, deren Veröffentlichungen und Äußerungen den Diskurs über die alternativen Deutungen des 11. September wesentlich prägen. Dazu zählen auch verschiedene Organisationen, die sich nach dem 11. September gegründet haben und die offizielle Darstellung der Ereignisse infrage stellen oder gänzlich ablehnen.

Im deutschsprachigen Raum haben sich vor allem die Journalisten Mathias Bröckers und Gerhard Wisnewski sowie Andreas von Bülow (SPD), von 1980 bis 1982 Bundesminister für Forschung und Technologie, durch ihre Publikationen zum Thema hervorgetan. Bröckers, ehemaliger Leiter der Kulturredaktion der *taz*, begann bereits unmittelbar nach dem 11. September 2001 in einer Artikel-Serie für das Online-Magazin *Telepolis* mit dem Titel *WTC Conspiracy* kritisch über die offiziellen Darstellungen zu den Terroranschlägen zu schreiben. Sein erstes Buch zum Thema (Bröckers 2002) *Verschwörungen, Verschwörungstheorien und die Geheimnisse des 11.9.* hat mittlerweile über 30 Auflagen erzielt und wurde in mehrere Sprachen übersetzt. In diesem und in zwei weiteren Büchern zum 11. September (Bröckers und Hauß 2003; 2011) behauptet der Autor, dass diverse offene Fragen und Ungereimtheiten eine Mitverantwortung der Regierung

[5] Eine Auseinandersetzung mit dieser These findet sich beispielsweise bei von Bülow (2003).

Bush, der CIA und auch des israelischen Geheimdienstes Mossad für die Terroranschläge nahelegten. Letztere Behauptung brachte ihm den Vorwurf antisemitischer Tendenzen ein (siehe. z. B. Wippermann 2007, S. 134–142; Jaecker 2005).

Der freie Journalist Gerhard Wisnewski beschäftigt sich in seinen Publikationen zum 11. September (2003; 2004) mit diversen Aspekten der Anschläge, die seiner Meinung nach nicht befriedigend untersucht, absichtlich vertuscht oder falsch dargestellt wurden, und kommt dabei zu dem Ergebnis, dass die offizielle Version der Ereignisse nicht haltbar sei und hinter den Terroranschlägen vielmehr eine Verschwörung der damaligen US-Regierung und der Geheimdienste stecken müsse. Am 20. Juni 2003 hatte der WDR Wisnewskis TV-Dokumentation *Aktenzeichen 11.9 ungelöst – Lügen und Wahrheiten zum 11. September 2001* gezeigt, in der die offizielle Darstellung des 11. September infrage gestellt wurde. *Der Spiegel* warf Wisnewski anschließend vor, für den Film und für sein zu dem Zeitpunkt bereits erschienenes erstes Buch zum Thema nicht gründlich recherchiert und Zeugenaussagen manipuliert zu haben. Daraufhin kündigte der WDR jede weitere Zusammenarbeit mit Wisnewski auf (vgl. Rötzer 2003). Dies wiederum wurde von Beobachtern als „Kampagne der Mainstreammedien" gegen Wisnewski gedeutet, die sich aufgrund der Brisanz seiner Thesen von ihm distanziert hätten, ohne seine Argumente jedoch im Einzelnen zu überprüfen (vgl. z. B. Fikentscher; Neumann 2004; Bader 2004).

Ähnlich wie Bröckers und Wisnewski traf auch den ehemaligen Bundesminister Andreas von Bülow heftige Kritik aus den Leitmedien, nachdem er sein Buch *Die CIA und der 11. September. Internationaler Terror und die Rolle der Geheimdienste* im Jahr 2003 bei *Piper* veröffentlicht hatte. Von Bülow stellt darin die These auf, dass die Anschläge des 11. September in Wahrheit von der US-Regierung geplant und in einem gemeinsamen Komplott mit CIA und Mossad durchgeführt wurden *(MIHOP-Theorie)*. Bereits vor dem 11. September hatte sich von Bülow, der zeitweise auch Mitglied der parlamentarischen Kontrollkommission der Nachrichtendienste war, mit verdeckten Geheimdienstoperationen beschäftigt und dazu ein Buch veröffentlicht (von Bülow 2000), in dem er u. a. die mögliche Rolle verschiedener Geheimdienste bei der Ermordung Uwe Barschels untersucht.

In Frankreich erregte der Journalist und politische Aktivist Thierry Meyssan mit seinen Thesen zum 11. September große Aufmerksamkeit. Meyssan setzt sich vor allem mit dem Anschlag auf das Pentagon auseinander und behauptet, dass viele Indizien dafür sprächen, dass die offizielle Darstellung falsch sei und kein Flugzeug die Außenseite des Pentagons getroffen habe. Vielmehr könnte es sich, so Meyssan, um einen Marschflugkörper gehandelt haben, der von US-Militärs in das Pentagon gelenkt wurde, um einen Terrorangriff zu inszenieren (vgl. Meyssan 2003).

In den USA ist die „Szene" der Kritiker der offiziellen Erklärungen zum 11. September wesentlich stärker ausgeprägt als in Deutschland oder Frankreich. Hier gibt es neben zahlreichen Einzelpersonen, die sich dem Thema widmen, wie etwa dem Theologieprofessor David Ray Griffin, dem Wirtschaftswissenschaftler Michel Evgenij Chossudovsky, dem Physiker Steven Earl Jones oder dem Journalist Michael C. Ruppert, ganze Organisationen, die es sich zum Ziel gesetzt haben, die ‚wahren Hintergründe' der Anschläge zu ergründen. Darüber hinaus gründeten sich mehrere Interessengemeinschaften und Arbeitsgruppen, die sich mit den Verschwörungstheorien zum 11. September beschäftigen und ihre Ergebnisse auf Treffen, Tagungen oder Kongressen diskutieren. Größere Aufmerksamkeit erzielten etwa die Organisationen *Architects and Engineers for 9/11 Truth,* die Bürgerinitiative *NYC CAN* oder das Netzwerk *911truth.* Die erstgenannte Gruppe ist ein Zusammenschluss von über 1.000 Architekten und Ingenieuren, die die offizielle Darstellung der Ursachen für den Zusammensturz der Türme des World Trade Center anzweifeln, die These einer gezielten Sprengung in Erwägung ziehen und eine neue Untersuchung der Ursachen für den Einsturz der Gebäude fordern.[6] *NYC CAN* beschreibt sich selbst als

> „[…] non-partisan, non-profit organization representing over one-hundred 9/11 family members, dozens of first responders and survivors, and thousands of proud citizens committed to bringing about a new and independent investigation into the events of September 11, 2001."[7]

911truth ist nach eigenem Bekunden „the leading portal of the September 11th research community and truth movement"[8] und hat es sich zum Ziel gesetzt, ungelösten Fragen zum 11. September nachzugehen. Darüber hinaus gibt es, analog zu den *Architects and Engineers for 9/11 Truth,* zahlreiche Gruppierungen, die sich aus Vertretern bestimmter Professionen zusammensetzen und sich um Aufklärung der Ereignisse des 11. September bemühen, da die offizielle Darstellung

---

[6] Siehe die Homepage der Organisation: http://www.ae911truth.org/ (letzter Zugriff: 05.05.2013).

[7] Siehe die Homepage der Organisation: http://www.nyccan.org/about.php (letzter Zugriff: 05.05.2013).

[8] Siehe die Homepage der Organisation: http://www.911truth.org (letzter Zugriff: 05.05.2013).

aus ihrer Sicht nicht plausibel ist. Beispiele sind die *Firefighters for 9/11 Truth*, die *Lawyers for 9/11 Truth*, die *Media Professionals for 9/11 Truth* oder die *Scholars for 9/11 Truth & Justice*. Zu einer enormen Bekanntheit brachte es der Amateur-Dokumentarfilm *Loose Change*, der eine Art Collage diverser Ausschnitte aus TV-Sendungen zum 11. September ist. Der Film setzt sich mit diversen Aussagen alternativer Deutungen zu verschiedenen Ereignissen am 11. September auseinander und kommt zu dem Ergebnis, dass die US-Regierung die Anschläge selbst in Auftrag gegeben hat *(MIHOP-Theorie)*. Anfangs war der Film nur im Internet zu sehen, später lief er in überarbeiteter Form auch im Kino und wurde als DVD vertrieben.

Dies muss als kurzer Überblick über wichtige Akteure der heterodoxen verschwörungstheoretischen Diskurse zum 11. September 2001 genügen. Angesichts der teilweise enormen Popularität der entsprechenden Publikationen, der breiten Akzeptanz der alternativen Deutungen in der Bevölkerung (wie die Umfrageergebnisse zeigen) erscheint es, vor allem in den USA, nicht übertrieben, von einer ‚Gegenöffentlichkeit' zu sprechen, die ihre eigenen Interpretationen der Ereignisse entwickelt und teilweise aggressiv im öffentlichen Diskurs zu platzieren versucht.

4 Die Streitpunkte

Viele Publikationen zum 11. September, in denen alternative Deutungen der Ereignisse entwickelt werden, zeichnen sich durch ein hohes Maß an Detailarbeit aus. So werden von den entsprechenden Autoren in einer bisweilen erstaunlichen Akribie nahezu jeder Einzelaspekt, jede Lücke der offiziellen Darstellung, jede noch so irrelevant erscheinende Kleinigkeit kritisch beleuchtet und auf Plausibilität geprüft. Hierbei lassen sich einige zentrale Themenblöcke herauskristallisieren, die den Kern der Kontroverse bilden:

Der Einsturz der Zwillingstürme und des WTC 7: Einige Vertreter der heterodoxen verschwörungstheoretischen Deutungen des 11. September gehen davon aus, dass die Zwillingstürme des World Trade Center und das sogenannte WTC 7[9] nicht infolge der Beschädigungen durch die Flugzeugeinschläge und der anschließenden Kerosinbrände einstürzten, sondern durch gezielte Sprengungen

[9] Bei dem WTC 7 handelt es sich um ein Nebengebäude des Word Trade Center, das am 11. September ebenfalls zerstört wurde.

kontrolliert zerstört wurden. Indizien, die für die Sprengungsthese sprächen, seien u. a. Berichte von Augenzeugen, nach denen kurz vor dem Zusammensturz im Innern der Gebäude Explosionen zu hören gewesen seien, oder der Umstand, dass sich die durch die Einschläge verursachten Feuer kaum ausgebreitet hätten und ihre Intensität nicht ausgereicht hätte, um die Gebäude ernsthaft zu destabilisieren. Vor allem der Einsturz des Nebengebäudes WTC 7, so die Kritiker, sei nicht plausibel, da das Gebäude kaum beschädigt worden sei. Offizielle Untersuchungen entgegnen, dass herabfallende Trümmerteile einer der beiden Zwillingstürme das WTC 7 stark beschädigten und Brände auslösten, was insgesamt zu einer starken Schwächung der Gebäudestruktur und schließlich zum Kollaps geführt habe. Im offiziellen Untersuchungsbericht, dem *9/11 Commission Report* (Kean 2004), wird der Einsturz des WTC 7 jedoch nicht erwähnt.

Die Flugzeugentführer: Bereits am 14. September 2001 erschien die erste Täterliste des FBI mit den Namen der 19 mutmaßlichen Flugzeugentführer. Kurze Zeit später kursierten erste Gerüchte, nach denen einige der genannten Terroristen noch lebten und nichts mit den Anschlägen zu tun hätten. Obwohl einige dieser Meldungen nicht überprüft werden konnten, sich als Falschmeldungen oder Namensverwechslungen herausstellten und laut offiziellen Angaben einige der Täter über DNS-Spuren identifiziert werden konnten, hält die Kontroverse über die Identität der Flugzeugentführer bis heute an. So schreiben etwa Bröckers und Walther (2011), dass die Berichte über die DNS-Identifizierung einiger Terroristen „allesamt zweifelhaft" (S. 74) seien und diverse Ungereimtheiten in Bezug auf die Passagierlisten dafür sprächen, „dass die veröffentlichten Listen der Hijacker von Anfang an manipuliert waren" (S. 77).

Vorwissen der Geheimdienste: Vor allem Vertreter der *LIHOP-Theorie* vertreten die Ansicht, dass die US-Regierung und die CIA im Vorfeld der Anschläge von dem Vorhaben der Terroristen erfahren, bewusst aber nichts dagegen unternommen und gar das FBI bei Ermittlungen blockiert hätten:

> „Inzwischen wurde bekannt, daß die Administration vor dem 11.9.2001 Beamten des FBI untersagt hatte, die Terror-Verbindungen der Bin-Laden-Familie näher zu untersuchen." (von Bülow 2003, S. 30)

Nur so hätten die Terroristen, die angeblich vorher teilweise schon von den Geheimdiensten beobachtet wurden, ohne Probleme in die USA einreisen und sich dort frei bewegen können. Diverse Warnungen von ausländischen Geheimdiensten seien systematisch ignoriert worden.

Kein Flugzeug traf das Pentagon: Die These, dass das Pentagon am 11. September in Wahrheit nicht von einem Flugzeug, sondern womöglich von einer Cruise Missile oder Ähnlichem getroffen wurde, ist auch unter Anhängern der heterodoxen Verschwörungstheorien zum 11. September höchst umstritten. Verfechter der These argumentieren, dass die Schäden am Pentagon zu geringfügig seien, als dass sie von dem Aufprall einer Boing 757 herrühren könnten. Darüber hinaus seien auf den Fotos der Einschlagstelle keine Trümmerteile des Flugzeuges zu erkennen (vgl. etwa Meyssan 2003). Im *Commission Report* (Kean 2004) hingegen wird argumentiert, dass die Maschine von der Wucht des Aufpralls nahezu vollständig zerfetzt worden sei, dennoch seien einige größere Flugzeugtrümmer und der Flugschreiber geborgen worden. Ein Großteil der Opfer, so die offizielle Darstellung, sei durch DNS-Spuren identifiziert worden.

Das fehlende Flugzeug: Hierbei geht es um den Absturz des Fluges UA 93 bei Shanksville, das laut der offiziellen Version der Ereignisse nach einem Handgemenge mit eingreifenden Passagieren von den Terroristen zum Absturz gebracht wurde. Vertreter alternativer Deutungen verweisen, ähnlich wie bei dem Flugzeug, das das Pentagon traf, darauf, dass auf den entsprechenden Fotos keine Trümmerteile zu sehen seien. Ferner kursieren Gerüchte, dass die Maschine von einem Militärjet abgeschossen wurde, was jedoch von offizieller Seite zurückgewiesen wird. Es habe zwar tatsächlich einen Abschussbefehl für Flug UA 93 gegeben, dieser sei aber erst weitergeleitet worden, nachdem das Flugzeug bereits abgestürzt war.

Die verzögerte Flugabwehr: Laut dem Bericht der *9/11 Commission* (Kean 2004) hätten eine Reihe von Kommunikationspannen, zu lange Befehlsketten und nicht auf derartige Ereignisse ausgerichtete Handbücher dazu geführt, dass die Nationale Luftabwehr (NORAD) nicht dazu in der Lage war, rechtzeitig Kampfjets in die Luft zu schicken, um die entführten Maschinen abzufangen. Diese Erklärung wird von vielen Vertretern der heterodoxen Verschwörungstheorien zum 11. September abgelehnt. Sie verweisen darauf, dass die ‚Pannen' der Flugabwehr ein derartiges Ausmaß hätten, dass ein unglücklicher Zufall höchst unwahrscheinlich sei. Die Verzögerungen der Reaktionen von NORAD könnten letztlich auf eine einzige Person zurückgeführt werden, wie etwa der Journalist Paul Schreyer argumentiert:

> „Falls die Anschläge am 11. September absichtlich zugelassen wurden, wäre Colonel Marr wahrscheinlich eine Schlüsselfigur unter den mutmaßlichen Helfern der Verschwörer. Er nutzte seine Position als Kommandant der Luftverteidigung für den nordöstlichen Sektor der USA an diesem Morgen jedenfalls vor allem dafür, die Reaktion seiner Behörde zu verzögern – zwar unauffällig, doch wirkungsvoll." (Schreyer 2011, S. 67f.)

5 Hintergründe und Spekulationen über mögliche Motive

Den alternativen Deutungen zum 11. September ist gemein, dass sie die alleinige Täterschaft der Al-Qaida unter dem Kommando von Osama bin Laden bezweifeln und eine mehr oder minder ausgeprägte Mitverantwortung der US-Administration und -Geheimdienste an den Anschlägen vermuten. Dabei stellt sich natürlich die Frage, mit welcher Motivation die Verdächtigten ein derart grausames Verbrechen wie die Anschläge des 11. September zulassen oder gar selbst inszenieren könnten. Viele Vertreter alternativer Deutungen zu den Ereignissen betten ihre Argumentationen in weitreichende historische und geopolitische Überlegungen ein, um mögliche Motive für die von ihnen vermutete Verschwörung zu finden. So schreibt z. B. Ahmed (2002), dass eine Verschwörung hinter den Anschlägen im Sinne der *LIHOP-Theorie* durchaus einer bestimmten ‚Logik' folgen würde, die sich seiner Meinung nach wie ein roter Faden durch die US-Amerikanische Außenpolitik zieht:

> „Man sollte nicht ausschließen, dass die Regierung Bush vor den Anschlägen des 11. September gewarnt worden ist, aber absichtlich nicht reagiert hat, und zwar in der Absicht, einen Vorwand für die Konsolidierung des militärisch-industriellen Komplexes in den USA zu schaffen. […] Aus der Geschichte kennen wir in der Tat genügend andere Beispiele […] von schlüssiger Beweiskraft. Sie zeigen, dass an der Spitze des amerikanischen Militärgeheimdienstes Entscheidungsstrukturen bestehen, die es für moralisch vertretbar halten, das Leben amerikanischer Staatsbürger im Dienste geostrategischer Interessen zu opfern. Dazu gehört dann auch die Provokation oder Erfindung von Angriffen auf Symbole amerikanischer Macht, um damit die Ausübung militärischer Gewalt zu rechtfertigen. (S. 396)

Ahmed nennt einige historische Beispiele, die seines Erachtens diesem Muster folgen, wie etwa die Versenkung der Lusitania im Jahr 1915, den Angriff auf Pearl Harbor 1941, die *Operation Northwoods* (1962) und den Tonkin-Zwischenfall im Jahr 1964. Diese Beispiele zeigten, „dass viele der Kriege, in die die USA verwickelt waren, entweder mithilfe von Provokationen oder durch erfundene Angriffe auf Symbole amerikanischer Macht gerechtfertigt wurden" (S. 421). Im Falle des 11. September, so Ahmed, gebe es gute Gründe für die Annahme, dass den Terrorangriffen „dasselbe Handlungsmuster zugrunde liegt" (S. 422).

Auch von Bülow (2003) stellt seine Thesen zum 11. September in den Kontext von Annahmen über geheime, verdeckte Operationen westlicher Geheim- bzw. Nachrichtendienste und geht von einer gewissen Kontinuität derartiger Planungen und Aktionen aus:

„Wer das Treiben der amerikanischen, aber auch israelischen Geheimdienste seit Ende des Zweiten Weltkrieges, also über mehr als sechs Jahrzehnte, verfolgt, der wird auch an verdeckte Geheimdienstoperationen als Mittel der psychologischen Kriegsführung und Beeinflussung der Massen denken müssen. Betrachtet man den ganzen Komplex unter diesem Blickwinkel, zeigt sich, daß viele der Puzzlesteine, die nicht in das von der Bush-Regierung beschworene Bild eines muslimischen Selbstmordattentates passen, plötzlich doch ‚passen', wenn man sich zwei Bilder vorstellt – das Bild einer Haupttat und das einer zur Ablenkung in Szene gesetzten ‚getürkten' Tat." (S. 10)

An anderer Stelle erläutert Bülow die Motivation, die seiner Meinung nach hinter den Anschlägen gestanden haben könnte:

„Doch die Pläne, lange vor dem 11.09.2001 von maßgeblichen Vertretern der amerikanischen Administration diskutiert und schriftlich niedergelegt, handeln weniger von den Sorgen über mangelnde Demokratie in Nahost. Sie zielen auf die Sicherung eines Jahrhunderts globaler amerikanischer Weltherrschaft, die Eindämmung der Milliardenvölker Chinas und Indiens, die Verhinderung des Aufstieges konkurrierender Gegenmächte auf dem eurasischen Kontinent und schließlich den Zugriff auf die Lagerstätten des Öls, den knapper werdenden Rohstoff von strategischer Bedeutung, und die damit verbundene Finanzmacht. Die Bush-Administration nutzte die Ereignisse des 11.09., ohne auch nur einen Moment zu zögern, um diese schon vorab formulierte Politik im Zuge des Kampfes gegen den internationalen Terror durchzusetzen und rechtfertigen zu können." (S. 8)

Schreyer (2011) geht davon aus, dass es hinter den Anschlägen des 11. September möglicherweise eine Regierungsverschwörung gab (S. 7). Er bringt die Ereignisse in einen Zusammenhang mit zwei großangelegten Strategieplanungen, da diese seines Erachtens Hinweise auf die Motive für eine Regierungsverschwörung liefern könnten: Zum einen den in den 1980er Jahren entwickelten Plan *Continuity of Government* (COG) und zum anderen das *Project for the New American Century* (PNAC). Ersterer sollte sicherstellen, dass die USA auch nach einem möglichen Angriff durch die Sowjetunion handlungs- und arbeitsfähig bleiben. Im Ernstfall sollten mehrere Teams an verschiedene geheime Orte im Land geschickt werden, um von dort aus Regierungsaufgaben zu übernehmen. Jedes dieser Teams war dabei autonom und konnte selbstständig agieren. Besonders problematisch sei an diesem Plan, so Schreyer, dass er im Notfall die Verfassung außer Kraft setze (vgl. S. 98–101). Die Umsetzung des Notfallplans wurde in den 1980er Jahren mehrfach geprobt. Donald Rumsfeld, der während der Anschläge am 11. September Verteidigungsminister war und Richard („Dick") Cheney, zur gleichen Zeit Vizepräsident, sollen mehrfach an solchen Übungen teilgenommen haben. Schreyer schreibt hierzu:

> „Es musste ein erhebendes Gefühl für die beiden Männer sein, diesem ausgewählten Kreis potenzieller Staatenlenker anzugehören. Im Fall einer wie auch immer gearteten Katastrophe läge das Schicksal der Nation in ihrer Hand.“ (S. 101)

Nach der Ernennung George W. Bushs zum Präsidenten soll Cheney den COG-Plan weiterentwickelt und ausgebaut haben und dabei Antiterror- und Katastrophenschutzmaßnahmen mit der nationalen Energiepolitik verbunden haben. „Diese Verknüpfung nahm die Politik nach 9/11 vorweg, welche darin bestand, auf der Grundlage eines Terroranschlages die Macht der Exekutive auszuweiten, Krieg zu führen, und dabei energiepolitisch wichtige Regionen der Welt unter Kontrolle zu bringen“ (S. 105), so Schreyer. Am 11. September schließlich sei der COG-Plan zum ersten Mal seit seinem Bestehen ausgelöst und eine Art ‚Schattenregierung‘ aktiviert worden, die im Geheimen arbeitet. Der *USA PATRIOT Act,* der unmittelbar nach den Anschlägen beschlossen wurde, sei in ähnlicher Weise bereits ein Teil des COG-Plans in den 1980er Jahren gewesen. Über die Frage, ob der COG-Plan immer noch aktiv ist und welche Anweisungen in seinem Rahmen gegeben wurden, ist laut Schleyer nur wenig bekannt. Man müsse sich jedoch die Frage stellen, ob ein Zirkel „um Cheney, Rumsfeld und einige Gleichgesinnte den 11. September für eine Art ‚stillen Staatsstreich‘ benutzt“ hätten (S. 108).

Bei dem *Project for the New American Century* (PNAC) handelte es sich um eine Ende der 1990er Jahre initiierte neokonservative Denkfabrik, zu deren Mitgliedern, neben Donald Rumsfeld und Richard Cheney, auch Paul Wolfowitz (unter Bush stellvertretender Verteidigungsminister und später Chef der Weltbank) sowie Richard Perle (zu Bushs Amtszeit Vorsitzender des *Defense Policy Board Advisory Committee,* eines beratenden Ausschusses für das Verteidigungsministerium) gehörten. Das erklärte Ziel des PNAC bestand darin, die globale politische und militärische Vorherrschaft der USA zu sichern und auszuweiten. In einem Papier des PNAC aus dem Jahr 2000 (Donelly 2000) mit dem *Titel Rebuilding America's Defense – Strategy, Forces and Resources for a New Century*[10] wird eine drastische Erhöhung der Militärausgaben der USA gefordert, um die US-Streitkräfte zu einer global dominierenden Militärmacht auszubauen. Das Papier thematisiert dabei auch innen- und außenpolitischen Widerstand, der bei der Umsetzung dieser Strategie zu erwarten sei, wenn nicht „ein neues Pearl Harbor die Dinge beschleunige“ (Schreyer 2011, S. 103). Wörtlich heißt es in dem Papier:

---

[10] Online einzusehen unter: http://www.newamericancentury.org/RebuildingAmericasDefenses.pdf (letzter Zugriff: 01. Mai 2013)

> „Further, the process of transformation, even if it brings revolutionary change, is likely to be a long one, absent some catastrophic and catalyzing event – like a new Pearl Harbor." (Donelly 2000, S. 51)

Nach dem 11. September sind die Rüstungsausgaben der USA um ein Vielfaches gestiegen. Die Anschläge von New York und Washington waren also in der Tat ein solcher „Katalysator", um die weitreichende Transformation des Militärs in Gang zu bringen. Ob die Anschläge dabei tatsächlich ein Überraschungsangriff waren oder im Sinne der *LIHOP-* oder *MIHOP-Theorie* zu deuten sind, lässt Schreyer offen. Fest steht für ihn jedoch, dass er es den Mitgliedern des PNAC, die nach der Amtsübernahme George W. Bushs im Januar 2001 wichtige Regierungspositionen besetzten, ermöglichte, weite Teile ihrer im Vorfeld erarbeiteten Strategien umzusetzen. Etwas deutlicher erden Bröckers und Hauß (2003), die im Zusammenhang mit dem PNAC fragen:

> „Fragt sich nur, wie weit diejenigen, die sich ihn [gemeint ist der Plan des PNAC-Papiers, A. A.] ausgedacht haben, auch für das Fanal des 11.9. verantwortlich sind, das den notwendigen und willkommenen Anlass für den globalen Eroberungskrieg lieferte, der mit dem Bombardement Afghanistans dann wenige Wochen später begann." (S. 251)

Ein weiterer Aspekt, der in Bezug auf die möglichen Motive der „Verschwörer" innerhalb der alternativen Deutungen zum 11. September immer wieder diskutiert wird, besteht in den vielfältigen Verbindungen der Mitglieder der Regierung Bush zu diversen Öl- und Rüstungskonzernen. So war beispielsweise Richard Cheney von 1995 bis 2000 Vorstandsvorsitzender des international agierenden Konzerns *Halliburton,* einem Zulieferer diverser Produkte und Dienstleistungen an das US-Militär sowie an Unternehmen in der Erdöl- und Energieindustrie. Der französische Journalist Eric Laurent (2003) schreibt über Cheneys Zeit bei diesem Unternehmen:

> „Um die Karriere von Dick Cheney zu verstehen, muss man verstehen, was Halliburton ist. Hierbei handelt es sich nicht um ein einzelnes, sondern um mehrere Unternehmen, die in so verschiedenen Bereichen tätig sind wie dem Bau von Öl- und Gaspipelines, von Militärgefängnissen oder der Versorgung der amerikanischen Stützpunkte in Afghanistan, um nur dieses eine Land zu nennen. Sie verhandelt über ihre Tochterunternehmen mit den Regierungen von Ländern, die von der Regierung Bush als ‚terroristisch' eingestuft wurden, ebenso wie mit anderen, die zu den schlimmsten Diktaturen der Welt zählen. Und das auch zu der Zeit, als Cheney den Vorstandsvorsitz innehatte." (S. 163)

Halliburton war nach dem 11. September durch diverse Verträge mit dem Pentagon im Zusammenhang mit den Kriegen in Afghanistan und dem Irak einer der Hauptprofiteure des *War on Terrorism* (vgl. Rötzer 2003). In den alternativen Deutungen zum 11. September findet dieser Umstand häufig Erwähnung, so heißt es etwa bei Walther (2003):

> „Vizepräsident Richard Cheney war vor seinem erneuten politischen Engagement einige Jahre lang CEO der Firma *Halliburton*, des weltweiten Marktführers für den Bau von Pipelines. Cheney gelang es während seiner ‚Amtszeit' in der freien Wirtschaft, Regierungsaufträge im Wert von 3,5 Milliarden Dollar einzufahren. Der Vizepräsident der USA erhält für seine Dienste auch heute noch jährlich eine Millionen US-Dollar aus der Firmenkasse und *Halliburton* baut nicht nur die Pipeline durch Afghanistan, sondern hat mit seiner Tochtergesellschaft KBR auch den Auftrag gewonnen, sich um die brennenden Ölquellen im Irak zu kümmern. Was die Firma sicherlich freut, nachdem sie – ebenfalls im Regierungsauftrag – gerade vorher für 33 Millionen Dollar das Al-Quaida-Gefangenenlager in Guantanamo Bay fertiggestellt hatte [Hervorhebungen wie im Original]." (S. 88)

Somit wird impliziert, dass neben dem strategischen, auch ein *ökonomisches Interesse* einiger Mitglieder der Regierung Bush an den militärischen und politischen Gegenmaßnahmen nach dem 11. September bestanden habe, was den alternativen Deutungen der Ereignisse ein höheres Maß an Plausibilität verleihen soll. In den gleichen Zusammenhang fallen immer wieder erwähnte geschäftliche Beziehungen zwischen den Familien Bush und bin Laden über die *Carlyle Group*, einer der weltweit größten Private-Equity-Gesellschaften, die unter anderem in Rüstungs- und Luftfahrtunternehmen investiert. Zum Management der *Carlyle Group* zählten u. a. der ehemalige Präsident George Bush, der frühere Verteidigungsminister und stellvertretende CIA-Direktor Frank Carlucci und James Baker, unter George Bush Außenminister der USA. Die Familie bin Laden soll bei der *Carlye Group* umfangreiche Investitionen getätigt und somit indirekt von dem *War on Terrorism* profitiert haben:

> „Zwischen den Familien Bush und bin Laden scheint es schon seit einiger Zeit finanzielle Verbindungen zu geben. Es sieht so aus, als ob Osama bin Laden nach wie vor Verbindungen zu seiner Familie hat. Und gegen die Mitglieder dieser Familie gab (und gibt) es Ermittlungen wegen finanzieller Unterstützung des Terrorismus, ganz besonders aber wegen finanzieller Hilfe für das angebliche ‚schwarze Schaf' der Familie. George Bush jr. blockierte vor dem 11. September die Ermittlungen zu den Kontakten der bin Ladens zur Terroristenszene. Außerdem hatten beide Familien von einem Krieg gegen Afghanistan, der durch die Anschläge am 11. September ausgelöst wurde, finanzielle Vorteile zu erwarten. Dies deutet auf seit langem bestehende finanzielle Kontakte, die über die Familie bin Laden laufen und eine Bezie-

> hung zwischen Osama bin Laden, der Familie Bush und der gegenwärtigen US-Regierung herstellen." (Ahmed 2002, S. 276f.)

Auch wenn die Autoren, die auf diese Zusammenhänge hinweisen, diese oftmals nicht explizit als Motivation für eine mögliche Regierungsverschwörung hinter dem 11. September deuten, können diese doch dazu dienen, Zweifel an der offiziellen Darstellung der Ereignisse zu nähren. Das Herstellen oder implizite Suggerieren derartiger Zusammenhänge ist dabei eine diskursive Strategie, um die alternativen Deutungen zum 11. September zu plausibilisieren bzw. zu stützen und folgt oftmals dem *Cui-Bono-Prinzip*, also der Frage, wer am meisten von einem Verbrechen profitiert. Der Verdacht fällt dabei auf diejenigen, die den größten Nutzen von dem Verbrechen haben

Ein häufiges Argument *gegen* die heterodoxen verschwörungstheoretischen Deutungen des 11. September lautet, dass die US-Regierung niemals ein abscheuliches Verbrechen wie die Anschläge am 11. September dulden oder gar inszenieren würde, um hinterher Legitimationsmöglichkeiten für vorher geplante Gegenmaßnahmen zu erhalten. Interessant in diesem Kontext ist die Untersuchung des Basler Historikers Daniele Ganser, der sich intensiv mit den geheimen *Stay-Behind*-Armeen der NATO (auch bekannt unter dem Namen *Gladio*) zu Zeit des Kalten Krieges beschäftigt hat, die im Falle einer militärischen Invasion der Sowjetunion hinter der Front Guerilla- und Sabotageaktionen durchführen sollten. Das Gladio-Netzwerk, von dessen Existenz die Öffentlichkeit über Jahrzehnte nichts erfuhr, wird jedoch auch mit mehreren Terroranschlägen in Verbindung gebracht, die in verschiedenen europäischen Ländern verübt wurden. Ganser weist nach, dass *Gladio*-Einheiten in enger Zusammenarbeit mit der NATO und der CIA vor allem in Italien[11] Terroranschläge gegen die eigene Zivilbevölkerung ausführten, für die man später den politischen Gegner verantwortlich machte:

> „Die geheimen Armeen, wie die nunmehr zugänglichen sekundären Quellen vermuten lassen, waren an einer ganzen Reihe terroristischer Operationen und Verletzungen der Menschenrechte beteiligt, die sie den Kommunisten in die Schuhe schoben, um die Linke bei Wahlen zu diskreditieren und zu schwächen." (Ganser 2012, S. 22)

Vor dem Hintergrund dieser von den *Gladio*-Netzwerken inszenierten Terroranschläge setzt sich Ganser auch mit der Frage auseinander, wie plausibel es ist,

[11] Siehe hierzu auch den Beitrag von Igel in diesem Band.

hinter dem 11. September inszenierten Terrorismus zu vermuten. Sein Fazit in dieser Sache:

> „Die beiden Hauptargumente gegen die Ansicht, dass die Anschläge des 11. September von der US-Regierung und ihrem Militär beeinflusst wurden, entweder in einem LIHOP- oder einem MIHOP-Szenario, waren a-priori-Argumente. Eines davon ist, dass zivilisierte westliche Regierungen im Allgemeinen und die USA im Speziellen niemals eine solch abscheuliche Sache tun würden. Das andere wichtige a-priori-Argument ist, dass, wenn die Anschläge des 11. September von Kräften innerhalb Amerikas eigener Regierung durchgeführt wurden, diese Tatsache nicht für lange Zeit geheim gehalten werden könnte. Die Informationen in diesem Kapitel zeigen, dass beide Argumente bestenfalls zweifelhaft sind." (Ganser 2006, S. 16)

Diese kurze Übersicht konnte nur einen kleinen Teil der vielen Gesichtspunkte darstellen, die im Zusammenhang mit den heterodoxen Verschwörungstheorien zum 11. September diskutiert wurden und bis heute diskutiert werden. Sie markiert jedoch zentrale Elemente der Argumentationslinien der Vertreter abweichender Deutungen, wenn es um die Frage nach der Motivation für eine vermutete Regierungsverschwörung geht. Die einzelnen Aspekte werden dabei oftmals ‚kumuliert', d. h. für viele Vertreter der alternativen Deutungen zum 11. September ergibt sich gleichsam aus der Summe dieser (geo-)politischen Hintergrundinformationen einerseits und darauf basierenden Vermutungen und Antizipationen andererseits eine hinreichend überzeugende Motivlage der mutmaßlichen ‚Verschwörer'.

6 Fazit: Plädoyer für eine offene Debatte

Der Aufsatz hat versucht, einen Einblick in die ‚Binnenstruktur' der heterodoxen Verschwörungstheorien zum 11. September 2011 zu geben, denn, so meine These, ohne eine solche Auseinandersetzung mit der ‚internen Logik' verschwörungstheoretischer Deutungen sind diese nicht zu verstehen. Im öffentlichen Diskurs werden die heterodoxen Verschwörungstheorien zu den Ereignissen des 11. September oftmals vorschnell diskreditiert, teilweise gar pathologisiert und mit extremen politischen Haltungen in Verbindung gebracht. Dieser Ansatz wird aber dem komplexen und – wie die entsprechenden Umfrageergebnisse zeigen – durchaus verbreiteten Phänomen der alternativen Deutungen zum 11. September erstens nicht gerecht und führt zweitens zum Gegenteil dessen, was damit erreicht werden soll: Diese Verschwörungstheorien erhalten verstärkt öffentliche Aufmerksamkeit und werden für viele Menschen letztlich sogar ideologisch attraktiver. Die pauschale und oberflächliche Weise, mit der in den Leitmedien mit den alternativen Erklärungen zum 11. September umgegangen wird, ist sicher nicht geeignet, deren Anhänger von der Richtigkeit der offiziellen Erklärungen der US-Regierung zu überzeugen. Doch um eine argumentative Auseinandersetzung mit den alternativen Deutungen scheint es in diesem Kontext auch gar nicht primär zu gehen. Vielmehr handelt es sich nach meinem Verständnis um die Verteidigung einer geltenden Wirklichkeitsordnung gegen Angriffe von ‚Wirklichkeitshäretikern', mithin um die Durchsetzung und Stabilisierung von Deutungshoheit, die zur Not auch ohne eine mühsame Auseinandersetzung mit einzelnen Pro- und Contra-Argumenten auskommt. Eine solche Auseinandersetzung findet in Bezug auf die Verschwörungstheorien zum 11. September eher im Internet statt, unterliegt aber auch dort in großen Teilen den üblichen wissenssoziologisch beschriebenen Mechanismen, die an den Reibungszonen zwischen orthodoxen und heterodoxen Wissensbestimmungen zum Tragen kommen. D. h. auch und vor allem in der ‚freien Sphäre' des Internet finden Kämpfe zwischen allgemein anerkanntem und abweichendem Wissen in Bezug auf die Ereignisse des 11. September statt, die sich weit entfernt von einer sachlichen Auseinandersetzung bewegen und vielmehr die *Durchsetzung* einer bestimmten Deutung zum Ziel haben.[12]

Die wohl wichtigste Funktion von Verschwörungstheorien (hier: im allgemeinsten Sinne) besteht darin, für Ereignisse oder Prozesse, von denen Menschen sich irritiert fühlen, eine Deutung zu finden, die eine möglichst reibungsfreie Integration in bestehende Weltbilder und Sinnstrukturen ermöglicht. Die Terroranschläge des 11. September 2001 waren und sind für viele Menschen in höchstem Maße irritierend, beängstigend, ja verstörend – und deshalb in hohem Maße deutungsbedürftig. Damit ließe sich auch die Frage beantworten, warum der 11. September derart viele, teilweise höchst populäre alternative Erklärungen bzw. Lesarten generierte: Offenbar lässt sich die offizielle Version der Ereignisse nicht in die bestehenden Sinn- und Wirklichkeitskonstruktionen vieler Menschen (die oftmals lediglich aus einem Beharren auf dem sog. ‚gesunden Menschenverstand' bestehen) einbetten, weshalb es zu einer Art „Sinnlücke" oder kognitiven Dissonanz kommt, die mithilfe der Annahme einer Verschwörung überwunden wird. Umgekehrt befriedigt die offizielle Version der Ereignisse das Deutungsbedürfnis all jener, denen die offiziellen Erklärungen vor dem Hintergrund ihrer spezifischen Weltbilder bzw. Sinnkonstruktionen plausibel erscheinen. Man macht es sich deshalb zu einfach, wenn man vornehmlich radikale politische Ideologien

[12] Vgl. hierzu etwa den Beitrag von König in diesem Band.

(sei es aus dem ‚linken' oder ‚rechten' Spektrum) als Ursache für die Entstehung und Verbreitung regierungskritischer Verschwörungstheorien zum 11. September identifiziert. Auch die immer wiederkehrenden Hinweise auf die vermeintliche ‚Irrationalität' abweichender verschwörungstheoretischer Deutungen greifen hier zu kurz: Eine Beschäftigung mit den Argumenten der Vertreter heterodoxer Verschwörungstheorien zum 11. September zeigt, dass zumindest einige der alternativen Szenarien in Punkto Rationalität und ‚interner Plausibilität' den regierungsamtlichen Erklärungen nicht nachstehen.

Das hier vorgestellte Fallbeispiel verdeutlich einmal mehr, dass Verschwörungstheorien nur im Zusammenhang mit realen Verschwörungen zu verstehen sind: Die dargelegten historischen bzw. geopolitischen Hintergründe und Spekulationen über mögliche Motive der mutmaßlichen ‚Verschwörer', die im Kontext der heterodoxen Verschwörungstheorien zum 11. September diskutiert werden, weisen auf eine wichtige Quelle der Entstehung entsprechender Deutungen hin: Die Tatsache, dass es in der Vergangenheit immer wieder reale Verschwörungen von Regierungen und Geheimdiensten gab, die teilweise erschreckende Ausmaße annahmen und bei denen – wie etwa im Falle der Terroranschläge der *Gladio*-Truppen – in manchen Fällen auch vor Gräueltaten gegen die eigene Zivilbevölkerung nicht zurückgeschreckt wurde. Vor diesem Hintergrund erscheint es politisch durchaus legitim (vielleicht sogar geboten), bei Ereignissen wie dem 11. September eine kritische Grundhaltung gegenüber regierungsamtlichen Erklärungen einzunehmen und alternative Deutungsangebote auf deren Plausibilität hin zu prüfen. Dass in diesem Kontext auch Vertreter extremer politischer Ideologien versuchen, entsprechende Argumente für ihre eigenen Zwecke zu instrumentalisieren, ist ein Umstand, der nicht zur Delegitimierung abweichender Meinungen im Allgemeinen missbraucht werden darf. So lange es offene Gesellschaften gibt, wird es immer dominierende und abweichende Wirklichkeitsbestimmungen und Kämpfe um Deutungsmacht geben. Gerade diese Kämpfe sind es aber, die einen erheblichen Teil der dynamischen Entwicklung des Wissens innerhalb von Gesellschaften ausmachen. Eine Überwindung der Kluft zwischen dominierenden und abweichenden Wissensformen käme einer gleichgeschalteten Gesellschaft gleich. Dies kann sicher nicht das Ziel einer demokratischen Öffentlichkeit sein.

Literatur

Ahmed, N. M. 2002. *Geheimsache 9/11. Hintergründe über den 11. September und die Logik amerikanischer Machtpolitik*. München: Riemann Verlag.

Anonym. 2010. Wer ist schuld an 9/11? Eine Umfrage ergibt: In vielen Ländern bezweifeln die Menschen, dass al-Qaida hinter den Terroranschlägen vom 11. September 2001 steckt. Viele verdächtigen Israel oder die USA. sueddeutsche.de. http://www.sueddeutsche.de/politik/internationale-umfrage-wer-ist-schuld-an--1.690678/. Zugegriffen: 1. Mai 2013.

Anton, A. 2011. *Unwirkliche Wirklichkeiten. Zur Wissenssoziologie von Verschwörungstheorien*. Berlin: Perilog.

Bader, A. 2004. Krieg in den Köpfen. In *Terror und Staat. Der 11. September. Hintergründe und Folgen. Geostrategie, Terrorismus, Geheimdienste, Medien, Kriege, Folter*, hrsg. R. Thoden, 228–245. Berlin: Kai Homilius.

Baum, G. 2009. *Rettet die Grundrechte! Bürgerrechte contra Sicherheitswahn*. Köln: Kiepenhauer & Witsch.

Bröckers, M. 2002. *Verschwörungen, Verschwörungstheorien und die Geheimnisse des 11.9.* Frankfurt am Main: Zweitausendeins.

Bröckers, M., und A. Hauß. 2003. *Fakten, Fälschungen und die unterdrückten Beweise des 11.9.* Frankfurt am Main: Zweitausendeins.

Bröckers, M., und C. C. Walther. 2011. *11.9. Zehn Jahre danach. Der Einsturz eines Lügengebäudes*. Frankfurt am Main: Westend.

Donelly, T. 2000. Rebuilding America's Defense. Strategy, Forces and Resources for a New Century. A Report of The Project for the New American Century September 2000. Online einzusehen unter: http://www.newamericancentury.org/RebuildingAmericasDefenses.pdf. Zugegriffen: 01. Mai 2013.

Fikentscher, A., und A. Neumann. 2004. Die Kampagne der Medien gegen Verschwörungstheorien. In *Terror und Staat. Der 11. September. Hintergründe und Folgen. Geostrategie, Terrorismus, Geheimdienste, Medien, Kriege, Folter*, hrsg. R. Thoden, 209–227. Berlin: Kai Homilius.

Ganser, D. 2006. Die „Strategie der Spannung" in der Zeit des Kalten Krieges. In *Der 11. September und das Amerikanische Imperium*, hrsg. D. R. Griffin und P. D. Scott, 79–99. Olive Branch Press. Online einzusehen unter: http://www.peace-press.org/content/6-kapitel-die-strategie-der-spannung-der-zeit-des-kalten-krieges-von-dr-daniele-ganser. Zugegriffen: 01. Mai 2013.

Ganser, D. 2012. *NATO-Geheimarmeen in Europa*. Zürich: Orell Füssli.

Jaecker, T. 2005. *Antisemitische Verschwörungstheorien nach dem 11. September. Neue Varianten eines neuen Deutungsmusters*. Münster: LIT.

Kean, T. 2004. *The 9/11 Commission Report*. New York: W. W. Norton & Co Ltd.

Klöckner, M. 2011. *9/11. Der Kampf um die Wahrheit*. Hannover: Heise.

Laurent, E. 2003. *Die Kriege der Familie Bush. Die wahren Hintergründe des Irak-Konfliktes*. Frankfurt am Main: S. Fischer.

Meyssan, T. 2003. *Der inszenierte Terrorismus. Auftakt zum Weltenbrand*? Kassel: Edition de facto.

Rötzer, F. 04. Mai 2003. Krieg ist gut fürs Geschäft. Online einzusehen unter: www.heise.de. http://www.heise.de/tp/artikel/14/14729/1.html. Zugegriffen: 01. Mai 2013.

Schnibben, C., und S. Aust. 2002. *11. September. Geschichte eines Terrorangriffs*. Stuttgart, München: Deutsche Verlags-Anstalt.

Schreyer, P. 2011. *Inside 9/11. Neue Fakten und Hintergründe zehn Jahre danach*. Berlin: Kai Homilius.

Theveßen, E. 2011. *Nine Eleven. Der Tag, der die Welt veränderte*. Berlin: Ullstein.
von Bülow, A. 2000. *Im Namen des Staates. CIA, BND und die kriminellen Machenschaften der Geheimdienste*. München, Zürich: Piper.
von Bülow, A. 2003. *Die CIA und der 11. September. Internationaler Terror und die Rolle der Geheimdienste*. München: Piper Verlag.
Walther, C. S. 2003. *119 Fragen zum 11.9*. München: Heyne.
Wippermann, W. 2007. *Agenten des Bösen*. Berlin: be.bra.
Wisnewski, G. 2004. *Mythos 9/11. Der Wahrheit auf der Spur. Neue Enthüllungen*. München: Knaur.
Wisnewski, G. 2003. *Operation 9/11. Angriff auf den Globus*. München: Knaur.

Internetseiten

http://www.spiegel.de/spiegelspecial/a-435547.html. Spiegel-Online Dokumentation Dossier: Fakten zum 11. September. Zugegriffen: 14. April 2013.
http://www.ae911truth.org/. Homepage der Organisation Architects and Engineers for 9/11 Truth. Zugegriffen: 05. Mai 2013.
http://www.nyccan.org/about.php. Homepage der Bürgerinitiative New Yorker Bündnis für Rechenschaft jetzt (NYC CAN) (letzter Zugriff: 05.05.2013)
http://www.911truth.org/. Homepage des Netzwerkes 911truth. Zugegriffen: 05. Mai 2013.

Andreas Anton, Dr. phil., Studium der Soziologie, Geschichtswissenschaft und Kognitionswissenschaft an der Albert-Ludwigs-Universität in Freiburg. Seit 2017 wissenschaftlicher Mitarbeiter am Freiburger Institut für Grenzgebiete der Psychologie und Psychohygiene (IGPP). Aktuelle Buchveröffentlichung: Andres Anton und Michael Schetsche: Meeting the Alien. An Introduction to Exosociology (Springer VS 2023).

Mediale Diskurse

Der Kampf um die Wirklichkeit. Mediale Legitimationsstrategien gegenüber Verschwörungstheorien zum 11. September

Michael K. Walter

1 Einleitung

Die Anschläge auf das New Yorker *World Trade Center* am 11. September 2001 haben eine schier unüberschaubare Zahl von Deutungen zu den Ereignissen und Hintergründen dieses Tages hervorgebracht. Hierzu zählen nicht zuletzt auch die sogenannten „Verschwörungstheorien zum 11. September", die durch ihren erstaunlichen Rezeptionserfolg zu einem vielbeachteten öffentlichen Phänomen avanciert sind. Dieser Erfolg dokumentiert sich einerseits eindrücklich in der Formierung einer heterogenen und internetbasierten Diskursgemeinschaft, die sich zum Teil selbst als *„911 Truth Movement"* bezeichnet und sich auf die Fahnen geschrieben hat, die „Wahrheit" hinter der „offiziellen Version" des 11. September zu Tage zu fördern. Davon zeugt andererseits auch die mittlerweile sehr umfangreiche verschwörungstheoretische[1] Literatur zum 11. September,[2] in der die

[1] Aus Gründen der Lesbarkeit verwende ich die Anführungszeichen für den Begriff „Verschwörungstheorie", der in meiner Argumentation prinzipiell als Klassifikation innerhalb des sozialen Feldes betrachtet wird, nur zur Hervorhebung des Zuschreibungscharakters oder als Zitat in Anführungszeichen.

[2] Vgl. hierzu den Beitrag von Andreas Anton in diesem Band.

M. K. Walter (✉)
Bremen, Deutschland
E-Mail: mkwalter@posteo.de

A. Anton et al. (Hrsg.), *Konspiration*,
https://doi.org/10.1007/978-3-658-43429-8_15

offiziellen politischen und medialen Darstellungen zu den Hintergründen des 11. September bezweifelt werden.

Der angeführte Rezeptionserfolg der Verschwörungstheorien im Anschluss an den 11. September, so die Ausgangsthese meines Beitrages, hat zu einer Wirklichkeitskrise des medialen Feldes geführt, die sich insbesondere in den zahlreichen Legitimationsdiskursen der Leitmedien gegenüber den konkurrierenden Verschwörungsnarrativen der Verschwörungstheorien manifestiert. So führten der artikulierte öffentliche Zweifel an den ‚offiziellen' politischen und medialen Darstellungen und der damit verbundene Angriff auf die leitmediale Deutungshoheit insbesondere um das Jahr 2003 zu einer intensiven Auseinandersetzung mit den Verschwörungstheorien zum 11. September.

Diese Auseinandersetzung ist Gegenstand meines Beitrages, der anhand einer exemplarischen Diskursanalyse in wissenssoziologischer Perspektive charakteristische diskursive Legitimationsstrategien der Leitmedien gegenüber den Verschwörungstheorien zum 11. September in den Blick nimmt. Theoretischer Ausgangspunkt meines Beitrags bildet die in der Einleitung des Bandes entworfene wissenssoziologische Perspektive auf das Phänomen „Verschwörungstheorien", indem diese *relational* als heterodoxe Wissensbestände begriffen werden, die in Widerspruch zu gesellschaftlich anerkannten Wissensbeständen stehen. Diese theoretische Perspektive werde ich mit Peter L. Bergers und Thomas Luckmanns wissenssoziologischer Legitimationstheorie verknüpfen. Diese stellt, wie zu zeigen sein wird, einen instruktiven theoretischen Bezugsrahmen bereit, mit dem die leitmedialen Auseinandersetzungen mit den Verschwörungstheorien zum 11. September als orthodoxe Legitimationsdiskurse begriffen werden können, die auf den Angriff der ‚häretischen' heterodoxen Wirklichkeitsbestimmungen der Verschwörungstheoretiker antworten. Als Kontext für die empirische Analyse schließt sich daran ein knapper deskriptiver Überblick über den im Fokus stehenden ‚Wirklichkeitskampf' zwischen den Verschwörungstheoretikern und den Leitmedien an. Dieser Abschnitt richtet den Blick einerseits auf die Entstehung und Verbreitung der Verschwörungstheorien zum 11. September und anderseits auf die mediale „Legitimationsmaschinerie" (Berger und Luckmann 1980, S. 94), die als Antwort auf deren Rezeptionserfolg insbesondere im Jahr 2003 in Gang gesetzt wurde. Im empirischen Teil werde ich schließlich anhand einer exemplarischen Diskursanalyse verschiedener Print-Artikel in überregionalen Leitmedien zum Thema „Verschwörungstheorien zum 11. September" charakteristische mediale Legitimationsstrategien herausarbeiten.

2 Verschwörungstheorien als „alternative symbolische Sinnwelten"

Ein wissenssoziologisches Verständnis von Verschwörungstheorien, welches das Verhältnis von heterodoxen und orthodoxen Wirklichkeitsbestimmungen in den Fokus nimmt (siehe Einleitung zu diesem Band), lässt sich unmittelbar an Peter L. Bergers und Thomas Luckmanns Legitimationstheorie anschließen, in der das macht- und konflikttheoretische Moment ihrer wissenssoziologischen Grundlagentheorie wohl am stärksten zur Geltung kommt.[3] Die Legitimationstheorie der beiden Autoren richtet ihre Aufmerksamkeit explizit auf das prekäre Verhältnis von orthodoxen und heterodoxen Wirklichkeitsbestimmungen. Institutionalisierte „offizielle symbolische Sinnwelten" sind dem Verständnis von Berger und Luckmann nach durch ihren grundlegenden kontingenten und konstruktiven Charakter in hohem Maße legitimierungsbedürftig. Durch die Kontingenz der sozialen Welt sind die orthodoxen Wirklichkeitsbestimmungen und die mit ihnen verbundenen Instanzen wie z. B. das institutionalisierte ‚offizielle' politische oder mediale Feld prinzipiell durch die Formierung alternativer, d. h. heterodoxer Sinnwelten bedroht. So ist bereits das „Auftauchen einer alternativen symbolischen Sinnwelt" – etwa in klassischer Weise in Gestalt häretischer religiöser Diskurse – eine Gefahr für offizielle symbolische Sinnwelten, „weil ihr bloßes Vorhandensein empirisch demonstriert, daß die eigene Sinnwelt nicht wirklich zwingend ist" (Berger und Luckmann 1980, S. 116).

Für die Aufrechterhaltung und Absicherung offizieller symbolischer Sinnwelten sind aus diesem Grund Berger und Luckmann zufolge *Legitimations- und Abwehrstrategien* von entscheidender Bedeutung, mit denen die konkurrierenden Wirklichkeitsbestimmungen der Mitglieder der alternativen symbolischen Sinnwelt abgewehrt und neutralisiert werden können. Sie verstehen diese Legitimationsstrategien als „theoretische Stützkonzeptionen" (ebd., S. 120), die primär aus zwei Dimensionen bestehen: „Therapie" und „Nihilierung". Bei der „Therapie" handelt es sich um eine „Theorie der Abweichung" (ebd., S. 121), die einerseits erklärt, *warum* bestimmte ‚häretisch' agierende Individuen oder Gruppen von

[3] Trotz der gewichtigen Stellung, die dem Thema in Bergers und Luckmanns Grundlagenwerk zukommt, wird die Legitimationstheorie und der in ihr zum Ausdruck kommende macht- und konflikttheoretische Moment in der an sie anschließenden wissenssoziologischen Tradition weitgehend vernachlässigt, die sich sowohl theoretisch wie empirisch vor allem auf die Konstitution des ‚horizontal' strukturierten Alltagswissens fokussiert. (Vgl. hierzu auch Link 2005, S. 85 ff.)

der institutionalisierten offiziellen Sinnwelt abweichen, und gleichzeitig Strategien bereitstellt, um diese Abweichler in die eigene Sinnwelt wiedereinzugliedern (ebd., S. 120 ff.). Die „Nihilierung" als Form der negativen Legitimierung zielt dagegen darauf ab, abweichende Wirklichkeitsbestimmungen ‚häretischer' Gruppen zu neutralisieren, die nicht in die institutionalisierte eigene Sinnwelt hineinpassen, indem diesen kognitiv ein „inferiorer ontologische[r] Status" (ebd., S. 123) zugewiesen wird.

Die Legitimationstheorie der beiden Autoren stellt einen instruktiven theoretischen Bezugsrahmen bereit, der ein genaueres Verständnis für die hier im Fokus stehende Auseinandersetzung der etablierten Medien mit den Verschwörungstheorien zum 11. September ermöglicht. So lassen sich heterodoxe Verschwörungstheorien wie die zum 11. September als alternative symbolische Sinnwelten verstehen, die in einer antagonistischen Beziehung zur institutionalisierten ‚offiziellen' symbolischen Sinnwelt und den mit ihnen verbundenen gesellschaftlichen Institutionen (Medien, Politik etc.) stehen. Die Verschwörungstheorien zum 11. September stellen im Sinne von Berger und Luckmann mithin die säkularisierte Form eines typischen ‚häretischen' Diskurses dar. Sie leugnen den Wirklichkeitsstatus der von den etablierten Medien propagierten Darstellung[4] und stellen somit deren Deutungshoheit für politische und gesellschaftliche Tatbestände infrage (vgl. auch Schetsche 2005, S. 118). Es handelt sich aus dieser Perspektive bei der Auseinandersetzung zwischen den heterodoxen Verschwörungstheoretikern und den etablierten Medien um einen klassischen Deutungs- und Machtkampf zwischen konkurrierenden Wirklichkeitsbestimmungen, bei dem es um die Benennungsmacht um die Wirklichkeit des 11. September geht. Mit Blick darauf kann die kritische Auseinandersetzung der etablierten Medien mit den Verschwörungstheorien zum 11. September als krisenhafter orthodoxer Legitimations- und Abwehrdiskurs begriffen werden, mit dem diese auf die öffentliche Formierung des *9/11 Truth Movement* und den Rezeptionserfolg der damit verbundenen heterodoxen Wirklichkeitsbestimmungen antworten. Diese diskursiven Legitimations- und Abwehrstrategien und die damit verbundenen theoretischen Stützkonzeptionen werden Gegenstand der folgenden empirischen Analyse sein.

[4] Die komplexe Beziehung zwischen etablierten Medien und ‚offizieller' politischer Sphäre und die Frage, inwieweit erstere als Legitimatoren dieser Sphäre fungieren, können hier nicht erörtert werden. Entscheidend ist in diesem Zusammenhang, dass das etablierte mediale Feld als *eigenständiges* gesellschaftliches Subsystem durch die Angriffe der Verschwörungstheoretiker legitimationsbedürftig wird.

3 Die Verschwörungstheorien zum 11. September und die etablierten Medien

Heterodoxe Wirklichkeitsbestimmungen, die die offizielle Darstellung der Anschläge am 11. September 2001 anzweifeln, haben den öffentlichen Diskurs rund um diese Ereignisse vom ersten Tag an begleitet. Ausgehend von den USA formierte sich schnell eine heterogene internationale und lose verbundene internetbasierte Diskursgemeinschaft als sogenanntes *9/11 Truth Movement* das auf Websites, Blogs in Internetforen etc. propagierte, die „Wahrheit" hinter der „offiziellen Version" des 11. September enthüllen zu wollen.[5] Neben diesem internetbasierten Diskurs (und maßgeblich durch ihn begünstigt) entstand eine Vielzahl von Publikationen mit verschwörungstheoretischen Deutungen zum 11. September. Auch in Deutschland erschienen bereits 2002 auflagenstarke Publikationen. Zu nennen sind hier Andreas von Bülows (2003) *Die CIA und der 11. September*, Gerhard Wisnewskis (2003) *Operation 9/11* und nicht zuletzt der Bestseller *Verschwörungen, Verschwörungstheorien und die Geheimnisse des 11.9.*[6] (Bröckers 2002) des ehemaligen Chefs der *taz*-Kulturredaktion Mathias Bröckers. Charakteristisch für alle Publikationen ist dabei, dass sie nicht nur die offiziellen Ereignisse anzweifeln, sondern auch die etablierten Medien explizit angreifen und deren ‚Wahrheitsfähigkeit' und damit Legitimität infrage stellen.[7]

Der Rezeptionserfolg insbesondere der angeführten Print-Publikationen in Deutschland und der damit verbundene Angriff auf die Wirklichkeitsbestimmungen und die Deutungshoheit der ‚Mainstreammedien' in Sachen 11. September führten dazu, dass auch die etablierten Medien begannen ihre Aufmerksamkeit auf die Verschwörungstheorien zu richten. Den Auftakt bildeten einige Artikel im *Spiegel*, wie z. B. der auch innerhalb des *9/11 Truth Movement* vielbeachtete Artikel „Die September-Lüge" (Fichtner 2002), der im September 2002 erschien. Die eigentliche Initialzündung für die intensive mediale Auseinandersetzung mit den heterodoxen Verschwörungstheorien zum 11. September stellte jedoch eine

[5] Für eine ausführliche Darstellung und Analyse des *911 Truth Movement* vgl. Andreas Antons Beitrag in diesem Band sowie Klöckner (2011).

[6] Laut einem Artikel des *Zeit*-Journalisten Jochen Bittner (2003) vom April 2003 verkauften sich von dem „Standardwerk der deutschen Verschwörungsgläubigen" über 130.000 Exemplare in nur acht Monaten.

[7] So beansprucht etwa Bröckers eine „kritische Konspirologie" (Bröckers 2002, S. 12) zu betreiben, die der ‚Wirklichkeitssimulation' der „nahezu gleichgeschalteten Medien" (Bröckers 2002, S. 23) entgegentritt.

Forsa-Umfrage aus dem Jahre 2003 dar, die von der *Zeit* als Reaktion auf die zunehmende Popularität der verschwörungstheoretischen Diskurse in Auftrag gegeben wurde. Der Umfrage zufolge, die auf die Ermittlung der Akzeptanz und Wirksamkeit von „Verschwörungstheorien" abzielt, glaubten rund ein Fünftel (19 %) der Befragten, „dass die US-Regierung die Anschläge vom 11. September selbst in Auftrag gegeben" hätten.[8] Unter den jüngeren Befragten glaubte sogar fast ein Drittel an diese suggerierte Form der Verschwörung. Zusätzlich kommt in der Studie eine starke Skepsis gegenüber der Berichterstattung der etablierten Medien hinsichtlich der Hintergründe der Anschläge zum Ausdruck, die ursächlich für die folgenden medialen Legitimationsdiskurse gewesen sein dürfte: So glaubten 68 % der Befragten nicht daran, „dass sie aus TV- und Presseberichten die volle Wahrheit über den 11. September erfahren" hätten.

Die Umfrageergebnisse als ‚quantifizierte Skepsis' gegenüber der offiziellen Darstellung der Geschehnisse des 11. September wie auch der Berichterstattung der Medien, waren die Initialzündung[9] für eine beachtliche mediale „Legitimationsmaschinerie" (Berger und Luckmann 1980, S. 94), die gegen die heterodoxen Wirklichkeitsbestimmungen der Verschwörungstheorien und ihren Produzenten ins Feld zog. So erschienen in nahezu alle überregionalen Zeitungen und Print-Magazinen, Artikel, die sich äußerst kritisch mit den Verschwörungstheorien zum 11. September und ihren Produzenten auseinandersetzten. Der *Spiegel* widmete zum Jahrestag der Anschläge im September 2003 den Verschwörungstheoretikern eine ganze Titelstory mit der Überschrift „Wie Konspirationsfanatiker die Wahrheit auf den Kopf stellen"[10]. Auch TV-Sender, vor allem die öffentlich-rechtlichen, setzten sich – von der Umfrage inspiriert – mit den Verschwörungstheorien zum 11. September auseinander, wie sich etwa anhand verschiedener Beiträge zu den Verschwörungstheorien zum 11. September in Polit-Magazinen zeigen lässt.[11] Am 13. April 2004 widmete der Sender *Arte* den

---

[8] Eine Grafik der Umfrage findet sich in der *Spiegel*-Titelstory „Panoptikum des Absurden" (Cziesche u. a. 2003, S. 59).

[9] Die Bedeutsamkeit der Umfrage dokumentiert sich auch in den Artikeln selbst, die sich nahezu alle auf die Umfrage berufen oder diese abdrucken. Hieran zeigt sich eindrucksvoll auch die von Luhmann beschriebene Eigenschaft von „Quantitäten" als mediale „Aufmerksamkeitsfänger[n]" (Luhmann 2004, S. 59).

[10] Vgl. hierzu den *Spiegel* Nr. 37 vom 08. September 2003.

[11] Z. B. in *Panorama* (ARD) vom 21. August 2003: „Juden, BKA und CIA – Absurde Verschwörungstheorien zum ‚11. September'" und in *Frontal 21* (ZDF) vom 09. September 2003: „Konjunktur für Verschwörer. Lügen und Legenden zum 11. September".

Verschwörungstheorien gar einen ganzen Themenabend: auf zwei Dokumentationen zu den Verschwörungstheorien zum 11. September folgte eine Experten-Diskussionsrunde zum Thema.

Auch wenn die Intensität und auch Aggressivität der massenmedialen Auseinandersetzung mit den heterodoxen Wirklichkeitsbestimmungen zum 11. September nach dem Kulminationspunkt im Jahre 2003 merklich nachgelassen haben, lässt sich aus heutiger Sicht feststellen, dass die Verschwörungstheorien zum 11. September als gleichsam rituell wiederkehrendes mediales Thema fest etabliert sind. Dies wird insbesondere an den Jahrestagen deutlich, an denen die mediale Berichterstattung fest verbunden ist mit der Reflexion über verschwörungstheoretische Diskurse, die in der Regel als Negativfolie für die ‚offizielle' Deutung des 11. September durch die etablierten Medien fungieren. Dies hat nicht zuletzt der zehnte Jahrestag der Anschläge verdeutlicht, den auch die „Wahrheitsbewegung" zum Anlass nahm, publizistisch nachzulegen, um ihre heterodoxe Sicht der Dinge erneut zu bekräftigen – wodurch der Kampf um die Wirklichkeit des 11. September 2001 nochmals kurzzeitig an Intensität gewann.[12]

4 Mediale Legitimationsstrategien gegenüber Verschwörungstheorien zum 11. September

Im Folgenden werde ich am Beispiel qualitätsjournalistischer[13] Print-Artikel aus den Leitmedien charakteristische diskursive Legitimationsstrategien und theoretische Stützkonzeptionen im Anschluss an Berger und Luckmann rekonstruieren, mit denen die etablierten Medien auf den Erfolg der heterodoxen Verschwörungstheorien und den Angriff auf ihre mediale Deutungshoheit antworteten. Ich beschränke mich hierbei weitgehend auf Beiträge aus den Jahren 2002 und 2003, in denen, wie dargelegt, der Kampf zwischen dem *9/11 Truth Movement* und den

[12] So veröffentlichte beispielsweise Mathias Bröckers zusammen mit Christan C. Walter das Buch *11.9. - Zehn Jahre danach: Der Einsturz eines Lügengebäudes* (2011), das auch intensiv, aber im Vergleich zum Jahre 2003 wesentlich ‚unaufgeregter' in den etablierten Medien rezipiert wurde (Vgl. hierzu z. B. den Beitrag von *Deutschlandradio Kultur* vom 07. September 2011 unter www.dradio.de/dkultur/sendungen/kritik/1548723/ (Zugegriffen: 20. Mai 2013).

[13] Bemerkenswerterweise ist es vor allem, wie ein Diskursüberblick zeigt, der Qualitätsjournalismus, der sich in der Pflicht sah, sich mit den heterodoxen Wirklichkeitsbestimmungen der „Wahrheitsbewegung" auseinanderzusetzen.

etablierten Medien um die Wirklichkeit des 11. September seinen Anfang nahm und zugleich seinen Kulminationspunkt erreichte. Im Zentrum der Analyse stehen zwei Print-Artikel, die besonders charakteristisch für den fokussierten Legitimationsdiskurs sind und auch im Lager des *9/11 Truth Movement* als Anschlusskommunikation intensiv rezipiert und diskutiert wurden. Hierbei handelt es sich um den bereits erwähnten Artikel „Die September-Lüge" (DSL) von Ulrich Fichtner (2002), der im September 2002 im *Spiegel* erschien, und den Essay „Affen der Angst" (AdA) von Hans Leyendecker (2003), der in der Wochenendausgabe der *Süddeutschen Zeitung* vom 30./31. August 2003 veröffentlicht wurde. Darüber hinaus werde ich jedoch auch auf einige andere einschlägige Print-Artikel zurückgreifen.[14]

4.1 Die „Haltung überlegener Vernunft"

Eine charakteristische Legitimationsstrategie insbesondere qualitätsjournalistischer Texte ist die Einnahme einer „Haltung überlegener Vernunft" (Foucault 1995, S. 7), mit der den Verschwörungstheorien zum 11. September sowie ihren Produzenten als auch Konsumenten begegnet wird. Ein Strukturelement, das sich in nahezu allen einschlägigen journalistischen Texten findet, ist die Hervorhebung des eigenen Rationalitätsstatus und die Selbstpositionierung der Autoren als ‚aufgeklärt-wissenschaftliche' Beobachter, wodurch „legitime Orte des Sprechens" (Keller 2005, S. 66) konstituiert werden und worin sich offenkundig das Selbstverständnis des Journalisten oder der Journalistin eines etablierten qualitätsjournalistischen Mediums widerspiegelt.

In Ulrich Fichtners *Spiegel*-Artikel „Die-September-Lüge" wird der aufklärerische Gestus bereits durch die Rahmung des Artikels markiert, der den Gegenstand des Textes mit der Kategorie „Mythen" klassifiziert und damit zum Ausdruck bringt, dass die folgenden Ausführungen einem ‚gelehrten' Diskurs zuzuordnen sind. Die Texte weisen in der Regel eine ausgeprägte „Wissenschaftlichkeitsrhetorik" (Bourdieu 2005, S. 109) auf, durch die sie sich als Wahrheitsdiskurs und als legitimes Wissen präsentieren, wobei sie sich bisweilen auch direkt auf wissenschaftliche Expertisen stützen. So attestiert beispielsweise Jochen Bittner (2003) in seinem *Zeit*-Artikel „Blackbox White House" unter Berufung

[14] Die Analyse stützt sich zum Teil auf die Ergebnisse aus meiner Magisterarbeit mit dem Titel *Über die Wahrnehmung von Verschwörungstheorien in den etablierten Medien* (Universität Konstanz 2007).

auf die Psychotherapeutin Catherine Gildiner den Verschwörungstheoretikern eine „posttraumatische Hyperwachsamkeit". Alex Rühe (2004), der diese Diagnose in dem Artikel „Holzauge sei hyperwachsam" der *Süddeutschen Zeitung* ironisiert bereits in seinen Titel stellt, greift ebenfalls auf dieselbe Autorin zurück. Darüber hinaus bedient er sich gewichtiger philosophischer Denker, indem er z. B. Georg Lukàcs berühmte Formel der „transzendentalen Obdachlosigkeit" einbringt, um die Entstehung von Verschwörungstheorien zu erklären, oder auf Jean Baudrillards „vertige de l'interpretation"[15] verweist. In ausgeprägtester Form dokumentiert sich der aufgeklärt-wissenschaftliche Gestus der Texte in Hans Leyendeckers „Affen der Angst", in dem er sich geradezu als ‚Universalgelehrter' positioniert. Seine Argumentation ist in für feuilletonistische Texte bezeichnender Weise von bildungsbürgerlichen Anklängen und Verweisen durchzogen und weist zahlreiche Referenzen etwa zur Philosophie, Kunst- und Filmgeschichte oder der Literatur auf. Es finden sich z. B. Bezüge zu Samuel Beckett und dem Existenzialismus („Angstgesteuerte [...] die dabei an die beiden großen Duos des Existenzialismus erinnern: Vladimir und Estragon sowie Laurel und Hardy") und religionsgeschichtliche Bezüge („Die Apokalypse, klar, ist eine der ältesten Vorstellungen der Menschheit."). Darüber hinaus kommen in dem Artikel als rhetorische Strategie in popularisierter und ironisierter Form ähnlich wie bei Bittner auch zeitgenössische Theorieelemente und Begrifflichkeiten z. B. aus der Medizin/Psychologie („blühende Paranoia", „Paranoia-Klientel", „der spielerische Schizo"), Literaturwissenschaft („Hermeneutik des Verdachts") und Soziologie („Argumentative Schwindler wie Bröckers [...] sind soziologisches Lackmuspapier") zum Einsatz, mit denen der Autor seine privilegierte epistemische Position markiert.

Das aufgeklärt-wissenschaftliche Selbstverständnis kontrastieren die Autoren durchgängig mit der Behauptung einer kognitiven Inferiorität der Verschwörungstheoretiker und ihren Wirklichkeitsbestimmungen. So ist der Mythos-Logos-Gegensatz, der durch die Kategorie „Mythen" in „Die September-Lüge" aufgemacht wird, geradezu konstitutiv für die entsprechenden Texte und fungiert als Nihilierungsstrategie, mit der die heterodoxen Verschwörungstheorien aus dem Reich akzeptierter Plausibilitätsstrukturen systematisch ausgeschlossen werden. So werden die Verschwörungstheorien dem Reich der Vernunft entgegengesetzt und als irrationale, vormoderne und quasi-religiöse Überzeugungssysteme klassifiziert,

[15] „So packt einen beim Surfen durch die Paralleluniversen der Verschwörer zunächst Baudrillards ‚vertige de l'interpretation', ein Schwindelgefühl ob der hemmungslosen Kombinationsfreude der Weltendenker."

während deren Produzenten der Status als von Affekten und Emotionen getriebene „affektgesteuerte Paranoiker", „Konspirations-Fanatiker" (Cziesche u. a. 2003) und „Angstgesteuerte" zugewiesen wird. Seine drastischste Ausprägung findet diese Haltung dabei wiederum bei Leyendecker, dessen ironischer Titel „Affen der Angst" die Verschwörungstheoretiker gar dehumanisiert und auf eine niedrigere Evolutionsstufe stellt. Die „kognitive Dunkelheit" (Berger und Luckmann 1980, S. 123) und den negativen ontologischen Status der verschwörungstheoretischen Wirklichkeitsbestimmungen repräsentieren die Texte zudem durch Fiktionsmarker wie „Hirngespinste", „Geschichten", „Gerüchte", „Interpretationen", „Wahnideen", „Legenden" und durch – dem Mythos-Logos-Gegensatz folgend – eine explizit antiaufklärerische Metaphorik wie etwa „in den Nebel fragen" (DSL), „Werfen von ‚Nebelkerzen'" (AdA) etc.

4.2 Die Verschwörungstheoretiker als illegitime Sprecher

Eine weitere Legitimations- und Nihilierungsstrategie, die eine prominente Rolle in den journalistischen Texten einnimmt, besteht in der Hervorhebung der Laienhaftigkeit und der fehlenden gesellschaftlichen Autorität der Verschwörungstheoretiker in Abgrenzung zu den Sprechern des ‚offiziellen' Diskurses und den von ihnen vertretenen Institutionen. So werden die Aktivitäten der Verschwörungstheoretiker einerseits in der Sphäre des Amateurhaften und des Hobbys verortet („Hobby-Ermittler", „Amateure solcher Wahrheiten" (DSL)) und andererseits explizit metaphorisch in die symbolische Sinnwelt des Spiels transportiert: In „Die September-Lüge" wird die ‚verschwörungstheoretische Aktivität' als „Punkte sammeln im größten Computerspiel aller Zeiten" und als „verzwicktestes Rätselraten seit der Ermordung John F. Kennedys" charakterisiert, während Alex Rühle in ähnlicher Metaphorik die Verschwörungstheorien als „Lego für Erwachsene" qualifiziert. Hans Leyendeckers „Affen der Angst" porträtiert dagegen die Zahlenkombinatorik der Verschwörungstheoretiker ironisch als eine Art Bingo-Spiel („Und die Addition der Daten 11.9.2001, was ergibt denn die? Auch 23! Bingo! Bibber!").

Mit diesen Charakterisierungen werden nicht nur die mangelnde Professionalität und die kognitive Infantilität der Verschwörungstheoretiker hervorgehoben, sondern auch die Illegitimität der von ihnen eingenommenen Sprecherposition bzw. sozialen Rolle. Wie Bourdieu argumentiert, ist für das „Gelingen von performativen Aussagen" von entscheidender Bedeutung, dass „der Sprecher – oder besser seine soziale Funktion – und sein Diskurs in einem adäquaten Verhältnis zueinander stehen" (Bourdieu 2005, S. 77), d. h. dass die Sprecher nicht über die anerkannte soziale Autorität verfügen, um legitime Wirklichkeitsbestimmungen vorzunehmen.[16] Dieser Umstand dokumentiert sich auch in den fokussierten journalistischen Artikeln, die denotativ und konnotativ unterstreichen, dass die Verschwörungstheoretiker in ihrer Funktion als *Laien* nicht über die soziale *Autorität* (das „Mandat") verfügen, um legitimes Wissen zum 11. September zu erzeugen. Dieses Recht wird in den Texten implizit und explizit[17] den dafür vorgesehenen ‚offiziellen' Institutionen oder Experten zugesprochen.

Zur Illustration der sozialen Deplatziertheit, die den Verschwörungstheoretikern zugeschrieben wird, kommen in einigen Texten zudem ironische Erzählstrategien zum Einsatz, wie sich wohl am eindrücklichsten in dem Artikel „Die September-Lüge" zeigt. Darin illustriert der Autor in seiner vernunftüberlegenen Beobachterperspektive, wie die verschwörungstheoretischen Akteure durch ihren fehlenden „sense of one's place" (Goffman) eine Rolle beanspruchen, die ihnen sozial nicht zukommt. So zeichnet er z. B. anhand der Schilderung der Interviewsituation mit dem ehemaligen Bundesminister Andreas von Bülow das Bild eines gelangweilten, aber noch rüstigen Rentners, der die Beschäftigung mit dem 11. September als aufregendes Spiel versteht und die öffentliche Aufmerksamkeit genießt, die ihm seine Verschwörungstheorien einbringen: „[…] Bülow ist mit dem Fahrrad zum Treffen gekommen, es gefällt ihm, gefragt zu sein, er wirkt wie ein zu junger Pensionär." Wie sich in dem Zitat zeigt, zielt der Autor darauf ab, am repräsentativen Protagonisten Bülow das Missverhältnis zwischen subjektivem Rollenverständnis der Verschwörungstheoretiker und faktischer gesellschaftlicher Realität herzustellen. Im Sinne Bourdieus suggeriert der Autor in seinem Porträt Bülows mit herablassender Ironie, dass Diskurs und Sprecherposition in einem Missverhältnis stehen, wie folgendes Zitat verdeutlicht: „[…] Andreas von Bülow sitzt im Bonner Hotel ‚Dreesen' vor einem Salat von Tafelspitz, hat keinen Trumpf mehr und sagt ernst: ‚Ich verlange eine Untersuchung.'". Strukturhomolog wendet er diese ironische Strategie auch in seinem karikaturesken Porträt von

[16] Bourdieu weiter: „Eine performative Aussage ist immer dann zum Scheitern verurteilt, wenn sie nicht von einer Person kommt, die auch die ‚Macht' hat, sie auszusprechen oder wenn, ganz allgemein, die jeweiligen Personen oder Umstände nicht ‚die richtigen' sind, ‚um den betreffenden Vorgang einzuleiten', kurz, wenn der Sprecher für die Worte, die er spricht, keine Autorität hat" (Bourdieu 2005, S. 77).

[17] Explizit wird die fehlende soziale Autorität z. B. durch Attribute wie „selbsternannte Aufklärer" (so Rudolf Stöber (2003) in der *Welt*) oder „selbsternannte Experten" (*Panorama* in der ARD vom 21. August 2003, 20.15 Uhr).

Mathias Bröckers an, in dem ebenfalls subjektives Rollenverständnis und objektive gesellschaftliche Realität merklich auseinanderfallen:

> „Er trinkt Milchkaffee im West-Berliner Café ‚Einstein', er ist aufgeräumter Stimmung, er raucht kurze Zigaretten ohne Filter. Er sagt, die Sonnenbrille auf die Stirn geschoben: ‚Es geht doch hier nicht darum, Herrn Bush irgendwie dumm anzupissen', und das sagt er, als müsste ‚Herr Bush' ihn, Bröckers, kennen. Oder fürchten."

Diese Form der sozialen Deplatziertheit wird in dem „Affen der Angst" in bemerkenswerter Weise in visueller Form repräsentiert. Die Verschwörungstheoretiker werden darin mit einer Abbildung von Stan Laurel und Oliver Hardy aus dem Film „A Chump at Oxford"[18] (im Deutschen ungefähr: „Ein Trottel in Oxford") repräsentiert, die in spöttischer Form hervorhebt, dass die Verschwörungstheoretiker sich in einem ‚offiziellen' sozialen Kontext bewegen, für den sie weder die Autorität, noch die kognitiven Voraussetzungen besitzen (Abb. 1).

In den angeführten Erzählstrategien zeigt sich eine erstaunliche Nähe zur klassischen Verlachkomödie, die typischerweise statusniedere Figuren darstellt, die sich entgegen der ihnen zugewiesenen gesellschaftlichen Rolle willentlich oder unwillentlich über die Grenzen ihres ‚Standes' zu erheben versuchen (Profitlich 1998, S. 21). In ähnlicher Weise wird in den angeführten Texten der Typus des Verschwörungstheoretikers als Komödienfigur präsentiert, die sich durch das illegitime Eindringen in die Sphäre des ‚Offiziellen' der Lächerlichkeit preisgibt und dafür sozialdisziplinierend mit Spott sanktioniert wird. Wie in der barocken Verlachkomödie reflektiert sich in den journalistischen Texten hierbei offenkundig eine affirmative Haltung gegenüber dem gesellschaftlichen Status Quo und den damit verbundenen institutionalisierten Machtverhältnissen durch die Leitmedien, die im Sinne von Berger und Luckmann quasi die Rolle als „hauptamtliche Legitimatoren" (Berger und Luckmann 1980, S. 126) der ‚offiziellen' symbolischen Sinnwelt einnehmen.

[18] In „A Chump at Oxford" wird Stan Laurel aufgrund seiner optischen Ähnlichkeit irrtümlicherweise für einen berühmten Professor in Oxford gehalten, besitzt also – wie die Verschwörungstheoretiker in der Perspektive des Textes – faktisch nicht die Legitimation, sich in diesem offiziellen institutionellen Kontext zu bewegen.

Abb. 1 Bildmotiv „Affen der Angst. (Quelle: https://www.fernsehserien.de/filme/dick-und-doof-in-der-schule)

4.3 Das „digitale Ärgernis": Die Netzwerkmedien als imaginäre Sinnprovinz

Die Aufmerksamkeit vieler Artikel richtet sich auch auf die Netzwerkmedien, die sie als primären Kommunikationsraum der Verschwörungstheoretiker identifizieren und die – so die Wahrnehmung – das illegitime Eindringen der als Laien operierenden Verschwörungstheoretiker in die Sphäre des ‚Offiziellen' begünstigen. So werden das „digitale Ärgernis" (ADA) Internet und dessen fehlende Selektions- und *Gatekeeper*-Mechanismen für die Entstehung und Verbreitung der ‚Irrlehren' der Verschwörungstheoretiker ausgemacht: „Dass überall die Paranoia nistet, dass sich angebliche Wahrheitssucher einbilden, sie seien im Mittelpunkt der Welt und könnten über Tatsachen urteilen, ist ein digitales Ärgernis"

(AdA). Rudolf Stöber bedauert in der *Welt*, dass im Internet nun „auch der Laie recherchieren" kann. Eine homologe Sichtweise findet sich auch bei Ulrich Fichtner, der die Verbreitung der Verschwörungstheorien vor allem deshalb „wuchern" sieht, „weil jeder mitreden darf, der einen Computer hat und eine Telefonbuchse."

Die Thematisierung der Netzwerkmedien dient in den Texten allgemein als Nihilierungsstrategie im engen Sinne, wobei hier unterschiedliche Perspektiven zu beobachten sind. Für Hans Leyendecker ist das Internet selbst „neutral", bildet aber durch seine offene Struktur die "Gesamtgeistesverfassung" seiner Nutzer ab – was freilich die Notwendigkeit eines klassischen *Gatekeeper*-Mechanismus impliziert, der den devianten verschwörungstheoretischen Diskurs unterdrückt. In anderen Texten erstreckt sich die Nihilierungsstrategie nicht nur auf die heterodoxen Wirklichkeitsbestimmungen der Verschwörungstheoretiker, sondern auch auf die Netzwerkmedien als Kommunikationsraum selbst, denen aufgrund ihrer spezifischen Funktionsweise und offenen Struktur, wie z. B. der Hyperkonnektivität, zumindest partiell die Wahrheitsfähigkeit abgesprochen wird. Diese Haltung wird z. B. einerseits durch bildgewaltige delegitimierende Metaphern sichtbar, die die unstrukturierte und unsystematische Wissensproduktion der Verschwörungstheoretiker in den Netzwerkmedien repräsentieren. So „wuchern" die Verschwörungstheorien im Internet „wie Urwald" (DSL) oder alternativ als „Metastasen der Verschwörung" (Stöber 2003), während deren Produzenten nach „Verschwörungsstoff schürfen" im „Ozean des Internets", ihre Erkenntnisse durch den „Wolf des Internets" drehen oder ihre „Energie in den Maschen des World Wide Web" vergeuden" (DSL). Diese Bilder fungieren dabei augenscheinlich als negatives Gegenbild zur Welt der etablierten Medien, die im Kontrast zur anarchischen Struktur des Internets durch ihre selegierende Funktion als legitimierte mediale Beobachter der sozialen Welt angesichts der Fülle an Informationen eine notwendige wissensstrukturierende Orientierungsleistung erbringen.[19]

Darüber hinaus wird die Wirklichkeitsfähigkeit jenes Mediums in den Artikeln infrage gestellt, indem das Internet als in sich abgeschlossene und imaginäre „Sinnprovinz" (Schütz 2003) repräsentiert wird, die sich weitgehend von der empirischen Realität abgekoppelt hat und den Verschwörungstheoretikern erlaubt, ihre fiktiven Wirklichkeitsbestimmungen zu konstruieren. So charakterisiert Ulrich Fichtner das Internet der Verschwörungstheoretiker als eine Art ‚U-Topos'

[19] Dies kommt explizit bei Rudolf Stöber (2003) zum Ausdruck: „Wie aber ist das Richtige und Wichtige vom Irrelevanten und Falschen zu unterscheiden? Die Verschwörungstheoretiker wollen es nicht, ihre Gläubigen können es nicht. Sie kapitulieren vor der Fülle von Informationen und Desinformationen, die jedem User zur Verfügung steht."

(„Cyberspace"), in dem diese sich als virtuelle Imitation realer Verschwörungen spielerisch ihre eigenen „Googlegates" konstruieren. Alex Rühles Sichtweise ist ganz ähnlich gelagert; er betrachtet das Internet als selbstreferentiellen „Legobaukasten" (s. o.) für Verschwörungstheoretiker, mit dem diese ihre Theorie-Versatzstücke zusammenbasteln. Scheinbar erstaunt stellt er dann fest, dass „dieses offene Medium immer wieder als geschlossenes System funktioniert" und „wie die Autoren der darin zirkulierenden Texte oftmals einfach nicht auf Reize der Außenwelt reagieren" (Rühle 2004).

Wie diese Ausführungen zeigen, fungieren die Netzwerkmedien in den qualitätsjournalistischen Texten deutlich erkennbar als selbstreflexive Legitimationsstrategie, in der sich die Abwehrhaltung der etablierten Printmedien gegenüber dem vordringenden ‚neuen' Medium und der Infragestellung ihres Deutungsmonopols in den frühen 2000er Jahren widerspiegelt. Die publizistischen Angriffe auf die Verschwörungstheorien stellen eine Form der ‚Reviermarkierung' dar, die den Anspruch artikuliert, dass die legitime Deutung über die politische Wirklichkeit den etablierten Medien „im konkreten Hier und Jetzt" (DSL) obliegt, wie in „Die September-Lüge" im Fazit explizit zum Ausdruck kommt: „Aber die Wirklichkeit ist schwerer zu fassen. Sie findet nicht im Internet statt, wo die Weltverschwörung immer nur zwei Mausklicks entfernt liegt. Und wo die Antwort auf alle Fragen Google heißt."

4.4 Theoretische Stützkonzeptionen: Antiamerikanismus und kollektive Angstgesteuertheit

Über diese Nihilierungsstrategien hinaus finden sich in den journalistischen Texten umfassende theoretische Stützkonzeptionen, die spezifische „Theorien der Abweichung" im Sinne von Berger und Luckmann entwerfen, die insbesondere darauf ausgerichtet sind, Erklärungen für die Entstehung und den Rezeptionserfolg der Verschwörungstheorien bereitzustellen.

In dem Artikel „Die September-Lüge" fungiert das Motiv der *Fremdenfeindlichkeit* als zentrales Erklärungsmuster. Die Verbindung der verschwörungstheoretischen Thesen mit einer fremdenfeindlichen Gesinnung findet sich bereits als Formzitat in der Überschrift, die offenkundig auf die „Auschwitz-Lüge" der Holocaust-Leugner anspielt und eine wie auch immer geartete Äquivalenz zwischen beiden Verschwörungstheorien konnotiert, die im späteren Text explizit gemacht wird. Im thematischen Zentrum des Artikels steht jedoch die These des Antiamerikanismus, der in praktisch allen journalistischen Auseinandersetzungen eine

Rolle spielt. So verknüpft der Artikel bereits im Einleitungsabsatz explizit die Verschwörungstheorien zum 11. September mit einer „antiamerikanischen Weltanschauung“, die er vor allem dem linken Spektrum in Deutschland attestiert: „Besonders deutschen Intellektuellen passen solche Theorien in die antiamerikanische Weltanschauung“. Im Haupttext baut der Autor diese These weiter aus, indem er sie mit popularisierten sozialpsychologischen und milieutheoretischen Deutungsmustern untermauert. Die daraus verdichtete Theorie präzisiert er fazitartig im Endteil des Artikels:

> „So fragt sich Bröckers 360 Seiten lang über den eigenen Amerika-Komplex aus und bebildert wie nebenbei den tiefen Argwohn vieler deutscher Linker und Intellektueller gegen die Übermacht USA. Bröckers' Buch dokumentiert die Denkart eines deutschen Milieus, das sich zwischen Woodstock und ‚Brainwashington‘ politisierte, knapp zu jung für 1968, viel zu alt für 1989, aber unerschütterlich im Glauben an die Macht der eigenen Weltsicht, der sich die Wirklichkeit zu fügen hat, nicht umgekehrt.“

Die Passage macht einmal mehr das in den Texten zum Ausdruck kommende Selbstverständnis der Autoren als aufgeklärt-wissenschaftliche Sprecher deutlich. Der ehemalige *taz*-Redakteur Mathias Bröckers als Vertreter eines intellektuellen linken Milieus fungiert in der Argumentation als individueller empirischer Repräsentant, anhand dessen der Artikel induktiv einen weitreichenden ‚milieutheoretischen‘ Befund für die Entstehung der Verschwörungstheorien präsentieren kann. Die kontrafaktischen verschwörungstheoretischen Wirklichkeitsbestimmungen zum 11. September werden als Reflex einer tief verinnerlichten antiamerikanischen Weltanschauung klassifiziert, die die Verschwörungstheoretiker sozialisatorisch als Zwischengeneration zwischen „Woodstock und ‚Brainwashington‘“ habitualisiert haben. Der Autor diagnostiziert diesbezüglich einen „Hysteresis-Effekt“ (Bourdieu 1987, S. 238) des Habitus der Verschwörungstheoretiker, der bewirkt, dass sich die alten Wahrnehmungsschemata und Feindbilder nicht der veränderten politischen Realität angepasst haben. Dieses Auseinanderfallen zwischen Habitus und faktischer Realität hat in der Lesart des Artikels eine kognitive Dissonanzreduktionen[20] zur Folge, die kontrafaktische Wirklichkeitsbestimmungen hervorbringt, mit denen sich Verschwörungstheoretiker wie Bröckers die widersprechende Realität des 11. September (in der die USA das Opfer, nicht der

[20] Diese Form der kognitiven Dissonanzreduktion wird an anderer Stelle durch die Formulierung „Fieber des Bestätigungswahns alter Weltbilder“ drastischer und mit (psycho-)pathologischen Konnotationen zum Ausdruck gebracht.

Täter sind) in ihr ideologisches Weltbild einpassen. In dieser Form der kognitiven Dissonanzreduktion, mit der die widerstrebende empirische Wirklichkeit der vermeintlich verinnerlichten xenophobischen Ideologie angepasst wird, sieht der Autor auch die in der Überschrift implizierte Äquivalenz der „September-Lüge" zur „Auschwitz-Lüge", die sich wie letztere zu einem ‚linken' Mythos verfestigen könnte: „Was für manchen Rechten die ‚Auschwitz-Lüge' ist, könnte für manchen Linken die ‚September-Lüge' werden. Eine verdrängte Wahrheit, um die Weltanschauung nicht verändern zu müssen."

Die angeführte theoretische Stützkonzeption hat als Legitimationsstrategie sowohl eine kognitive als auch eine normative Dimension, die sich in dieser Form prinzipiell in allen journalistischen Auseinandersetzungen mit den Verschwörungstheorien identifizieren lässt. Kognitiv wird die Geltung der abweichenden verschwörungstheoretischen Wirklichkeitsbestimmungen mittels sozialpsychologischer Erklärungsmuster nihiliert und gleichzeitig eine Theorie für ihre Entstehung und Verbreitung geliefert. Normativ werden die alternativen Wirklichkeitsbestimmungen durch das unterstellte Motiv der Fremdenfeindlichkeit zugleich moralisch stigmatisiert. So wird durch die normative und kognitive Kopplung nach der Logik dieses Erklärungsmodells jeder Zweifel an der ‚offiziellen' Version zu einem Ausweis einer fremdenfeindlichen Gesinnung, worin wohl auch die Wirkmächtigkeit dieser Argumentation gesehen werden kann, wie Guillaume Paoli pointiert in der *FAZ* bemerkt: „Die Schlagkraft des Verschwörungstheorie-Vorwurfs besteht darin, daß er jede Art von Verdacht verdächtig macht"[21] (Guillaume 2003).

Hans Leyendeckers Artikel „Affen der Angst" bringt in seiner „Theorie der Abweichung" die Konjunktur der Verschwörungstheorien zum 11. September ebenfalls in einen ursächlichen Zusammenhang mit antiamerikanischen Ressentiments, die sich in seiner Perspektive vor allem auf die Person des damaligen Präsidenten George W. Bush richten: „Antipathien gegen den Texaner George W. Bush lassen das Bild vom Trickser entstehen, dem sowieso alles zuzutrauen ist."[22] Die Antiamerikanismus-These nimmt im Vergleich jedoch nicht die prominente Rolle ein wie in dem Artikel „Die September-Lüge". Kern der theoretischen Stützkonzeption Leyendeckers, wie hier ebenfalls bereits im Titel au-

[21] In direkter Form wird diese Verdächtigung von Rudolf Stöber (2003) in der Schlussfrage seines Artikels artikuliert: „Merken die selbsternannten Aufklärer nicht, dass sie Rechtsradikalen wie Horst Mahler die Steilvorlagen liefern? Oder wollen sie das sogar?"

[22] Durch die Verwendung des Begriffes „Texaner" impliziert der Text dabei delegitimierend, dass sich der Antiamerikanismus gegen das ‚cowboyhafte' und ‚unzivilisierte' Amerika in der Perspektive des sich kulturell überlegen fühlenden Deutschen richtet. Diese Les-

genscheinlich wird, ist vielmehr eine *massenpsychologisch ausgerichtete Angsttheorie,* mit der der Autor Verschwörungstheorien wie die zum 11. September als Ergebnis einer kollektiven Angstgesteuertheit betrachtet.

Aus der aufgeklärt-wissenschaftlichen Haltung überlegener Vernunft heraus, die im Text aufgebaut wird, greift der Autor für die Konstruktion seiner Angsttheorie in ‚interdisziplinärer' Perspektive auf etwa philosophische, psychopathologische und theologische Diskurselemente zurück. Der „große Weltverschwörungsglaube", der sich für den Autor in der Konjunktur der zeitgenössischen Verschwörungsliteratur ausdrückt, wird als Ausdruck einer „existenzialistischen" Angst verstanden. Diese Form der Angst wird einerseits visuell in der weiter oben gezeigten Abbildung symbolisiert, in der Laurel & Hardy, die als Repräsentanten der Verschwörungstheoretiker fungieren, von einer ihnen unbewussten Angst ‚umfasst' werden (vgl. die Abbildung oben), und anderseits in Interaktion mit dem Bild sprachlich artikuliert: „Angstgesteuerte sind darunter, die sich zu Clowns ihrer Panik und vorgeblichen Machtlosigkeit machen lassen, und die dabei an die beiden großen Duos des Existenzialismus erinnern: Vladimir und Estragon sowie Laurel und Hardy." Darüber hinaus verbindet der Autor diese Angstthese durch Formulierungen wie „blühende Paranoia", „Paranoia-Klientel" oder „Paranoiker" mit einem psychopathologischen Kontext. Eine besondere Rolle in Leyendeckers Argumentation spielen zudem theologische Diskurselemente, mithilfe derer er die zeitgenössischen politischen Verschwörungstheorien mit der Sinnprovinz des Religiösen verbindet und als quasi-religiöse Deutungsmuster klassifiziert. Er schlägt einen Bogen zur Johannes-Apokalypse als einer „der ältesten Vorstellungen der Menschheit" und identifiziert dadurch zeitgenössische politische Verschwörungstheorien als eine Form (post-)apokalyptischen Denkens, das in säkularisierter Form seit den 1980er Jahren in den gesellschaftlichen Common Sense eingedrungen ist:

> „Die Apokalypse gehört also längst zum täglichen ideologischen Handgepäck. Pearl Harbour ist deshalb eine Erfindung der Amerikaner. Der Kennedy-Mord? Drei Stunden lang dauerte das Film-Opus ‚JFK' von Oliver Stone, und es war eine sinistre

art findet sich ausführlicher in Jochen Bittners (2003) früher erschienenem Artikel „Blackbox Weißes Haus", der aufgrund der fast wörtlich übernommen Passagen offenkundig als Inspirationsquelle für den oben zitierten Satz gedient hat: „Da ist zuerst eine weit verbreitete Antipathie gegen den Weltenlenker George Bush, eines, wie die Volksmeinung glaubt, tumben Texaners, der gerade wegen seiner Ungebildetheit als gefährlich gilt. Das Bild vom bigotten Trickser, dem alles zuzutrauen ist, hat sich tief in die öffentliche Meinung eingebrannt."

Verschwörung lupenreinster Art: Finstere Dämonen hatten dem Land die Zukunft gestohlen."

Im Schlussteil des Textes verbindet der Autor seine interdiskursive Angstdiagnose synthetisch mit dem Antiamerikanismus-Motiv:

„Die Antipathie gegen Bush, die Lügen über den Kriegsgrund im Irak haben der Paranoia-Klientel noch einmal zusätzlich Auftrieb verschafft. Unter den Verschwörungs-Freunden, die sich auch auf Veranstaltungen treffen, sind derangierte Linke wie Rechte, und sie werden meist jeweils durch einen plumpen Antiamerikanismus zusammengehalten. Michael Moore ... ist nun ihr Prophet."

Auch in dieser Passage wird die rhetorische Strategie des Artikels evident, die politischen Verschwörungstheorien interdiskursiv mit dem Sinnbezirk des Religiösen zu verbinden. Die randständige Gemeinschaft der Verschwörungstheoretiker wird durch eine religiöse Metaphorik mit ironischem Einschlag als eine orientierungssuchende („derangierte") antiamerikanische Sektengemeinschaft gezeichnet, dessen „Prophet" ironischerweise der US-Amerikaner Michael Moore[23] ist. Der Antiamerikanismus dient dabei als weltanschauliche Klammer, der die gesellschaftlichen Extrempositionen zusammenbringt und sowohl „derangierte" Linke und Rechte vergemeinschaftet.

Auf dieser Argumentation aufbauend, leitet der Autor schließlich zur oben behandelten Umfrage der *Zeit* über, in der wie dargelegt eine starke Skepsis eines nicht unerheblichen Teils der Bevölkerung gegenüber den ‚offiziellen' Wirklichkeitsbestimmungen und der medialen Berichterstattung in Bezug auf den 11. September zum Ausdruck kommt, und in der sich wohl auch die grundlegende Motivation für die Entstehung des Essays offenbart:

„Argumentative Schwindler wie Bröckers, Bülow oder der scheinheilige Moore sind soziologisches Lackmuspapier. Es lassen sich an ihnen die Auffälligkeiten einer Gesellschaft erkennen. 19 Prozent der Bundesbürger halten es nach einer Forsa-Umfrage für möglich, dass die US-Regierung die Terroranschläge in Auftrag gegeben hat. Ist jeder fünfte Deutsche gaga?"

[23] Diese Rolle ist insofern bemerkenswert, da nach dieser Logik US-Amerikanern, die Michael Moore affirmativ rezipieren, ebenfalls eine „antiamerikanische" Haltung zugesprochen werden müsste. Daraus wird ersichtlich, dass der Begriff „Antiamerikanismus" in der Verwendung im Artikel primär auf eine ablehnende bzw. kritische Haltung gegenüber bestimmten Teilen der US-Administration bezogen ist.

Strukturhomolog zu „Die September-Lüge“ fungieren die drei angeführten Protagonisten Bröckers, Bülow und Moore als empirische Repräsentanten, an denen der Autor in seiner quasi-wissenschaftlichen Beobachterperspektive induktiv eine gesellschaftliche Anomalie diagnostiziert. Durch die interdiskursive Begriffsbildung „soziologisches Lackmuspapier“ avancieren die drei Verschwörungstheoretiker zu soziologisch-naturwissenschaftlichen objektiven Indikatoren, an denen der Autor die „Auffälligkeiten“ einer Gesellschaft abliest und quantifizierbar macht. Hierbei liegt dem Text erkennbar ein Normalitätskonzept zugrunde, bei dem die ‚offiziellen‘ Wirklichkeitsbestimmungen bezüglich der Geschehnisse am 11. September durch Politik und Medien als Normalitätswert und „Normalitätsgrenze“ (Link 1999) fungieren. Die zitierte Umfrage wird, gestützt auf die zuvor entwickelte Angsttheorie, so zu einem psychopathologisch-kulturkritischen Befund deklariert, der den ‚Anomaliegrad‘ der Gesellschaft des Jahres 2003 erfasst. Das eigentlich kritische Ergebnis der Umfrage, die eine breite Abweichung von der ‚offiziellen‘ medialen Wirklichkeitsbestimmung belegt und damit demonstriert, dass die offizielle Sinnwelt nicht „zwingend“ (Berger und Luckmann 1980, S. 116) ist, wird derart in kreativer Weise zu einem empirischen Beweis für die kollektive ‚Verrücktheit‘ von immerhin rund 20 % der deutschen Bevölkerung gemacht.

5 Fazit

Anhand der Auseinandersetzung der etablierten Medien mit den Verschwörungstheorien zum 11. September lassen sich empirisch konkrete theoretische Stützkonzeptionen rekonstruieren, wie sie Berger und Luckmann in ihrer Legitimationstheorie idealtypisch beschrieben haben. In den vorgestellten medialen Legitimationsdiskursen zeigt sich exemplarisch, wie das etablierte mediale Feld als Antwort auf die „vorwärtstreibende Arbeit der häretischen Kritik“ (Bourdieu 2005, S. 107) der Verschwörungstheoretiker des 11. September, die zum Problem gewordene ‚offizielle‘ mediale Sinnwelt diskursiv verteidigt. Der Begriff „häretisch“ ist hierbei keineswegs nur als bloße Metapher zu verstehen. Blickt man auf die rekonstruierten Legitimationsstrategien, dann zeigt sich, dass der mediale Diskurs gegenüber den Verschwörungstheorien zum 11. September – in säkularisierter Form – in der Tat Strukturmerkmale eines klassischen ‚Ketzerdiskurses‘ aufweist. Der rituelle Hinweis darauf, einen Wahrheitsdiskurs zu führen, das Herausheben der fehlenden Autorität der Verschwörungstheoretiker, die Stigmatisierung der verschwörungstheoretischen Zweifel an der ‚offiziellen‘ Wahrheit, die als Zeichen moralischer und pathologischer Anomalie gedeutet werden, die

Klassifizierung der Verschwörungstheoretiker als Sekte: all diese Strukturmerkmale der Legitimationsdiskurse verweisen darauf, dass die Autoren eine säkulare „Theodizee des Apparats" (Bourdieu 1989, S. 54) entwickeln, mit der sowohl das orthodoxe mediale Verschwörungsnarrativ zum 11. September 2001 als auch die damit verbundene mediale Benennungsmacht verteidigt werden sollen.

In einen breiteren zeitdiagnostischen Kontext gestellt, spiegelt sich in den analysierten Legitimationsdiskursen eine mediale Umbruchsituation wider, die sich in der ersten Hälfte der 2000er Jahre vollzog, in der auch die hier fokussierten Texte entstanden. Diese Umbruchsituation ist vor allem mit der Etablierung der Netzwerkmedien als Alltagsmedium verbunden, mit der ein fundamentaler Wandel in der medialen Rezeption und Produktion von Wissen einherging und -geht. Die Netzwerkmedien haben durch ihre offene Struktur eine mediale Pluralisierung von Deutungsmustern bewirkt und es möglich gemacht, ‚offizielle' mediale Wirklichkeitsbestimmungen mit „unterworfene[m] Wissen" (Foucault 2001, S. 21) zu konfrontieren. Die Netzwerkmedien als alternative mediale Sinnwelten sind geradezu prädestiniert für die Entstehung von Gegenöffentlichkeiten, was sich eindrucksvoll anhand der Formierung des *9/11 Truth Movement* zeigen lässt. Solche alternativen Diskursgemeinschaften nutzen die offene Struktur der Netzwerkmedien um, wie man mit Foucault sagen könnte, die traditionellen (medialen) Wahrheitsdiskurse auf ihre Machteffekte hin zu befragen und die (mediale) Macht auf ihre Wahrheitsdiskurse hin. Damit ist eine strukturelle Erosion des Deutungsmonopols der etablierten Medien auf die politische Wirklichkeit verbunden, was wiederum von deren Seite – wie sich in den analysierten Legitimationsdiskursen zeigt – spezifische symbolische Machtstrategien im medialen Wirklichkeitskampf hervorgebracht hat und zweifellos auch in Zukunft weiterhin hervorbringen wird.

Literatur

Berger, P. L., und T. Luckmann. 1980. *Die gesellschaftliche Konstruktion der Wirklichkeit. Eine Theorie der Wissenssoziologie*. Frankfurt am Main: Fischer.

Bittner, J. 2003. „Blackbox Weißes Haus". Zeit Online, 24. Juli 2003. Online abrufbar: http://www.zeit.de/2003/31/Umfrage. Zugegriffen: 20. Mai 2013.

Bourdieu, P. 1987. *Die feinen Unterschiede. Kritik der gesellschaftlichen Urteilskraft*. Frankfurt am Main: Suhrkamp.

Bourdieu, P. 1989. Delegation und politischer Fetischismus. In *Anatomie des politischen Skandals*, hrsg. R. Ebbighausen und S. Neckel, 36–54. Frankfurt am Main: Suhrkamp.

Bourdieu, P. 2005. *Was heißt sprechen? Zur Ökonomie des sprachlichen Tausches*. Wien: Braumüller.

Bröckers, M. 2002. *Verschwörungen, Verschwörungstheorien und die Geheimnisse des 11.9.* Frankfurt am Main: Zweitausendeins.

Bröckers, M., und C. C. Walther. *2011. 11.9. – Zehn Jahre danach: Der Einsturz eines Lügengebäudes*. Frankfurt am Main: Westend.

Bülow, A. 2003. *Die CIA und der 11. September. Internationaler Terror und die Rolle der Geheimdienste*. München: Piper.

Cziesche, D., u. a. 2003. Panoptikum des Absurden. *Der Spiegel* Nr. 37, 08. September 2003: 58–76.

Fichtner, U. 2002. Die September-Lüge. *Der Spiegel* Nr. 42, 14. Oktober 2002: 76–81.

Foucault, M. 1995. *Wahnsinn und Gesellschaft. Eine Geschichte des Wahns im Zeitalter der Vernunft.* Frankfurt am Main: Suhrkamp.

Foucault, M. 2001. *In Verteidigung der Gesellschaft*. Vorlesungen am College de France (1975–76). Frankfurt am Main: Suhrkamp.

Guillaume, P. 2003. Okkultismus der Macht. *Frankfurter Allgemeine Zeitung* vom 08. September 2003: 33.

Keller, R. 2005. Wissensoziologische Diskursanalyse als interpretative Analytik. In *Die diskursive Konstruktion von Wirklichkeit. Zum Verhältnis von Wissenssoziologie und Diskursforschung*, hrsg. R. Keller, 49–75. Konstanz: UVK.

Klöckner, M. B. 2011. *9/11 – Der Kampf um die Wahrheit*. Hannover: Heise.

Leyendecker, H. (2003). Affen der Angst. *Süddeutsche Zeitung* vom 30./31. August 2003, Wochenendbeilage, S. II.

Link, J. 1999. *Versuch über den Normalismus. Wie Normalität produziert wird*. Opladen u. a.: Westdeutscher Verlag.

Link, J. 2005. Warum Diskurse nicht von personalen Subjekten ausgehandelt werden, In *Die diskursive Konstruktion von Wirklichkeit. Zum Verhältnis von Wissenssoziologie und Diskursforschung*, hrsg. R. Keller, 77–100. Konstanz: UVK.

Luhmann, N. 2004. *Die Realität der Massenmedien*. Wiesbaden: VS Verlag für Sozialwissenschaften.

Profitlich, U. 1998. *Komödientheorie. Texte und Kommentare vom Barock bis zur Gegenwart.* Reinbek bei Hamburg: Rowohlt.

Rühle, A. 2004. Holzauge sei hyperwachsam! *Süddeutsche Zeitung* vom 05. März 2004: 17. Online abrufbar: http://www.sueddeutsche.de/kultur/holzauge-sei-hyperwachsam-juedische-aliens-aus-der-globalen-pipeline-1.892706. Zugegriffen 20. Mai 2013.

Schetsche, M. 2005. Die ergoogelte Wirklichkeit. Verschwörungstheorien und das Internet. In *Die Google-Gesellschaft. Vom digitalen Wandel des Wissens*, hrsg. K. Lehmann und M. Schetsche, 113–120. Bielefeld: transcript.

Schütz, A. 2003. Über die mannigfaltigen Wirklichkeiten. In ders. *Werkausgabe V.1: Theorie der Lebenswelt 1. Die pragmatische Schichtung der Lebenswelt*, hrsg. R. Grathoff, H.-G. Soeffner und I. Srubar, 181–239. Konstanz: UVK.

Stöber, R. 2003. Was ist Wahrheit? *Die Welt* vom 01. September 2003. Online abrufbar: http://www.welt.de/print-welt/article256676/Was-ist-Wahrheit.html. Zugegriffen: 20. Mai 2013.

Wisnewski, G. 2003. *Operation 9/11. Angriff auf den Globus*. München: Knaur.

Michael K. Walter, Dr. phil, ist Soziologe. Studium der Soziologie und Neueren Deutschen Literatur an der Universität Konstanz. Er hat sich an der Goethe-Universität Frankfurt am Main über die Bildpolitik von Reforminitiativen während der Regierungszeit Gerhard Schröders promoviert. Thematische Schwerpunkte: Visuelle Soziologie, Machtsoziologie, Digitalisierung und Arbeitswelt.

„Google WTC-7“ – Zur ambivalenten Position von marginalisiertem Wissen im Internet

René König

1 Einleitung

Mit dem Slogan „Google WTC-7“ auf Plakaten, Aufklebern und T-Shirts riefen Anhänger der selbstbetitelten „9/11-Wahrheitsbewegung“ zur Internetsuche nach einem wenig bekannten Gebäude auf, das am 11. September 2001 neben den Zwillingstürmen ebenfalls einstürzte. Ganz offensichtlich erhoffte man sich, dass dies Informationen zutage fördere, die die eigene Position repräsentieren und bestärken würde. Denn es ist bezeichnend, dass man diese vergleichsweise riskante Methode wählte – schließlich hätte man auch direkt auf eigene Webseiten verweisen können, die nicht den Dynamiken von Suchmaschinenergebnissen unterliegen. Kommen also Google im Speziellen und das Internet im Allgemeinen, marginalisierten Wissensformen wie „Verschwörungstheorien“ entgegen?

Oberflächlich betrachtet scheint dies der Fall zu sein. Denn die einstigen Ausgrenzungsmechanismen traditioneller *Gatekeeper* (z. B. Redaktionen, wissenschaftliche Begutachtungssysteme) werden durch die Pluralisierung der Kanäle und die partizipativen Strukturen des Webs relativiert. Glaubt man der optimistischen Netzrhetorik, herrscht nun eine „Weisheit der Vielen“ (Surowiecki 2005), eine Schwarmintelligenz, die netzwerkartig und *bottom-up* organisiert ist. Je nach Perspektive begrüßen dies Technikenthusiasten als wünschenswerte Demokratisierung der gesellschaftlichen Wissensverteilung, während Kulturpessimisten vor drohendem Dilettantismus und Stammtisch-Populismus warnen. Beide Parteien

R. König (✉)
Hochschule Rhein-Waal, Kleve, Deutschland
E-Mail: rene.koenig@hochschule-rhein-waal.de

A. Anton et al. (Hrsg.), *Konspiration*,
https://doi.org/10.1007/978-3-658-43429-8_16

haben Recht und liegen falsch. Denn so revolutionär die durch das Internet initiierten sozialen Prozesse zweifellos sind, so facettenreich sind sie auch. Sie lassen sich nur selten auf einen einfachen und generalisierbaren Nenner bringen. Mit anderen Worten: Ein allgemeines Urteil über „das Internet" und seine wissenssoziologischen Implikationen lässt sich (wenn überhaupt) nur sehr bedingt fällen. Es wäre sicherlich nicht übertrieben, die neuen partizipativen Möglichkeiten als ähnlich epochale Zäsur darzustellen, wie den Gutenberg'schen Buchdruck. Mit dem Internet sind aber auch neue Ordnungsinstanzen entstanden, deren soziologische Wirkungsweise wir bislang nur ansatzweise verstehen und deren Erforschung noch immer in den Kinderschuhen steckt. Somit kann auch dieser Beitrag kaum umfassende Antworten bieten. Vielmehr soll anhand von zwei prominenten Beispielen näher beleuchtet werden, wie ambivalent sich die neue Position marginalisierter Wissensformen im Kontext des Internets darstellt: Gemeint sind die Suchmaschine Google und die Online-Enzyklopädie *Wikipedia.* Wie sich zeigen wird, behandeln diese beiden zentralen Internetinstanzen marginalisiertes Wissen sehr unterschiedlich. Dies begründet sich durch ihre divergierende Funktionsweise, die in einem Fall „verschwörungstheoretisches" Wissen eher aufwertet, während im anderen Fall der Status der Marginalität tendenziell reproduziert wird. Somit sind diese Fallbeispiele exemplarisch für die ambivalente Position von marginalisiertem Wissen im Internet und illustrieren die unterschiedliche wissenssoziologische Wirkweise der neuen Plattformen. Der thematische Fokus liegt dabei auf alternativen, „verschwörungstheoretischen" Deutungen des 11. September 2001. Diese werden zuvor kurz vorgestellt und hinsichtlich ihrer Evolution im Netz beleuchtet.

2 Die Evolution alternativer 9/11-Deutungen im Internet

Die Anschläge des 11. September 2001 geschahen im Kontext einer in zunehmendem Maße vernetzten Welt. Sie waren von Anfang an global und das Internet spielte bei der weltweiten Interpretation und Aufarbeitung der Ereignisse eine signifikante Rolle. Vom Mainstream abweichende Perspektiven zeichneten sich dabei bereits unmittelbar nach den Ereignissen ab, so auch die später populäre Sprengungshypothese, die eine Täterschaft abseits islamistischer Terroristen nahelegt. Peter Meyer (2001), Betreiber der Internetseite *serendipity.li,* äußerte etwa zwei Tage nach den Anschlägen öffentlich sein Erstaunen über die Bilder der einstürzenden Zwillingstürme und verglich diese mit denen einer professionellen Sprengung.

Bemerkenswert ist hierbei die perspektivische Flexibilität, denn *wer* nun konkret stattdessen als Täter gesehen wird, ist durch die Sprengungshypothese noch nicht gesagt. Tatsächlich herrscht hierüber auch keineswegs Konsens, wie eine repräsentative Umfrage von World Public Opinion (2008) in 17 Ländern zeigte. Demnach folgen insgesamt nur 46 % dem massenmedialen Konsens einer Täterschaft islamistischer Terroristen. Stattdessen betrachten etwa in Deutschland immerhin 23 % die US-Regierung als Drahtzieher, während in Ägypten gar 43 % der Befragten Israel hinter den Anschlägen vermutet.

Die hyperlinkförmige Struktur des Internets kommt dieser fragmentierten Meinungslandschaft entgegen. Wissen kann dezentral und stückweise produziert und von seinem ursprünglichen Kontext entrückt prozessiert werden. Beliebig spezifische Suchbegriffe und Hyperlinks führen uns gezielt zu dem Segment einer Webseite, das gerade für die jeweilige Frage relevant zu sein scheint. Umgekehrt lassen sich beliebig spezifische Informationsbruchstücke für ein potenziell breites Publikum veröffentlichen und organisieren. Der ursprüngliche Kontext geht dabei schnell verloren: Ein Zitat wird aus dem Zusammenhang gerissen, in Form einer Kurznachricht weiterverbreitet, in einem Blogbeitrag diskutiert und taucht schließlich womöglich in den ersten Suchergebnissen eines Nutzers auf.

Für marginalisierte Wissensformen wie „Verschwörungstheorien" bedeutet dies zunächst, dass ihr Status der Marginalität nicht unbedingt unmittelbar ersichtlich ist. Im Offline-Zeitalter war dies eher möglich, war doch die Verbreitung marginalisierter Wissensformen an wesentlich weniger Kanäle gebunden, die sich entsprechend einfacher mit dem Stigma der Marginalität versehen ließen: ein Verlag, der für seine pseudowissenschaftlichen Texte bekannt ist, oder ein Autor, der notorisch Verschwörungstheorien spinnt. In der unübersichtlichen Online-Welt fällt eine solche Zuordnung schwer, nicht zuletzt weil eine funktionale Differenzierung in der Produktion und Prozessierung von „Verschwörungstheorien" zu beobachten ist. So trägt etwa ein „wissenschaftlicher Arm" zunächst lediglich zur Dekonstruktion der „offiziellen Version" bei, während das spekulative Formulieren von Gegenversionen von anderen Akteuren übernommen wird. Aus diesem Grund muss der Ausdruck „Verschwörungstheorien" auch mit Anführungszeichen relativiert werden, denn ein Großteil der „9/11-Wahrheitsbewegung", ein loses Konglomerat von Anhängern alternativer 9/11-Deutungen, ist erstaunlich zurückhaltend, wenn es um Theoriebildung geht. Clarke (2007, S. 176) vermutet hinter dem weitläufigen Fehlen konkreter Gegenentwürfe zum Ablauf der Ereignisse durch die „Wahrheitsbewegung" gar eine Strategie, um der kritischen Internet-Öffentlichkeit eine möglichst geringe Angriffsfläche zu bieten. Stattdessen gibt man sich häufig betont wissenschaftlich und versucht die Sprengungshypothese mit der Formulierung von Gegen-Expertisen zur „offiziellen Version" des WTC-Kollapses zu untermauern:

- *Architects & Engineers for 9/11 Truth:* Der Architekt Richard Gage führt diese Organisation und listet auf der Webpräsenz über 1.700 Personen, die über architektonische Expertise verfügen sollen und sich für eine neue Untersuchung des 11. Septembers einsetzen, da es substanzielle Zweifel an der offiziellen Version gebe. Insbesondere wird darauf verwiesen, dass möglicherweise der Einsatz von Sprengstoff der eigentliche Grund für den Einsturz der Zwillingstürme und WTC 7 sei (http://www.ae911truth.org).[1]
- *Journal of 9/11 Studies:* Diese Webseite bezeichnet sich selbst als begutachtete Fachzeitschrift und beheimatet eine Reihe von Papieren, die die Sprengungshypothese stützen oder zumindest nahelegen (http://www.journalof911studies.com).
- *Publikationen in allgemeineren Fachzeitschriften:* Es wurden weitere, auf die Sprengungshypothese fokussierte, Artikel in wissenschaftlichen Zeitschriften veröffentlicht, die nicht klar im Zusammenhang mit der „9/11-Wahrheitsbewegung" stehen (Harrit et al. 2009; Jones et al. 2008; Ryan et al. 2009).
- *Weitere Webseiten und Organisationen:* Es ließen sich zusätzliche Quellen auflisten, die die Sprengungshypothese mit scheinbar wissenschaftlichem Anspruch verfolgen, so etwa das *Physics 911* (http://physics911.net), *9–11 Research* (http://911research.wtc7.net) oder *Scholars for 9/11 Truth & Justice* (http://stj911.org).

Diese Opposition zur „offiziellen Version" war immerhin so bedeutsam, dass das mit der Untersuchung der Gebäudeeinstürze beauftragte *National Institute of Standards and Technology* (NIST) die Sprengungshypothese in seinem Bericht zu WTC-7 mit aufnahm und ihr ein eigenes Kapitel widmete (NIST 2008, S. 26 ff.). Schon der Name der Bewegung betont den (quasi-)wissenschaftlichen Wahrheitsanspruch, der an sich daher auch kein Unterscheidungskriterium zur „offiziellen" Expertise sein kann:

> „Was den grundsätzlichen Anspruch und Bezug auf ‚die Wahrheit' betrifft, unterscheiden sich Vertreter und Gegner der Verschwörungstheorien in nichts. Um sich von den Verschwörungstheorien aufklärerisch zu unterscheiden, legen die Kritiker nahe, die Lösung liege im vollständigen Aufdecken der Fakten. Aber genau das hatten die Verschwörungstheoretiker auch in Anspruch genommen." (Hobuß 2004, S. 294)

[1] Letzter Zugriff auf diese und andere aufgeführte Webseiten am 27. November 2012.

Für eine wissenssoziologisch-konstruktivistische Perspektive, wie sie von Berger und Luckmann (1969) vorgeschlagen wurde, spielt der Wahrheitsgehalt von Wissensbeständen jedoch ohnehin eine untergeordnete Rolle. Vielmehr müsse untersucht werden, wie „gesellschaftlich entwickeltes, vermitteltes und bewahrtes Wissen für den Mann auf der Straße zu außer Frage stehender ‚Wirklichkeit' gerinnt" (Berger und Luckmann 1969, S. 3). Ein solcher Fokus auf den Konstruktionsprozess von Alltagswissen erscheint hilfreich für eine erklärende Betrachtung von Verschwörungstheorien. Anstatt diese Wissensform lediglich zu pathologisieren und damit in einer gewissen Hilflosigkeit zu verharren, ermöglicht sie den Einblick in die Entstehungsbedingungen dieser marginalisierten Wissensform. Gleichzeitig wird so der Blick für die hier entscheidende Frage geschärft: Wieso sind Verschwörungstheorien so erfolgreich und welche Rolle spielt das Internet für die Konstruktion dieser gesellschaftlichen Wirklichkeit?

Wie einleitend bereits umrissen, sind an dieser Stelle natürlich zunächst vor allem die neuen Zugangsmöglichkeiten zu Wissen zu nennen, die durch das Internet eröffnet werden. Besonders mit Aufkommen des *Web 2.0,* das durch standardisierte Plattformen vereinfachte Partizipationsformen für breite Bevölkerungsschichten etablierte, werden aber auch gänzlich neue Chancen zur aktiven Mitgestaltung gesellschaftlichen Wissens gegeben. Mit dem Vokabular Bergers und Luckmanns gesprochen, könnte man wohl urteilen, dass mit dem Internet „dem Mann auf der Straße" ein mächtiges Instrumentarium zur Externalisierung und Objektivierung seines subjektiven Wissens in die Hand gegeben wird. Ihre Forderung, man müsse subjektives und objektives Wissen immer zusammen denken, gilt im Zeitalter des Internets umso mehr. Denn in der Online-Welt sind beide Ebenen derart miteinander verwoben, dass ihre Trennung häufig kaum noch durchführbar erscheint. Begriffe wie „Prodnutzung" sind Ausdruck dieser Entwicklung und umschreiben die Verschmelzung vormals distinkter Aktivitäten wie das Produzieren und Nutzen von Inhalten. Wo in diesem Kontext die Linien zwischen Journalismus und Blogosphäre, Expertise und Laientum, Wissenschaft und Pseudowissenschaft, Fiktion und Realität verlaufen, ist dabei zumindest in der Alltagswelt gewöhnlicher Internetnutzer nicht ohne weiteres feststellbar. „Every citizen is a researcher" resümierte Powell (2006) mit Blick auf die zahlreichen Laien, die sich im Rahmen der „9/11-Wahrheitsbewegung" an der Auswertung der schier endlosen Details zu diesem Ereignis beteiligten. Alleine der Untersuchungsbericht des NIST zum Einsturz des WTC und seine Anhänge umfassen tausende Seiten,[2] hinzu kommen diverse weitere „offizielle" Berichte, wie

[2] Erreichbar hier: http://www.nist.gov/el/disasterstudies/wtc/index.cfm.

etwa der der 9/11-Komission (Kean et al. 2004). Aber das Internet erlaubt auch den Zugriff auf Rohdaten wie Augenzeugenberichte, Fotos von Beweismaterial, Black-Box-Aufzeichnungen, Videos und vieles mehr. Natürlich sind Verschwörungstheorien keine Erfindung des Internets. Aber die „9/11-Wahrheitsbewegung" hätte ohne das Internet wohl kaum zu einer solchen Größe und Heterogenität heranwachsen können. Das Netz hat dabei auch eine wichtige sozialpsychologische Funktion: Gleichgesinnte sind immer nur einen Mausklick entfernt. Dies ist nicht nur für eine effektive Vernetzung von Vorteil, sondern auch, um der Stigmatisierung zu begegnen, die Verschwörungstheoretiker gewöhnlich von ihrem sozialen Umfeld erfahren. Der „Long Tail"-Effekt des Internets (Anderson 2007) führt dazu, dass sich auch die kleinsten und speziellsten Interessensgruppen finden und formieren können. Der „Verschwörungstheoretiker 2.0" dürfte sich daher selten als randständiger Sonderling und öfter als Teil einer gut vernetzten sozialen Graswurzelbewegung mit revolutionärem Potenzial empfinden.

Die Dokumentationsreihe *Loose Change* lässt sich an dieser Stelle als Beispiel anführen, das die verschiedenen wissenssoziologischen Dynamiken des Internets hervorragend illustriert. Die Filmemacher waren Amateure, die ursprünglich einen fiktiven Film drehen wollten (Pilkington 2007). Darin sollte es darum gehen, dass eine kleine Gruppe von Freunden herausfindet, dass der 11. September tatsächlich von der US-Regierung selbst inszeniert wurde. Im Laufe der Recherchen kamen die Filmemacher jedoch zu dem Schluss, dass es sich hierbei nicht um eine Fiktion, sondern um die Realität handele. Entsprechend wurde aus dem fiktiven Film eine Dokumentation, wobei diese im Wesentlichen aus bereits massenmedial verbreitetem Filmmaterial besteht. Dieses wurde jedoch durch den Film in einen völlig neuen Zusammenhang gerückt, der auf suggestive Weise die sog. „Inside Job-These" propagiert. Über Video-Portale wie *YouTube* erreichte er erstaunliche Popularität und wurde gar zum ersten „Internet blockbuster" (Kails 2006; Sales 2006) erklärt, bevor er schließlich auch über etabliertere Handelswege vertrieben wurde. Allerdings wurde der Film auch massiv kritisiert, etwa von den sogenannten „Debunkern", einer Art Gegenbewegung zum 9/11 Truth Movement. Die Filmemacher reagierten, indem sie weitere, korrigierte Editionen des Filmes veröffentlichten.

Folgende Schlüsse lassen sich in Anbetracht unserer Fragestellung anhand dieses Beispiels ziehen: Erstens, es bedarf weder einer formalen Ausbildung, noch der Zustimmung eines konventionellen massenmedialen Gatekeepers, um im Internet erfolgreich (im Sinne von Aufmerksamkeitsgenerierung) zu sein. Zweitens,

Wissen kann im Internet mit einfachen Mitteln von nahezu jedermann de- und rekontextualisiert werden. Drittens, es wird in seiner Form fluider und flexibler, sodass die Ebenen der Produktion, Distribution und Rezeption in unmittelbare Nähe zueinander rücken. Entsprechend wandelt sich auch die Rolle von Expertise, die weniger denn je institutionell gebunden sein muss:

> „Während der Wahrheitsgehalt von Informationen in den Massenmedien durch die ‚Beglaubigung' anerkannter Persönlichkeiten (wie dem ‚anchor man' der Nachrichtensendung) oder Experten (wie dem interviewten Wissenschaftler) abgesichert werden konnten, ist dies im Netz nur ausnahmsweise möglich. Hier kann jeder unüberprüfbar als Spezialist für dieses oder jenes auftreten und sich den Anschein von Kompetenz geben." (Schetsche 2007, S. 118 f.)

Es stellt sich aber sogleich die Frage, welche anderen Selektions- und Bewertungsmechanismen im Internet an die Stelle traditioneller „Beglaubigungsinstitutionen" rücken und was dies für Verschwörungstheorien bedeutet. Im Folgenden wird diesen Fragen am Beispiel von zwei Webseiten nachgegangen, die einen bedeutenden Einfluss auf die gesellschaftliche Wissensvermittlung im Internet haben, dies jedoch auf jeweils sehr unterschiedliche Weise: Die Universalsuchmaschine Google Web Search und die kollaborative Enzyklopädie Wikipedia.

2.1 Google – Relevanzhersteller und algorithmischer Gatekeeper

Die Websuchmaschine des mittlerweile zum Internetgiganten avancierten US-Konzerns Google muss wohl kaum einleitend vorgestellt werden. Das Wort „Googeln" hat es nicht nur in den Duden geschafft, es ist auch zum Synonym für Suchmaschinennutzung aller Art geworden. In den meisten Fällen ist dies sogar berechtigt, denn in vielen Ländern der Welt (darunter auch Deutschland) verfügt die Suchmaschine seit einigen Jahren über einen monopolartigen Marktanteil von circa 90 %. Sie wird dabei von ihren Nutzern zum Auffinden nahezu aller erdenklichen Informationsformen herangezogen, seien es Kochrezepte, Biographien, Krankheitssymptome oder wissenschaftliche Aufsätze. Dies spiegelt sich auch im akademischen Diskurs wider, wo etwa von einer „Gesellschaft der Suche" (Lovink 2012), der „search engine society" (Halavais 2009) oder eben – mit Blick auf die Vormachtstellung Googles – der „Google-Gesellschaft" (Lehmann und Schetsche 2007) und einer daraus folgenden „Googlization of everything" (Vaidhyanathan 2011) die Rede ist. Die informationspolitische Bedeutung der Suchmaschine wird dadurch verstärkt, dass Suchende in der Regel lediglich den ersten 10 Treffern folgen. Andersherum betrachtet bleiben also Webseiten, die es nicht in diesen elitären Zirkel schaffen, häufig unbeachtet. Selbstredend bleiben natürlich auch sämtliche Inhalte ausgeschlossen, die nicht in digitaler Form im Web vorliegen oder im sogenannten „Deep Web" (Bergman 2001) verborgen sind. Damit wird jener Teil des Webs bezeichnet, der nicht von den „Crawlern" von Suchmaschinen erfasst werden kann, etwa weil er durch Passwörter geschützt wird.

Google-Nutzer bekommen also jeweils nur sehr spezifische Ausschnitte der Realität repräsentiert. Hinzu kommt, dass Google (und auch andere Suchmaschinenbetreiber wie z. B. Bing) zunehmend auf eine Lokalisierung und Personalisierung der Suche setzen. Entsprechend können sich Googles Antworten von Computer zu Computer und von Nutzer zu Nutzer massiv unterscheiden. Kritiker befürchten, dass dies eine gesellschaftliche Fragmentierung, eine „Cyberbalkanisierung" (vgl. Putnam 2000, S. 177) herbeiführe. Die Personalisierung trage dazu bei, dass Internetnutzer sich ihre eigenen „Filter Bubble" (Pariser 2011) angepasster und diversitätsarmer Informationen „ergoogeln". Wie gravierend dieser Personalisierungseffekt tatsächlich ist, bleibt noch zu untersuchen. Unstrittig ist hingegen, dass Google trotz solcher (und anderer) Kritik der Status einer Antwortmaschine innewohnt. Auf beinahe magische Weise scheint sie fast immer die richtigen Antworten auf unsere Fragen aus dem Informationsozean zu fischen. Doch wie funktioniert dieser Vorgang eigentlich und wie wirkt er sich auf marginalisierte Wissensbestände wie Verschwörungstheorien aus?

Eines sei vorweggenommen: Eine hinreichende Antwort auf diese Frage lässt sich an dieser Stelle kaum liefern. Zum einen sind die hintergründigen Vorgänge dazu schlichtweg zu komplex, zum anderen gewährt der Konzern ohnehin keine erschöpfenden Einblicke in die Algorithmen, die zum Ranking der zuvor in komprimierter Form indexierten Webseiten eingesetzt werden. Mit dieser Intransparenz schützt sich Google zum einen vor seinen Wettbewerbern, zum anderen aber auch vor „Spammern", die ansonsten ihren Webseiten durch radikale Anpassung an die Relevanzindikatoren einen unnatürlichen Vorteil verschaffen könnten. Genau dies zu verhindern, war jedoch das erklärte Ziel der Google-Gründer. Sie kritisierten das hohe Spamaufkommen der frühen Web-Suchmaschinen und setzten diesem den *PageRank* entgegen, ein Algorithmus, der sich an dem akademischen Relevanzindikator der Zitationsanalyse orientiert, wobei Weblinks anstelle von Zitationen gezählt werden (Brin und Page 1998, S. 4). Entsprechend werden Webseiten, die zahlreiche Links erhalten, als besonders relevant gewertet, wobei Links von ihrerseits stark verlinkten Webseiten stärker gewichtet werden. Hinzu kommen diverse „abfrageabhängige Faktoren" (Lewandowski 2005, S. 90), etwa die Position und Häufigkeit des gesuchten Begriffs auf einer Webseite, Ort und Sprache der Abfrage usw. Die genaue Gewichtung der einzelnen Faktoren unterliegt ständigen Änderungen und über die Jahre wurde der Algorithmus immer ausgereifter. Inzwischen spricht Google (2012) von über 200 „Signalen", die bei der Relevanzbestimmung berücksichtigt werden. Obwohl sich deren exakte Wirkungsweise aufgrund der Geheimhaltungspolitik des Unternehmens nicht vorhersagen lässt, gibt es mittlerweile kaum noch Firmen, die nicht durch sogenannte Suchmaschinenoptimierung (auch SEO – Search Engine Optimization) versuchen, ihren Inhalten eine möglichst hohe Positionierung in den Googles-Ergebnissen zu verschaffen. Sogar eine akademische Variante der Optimierung wurde bereits vorgeschlagen (Beel et al. 2010). Diese Forderung ist nicht ganz unberechtigt. Denn in einem Kontext, der Relevanz maßgeblich anhand von Popularität (in Form hyperlinkförmiger Verweise) misst, hat es Spezialwissen, wie es in der Wissenschaft produziert wird, nicht immer leicht. Da Links von jedermann gesetzt werden können, lassen sich herkömmliche Systemgrenzen wie Wissenschaft-Öffentlichkeit oder Wissenschaft-Pseudowissenschaft hier nicht effektiv aufrechterhalten. Im Gegensatz zu herkömmlichen Gatekeepern, deren Entscheidungen an soziale Hierarchien und häufig auch Expertise gebunden sind, verfahren algorithmische Gatekeeper nach dem Verfahren der Laien-Indexierung (vgl. Brooks 2004), d. h. Laien entscheiden maßgeblich über die Relevanz von Inhalten.

Wenn also von Anhängern alternativer Deutungen zu den Ereignissen des 11. September zum „Googeln" eines Begriffs wie „WTC-7" aufgerufen wird, dann weil sie die begründete Hoffnung haben, dass ihre durchaus populären Thesen von Google als relevanter bewertet werden als etwa der wissenschaftliche Bericht des NIST. In den Kreisen der „Wahrheitsbewegung" wird der Einsturz dieses Gebäudes schon seit vielen Jahren als „Smoking Gun" für einen „Inside Job" der US-Regierung gehandelt. Entsprechend hat man die eigenen Abhandlungen zu diesem Stichwort derart gut vernetzt, dass man eine *Begriffshegemonie* erzielen konnte. Das war auch deshalb möglich, weil das Gebäude abseits dieser speziellen Gruppe (etwa in den Massenmedien oder der Wissenschaft) eine eher untergeordnete Rolle spielte. So kommt es, dass selbst die auf wissenschaftliche Publikationen spezialisierte Suchmaschine Google Scholar zwischenzeitlich Papiere der „Wahrheitsbewegung“ als hochgradig relevant einstuft.[3]

Hinzu kommt, dass selbst relativ neutrale Begriffe bereits bei der Eingabe mit Vorschlägen ergänzt werden, die auf früheren populären Suchanfragen basieren. Durch diese Autovervollständigung wird die Wahrscheinlichkeit erhöht, dass ohnehin populäre Suchbegriffe erneut eingegeben werden. Es entsteht also eine Art *Matthäus-Effekt,* so wie Merton (1985, S. 147 ff.) ihn für viel zitierte wissenschaftliche Artikel herausgestellt hat. Populäre Inhalte werden auf diese Weise noch populärer, während weniger beliebten Inhalten die Chance auf Sichtbarkeit systematisch verbaut wird. Tatsächlich finden sich zahlreiche „verschwörungstheoretisch“ gefärbte Vorschläge, wenn man etwa den Begriff „9/11“ eingibt, wobei sich hier auch kulturelle Unterschiede offenbaren (König 2012a). So sind die Vorschläge im arabischen Sprachraum besonders stark von alternativen Deutungen dominiert, während sie im englischen Sprachraum heterogener ausfallen.

2.2 Wikipedia – Textproduktion zwischen Laien-Partizipation und elitärer Wissensrepräsentation

Zumindest eines dürfte die Online-Enzyklopädie Wikipedia mit dem Netzgiganten Google gemeinsam haben: Popularität. Die Plattform zur kollaborativen Wissensproduktion folgte wenige Jahre nach der Google-Gründung und avancierte innerhalb kurzer Zeit zu einer ähnlich zentralen Instanz des Webs. Dieser Erfolg überraschte selbst die Gründer, die Wikipedia einst als „Spaßprojekt“ innerhalb ihrer Online-Enzyklopädie Nupedia konzipierten (Nupedia 2011 [2001]). Ähnlich wie herkömmliche Enzyklopädien setzte Nupedia auf eine sorgfältige Qualitätskontrolle, bevor die von Experten geschriebenen Artikel veröffentlicht wurden. Bekanntlich geht Wikipedia hier einen anderen Weg, dessen Erfolg damals kaum vorhersehbar war: Jedermann konnte und kann hier unmittelbar und jederzeit Artikel anlegen und editieren, ungeachtet formaler Qualifikationen. Eine Qualitätskontrolle findet zwar statt, allerdings lediglich *ex-post* und – wie schon beim Erstellen der Artikel – abhängig davon, ob sich Freiwillige für diese Aufgabe zusammenfinden. Dass dieses Organisationsprinzip wider Erwarten erfolgreich war, zeigt sich schon auf rein quantitativer Ebene: Keine andere Enzyklopädie, weder

[3] Im Oktober 2012 wurden die Ergebnisse für den Suchbegriff „WTC 7“ etwa durch einen Artikel einer prominenten Figur der „Wahrheitsbewegung“ angeführt, Steven E. Jones.

online noch offline, kann mit dem Umfang der großen Sprachversionen Wikipedias mithalten. Auch auf qualitativer Ebene funktioniert die Enzyklopädie besser als es das auf den ersten Blick anarchisch anmutende Organisationsprinzip vermuten lässt. So fand etwa eine Studie viel Beachtung, die der Wikipedia ein ähnlich hohes Qualitätsniveau zusicherte wie der renommierten Encyclopædia Britannica (Giles 2005). Vielfach wurde versucht, das revolutionäre Wiki-Prinzip zu kopieren und man feierte die angebliche „Weisheit der Vielen" (Surowiecki 2005) hinter der kollaborativen Plattform. Gleichzeitig sorgte die Offenheit des Projekts aber auch immer wieder für Negativ-Schlagzeilen, etwa wenn Journalisten oder gar der Bundespräsident Fehler aus der Wikipedia übernahmen (Bartsch et al. 2009; Nordmann 2007). Kritiker attestierten dem Ordnungsprinzip dann auch keine Weisheit, sondern vielmehr „digitalen Maoismus" (Lanier 2006).

Die sozialwissenschaftliche Erforschung der Wikipedia-Community hat indessen viele Annahmen über dieses Ordnungsprinzip relativiert. Eine quantitative Analyse der größten Sprachversionen zeigte etwa, dass 90 % der Inhalte von nur 10 % der Autoren erstellt werden (Ortega 2009, S. 106). Gleichzeitig verlässt über die Hälfte aller Autoren die Enzyklopädie nach kurzer Zeit wieder (ebd.). Demnach ließe sich durchaus infrage stellen, ob die Beteiligung an dem Projekt tatsächlich so massenhaft ist, wie häufig angenommen. Gleichzeitig wurde aufgezeigt, wie komplex das Sozial- und Regelsystem der Wikipedia ist (z. B. Reagle 2010). Die oberflächlich klar formulierten Regeln wie das Verbot originärer Forschung („No original research") oder das Einhalten eines neutralen Standpunktes („Neutral point of view") erweisen sich beim näheren Hinsehen als äußerst kontrovers. Sie benötigen zahlreiche zusätzliche Erklärungen, die zusammengenommen die Wikipedia für Außenseiter als undurchsichtigen Bürokratieapparat erscheinen lassen (Butler et al. 2008). Bei der Anwendung des Regelsystems herrscht ein stetiger Konflikt zwischen den sogenannten „Inklusionisten", die einer liberalen „Befreiungsideologie" anhängen, und den „Deletionisten", die vor allem eine „Produktideologie" mit einer strikteren Exklusionspolitik verfolgen (Stegbauer 2009, S. 289 f.). Ein wesentlicher Austragungsort für diesen und andere Konflikt(e) wird durch Diskussionsseiten geboten, die sich im Hintergrund aller Wikipedia-Artikel finden. Hier entscheidet sich in der Regel, ob eine Änderung an einem Artikel Bestand hat oder ob sie wieder rückgängig gemacht wird (was mit der Wikipedia-Software sehr einfach möglich ist). Kommt es zu keiner Einigung und einem fortlaufenden „Edit-War", können Wikipedianer mit besonderen Rechten (Administratoren) regulierend eingreifen, etwa indem sie Seiten oder Nutzer sperren.

Mit Blick auf die gesellschaftliche Bedeutung Wikipedias lassen sich diese Diskussionsseiten auch als signifikanter Konstruktionsort gesellschaftlicher Wirklichkeit konzipieren. Hier wird ausgehandelt, welches Wissen in Form von Wikipedia-Artikeln gesellschaftlich objektiviert wird. Somit stellen Diskussionsseiten interessantes wissenssoziologisches Datenmaterial zur Verfügung, das detaillierte Einblicke in den Konstruktionsprozess der Wikipedia gewährt. In einer Fallstudie (König 2009) wurden die Diskussionsseiten zum Artikel „Terroranschläge am 11. September 2001" mittels qualitativer Inhaltsanalyse und Grounded Theory (Glaser und Strauss 1968) untersucht. Dabei standen Argumentationsmuster zur Inklusion bzw. Exklusion von Wissen und ihre Evolution im Fokus, insbesondere hinsichtlich der Frage nach dem Einsturz des WTC. Es wurde also speziell ein zentrales Thema der „9/11-Wahrheitsbewegung" anvisiert und gefragt, wie im offenen Kontext der Wikipedia darüber entschieden wird, welche Wirklichkeitsdeutung als objektiviertes Wissen in den Artikel integriert wird.

Erwartungsgemäß machten Anhänger der „Wahrheitsbewegung" schon frühzeitig von den partizipativen Strukturen Wikipedias Gebrauch, indem sie versuchten, ihre Sichtweisen in den Artikeln einzubringen. Schnell entstand ein Streit über die Einsturzursache des WTC, der über die bloße Bewertung externer Quellen hinausgeht. Dabei wird schnell klar, dass die aktive Wikipedia-Community nur über unzureichende Expertise verfügt, um die verschiedenen Positionen und Details abschließend bewerten zu können. Exemplarisch zeigt sich dies in diesem Beitrag:

> „Hi, nun ja, ich hab im Moment nicht allzuviel Zeit, vielleicht in aller Kürze. Ich bin auch kein Profi, allerdings betrachte ich die Sache rein objektiv […] Brandtemp. k.A., aber durch mein Studium (Bau) hat man ein wenig Einblick in Materialeigenschaften und nicht umsonst sind alle Stahlteile in Hochbauten gegen Feuer geschützt. Genaueres (ab wann Materialversagen auftritt) können nur Statiker oder andere Baufachleute treffen." (TA-D-A1, S. 2)[4]

Durch die fortlaufende Infragestellung fundamentaler Grundannahmen des Artikels wird der Diskurs überfordert. Es wird reagiert, indem alternative Deutungen *kanalisiert* und *ausgelagert* werden. Dazu wird ein zusätzlicher Artikel mit dem Titel „Verschwörungstheorien zum 11. September 2001" erstellt. Die Anhänger alternativer 9/11-Deutungen kritisieren diesen Schritt massiv, wobei vor allem auf das Wikipedia-Gebot des neutralen Standpunktes verwiesen wird. Dieses sehen

[4] Das Datenmaterial kann unter http://renekoenig.eu/diplomarbeit/datenmaterial eingesehen werden. Die detaillierte Analyse findet sich bei König (2009), weitere Reflektionen bei König (2012b).

die Anhänger alternativer Deutungen verletzt, weshalb u. a. eine Relativierung der „offiziellen Version“ vorgeschlagen wird:

> „Der erste Satz ist eine Vermutung, die vorerst nicht widerlegbar ist. Für die Weltöffentlichkeit haben sich diese Dinge wie beschrieben zugetragen. Es gibt viele alternative Möglichkeiten, wie dieser Anschlag geplant und durchgeführt wurde. Im Einleitungssatz dieses Artikels muss erwähnt werden, dass dies die von der US-Regierung verbreitete, [unbewiesene] Version ist.“ (TA-D-A2, S. 3)

Demgegenüber argumentieren Anhänger der „Mainstream“-Deutung mit dem Verbot originärer Forschung. Demnach seien alternative Deutungen auszuschließen, da sie eine Generierung neuen Wissens darstellten, anstatt lediglich den etablierten Forschungsstand zu repräsentieren. Dem wird wiederum von „verschwörungstheoretischer“ Seite entgegengehalten, die „offizielle Version“ sei keineswegs wissenschaftlich etabliert:

> „Forschungsstand? Soweit ich das überblicken kann gibt es Physiker, die sagen, ein Gebäude aus Stahl kann nicht durch 1 Stunde Feuer zu Staub zerfallen. Außerdem noch ‚Scholars for 911 Truth‘. Es ist ein Irrtum, anzunehmen, der offizielle Bericht oder der FEMA-Report wären wissenschaftlich. Es sind Regierungsbehörden und keine unabhängigen Wissenschaftler. Wo sind denn die unabhängigen Wissenschaftler, die für den Forschungsstand gesorgt haben, von dem du ausgehst.“ (TA-D-A2, S. 36 f.)

Die Inklusionsbedingungen werden daraufhin zunehmend verschärft. So wird etwa strikter formuliert, was als Teil des wissenschaftlichen Diskurses zu gelten hat:

> „[…] Trotz der Lautstärke, mit der einige Profs, die keine Fachexperten waren und sind, ihre ‚Beweise' im Netz verbreiten, ist keiner ihrer Aufsätze jemals einem Peer-Review unterzogen worden. Sie sind kein Teil der wissenschaftlichen Aufarbeitung des 11.9. Das ist FAKT […].“ (TA-D-A4, S. 5)

Diese exklusive Politik wird immer rigider umgesetzt, wobei zum Teil auch zu technischen Hilfsmaßnahmen wie (temporäre) Artikelsperrungen gegriffen wird. Schließlich werden alternative Deutungen auch aus den Diskussionsseiten verbannt bzw. zum Diskussionsbereich des Artikels „Verschwörungstheorien zum 11. September 2001“ verschoben. Auf diese Weise erfolgt gleichsam eine „Immunisierung“ des Artikels zum 11. September.

Man könnte diese restriktive Exklusionspolitik nun als Gegensatz zu Wikipedias partizipativem Modell kollaborativer Wissensproduktion interpretieren.

Tatsächlich ist diese Rigidität jedoch viel mehr ein *Resultat* der strukturellen Offenheit der Online-Plattform. Eine endlose deliberative Debatte über alle Details des Großereignisses 9/11 und eine diskursive Abwägung sämtlicher Positionen scheint schlechterdings nicht möglich. Exklusion wird zur einzig produktiven Lösung, und als Kriterium bedient man sich etablierter Wissenshierarchien. So mag es als Demokratisierung aufgefasst werden, dass ein enzyklopädischer Artikel von Laien verfasst wird. Inhaltlich repräsentiert er jedoch elitäre Wissensinstitutionen (dazu ausführlich: König 2012b). Es spricht vieles dafür, dass gerade die Offenheit Wikipedias zu dieser „anti-demokratischen" Politik führt. Einer Produktideologie folgend, versucht man alles, was der Reputation schaden könnte, zu verbannen. Hier offenbart sich ein *partizipatives Dilemma*: Einerseits sind kollaborative Projekte wie Wikipedia fundamental abhängig von aktiver Partizipation und Offenheit, andererseits ist es die Partizipation selbst, die ihr Potenzial begrenzt. Je mehr divergierende Wirklichkeitsdeutungen miteinander in Konflikt geraten, desto nötiger wird die Exklusion von Perspektiven. Es ist nicht unwahrscheinlich, dass mit zunehmender Rigidität Beiträge vorschnell als „verschwörungstheoretisch" deklassiert und verbannt werden, obwohl sie vielleicht auch darüber hinausgehendes Potenzial gehabt hätten.

Demnach kann der marginalisierte Status alternativer Deutungen also durchaus auch unter offenen Strukturen (re-)produziert werden und sie profitieren nicht per se von den partizipativen Möglichkeiten des Web 2.0. Dennoch erhöht sich ihre Sichtbarkeit, wenn auch unter dem eindeutigen Stigma der „Verschwörungstheorien".

3 Fazit

Obwohl die aufgeführten Fallstudien nur einen kleinen (wenn auch signifikanten) Ausschnitt des Internets repräsentieren, liefern sie doch generalisierbare strukturelle Einsichten zur Position von „Verschwörungstheorien" und ähnlichen gesellschaftlich marginalisierten Wissensbeständen. Diese Einsichten sind auf keine einfache und eindeutige Formel wie „Verschwörungstheorien profitieren vom Internet" zu bringen. Zweifellos erlangen sie durch das Internet neue Möglichkeiten zur Verbreitung und Vernetzung, wodurch sich auch ihre Rezeptionschancen erhöhen. Grenzziehungsprozesse (z. B. Wissenschaft-Pseudowissenschaft, Wissenschaft-Öffentlichkeit) sind im World Wide Web häufig nur schwer durchzuführen. Dies kann zur Folge haben, dass marginalisierte Wissensbestände eine gewisse Rehabilitierung erfahren, etwa weil ihr marginalisierter Status nicht als solcher erkannt wird. Gleichzeitig kann sich aber gerade diese Unklarheit gegen sie wenden, wie das Beispiel Wikipedia zeigt. In solchen Fällen ist man aufgrund der diffusen Statussituation umso mehr um eine Grenzziehung bemüht, wobei diese in der Regel zugunsten etablierter Wissensautoritäten erfolgt. Obwohl diverse Verschwörungstheorien demgegenüber von Googles algorithmischer Selektion bislang eher zu profitieren scheinen, sagt dies noch nichts über einen gesamtgesellschaftlichen Akzeptanzgewinn aus. Es ist sehr wohl denkbar, dass nur eine entsprechend empfängliche Randgruppe der Ordnungslogik von Google folgt, während andere diese womöglich rigide ablehnen und übergehen. Zudem könnten zukünftige Algorithmusänderungen diesen scheinbaren Vorteil auch schnell und radikal in einen Nachteil verkehren. Die durch das plattformorientierte Web 2.0 hervorgerufene Zentralisierung des Internets erleichtert prinzipiell die Kontrolle über Inhalte. Es liegt somit in erster Linie im Ermessen der Plattform-Entwickler, welche Inhalte sie zulassen und wie sie ihre Zugänglichkeit organisieren. Dadurch können Verschwörungstheorien – je nach Plattformpolitik – positiv oder negativ bewertet werden, wobei sich dies selbstverständlich auch wandeln kann. Eine bislang vielfach eingesetzter Ordnungsmechanismus orientiert sich an quantitativ messbarer Popularität (etwa in Form von Links, Klicks oder „Likes"). Insofern spricht vieles dafür, dass populäre Verschwörungstheorien vielerorts eine entsprechende Signifikanz eingeräumt bekommen, die jedoch durch menschliche Eingriffe auch relativiert werden kann. Somit dürfte sich das hier gezeichnete ambivalente Bild gesellschaftlich marginalisierter Wissensformen im Internet in nächster Zeit wohl kaum fundamental in die eine oder andere Richtung schärfen. Der Trend der Personalisierung (etwa durch individualisierte Suchmaschinenergebnissen oder persönlichen Nachrichtenkanälen basierend auf Social Media) dürfte indessen für eine zusätzliche Fragmentierung sorgen. Diese birgt auch soziales Konfliktpotenzial, da sie zu einer zunehmend individualisierten Verzerrung von Wirklichkeiten beiträgt. „Verschwörungstheoretiker" könnten unter diesen Bedingungen schnell zu dem Schluss kommen, dass ihre Weltsicht eben nicht marginal ist, sondern von einer gesellschaftlichen Mehrheit geteilt wird. Entsprechend dürfte ihre Frustration darüber steigen, dass ihre Perspektive in der Regel nicht von etablierten Wissensautoritäten anerkannt wird. Dies muss zwangsläufig als anti-demokratisch aufgefasst werden. Tatsächlich ist das Verhältnis zwischen Demokratie und Expertise seit jeher konfliktreich und nur bedingt miteinander zu vereinbaren (Fischer 2009). Das Internet scheint durch seine partizipativen und diskursiven Strukturen eine Überwindung – oder zumindest Verringerung – der Experten-Laien-Dichotomie zu versprechen. Ein näherer Blick lässt jedoch Zweifel an dieser Vorstellung aufkommen. Sicher ist hingegen, dass das Internet diverse wissenssoziologische Dynamiken ausgelöst hat, die wir bislang nur unzureichend verstehen. Konstruktivistische Ansätze scheinen hier besonders gut geeignet, um der „technodeterministischen Falle" vorschneller Schlussfolgerungen zu entgehen.

Literatur

Anderson, C. 2007. *The Long Tail. How Endless Choice is Creating Unlimited Demand.* Random House: London.

Bartsch, M., M. Brauck, I. Hülsen, und M. U. Müller. 2009. Wilhelm und der Grubenhund. *Der Spiegel* 8: 54–56.

Beel, J., B. Gipp, und E. Wilde. 2010. Academic Search Engine Optimization (ASEO): Optimizing Scholarly Literature for Google Scholar and Co. *Journal* of *Scholarly Publishing* 42: 176–190. doi:https://doi.org/10.1353/scp.0.0082.

Berger, P. L., und T. Luckmann. 1969. *Die gesellschaftliche Konstruktion der Wirklichkeit.* Fischer: Frankfurt am Main.

Bergman, M. K. 2001. The Deep Web: Surfacing Hidden Value. *Journal of Electronic Publishing* 7. doi: https://doi.org/10.3998/3336451.0007.104.

Brin, S., und L. Page. 1998. The Anatomy of a Large-Scale Hypertextual Web Search Engine, Seventh International World-Wide Web Conference (WWW 1998), 14.-18. April 1998, Brisbane. http://ilpubs.stanford.edu:8090/361/1/1998-8.pdf. Zugegriffen: 27. November 2012.

Brooks, T. A. 2004. The nature of meaning in the age of Google. *Inf. Res.* 9 (3). http://informationr.net/ir/9-3/paper180.html. Zugegriffen: 27. November 2012.

Butler, B., E. Joyce, und J. Pike. 2008. Don't Look Now, But We've Created a Bureaucracy: The Nature and Roles of Policies and Rules in Wikipedia. *CHI '08 Proceedings of the SIGCHI Conference on Human Factors*, Florenz, Italien. doi:https://doi.org/10.1145/1357054.1357227.

Clarke, S. 2007. Conspiracy Theories and the Internet: Controlled Demolition and Arrested Development. *Episteme 4*: 167–180.

Fischer, F. 2009. *Democracy and Expertise: Reorienting Policy Inquiry.* New York: Oxford University Press.

Giles, J. 2005. Internet encyclopaedias go head to head. *Nature* 438: 900–901. doi:https://doi.org/10.1038/438900a.

Glaser, B., und A. Strauss. 1968. *The Discovery of Grounded Theory: Strategies for Qualitative Research.* London: Weidenfeld & Nicolson.

Google 2012. Algorithms Rank Relevant Results Higher. http://www.google.com/competition/howgooglesearchworks.htmlsection1. Zugegriffen: 27. November 2012.

Halavais, A. 2009. Search Engine Society. Serie: *Digital Media and Society Series.* Cambridge: Polity Press.

Harrit, N. H., J. Farrer, S. E. Jones, K. R. Ryan, F. M. Legge, D. Farnsworth, G. Roberts, J. R. Gourley, und B. R. Larsen. 2009. Active Thermitic Material Discovered in Dust from the 9/11 World Trade Center Catastrophe. *The Open Chemical Physics Journal* J 2: 7–31. doi: https://doi.org/10.2174/1874412500902010007.

Hobuß, S. 2004. „Die Wahrheit ist irgendwo da draußen." Verschwörungstheorien zum 11.09.2001 und die Frage nach dem Entkommen aus der Skepsis. In *Narrative des Entsetzens. Künstlerische, mediale und intellektuelle Deutungen des 11. Septembers 2001*, hrsg. M. N. Lorenz, 287–299. Würzburg: Königshausen & Neumann.

Jones, S. E., F. M. Legge, K. R. Ryan, A. F. Szamboti, und J. R. Gourley. 2008. Fourteen Points of Agreement with Official Government Reports on the World Trade Center Destruction. *The Open Civil Engineering Journal* 2: 35–40. doi: https://doi.org/10.2174/1874149500802010035.

Kails, K. 2006. „Loose Change". Ein Internetfilm über 9/11 bricht alle Rekorde. faz.net, 30. Juli 2006. http://www.faz.net/s/RubFC06D389EE76479E9E76425072B196C3/Doc~E3D78F3C2F11F4C7C8E2993E156C2037E~ATpl~Ecommon~Scontent.html. Zugegriffen: 27. November 2012.

Kean, T. H., L. H. Hamilton, R. Ben-Veniste, F. F. Fielding, J. S. Gorelick, S. Gorton, B. Kerrey, J. F. Lehman, T. J. Roemer, und J. R. Thompson. 2004. The 9/11 Commission Report. Government Printing Office, Washington. http://www.9-11commission.gov/report/911Report.pdf. Zugegriffen: 27. November 2012.

König, R. 2009. Eine Bewegung für die Wahrheit? Gesellschaftliche Wirklichkeitskonstruktion in Wikipedia am Beispiel alternativer Deutungen des 11. September 2001. Diplomarbeit, Universität Bielefeld. http://nbn-resolving.de/urn/resolver.pl?urn=urn:nbn:de:hbz:361-17633. Zugegriffen: 27. November 2012.

König, R. 2012a. Google, Autocomplete und 9/11: Konstruiert die Suchmaschine kulturelle Unterschiede? Berliner Gazette, 01. November 2012. http://berlinergazette.de/google-911-autocomplete. Zugegriffen: 27. November 2012.

König, R. 2012b. Wikipedia. Between lay participation and elite knowledge representation. *Information, Communication & Society*. doi:https://doi.org/10.1080/1369118X.2012.734319.

Lanier, J. 2006. Das sogenannte Web 2.0. Digitaler Maoismus. sueddeutsche.de, 16. Juni. http://www.sueddeutsche.de/kultur/422/405200/text. Zugegriffen: 27. November 2012.

Lehmann, K., und M. Schetsche (Hrsg.) 2007. *Die Google-Gesellschaft. Vom digitalen Wandel des Wissens*. Bielefeld: Transcript.

Lewandowski, D. 2005. Web Information Retrieval. Technologien zur Informationssuche im Internet. DGI, Frankfurt am Main. http://www.durchdenken.de/lewandowski/web-ir. Zugegriffen: 27. November 2012.

Lovink, G. 2012. *Das halbwegs Soziale: Eine Kritik der Vernetzungskultur*. Bielefeld: Transcript.

Merton, R. K. 1985. Der Matthäus-Effekt in der Wissenschaft. In *Entwicklung und Wandel von Forschungsinteressen*, hrsg. R. K. Merton, Frankfurt am Main: Suhrkamp.

Meyer, P. 2001. The World Trade Center Bombing. serendipity.li, 13. September. http://www.serendipity.li/wtc_0913.html. Zugegriffen: 27. November 2012.

NIST 2008. NIST NCSTAR 1A: Federal Building and Fire Safety Investigation of the World Trade Center Disaster: Final Report on the Collapse of World Trade Center Building 7. US Department of Commerce, Washington. http://wtc.nist.gov/NCSTAR1/PDF/NCSTAR%201A.pdf. Zugegriffen: 27. November 2012.

Nordmann, A. 2007. Kaffeeservice und Bügelbrett. Von der Wikipedia ohne Umweg in die Köpfe. arne-nordmann.de, 17. Dezember. http://de.arne-nordmann.de/Blog/kaffeeserviceundbuegelbrett. Zugegriffen: 27. November 2012.

Nupedia 2011 [2001]) Welcome to Nupedia.com! http://web.archive.org/web/20010118225800/http://www.nupedia.com. Zugegriffen: 27. November 2012.

Ortega, F 2009. Wikipedia: A quantitative analysis. Dissertation, Universidad Rey Juan Carlos Madrid. http://de.wikipedia.org/wiki/Datei:Thesis-wkp-quantanalysis-1.pdf. Zugegriffen: 27. November 2012.

Pariser, E. 2011. *The Filter Bubble. What the Internet is Hiding from You.* New York: Penguin.
Pilkington, E. 2007. „They're all forced to listen to us", guardian.co.uk, 26. Januar. http://www.guardian.co.uk/media/2007/jan/26/digitalmedia. Zugegriffen: 27. November 2012.
Powell, M. 2006. The Disbelievers. 9/11 Conspiracy Theorists Are Building Their Case Against the Government From Ground Zero. washingtonpost.com, 08. September 2006. http://www.washingtonpost.com/wp-dyn/content/article/2006/09/07/AR2006090701669.html. Zugegriffen: 27. November 2012.
Putnam, R. D. 2000. *Bowling Alone. The Collapse and Revival of American Community.* New York: Simon & Schuster.
Reagle, J. M. J. 2010. *Good Faith Collaboration: The Culture of Wikipedia.* Cambridge (MA), London: MIT Press.
Ryan, K. R., J. R. Gourley, und S. E. Jones. 2009. Environmental anomalies at the World Trade Center: evidence for energetic materials. *The Environmentalist* 29: 56–63. doi: https://doi.org/10.1007/s10669-008-9182-4.
Sales, N. J. 2006. Click Here for Conspiracy. Vanityfair.com, August. http://www.vanityfair.com/ontheweb/features/2006/08/loosechange200608. Zugegriffen: 27. November 2012.
Schetsche, M. 2007. Die ergoogelte Wirklichkeit. Verschwörungstheorien und das Internet. In *Die Google-Gesellschaft. Vom digitalen Wandel des Wissens*, hrsg. K. Lehmann und M. Schetsche, 113–120. Bielefeld: Transcript.
Stegbauer, C. 2009. *Wikipedia: Das Rätsel der Kooperation.* Wiesbaden: VS.
Surowiecki, J. 2005. *Die Weisheit der Vielen: Warum Gruppen klüger sind als Einzelne.* Gütersloh: Bertelsmann.
Vaidhyanathan, S. 2011. *The Googlization of Everything. And Why We Should Worry.* Berkeley, Los Angeles: University of California Press.
World Public Opinion 2008. International Poll: No Consensus On Who Was Behind 9/11, worldpublicopinion.org, 10. September. http://www.worldpublicopinion.org/pipa/articles/international_security_bt/535.php%3Flb%3Dbtis%26pnt%3D535%26nid%3D%26id=. Zugegriffen: 27. November 2012.

René König, Dipl.-Soz., ist wissenschaftlicher Mitarbeiter an der Hochschule Rhein-Waal und ist dort Netzwerkkoordinator für Citizen Science. Er ist besonders interessiert an der Schnittstelle von Öffentlichkeit und Wissenschaft im Kontext des Internets und hat dazu in verschiedenen Projekten geforscht und publiziert, u.a. Interactive Science (Fördergeber: VolkwagenStiftung), ABIDA – Assessing Big Data (Fördergeber: Bundesministerium für Bildung und Forschung – BMBF), FemLab – Feminist Approaches to Labour Collectives (Fördergeber: International Development Research Centre – IDRC).

Who watches the Watchm... – Verschwörungstheoretische Symbolhaftigkeit im Comic

Sven Großhans

1 Einleitung

„Existence is random. Has no pattern save what we imagine after staring at it for too long. – – [1] No meaning save what we choose to impose“ (Moore 2008, Ch. VI, S. 26). Mit sichtlich ausdrucksloser Stimme gibt *Walter Kovacs* seinem überforderten Psychiater einen Einblick in sein Weltbild. *Kovacs* ist zugleich *Rorschach,* ein maskierter Rächer in Alan Moores preisgekröntem Werk *Watchmen* und seines Zeichens *die* (comic-haft überspitzte) Personifizierung eines Verschwörungstheoretikers schlechthin. Sein Ausspruch ist in mehrfacher Hinsicht bemerkenswert: So zeigt er einerseits das Verständnis, mittels dessen *Rorschach* die gesellschaftliche Wirklichkeit um sich herum – eine trostlose Welt voller Beliebigkeit und Inkohärenz – deutet. Andererseits wird offenbar, dass er seine kompromisslose Haltung gegenüber der – für ihn – moralisch verkommenen Gesellschaft sowie seine reaktionären, paranoid anmutenden Gedanken vollkommen bewusst, ja nahezu vorsätzlich, als die einzig ‚wahre‘ Weltsicht gelten lässt. Auf einer übergeordneten Ebene ist der Ausspruch darüber hinaus auch ein bissig-satirischer Kommentar auf jedwede Weltsicht, die für sich in Anspruch nimmt, einer

[1] Die Zeichenfolge „– –“ dient als formaler Hinweis darauf, dass das Zitat über mehrere Sprechblasen verteilt ist.

S. Großhans (✉)
Freiburg, Deutschland
E-Mail: sven.grosshans@gmx.de

A. Anton et al. (Hrsg.), *Konspiration,*
https://doi.org/10.1007/978-3-658-43429-8_17

anderen überlegen zu sein – seien dies nun orthodoxe Deutungsmuster oder heterodoxe, wie z. B. das Gedankengut (vermeintlicher) Verschwörungstheoretiker. In kondensierter Form verdeutlicht das Zitat zudem die programmatische Intention Moores, auf diese Gefahr vermeintlich ‚letzter Wahrheiten' in künstlerisch/ästhetisch wie narrativ ausgefeilter Form hinzuweisen. Zu diesem Zweck betreibt er in *Watchmen* ein reflektiertes Spiel mit verschiedensten Zeichen- und Deutungsebenen, das sich bewusst einer rein intellektuellen, ‚endgültigen' Erschließung verweigert und zusätzlich soziopolitisch hochbrisante Fragen über die Deutungshoheit in mediatisierten Gesellschaften aufwirft.

Auf die Tatsache, dass diese Fragen oft nur verdeckt oder im Verborgenen gestellt werden, also nicht explizit ausformuliert sein müssen bzw. dürfen, verweist Moore, indem er die vom römischen Satiriker Juvenal entlehnte Frage „Quis custodiet ipsos custodes?" (vgl. Moore 2008) kompositorisch in seinen Ausführungen einbettet, welche sinngemäß mit „Who watches the watchmen?" übersetzt wird. Besagter Schriftzug ziert als Graffiti an mehreren Stellen des Comics die Häuserwände im Hintergrund der Abbildungen – allerdings wird er nie in Gänze abgebildet, sondern ist lediglich bruchstückhaft oder verdeckt zu erkennen. Wer sind diese ‚Überwacher' oder selbsternannten Beschützer? Und welchen sozialen Kontrollen unterliegen sie? Diese sozialkritische Frage nach den Machtmechanismen unserer modernen Gesellschaft dient ihm als Fundament seiner Narration wie auch als Reflektion über Sichtbarkeit und Unsichtbarkeit machtpolitischer Strategien.

Im Folgenden soll anhand einer qualitativen Medienanalyse des Comics *Watchmen* aufgezeigt werden, in welcher Weise das soziale Phänomen des Verschwörungsdenkens medial aufbereitet, (um)gedeutet und kommentiert wird. Eine Grundannahme hierbei ist, dass sich spezieller symbolischer Exemplifizierungen und anschlussfähiger narrativer Elemente bedient wird, um diese medialisierten Deutungsmuster mit dem Ziel maximaler gesellschaftlicher Resonanz (proto)typisch auszugestalten. Das Medium Comic ist hierfür besonders geeignet, da es durch seine spezifische Art der visuellen Narration inhaltliche wie auch formale Aspekte der aufgegriffenen Themenbereiche überhöht und pointiert verdeutlicht, und somit eine dem Medium eigene Mischung aus emotionaler Nähe und analytischer Distanz schafft.

Da Comics – trotz einer in den letzten Jahren zunehmenden wissenschaftlichen Beschäftigung – immer noch ein Nischendasein in der Sozialforschung fristen, sollen zunächst einige formale Charakteristika des Mediums genannt werden (Abschn. 2). Daran schließt sich eine kurze Ausführung zu Verschwörungen, Verschwörungstheorien sowie deren Verhältnis zueinander an, wobei das besondere Augenmerk auf der Bedeutung und Wirkkraft symbolischer Inhalte im Zusammenhang mit Verschwörungstheorien und Verschwörungsnarrativen (vgl. zu

Letzteren den Beitrag von Hurst in diesem Band) liegt (Abschn. 3). Zum Zwecke der eigentlichen Analyse beschäftigen wir uns nach einem kurzen Abriss der Handlung (Abschn. 4.1) mit den typisierten Charakteren der Erzählung, die spezifische verschwörungslogische Handlungs- und Deutungsmuster ausagieren (Abschn. 4.2) sowie den narrativen, formalen und symbolischen Gestaltungsmitteln der die Geschichte umspannenden Verschwörung (Abschn. 4.3). Im nachfolgenden Exkurs (Abschn. 4.4) soll die Rolle der in *Watchmen* geschilderten Medien beleuchtet und ihr Verhältnis im Kampf um die Deutungshoheit der Ereignisse kritisch untersucht werden. Das abschließende Fazit (Abschn. 5) fasst die Erkenntnisse prägnant zusammen und widmet sich nochmals allgemein den Fragen nach Macht und Deutungshoheit in der modernen Gesellschaft.

2 Zur wissenschaftlichen Betrachtung von Comics

Bevor man sich dem Comic wissenschaftlich nähern kann, scheint es sinnvoll, eine kurze Einführung in dieses spezielle Gebiet der Medienforschung zu geben, die sowohl die charakteristischen funktionellen Merkmale sowie auch die Bandbreite des Mediums Comic verdeutlichen soll. Vorab sei erwähnt, dass es im Bereich der Comicforschung – wie bei den meisten anderen Disziplinen auch – eine Vielzahl der wissenschaftlichen Herangehensweisen und Perspektiven gibt. Andres C. Knigge (1996, 2004) versucht beispielsweise mittels einer historisierenden Exegese die zeitgeschichtliche Bedeutung des Mediums Comic zu beleuchten.[2] Andere Ansätze legen ihr Augenmerk hauptsächlich auf „die Charakteristika der Comic-Sprache" (Pietrini 2012, S. 8) oder versuchen gar eine „Psychosemiotik" des Mediums zu umreißen. Ebenso wird versucht, „die ‚parodistische' Ästhetik der Comics" (Frahm 2002, S. 201) als zentrales Definitionsmerkmal herauszustellen.

So unterschiedlich manche dieser (und anderer) Ansätze auch sein mögen, so kann doch festgehalten werden, dass sich weitestgehend auf einen gemeinsamen ‚definitorischen' Nenner geeinigt wird, der von einem der Pioniere des Comics – Will Eisner – in seinen theoretischen Schriften eingeführt und von Scott McCloud konzeptionell erweitert wird: Der Begriff der „sequential art" (Eisner 2008a). Speziell die weiteren Ausführungen von McCloud, der mit *Understanding comics – the invisible art* (1994) ein wegweisendes und häufig zitiertes Werk über die

[2] Ähnliches findet sich bei Platthaus (1998) und Ditschke et al. (2009).

Struktur und Theorie des Comics geschaffen hat, bilden auch heute noch das Fundament zahlreicher wissenschaftlicher Abhandlungen. So verweist Knigge folgerichtig darauf, dass die „Einzelbilder – [die sogenannten] Panels – (…) in den meisten Fällen keine ‚Momentaufnahmen [sind], sondern (…) einen zeitlichen Ablauf[3] zu einem grafischen Konstrukt [verdichten], das Ungleichzeitiges gleichzeitig darbietet" (Knigge 2004, S. 15). Unstrittig ist ebenfalls die Definition des Comics als „narrative Bildfolge" (Grünewald 2000, S. 28), für die „das graphische Ineinandergreifen von Text und Bild" (Platthaus 1998, S. 8) konstitutiv ist, und in der „mit Worten und Bildern gleichzeitig und gleichwertig" (ebd.) erzählt wird. Dieses Verständnis wird auch in einem weiteren Begriff Eisners gebündelt, dem Begriff der „visual narrative" (Eisner 2008b).

Kern des Konzepts bildet also die Aneinanderreihung der einzelnen Zeichnungen, die sogenannten *Cartoons*. Diese „simplified reality" (Mc Cloud 1994, S. 30), die vereinfachte Wirklichkeit also, die mittels der Zeichnungen entsteht, ist das Fundament für eines der weitreichendsten Wirkmittel des Comics, des Prinzips „Amplification through simplification" (ebd.). Dies besagt folgendes:

> „When we abstract an image through cartooning, we're not so much eliminating details as we are focusing on specific details. – – By stripping down an image to its essential 'meaning', an artist can amplify that meaning in a way that realistic art can't." (ebd.)

Mit der partiellen Vereinfachung in der graphischen Darstellung geht also auch immer eine Fokussierung auf bestimmte (Wirklichkeits-)Aspekte einher, mittels derer spezifische Merkmale verstärkt bzw. ‚hervorgehoben' dargestellt werden. Zudem besteht die Möglichkeit, eine hohe Dichte an textuellen wie visuellen Elementen in jedem einzelnen dieser Bilder zu integrieren, was die Darstellung einer überaus beeindruckenden Menge an Informationen ermöglicht.[4]

Ein weiteres konstitutives Merkmal ist die aktive, die *konstruierende* Rezeptionsweise, die der Comic ‚fordert':

---

[3] Die Ebene der Zeit bzw. ‚Zeitlichkeit' im Medium Comic ist ungemein interessant und gibt spannende Aufschlüsse sowohl zu Aufbau und Struktur wie auch zur Rezeption von Comics. Näheres findet sich bei McCloud (1994), Abschn. 4: *Time Frames* und Eisner (2008a), Abschn. 3: *Timing*.

[4] Vgl. hierzu Moore: „(…) [T]hose things that only comics could achieve: the way in which a tremendous amount of information could be included visually in every panel, the juxtapositions between what a character was saying and what the image that the reader was looking at would be" (Vylenz 2005, 0,23,08).

„Das Verständnis (und damit Gewinn und Genuss) der Geschichte verlangt ein kombinierendes, konstruierendes Lesen, das das Gezeigte mit dem Vorwissen in Beziehung setzt und vergleichend wertet." (Grünewald 2000, S. 11)

McCloud benutzt für dieses konstruierende Mitwirken des Rezipienten, durch das die einzelnen Bilder erst zu einem narrativen Ganzen werden, den Begriff *Closure.*[5] Damit wird die Rezeption eines Comics zu „eine[r] produktive[n] Leistung, die auf Erfahrung, Wissen und Konvention, auf Übung, auf der Fähigkeit zu Assoziation, Kombination und Konstruktion beruht." (ebd., S. 39) Der Leser erwirbt also im Laufe der Zeit ein spezifisches „Comic-Lese-Wissen", welches als spezielle Ausformung sozialen Wissens gelten kann. Wer sich mit Comics auf dieser Wissensgrundlage auseinandersetzt, entdeckt erst den wahren Reichtum und die Vielfalt, die das Medium in sich birgt – welche dann wiederum auf die Realität zurückwirkt. Denn „[i]n dieser Vielfalt spiegelt sich (...) gesellschaftliche Wirklichkeit" (ebd., S. 12). Eben dieser Umstand macht den Comic für sozial- wie auch geisteswissenschaftliche Untersuchungen so reizvoll, da der Comic ein geeignetes Medium ist, um heterodoxe Wissensbestände wie Verschwörungstheorien und deren Spiel mit dem, was sozial als ‚wirklich' erscheint, pointiert zu illustrieren.

3 Verschwörungstheorien und Verschwörungssymbole

Ein häufig auftretendes Strukturmerkmal bei medialen Repräsentationen von Verschwörungen – seien sie nun dokumentarischer oder eher fiktionaler Natur – ist ein Komplex von Zeichen und Symbolen, der unmittelbar mit dem Wissen über und von Verschwörungen zusammenhängt, diesen abbildet und gleichzeitig oft erst ‚sichtbar' macht. Versatzstücke dieses Symbolkomplexes können häufig in den von Hurst thematisierten *Verschwörungsnarrativen* (vgl. Hurst in diesem Band) beobachtet werden und bilden oft einen integralen Bestandteil dieser speziellen Form der Narrative. Man kann in diesem Zusammenhang durchaus von einem *Kanon der Verschwörungssymbolik* sprechen, da es sich hierbei um wie-

[5] Die Ausführungen McClouds (1994, S. 63 ff.) hierzu sind geradezu essentiell für sein Verständnis des Mediums Comic, welches für ihn ein Medium darstellt, „where the audience is a willing and conscious collaborator and closure is the agent of change, time and motion" (McCloud 1994., S. 65).

derkehrende, jeweils spezifisch konnotierte Zeichen handelt, die einen eindeutig funktionellen Charakter im Kontext von Verschwörungen und Verschwörungstheorien besitzen.

Aus wissenssoziologischer Perspektive „können Verschwörungstheorien zunächst als *gesellschaftlich konstruierte Wissensbestände*" (Anton 2001, S. 80) oder gar besser „als Formkategorie sozialen Wissens (…) weitestgehend analog zu sozialen Deutungsmustern" (ebd., S. 85) beschrieben werden, denen bestimmte „funktional miteinander verknüpfte *Bestandteile*" (ebd.) eigen sind. Einer dieser Bestandteile – so die folgende Argumentation – ist nun besagter Komplex aus verweiskräftigen Zeichen, Symbolen und Entlehnungen der Numerik, der eine Art *sedimentierten Wissenskorpus* des Verschwörungsdenkens darstellt, in dem visuelle Repräsentationen ganz charakteristische Assoziationen und Bedeutungen heraufbeschwören, die im Deutungsmuster der Verschwörungen unabdinglich sind. Als vorläufige Beispiele seien hier die immer wiederkehrende Form der Pyramide – auch oft nur angedeutet als Dreieck – oder das geradezu klassische, stereotyp anmutende, häufige Auftauchen der Zahl 23, und deren Quersumme 5, genannt.

Das *Verschwörungssymbol* stellt also die maximale zeichenhafte Verdichtung der mit dem Deutungsmuster einer bestimmten Verschwörungstheorie verbundenen Prioritätsattribute[6] dar. Die spezifische Verweiskraft markiert des Weiteren als Erkennungsschema den verschwörungstheoretischen Verdacht und regt so zu spezifischen (oder neuen) Situationsdefinitionen an. Gerade den visuell geprägten Medien wie Film und Comic bietet sich hiermit ein Korpus, der vor allem die teils spielerische, teils subversive Auseinandersetzung mit Verschwörungsdenken bereichert – oder auch kritisch hinterfragt.

Es sei angemerkt, dass für Moore – speziell im Bereich des Mediums Comics – der Gebrauch von ‚sinnhaften' Symbolen eine zentrale Rolle spielt. Er setzt dabei auf den repetitiven Gebrauch der Symbole, um sie auf diese Weise mit ‚Bedeutung aufzuladen' und somit die Gewichtung der Zeichen zu unterstreichen.[7]

---

[6] Unter einem Prioritätsattribut versteht man jenes Element eines Deutungsmusters, das bestimmt „unter welchen Bedingungen und in welchem Umfang der identifizierten Situation Wahrnehmungs- und Handlungspriorität eingeräumt werden muss" (Plaß und Schetsche 2001, S. 528).

[7] Vgl hierzu: „Moore also named William S. Burroughs as one of his 'main influences' during the conception of *Watchmen* and admired Burroughs' use of '*repeated symbols that would become laden with meaning*' (…)" (http://watchmen.wikia.com/wiki/Watchmen).

4 *Watchmen* – eine qualitative Analyse

Watchmen, in den Jahren 1986 und 1987 zunächst als zwölfteilige Mini-Serie veröffentlicht, und später als Sammelband in gebundener Form wiederaufgelegt, gilt bis heute als einer der einflussreichsten – und selbst bei Literaturkritikern – hochgelobtesten Comics.[8] Knigge (1996, S. 157) schreibt hierzu folgendes:

> „*Watchmen* ist die wohl vielschichtigste, intelligenteste und dichteste Geschichte, die jemals im Bereich des Superheldengenres geschrieben wurde."

Der Autor der Geschichte, Alan Moore, demonstriert, zu welch komplexer und anspruchsvoller Narration das Medium Comic fähig ist und dass die ‚Bildgeschichte' keineswegs als minderwertiges Produkt neben bzw. unter der ‚gehobenen Literatur' einzuordnen sei:

> „Alan Moore, who wanted to transcend the perceptions of the comic book medium as something juvenile, created Watchmen as an attempt to make 'a superhero Moby-Dick; something that had that sort of weight, that sort of density'." (http://watchmen.wikia.com/wiki/Watchmen)

Moore selbst beschreibt seine Intention folgendermaßen:

> „Watchmen used the clichés of the superhero format to try and discuss notions of power and responsibility in an increasingly complex world." (Vylenz 2005, 0,18,41)

Das komplexe Geflecht der sozialen Machtverhältnisse soll kritisch hinterfragt werden, wobei das reflektierte Spiel der Zeichen- und Deutungsebenen im Kontext der Verschwörung, das *Verschwörungsnarrativ,* hierbei als erzählerische Klammer für die Gestaltung dient.

Das mediale Echo und die Meinung von Experten wie auch Lesern waren einhellig. *Watchmen* stellte eine Zäsur in der Geschichte des Mediums dar, es war – wie Wolk (2007) dies formuliert – „something revolutionary" (S. 236), das den Eindruck erweckte, dass „[a]ll superhero comics from then on (…) were going to be either pre- or post-*Watchmen.*" (S. 245) Das Besondere war, dass Moore – in

[8] Ein Zeichen für den Stellenwert als literarisches Werk per se ist die Tatsache, dass *Watchmen* im Jahre 2005 – als einziger Comicband – von *Time* Magazin in die Liste *The 100 best English-language novels from 1923 to the present* aufgenommen wurde.

Kooperation mit dem Zeichner Dave Gibbons – die formalen Bedingungen und ‚Gesetze' des Comics einerseits in meisterlicher Weise einhielt und ihnen huldigte, sie andererseits aber auch subversiv hinterfragte, dekonstruierte und somit zur Disposition stellte. Diese Mischung aus Erwartbarem und Unerwartetem, welche sich auf besagter formalen wie auch auf der narrativen Ebene widerspiegelt, macht die anhaltende Faszination des Werkes aus:

> „The most obvious sense in which *Watchmen* is tethered to comics is the fact that it's specifically about comics' form and content and readers' preconceptions of what happens in a comic book story." (ebd., S. 241)

4.1 Ein kurzer Abriss der Handlung

Um der erwähnten Komplexität der Geschichte Rechnung zu tragen, soll zunächst in einigen Sätzen das spezielle Setting von *Watchmen* erläutert werden, um dann näher auf die eigentliche Handlung einzugehen. Die Erzählung spielt in einer alternativen Realität bzw. einem Paralleluniversum des Jahres 1985 und folgt der Prämisse, dass es in den USA seit den 1940er Jahren ‚wirklich' Superhelden gab – und noch gibt. Durch die Hilfe eines mit Superkräften ausgestatteten ‚Übermenschen' namens *Dr. Manhattan* gewinnen die USA in den sechziger Jahren den Vietnamkrieg und vermeiden damit eines der tiefschürfendsten kollektiven Traumata der amerikanischen Geschichte – ein Sieg, der es Richard Nixon (mittels einer Verfassungsänderung) ermöglicht, im Jahre 1985 für seine vierte Amtszeit zu kandidieren. Kurz nach Ende des Krieges allerdings, im Jahr 1977, eskaliert die Situation um die sogenannten *Vigilantes* bzw. *Adventurers,* wie die maskierten Helden beinahe durchgängig bezeichnet werden. Nach anhaltenden Protesten gegen die vermeintliche Selbstjustiz der selbsterklärten Rächer kommt es zu einem Polizeistreik, in dessen Folge die von Gewalt überschatteten Demonstrationen aus dem Ruder laufen und dem Superheldentum – von Bürgerrechtsbewegungen flankiert – mittels einer gesetzlichen Verfügung ein jähes Ende gesetzt wird. Die einstigen Helden sind gezwungen, „gealtert und verbittert" (Knigge 1996, S. 157) in ihr bürgerliches Leben zurückzukehren. Der Kalte Krieg, als politische Metapher für die menschliche Vergänglichkeit, tritt zudem in eine heiße Phase, die Gefahr eines Nuklearkriegs schwebt, einem Damoklesschwert gleich, über Handlung und Figuren. Oder wie eine Zeitung in Kapitel I titelt: „Nuclear Doomsday Clock Stands At Five To Midnight" (Moore 2008, Ch. I, S. 18).

An diesem Punkt setzt nun die eigentliche Handlung ein. Wie so oft steht am Anfang ein Mord; der Tote ist kein Geringerer als einer der in den Ruhestand versetzten Vigilantes, genannt *der Comedian.* Einer der Protagonisten, *Rorschach,* der sich als Einziger durch das gesetzliche Verbot nicht von seiner Tätigkeit als Adventurer abhalten lässt, vermutet eine gezielte Attacke gegen die einstige maskierte Zunft und beginnt mit eigenen Ermittlungen, in deren Folge die gesamte Riege der verbliebenen Ex-Helden in Aufruhr versetzt wird. Selbst wenn diese ihm anfangs keinen Glauben schenken, verdichten sich die Hinweise im Lichte der weiteren Ereignisse und *Rorschach* – über Umwege wieder mit seinem alten Gefährten *Night Owl* vereint – legt eine Verschwörung globalen Ausmaßes frei, an deren Ende der Tod von drei Millionen Menschen stehen wird. Die groteske Pointe des Anschlages ist, dass die verfeindeten Großmächte USA und Russland das nukleare Wettrüsten beenden und damit den Weg zum Weltfrieden ebnen – und das ‚Mastermind' hinter der Verschwörung ihr Ziel erreicht hat. Die Person, die im Verborgenen die Fäden zieht, ist kein Geringerer als der ehemalige Rächer *Ozymandias* – eine Tatsache, welche die ins Groteske übersteigerte Handlung auf die Spitze treibt.

4.2 Die Charaktere

Alan Moore ging es – laut eigener Aussage – beim Verfassen der Erzählung weniger darum, die Superhelden seiner Geschichte als „super beings" zu zeigen, sondern vielmehr als „symbols of different kind of ordinary human beings" (vgl. Vylenz 2005, 0,19,10). Die Charaktere können also im Sinne von sozialen Archetypen verstanden werden, die stellvertretend für verschiedene gesellschaftliche Deutungs- und Handlungsmuster, hier speziell in Bezug auf Verschwörungstheorien, stehen.

Edward Blake, genannt *der Comedian,* ist zugleich Ab- und Zerrbild einer zutiefst zynischen Gesellschaft, der jegliche Moral abhandengekommen ist und die auf beinahe nihilistisch anmutende Weise das Machtspiel einer gänzlich aus dem Ruder gelaufenen Realpolitik vorantreibt, sich damit bewusst über jegliche dem Menschen eigene ethischen Hemmschwellen hinwegsetzt – und dies sichtlich genießt. Oder, wie *Rorschach* es umschreibt: „He saw the true face of the twentieth century and chose to become a reflection, a parody of it" (Moore 2008, CH. II, S. 27). In ähnlicher Weise urteilt an anderer Stelle *Dr. Manhattan* über das Verhältnis des *Comedians* zu der Amoralität der Macht: „Blake's different. – – He understand perfectly… – – … and he doesn't care" (ebd., CH. IV, S. 19). Als erstes Todesopfer der Geschichte dient er gleichzeitig als Katalysator des weiteren

Geschehens. Was zunächst wie ein Kommentar auf die Vergänglichkeit dieses politischen Machtspiels wirkt, offenbart sich gegen Ende als bloßer ‚Kollateralschaden', da *der Comedian* lediglich zur falschen Zeit am falschen Ort war, weshalb er rein zufällig zum Mitwisser des verschwörerischen Plans wurde – eines Plans, der im Übrigen selbst ihm, dem personifizierten Zynismus, den Verstand raubt und ihn in die Verzweiflung treibt.

Night Owl, und mit ihm *Silk Spectre,* stehen für die Personen ‚aus der Mitte der Gesellschaft', sie sind der Inbegriff eines (teils biederen) Bürgertums, das nach den rebellischen Jahren der Jugend – als welche ihre kostümierten Abenteuer betrachtet werden können – in der Lethargie des Alltags ihren Weg zu finden versuchen – und daran zu scheitern drohen. Wehmütig erinnern sie sich an die früheren Tage, die sie einerseits belächeln, denen sie andererseits aber auch nachtrauern. Ihnen gemein ist eine grundsätzliche Abneigung gegenüber heterodoxen Deutungsmustern,[9] welche ihr festgefügtes Weltbild bedrohen – was als typisch für den von ihnen repräsentierten Teil der Gesellschaft angesehen werden kann. Die bizarren Geschehnisse – sowohl die von *Rorschach* geäußerte Verschwörungstheorie wie auch die eigentliche Verschwörung – übersteigen ihr intellektuelles wie moralisches Fassungsvermögen und lassen sie vollkommen verstört zurück. Nachdem der anfängliche Unglaube bezüglich des Wirklichkeitsgehaltes der Verschwörung der unvermeidlichen Anerkennung als ‚gesellschaftlicher Realität' gewichen ist, sehen sie sich gezwungen, dieser Wahrheit mit einer kognitiven wie moralischen Kompensationsleistung entgegenzutreten. Als einziger Ausweg aus dem ethischen Dilemma, in das sie die Mitwisserschaft um die Verschwörung bringt, dient ihnen der Rückzug ins Private – in die für einander entdeckte Liebe.

Dr. Manhattan, der einzige wahre ‚Superheld', entfernt sich – eben durch sein Dasein als Überwesen – immer weiter von allen sozialen, oder besser menschlichen Belangen schlechthin. Dank seiner Existenz und seines Wissens kommt die Menschheit in den Genuss einer Vielzahl von technischen Innovationen, die das alltägliche Leben verbessern. Dazu gehören beispielsweise Elektroautos – welche einen Ausweg aus dem Dilemma fossiler Brennstoffe zur Energiegewinnung darstellen. Er verkörpert eine wahrhaft kosmische Kraft, die sowohl die Naturgesetze als auch die Linearität der Zeit transzendiert. Hiermit steht er jenseits jeglicher

[9] Als Beispiele für diese Abneigung können folgenden Textstellen angeführt werden: *Night Owl* bezeichnet *Rorschachs* Verdacht als „conspiracy weirdness" (Moore 2008, CH. X, S. 11), wohingegen die generelle Ablehnung *Silk Spectres* sich deutlich zeigt, als sie sagt: „I just don't buy this conspiracy at all" (Moore 2008, CH. VIII, S. 18).

gesellschaftlichen Moral, was u.a. in jener Szene deutlich wird, in der *der Comedian* eine unschuldige Frau tötet – und *Dr. Manhattan* ihn gewähren lässt anstatt ihn aufzuhalten.

Adrian Veidt, der sich als Verneigung vor einem seiner großen Vorbilder, Ramses II., dessen griechischen Namen *Ozymandias* angeeignet hat, ist ein Selfmade-Milliardär und gilt als „world's smartest man" (ebd., CH. I, S. 17). Er gilt als Philanthrop und genießt als ‚Person von öffentlichem Interesse' hohes Ansehen. Er ist die Speerspitze der reinen Vernunft und versinnbildlicht die Prinzipien der Aufklärung ebenso wie die des hermetischen Wissens. Zugleich ist er der Kopf hinter der groß angelegten Verschwörung, das ‚Mastermind', der über Jahre seinen Plan zur Abwendung der nuklearen Apokalypse ausgearbeitet und alle Fäden in Händen hat.

Rorschach ist der eigentliche Protagonist der Handlung, ein (vordergründig) von Grund auf verbitterter und unsympathischer Zeitgenosse. Er ist der Inbegriff des Verschwörungstheoretikers schlechthin, freilich in comic-hafter Überzeichnung. Er ist ein reaktionärer, politisch rechtsaußen anzusiedelnder Paranoiker, der den Glauben in die Menschheit schon lange verloren zu haben scheint. Dennoch kämpft er seinen (aussichtlos anmutenden) Kampf gegen den – wie er ihn bezeichnet – ‚geballten Abschaum' der Gesellschaft (vgl. ebd.,CH. I, S. 1), getreu seinem Motto: „Never compromise. – – Not even in the face of Armageddon" (vgl. z. B. ebd., CH. XII, S. 20). Diese rigide Haltung, seine kompromisslose moralische Integrität, wird er zum Schluss mit dem Leben bezahlen. Wolk charakterisiert ihn als einen „borderline-psychotic loner" (2007, S. 236), einen Ausgestoßenen also, der sich nur mehr an den Rändern unserer Gesellschaft bewegt, und der somit per se sozial (negativ) sanktioniert ist. Dies gilt in gleicher Weise für seine Taten wie auch seine Gedanken und Deutungsmuster, was zusätzlich in den Auftritten seines ‚zivilen Alter Egos' verdeutlicht wird, welches in fatalistischer Manier ein Schild mit der Aufschrift „THE END IS NIGH" (vgl. z. B.ebd., CH. I, S. 1) durch die schmutzigen Straßen New Yorks trägt und so – unerkannt und ungestört – die nahenden Zeichen aus nächster (sozialer) Nähe betrachten kann.

Eine besondere Rolle kommt seinem Tagebuch, seinem Journal, zu, das uns an seiner Gefühls- und Gedankenwelt en détail teilhaben lasst und als ein die Geschichte umspannendes narratives Element gedeutet werden kann.[10] *Rorschach* ist somit die rahmende Erzählerstimme, aus deren (deutungslogischer) Perspek-

[10] Die Geschichte beginnt und endet mit Verweisen auf *Rorschachs Tagebuch*: In den ersten Panels des ersten Kapitels ‚illustrieren' Auszüge aus dem Tagebuch die Bilder, im letzten Panel des Schlusskapitels sehen wir das Tagebuch selbst.

tive die Geschehnisse wiedergegeben werden. Moore stellt uns ganz bewusst an die Seite dieses Charakters und bezieht somit Stellung im Kampf um die Deutungshoheit der sich entfaltenden Handlung.[11]

4.3 Der Verschwörungskomplex

Um die ausgefeilte Darstellung der die Narration umspannenden Verschwörung für eine eingehende Analyse zu öffnen, wird zunächst die eigentliche Verschwörung in Grundzügen umrissen, um dann exemplarisch die Verwendung spezifischer sinnstiftender Symbole im Verlauf der Erzählung zu illustrieren. Somit soll es gelingen, zentrale formale Aspekte des von Moore betriebenen Spiels der Deutungsebenen – sowie der gleichzeitigen Brechung dieser Deutungen – nachvollziehbar zu machen.

Initiator und alleiniger Strippenzieher der Verschwörung ist, wie bereits erwähnt, das intellektuelle Genie *Adrian Veidt.* Man mag nun einwenden, dass eine Verschwörung, die rein formal aus nur einer Person besteht, doch gar keine Verschwörung im eigentlichen Sinne sein kann.[12] Doch zeigt sich gerade hier wiederum das Comic-hafte, die ins Groteske übersteigerte Umdeutung dieses Prinzips: Wer so viel Macht in Form von schier unerschöpflichen finanziellen Mitteln und zahlreichen Medienunternehmen gepaart mit einen solch überlegenen Intellekt besitzt, der braucht keinerlei Komplizen – sondern lediglich willfährige, unwissende Erfüllungsgehilfen.

Um das Ausmaß der Absurdität seines ‚Masterplans' zu veranschaulichen, lässt Moore diesen von *Ozymandias* in einem Satz kondensiert zusammenfassen: „To frighten governments into co-operation, I would convince them that earth faced imminent attack by beings from another world" (ebd., CH. XI, S. 25). Im Angesicht eines gemeinsamen, übermächtigen Feindes sind die verfeindeten Blöcke gezwungen, sich zu verbrüdern. Da dies selbst für die ihn zur Rede stellenden Charaktere schlichtweg unbegreiflich/zu abenteuerlich erscheint, muss er es gar wiederholen: „Once more: I engineered a monster, cloned its brain from a human psychic, sent it to New York and killed half of the city" (ebd., CH. XII, S. 9). Gerade diese Übersteigerung ins Lächerliche ist wiederum ein Kommentar auf den

[11] Natürlich darf aber auch hier nicht vergessen werden, dass dies ebenfalls zum dekonstruierenden Spiel der Zeichen und Deutungen gehört.

[12] Vgl. z. B. David Coady (2006, S. 1), für den eine Verschwörung notwendigerweise aus mehreren Personen bestehen muss.

Inhalt anderer Verschwörungstheorien – die sich bei entsprechender Betrachtung oft als ebenso ‚abenteuerlich' herausstellen. Wir haben es hier mit einer wahrhaft ‚monströsen' Verschwörung zu tun, oder besser gar mit der ‚Monstrosität' einer Verschwörung, die jegliche Verhältnismäßigkeit und Rationalität genüsslich über Bord wirft. Das Ausmaß der Verschwörung ist dabei so bizarr, dass nicht einmal *Rorschach*, der ‚verschwörungstheoretische Experte', die Anzeichen entsprechend deuten kann. Nur durch bloße Zufälle gelangt er über seinen anfänglichen Verdacht einer ‚Mask-Killer-Theory', die selbst gar kein Bestandteil der eigentlichen Verschwörung darstellt (vgl. hierzu ebd., CH. I, S. 12), zu weiteren Erkenntnissen, die letztendlich die Verschwörung aufdecken.

Veidt nennt seinen Plan vielsagend „history's greatest practical joke" (ebd., CH. XI, S. 22), da er so aberwitzig erscheint, dass ihn sich niemand (der einen klaren Verstand besitzt) ausdenken könnte, was ihn auf absurde Weise ebenso elegant wie – in seiner schieren Unglaubwürdigkeit – glaubwürdig erscheinen lässt. Mittels einiger Strohfirmen, einer groß angelegten medialen Schmutzkampagne gegen *Dr. Manhattan* und einer Vielzahl an ‚Zuarbeitern', denen das große Ganze freilich verborgen bleibt, gelingt es ihm seinen Plan in die Tat umzusetzen und das von ihm angestrebte „age of illumination" (ebd., CH. XII, S. 17), in dem kriegerische Auseinandersetzungen aller Art obsolet geworden sind, einzuläuten. Dass hierbei der Begriff ‚illumination' fällt, kann wohl kaum als Zufall betrachtet werden, sondern zeigt vielmehr einen weiteren spielerischen Verweis auf die öffentliche Wahrnehmung des Verschwörungsdenkens, hier in Form einer Anspielung auf die berüchtigten Illuminaten.

Welche Vielzahl dieser symbolischen Referenzen und formalen Querverweise in *Watchmen* ihren Niederschlag finden, soll im Folgenden an einigen Beispielen verdeutlicht werden.[13] Diese können überdies alle dem in Abschn. 3 erwähnten *Kanon der Verschwörungssymbolik* zugerechnet werden.

Eine der Strohfirmen, die *Veidt* für seinen Plan benutzt, trägt den Namen *Pyramid Deliveries*. Das Logo des Unternehmens ist sinngemäß das zweidimensionale Abbild einer solchen Pyramide – ein Dreieck. Dieses Logo ist mehrere Male – meist im Hintergrund eines Panels – zu sehen. Die Tatsache, dass die erste – perspektivisch eindeutig ausgerichtete – Abbildung des Logos gerade im fünften Panel des ersten Kapitels erscheint, darf getrost als weiterer symbolträchtiger Verweis gezählt werden.

[13] Es handelt sich lediglich um eine kleine Anzahl möglicher Beispiele, doch muss dies aus Platzgründen genügen.

Eng mit dem Symbol der Pyramide verbunden ist das allsehende, illuminierte Auge. Zumeist zwar in einer einzelnen Abbildung bzw. Repräsentation vereint, taucht das allsehende Auge in diesem Fall formal getrennt von der Pyramide auf, ist aber durch die (verschwörungs)logische Beziehung mit ihm gekoppelt: Das Auge ist nämlich als Emblem auf dem Brustpanzer von *Ozymandias*‘ Kostüm zu erkennen. Er ist also – in seinem Selbstverständnis – der ‚Illuminierte‘ unter den Normalsterblichen, der dank des Weitblicks des allsehenden Auges die Gefahren der Zeit (die nukleare Auslöschung der Menschheit) erkennt und die entsprechenden notwendigen Maßnahmen (die groteske Alien-Verschwörung) ergreift.

Eigentlich noch offensichtlicher ist das abschließende Beispiel: der Anfangsbuchstabe von *Veidts* Nachnamen, das V. Wie allgemein bekannt steht das V im Römischen für die Zahl Fünf, welcher wiederum als Quersumme der 23 eine besondere symbolische Bedeutung im Rahmen von Verschwörungstheorien zukommt. Dass auch dies kein bloßer Zufall ist, wird ersichtlich aus der gehäuften Verwendung des Buchstaben, so z. B.als Wahrzeichen und Firmenlogo in *Veidts* Unternehmenshochhaus. In diesem findet, in Kapitel V, ein fingierter Anschlag auf *Veidts* Leben statt. Das Panel, in dem *Veidt* den – von ihm selbst über Strohmänner angeheuerten – Attentäter zur Strecke bringt, zeigt im Hintergrund ein riesiges, goldenes V (ebd., CH. V, S. 14f.).

Wie geschildert werden die Verweise auf die Verschwörung oftmals nur angedeutet oder zeigen sich lediglich versteckt im Hintergrund der Bildkompositionen der einzelnen Panels. Generell lässt sich die hier geschilderte Verschwörung als ein *Konzept des Verborgenen* bzw. Halbverborgenen beschreiben, welches sich sowohl in den narrativen und visuellen wie auch den formalen Aspekten niederschlägt. Als Beispiel hierfür dient die eingangs erwähnte Frage „Who watches the watchmen", die gleichzeitig auch als generelle Reflektion auf die Machtverhältnisse moderner Gesellschaften angesehen werden. Die Frage taucht im Laufe der Handlung mehrere Male als Graffiti an Hauswänden auf, doch ist sie niemals in Gänze zu sehen. Teils unfertig, teils durch andere Elemente verborgen (vgl. z. B. ebd., CH. II, S. 18), wird sie lediglich angedeutet – und soll den Leser gerade dadurch auf die Frage aufmerksam machen und ihn dazu einladen, sich selbst über den Zustand der äußeren sozialen Gegebenheiten und den im Hintergrund wirkenden Machtmechanismen Gedanken zu machen.

Das Charakteristikum der (partiellen) Verborgenheit deckt sich auch mit den strukturellen Aspekten von Verschwörungsdenken im Allgemeinen, da es hierbei auch meist um ein im Geheimen ablaufenden, dem öffentlichen Auge verborgenen Wirkmechanismus handelt. Auch in dieser Hinsicht zeigt sich also wiederum das besagte Spiel mit und auf mehreren Ebenen – seien es nun die unterschiedlichen Wirklichkeits- bzw. Deutungsebenen wie auch die Ebenen der (künstlerischen) Dekonstruktion dieser Deutungen.

Was sich in den einzelnen Bildern, den Panels, abspielt, ist oft schwer in Worte zu fassen: Zu viele vermeintliche ‚kleine Dinge‘, zu viele Details stecken darin, welche oft nur im Hintergrund, verdeckt und (teilweise) verborgen dargestellt sind oder ablaufen. Das erwähnte Graffiti – und damit die ‚hintergründige‘ Frage nach der Setzung von (Deutungs-)Macht – ist hierbei lediglich eines der prägnantesten Beispiele. Und es scheint kaum ein Zufall zu sein, dass der Illustrator Dave Gibbons diese spezifische Art der Darstellung wählt, geht es doch um eben jene (arche)typische Verschwörung, die ebenso verdeckt, verborgen und im Hintergrund abläuft.

Man kann die Gesamtheit dieser strukturellen Merkmale folglich auch als ein Konzept des *Hiding-in-Plain-Sight* bezeichnen, da die einzelnen Elemente des Verschwörungskomplexes zwar einerseits verborgen, halb versteckt und codiert sind, diese andererseits aber auch für alle Augen (mehr oder minder) frei ersichtlich scheinen.[14] Nur bedarf es eben eines ‚sehenden Auges‘, dem die verschwörungslogischen Wissensbestände und Deutungsmuster vertraut sind, um diese entsprechend zu deuten und zu einem (vermeintlich) kohärenten Ganzen zusammenzufügen. Dies scheint zentraler Aspekt des Verschwörungsdenkens bzw. des verschwörungstheoretischen Denkens an sich zu sein.

4.4 Exkurs: Die Rolle der Medien im Kampf um die Deutungshoheit

Die in *Watchmen* thematisierten Fragen nach den Wechselbeziehungen orthodoxer und heterodoxer Wissensbestände, sowie der Bedeutung der sozialen Akzeptanz solcher Wissensbestände und ihrer Sedimentierung in Form der öffentlichen Meinungsbildung, machen es unabdinglich sich – zumindest in Ansätzen – mit der im Comic geschilderten Darstellung der Medien zu beschäftigen. Um den Rahmen nicht über Gebühr zu beanspruchen, soll lediglich in aller Kürze auf die drei in *Watchmen* vorkommenden Printmedien eingegangen werden. Zuletzt wid-

[14] Dass dieses Konzept auch in anderen Medien seinen Niederschlag findet, zeigt eindrucksvoll folgendes Beispiel: Im Film *Quantum of Solace* (vgl. Forster 2008, 0,42,16 ff.) verfolgt James Bond einen Geheimbund mit großem machtpolitischen Einfluss, der ein konspiratives Treffen inmitten einer vollbesetzten Opernaufführung auf der Bregenzer Seebühne abhält.

men wir uns noch einem zentralen, das Narrativ umspannenden Element, dem *Tagebuch Rorschachs*.

Die beinahe allgegenwärtige Tageszeitung *Gazette* dient im Verlauf der Geschichte dazu, die im Hintergrund der eigentlichen Ereignisse ablaufende Zuspitzung des (macht-)politischen Konflikts der beiden Supermächte USA und Sowjetunion in Form von reißerischen Schlagzeilen zu schildern.[15] Die immer weiter wachsende Bedrohung durch die atomare Auslöschung allen Lebens bildet den ‚emotionalen Tenor', vor dem sich das zutiefst menschliche Spektakel mit all der auf den Straßen herrschenden Hysterie[16] abspielt und ohne den dieses kaum verständlich erscheint. Wie so vieles sind auch die Schlagzeilen oft nur halb verdeckt zu sehen.

Die Zeitung *Nova Express* erscheint zunächst als Printmedium mit hoher Reputation und Glaubwürdigkeit, und damit als ein einflussreicher Advokat im Wettstreit der öffentlichen Deutung. Doch dient sie *Veidt* als ‚Propagandamittel', um die öffentliche Meinung in seinem Sinne zu lenken. Dies wird am deutlichsten an der Schmutzkampagne, die von *Nova Express* gegen *Dr. Manhattan* lanciert wird, die den Zweck verfolgt, ihn mittels falscher Anschuldigungen[17] in die Enge zu treiben um ihn somit davon abzuhalten, den Plan *Veidts* zu verhindern.

Der *New Frontiersman* hingegen ist die klischeehafte Zuspitzung eines reaktionären, rechts gerichteten Schmierblatts, das konsequent eine ‚mediale Gegenöffentlichkeit' zur von der Allgemeinheit akzeptierten Deutung errichtet und sich nur allzu oft in verschwörungstheoretischem Denken ergeht. Es muss kaum erwähnt werden, dass *Rorschach* der einzige (im Comic erwähnte) verbürgte Leser ist. Das Blatt hat einen ausgenommen schlechten Ruf und dient an einer Stelle gar als Argument zur Diskreditierung von *Rorschachs* Glaubwürdigkeit. Moores zynische Ironie zeigt sich nun darin, dass der *New Frontiersman* die einzige Instanz der gesamten Erzählung ist, die die Anzeichen der Verschwörung – zumindest in Grundzügen – entsprechend zu deuten weiß und diese thematisiert. Dass dies allerdings von niemandem beachtet wird, scheint schlussendlich nur konsequent.

---

[15] Vgl. hierzu z. B.Moore 2008, CH. I, S. 18: „Nuclear Doomsday Clock Stands At Five To Twelve Warn Experts".

[16] Vgl. hierzu Moore 2008, CH. XI, S. 23 ff.

[17] Reporter des *Nova Express* beschuldigen *Dr. Manhattan* während eines TV-Interviews, das live ausgestrahlt wird, für den Krebstod mehrerer ehemaliger Weggefährten verantwortlich zu sein (vgl. Moore 2008, CH. III, S. 13).

Ähnlich verhält es sich mit *Rorschachs Tagebuch,* das – wie bereits erwähnt – als narrative, deutungslogische Klammer die gesamte Handlung einrahmt. *Rorschach* hat darin u. a. die gesamte Faktenlage zu *Veidts* Verschwörung zusammengefasst, sein *Journal* ist also die ‚wahre Schilderung' der Ereignisse. Kurz vor seinem Tod schickt er dieses an die Redaktion des *New Frontiersman.* Die oft in Leser-Diskussionen gehegte Meinung, die Wahrheit würde mit der angedeuteten Veröffentlichung doch noch ans Tageslicht kommen und damit über das Lügengebilde, die Verschwörung, siegen, kann aber nicht geteilt werden. Denn was hierbei übersehen wird, ist, dass, selbst wenn *Rorschachs* Ausführungen im *New Frontiersman* veröffentlicht würde, diese Ausführung – aufgrund des Mediums in dem sie erscheinen – von vorherein als krude Verschwörungstheorie diskreditiert und somit ohne jegliche Glaubwürdigkeit wäre. Den Kampf um die Deutungshoheit der Ereignisse hätte die Wahrheit also per se verloren, allein wegen ihres ‚Erscheinungsbilds'. Dies kann als Moores finale ironische Brechung des hermeneutischen Kreises der Deutungslogik von orthodoxen und heterodoxen Wissensbeständen gelten.

5 Quis custodiet ipsos custodes – ein abschließende Würdigung

Was können wir schlussendlich nun aus diesen Ausführungen ziehen? Es sollte zunächst deutlich geworden sein, welche immanent wichtige Rolle der Verwendung entsprechender symbolhafter und formaler Bezüge für die Ausgestaltung von Verschwörungsnarrativen in popkulturellen Medien zukommt. Darüber hinaus zeigt sich, wie heterodoxes Gedankengut systematisch, oder besser systemisch, aus den allgemein gültigen Deutungsmustern ausgegliedert wird, in dem ausgefeilte soziopolitische Strategien zum Tragen kommen, die ein Einfließen in ‚ernst zunehmende Deutungskanäle' verhindern. *Watchmen* ist zuletzt aber auch eine Ermahnung daran, dass ‚alleserklärende' Deutungsmuster, die eine vermeintlich Welterklärung bzw. eine ‚letzte und endgültige Wahrheit' beanspruchen, aufgrund der Komplexität der gesellschaftlichen Wirklichkeit zum Scheitern verurteilt sind.

Und so wie das vorliegende Buch eine wissenschaftlich-rationale Reflektion über die (sozialen) Mechanismen von Verschwörungen und Verschwörungstheorien ist, kann *Watchmen* abschließend als eine ästhetisch-künstlerische Reflektion zu eben diesem Themenkomplex betrachtet werden.

Zu guter Letzt sei noch einmal auf die in Abschn. 2 erwähnte aktive, *konstruierende* Rezeptionsweise beim Lesen von Comics verwiesen, die zur eigenen

Auseinandersetzung mit den dargelegten Deutungskonzepten und den dahinterliegenden Fragen um Macht im Allgemeinen und Deutungsmacht im Speziellen anregt. Der Comic als Medium, dessen formale Logik die spielerische Darstellung des Verborgenen begünstigt, scheint hierbei besonders geeignet, Narrative des Verschwörungsdenkens abzubilden bzw. damit zu spielen. Die Frage, wer denn nun die ‚Überwacher' unserer Gesellschaft überwacht, ist in der heutigen Zeit mindestens so aktuell wie vor gut 25 Jahren – die Diskussion um den modernen Überwachungsstaat ist hierbei nur das offensichtlichste Beispiel. Moore lädt dazu ein, uns die Frage(n) nach den uns umgebenden Deutungen und Narrativen immer wieder selbst zu stellen und diese kritisch zur Disposition zu stellen. Nicht umsonst ist Fragen auch immer der Anfang allen Hinterfragens.

Literatur

Anton, A. 2011. *Unwirkliche Wirklichkeiten – Zur Wissenssoziologie von Verschwörungstheorien*. Berlin: Logos.

Coady, D. 2006. *Conspiracy theories. The philosophical debate*. Burlington/Hampshire: Ashgate.

Ditschke, S., K. Kroucheva, und D. Stern (Hrsg.) 2009. *Comics. Zur Geschichte und Theorie eines populärkulturellen Mediums*. Bielefeld: transcript.

Eisner, W. 2008a. *Comics and sequential art – principles and practices from the legendary cartoonist*. New York: W. W. Norton & Company, Inc.

Eisner, W. 2008b. *Graphic storytelling and visual narrative – principles and practices from the legendary cartoonist*. New York: W. W. Norton & Company, Inc.

Frahm, O. 2002. Weird Signs – Zur parodistischen Ästhetik der Comics. In *Ästhetik des Comic*, hrsg. M. Hein, M. Hüners und T. Michaelsen, 201–216. Berlin: Erich Schmidt.

Grünewald, D. 2000. *Comics*. Tübingen: Niemeyer.

Hein, M., M. Hüners, und T. Michaelsen. 2002. *Ästhetik des Comic*. Berlin: Erich Schmidt.

Knigge, A. 1996. *Comics – Vom Massenblatt ins multimediale Abenteuer*. Reinbek bei Hamburg: Rowohlt Taschenbuch.

Knigge, A. 2004. *Alles über Comics: Eine Entdeckungsreise von den Höhlenbildern bis zum Manga*. Hamburg: Europa.

McCloud, S. 1994. *Understanding comics – the invisible art*. New York: Harper Perennial.

Moore, A. und D. Gibbons. 2008. *Watchmen: International Edition*. New York: DC Comics.

Packard, S. 2006. *Anatomie des Comics – Psychosemiotische Medienanalyse*. Göttingen: Wallstein.

Pietrini, D. (Hrsg.) 2012. *Die Sprache(n) der Comics*. München: Martin Meidenbauer.

Platthaus, A. 1998. *Im Comic vereint – Eine Geschichte der Bildgeschichte*. Berlin: Alexander Fest.

Schetsche, M. 2007. Die ergoogelte Wirklichkeit – Verschwörungstheorien und das Internet. In *Die Google-Gesellschaft – Vom digitalen Wandel des Wissens*, hrsg. K. Lehmann und M. Schetsche, 113–120. Bielefeld: transcript.
Wolk, D. 2007. *Reading Comics – How Graphic Novels Work and What They Mean*. Cambridge: Da Capo Press.

Online-Dokument

Watchmen Wiki. http://watchmen.wikia.com/wiki/Watchmen. Zugegriffen: 26. März 2013.

Filme

Forster, M. 2008. *Quantum of Solace*. Metro-Goldwyn-Mayer, Columbia Picures.
Vylenz, D. 2005. *The Mindscape of Alan Moore*. Shadowsnake Films.

Verschwörungen und Verschwörungstheorien im Film

Matthias Hurst

1 Verschwörungsdenken

„We inhabit a world of intersecting secrecies. We live and die at the places where those secrecies meet." Mit diesen Worten beschreibt ein einflussreicher Informant in Steven Spielbergs Film *Munich* (*München*, 2009) die undurchsichtige Welt der Nachrichten- und Geheimdienste, in der Besitz und Austausch von Informationen, die Analyse und Verknüpfung von Daten sowie ein Defizit oder Vorsprung an Wissen zu entscheidenden Machtfaktoren werden und über Leben und Tod entscheiden. Er versorgt jene Männer mit vertraulichen Informationen, die im Auftrag des israelischen Geheimdienstes die Drahtzieher des palästinensischen Terroranschlags bei den Olympischen Spielen in München 1972 weltweit aufspüren und exekutieren sollen – eine Konspiration, die gegen eine andere Konspiration eingesetzt wird.

Aber diese Welt sich kreuzender Geheimnisse ist nicht mehr nur auf den Wirkungsbereich von Agenten, Spionen und professionellen Verschwörern beschränkt. Die Verstrickungen und Vernetzungen von politischen, wirtschaftlichen und kulturellen Interessen und Machtansprüchen, von Ideologien und Strategien greifen im Zeitalter der Globalisierung weit über ihre jeweiligen primären Sphären hinaus und bedingen das Leben der Menschen in vielfältiger Weise, ohne dass die Zusammenhänge dieser Abhängigkeiten in allen Fällen klar ersichtlich wären.

M. Hurst (✉)
Bard College Berlin, Berlin, Deutschland
E-Mail: m.hurst@berlin.bard.edu

A. Anton et al. (Hrsg.), *Konspiration*,
https://doi.org/10.1007/978-3-658-43429-8_18

Für Sloterdijk (1983) ist „[d]ie Psychologie des Agenten, zumal des Doppelagenten, […] das wichtigste Kapitel der heutigen politischen Psychologie" (S. 226). Das Bild des Doppel- oder Dreifach-Agenten und das Modell „phantastisch verschachtelte[r] Taktiken und Metataktiken" (S. 226) formen das Paradigma des modernen Staatsbürgers. Verwirrung über Zugehörigkeit und Loyalität, über Absichten und Kausalbeziehungen auf sämtlichen Ebenen des politischen und ökonomischen Lebens macht sich breit und rückt das Individuum in die Position eines Agenten, der selbst den Überblick verloren hat, auf welcher Seite er für welches Ziel kämpft. Damit wird er zum Spielball von Kräften, die zwar permanent und nachhaltig wirken, aber nicht mehr zu lokalisieren und nicht mehr zu kalkulieren sind.

Das Sprechen über Verschwörungen und Verschwörungstheorien – obschon an erster Stelle in der Welt der Politik verortet – ist daher in der Moderne nicht mehr nur auf den politischen Bereich beschränkt, sondern reflektiert eine Erfahrung, die in ihrer Geltung und Komplexität als existentiell zu bezeichnen ist: Die Protagonisten in *Paris nous appartient* (*Paris gehört uns,* 1960, Jacques Rivette) fühlen sich vorderhand mit einer politischen Verschwörung konfrontiert, die jedoch so umfassend, abstrakt und vage erscheint, dass neben der politischen Bedrohung vielmehr eine existentielle Verunsicherung entsteht. Die Welt an sich wird zum Trugbild stilisiert, in der sich Skepsis und Misstrauen ausbreiten; Kultur, Politik und Wirtschaft sind nur Spielfelder einer großen Charade, die das Dasein der Wirklichkeit entrückt und zur Illusion macht. Selbst die Strukturen, Aktionen und Ziele der (politischen) Konspiration bleiben vom Illusionsverdacht nicht verschont.

Die Angst vor Verschwörungen und das Entstehen von Verschwörungstheorien sind fast zwangsläufige Konsequenzen einer Befindlichkeit, in der das Subjekt angesichts von Kontingenz und einer zunächst undurchschaubaren gesellschaftlichen und politischen Realität nach Kausalität und Orientierung sucht und sich bemüht, mit rationalem Denken die Unübersichtlichkeit der Welt zu ordnen und zu verstehen, dem Zufälligen und Vieldeutigen dabei aber keinen Stellen- und Erklärungswert mehr einräumt. Der Mensch strebt nach Reduktion von Komplexität, nach Harmonisierung von Widersprüchen, nach Orthodoxie und Kohärenz, wobei man allerdings nicht die Fähigkeit des modernen Menschen, kognitive Dissonanzen zu ertragen, unterschätzen sollte. Was als rational fundierte Suche nach Erklärungsmöglichkeiten beginnt, kann jedoch durch systematische Anwendung eines radikalisierten Vernunftprinzips, durch unausgesetztes Hinterfragen und

Analysieren in das Gegenteil umkippen und zu irrationaler Besessenheit und quasi-paranoider Gesinnung – „paranoid style“ (Hofstadter 1979) – auswachsen.[1]

Verschwörungstheorien sind keine genuine Erfindung der Aufklärung; es gab sie wohl schon immer, und sie lassen sich anthropologisch als Produkt des menschlichen Bedürfnisses nach Weltdeutung (Groh 2001) wie auch sozialpsychologisch als Reaktion auf Krisenerfahrungen erklären (Graumann und Moscovici 1987). Aber die *Dialektik der Aufklärung* (Horkheimer und Adorno 1981), jene sich selbst produzierende Spirale aus rationalen und irrationalen Kräften und Gegenkräften, die die kulturelle Entwicklung und das Lebensgefühl des modernen Menschen auf problematische Weise beherrscht, bringt in verstärktem Maße eine Neigung zu Verschwörungsdenken hervor. Im rationalen Aufwind des 18. Jahrhunderts hat die Verschwörungsmentalität eine suggestive Eigendynamik und geradezu unheimliche Wirkungsmacht entwickelt; das Zeitalter der Vernunft generiert eine Verschwörungskultur, die sich in politischen und künstlerischen, in gelehrten und auch populären Diskursen präsentiert (vgl. Hurst 2001).

Für Jameson (1995, S. 2 f.) stellen Verschwörungstheorien und die zugrunde liegende detektivische Suche nach Motiven, Indizien und Verbindungen eine gleichsam symbolische soziale Praxis dar, um die zunehmende Undurchschaubarkeit gesellschaftlicher Zusammenhänge aufzulösen, partikularistischen Strömungen entgegenzuwirken und ein Gefühl sowie ein Verständnis für Ganzheit zu erlangen. Verschwörungstheorien sind zu einer quasi selbständigen Denkfigur geworden, die auf ihre eigene historische Tradition zurückgreifen kann, ohne – pointiert formuliert – von konkreten äußeren Anlässen und spezifischen Angstquellen abhängig zu sein.

Dies hängt auch mit den Möglichkeiten medialer Kommunikation und Verbreitung zusammen, die sich nach Buchdruck, Zeitungswesen, Film, Fernsehen und schließlich auch Internet zunehmend vervielfältigt und ausdifferenziert haben – hierbei ist nicht nur die Verbreitung der Verschwörungstheorien selbst gemeint, sondern ganz generell die massenmediale Verbreitung von Informationen und sowohl anerkannten wie auch obskuren Wissensbeständen, die für Verschwörungstheorien nutzbar gemacht werden können, sowie darüber hinaus auch die nach-

[1] Zu Ähnlichkeiten und wesentlichen Unterschieden zwischen Verschwörungsdenken als kollektivem Phänomen und klinischer Paranoia als individuellem Krankheitsbild vgl. auch Groh (1987), Jaworski (2001) und Wulff (1987).

haltige Etablierung von öffentlichen Diskursen über räumliche Distanzen und längere Zeiträume hinweg.[2]

Mit dem Eingeständnis „We're all Conspiracy Theorists Now" weist Fenster (2008, S. 7) darauf hin, dass Verschwörungsdenken zu Beginn des 21. Jahrhunderts nicht mehr die Ausnahme aller möglichen kognitiven und epistemologischen Modelle darstellt, sondern zum Regelfall geworden ist. Eng verknüpft mit den gesellschaftspolitischen und ökonomischen Entwicklungen der Moderne, sieht er in Verschwörungstheorien nicht mehr die Bedrohung eines funktionierenden und widerspruchsfreien Gemeinwesens von außen, sondern einen integralen Bestandteil der westlichen, demokratischen Kultur und Politik. Das politische Bewusstsein und die existentielle Befindlichkeit unserer Tage scheinen den Verdacht potenzieller konspirativer Machenschaften verinnerlicht und als Erklärungsmodell für vielfache gesellschaftliche Phänomene und Entwicklungen akzeptiert zu haben. Dies trifft nicht nur auf die USA, das Land der unbegrenzten Verschwörungsmöglichkeiten, zu, sondern auf die gesamte westliche Welt. Niemand ist sicher vor Verschwörungen, und niemand ist sicher vor Verschwörungstheorien.

Im Ganzen betrachtet scheint das Phänomen der Verschwörungstheorien viel über das zeitgenössische kulturelle Klima auszusagen; es spiegelt die Bewusstheit und gleichzeitige Verwirrung unserer Gesellschaft und spätkapitalistischen Kultur wider, die selbstkritische Bestandsaufnahme und die selbstgefällige Verblendung, die Gefühle der Ohnmacht und Desorientierung und das unausgesetzte Streben nach Erkenntnis und Kontrolle, die mediale Informationsflut und die individuellen wie auch kollektiven Versuche, diese zu bewältigen und in sinnvolle Relationen zu bringen. Verschwörungsdenken ist gewissermaßen ein Baustein der postmodernen Befindlichkeit, die beharrlich zwischen Verzweiflung und Ironie, zwischen Zynismus und Hysterie, zwischen Bedrohung und Heilserwartung schwankt, und fügt sich gleichsam reibungslos in die bestehenden Strukturen ein (vgl. Knight 2000, S. 75; Fenster 2008, S. 9).

Als kulturelles und soziologisches Phänomen, das in seiner Virulenz nach interdisziplinären Erklärungen verlangt, haben Verschwörungstheorien in den vergangenen Jahren als Gegenstand wissenschaftlicher Untersuchungen große Aufmerksamkeit auf sich gezogen (vgl. Anton 2011; Arnold 2008; Barkun 2003;

[2] Vernetzung, das konstituierende Prinzip von Verschwörungstheorien, ist auch das weltweite Struktur- und Wirkungsprinzip des Internets, und so präsentiert es sich als unerschöpflicher globaler Fundus zur Beschaffung von verschwörungstauglichem Material und gleichermaßen als Instrument zur Kopplung und Verbreitung neuer Kombinationen dieses Materials (vgl. dazu auch Schetsche 2005).

Caumanns und Niendorf 2001; Fenster 2008; Knight 2000; Krause et al. 2011; Parish und Parker 2001; Pöhlmann 2004; Tomkowiak 2012). In der breiten Öffentlichkeit werden sie aber als allgegenwärtiger Teil postmoderner Kultur und als Bodensatz vielfältiger gesellschaftlicher Diskurse teilweise nur noch indifferent zur Kenntnis genommen. Verschwörungstheorien provozieren häufig kaum noch; sie scheinen ihr subversives Potenzial eingebüßt zu haben; man hat sich an sie und ihr unabänderliches Entstehen im Hinblick auf wichtige und weniger wichtige historische und politische Ereignisse gewöhnt (vgl. Arnold 2008, S. 5). Mit der Zunahme der Akzeptanz als wissenschaftliches Forschungsobjekt und mit der Zunahme der Thematisierung in sämtlichen Bereichen der Unterhaltungsindustrie, die zur Klischeebildung beigetragen hat, haben Verschwörungstheorien ihre Radikalität und ihre gesellschaftliche Sprengkraft verloren. Vielmehr scheinen sie als eine Art Sicherheitsventil zu fungieren, indem sie eine grundlegende Stimmung des Unbehagens zum Ausdruck bringen und – zuweilen spielerisch oder ironisch gebrochen – bedrohliche Mächte des Betrugs und des Verbrechens anklagen, gleichwohl die tatsächlich Mächtigen und *das System* niemals ernstlich bedrohen.

2 Verschwörungsfiktionen

Die Massenmedien Film und Fernsehen reflektieren, kommentieren oder initiieren historisch und politisch relevante Diskussionen, sie repräsentieren auf unterschiedlichen Abstraktionsebenen soziales Bewusstsein und postmoderne Befindlichkeit, und auch in der Thematisierung von Verschwörungen und Verschwörungstheorien manifestiert sich deren Teilhabe an gesellschaftlichen und kulturell weitreichenden Diskursen. So beschreibt Arnold (2008) exemplarisch die Beziehung zwischen politischen Ereignissen und historischen Entwicklungen in der zweiten Hälfte des 20. Jahrhunderts einerseits sowie die Entstehung und Verbreitung verschwörungstheoretischer Vorstellungen und deren Echo in der amerikanischen Film- und Fernsehproduktion andererseits.

Als traditionelle Medien erregen Film und Fernsehen gewiss mehr öffentliche Aufmerksamkeit als die nur in Internetforen oder anderen hermetischen Zirkeln geführten Debatten von Spezialisten; sie tragen zur Popularisierung und mithin zur gesellschaftlichen Anerkennung oder Diskreditierung kontroverser Wissensbestände bei.[3] Die massenmediale und kulturelle Präsenz von Filmen und

[3] Vereinfacht ausgedrückt: Das Internet mit seiner unendlichen Ausdehnung und seinen geringen Kontrollinstanzen generiert Verschwörungstheorien, in den traditionellen und in ihren Präsentationsformen und Kommunikationswegen regulierten Medien Zeitung, Buch, Film, Fernsehen aber müssen sie sich vor großem Publikum bewähren.

Fernsehprogrammen[4] hebt marginalisiertes oder *stigmatisiertes Wissen* (Barkun 2003, S. 26 ff.) aus dem Schattendasein und macht es zu Themen, die nicht nur von Außenseitergruppen in kleinen eingeweihten Kreisen diskutiert werden, sondern durch die Rezeption großer Bevölkerungsgruppen weitreichende Diskurse inspirieren. Dies kann dazu führen, dass spezifische Verschwörungstheorien eine signifikant größere Anzahl von Anhängern gewinnen und sich heterodoxes Wissen langsam als orthodoxes Wissen durchzusetzen beginnt.

Der Effekt kann aber auch gegenteilig sein: Film und Fernsehen vermitteln zuweilen auch anschaulich die dem Verschwörungsdenken scheinbar inhärente paranoide Struktur und führen am Einzelbeispiel vor, wie man generell über Verschwörungstheorien zu denken habe. Das Wahnhafte eines Konspirationsverdachts wird exemplarisch offengelegt und zum Modellfall einer die Realität untergrabenden, irrationalen Gesinnung stilisiert.

Mediale Repräsentationen nutzen also heterodoxes Wissen, um es als solches bloßzustellen und zu isolieren oder um es durch ihren Einfluss in orthodoxes Wissen zu verwandeln. Sowohl die Intentionen der Produzenten als auch die nicht immer kalkulierbaren Reaktionen der Rezipienten bestimmen über das eine oder das andere.

Gleichwohl: Ungeachtet der konkreten Inhalte und Wirkungsabsichten werden Filme und TV-Sendungen *an sich* als mediale Ereignisse zu Bestandteilen des orthodoxen Wissens einer Gesellschaft. Als vielfach abrufbare Texte, gewissermaßen als verfüg- und verhandelbare Dokumente einer spezifischen Sichtweise, mag diese auch spekulativ und umstritten sein, behaupten sie ihren Platz in den öffentlichen Diskursen. Dies gilt umso mehr, berücksichtigt man den kommerziellen Faktor der Film- und Fernsehindustrie und die enorme Präsenz medialer Produktionen bei einem Massenpublikum; filmische Großprojekte bekannter Regisseure und beliebter Stars können sich aufgrund flächendeckender Werbekampagnen und weltweiter Distribution eines extrem hohen Aufmerksamkeitsgrades in der Öffentlichkeit sicher sein.

Sichtbarmachung, das sei nur am Rande erwähnt, kann auch das Gefühl von Sicherheit und Kontrolle vermitteln. Etwas so Bedrohliches und Diffuses wie eine gewaltige Verschwörung wird durch kalkulierte Bearbeitung und mediale Präsentation sichtbar – und sei es auch nur als Fiktionalisierung –, verstehbar und (an-)greifbar. Der Fiktionalisierungsprozess durch Rückgriff auf vertraute, narrative

[4] Populäre Fernsehserien mit Verschwörungsthematik sind beispielsweise *The Prisoner* (*Nummer 6*, 1967–1968), *The X Files* (*Akte X*, 1993–2002) und *Lost* (2004–2010).

Muster im Spielfilm oder in TV-Serien zieht dunkle Machenschaften ans Licht der Öffentlichkeit, enthüllt ominöse Konspirationen vor den Augen der Welt und gibt ihnen eine kommunizierbare Gestalt. Einem apotropäischen Abbild in archaischem Denken gleich, verliert die sichtbar gemachte Verschwörung ihre unheilvolle Kraft.

Aber hartnäckige Anhänger von Verschwörungstheorien mögen der Massenverbreitung ihrer Ideen durch die Medien selbst skeptisch gegenüber stehen: Einerseits kann die Medienpräsenz ihren Gedanken zu weiter Verbreitung und Akzeptanz verhelfen; andererseits besteht der besondere Reiz von Verschwörungstheorien und das Prestige ihrer Anhänger oftmals eben gerade darin, dass das zugrunde liegende Wissen nicht weit verbreitet ist, dass nur Eingeweihte, nur wenige Auserwählte („we few, we happy few, we band of brothers") davon wissen und davon wissen sollten. Heterodoxes Wissen ist reizvoll, weil es heterodox ist: Orthodoxie zerstört den Anschein des Besonderen, des Außergewöhnlichen.

Popularisierung und Trivialisierung, Anpassung an den Massengeschmack und an bestehende Formate der Unterhaltungsindustrie zu Zwecken der Gewinnmaximierung drohen zudem, den aufklärerischen Gestus von Verschwörungstheorien in ihren medialen Präsentationsformen zu nivellieren. Hier schalten sich wiederum die wahren Verschwörungstheoretiker ein und stellen fest, dass genau dies natürlich die Absicht der Herrschenden sei, nämlich Verschwörungswissen durch manipulierte Enthüllung und mediale Trivialisierung ad absurdum zu führen und dadurch zu diskreditieren (vgl. Barkun 2003, S. 34 f.).

Oder ist es tatsächlich so, dass Spielfilme und Fernsehserien mit einschlägiger Thematik von den Mächtigen dieser Welt lanciert werden, um die Bevölkerung langsam und behutsam mit schockierenden Wahrheiten vertraut zu machen? Bereiten uns mediale Fiktionen auf die Erkenntnis vor, dass es UFOs wirklich gibt und dass unsere Regierungen bereits in Kontakt mit außerirdischen Wesen stehen? (Barkun 2003, S. 29 f.; Meehan 1998, S. 1 ff.)

3 Verschwörungsnarrativ

3.1 Narration

Der oben bereits angedeutete spielerische Umgang mit Verschwörungstheorien als Teil postmoderner Kultur macht sie zu einem geeigneten Sujet für die Unterhaltungsindustrie, für Romane, Spielfilme und Fernsehserien. Aus der gesellschaftlichen Realität diffundiert das Verschwörungsdenken in kollektive Imagination und Phantasien und gelangt von dort in die Produkte literarischer und filmischer Fiktionen, wobei die Grenzen zwischen Realität und Fiktion der Thematik entsprechend äußerst unscharf gezogen sind. Dies macht Verschwörungstheorien zu einem besonderen Fall sozialen Wissens, oszillierend zwischen Wahrheit und Täuschung, zwischen Mythos und Alltagstheorie, zwischen Aufklärung und Desinformation.[5]

Die grenzüberschreitende Wirkung der Verschwörungstheorien, die faktisches Wissen mit fiktiven Vorstellungen verbinden, an Alltagserfahrungen anknüpfen und diese um keineswegs alltägliche Dimensionen bereichern, basiert auf einer narrativen Konzeption, die disparate Phänomene aufeinander bezieht und als kohärente Geschichte mit konventionalisierten Strukturen und Elementen, mit Kausalbeziehungen, dramaturgischem Potenzial und nicht zuletzt mit Protagonisten und Antagonisten repräsentiert (vgl. Fenster 2008, S. 118 ff.). Verschwörungstheorien sind Konstruktionen von Weltdeutung, die den Mechanismen einer sinnstiftenden Erzählung folgen und das Unerklärliche als zusammenhängendes Ganzes interpretieren; sie „imaginieren Verschwörungen […] als komplexe Konstellationen, die von medialen, narrativen und rhetorischen Verfahren durchzogen sind." (Krause et al. 2011, S. 12).

„Well, this is the difference between truth and fiction: Fiction has to make sense", heißt es in Tom Tykwers Film *The International* (2009), in dem es um die dubiosen finanziellen Transaktionen und kriminellen Machenschaften einer Bank mit weltweitem Einfluss geht. Damit wird nicht nur die Diskrepanz zwischen Wahrheit und Fiktion festgesetzt und der Enttäuschung über die mangelnde Sinnhaftigkeit der uns umgebenden Realität Ausdruck verliehen, sondern auch deutlich gemacht, warum Verschwörungstheorien wesentlich auf Fiktionen oder fiktionale Bausteine zurückgreifen, um ihre Deutung der Welt sinnvoll erscheinen zu lassen.

Die Affinität des Verschwörungsdenkens zu Imagination und Spekulation weist auf die Verschmelzung von Fakten und Fiktion hin und damit auf den epistemologischen Grenzgang, der konspirative Theorien zu schillernden Erklärungsversuchen der Welt und ihrer politischen und wirtschaftlichen Verflechtungen macht; gleichzeitig legt das Bemühen um Zusammenfügung und Sinnkonstruktion, um schlüssige Relationen zwischen Geschehnissen und Akteuren, zwischen Ursache und Wirkung, Tätern und Opfern die zentrale narrative Komponente von Verschwörungstheorien offen. Verschwörungsdenken substantiiert ein *Verschwörungsnarrativ*.

[5] Zur Aufarbeitung des Phänomens der Verschwörungstheorien aus wissenssoziologischer Perspektive vgl. Anton (2011).

„[...] a story is, ultimately, at the heart of conspiracy theory, whether the narrative appears in mainstream Hollywood films [...], the novels of latter-day pulp novelists [...], or the putatively nonfiction accounts of conspiracy theorists describing ‚real' conspiracies." (Fenster 2008, S. 119)

Prinzipiell als Narration angelegt, die soziale oder historische Prozesse durch fiktionalisierende Elemente anschaulich und erklärbar macht, eignen sich Verschwörungen und Verschwörungstheorien daher vorzüglich als Material für narrative Medien. Konventionelles Erzählkino bietet eine in sich geschlossene Narration, eine Totalität, in der alle Charaktere, alle Aktionen und alle Details wichtig sind und in der nichts dem Zufall überlassen bleibt. Sämtliche Elemente sind notwendig miteinander verknüpft, um das Sinnpotenzial der präsentierten Geschichte zu maximieren. Die Nähe einer solchen narrativen Konzeption zum Prinzip der Verschwörungstheorie ist evident.

Spielberg erzählt in *Munich* eine Geschichte: Man sieht den handwerklich gut gemachten, inhaltlich und formal stimmigen und daher kohärenten und überzeugenden Film über die verdeckte Aktion des Mossad – ist sich natürlich bewusst, dass dies eine von Drehbuchautoren geschriebene, mit Schauspielern besetzte, von einem Regisseur inszenierte Fiktion eines möglichen Geschehens ist – und zweifelt nicht daran, dass es so gewesen sein könnte. Der Spielfilm präsentiert ein stimmiges Narrativ, mit psychologisch fundierten Charakteren, schlüssigem Handlungsablauf und sich daraus ableitenden ethischen Fragestellungen, und überzeugt durch seine Wirkungsweise ein Millionenpublikum von der potenziellen Realität des Gezeigten. Egal, was von nun an gesagt oder geschrieben, nachgewiesen oder geleugnet wird, der Film ist Teil eines größeren Diskurses geworden und als mediale Repräsentation – ungeachtet seines artifiziellen Charakters – ein nicht zu vernachlässigendes Element, ein für die kollektive Befindlichkeit relevantes Indiz in der Diskussion über Geheimdienstaktivitäten und Konspirationen.

3.2 Semiotik

„Et le cinéma, c'est ving-quatre fois la vérité par seconde"[6], verkündet der Protagonist Bruno Forestier in Jean-Luc Godards *Le Petit Soldat* (*Der kleine Soldat*, 1960) und weist damit nicht nur auf ein philosophisch-ästhetisches Konzept der

[6] „Kino, das ist 24 Mal die Wahrheit pro Sekunde."

Filmkunst hin, sondern natürlich auch auf das photographische Grundelement des kinematographischen Mediums, die objektive, unbestechliche Realität des photomechanischen Abbildes. Auch für Kracauer (1985) bildet das photographische Bild die Grundlage für die spezifische ästhetische Wirkung des Films als Medium der „Errettung der äußeren Wirklichkeit". In fortlaufende Bewegung versetzt, erzeugen 24 photographische Einzelbilder pro Sekunde die Illusion einer authentischen Gegenwart von Personen und Handlungen, erzählen durch ihre Sequenzialisierung eine Geschichte, die wie real vor unseren Augen abläuft. Auch semiotisch betrachtet basiert Film gewissermaßen auf einer Täuschung: Signifikat und Signifikant des filmischen Zeichensystems, Objekt und photographisches Abbild des Objektes, sind sich zum Verwechseln ähnlich, in ihrer Erscheinung nahezu deckungsgleich. Monaco (1980) charakterisiert diese semiotische Kongruenz als „Kurzschluß-Zeichen" (S. 141).

Das Zeichensystem des Films generiert einen Realitätseindruck, der dazu dient, eine Fiktion glaubhaft zu machen; die Überzeugungskraft der Fiktion des Films beruht auf der vermeintlichen Realität seiner Zeichen. Narrative Fiktion und fingierter Realitätscharakter des konstituierenden Zeichensystems gehen eine suggestive Verbindung ein, die die besondere Wirkung des Mediums als sinnliche und sinnfällige Vermittlungsform narrativer Strukturen und Inhalte bedingt.

Die Verschwörungstheorie nutzt die Verknüpfung von Fakten und Fiktion, um ihre Inhalte qua Narrativ und ihr Narrativ qua Realitätseindruck anschaulich und sinnfällig zu gestalten. Der spezifischen semiotischen Beschaffenheit des Films, die – im Regelfall – eine glaubhafte, überschaubare und referentielle Vision der Welt hervorbringt, entspricht die Argumentationsstruktur des Verschwörungsnarrativs, die darauf abzielt, eine kohärente Interpretation der Wirklichkeit wiederzugeben. Ebenso wie die Fiktion des Films auf Bruchstücken einer photographischen Wahrheit und objektiven Wirklichkeitsabbildungen aufbaut, birgt auch das Verschwörungsnarrativ Splitter und Anmutungen einer faktischen Wahrheit, die zur Konstruktion einer fiktiven Ganzheit funktionalisiert werden. So lässt sich eine Analogie zwischen dem filmischen Zeichensystem und dem Prinzip der Verschwörungstheorie feststellen, die bei der Thematisierung von Konspirationen in Spielfilmen auch selbstreflexive Faktoren ins Spiel bringt (siehe unten Abschn. 4).

3.3 Fiktion – Dokumentation – Narration

Oliver Stones Film *JFK* (*John F. Kennedy – Tatort Dallas,* 1991) thematisiert das Kennedy-Attentat am 22. November 1963, „the paradigmatic political assassination in (Western) modern times" (Jameson 1995, S. 47), ein historisches Ereignis, das wie kaum ein zweites die Phantasie und Kreativität der Verschwörungstheoretiker angeregt und gesellschaftliche Befindlichkeit wie auch kulturelle Produktion in vielfältiger Weise beeinflusst hat (vgl. Knight 2000, S. 76 ff.).

In seinem nicht unumstrittenen Spielfilm nutzt Stone die formalen und narrativen Strukturen des Mediums, um in einer suggestiven Kombination von dokumentarischem Material, nachgestellten Szenen und reinen Spielfilmszenen sowie in beziehungsreichen und sich vielfach überlagernden Montagesequenzen einer Theorie über die Ermordung Kennedys eloquent Ausdruck und Nachdruck zu verleihen. Der Wechsel zwischen Farb- und Schwarzweiß-Aufnahmen erzeugt durch die Konnotation von Nachrichten- oder Dokumentarfilmen eine Authentizitätsfiktion, die den rekonstruierten und rekonstruierenden Bildern eine Aura des Faktischen verleiht. Die Bilder unterstreichen die vor Gericht vorgetragene These des Staatsanwalts Garrison, der ausführlich den Tathergang schildert, sodass Bild- und Tonebene sich als parallele Informationskanäle gegenseitig verifizieren und zu einer überzeugenden Sinneinheit verschmelzen. Zusätzlich zu Garrisons erklärender Stimme (als *voice-over*) verstärken Geräusche und dramatische Musik die mitreißende Präsentation der Geschehnisse. Ein zentrales Beweisstück ist der 8 mm-Schmalfilm von Abraham Zapruder, der vor Ort entstand und die Schüsse auf Kennedy in schockierender Weise für die Nachwelt dokumentiert hat. Garrison analysiert den Film Bild für Bild – *24 Mal die Wahrheit pro Sekunde*[7]–, um seine Version des Mordes zu erläutern und visuell zu belegen, dass es verschiedene Schussrichtungen und somit mehrere Schützen gab. Der Akt der Filmanalyse dient der Rekonstruktion des Attentats und gleichsam der Konstruktion von Geschichte und Wahrheit im Zeichen einer umfassenden Verschwörungstheorie.

Ob man der zugrunde liegenden Interpretation der Ermordung, die von einem weit verzweigten Komplott staatlicher, militärischer und wirtschaftlicher Interessengruppen gegen Kennedy und seine liberale Politik ausgeht, bedingungslos Glauben schenkt oder nicht, als Verschwörungsnarrativ funktioniert Stones Film perfekt. Die gekonnte filmische Inszenierung und vor allem die Präsentation der Theorie als kohärente Narration, in der sich alle Elemente, Motive, Ursachen und Folgen zu einem beweiskräftigen Ganzen zusammenfügen und alle Beteiligten eine ihnen gemäße Rolle spielen und ausfüllen, lassen den Rezipienten überwältigt zurück: Nur so kann es gewesen sein, nur so macht alles Sinn!

[7] Leider stimmt der Rückgriff auf das Godard-Zitat hier nicht ganz: Zapruders Film wurde tatsächlich mit 18,3 Bildern pro Sekunde aufgenommen.

Die Macht der Bilder und vor allem der narrativen Konstruktion durch filmische Gestaltungsmittel unterstützt die Glaubwürdigkeit von Verschwörungstheorien nicht nur in Spielfilmen, sondern verleiht auch spekulativen Inhalten in Dokumentarfilmen den Anschein des unwiderlegbar Faktischen.

In seiner Dokumentation *Fahrenheit 9/11* (2004) rechnet Michael Moore mit der Bush-Administration und deren fragwürdiger Politik im Zusammenhang mit Terrorismus und Irak-Krieg ab. Moore spürt in detektivischer Weise, bisweilen eklektizistisch und polemisch, den wirtschaftlichen Verstrickungen der Bush-Familie und deren Verbindungen zu Saudi-Arabien und den Bin Ladens nach; mit den Mitteln des Filmemachers deckt er unermüdlich auf und betreibt Aufklärung, indem er Bilder und Fakten mit ironischen Kommentaren und provokanten Fragen verknüpft und daraus ein Narrativ entwickelt. Zwar betont er, dass es bei der inkriminierten Politik der US-Regierung nicht um Verschwörungen und Weltherrschaft, sondern einzig und allein um Wirtschaftsinteressen und Geld gehe, doch das Verfahren, das er so gekonnt anwendet, entspricht natürlich paradigmatisch dem Verschwörungsdenken und der daraus resultierenden Entlarvung vermeintlicher konspirativer Regierungsmachenschaften. Es fällt dem Rezipienten schwer, sich der zwingenden Kraft der filmischen Präsentation zu entziehen und nicht sofort in Moores Kritik der Mächtigen einzustimmen.

Dylan Averys *Loose Change,* ein durch das Internet populär gewordener Film über die vermeintlich konspirativen Hintergründe der Terroranschläge vom 11. September 2001, verblüfft durch die (manchmal nur provokativ angedeutete) Vernetzung von Informationen und Details und durch die Montage von Photographien und Filmmaterial zahlreicher Nachrichtensender; es entsteht eine spekulative Flut von Daten und visuellen Reizen, die nur durch narrative Bündelung und kausale Verknüpfung, d. h. durch angewandtes Verschwörungsdenken, sinnvoll verarbeitet werden kann. Eine erste Fassung des Films wurde 2005 veröffentlicht, weitere überarbeitete Fassungen erschienen 2006 *(2nd Edition)* und 2007 *(Final Cut),* wobei jeweils neue Daten eingearbeitet und überholte oder als eindeutig falsch ausgewiesene Informationen entfernt wurden. So bleibt die Arbeit an der Verschwörungstheorie flexibel, und die Wahrheit kann immer wieder den neuen Gegebenheiten angepasst werden. Als Zeugnis gründlicher Recherche und als verlässliche, objektive Dokumentation mag *Loose Change* nicht überzeugen, doch seine Wirkung als Verschwörungsnarrativ ist unbestritten.

3.4 Helden

Konventionelles Element der narrativen Struktur ist die Figur des Helden, die dem Rezipienten Möglichkeiten der Einfühlung und Identifikation und somit der intensivierten Rezeption erlaubt. Natürlich funktioniert auch das Verschwörungsnarrativ durch Heldenfiguren, durch Einzelgänger, die sich aus der Masse der Unwissenden und Trägen erheben und sich gegen die konspirativen Kräfte stellen, diese enttarnen und überwinden oder als Märtyrer an ihnen scheitern und zugrunde gehen. Diese individuellen Kämpfer für Recht und Wahrheit können verschiedene Gestalten annehmen. Michael Moore, investigativer Filmemacher und Stimme des Volkes, ist zum Beispiel einer jener unermüdlich Suchenden, die nach Wahrheit und Aufklärung streben; seine durchschnittliche äußere Erscheinung widerspricht dem klassischen Bild des Helden, macht ihn aber umso bedeutender als Repräsentant des Volkes.

Jim Garrison, der Staatsanwalt, der den Kennedy-Fall erneut aufrollte und jene einflussreichen Männer vor Gericht bringen wollte, die er für die verantwortlichen Drahtzieher des Attentats hielt, ist eine weitere Inkarnation des aufklärerischen Helden. Kevin Costners Darstellung des Staatsanwaltes in *JFK* und sein engagiert vorgetragenes Schlussplädoyer, in dem er Aufrichtigkeit, Wahrheitsliebe, Demokratie und Gerechtigkeit als amerikanische Tugenden beschwört, lässt ihn als ehrenwerten Mann erstrahlen, der aus Respekt für die Wahrheit und das Volk handelt. Einem solchen Mann glaubt man gern.

Die Protagonisten des Verschwörungsnarrativs schlüpfen häufig in die Rolle des Journalisten oder des Detektivs; egal, welchen Beruf sie tatsächlich ausüben, ihre Recherchen und ihre Entschlossenheit, konspirative Verstrickungen offenzulegen, machen sie zu unnachgiebigen Ermittlern. In *The Parallax View* (*Zeuge einer Verschwörung,* 1974, Alan J. Pakula) kommt der Journalist Joe Frady einer geheimen Organisation auf die Spur, die Mörder für politische Attentate ausbildet. *All the President's Men* (*Die Unbestechlichen,* 1976, Alan J. Pakula) zeigt die Recherchen der Reporter Woodward und Bernstein, die zur Aufdeckung der Watergate-Affäre und zum Sturz Nixons geführt haben. Gegen alle Widerstände führen sie ihre journalistische Arbeit durch, klären Details und insistieren in Interviews, um am Ende die Beweise für die zwielichtigen Aktivitäten der Regierung zu erbringen.

Die mörderischen Machenschaften einer skrupellosen Abteilung des amerikanischen Geheimdienstes zwingen den CIA-Innendienst-Beamten Turner in *The Three Days of the Condor* (*Die drei Tage des Condors,* 1975, Sydney Pollack) dazu, allein auf sich gestellt die Qualitäten eines aktiven Geheimagenten im

Außendienst anzunehmen und durch verdeckte Nachforschungen die Ursachen für die Liquidierung seiner gesamten Dienststelle herauszufinden. Er wird zum misstrauischen Einzelgänger, der das ganze System gegen sich verschworen sieht.

In den Nazi-Verschwörungsfilmen *The Odessa File* (*Die Akte Odessa,* 1974, Ronald Neame) und *The Marathon Man* (*Der Marathon-Mann,* 1976, John Schlesinger) sind es der Reporter Peter Miller, respektive der Student Babe Levy, die schockiert von den Seilschaften und Aktivitäten deutscher Kriegsverbrecher erfahren; beide nehmen die Spur der Altnazis auf und geraten dabei auch in Konflikt mit israelischen, bzw. amerikanischen Agenten, die ihre eigenen Pläne verfolgen. In beiden Filmen werden die Protagonisten unfreiwillig in die dramatischen Geschehnisse gezogen, entwickeln aber durch das Schicksal ihrer Väter jeweils ein persönliches Interesse daran, das Gespinst aus Lügen und Verstellungen zu durchstoßen, vergangenes Leid zu rächen und neue Verbrechen zu verhindern. Kollektive Erfahrungen und traumatische historische Ereignisse (Holocaust, McCarthy-Ära) werden durch Individualisierung zu persönlichen Geschichten und können als Einzelschicksal psychologisch verarbeitet und bewältigt werden. In *The Odessa File*, an dessen Anfang das Kennedy-Attentat als Symbol für Gewalt und konspirative Strukturen in der Politik sowie für die Desillusionierung einer ganzen Generation steht, wandelt sich der Held durch sein Engagement vom zynischen Journalisten zum leidenschaftlichen Ermittler und riskiert sein Leben, um sein Ziel – Wahrheit und Gerechtigkeit, Enttarnung eines SS-Kriegsverbrechers und symbolische Wiedergutmachung der deutschen Schuld – zu erreichen.

Helden und individuelle Wahrheitssucher unterstützen die Wirksamkeit der narrativen Repräsentation von Verschwörungstheorien; sie fungieren als ordnendes Prinzip, machen die minutiöse Analyse und Verknüpfung von Informationen und die schrittweise Aufdeckung eines umfassenden Sinnzusammenhangs anschaulich und für die Rezipienten nachvollziehbar. Es scheint, als ob der übermächtigen Verschwörung nur durch das Individualprinzip, nur durch den individuellen Willen beizukommen ist, da ja das Kollektiv per Definition durch die Konspiration getäuscht wird und ahnungslos bleibt. Gewiss eine romantische Vorstellung – Jameson (1995) spricht von „some generalized ideological incapacity […] to imagine collective processes in the first place“ und der Tendenz „to fall back on the emotional securities of individualizing narrative paradigms wherever possible“ (S. 41) – aber notwendig, um das Verschwörungsnarrativ effektiv und überzeugend zu gestalten.

Dem Prinzip des Verschwörungsdenkens ist es allerdings geschuldet, dass die Rolle des Helden zuweilen nicht eindeutig definiert ist. Klare Rollenzuweisungen und Funktionen innerhalb der narrativen Struktur sind nicht mehr möglich; stattdessen nehmen einzelne Figuren verschiedene Rollen an, sind Opfer und Täter,

Ermittler und Verschwörer zugleich. Sloterdijks (1983, S. 225 ff.) paradigmatische Vision des modernen Menschen als orientierungslosen Doppelagenten bringt auch die Helden der Verschwörungsfiktionen aus dem Gleichgewicht.

Die Protagonisten Marco in *The Manchurian Candidate* (*Botschafter der Angst,* 1962, John Frankenheimer) und im gleichnamigen Remake (2004, Jonathan Demme) sowie Fletcher in *Conspiracy Theory* (*Fletchers Visionen,* 1997, Richard Donner) spielen unwissentlich Doppelrollen in den Konspirationen, die sie gleichermaßen zu Opfern und Tätern machen. Turner in *The Three Days of the Condor,* knapp dem Tode entronnen, besinnt sich seiner Qualitäten als Agent und kommt der Wahrheit näher, indem er ähnliche Strategien und Geheimdiensttaktiken anwendet wie seine Gegner. Um in *The Parallax View* die wahren Umstände eines Attentats zu klären, muss Frady sich als potenzieller Attentäter tarnen und jener Organisation anvertrauen, die ihn dann als Sündenbock für ein weiteres Attentat ans Messer liefert. Um die Organisation ehemaliger SS-Angehöriger infiltrieren zu können, wird Miller in *The Odessa File* mithilfe des israelischen Geheimdienstes selbst zum Verschwörer – am Ende sogar zum Mörder. Gegen eine Verschwörung hilft nur eine weitere Verschwörung, wobei die Positionen der Akteure innerhalb des Narrativs verschoben, die Rollen verunklärt werden, der Erfolg jedoch keineswegs garantiert ist.

In unübersichtlichen Zeiten, in denen das Prinzip wirkungsvollen individuellen Handelns und individueller Verantwortlichkeit nicht mehr vollständig gültig und ein wahres Verständnis für komplexe Kausalrelationen und Vorgänge noch nicht vollständig ausgebildet ist, wirken sowohl die Funktionalisierung des Helden – trotz seiner zuweilen instabilen Positionen – als auch die Sichtbarmachung des konspirativen Widersachers in Verschwörungsfiktionen wie ein letztes trotziges Aufbäumen gegen den überall spürbaren Verlust von individueller Einflussnahme, Handlungskompetenz und -relevanz (vgl. Knight 2000, S. 32).

Stephen Gaghans Film *Syriana* (2005) über die Machenschaften von Politik, Justiz, Ölindustrie und Geheimdiensten, um US-Interessen im Ausland zu schützen und Bohrrechte auf Ölfeldern im Mittleren Osten zu sichern, hebt das Prinzip des individuellen Protagonisten auf. Angesichts der komplexen Beziehungen zwischen Politik und Wirtschaft und der personalen Aufsplitterung von Entscheidungsprozessen und Umsetzungen politischer und ökonomischer Ziele schwinden Einflussmöglichkeiten und Verantwortlichkeit des einzelnen. Kausalbeziehungen geraten aus dem Blickfeld der Akteure; die Übersicht ist dem Individuum verwehrt, und nur der Zuschauer kann durch die verdichtete Präsentation des filmischen Narrativs die Zusammenhänge des globalen Geschehens erahnen.

Das mit dem Verschwörungsdenken klischeemäßig verknüpfte Phänomen der paranoiden Persönlichkeit findet im Medium Film einen fruchtbaren Boden. Seit dem Erfolg des expressionistischen Stummfilms *Das Kabinett des Dr. Caligari* (1920, Robert Wiene) hat sich der Film ein Monopol in der anschaulichen Darstellung von Subjektivität und Wahnsinn gesichert. Extreme Gefühle und Geisteszustände, Schizophrenie und Paranoia lassen sich durch filmische Gestaltungsmittel überzeugend vermitteln; der Wahn eines Individuums kann durch suggestive Bilder, durch Kameratechniken und Montage nach außen projiziert und auf der Leinwand für ein Massenpublikum rezipierbar werden. Die Genese einer paranoiden Persönlichkeit wird im Film durch visuelle Objektivierung subjektiver Eindrücke und durch die Sichtbarmachung des Irrationalen und Unaussprechlichen zu einem nachvollziehbaren Narrativ. Beispiele dafür sind *The Conversation* (*Der Dialog,* 1974, Francis Ford Coppola), *23 – Nichts ist wie es scheint* (1998, Hans-Christian Schmid) und *Bug* (2006, William Friedkin). Je glaubhafter und anschaulicher die paranoide Gesinnung vorgeführt wird, desto zweifelhafter erscheint die durch die paranoide Person vertretene Verschwörungstheorie. Das Prinzip des individuellen Protagonisten, das im Regelfall einer Verschwörungstheorie im Spielfilm mehr Glaubwürdigkeit verleihen kann, arbeitet im Fall des Paranoikers und seiner intensiven Charakterdarstellung gegen die allgemeine Akzeptanz der vermeintlichen Konspiration.

4 Schluss: Medienreflexion

Die spezifischen Wirkungsweisen und die formative und diskursive Macht der Massenmedien eröffnen einen weiteren Zugang zur Verschwörungsthematik, der auf Analogisierung oder Parallelisierung beruht: Medien wählen Informationen aus und verknüpfen sie; Medien lenken Aufmerksamkeit und öffentliche Diskurse, sie kontrollieren und manipulieren; Medienrepräsentationen bestimmen unser Weltbild und transportieren – gewollt oder ungewollt – Ideologien; Medien sind mächtige Instrumente der Aufklärung und der Verschleierung, der Konzentration und Zerstreuung. Dies gilt besonders im Hinblick auf die massenhaft rezipierten Medien, die unmittelbar den Gesetzen der Unterhaltungs- und Kulturindustrie verpflichtet sind.

Medien operieren also gleichsam wie Verschwörungen, mit großer Wirkung nach außen, aber ohne dabei ihre Mechanismen und Strategien offenzulegen. Jeder Ansatz, Medien und Medienwirkungen systematisch und kritisch zu beschreiben, wird dadurch zu einem Akt der Aufklärung, der gegen einen konspirativ anmutenden Verbund unablässig aktiver Kräfte gerichtet ist. „Medientheorien [...] sind immer auch beziehungsweise immer schon Verschwörungstheorien." (Krause et al. 2001, S. 12) Vor allem das in der Kritischen Theorie gepflegte

Misstrauen gegen die nivellierende Macht der Medien und ihren „Zirkel von Manipulation" (Horkheimer und Adorno 1981, S. 129) lässt die Analogie der Medien-Konspiration und der dagegen gesetzten, aufklärerischen Verschwörungstheorie anschaulich werden (vgl. dazu auch Bell und Bennion-Nixon 2001).

Auch Luhmann (2009) stellt fest: „Was wir über unsere Gesellschaft, ja über die Welt, in der wir leben, wissen, wissen wir durch die Massenmedien. [...] Andererseits wissen wir so viel über die Massenmedien, daß wir diesen Quellen nicht trauen können." (S. 9) Zwar stehen die Massenmedien permanent unter „Manipulationsverdacht", aber Luhmann versichert nüchtern, dass es keinen perfiden Plan, keine Konspiration, keine „Drahtzieher im Hintergrund" gäbe. Stattdessen „[haben wir es] mit einem Effekt der funktionalen Differenzierung der modernen Gesellschaft zu tun: Man kann ihn durchschauen, man kann ihn theoretisch reflektieren. Aber es geht nicht um ein Geheimnis, das sich auflösen würde, wenn man es bekannt macht." (S. 9).

Gleichwohl gilt: Medien haben Macht über uns, und unser Misstrauen gegen sie prägt durchaus unsere generelle Befindlichkeit und unser politisches Denken. Die Diskurse, in denen sich dieses Misstrauen äußert, sind allerdings selbst von den Medien abhängig und medial strukturiert. Es gibt keine gesellschaftlich relevante Medienkritik außerhalb der Medien. Daher sind „Verschwörungsfiktionen" nicht nur „populäres Motiv medialer Kommunikation", sie bieten sich „auch als ein spezifischer Reflexionsmodus medialer Konstellationen" an. (Krause et al. 2011, S. 10) Medial vermittelte Verschwörungsnarrative spiegeln mithin ihre eigenen medialen Strukturen wider. Wo die Konspirationsthematik darüber hinaus dezidiert Medien als Handlungsmotiv in den Blick nimmt, verdoppelt sich dieser selbstreflexive Effekt. Die Verschwörung inszeniert dann gewissermaßen ihre eigene Gegenverschwörung durch die Präsentation einer entlarvenden Verschwörungstheorie.

In einer Welt der sich beständig reproduzierenden Simulationen und Simulakren fallen die Kategorien des Realen und des Fiktiven ineinander (Baudrillard 1978). Doch „[d]ie charakteristische Hysterie unserer Zeit dreht sich um die Produktion und Reproduktion des Realen." (S. 40) Den Medien kommt dabei eine Schlüsselrolle zu, obschon ihre spezifische Beziehung zum vermeintlich Realen und ihre Vermittlungsfunktion immer auch Einflussnahme, Selektion, Manipulation und Fiktionalisierung implizieren. Gibt es noch reine, unbefleckte Realität jenseits der Fiktion?

In *The Three Days of the Condor* liest der CIA-Angestellte Turner Krimis, Spionagegeschichten und Comics, um Spuren von Geheimdienstaktivitäten bzw. Anschauungsmaterial und nützliche Hinweise für CIA-Strategien und -Planspiele zu finden: Erkenntnisgewinn durch Fiktionen der Unterhaltungsindustrie.

Dass er tatsächlich fündig wird und durch einen Roman Zugang zu geheimem Wissen erlangt, beweist der blutige Einsatz des Exekutionskommandos. Um sein Leben zu retten, droht Turner damit, die Wahrheit aufzudecken und die mörderischen Aktivitäten des Geheimdienstes in der Zeitung veröffentlichen zu lassen. Von fiktiven Polit-Thrillern in Romanform zum authentischen Enthüllungsbericht in der Presse reicht hier das selbstreflexive Spektrum der Medienmacht; dabei ist der Spielfilm, den wir sehen, selbst nur eine Fiktion – wie die Bücher, die Turner studiert –, aber als fiktives Verschwörungsnarrativ möglicherweise die einzige Informationsquelle über Geheimdienstoperationen, die wir haben. In einer zeitgenössischen Version dieser Geschichte müsste Turner auch Filme und TV-Serien sichten, um an seine Informationen zu kommen.

Die Fernsehfilme *Die Delegation* (1970) und *Plutonium* (1978) von Rainer Erler sind im *found footage*-Stil inszeniert, d. h. sie erzählen ihre Geschichten auf pseudo-dokumentarische Weise, durch eine Zusammenstellung von unbearbeiteten Filmaufnahmen und Interviews zweier Journalisten, die nach deren Tod gefunden wurden. Das ist natürlich Fiktion, aber die Aufnahmen und die dadurch vermittelten Geschehnisse täuschen in ihrer Zufälligkeit und Unmittelbarkeit Authentizität vor. *Die Delegation* handelt von einer Begegnung mit Außerirdischen, die geheim gehalten werden soll, *Plutonium* von den konspirativen Machenschaften einer südamerikanischen Regierung, die durch fingierte Terroraktivitäten in den Besitz waffenfähigen Plutoniums kommt. In beiden Fällen fügen sich die gesammelten Bilddokumente zu einem Verschwörungsnarrativ zusammen. Die spezifische Präsentationsform als dokumentarischer TV-Bericht verweist auf die Bedeutung der filmischen Medien bei der Wirklichkeitskonstruktion und politischen Steuerung der öffentlichen Wahrnehmung und Meinung. Das vermeintlich authentische Bildmaterial ist in beiden Filmen gestellt und fiktional, aber das mediale Prinzip der Rekonstruktion und Interpretation von Wirklichkeit wird als selbstreflexives, ästhetisches Prinzip funktionalisiert, um über die authentische Wirkungsweise und die Macht der Medien aufzuklären.

Vantage Point (*8 Blickwinkel,* 2008, Pete Travis) splittert die Geschichte einer vermeintlichen Ermordung des US-Präsidenten, die sich als Ablenkungsmanöver in einem größeren Entführungsplot entpuppt, in verschiedene Perspektiven auf. Die postmoderne Befindlichkeit der allgegenwärtigen Fragmentierung evozierend, präsentiert der Film das gleiche Geschehnis – mehrere Male wiederholt – aus den Blickwinkeln verschiedener Augenzeugen, wobei sich jedes Mal neue Facetten des Ereignisses zeigen. Bezeichnenderweise beginnt der Film mit der Perspektive der Medien und öffnet den Blick in einen Sendewagen, in dem auf zahlreichen Monitoren das Geschehen simultan aus verschiedenen Kameraperspektiven gezeigt wird. Aus der spezifischen Erzählstruktur des Films entsteht eine

Art Meta-Erzählung, die Aufschluss gibt über die Komplexität und Vielfältigkeit *der Wirklichkeit* und über die Unzuverlässigkeit des Erzählens. Die Verschwörung läuft plangemäß ab, eben weil niemand den Überblick hat. Erst gegen Ende der Films, als alle Fäden zusammenlaufen, fällt die Erzählweise in gewohnte Strukturen zurück und wird zu einem konventionellen Actionfilm, der eine objektiv fassbare und quasi auktorial vermittelte Wirklichkeit rekonstituiert, um die Verschwörung aufzuklären und die Handlung zum Abschluss zu bringen. *Vantage Point* gibt zuletzt seine multiperspektivische Struktur und damit das Prinzip der Vieldeutigkeit auf und scheitert eben daran, dass er wiederum ein kohärentes Narrativ konstruiert, in dem alle Elemente ihre Bedeutung erhalten und ihre Relation zueinander finden. Der undurchschaubaren Verschwörung ist scheinbar nur durch die überschaubare, logisch verknüpfende, narrative (Film-)Struktur als mediales Pendant zur Verschwörungstheorie beizukommen.

In den Filmen *Capricorn One* (*Unternehmen Capricorn*, 1977, Peter Hyams) und *Wag the Dog* (1997, Barry Levinson) werden in Filmstudios Fiktionen produziert – eine fiktive NASA-Landung auf dem Mars, ein fiktiver Krieg der USA gegen Albanien –, um die Öffentlichkeit zu täuschen und unliebsame Wahrheiten zu verschleiern. Real anmutende Filmszenen werden als Wirklichkeit ausgegeben, Fälschungen als Tatsachen vorgeführt und somit die manipulative Kraft der Medien eindrücklich als Teil eines Verschwörungsnarrativs inszeniert. *Capricorn One* ist ein spannender Thriller, *Wag the Dog* eine beißende Satire, aber beide Filme nutzen ihr Potenzial der filmischen Gestaltung kohärenter und überzeugender Wirklichkeitsrepräsentationen, um genau dieses Potenzial anzuprangern.

Es scheint paradox, aber wir glauben den Medien dann, wenn sie ihre eigene Unglaubwürdigkeit inszenieren und gleichsam als mediales Ereignis vorführen.

Verschwörungsfilme stehen im Spannungsfeld zwischen Unterhaltung und Aufklärung, zwischen Ideologie und Ideologiekritik, zwischen der schamlosen Anwendung medialer Überzeugungsstrategien und der Aufdeckung dieser Strategien. In diesem Spagat spiegeln sich soziale und politische wie auch ästhetische Funktionen des Mediums Film wider, und innerhalb dieses Wirkungsspektrums liegt wiederum die soziologische Bedeutung des Films als Abbild gesellschaftlicher Befindlichkeit und Katalysator öffentlicher Diskurse.

Literatur

Anton, A. 2011. Unwirkliche Wirklichkeiten. *Zur Wissenssoziologie von Verschwörungstheorien*. Berlin: Logos.

Arnold, G. B. 2008. *Conspiracy Theory in Film, Television, and Politics*. Westport: Praeger Publishers.

Barkun, M. 2003. *A Culture of Conspiracy. Apocalyptic Visions in Contemporary America*. Berkeley/Los Angeles/London: University of California Press.

Baudrillard, J. 1978. *Agonie des Realen*. Berlin: Merve Verlag.

Bell, D., und L.-J. Bennion-Nixon. 2001. The popular culture of conspiracy / the conspiracy of popular culture. In *The Age of Anxiety: Conspiracy Theory and the Human Sciences*, hrsg. J. Parish und M. Parker, 133–152. Oxford/Malden: Blackwell Publishers.

Caumanns, U., und M. Niendorf. (Hrsg.) 2001. *Verschwörungstheorien: Anthropologische Konstanten – historische Varianten*. Osnabrück: fibre.

Fenster, M. 2008. *Conspiracy Theories. Secrecy and Power in American Culture*. Revised and Updated Edition. Minneapolis/London: University of Minnesota Press.

Graumann, C. F., und S. Moscovici. (Hrsg.) 1987. *Changing Conceptions of Conspiracy*. New York/Berlin/Heidelberg: Springer.

Groh, D. 1987. The Temptation of Conspiracy Theory, or: Why Do Bad Things Happen to Good People? Part I: Preliminary Draft of a Theory of Conspiracy Theories. In *Changing Conceptions of Conspiracy*, hrsg. C. F. Graumann und S. Moscovici, 1–13. New York/Berlin/Heidelberg: Springer.

Groh, R. 2001. Verschwörungstheorien und Weltdeutungsmuster. Eine anthropologische Perspektive. In *Verschwörungstheorien: Anthropologische Konstanten – historische Varianten*, hrsg. U. Caumanns und M. Niendorf, 37–45. Osnabrück: fibre.

Hofstadter, R. 1979. The Paranoid Style in American Politics. In *The Paranoid Style in American Politics and Other Essays*, 3–40. Chicago: University of Chicago Press.

Horkheimer, M., und Th. W. Adorno. 1981. Dialektik der Aufklärung. Philosophische Fragmente. In *Th. W. Adorno. Gesammelte Schriften,* hrsg. R. Tiedemann, Bd.3. Frankfurt am Main: Suhrkamp.

Hurst, M. 2001. *Im Spannungsfeld der Aufklärung. Von Schillers ‚Geisterseher' zur TV-Serie ‚The X-Files': Rationalismus und Irrationalismus in Literatur, Film und Fernsehen 1786–1999*. Heidelberg: Carl Winter.

Jameson, F. 1995. *The Geopolitical Aesthetic. Cinema and Space in the World System*. Bloomington/Indianapolis/London: Indiana University Press/British Film Institute.

Jaworski, R. 2001. Verschwörungstheorien aus psychologischer und aus historischer Sicht. In *Verschwörungstheorien: Anthropologische Konstanten – historische Varianten*, hrsg. U. Caumanns und M. Niendorf, 11–30. Osnabrück: fibre.

Knight, P. 2000. *Conspiracy Culture. From the Kennedy Assassination to the X Files*. London/New York: Routledge.

Kracauer, S. 1985. *Theorie des Films. Die Errettung der äußeren Wirklichkeit*. Frankfurt am Main: Suhrkamp.

Krause, M., A. Meteling, und M. Stauff. (Hrsg.) 2011. *The Parallax View. Zur Mediologie der Verschwörung*. München: Fink.

Luhmann, N. 42009. *Die Realität der Massenmedien*. Wiesbaden: VS Verlag für Sozialwissenschaft.

Meehan, P. 1998. *Saucer Movies. A UFOlogical History of the Cinema*. Lanham/London: Scarecrow Press.

Monaco, J. 1980. *Film verstehen. Kunst, Technik, Sprache, Geschichte und Theorie des Films*. Reinbek: Rowohlt.

Parish, J., und M. Parker (Hrsg.) 2001. *The Age of Anxiety: Conspiracy Theory and the Human Sciences*. Oxford/Malden: Blackwell Publishers.

Pöhlmann, M. (Hrsg.) 2004. *„Traue niemandem!" Verschwörungstheorien, Geheimwissen, Neomythen*. Berlin: Evangelische Zentralstelle für Weltanschauungsfragen.

Schetsche, M. 2005. Die ergoogelte Wirklichkeit. Verschwörungstheorien und das Internet. In *Die Google-Gesellschaft. Vom digitalen Wandel des Wissens*, hrsg. K. Lehmann und M. Schetsche, 113–120. Bielefeld: transcript Verlag.

Sloterdijk, P. 1983. *Kritik der zynischen Vernunft*. Frankfurt am Main: Suhrkamp.

Tomkowiak, I. 2012. „Wenn Dan Brown eine Sekte wäre – würde ich beitreten!" Zur politischen Relevanz von Verschwörungsromanen. In *Unterhaltungsrepublik Deutschland. Medien, Politik und Entertainment*, hrsg. A. Dörner und L. Vogt, 292–305. Bonn: Bundeszentrale für politische Bildung.

Wulff, E. 1987. Paranoic Conspiratory Delusion. In *Changing Conceptions of Conspiracy*, hrsg. C. F. Graumann und S. Moscovici, 171–189. New York/Berlin/Heidelberg: Springer.

Matthias Hurst, Prof. Dr., Studium der Germanistik, Kunstgeschichte und Psychologie an der Universität Heidelberg, seit 2003 Dozent für Film- und Literaturwissenschaft am Bard College Berlin (früher ECLA European College of Liberal Arts). Arbeitsschwerpunkte: Phantastik, Genrefilm, deutsche Filmgeschichte. Aktuelle Veröffentlichungen: „Star Trek Discovery – Where No Star Trek Series Has Gone Before? Utopie in Wiederholungen und Variationen" (2020); „How the West Was Lost. Don't Come Knocking und der lange Abschied vom amerikanischen Traum" (2021); „No Country For Old Men: Alter(n) im Westernfilm als Spiegel individueller und kultureller Transformationsprozesse" (2022); „Zurück in die Vergangenheit. Regressive Reisen durch die Zeit" (2022).

Theoretische Perspektiven

Gerüchte, Verschwörungstheorien und Propaganda

David Coady

1 Einleitung

Wissenschaftliche Abhandlungen über Gerüchte und Verschwörungstheorien neigen dazu, einem ähnlichen Muster zu folgen. In beiden Fällen beginnen sie mit der Voraussetzung, dass dem jeweiligen Phänomen kein Glauben geschenkt werden sollte. Alsdann versuchen sie, den rätselhaften Umstand zu erklären, warum viele Menschen (natürlich nicht der Autor oder der Leser) dennoch geneigt sind, an Gerüchte oder Verschwörungstheorien zu glauben. Ich werde darlegen, dass all das falsch ist. Weder Gerüchte noch Verschwörungstheorien verdienen ihren schlechten Ruf. Außerdem werde ich darlegen, dass Gerüchte und Verschwörungstheorien diesen schlechten Ruf aufgrund einer bestimmten Art von Propaganda haben. Nicht jede Propaganda ist verwerflich, aber diese Propaganda ist verwerflich, weil es anti-demokratische Propaganda ist.

2 Das Gerücht

Beginnen wir mit dem Gerücht. Ich werde vier Argumente gegen Gerüchte betrachten, von denen jedes (mehr oder weniger explizit) in der Literatur gefunden werden kann. Es sind erkenntnistheoretische Argumente, die behaupten, dass

---

Übersetzung ins Deutsche von Julia Hafner.

D. Coady (✉)
University of Tasmania, Hobart, Tasmania, Australien
E-Mail: David.Coady@utas.edu.au

A. Anton et al. (Hrsg.), *Konspiration*,
https://doi.org/10.1007/978-3-658-43429-8_19

Gerüchte keine ernstzunehmenden Wissensquellen oder gerechtfertigte Überzeugungen sind; in der Tat sind es auch moralische Argumente, die unterstellen, dass wir eine Verpflichtung haben, Gerüchten nicht zu glauben oder sie zu streuen. Daher wird meine erkenntnistheoretische Verteidigung der Gerüchte auch eine moralische Verteidigung von Gerüchtemachern (z. B. jene, die Gerüchte glauben und Gerüchte verbreiten) sein.

2.1 Vier Argumente gegen Gerüchte

Erstes Argument: Das Stille-Post-Modell der Gerüchte

Das vermutlich geläufigste Argument gegen Gerüchte basiert auf der Tatsache, dass Gerüchte im Grunde Dinge sind, die sich streuen. Das unterscheidet Gerüchte von einer anderen informellen Art des Informationsaustausches (oder der Bezeugung, um die philosophische Sprache zu verwenden), mit dem sie manchmal in Verbindung gebracht werden, nämlich dem Klatsch. Anders als der Klatsch, können Gerüchte nicht aus erster Hand kommen. Ein Augenzeugenbericht kann kein Gerücht sein und ich bezweifle, ob ein Bericht aus zweiter Hand eines sein kann. Es scheint als ob eine Nachricht *per definition* erst dann als Gerücht gelten kann, wenn sie durch eine große Zahl an Informanten verbreitet wurde (fortan Gerüchtemacher); je weiter es gestreut wurde, desto mehr verdient es den Namen „Gerücht".

Diese Eigenschaft des Gerüchtes ist zentral in Gordon Allport und Leo Postmans immens einflussreichen Buch *The Psychology of Rumor* (1947). Allport und Postman hatten das Ziel, Gerüchte experimentell zu untersuchen. In ihrem Experiment wurde ein Freiwilliger gebeten, einem zweiten Freiwilligen ein Bild, das dieser nicht gesehen hatte, so genau wie möglich zu beschreiben; der zweite Freiwillige wurde gebeten, das Gehörte einem dritten Freiwilligen gegenüber zu wiederholen; der dritte Freiwillige sollte die Beschreibung an einen vierten weitergeben und so weiter. Allport und Postman beobachteten, wie die „Gerüchte", während sie von einem Freiwilligen zum nächsten weitergeben wurden, immer stärker verzerrt, d. h. ungenauer wurden. Dies wird für niemanden eine Überraschung sein, der mit dem Kinderspiel „Stille Post" vertraut ist. Wie das Kinderspiel, ist auch das Experiment von Allport und Postman auf eine solche Weise aufgebaut, dass jedes Mal, wenn die Nachricht weitergegeben wird, eine signifikante Möglichkeit der zufälligen oder bewussten Verzerrung besteht und es keine Möglichkeit zur Korrektur gibt. Es ist daher nahezu unausweichlich, dass die Nachricht wüst, sogar komisch verzerrt wird, während sie sich verbreitet. Allport und Postman vermuteten, dass Gerüchte sich stets auf diese Weise verzerren und folgerten, dass diese Verzerrungen so groß sind, „dass es unter keinen Umständen sicher ist, ein Gerücht als Leitfaden für Meinung und Haltung zu akzeptieren" (Allport und Postman, S. 148). Das „Stille-Post-Modell" der Gerüchte ist intuitiv ansprechend, aber vollkommen unsinnig. Es gibt einige wichtige Unterschiede zwischen echten Gerüchten und den „Gerüchten" in Allports und Postmans Experimenten. Diejenigen, die echte Gerüchte streuen (z. B. Gerüchtemacher), haben üblicherweise die Möglichkeit, ihre Informanten ins Kreuzverhör zu nehmen und oft haben sie Vorkenntnis von der Thematik des Gerüchtes. Außerdem müssen sich die Gerüchte nicht unbedingt in einer linearen Art und Weise verbreiten (demzufolge können Gerüchtemacher verschiedene Versionen eines Gerüchtes von verschiedenen Personen hören). Am wichtigsten aber ist, dass diejenigen, die echte Gerüchte streuen, anders als die Teilnehmer in dem Allport/Postman-Experiment, diese verbreiten, weil sie es sich so ausgesucht haben, nicht weil sie eine Übereinkunft eingegangen sind, dies zu tun. Folglich können sie entscheiden, sich nicht an der Verbreitung von Gerüchten zu beteiligen, wenn sie diese als unglaubwürdig erachten.

Das Stille-Post-Model von Gerüchten ist mangelhaft, weil es die Gerüchtemacher als vollkommen passiv ansieht angesichts der Informationen, die sie erhalten. Sie sind wie mangelhafte Aufnahme- und Wiedergabegeräte, durch die Informationen, wie Geräusche, allmählich verzerrt werden. Aber jeder der oben angeführten Punkte zeigt, dass Gerüchtemacher Quellen zur Verfügung haben, um mehr zu tun als lediglich eine minderwertige Version von dem zu produzieren, was sie gehört haben. Sie haben die Möglichkeit, diese Quellen zu nutzen, um die Geschichte in ihrem Kopf zu ordnen und die Verzerrungen zu minimieren. Sie sind auch in der Lage, die innere Konsistenz der Geschichte zu bewerten, so wie die Widerspruchsfreiheit in Bezug auf bereits vorhandenes Wissen. Dies wiederum kann sie in eine Position bringen, das Gerücht teilweise oder vollständig zurückzuweisen, wenn es unwahr erscheint, Teile davon, die eher unwahrscheinlich sind, zu modifizieren und die Inhalte eines Gerüchtes umzuändern, basierend auf einer plausiblen Hypothese, warum es in der Geschichte zu Änderungen kam. All das bedeutet, dass Gerüchte nicht zwangsläufig immer stärker verzerrt werden (z. B. weniger genau werden), während sie gestreut werden, es ist umgekehrt auch möglich, dass sie genauer werden.

Das ist nicht nur eine theoretische Möglichkeit. Es gibt empirische Belege, dass – unter bestimmten Umständen – Gerüchte, die fortbestehen und gestreut werden, eher zutreffen, entweder weil sie die ganze Zeit zutreffend waren oder weil sie zutreffend werden (oder zutreffender), während sie gestreut werden. Während des Zweiten Weltkrieges versuchte die US-Militärregierung, das Streuen von Gerüchten unter den Truppen einzuschränken. Sie waren beunruhigt, nicht weil die Gerüchte dazu tendierten, falsch zu sein, sondern weil sie dazu tendierten, wahr zu sein, und es bestand die Gefahr, dass sie sich zum Feind hin verbreiteten und ihm wichtige militärische Informationen lieferten, insbesondere über geplante Truppenentsendungen. Das Militär bekämpfte dieses Problem durch regelmäßige Umgruppierungen der Truppen, um die Informationskanäle, über die sich die Gerüchte verbreiteten, zu unterbrechen. Theodore Caplow (1947), der diese Anti-Gerüchte Kampagnen untersuchte, fand heraus, dass, obwohl diese Strategie das Aufkommen von Gerüchten nicht stoppte, sie doch den erwünschten Effekt hatte (erwünscht aus der Sicht des Militärs), diese Gerüchte weniger genau zu machen. Caplow begründete dieses Phänomen in der folgenden Passage:

> „Verzerrungen im Sinne von Anfechtungen scheinen mehr ein individuelles denn ein Gruppenmerkmal zu sein. Während sich Übertragungskanäle verfestigten, wurde dieses Phänomen vergleichsweise rar, weil die Menschen, die zuvor mit den Ungenauigkeiten verbunden wurden, ausgeschlossen wurden. Nachdem diese zerrüttet wurden, wurde die Wunscherfüllung wieder deutlich." (Caplow 1947, S. 301)

Also scheint der Überlebens- und Reproduktionserfolg (um sich der darwinistischen Sprache zu bedienen) dieser Gerüchte teilweise davon abhängig zu sein, dass sie von Personen verbreitet wurden, die den Ruf hatten, eine verlässliche Quelle zu sein. Die Beurteilung der Vertrauenswürdigkeit einer Quelle ist Teil einer allumfassenden Beurteilung bezüglich der Plausibilität dessen, was erzählt wird. Es gibt nicht nur empirische Belege dafür, dass Gerüchtemacher solche Beurteilungen treffen können, sondern auch dafür,„dass sie besonders gut darin sind. Caplow zitiert zahlreiche Beispiele von Gerüchten, die zusehends präziser wurden, während sie sich streuten und erkannte „ein positives Verhältnis zwischen dem Überleben eines Gerüchtes, sowohl über die Zeit hinweg als auch über die Streuung, und seinem Wahrheitsgehalt" (Caplow 1947, S. 302).

Bis hierher sollte klar sein, dass alleine die Tatsache, dass Gerüchte sich verbreiten, keine Grund für Skepsis ihnen gegenüber ist. Im Gegenteil, die Tatsache, dass sie einen sehr langen Prozess der Begutachtung (um das Ganze in akademische Termini zu bringen) überstanden haben, ist *prima facie* Beleg dafür, dass sie wahr sind.

Zweites Argument: Gerüchte als inoffizielle Kommunikation

Robert Knapp, ein Doktorand Allports, definierte Gerüchte als „den Vorschlag, einem aktuellen Hinweis Glauben zu schenken, der ohne eine offizielle Bestätigung verbreitet wird" (1944, S. 22). Dies ist ein weiterer roter Faden in der akademischen und allgemeinen Diskussion zu Gerüchten. Gerüchte, so scheint es, sind im Wesentlichen inoffizielle Dinge. Falls und wenn ein Gerücht offiziell bestätigt wird, hört es auf, ein Gerücht zu sein.

An anderer Stelle habe ich erörtert, dass eine Nachricht, um als „offiziell" zu gelten, zur fraglichen Zeit und am fraglichen Ort von einer Institution mit beträchtlicher Macht (besonders die Macht, zu beeinflussen, was allgemein geglaubt wird) bestätigt werden muss (David Coady 2007, S. 200). Regierungserklärungen sind eine besonders naheliegende Art der offiziellen Mitteilung, aber sie sind nicht die einzige Art. Gerüchte als inoffizielle Kommunikation zu charakterisieren, bedeutet folglich zu sagen, dass ihnen eine bestimmte Art von institutioneller Bestätigung fehlt. Bedeutet diese Eigenschaft des Gerüchtes, dass ihm zu glauben immer oder normalerweise ungerechtfertigt ist oder dass wir ihm gegenüber *prima facie* einen skeptischen Standpunkt einnehmen sollten? Knapp denkt offensichtlich so; er behauptet, dass „Gerüchte anfälliger gegenüber Ungenauigkeiten sind als formelle Wege der Übermittlung" (Knapp 1944, S. 22–3 f.). Aber das ist bestenfalls eine von vielen möglichen Wahrheiten. In einigen Gesellschaften können Gerüchte durchaus präziser sein als offizielle Modi der Übermittlung. Beispielsweise fanden R. A. Bauer und D. B. Gleicher 1953 in der Sowjetunion heraus, dass ein Großteil der Bevölkerung glaubte, amtliche Informationen seien weniger glaubwürdig als „Mundpropaganda" (Bauer und Gleicher, S. 307) und diese Auffassung insbesondere unter den gebildeteren Schicht verbreitet war. Wer möchte bezweifeln, dass diese Bevorzugung von Gerüchten gegenüber amtlichen Informationen gerechtfertigt war?

Selbstverständlich ist das Maß an Vertrauen in amtliche Informationen in unserer Gesellschaft viel größer. Überdies ist ein höheres Maß an Vertrauen sicherlich gerechtfertigt. Bedeutet dies, zumindest für unsere Gesellschaft, dass wir Knapp und anderen Kritikern von Gerüchten zustimmen sollten und dass wir amtlichen Informationen immer (oder zumindest normalerweise) mehr Glauben schenken dürfen als Gerüchten? Mir scheint, dass diese Sicht sowohl die Verlässlichkeit von offiziellen Informationen übertreibt, als auch die Verlässlichkeit von Gerüchten unterschätzt.

Neil Levy vertritt die Meinung, dass es „fast immer rational" ist, offizielle Informationen zu akzeptieren, wenn diese als Informationen „verbreitet durch die Behörden" (Levy 2007, S. 181) gekennzeichnet sind. Aber Levys Position scheint eine Doppeldeutigkeit auszunutzen. In einem bestimmten Sinn können offizielle Informationen als Informationen gelten, die von Behörden verbreitet werden und in diesem bestimmten Sinn ist es fast immer rational, Autoritäten zu glauben. Aber sie umfassen zwei völlig verschiedene Bedeutungen des Wortes „Autoritäten". Wir können die erste Bedeutung „amtliche Autorität" nennen und die letztere „epistemische Autorität". Eine Autorität im institutionellen Sinne meint lediglich eine Autorität, die berechtigt ist, für eine bestimmte Institution, wie beispielsweise für eine Regierung, einen Polizeidienst oder eine Universität zu sprechen. Im erkenntnistheoretischen Sinne eine Autorität zu sein, heißt, über ein bestimmtes Thema besonders gut informiert, mit anderen Worten, ein Experte zu sein. Ich sehe ein, dass wir epistemischen Experten fast immer glauben sollten (bei dem Thema, bei dem sie maßgebend sind). Aber hieraus folgt nicht, dass wir institutionellen Autoritäten fast immer glauben sollten (und demzufolge offiziellen Informationen). Tatsächlich sollten die Gefahren der Auffassung, dass institutionellen Autoritäten fast immer zu glauben ist, offensichtlich sein.

Es mag sein, dass offizielle Informationen in einer idealen Gesellschaft auch von epistemischen Autoritäten getragen werden. Aber das ist weder unsere Gesellschaft noch, so glaube ich, ist es irgendeine Gesellschaft, die es je gab oder geben wird. Und mehr noch, würde es eine solche Gesellschaft je geben, wäre sie zwangsläufig instabil, weil sie vermutlich zu Gleichgültigkeit gegenüber der Bürokratie führen würde und diese wiederum wäre ausbeutbar durch Beamte, die sich von der Manipulation der öffentlichen Meinung einen eigenen Vorteil erhoffen. In dem Ausmaß, in dem die Meinung, wir sollten unser Vertrauen eher in die offiziellen Nachrichten legen als in Gerüchte, weitere Akzeptanz erfährt, werden offizielle Nachrichten immer weniger Gegenstand offizieller Untersuchungen sein und als Resultat daraus mit höherer Wahrscheinlichkeit unwahr sein.

Drittes Argument: Gerüchten zu glauben ist per definitionem unberechtigt

C. A. J. Coady deutet an, Gerüchte verdienten ihren schlechten Ruf, weil es ihnen per Definition an einer „Rechtfertigungsgrundlage" (C. A. J. Coady 2006, S. 262) mangelt. Um seine Position zu veranschaulichen, zog er einen Bericht der peruanischen Botschaft in Japan heran, der den US-amerikanischen Botschafter in Japan im Januar 1941 erreichte und demzufolge die japanische Kriegsmarine einen Überraschungsangriff auf Pearl Harbour plante. Der Botschafter nahm den Bericht nicht ernst mit der Begründung, dass die Quellen in der peruanischen Botschaft „nicht sehr verlässlich" seien. Heute wissen wir, dass der Bericht korrekt war. Coady berücksichtigt zwei Dinge, die wir über diesen Fall sagen können:

> „Der Botschafter hätte mit seiner Beurteilung in Bezug auf die generelle Verlässlichkeit der Quellen in der peruanischen Botschaft richtig liegen können. Andererseits hätte seine Einschätzung ihrer Glaubwürdigkeit falsch sein können und der Nachrichtenaustausch hätte nicht die Bezeichnung ‚Gerücht' verdient." (C. A. J. Coady 2006, S. 269)

So gesehen können wir nur entscheiden, ob ein Bericht ein Gerücht ist, wenn wir entschieden haben, ob er aus einer verlässlichen Quelle stammt oder nicht. Wenn er aus einer unzuverlässigen Quelle stammt, können wir ihn ein „Gerücht" nennen, anders nicht. Dieser Standpunkt scheint aus zwei Gründen unbefriedigend zu sein.

Zunächst einmal gibt es viele Berichte, die aus unzuverlässigen Quellen stammen, die aber eindeutig keine Gerüchte sind, beispielsweise Augenzeugenberichte von Menschen mit Sehschwäche oder bei schlechten Sichtverhältnissen oder offizielle Statements von notorischen Lügnern. Wenn wir die Unglaubwürdigkeit von Gerüchten als gegeben hinnehmen, sehen wir uns der Herausforderung gegenüber, zu erklären, was ein Gerücht von anderen unzuverlässigen Nachrichten unterscheidet, sodass das Gerücht das interessante und wichtige Phänomen bleibt, das es ist. Ich sehe nicht, wie dies getan werden kann. Wenn es nicht bewerkstelligt werden kann, dann ist die Forderung, dass Gerüchte unzuverlässig sind ad hoc und kann fälschlicherweise als ein Vorschlag verstanden werden, Nachrichten keinen Glauben zu schenken, die durch eine große Anzahl an Informanten gestreut und nicht von offizieller Seite bestätigt wurden.

Zweitens, wenn Gerüchten per Definition die Rechtfertigung fehlt, dann bedienen sich jene, die andere dazu anhalten, Gerüchten nicht zu glauben, lediglich eines semantischen Arguments. Natürlich ist das für gewöhnlich nicht das, was sie behaupten zu tun. Für gewöhnlich behaupten sie, die Illegitimität von Gerüchten sei eine Tatsache (sogar eine Tatsache, die experimentell nachweisbar ist) und nicht eine belanglose Definitionsfrage.

Viertes Argument: Gerüche sind per definitionem falsch

Einen anderen Ansatz, dem sich die Gegner von Gerüchten bedienen könnten, wäre zu sagen, dass es nicht ungerechtfertigt ist, einem Gerücht zu glauben, sondern dass Gerüchte selbst per definitionem falsch sind. Ich weiß von niemandem, der diesen Schritt explizit macht, nichtsdestotrotz impliziert es die Kritik an Gerüchten. Beispielsweise trägt Cass Sunsteins unlängst erschienenes Buch *On Rumors* den Untertitel *Why Falsehoods Spread, Why We Belive Them, What can be done.* Über das gesamte Buch hinweg spricht Sunstein von „rumors" „false rumors" und „falsehood", als wären es nur andere Wörter, die ein und dieselbe Sache beschreiben (z. B. Sunstein 2009, S. 57). Auch wenn er Gerüchte nicht explizit als falsch definiert (tatsächlich verweigert er ausdrücklich überhaupt eine Definition von Gerücht), tut er es doch implizit. Gerüchte als falsch zu definieren, egal ob implizit oder explizit, ist genauso *ad hoc* wie sie als nicht gerechtfertigt zu bezeichnen. Außerdem verdreht es unser alltägliches Konzept von Gerüchten. Beispielsweise denken wir bei Gerüchten üblicherweise an Dinge, die bestätigt werden können. Aber wir können Gerüchte nicht bestätigen, wenn sie per Definition falsch sind.

2.2 Anti-Gerüchte-Kampagnen und anti-demokratische Propaganda

Natürlich hätte Sunstein das oben angeführte Problem auch ansprechen können, indem er sein Buch einfach in *False Rumors* umbenennt und das Wort „false" vor fast jede Erwähnung des Wortes „rumor" in den Text setzt. Aber wenn dem so wäre, würde er uns eine Erklärung dafür schulden, warum falsche Gerüchte ein so interessantes und wichtiges Thema sind. Ist dem so, weil Gerüche eher falsch sind, als andere Arten von Nachrichten? Wie wir gesehen haben, gibt es keinen Grund, dies zu glauben. Liegt es daran, dass falsche Gerüchte besonders schädlich sind, schädlicher als andere Formen der Unwahrheit und schädlich auf eine Art, die nicht ausreichend kompensiert werden kann durch die Vorteile wahrer Gerüchte? Sunstein spricht diese Frage nicht an. Aber er äußert Besorgnis über die Möglichkeit, dass falsche Gerüchte Menschen ungerechtfertigter Weise dazu bringen könnten, ihr Vertrauen in den Staat zu verlieren (Sunstein 2009, S. 9). Aber er ignoriert die Möglichkeit, dass wahre Gerüche die Menschen dazu bringen könnten, gerechtfertigter Weise ihr Vertrauen in den Staat zu verlieren. Sunsteins Sorge darüber, dass die Regierungen und andere mächtige Institutionen durch Gerüchte ihre Glaubwürdigkeit und damit auch ihre Fähigkeit zur Kontrolle von Informationen verlieren, ist charakteristisch für die Kritik an Gerüchten. Kritiker von Gerüchten führen ausnahmslos ein Ideal der offiziellen Kontrolle von Nachrichten an, wobei „offiziell" in der breiten institutionellen Bedeutung verstanden wird, die ich oben skizziert habe. Es ist ein Idealbild, eng verbunden mit dem Idealbild, das in Indonesien bekannt ist als „Guided Democracy", demzufolge das Wählen dem Volk überlassen werden kann, solange die Informationen, auf die sie ihre Wahl stützen, von einer politischen Elite kontrolliert werden. Es sollte wohl jedem einleuchten, dass eine gelenkte Demokratie keinesfalls wirklich demokratisch ist.

Sunstein charakterisiert Gerüchte als eine Bedrohung der Demokratie. Der Umstand, dass einige Gerüchte wahr sind, wird ignoriert, genau wie der Umstand, dass Gerüchte, wahr oder falsch, eine wichtige Prüfung institutioneller Macht sind. Es ist, so vermute ich, denkbar, dass ein Gerücht eine Bedrohung der Demokratie darstellen könnte. Aber das Gerücht an sich ist keine Bedrohung für die Demokratie; Kritiker von Gerüchten hingegen, die verlangen, dass der Staat und andere mächtige Institutionen den freien Fluss von Informationen kontrollieren, sind es.

Ich habe mich auf empirische Literatur bezogen, die zeigt, dass Gerüchte verlässlich sein *können*. Diese Tatsache hat einige Autoren verwirrt. Die folgende Passage ist ziemlich bezeichnend:

> „Die Tatsache, dass Gerüchte am Arbeitsplatz den Ruf haben, fehlerhaft zu sein, ist offensichtlich selbst fehlerhaft! Der Grund für diesen Unterschied ist verwirrend. Wenn die überwiegende Mehrheit der Gerüchte, die widerrufen werden, wahr wäre, warum tendiert dann der Gesamteindruck von Gerüchten dazu, nicht glaubwürdig zu sein? Wir haben dieses Muster wiederholt angetroffen: Wenn Menschen zu Gerüchten im Allgemeinen befragt werden, beurteilen sie diese als unwahre oder minderwertige Informationen. Wenn sie gebeten werden, konkrete Gerüchte wiederzugeben, tendieren die Menschen dazu, wahre oder hochwertige Informationen wiederzugeben." (DiFonzo und Bordia 2007, S. 154)

DiFonzo und Bordia bieten diverse Erklärungen für diese Widersprüchlichkeit an, die meiner Ansicht nach irrig sind, auf die ich hier aber nicht näher eingehen möchte, denn ich denke, die tatsächliche Erklärung ist ziemlich einfach. Diejenigen, die für die Verbreitung offizieller Nachrichten verantwortlich sind, z. B. Institutionen mit beträchtlichem Einfluss auf das, was die Leute denken, haben ein eigennütziges Interesse daran, diesen Einfluss zu behalten oder auszuweiten. Folglich haben sie ein eigennütziges Interesse daran, inoffiziellen Nachrichten, wie eben Gerüchten, einen schlechten Ruf anzuhängen. Angesichts ihrer Macht über das, was Menschen denken, sollte es nicht überraschend sein, dass sie ziemlich erfolgreich darin sind. Zusammengefasst scheint es klar, dass der schlechte Ruf von Gerüchten eine Konsequenz von Propaganda ist und noch dazu von verlogener Propaganda.

In der Vergangenheit haben Regierungen nur geringe Anstrengungen unternommen, den Sachverhalt zu verbergen, dass ihre Kampagnen gegen Gerüchte eine Art von Propaganda waren. Während des Zweiten Weltkriegs beispielsweise wurde Robert Knapp mit der Verantwortung der „The Division of Propaganda Research in the United States" betraut, wo er für die Einrichtung von „Rumor Clinics" verantwortlich war. Seine Richtlinien für diese Kliniken beinhalteten die Notwendigkeit, „ein hohes Vertrauen in die normalen Medien sicherzustellen", „Zutrauen und Vertraunen in die Anführer zu entwickeln" und „sich bewusst gegen die Verbreitung von Gerüchten einzusetzen, indem man ihre schädlichen Effekte, ihre Ungenauigkeiten und die niederen Moive ihrer Urheber und Erzähler aufzeigt" (Rosnow und Fine, 1976, S. 121). Wie wir bereits gesehen haben, waren viele US-Beamte zu dieser Zeit mindestens genauso besorgt über zutreffende Gerüchte wie über nicht-zutreffende (wobei es im Grunde recht offensichtlich ist, dass sie über die zutreffenden besorgter waren). Es ist verständlich (und vielleicht auch legitim), dass Beamte in Zeiten des Krieges eine strenge Überwachung von Nachrichten, sowohl falschen wie richtigen, anstreben. Trotzdem sollte das anti-demokratische Wesen solcher Kampagnen deutlich gemacht werden. Außerdem endeten solche Kampagnen nicht mit dem Krieg. Knapps „Rumor Clinics“ entwickelten sich unter der Schirmherrschaft des U. S. Justizministeriums zu „Rumor Control Centers“ (Rosnow und Fine 1976, S. 120–123). Die Anti-Gerüchte-Propaganda setzt sich auch weiterhin fort in unserer Gesellschaft: Cass Sunstein ist nicht nur ein Akademiker, er ist ein enger Berater Barak Obamas und Direktor des „Office of Information and Regulatory Affairs“, wo auch die Beaufsichtigung von Strategien zur Überwachung von „Informationsqualität“ in seinen Verantwortungsbereich fällt. Es ist nicht überraschend, dass jemand in seiner Position versucht, Menschen davon zu überzeugen, Nachrichten nicht zu glauben, die nicht offiziell bestätigt wurden.

3 Verschwörungstheorien

Im ersten Teil dieses Aufsatzes wurde erörtert, warum Gerüchte ihren schlechen Ruf nicht verdient haben und ihr schlechter Ruf ein Resultat von anti-demokratischer Propaganda ist, die zweite Hälfte wird erörtern, dass auch der schlechte Ruf von Verschwörungstheorien ungerechtfertigt und ebenfalls das Resultat von anti-demokratischer Propaganda ist. Bevor wir jedoch diesem Argument folgen, will ich einen entscheidenden Unterschied zwischen Gerüchten und Verschwörungstheorien erwähnen. Während es für gewöhnlich ziemlich eindeutig ist, worüber Menschen sprechen, wenn sie von Gerüchten sprechen (sie sprechen von Nachrichten, die sich über eine große Anzahl an Informanten verstreut haben und denen der offizielle Status fehlt), ist es selten eindeutig, worüber sie sprechen, wenn sie von Verschwörungstheorien sprechen. Die Begriffe „Verschwörungstheorie“ und „Verschwörungstheoretiker“ gibt es noch nicht lange (anders als die Begriffe „Gerücht“ und „Gerüchtemacher“). Wenn Sir Karl Popper diese Worte auch nicht geprägt hat, hat er sie sicherlich populär gemacht. Er ist auch verantwortlich für ihre negative Konnotation. In der Vergangenheit kamen wir wunderbar mit ihnen zurecht und ich hoffe, wir werden wieder lernen, es zu tun. Gleich vorweg, es war sehr unklar, was diese Begriffe eigentlich bedeuten sollten. Ich werde im Folgenden verschiede Möglichkeiten aufzeigen, um zu verstehen, was Verschwörungstheoretiker sind und wo sie falsch liegen.

3.1 Verschwörungstheoretiker sind Menschen, die an Verschwörungen glauben

Das ist naturgemäß der erste Gedanke. Aber es kann nichts falsch daran sein, ein Verschwörungstheoretiker zu sein, wenn das Konzept so verstanden wird. Schließlich kommt es in der Tat gelegentlich vor, dass Menschen sich verschwören. Sogar Popper räumte dies ein (1962, S. 95 und 1972, S. 342) und die meisten seiner Anhänger werden dem folgen, zumindest, wenn sie gedrängt werden. Weil Menschen sich verschwören, kann grundsätzlich nichts daran falsch sein, daran zu glauben. Also kann nichts falsch daran sein, ein Verschwörungstheoretiker zu sein.

Sie mögen glauben, dass die Frage, ob es Verschwörungen gibt oder nicht, stark davon abhängt wie wir das Wort „Verschwörung" definieren. Aber es spielt eigentlich keine Rolle. Es gibt einige Kontroversen darüber, was das Wort „Verschwörung" bedeutet, aber sie besagen nicht allzuviel. Bei sämtliche Definitionen, von denen ich Kenntniss habe, ist es unumstritten (oder sollte es zumindest so sein), dass es Verschwörungen gibt. Anders als die Begriffe „Verschwörungstheorie" und „Verschwörungstheoretiker" ist das Wort „Verschwörung" nahezu eindeutig. Kleinere Unstimmigkeiten über seine genaue Bedeutung spielen für den Zweck dieses Beitrags keine Rolle.

3.2 Verschwörungstheoretiker sind Menschen, die nicht erkennen, dass Verschwörungen selten sind

In *Vermutungen und Widerlegungen* behauptet Popper, wenngleich sich Verschwörungen zutragen, sind sie „nicht sehr häufig" (Popper 1972, S. 342). Aber Popper liegt damit falsch. Verschwörungen finden sich quer durch die Geschichte und durch alle Kulturen. Dies hat Charles Pigden in einer Reihe von Aufsätzen wirkungsvoll dargestellt. (2006a, 2006b und 2007). In der Tat scheint Popper sich bei diesem Thema selbst zu widersprechen, wenn er an anderer Stelle sagt, dass Verschwörungen ein „typisches gesellschaftliches Phänomen" sind (1962, S. 95). Mit anderen Worten, es gibt eine Menge davon.

Natürlich sind Worte wie „selten" und „häufig" relativ. Verschwörungen werden mit manchen Dingen selten und mit anderen häufig verglichen. Es ist möglich, dass manche Menschen denken, Verschwörungen träten öfter auf, als es tatsächlich der Fall ist, aber das scheinen nicht die Menschen zu sein, die am ehesten als Verschwörungstheoretiker diskreditiert werden. Das bringt uns zu einem weiteren Verständnis von dem, was Verschwörungstheoretiker sind und wo sie falsch liegen.

3.3 Verschwörungstheoretiker sind Menschen, die verkennen, dass Verschwörungen bedeutungslos sind

Verschiedene Autoren haben dargelegt, dass Verschwörungstheoretiker nicht falsch liegen, weil sie die Häufigkeit, mit der Verschwörungen auftreten, übertreiben, sondern deren Bedeutsamkeit, wenn sie auftreten. Und wieder ist es Popper, der einige Unterstützung bietet, um den Irrtum der Verschwörungstheoretiker zu verstehen, wenn er behauptet, dass Verschwörungen nicht „den Charakter des gesellschaftlichen Lebens ändern" und wenn sie verschwinden würden „wir grundsätzlich immer noch den gleichen Problemen gegenüber stehen, denen wir immer gegenüber standen" (Popper 1972, S. 342).

Aber Popper selbst gibt zu, dass Verschwörungen wichtig sind, wenn er schreibt:

> „Lenins Revolution und besonders Hitlers Revolution und Hitlers Krieg waren, so denke ich, Ausnahmen. Dies waren in der Tat Verschwörungen." (Popper 1972, S. 125)

Mit Ausnahmen wie diesen ist es schwer, ein großes Vertrauen in die Regel zu haben. Nur um es klar zu stellen, „Lenins Revolution" war die Oktoberrevolution, die die Bolschewiki an die Macht brachte und die Sowjetunion schuf, „Hitlers Revolution" war die Revolution, die die Nazis in Deutschland an die Macht brachte und „Hitlers Krieg" war der Zweite Weltkrieg (oder zumindest der europäische Schauplatz des Krieges). All diese Verschwörungen hatten seither einen enormen Einfluss auf „das gesellschaftliche Leben" in allen Ländern der Erde. Und es ist nicht so, dass die „Ausnahmen", die Popper erwähnt, die einzigen wären. Diejenigen, die sich für die enorme Tragweite interessieren, die Verschwörungen alleine im zwanzigsten Jahrhundert hatten, sollen bei Pigden (2006a, S. 34–6) nachschlagen. Von daher ist es einfach nicht wahr, dass wir ohne Verschwörungen „grundsätzlich mit denselben Problemen" konfrontiert wären. Wir wären mit ganz anderen Problemen konfrontiert.

3.4 Verschwörungstheoretiker sind Menschen, die verkennen, dass Verschwörungen dazu neigen, fehlzuschlagen

Machiavelli sagte einst, dass „die Erfahrung zeigt, dass es viele Verschwörungen gab, aber nur wenige erfolgreich waren" (Machiavelli, Kapitel 19, S. 62). Ebenso behauptete Popper, dass wenige „Verschwörungen letzten Endes erfolgreich sind.

Verschwörer vollenden nur selten ihre Verschwörung" (Popper 1962, S. 95). In jüngerer Zeit hat Daniel Pipes ähnlich argumentiert, als er behauptete, dass „die Kenntnis der Vergangenheit zeigt, dass die meisten Verschwörungen fehlschlugen" (1997, S. 39). Das unterstellt, das Problem der Verschwörungstheoretiker sei, dass sie Menschen sind, die vor allem von erfolgreichen Verschwörungen ausgehen und dass dies absurd ist. Dieser Einwand ist bisweilen verbunden mit dem Vorhergehenden, allerdings sollten diese beiden Einwände getrennt werden. Eine gelungene Verschwörung kann unwichtig sein und eine fehlgeschlagene Verschwörung kann durchaus bedeutsam sein.

Die fehlgeschlagene Verschwörung sowjetischer Generäle gegen Gorbatschow 1991 bewirkte (oder beschleunigte zumindest) den Zerfall der Sowjetunion. Ebenso führte die fehlgeschlagene Verschwörung Richard Nixons und seiner Komplizen, den Einbruch ins Watergate-Hotel zu vertuschen, zu dessen Rücktritt. Der Zerfall der Sowjetunion und der Rücktritt Richard Nixons sind beide, egal, welchen Maßstab man ansetzt, bedeutsame historische Ereignisse.

Die Vorstellung, dass Verschwörungen dazu neigen, fehlzuschlagen, ist sehr weitverbreitet und scheint das zu sein, worauf sich viele Menschen beziehen, wenn sie Verschwörungstheorien oder Verschwörungstheoretiker ablehnen. Verschwörungstheorien werden häufig Schildbürgerstreichen gegenübergestellt, mit dem Hinweis, dass die Letzteren immer oder zumindest normalerweise den Ersteren vorzuziehen sind. Aber, auch wenn dies ein weitverbreiteter Glaube ist, ist diese Idee in zweierlei Hinsicht falsch. Erstens sind Verschwörungen und Schildbürgerstreiche nicht unvereinbar. Ein Schildbürgerstreich ist ein Plan, der aufgrund von Inkompetenz fehlschlägt (wenn ich nicht versuche, etwas zu tun, kann ich es auch nicht verpfuschen). Und da Verschwörungen Pläne eines bestimmten Typs sind, ist es absolut möglich, sie zu verpfuschen. Zweitens, auch wenn Verschwörungen nachweislich fehlgeschlagen sind, ist das kein Grund zu glauben, sie seien fehleranfälliger als andere menschliche Handlungen (solche wie ein Geschäft aufzumachen, sich attraktiver zu machen oder das Wachstum in Ländern der Dritten Welt zu fördern). In der Tat ist es schwer einzusehen, warum Menschen sich weiterhin verschwören würden, wenn historische Belege wirklich zeigten, dass diese Unternehmung dazu tendiert, sinnlos zu sein oder kontraproduktiv. Sind Verschwörer besonders töricht? Es gibt keinen triftigen Grund, so zu denken.

Eigentlich zeigt die Geschichte, dass Verschwörungen ziemlich häufig erfolgreich sind. Die Verschwörung, Julius Caesar zu ermorden, war erfolgreich, genau wie die Verschwörung, Abraham Lincoln zu ermorden oder die Verschwörung, New York und Washington am 11. September 2001 anzugreifen. Diese Liste ließe sich weiter fortsetzen.

Das Argument dafür, dass solche Verschwörungen letztlich nicht erfolgreich sind, liegt vielleicht darin, dass sie Auswirkungen haben, die von den Verschwörern weder beabsichtigt noch gewollt waren. Das mag der Faden sein, dem Popper et. al. folgen, wenn sie Verschwörungstheoretiker bezichtigen, die unbeabsichtigten und/oder ungewollten Konsequenzen sozialen Handelns zu ignorieren. Aber die Tatsache, dass Verschwörungen unbeabsichtigte und/oder ungewollte Auswirkungen haben (vom Standpunkt der Verschwörer aus), hat nicht zur Folge, dass sie besonders anfällig für Fehlschläge sind. Denn *die meisten* (und vielleicht alle) menschlichen Handlungen haben unbeabsichtigte und/oder ungewollte Auswirkungen (vom Standpunkt des Handelnden aus), aber das hat sicher nicht zur Folge, dass die meisten (und vielleicht alle) menschlichen Handlungen dazu verdammt sind, fehlzuschlagen. Die Annahme, dass dem so wäre, würde bedeuten, die Unterscheidung zwischen Fehlschlag und Erfolg aus der Hand zu geben.

Gibt es irgendeinen Grund, anzunehmen, dass Verschwörungen eher fehlschlagen als andere Dinge, die Menschen tun? Nun, sie mögen argumentieren, da bei den meisten Definitionen von Verschwörungen Geheimhaltung wesentlich ist, alle die Verschwörungen, die ich oben aufgeführt habe, fehlgeschlagen sind, da sie nicht geheim sind (nach allem, was wir über sie wissen); diese Beispiele zeigen, dass es Verschwörungen gibt, dass es in der Tat eine Menge von ihnen gibt und dass viele von ihnen wichtig sind, aber sie zeigen auch, dass Verschwörungen dazu tendieren, fehlzuschlagen, weil sie dazu neigen, *am Ende* aufgedeckt zu werden. Das scheint Pete Mandiks Gedankengang zu sein, wenn er den Glauben ablehnt, dass die Sprengung des World Trade Centers durch Al-Quaida eine Verschwörungstheorie ist, mit der Begründung, dass dies kein Geheimnis ist (Mandik 2007, S. 213–4).

Die Argumentation, dass Verschwörungen dazu neigen, fehlzuschlagen, weil sie häufig damit enden, aufgedeckt zu werden, ist in zweierlei Hinsicht irrig. Es gibt erstens keinen Grund, zu glauben, dass diese Prämisse wahr ist. Und zum zweiten folgt die Schlussfolgerung nicht aus dieser Prämisse.

Warum sollte man die Prämisse, dass Verschwörungen immer oder für gewöhnlich aufgedeckt werden, akzeptieren? Der Beweis liegt darin, dass alle Verschwörungen, die *wir kennen,* nicht mehr geheim sind, von daher ist es sinnvoll zu folgern, dass Verschwörungen dazu neigen, nicht im Geheimen zu bleiben. Das passt zu einem Argument Berkeleys, das nichts existiert, was nicht gedacht wird, denn alles, was man sich ausdenken kann (zur besagten Zeit), bereits gedacht wurde (Berkeley 1962, S. 75). In beiden Fällen gibt es einen Selektionseffekt, der sich auf die vorhandenen Daten stützt. Ich kann Sie nicht mit Beispielen zu Dingen versorgen, über die noch nicht nachgedacht wurde, denn der Vorgang der Suche nach Beispielen beinhaltet zwangsläufig, dass ich darüber nachdenke. Ich kann Sie nicht mit Beispielen zu Verschwörungen versorgen, die noch völlig geheim sind, denn wenn sie noch völlig geheim sind (und ich nicht an ihnen beteiligt bin), kann ich nichts darüber wissen. Aber das stützt nicht die Behauptung, dass es solche Verschwörungen nicht gibt, und nicht einmal die Behauptung, dass es nicht besonders viele von ihnen gibt.

Auch wenn es wahr wäre, dass Verschwörungen dazu neigen, nicht geheim zu bleiben, könnte man daraus nicht folgern, dass sie dazu neigen, zu scheitern. Anzunehmen, dass dem so wäre, würde bedeuten, die Geheimhaltung, die für eine erfolgreiche Verschwörung notwendig ist, auf eine zu rigorose Weise zu deuten; derart gedeutet würde eine Verschwörung in der Tat als Fehlschlag gelten, wenn irgendjemand sonst, außer den Verschwörern, jemals etwas darüber herausfinden würde. Aber davon mal abgesehen haben Verschwörer (zumindest die, die wir kennen) üblicherweise verhaltenere Ziele als die bezüglich der Geheimhaltung. Sie wollen ihre Handlungen gegenüber bestimmten Leuten und über einen bestimmten Zeitraum hinweg (oft nur solange, bis die Tat, die sie planen, vollbracht ist) geheim halten. Tatsächlich *müssen* viele Verschwörungen weitverbreitet werden (nachdem die Tat vollbracht wurde), wenn die Verschwörer mit ihren langfristigen Zielen Erfolg haben wollen. Ein Beispiel hierfür wäre die Verschwörung der Al-Quaida, die Twin Towers zu zerstören. Das angestrebte Ziel war nicht allein ein Schlag gegen den „Großen Satan", die USA, sondern auch ein möglichst hohes Maß an Aufmerksamkeit für diese Aktion. Dies war sicher auch der Fall bei der Verschwörung um den Mord an Julius Caesar. Brutus und Cassius' Pläne waren geheim bis zu dem Zeitpunkt, als sie Caesar niederstachen, danach machten sie die Tat weit und breit bekannt (Plutarch, S. 356–357).

Es ist durchaus möglich, dass es Verschwörungen gibt, deren Erfolg die permanente Geheimhaltung gegenüber jedem, der nicht an der Verschwörung beteiligt ist, bedarf. Aber das ist nicht die Art von Verschwörungen, an die diejenigen, die als Verschwörungstheoretiker getadelt werden, glauben. Sicher glauben sie nicht an die Art von Verschwörungstheorien, die vollkommen erfolgreich waren. Sie glauben nicht, dass die Verschwörungen, an die sie glauben, vor allen vollkommen geheim gehalten wurden, *inklusive ihnen selbst.* Ihre Position auf diese Weise zu beschreiben, würde bedeuten, ihnen zu unterstellen, dass sie offensichtlich inkonsequent wären. Und es gibt keinen Grund (oder zumindest habe ich nie irgendeinen Grund gesehen) zu unterstellen, dass irgendjemand *diesen* Fehler macht.

3.5 Verschwörungstheoretiker sind Menschen, die glauben, dass westliche Regierungen oder deren Vertreter sich oft, erfolgreich oder bedeutsam verschwören

Einfach nur an viele bedeutsame und/oder erfolgreiche Verschwörungen zu glauben, ist für gewöhnlich *allein* noch nicht ausreichend, um Sie als Verschwörungstheoretiker zu beschuldigen. Sehr viel hängt auch davon ab, wem Sie die Verschwörungen zuschreiben. Egal was Sie glauben, in wie viele Verschwörungen das nordkoreanische Regime verwickelt ist und egal was Sie glauben, wie wichtig und erfolgreich diese Verschwörungen auch sind, wird Sie niemand einen Verschwörungstheoretiker nennen, bis Sie glauben, dass auch westliche Regierungen oder westliche Regierungsvertreter darin verwickelt sind. Von daher ist der Fehler von Verschwörungstheoretikern vielleicht der, dass sie nicht erkennen, dass sich weder westliche Regierungen noch ihre Vertreter verschwören oder es nur selten tun oder es ganz gleich ist, ob sie es tun oder sie nur selten ihr Ziel erreichen, wenn sie es tun.

Die Vereinigten Staaten sind die bedeutendste westliche Regierung und von daher ist es typisch, dass jemand, der an Verschwörungen durch die US-amerikanische Regierung oder deren Regierungsvertreter glaubt, als Verschwörungstheoretiker bezichtigt wird. Also werden wir die Vereinigten Staaten als ein Fallbeispiel betrachten. Robert Anton Wilson, der ein ziemlich typischer und weithin zitierter Autor auf dem Gebiet der Verschwörungstheorien ist, beginnt sein Buch *Everything Is Under Control: Conspiracies, Cults and Cover-ups* damit, eine Studie zu zitieren, nach der 74 % der US-Amerikaner „glauben, dass die US-amerikanische Regierung regelmäßig an verschwörerischen und geheime Operationen beteiligt ist.“ Nach Wilson ist diese Statistik bezeichnend, weil sie besagt, dass die meisten US-Amerikaner „jetzt an etwas glauben, was ein Jahrhundert zuvor nur verbitterte Linksradikale glaubten“ (Wilson 1998, S. 1). Der Rest seines Buches basiert auf der Annahme, dass seine Leser zu den anderen 26 % gehören, die nicht glauben, dass ihre Regierung sich ständig verschwört und dass es dafür keiner Argumente bedarf. Es wird schlicht vorausgesetzt, dass die Mehrheit der Amerikaner leicht empfänglich wurde für „seltsame“ und „paranoide“ Verschwörungstheorien.

Die Statistik, die Wilson zitiert, ist beunruhigend, aber nicht aus den von ihm angenommenen Gründen. Es ist eine Anklageschrift an die amerikanischen Medien und an das amerikanische Schulsystem, das 26 % der US-Amerikaner – mehr als ein Viertel der Bevölkerung – nicht wahrzunehmen scheint, dass ihre

Regierung sich regelmäßig an verschwörerischen oder geheimen Aktivitäten beteiligt. Sie haben offensichtlich noch nie etwas von der CIA oder der NSA gehört oder vielleicht denken sie, dass es fiktionale Instanzen sind, die regelmäßig als ein Plot im Fernsehen verwendet werden. Jeder, der mit der US-amerikanischen Geschichte und Politik auch nur flüchtig vertraut ist, wird sich dessen bewusst sein, dass die US-amerikanische Regierung und ihre Vertreter regelmäßig in verschwörerische und geheime Aktivitäten verwickelt sind. Nicht, dass sie damit allein sind. Sich zu verschwören ist und war stets ein wichtiger Bestandteil der Politik. Das einzige, was die US-Regierung in diesem Zusammenhang zu etwas Besonderem macht, ist ihre außergewöhnliche Macht. Als ein Resultat neigen Verschwörungen über die US-Regierung und ihre Vertretern dazu, bedeutsamer zu sein als die über andere Regierungen und deren Vertreter.

3.6 Verschwörungstheorie und die offene Gesellschaft

Neben der beeindrucken Vielfalt der Verwendung der Wörter „Verschwörungstheorie", „Verschwörungstheoretiker", „Verschwörungen" etc., werden diese in der westlichen Welt normalerweise verwendet, um jene zu belächeln, die glauben, dass ihrer Regierungen oder sonstige mächtige Organisationen ihres Landes an Verschwörungen beteiligt sind (oder an vielen Verschwörungen oder bedeutenden Verschwörungen oder erfolgreichen Verschwörungen etc.). Diese Wörter so zu gebrauchen, dient dazu, solche Menschen einzuschüchtern und zum Schweigen zu bringen, egal ob ihr Glaube gerechtfertigt ist oder nicht und ob sie Recht haben oder nicht. Somit macht es diese Art des Gebrauchs weniger wahrscheinlich, dass solche Verschwörungen aufgedeckt werden (oder rechtzeitig aufgedeckt werden) und wahrscheinlicher, dass die Täter mit ihrer Tat davon kommen. Von daher gibt es einen Grund anzunehmen, dass der Umstand, dass diese Worte eine herabsetzende Konnotation haben, unsere Gesellschaft dazu bringt, weniger offen zu sein als sie es ansonsten wäre. Es liegt eine traurige Ironie in der Tatsache, dass Popper, der Autor von *The open Society and its Enemies,* mit Ausführungen hätte beginnen sollen (z. B. die zeitgenössische Hexenjagd gegen Verschwörungstheoretiker), die die Aufdeckung von Verschwörungen unwahrscheinlicher gemacht hätte und es Verschwörungen nun aber einfacher macht, Erfolg zu haben – auf Kosten der Aufgeschlossenheit.

In der Tat hat sich der Begriff „Verschwörungstheoretiker" in einer Weise entwickelt, dass er kaum mehr ist als eine Bezeichnung für Menschen, die jegliche Behauptung, die mit einem behördlich zugelassenen oder orthodoxen Glauben kollidiert, glauben oder an deren Untersuchung interessiert sind. Tatsächlich (wie ich an andere Stelle belegt habe) wird der Ausdruck von solchen Menschen manchmal verwendet, auch wenn ihre so genannte Verschwörungstheorie überhaupt keine Verschwörung beinhaltete (z. B. Coady 2006, S. 125). Die Begriffe „Verschwörungstheorie“ und „Verschwörungstheoretiker“ sind jeweils salonfähige zeitgemäße Äquivalente zu „Ketzerei“ und „Ketzer“; diese Begriffe dienen dazu, jeden zu tadeln und an den Rand zu drängen, der orthodoxe oder offiziell bestätigte Überzeugungen ablehnt oder sogar infrage stellt.

So verstanden ist die Beziehung zwischen Verschwörungstheorien und offiziellen Erklärungen genauso wie die Beziehung zwischen Gerüchten und offiziellen Erklärungen, mit dem einen Unterschied, dass Gerüchten lediglich die offizielle Bestätigung fehlt, wohingegen Verschwörungstheorien, aus diesem Verständnis heraus, der offiziellen Darstellung der Ereignisse in irgendeiner Weise widersprechen müssen. Was geschieht, wenn wir eine Definition von „Verschwörungstheorie“ in diesem Sinne akzeptieren? Würde das rechtfertigen, eine abschätzige Haltung gegenüber Verschwörungstheorien anzunehmen? Nein. Wie wir während unserer Diskussion über Gerüchte gesehen haben, sollte die Feststellung, dass die Darstellung der Ereignisse einen offiziellen Status hat, als erkenntnistheoretisch neutral angesehen werden. Zu sagen, dass eine Verschwörungstheorie definitionsgemäß der offiziellen Darstellung der Ereignisse widerspricht, sagt nichts darüber aus, ob sie wahr ist oder nicht, oder ob eine Person, die sie glaubt, berechtigt ist, dies zu tun.

3.7 Verschwörungshetze als Propaganda

Die propagandistische Art der Kampagnen gegen Verschwörungstheorien und Verschwörungstheoretiker ist mindestens so offensichtlich wie das propagandistische Wesen von Kampagnen gegen Gerüchte und Gerüchtemacher. Beide Formen der Propaganda dienen einer Herden-Meinung oder zumindest einer „seriösen Meinung“ innerhalb der Grenzen, die Regierungen und andere mächtige Institutionen setzen.

Wieder liefert Cass Sunstein eine gute Fallstudie zur Wirkung dieser Propaganda. In seinem Artikel „Conspiracy Theories: Causes and Cures“ kürzlich erschienen in *The Journal of Political Philosophy*, conspiracy theory werden Verschwörungstheorien versuchsweise als

> „ein Versuch gesehen, einige Ereignisse oder Vorgehensweisen anhand von Machenschaften mächtiger Personen zu erklären, die versuchen, ihre Stellung zu verbergen, (zumindest so lange, bis ihre Ziele vollendet sind).“ (Sunstein und Vermeule 2009, S. 205)

Die Autoren räumen ein, dass einige Verschwörungstheorien wahr (S. 206) und manche gerechtfertigt sind (S. 207). Sie vereinbaren dennoch, ohne eine weitere Begründung dafür zu geben, dass sie sich auf Verschwörungstheorien konzentrieren wollen, die „falsch, schädlich und ungerechtfertigt" sind (S. 204). Sie richten nicht nur ihren Schwerpunkt auf solche „schlechten Verschwörungstheorien", sie verweisen wiederholt in solcher Weise auf Verschwörungstheorien, als ob wir einfach annehmen könnten, dass einige oder alle diese unerwünschten Eigenschaften hätten. Sie behaupten zum Beispiel, dass „Verschwörungstheorien eine Teilmenge einer weiteren Kategorie falscher Überzeugungen sind" (S. 206) und dass sie das Ergebnis „verkrüppelter Wissenschaftslehren" („crippled epistemologies") sind (S. 224). Somit ignorieren damit letztlich Verschwörungstheorien, die wahr, vorteilhaft und/oder gerechtfertigt sind. Über Verschwörungstheorien so zu sprechen, als könnten wir einfach annehmen, sie seien falsch, schädlich und ungerechtfertigt, ist, angesichts ihrer Definition, gleichbedeutend mit der Annahme, dass Erklärungen, die auf geheimnisvollem Verhalten seitens mächtiger Menschen basieren, falsch, schädlich und ungerechtfertigt sind. Wir haben bereits gesehen, dass nicht nur einige, sondern viele solcher Erklärungen sowohl wahr wie gerechtfertigt sind.

Sie können natürlich trotzdem schädlich sein. Im folgenden Abschnitt äußern Sunstein und Vermeule die Sorge darüber, Verschwörungstheorien könnten „aus Sicht der Regierung schädliche Effekte haben, entweder indem sie die ungerechtfertigte Verbreitung öffentlicher Skepsis bezüglich Aussagen der Regierung beinhalten oder die öffentliche Mobilmachung und Beteiligung an Regierungsmaßnahmen abschwächen oder beides" (2009, S. 220). Gibt es einen anderen Standpunkt, abgesehen von dem der Regierung, der einer Berücksichtigung wert wäre, wie zum Beispiel der des Bürgers? Sie sagen es nicht. Darüber hinaus berücksichtigen sie nicht die Möglichkeit, dass die weitverbreitete öffentliche Skepsis gegenüber den Erklärungen der Regierung gerechtfertigt sein könnte.

Schiebt man diese Bedenken beiseite, was sollte die Regierung bezüglich des Problems tun, dass Menschen demgegenüber, was sie sagt in ungerechtfertigter Weise skeptisch sind und sich sträuben, das zu tun, was sie will? Sie haben vielleicht gedacht, die Lösung liege in mehr Offenheit, Ehrlichkeit und Verantwortlichkeit aufseiten der Regierung. Sunstein und Vermeule wählen einen etwas anderen Ansatz. Tatsächlich wählen sie genau den entgegengesetzten Ansatz:

> „Unser Grundsatz hier ist, dass sich Regierung engagieren sollte in der *kognitiven Infiltration von Gruppen, die Verschwörungstheorien hervorbringen.*" (2009, S. 218, Hervorhebungen im Original)

Wir sind sicher, dass das der Regierung erlauben wird, „die verkrüppelte Epistemologie der Gläubigen zu unterminieren, indem sie Zweifel über ihre Theorien streuen“ (S. 219). Natürlich können Regierungsvertreter nicht gänzlich offen über ihre Beteiligung an solchen Programmen sein; deshalb empfehlen Sunstein und Vermeule, dass „Regierungsangehörige annonym oder sogar mit falschen Identitäten partizipieren sollten“ (S. 225). Mit anderen Worten empfehlen sie also, dass Regierungen sich an Verschwörungen beteiligen sollten, um den Glauben an Verschwörungstheorien zu unterminieren. Natürlich besteht die Gefahr, dass die Menschen etwas über die Ziele dieser geplanten Regierungsverschwörungen erfahren. Sunstein und Vermeule können diese Möglichkeit schwerlich zurückzuweisen, da sie auch behaupten, dass in einer offenen Gesellschaft, wie zum Beispiel den Vereinigten Staaten, Großbritannien und Frankreich, „Regierungsaktivitäten für gewöhnlich nicht lange geheim bleiben“ (S. 208 f.). Wenn etwas über die Ziele der von Sunstein und Vermeule vorgeschlagenen Verschwörungen herausgefunden würde, dann würden sie Verschwörungstheorien (in diesem Falle wahren Theorien) noch mehr Glauben schenken als sie es zuvor ohnehin getan haben. Das wäre aus Sicht der Regierung (was die einzige Sichtweise ist, die Sunstein und Vermeule berücksichtigen) natürlich kontraproduktiv. Also, was sollte die Regierung unter diesen Umständen tun? Es ist nicht völlig klar, was Sunstein und Vermeule empfehlen würden. Sie sagen, dass „wahre Berichte im Allgemeinen nicht unterminiert werden sollten“ (S. 206). Trotzem betrachten sie es als eine „interessante Frage“, ob „es überhaupt angemessen ist, wahre Verschwörungstheorien zu untergraben“ (Fußnote 17).

Es scheint einen klaren Widerspruch zu geben zwischen Sunstein und Vermeules Versprechen, dass Regierungen mit Geheimhaltung und ihrem Eintreten für Regierungsgeheimhaltung (und tatsächlich auch der Täuschung) in einer offen Gesellschaft wie der unseren nicht davon kommen. Ich vermute, sie wollten nicht andeuten, dass die geistige Unterwanderung, die sie vorschlagen, zum Scheitern verurteilt ist. Aber bloße pragmatische Inkonsequenz ist die geringste aller Sorgen, die durch ihren Aufsatz aufkommen. Sollten wir nicht besorgt sein über die Vorstellung von Regierungsvertretern, die zu Geheimhaltung und Täuschung greifen, um die öffentliche Meinung zu manipulieren? Sollten wir vor allem nicht besorgt sein, wenn mächtige Regierungsbeamte, wie Sunstein, empfehlen, dass sich Regierungsbeamte so verhalten sollten? Ist es nicht möglich, dass Regierungsbeamte versuchen könnten, nicht nur falsche, ungerechtfertigte und schädliche Verschwörungstheorien zu untergraben, sondern auch wahre, gerechtfertigte und/oder vorteilhafte? Sunstein und Vermeule beruhigen:

> „Durchweg gehen wir von einer wohlwollenden Regierung aus, die darauf abzielt Verschwörungstheorien zu eliminieren oder ihre Position zu schwächen, wenn und nur wenn das soziale Wohl dadurch verbessert wird." (2009, S. 219)

Aber warum sollten wir annehmen, dass die Regierung „wohlgestimmt" ist oder dass sie immer danach streben wird, die „öffentliche Wohlfahrt" zu steigern? Welchen Grund könnten wir haben, das Selbstverständnis bzw. Eigenverständnis liberaler Staaten aufzugeben? Können wir z. B. wirklich annehmen, dass Regierungen wohlmeinend sind und eher in unserem Interesse handeln als in ihrem eigenen, besonders, wenn es zu Handlungen kommt, die im Geheimen ausgeführt werden? Alles, was Sunstein und Vermeule zur Verteidigung ihrer Annahme zu sagen haben, ist, dass dies „eine gängige Annahme in der politischen Analyse" (S. 219) ist. Es ist eine ganz bestimmte Sorte der Politikanlayse, jene Sorte, die bekannt ist als „Staatspropaganda".

4 Schlussfolgerung

Gerüchte und Verschwörungstheorien (zusammen mit Gerüchtemachern und Verschwörungstheoretikern) haben einen unverdient schlechten Ruf, einen schlechten Ruf, der das Produkt einer anti-demokratischen Propaganda ist, eine Gattung der Propaganda, die überall dort gedeiht, wo Menschen überaus leichtgläubig sind gegenüber offiziellen Machthabern. Es ist wichtig, dass Menschen, die die Demokratie und die Offenheit schätzen, gemeinsam mit den Menschen, die einfach nur die Wahrheit schätzen, diese Propaganda als das erkennen, was sie ist.

Literatur

Adler, J. 2007. Gossip and Truthfulness. In *Cultures of Lying*, hrsg. J. Mecke, 69–78. Berlin: Galda and Wilch Verlag.

Allport, G. W. und L. Postman. 1947. *The Psychology of Rumor.* New York: Henry Holt.

Ayto, J. 1999. *Twentieth Century Words*. Oxford: Oxford University Press.

Bauer, R. A. und D. B. Gleicher. 1953. Word-of-Mouth Communication in the Soviet Union. *Public Opinion Quarterly* 17: 297–310.

Berkeley, G. 1962. *The Principles of Human Knowledge*. G. J. Warnock (Hrsg.) London: Collins.

Brunvand, J. H. 1981 *The Vanishing Hitchhiker: American Urban Legends and their Meaning*. New York: Norton.

Brunvand, J. H. 1999. *Too Good To Be True: The Colossal Book of Urban Legends*. New York: Norton.

Caplow, T. 1947. Rumors in War. *Social Forces* 25: 298–302.
Coady, C. A. J. 1992. *Testimony: A Philosophical Study*. Oxford: Clarendon Press.
Coady, C. A. J. 2006. Pathologies of Testimony. In *The Epistemology of Testimony*, hrsg. J. Lackey und E. Sosa, 253–271. Oxford: Oxford University Press.
Coady, D. (Hrsg.) 2006. *Conspiracy Theories: The Philosophical Debate*. UK, Aldershot: Ashgate.
Coady, D. 2007. Are Conspiracy Theorists Irrational? *Episteme: A Journal of Social Epistemology* 4.2: 193–204.
Coady, D. 2012. *What to Believe Now: Applying Epistemology to Contemporary Issues*. UK, Chichester: Wiley-Blackwell.
DiFonzo, N. und P. Bordia. 2007. *Rumor Psychology: Social and Organisational Approaches*. Washington DC: American Psychological Association.
Goldman, A. I. 2001. Experts: Which Ones Should You Trust? *Philosophy and Phenomenological Research* 63: 85–110.
Hersh, S. 1972. *Cover-Up*. New York: Random House.
Kapferer, J.-N. 1990. *Rumors: Uses, Interpretations, and Images*. NJ, Brunswick:Transaction.
Keeley, B. L. 2006. Of Conspiracy Theories. In *Conspiracy Theories: The Philosophical Debate*, hrsg. *D.* Coady, 45–60. UK, Aldershot: Ashgate.
Knapp, R. H. 1944. A Psychology of Rumor. *The Public Opinion Quarterly* 8.1: 22–37.
Levy, N. 2007b. Radically Socialised Knowledge and Conspiracy Theories. *Episteme: A Journal of Social Epistemology* 4.2: 181–192.
Locke, J. 1961. *An Essay Concerning Human Understanding* [1690]. J. W. Youlton, (Hrsg.) London: Dent.
Mandik, P. 2007. Shit Happens. *Episteme: A Journal of Social Epistemology* 4.2: 205–218.
Pigden, C. 2006a. Complots of Mischief. In *Conspiracy Theories: The Philosophical Debate*, hrsg. D. Coady, 139–166. UK, Aldershot: Ashgate.
Pigden, C. 2006b. Popper Revisited, or What is Wrong with Conspiracy Theories. In *Conspiracy Theories: The Philosophical Debate*, hrsg. D. Coady, 17–44. UK, Aldershot: Ashgate.
Pigden, C. 2007. Conspiracy Theories and the Conventional Wisdom. *Episteme: A Journal of Social Epistemology* 4.2: 219–232.
Plutarch. 1999. *Roman Lives*. R. Waterfield (Übersetz.). Oxford: Oxford University Press.
Popper, K. R. 1962. *The Open Society and its Enemies*, vol 2. The High Tide of Prophecy: Hegel Marx and the Aftermath, 4th edn. London: Routledge & Paul Kegan.
Popper, K. R. 1972. *Conjectures and Refutations*, 4th edn. London: Routledge & Paul Kegan.
Rosnow, R. L. und G. A. Fine. 1976. *Rumor and Gossip: The Social Psychology of Hearsay*. New York: Elsevier.
Sunstein, C. R. 2009. *On Rumors: How Falsehoods Spread, Why We Believe Them, What Can Be Done*. New York: Farrar, Straus & Giroux.
Sunstein, C. R. und A. Vermeule. 2009. Conspiracy Theories: Causes and Cures. *Journal of Political Philosophy* 17: 202–27.
Weiner, T. 2007. *Legacy of Ashes: The History of the CIA*. New York: Doubleday.
Wilson, R. A. 1998. *Everything is Under Control: Conspiracies, Cults and Cover-ups*. New York: Harper Paperbacks.

David Coady is a senior lecturer at the University of Tasmania, Australia. He has published widely on topics in applied epistemology, including expertise, conspiracy theory, rumor, and the blogosphere. He is the editor of Conspiracy Theories: The Philosophical Debate (Ashgate 2006), and the author of What To Believe Now: Applying Epistemology to Contemporary Issues. (Wiley-Blackwell 2012). (Stand: 2014)

Sinnvoller Unsinn – Unheilvoller Sinn

Sascha Pommrenke

> *Der Wille, einen Affekt zu überwinden, ist zuletzt doch nur der Wille eines anderen oder mehrerer andrer Affekte.*
>
> Friedrich Nietzsche
> *(Jenseits von Gut und Böse)*

1 Einleitung

Wie ist es möglich, dass erwachsene Menschen glauben, es gäbe eine muslimische Verschwörung zur Eroberung Europas? Wie ist es möglich, dass erwachsene Menschen glauben, der Holocaust hätte nie stattgefunden und die Vernichtungslager wären von Amerikanern nachträglich aufgebaut worden? Wie ist es möglich, dass erwachsene Menschen glauben, Reptiloiden (Echsenmenschen) würden in der hohlen Erde leben und im Geheimen die Menschheit regieren? Und wie ist es möglich, dass erwachsene Menschen glauben, die eigene als Wir-Gruppe erlebte Einheit würde sich *niemals* an Verschwörungen beteiligen oder sie gar initiieren? Man möchte annehmen, der *gesunde Menschenverstand* würde ausreichen, um die Absurdität solcher Phantasmen zu erkennen. Oder ist es gar der gesunde Menschenverstand selbst, der Menschen an alles Mögliche und Unmögliche glauben lässt?

Die Literatur zu Verschwörungstheorien fokussiert auf die Besonderheiten des Verschwörungsdenkens und vernachlässigt die Gemeinsamkeiten der unterschiedlichen Denkstile. Dadurch werden die scheinbaren Absurditäten heterodo-

S. Pommrenke (✉)
Hannover, Deutschland

A. Anton et al. (Hrsg.), *Konspiration*,
https://doi.org/10.1007/978-3-658-43429-8_20

xer Wirklichkeitskonstruktionen in den Vordergrund geschoben, während gleichzeitig ein Verständnis dieses Orientierungswissens erschwert und tabuisiert wird. Dadurch entsteht die Gefahr, destruktive Tendenzen – unheilvollen Sinn – zu spät zu erkennen.

Einerseits immunisieren „Verschwörungstheoretiker" ihre Theorien gegen vermeintliche Fakten, andererseits sind es die Verfechter der orthodoxen Wirklichkeitsordnung, die ihre Weltsicht ebenfalls mit allen zur Verfügung stehenden Mitteln zu verteidigen suchen. Es scheint sich zu lohnen, einmal die Aufmerksamkeit auf die Gemeinsamkeiten der Verteidigung der Wirklichkeitskonstruktionen zu richten. Im Folgenden soll aufgezeigt werden, dass grundlegende anthropologische Konstanten und soziale Prozesse zu ähnlichen Abwehrprozessen führen, sei es zur Verteidigung heterodoxen oder orthodoxen Wissens. Was für den einen Unsinn ist, ergibt für einen anderen Sinn. Und was für jemanden sinnvoll erscheint, erscheint anderen als unheilvoll.

> „Was für den einen wichtig, sogar wesentlich ist, ist für den anderen Nebensache, keiner Erwägung wert. Was der eine für evident hält, das hält der andere für Unsinn. Was für den einen selbstverständlich ist, ist für den anderen Unsinn. Was für den einen Wahrheit ist (evtl. ‚erhabene Wahrheit'), ist für den anderen eine ‚schäbige Erdichtung' (evtl. eine naive Täuschung)." (Fleck 1936, S. 87)

Was Ludwik Fleck hier beschreibt, zielt keineswegs auf Verschwörungsdenken ab. Vielmehr wird hier ein grundlegendes Verständigungs- und Sinnzuschreibungsproblem zwischen Individuen verschiedener (Denk-)Gruppen beschrieben. „Sie werden aneinander vorbei und nicht zueinander sprechen: sie gehören anderen Denkgemeinschaften bzw. Denkkollektiven an, sie haben einen anderen Denkstil" (ebd.).

Was ist es, das manche an heterodoxe und andere an orthodoxe Wirklichkeitskonstruktionen glauben lässt? Will man wirklich verstehen, wieso Menschen an Zusammenhänge glauben, die aus der Perspektive des eigenen Denkkollektivs als Unsinn erscheinen, dann muss man (gedanklich) einen Schritt aus den sozialen Kämpfen um Deutungsmuster zurücktreten und versuchen, aus gelassenerer, wissenschaftlicherer Perspektive bestimmte Eigentümlichkeiten zu erkennen. Soll es nicht nur um Stigmatisierung des politischen Gegners gehen und will man nicht auf vorwissenschaftliche Erklärungsstufen zurückfallen und Menschen in Gut und Böse, in intelligent und dumm einteilen oder sie sogar pathologisieren und psychiatrisieren, dann muss man sich eingehender mit der Sozio- und Psychogenese von Menschen in Beziehungen beschäftigen, als es gegenwärtig der Fall ist. Verschwörungstheoretiker oder die, die man dafür halten will, als „abergläubisch und irrational" zu bezeichnen, „was vielleicht wie eine Erklärung klingt, in Wirklichkeit aber nichts erklärt", ist wenig hilfreich, denn es „bedeutet einfach: ‚Wir sind besser'"(Elias 1983, S. 89).

Häufig wird so getan, als handele es sich beim Verschwörungsdenken um das Problem von Individuen. Als wären Menschen isolierte Monaden, denkende Statuen (Elias 1991, S. 130 ff.). Will man soziale Prozesse jedoch verstehen und erklären, dann erscheint es notwendig, sich mit *Menschen in Beziehungen, in sozialen Strukturen* zu beschäftigen,

> „[...] dann ist die Untersuchung der Erfahrungsdimension, der Art, wie Menschen im Zusammenhang mit ihrem Erleben dieser Strukturen zu deren Reproduktion wie zu deren Wandel beitragen, ebenso unerlässlich wie [die Untersuchung] der langfristigen, ungeplanten und blinden Verflechtungsmechanismen, die beim Wandel gesellschaftlicher Strukturen am Werke sind." (Elias 1978, S. 23)

In der Literatur zu „Verschwörungstheorien" wird der Fokus vor allem auf Typologisierungen und auf Definitionen sowie Deskriptionen der unterschiedlichen Begriffe gerichtet. Dabei wird jedoch zu wenig darauf geachtet, dass die Begriffe, die die Realität beschreiben sollen, Konstruktionen und Rekonstruktionen von Wirklichkeit(en) sind. Sie richten die Wahrnehmung und schließen somit andere Betrachtungsweisen aus (Fleck 1947).

Neben dem geläufigsten und damit auch ungenauesten Begriff „Verschwörungstheorie" finden sich unter anderem Bezeichnungen wie „Verschwörungsmythos" (Bieberstein 2008; Roth und Sokolowsky 1999, S. 9–20; Reinalter 1995), „Verschwörungslegende" (Grüter 2008), „Verschwörungsglaube" (ebd.), „Verschwörungsideologie" (Wippermann 2007) und „Verschwörungsdenken" (Anton 2011; Reinalter 2004 und 2010). Doch schaut man sich den akademischen diskursiven Prozess genauer an, erkennt man schnell, dass fundamentale Probleme des Verschwörungsdenkens nicht durch noch so präzise Definitionen oder Begriffsvariationen zu klären sind. Mit der Hervorhebung und Überbetonung der Unterschiede zwischen heterodoxen und orthodoxen Denkprozessen werden die Gemeinsamkeiten der Deutungsmuster, des Denkens und der Welterklärungsmodelle verdeckt.

2 humana conditio

Gegenwärtig ist immer noch ein rationalistisches Menschenbild in den Sozialwissenschaften vorherrschend. Weshalb Verschwörungsdenken dann auch meist mit abwehrender Pathologisierung versehen wird. Es handele sich dabei um Paranoia

(Roth 1999, S. 119 f.; Leggewie 1999; Maaz 2001; Korzeniowski 2001), häufig beruhend auf einen der ersten Artikel zum Verschwörungsdenken von Hofstadter (1964), der die Richtung künftiger Bewertungen mit seinem Essay „The Paranoid Style in American Politics" vorweggenommen hat. Oder gänzlich vertrackt, wird die Pathologisierung abgelehnt, aber nicht weil hier ein hegemonialer Diskurs aufgedeckt wird, sondern weil der Wahnsinn der Normalität – das Fantastische und Irreale – als Versuchung für jeden Menschen erkannt wird, als handele es sich beim Verschwörungsdenken um eine süchtig machende Droge. Nur um dann zu schließen, davor könne „nur der gesunde Menschenverstand bewahren" (Groh 1996, S. 13). Als würde der „gesunde Menschenverstand" nicht zugleich auch „kranken Menschenverstand" exkludieren.

Der Versuch, Verschwörungsdenken ad hoc in den Bereich des Irrationalen, Vernunftwidrigen, des Paranoiden und gar Wahnhaften einzuordnen, zu stigmatisieren und zu diffamieren, zeugt entweder von angstbesetzter Abwehr, politischem Willen zur Denunziation des jeweiligen Gegners (z. B. im Kampf um Deutungsmuster) oder aber einer unangemessenen Vorstellung von menschlichen Selbststeuerungsprozessen, die geläufig als „Verstand" verdinglicht werden. Allen dreien ist eines gemeinsam: durch die geringe Realitätskongruenz[1] der Vorstellungen kann Verschwörungsdenken weder angemessenen verstanden, geschweige denn erklärt werden. Dementsprechend kann gegen mögliche destruktive Tendenzen des Verschwörungsdenkens, also eines zum Unheilvollen werdenden Sinns[2] nur wenig ausgerichtet werden. Wer nicht versteht, kann nicht angemessen handeln.

Das Menschenbild des *homo oeconomicus* oder auch *homo philosophicus*[3] mit der impliziten Vorstellung, es gäbe eine Dichotomie zwischen Emotionalität und Rationalität, zwischen Vernunft und Gefühl, und der dabei unausgesprochenen Überhöhung kognitiv-rationaler Prozesse, scheint das Verständnis des Verschwö-

[1] Realitätskongruenz meint hier die Erhöhung der Kontrollchancen über natürliche oder soziale Prozesse. Es geht nicht um eine Realität jenseits von menschlicher Wahrnehmung, Deutung und Geltung.

[2] Es ist für das Verständnis der folgenden Ausführungen nicht unwesentlich, sich zu vergegenwärtigen, dass das heterodoxe ebenso wie das orthodoxe Wissen durch destruktive Tendenzen zu einem unheilvollen Sinn werden können. Insofern unterscheiden sich die beiden Denkprozesse nur in ihrem Inhalt, aber nicht in ihrer Form.

[3] Zur Problematik von Menschenbildern in den Sozialwissenschaften siehe vor allem Norbert Elias (1997, S. 52 ff.).

rungsdenkens wie des Denkens überhaupt zu behindern. Deshalb ist es notwendig, sich über die *humana conditio* dem Mythos der Vernunft[4] zu nähern.

Bedingt durch die *menschliche Natur,* die *humana conditio,* leben Menschen immer in Abhängigkeits- und Angewiesenheitsverhältnissen. Menschen bedürfen einander nicht nur, um sich gegen Gefahren zu schützen, um sich mit Nahrung zu versorgen oder um sich fortzupflanzen. Sie bedürfen anderer Menschen, um ihre Selbststeuerungsfunktionen zu entwickeln.

Das zentrale Nervensystem der Menschen hat die primäre Funktion, „die physiologische Tätigkeit des Organismus zu koordinieren und zu steuern" (Feustel 1986, S. 177) und zwar elementar nicht als autonomes Individuum, sondern als biopsychosozialer Organismus Mensch unter Menschen.

Die Ausdifferenzierung der Anatomie des menschlichen Gehirns kann dabei als Anzeiger für die Ausdifferenzierung der Selbststeuerungsfunktionen betrachtet werden. Die entscheidende evolutionäre Veränderung ist die Entwicklung des limbischen Systems. Hier werden Sinneswahrnehmungen mit Bewertungen gekoppelt.[5]*Die Verknüpfung von Sinneseindrücken mit Gefühlen stellt sich als der zentrale Überlebensvorteil in der Evolution dar* (Vester 1999, S. 16 f.). Eine sich verändernde natürliche Umwelt ebenso wie soziale Prozesse mit ihren sich verändernden Bedingungen und Gefahren können so unterschiedlich bewertet werden. Die mannigfachen Bewertungen ermöglichen wechselnde, neu angepasste Verhaltensweisen. Zentral ist hierbei, dass die Selbststeuerungsfunktionen der Menschen eine *grundlegende Gefühlssteuerung,* einen *elementaren Bewertungsprozess* darstellen (Damasio 1997, S. 124 und 2005, S. 38). Darüber hinaus ist dieser Bewertungsprozess vorsprachlich und präreflexiv, also unbewusst.

Es handelt sich um Bewertungsprozesse der menschlichen Sinneseindrücke, Erfahrungen und Erinnerungen, die biopsychosoziale Reaktionen bedingen. Diese Reaktionen als Form der Selbststeuerung können wiederum empfunden, gefühlt werden. Im Zentrum menschlicher Selbststeuerungsfunktionen stehen demnach Emotionen.

---

[4] Dabei geht es im Folgenden um die Probleme der Idealisierung und Ideologisierung der „Vernunft" und nicht um eine neue Dichotomisierung.

[5] Inwiefern tatsächlich das limbische System die entscheidenden Prozesse bedingt, ist in den Neurowissenschaften noch nicht geklärt. Hier ist es auch weniger wichtig, welche Teileinheiten des Gehirns am Bewertungsprozess beteiligt sind, als vielmehr die Tatsache, dass es diesen affektiven Bewertungsprozess gibt (vgl. LeDoux 2006, S. 278 ff.).

> „Hypothalamus, Gehirnstamm und limbisches System greifen in alle Vorgänge der Körperregulation *und* in alle neuronalen Prozesse ein, auf denen geistige Phänomene fußen: Wahrnehmung, Lernen, Erinnerung, Gefühl und Empfinden, [...] Vernunft und Kreativität.“ (Damasio 1997, S. 173, Hervorhebung im Original)

Alles was Menschen erleben, erfühlen sie auch. *Jegliches Empfinden und Verhalten ist bereits vorstrukturiert durch früheres Empfinden und Verhalten.* Anders ausgedrückt: die Gefühlsbindungen von Menschen strukturieren nicht nur menschliche Gesellschaften, sie strukturieren auch die menschlichen „Psychen“ (Damasio 2005, S. 67 f.). Alle Sinneswahrnehmungen, Erfahrungen und Handlungen werden affektiv bewertet und schreiben sich, als synaptische Verbindung, ins Gedächtnis ein. Somit bedingen die ersten Erfahrungen, die darauf aufbauenden Erfahrungen und Empfindungen. Je differenzierter die Weltwahrnehmung wird, desto differenzierter werden die Bewertungen und desto differenzierter wird die Gefühlssteuerung (Lichtenberg 2000, S. 169 ff.). Da die menschlichen Selbststeuerungsfunktionen also grundlegend durch affektive Bewertungsprozesse bedingt sind (LeDoux 2006, S. 274 ff.), bedarf dies auch einer gewissen Umorientierung bei der Bewertung von dem, was allgemein als kognitiv-rationale Prozesse von Menschen bezeichnet wird. Das Primat der Rationalität beim menschlichen Handeln scheint ideologisch überfrachtet, und es zeigt sich, dass *rein* rationales Handeln und Denken gar nicht möglich ist.

Die grundlegenden Selbststeuerungsfunktionen von Menschen bestehen also darin, Situationen affektiv, emotional[6] zu bewerten, um den sich ändernden Situationen so begegnen zu können, *dass Wohlbefinden hergestellt oder aufrecht erhalten wird.* Diese Prozesse der Selbststeuerung laufen präverbal und präreflexiv ab.

3 Sprache als neue Stufe der Selbststeuerung

Die angeborene und unbewusste Gefühlssteuerung zeigt die Gerichtetheit der Menschen aufeinander an und stellt gleichzeitig die primäre, basale Verhaltenssteuerung dar. Die spezifische Kommunikationsfunktion dieser angeborenen Affekte kann man auch als die „Sprache der Gefühle“ (Hüther 2005, S. 109; Röhr 2006, S. 170 ff.) bezeichnen. Die Gefühle bedingen bereits auf vorsprachlicher

[6] Affektive Bewertung meint hier die Koppelung mit Gefühlen. Emotionale Bewertung meint die Koppelung von Situationen mit Reaktionsmustern.

Ebene kommunikative Zusammenhänge. Weinen, Schreien, Grunzen, Lallen und die spezifische Gesichtsmimik, zum Beispiel das Lächeln, zeigen den besonderen kommunikativen Charakter der menschlichen Gefühlssteuerung an.

Menschen überschreiten jedoch die präverbale Phase der „Sprache der Gefühle" und entwickeln im Laufe der Phylogenese und Ontogenese eine *gruppenspezifische Symbolsprache.* Je ausdifferenzierter die Weltwahrnehmung werden musste und je ausdifferenzierter und integrierter die Menschengruppen wurden, desto weniger reichte die „Sprache der Gefühle" für Kommunikationsprozesse aus. *Insofern könnte man Sprache bzw. Sprechen als die institutionalisierte*[7] *Symbolwerdung von Gefühlsbindungen bzw. Gefühlssteuerungen bezeichnen.*

Die spezifische Symbolsprache der Menschen ist durch drei komplementäre Funktionen gekennzeichnet. So ist Sprache nicht nur Mittel der *Kommunikation,* sondern auch der *Orientierung* und der *Verhaltenssteuerung* (Elias 2001, S. 89). Ergänzend muss hier noch die Empfindenssteuerung angeführt werden. Denn so, wie die Symbole menschliche Wahrnehmung richten, so richten sie auch die Bewertungsprozesse und die emotionalen Reaktionen:

> „Wir hatten gesehen, daß Emotionen die zentralen Bewertungsoperatoren für unsere Erfahrungen sind – sie sagen uns, was gut oder schlecht für uns ist, bzw. sein wird, und deshalb sind sie für unser Alltagshandeln so unverzichtbar wie für den Aufbau und die Aufrechterhaltung von Freundschafts-, Liebes- und natürlich Verwandtschaftsbeziehungen. Da sie im Kern das Selbst ausmachen, sind sie auch für das Vermögen unverzichtbar, die Vergangenheit zu interpretieren (und dabei das Unwichtige vom Wichtigen zu trennen) und Orientierungen für die Zukunft zu entwickeln." (Welzer 2005, S. 131)

Die Symbolsprache entsteht zwar aus der grundlegenden Gefühlssteuerung von Menschen, doch ist sie durch diese nicht kausal bestimmt. Im Gegenteil, das Symbolsprechen wirkt im kommunikativen Prozess zurück auf die Gefühlssteuerung. Die Ausdifferenzierung der Sprache bedingt auch eine Ausdifferenzierung der Gefühlssteuerung und umgekehrt. Mit der Zunahme der abgespeicherten Erfahrungen und der Repräsentanzen der erfahrbaren Welt nimmt auch die Fä-

---

[7] „Institutionalisierung findet statt, sobald habitualisierte Handlungen durch Typen von Handelnden reziprok typisiert werden. Jede Typisierung, die auf diese Weise vorgenommen wird, ist eine Institution." (Berger und Luckmann 1991, S. 58). Anders ausgedrückt: Institutionalisierung ist ein Prozess der normsetzenden Regelung entpersonalisierter, verallgemeinerter habitueller Standards, die sich im Miteinander, abhängig von den Machtbalancen, herausbilden.

higkeit zu, mit Symbolen gedanklich zu operieren. *Die Vermehrung des Wissens durch sprachliche Symbole dient dabei der Orientierung in der Welt. Das Sprechen dient der Kommunikation und das Denken bezieht sich auf die Funktion, Geschehenszusammenhänge zu untersuchen, ohne eine direkte Handlung zu vollziehen* (Elias 2001, S. 112).

Dabei besteht eine Besonderheit menschlicher Sprachsymbole darin, dass sie nicht nur etwas real Existierendes, sondern auch etwas *nicht* real Existierendes symbolisieren können (ebd., S. 114). Dieses Phantasiewissen spielt für Menschen eine entscheidende Rolle. Unbekannte Situationen bedeuten zugleich auch ungewisse Selbststeuerungsoptionen, was wiederum zu Ängsten führen kann. *Um diesen Ängsten nicht dauerhaft ausgesetzt zu sein, können Menschen beginnen, das Nichtwissen mit Phantasiewissen zu ersetzen* (Rosenhan 1985).

4 Irrationaler Rationalismus

Eines der entscheidenden Missverständnisse in den Menschenwissenschaften liegt in der weitverbreiteten Vorstellung, dass Rationalität und logisches Denken, das Verhalten der Menschen steuern bzw. steuern sollten. „Verstand" oder „Vernunft" werden mythisch überhöht[8], während Gefühle dem Bereich des Irrationalen und Unvernünftigen zugeordnet werden. Dabei werden der Begriff und die Vorstellung von „Rationalität" mit positiven Gefühlen besetzt, während der Begriff „Gefühle", zumindest im Bereich der Erkenntnis und des Wissens, negativ bewertet wird. Rationalität *erscheint* lediglich getrennt von Gefühlen. Hier greifen mehrere langfristige Prozesse, die die grundlegende Verknüpfung von Rationalität und Gefühlen verdecken. Neben Entfremdung (Frankl 2008, S. 40 f.; Pohl 1999) und der gewordenen *homo clausus*-Selbstwahrnehmung (Elias 1997, S. 46 ff.) ist es vor allem die Verflachung der Gefühlsaktivierung durch Gewöhnung.

Kinder müssen sich noch anstrengen z. B. mathematische Grundregeln zu lernen. Das Lernen und Anwenden wird so häufig wiederholt und im Alltag gebraucht, bis es verinnerlicht ist, bis es zur so genannten zweiten Natur geworden ist. Es wird zu einer Selbstverständlichkeit und damit auch unhinterfragbar. Die Anstrengung beim Lernen, die emotionalen Prozesse der (Fremd-)Bewertung von

[8] Wundervoll be- und umschrieben hat dies Paul Feyerabend in „Wider den Methodenzwang" (1986).

Rechenoperationen als richtig und falsch (häufig verbunden mit Schulnoten und damit selbstwertrelevanten Prozessen und Enttäuschungserfahrungen bis hin zu Demütigungserfahrungen) geraten in Vergessenheit. Die Häufigkeit der Anwendung verflacht die emotionale, affektive Erregung so sehr, dass Menschen lediglich glauben, der Prozess hätte nichts mit Gefühlen zu tun; als sei es ein rein kognitiv-rationaler Prozess. Dass dem nicht so ist, wird dann auch erst wieder in Krisensituationen sicht- und empfindbar; wenn die bisherigen Gewissheiten infrage gestellt werden. In den Naturwissenschaften geschieht dies möglicherweise nur noch selten, aber revolutionäre Neuerungen kommen vor. In den Sozialwissenschaften hingegen besteht ein beständiger Kampf um Deutungsmuster und um den Wert von Entdeckungen und Theorien.

> „Daher wird der Kampf um die Anerkennung solcher Entdeckungen unzureichend erfaßt, wenn man ihn nur als Konflikt zwischen affektlosen intellektuellen Positionen darstellt und seine affektive Bedeutung ignoriert. Pioniere einer wissenschaftlichen Innovation müssen für ihre Erkenntnis nicht nur darum kämpfen, weil sie sich gegen die Vernunftgründe Andersdenkender zu behaupten hat, sondern auch, weil das Weltbild, das aus ihr folgt, bei vielen Menschen zu einer tiefen emotionalen Entzauberung und manchmal zu einem beinahe traumatischen Schock führen kann." (Elias 1983, S. 111)

Letztlich ist die rationale Methode, das rationale Erkennen nichts anderes als ein an diese Vorstellung gebundener Affekt, der einen anderen weniger starken Affekt überwindet. Das sagt nichts über den Inhalt und die Realitätskongruenz der Erkenntnis und des Wissens aus. Aber es sagt viel über die Wirkungsmächtigkeit von Gefühlen und ihre Bedeutung für das menschliche Empfinden und Verhalten aus.

Besonders deutlich wird dies bei der Stigmatisierung von Verschwörungstheorien als irrational und unvernünftig. Die (wenig realitätsgerechte) Trennung zwischen vermeintlich rationaler, vernünftiger Deutung von sozialen Geschehnissen, also der orthodoxen Weltsicht, und irrationalem, verschwörungstheoretischem Deuten, also heterodoxen Deutungsmustern, ist die zentrale These sowohl im akademischen wie politisch-medial-hegemonialen Diskurs.[9] Der grundlegende und immer wiederkehrende Vorwurf der Irrationalität, des Vernunftwidrigen, des Wahnsinnigen und Verrückten des Verschwörungsdenkens ist, wie gezeigt, so je-

[9] Ausnahmen stellen z. B. Jaworski (2001, S. 24) und Anton (2011, S. 80 ff.) dar, die zwar die Besonderheiten des Verschwörungsdenkens herausstellen, gleichzeitig aber auf die Gemeinsamkeiten mit anderen „Denkweisen" und „Wissensbeständen" abzielen.

doch nicht haltbar. Alles Denken ist Gefühlsdenken und insofern irrational. Entscheidend ist, woran sich die Gefühle heften, was als „Wirklichkeit" oder „Wahrheit" bewertet wird. Es zeigt sich, dass die Vorwürfe keine Erklärungsfunktion haben, sondern ausschließlich selbstwertrelevante Gründe: „Wir sind besser." Der Kampf um die Deutungsmuster und die geltende Wirklichkeitsordnung wird also wenig realitätsangemessen mit ideologischen Kampfbegriffen „rational vs. irrational" geführt. Das Argumentationsmuster des Primats der Rationalität ist dementsprechend selbst irrational. Es handelt sich vielmehr um das Überzeugungsgefühl von Rationalität, das seinen Gegenpart im Überzeugungsgefühl des „wahren" Wissens im Verschwörungsdenken hat. Die hochgradige emotionale Verteidigung der eigenen „Vernunftgründe", des eigenen „Wissens" liegt in der affektiven Verankerung und dem dadurch bedingten Überzeugungsgefühl begründet.

5 Funktionen des (Phantasie)Wissens

In der Literatur zum Verschwörungsdenken gibt es zumindest eine gewisse Einigkeit über einen wesentlichen Begründungszusammenhang von Verschwörungsdenken: das Bedürfnis nach (Welt-)Orientierung (Groh, R. 2001), besonders nach Krisen (Groh 1992, S. 296 und 2001, S. 191; Pfahl-Traughber 2004, S. 55). Doch wird hierbei übersehen, dass Orientierung ein grundlegendes Bedürfnis von Menschen ist. Wesentliches Moment von natürlich oder sozial bedingten Krisenerfahrungen sind Ängste. Das bisher vorhandene Orientierungswissen ist in der Krise nicht anwendbar, die Singularität der Ereignisse lassen bekannte Kontrollchancen als wenig brauchbar erscheinen. Wenn über die gefährliche Situation jedoch kein realitätskongruentes Wissen vorhanden ist, neigen Menschen dazu, diese Lücke mit Phantasiewissen zu füllen, um die Situation überhaupt ertragen zu können. Das Phantasiewissen macht es möglich, „die allgegenwärtige Aussicht auf Schmerz und Tod zu verdecken und aus dem Bewusstsein zu bannen" (Elias 1991, S. 113). Was aus kognitiver Perspektive ein hoher Grad an Phantasiewissen ist, ist aus emotionaler Perspektive ein hoher Grad an affektivem Engagement: Angst bzw. Furcht.

Das erhöhte Engagement, also das Überwiegen an phantasiegesättigteren Vorstellungen gegenüber realitätsangemesseneren, distanzierteren Überlegungen – beruht nicht zuletzt auf dem Gefahrenpotenzial, dem sich *Menschen durch Menschen* ausgesetzt sehen. Ob Menschen nun realiter von anderen Menschen (selbstwert)bedroht sind oder ob dieses Bedrohungsszenario lediglich in den Vorstellungen existiert, spielt dabei keine Rolle. Denn in den Reaktionen, in ihren Handlungen und anderen Kommunikationsformen werden die Vorstellungen zur

Realität.[10] Dieses Gefahrenpotenzial und die damit verbundenen Ängste führen zu einem engagierteren Nachdenken über soziale Geschehenszusammenhänge. Die scheinbare Unkontrollierbarkeit, der man sich in Konfliktsituationen wähnt, verstärkt das Gefühl der Angst – was wiederum dazu führt, dass ein gelasseneres Reflektieren und Handeln zunehmend schwieriger wird. Häufig sind dem Geschehenszusammenhang unangemessene Reaktionen die Folge, was allerdings wiederum dazu führt, dass das Gefühl der Machtlosigkeit, des Kontrollverlustes und somit auch der Angst weiter zunimmt. Dort, wo Menschen die Situation allerdings nicht zu kontrollieren vermögen, wo sie sich die Geschehenszusammenhänge nicht erklären können, beginnen sie, die Ungewissheit und Angst durch phantasierte Vorstellungen zu kompensieren, zu überlagern. Die Phantasien führen jedoch nur zu noch mehr Kontrollverlust, da die angebotenen Erklärungen und die darin begründeten Steuerungsversuche dem Geschehenszusammenhang nicht gerecht werden. Das Phantasiewissen wird zu einem unheilvollen Sinn – einer Sinnstiftung, die aufgrund geringer Realitätskongruenz zu Unheil, zu Destruktivität führen kann. Solch ein eskalierender Doppelbinderprozess kann nur schwerlich durchbrochen werden (vgl. Elias 1983, S. 83 ff.). Es ist leicht erkennbar, dass es hier keinen qualitativen Unterschied zwischen heterodoxen und orthodoxen Wissens- bzw. Nicht-Wissensbeständen gibt. Im Falle des orthodoxen Wissens wird das Phantasiewissen lediglich durch die entsprechenden Machtpotenziale zur Wirklichkeit erklärt. Dann sind Juden eben tatsächlich Brunnenvergifter oder Hexen vom Teufel besessen. Im offiziellen Narrativ der Mehrheitsgesellschaft wird von einer „Achse des Bösen" fantasiert bzw. dem „Internationalen Terrorismus", während alternierende Deutungen von der Akteurszentrierung auf Geheimdienste und Machteliten fabulieren. Das Phantasiewissen ist in allen Fällen wenig realitätsangemessen: mal mehr und mal weniger. Phantasiewissen ist eine Balance, die mal mehr zur Phantasie neigt und mal mehr zur Realität, je nach affektivem Engagement, nach Art und Grad der Involvierung in den sozialen Prozess.

Doppelbinderprozesse sind auf jeglichen Integrationsstufen der sozialen Geschehenszusammenhänge zu beobachten, ebenso wie sie in jeglichen Konfliktsituationen zu beobachten sind. Seien es zwischenstaatliche Konflikte, seien es innerstaatliche, regionale, städtische, familiäre Konflikte oder solche in Paarbeziehungen. Auf jeglichen Integrationsstufen, auf denen Konflikte ausgetragen

[10] Vgl. das sogenannte Thomas-Theorem: „Wenn Menschen Situationen als real interpretieren, dann sind diese in ihren Folgen real" (Thomas und Thomas 1973).

werden, bzw. auf denen Spannungen zwischen Menschen bestehen, die um irgendetwas konkurrieren, sind auch die entsprechenden Dynamiken zu beobachten. Und genauso wie sie eine Soziodynamik darstellen, sind sie ebenfalls als Psychodynamik zu verstehen. Allerdings sind Doppelbinderprozesse kein Spezifikum für Verschwörungsdenken. Vielmehr handelt es sich beim Phantasiewissen im Allgemeinen und beim Verschwörungsdenken im Besonderen um eine anthropologische Konstante, eine *Disposition* der menschlichen Selbststeuerungsfunktionen und eine Möglichkeit, (Todes-)Furcht verarbeiten bzw. abwehren zu können. Darüber hinaus ist es *eine* Bedingung der Möglichkeit, den Doppelbinderprozess zu deeskalieren. Denn Phantasiewissen ist zugleich immer auch spekulatives Wissen[11], das den Übergang zum realitätskongruenten Wissen und auf diese Weise zu mehr Kontrollierbarkeit der Gefahrendynamik markieren kann.[12] Und damit kann Phantasiewissen die Funktion sinnvollen Unsinns bekommen.

6 Angst als zentrale Kategorie und Herrschaftsinstrument

Mit der (sozio- wie onthogenetischen) Überwindung des „Horror[s] des Nicht-Wissens“ (Elias 1986, S. 472) durch mehr oder weniger realitätsangemessenes Orientierungswissen geht eine für Menschen fundamentale Erkenntnis einher, die den Horror des Wissens hervorbringen kann. Das Wissen um den eigenen Tod. Diese Erkenntnis ist für die Motivation menschlichen Empfindens und Verhaltens elementar und nicht zu überschätzen.

> „Der persönliche Grund, aus dem die Entdeckung von etwas Ewigem und Dauerndem hinter allem Wandel einen so hohen Wert für Menschen besitzt, ist, wie ich meine, ihre Furcht vor der eigenen Vergänglichkeit – die Todesfurcht. Einst wurde sie überwunden durch den Gedanken an die ewigen Götter, und dann wiederum versuchten Menschen, sich durch den Gedanken an die ewigen Naturgesetze als Repräsentanten der unvergänglichen Ordnung der Natur gegen sie zu wappnen.“ (Elias 1984a, S. 109)

[11] Zur spekulativen Kommunikation siehe äußerst fruchtbar O. Kuhn (2010).

[12] Insofern hat Phantasiewissen und damit auch der Glaube an Unsinn durchaus Funktionen eines Erkenntnisinstruments (wenn auch eines vorwissenschaftlichen).

Es ist nicht schwer in diesem hier erörterten Zusammenhang anzufügen, dass die Suche nach den Weltenlenkern, den Akteuren der ewigen Dichotomie von Gut und Böse, Ausdruck des gleichen Bedürfnisses ist. In der amerikanischen Psychologie ist eine theoretische Spezialisierung entstanden, die in der Todesangst gänzlich ihren Ausgangspunkt nimmt. Die mittlerweile breit untersuchte und gut belegte Terror-Management-Theorie[13] von Solomon, Greenberg und Psyszczynski (1991, 2004) sieht in der Verarbeitung und Abwehr der aktualisierten Bewusstwerdung der eigenen Sterblichkeit eines der zentralen menschlichen Motive. Sobald Menschen die eigene Vergänglichkeit bewusst wird, neigen sie dazu, andere Menschen, vor allem Nicht-Angehörige zur eigenen Wir-Gruppe massiv abzuwerten und sich selbst und das eigene Kollektiv aufzuwerten. Man kann hier auch von einer Theorie des (kollektiven) Selbstwertschutzes sprechen.

Wie erwähnt, sind Krisenzeiten besonders geeignet, den Glauben an Unsinn zu bedingen. Dabei sind also nicht nur die Undurchschaubarkeit des Ganges der Geschichte, das Orientierungsbedürfnis und die Überwindung des Nicht-Wissens von Bedeutung, sondern auch der Schutz der eigenen Wir-Gruppe, sowohl physisch als auch psychisch. Das hohe Engagement und die hohe Phantasiegesättigtheit des Denkens z. B. nach Terroranschlägen, bedingt durch die geringe Kontrollierbarkeit der Geschehenszusammenhänge, erwirken die Bewusstwerdung der eigenen Sterblichkeit. Auch hier ist leicht ersichtlich, dass es keinen qualitativen Unterschied gibt zwischen dem, was als allgemein akzeptierte Wirklichkeitsdeutung gilt, und dem was als Verschwörungstheorie gebrandmarkt werden kann. Die Funktion der Erhöhung des Kohäsionsgrades als Abwehr gegen einen äußeren Feind entspringt dem gleichen Bedürfnis. Expliziert hat das Hillary Clinton am 13. September 2001 in einem Interview mit CBS: „Every nation has to either be with us, or against us."[14]

Bei der Bedrohung muss es sich nicht zwangsläufig um den tatsächlichen, physischen Tod handeln, sondern auch der vermutete „soziale Tod", die massive Herabsetzung der eigenen Wertigkeit, kann den gleichen Abwehrprozess bedingen. Denn „eine der stärksten Determinanten unseres Verhaltens ist das Bedürfnis, ein stabiles, positives Selbstkonzept zu haben. Entsprechend sind wir bestrebt, stets eine möglichst positive Sicht der eigenen Person aufrechtzuerhalten, auch wenn dies eine Verzerrung der Realität bedeuten sollte" (Wert und Mayer

[13] Der Name wirkt heute sehr befremdlich, ist aber eng am ursprünglichen Wortsinne als Furcht-Verarbeitungs-Strategie oder Schreckens-Verarbeitungs-Strategie gedacht.

[14] Mark, Alexander (2005). *Call them what they are – TRAITORS...* http://patriotpost.us/alexander/2982/print. Zugegriffen: 20. Mai 2013.

2008, S. 189). So werden nur noch Informationen aufgenommen, die sich positiv auf das eigene Selbst- und Weltbild auswirken, bzw. dieses bestätigen. *Auch werden selbstwertdienliche Informationen als glaubwürdiger bewertet* (Stahlberg et al. 1998, S. 80 ff.). Das Selbstwertmotiv (Kanning 1997 und 2000; Schütz 2003) bedingt eine Reihe von Attributionsfehlern (attribution bias) und Bestätigungsfehlern (confirmation bias). Am Bekanntesten ist der fundamentale Attributionsfehler (Brehm et al. 2005, S. 107–112), die Überbewertung des Einflusses von einzelnen Individuen und der Vernachlässigung des zwingenden Charakters von Situationen, also auch gruppendynamischen Mechanismen. Man erinnere sich an frühe sozialpsychologische Experimente wie das *Milgram-Experiment* (Milgram 1974) und das *Stanford-Prison-Experiment* (Zimbardo 2008), welche gerade aufgezeigt haben, dass Situationen einen Zwangscharakter entwickeln können, der Menschen dazu bringt, ein Empfinden und Verhalten zu entwickeln, dass vorher für die Betroffenen undenkbar schien. Beim Bestätigungsfehler (Brehm et al. 2005, S. 122–127) werden wiederum nur die Informationen *gesucht und erschaffen,* die den eigenen Glauben bestätigen. Am Bekanntesten ist hier die self-fulfilling-prophecy.

In der Literatur zum Verschwörungsdenken wird ein eng damit verbundener psychischer Prozess aufgegriffen: die Theorie der kognitiven Dissonanz (Groh 2001, S. 193). Auch wenn Dissonanzreduktion, also das Reduzieren widersprüchlicher Informationen und Empfindungen (Frey und Greif 1997, S. 147 ff.), beim Verschwörungsdenken eine Rolle spielt, so ist es doch wie alle anderen selbstwertdienlichen Verzerrungen nur einer von vielen psychischen Prozessen.

Es wäre eine Fehlannahme hierbei von Pathologien auszugehen. Vielmehr sind dies allgemeingültige (sozial-)psychologische Prozesse. Der Mechanismus setzt sowohl bei der Verteidigung heterodoxer wie orthodoxer Wissensbestände und Orientierungsbedürfnisse ein. Die Fokussierung auf die Inhalte der Verzerrungen bzw. die Deskriptionen der Wirklichkeitsordnungen lenken von der fundamentalen Erkenntnis ab, dass sowohl heterodoxe wie orthodoxe Konstruktionen selbstwertdienliche Verzerrungen der Realität sind. Der Inhalt wird lediglich durch die variierenden Schemata von Selbstwerten bedingt. Will man sich also den Inhalten nähern, erscheint es sinnvoll, sich den Schemata der Selbstwerte zu nähern. So würde man von den Bedürfnissen der Involvierten aus denken und somit die Beziehungen der Menschen in den Mittelpunkt der Betrachtung rücken, anstatt über die Betroffenen zu urteilen und zu richten.

Bedingt durch die abwehrenden psychischen Prozesse, die Angst und vor allem Todesangst verursachen, werden Wahrnehmung, Erinnerung, Denken,

Empfinden und Verhalten beeinflusst und verzerrt. Nicht von ungefähr beginnt die *Dialektik der Aufklärung* von Adorno und Horkheimer (1998) mit den Worten:

> „Seit je hat Aufklärung im umfassendsten Sinn fortschreitenden Denkens das Ziel verfolgt, von den Menschen die Furcht zu nehmen und sie als Herren einzusetzen."[15]

Wer die Bedürfnisse anderer Menschen zu befriedigen vermag, wer physischen Schutz und Angstreduktion anbieten kann, verlagert die Machtbalancen zu seinen Gunsten.

> „Und was wir ‚Macht' nennen, ist im Grunde nichts anderes als ein etwas starrer und undifferenzierter Ausdruck für die besondere Reichweite des individuellen Entscheidungsspielraums, die sich mit bestimmten gesellschaftlichen Positionen verbindet, als ein Ausdruck für eine besonders große gesellschaftliche Chance, die Selbststeuerung anderer Menschen zu beeinflussen und das Schicksal anderer Menschen mitzuentscheiden." (Elias 1939, S. 80)

Nicht ein Mensch besitzt Macht über andere Menschen, sondern die spezifischen Beziehungen der Menschen, mit ihren spezifischen Bedürfnissen, bedingen Machtbeziehungen, Machtbalancen. Und das Konkurrieren um Machtchancen und Machtquellen bedingt eine spezifische Eigendynamik. Wer die Machtquellen zu monopolisieren vermag, wer die Bedürfnisse anderer Menschen nicht nur befriedigen, sondern sogar steuern kann, stabilisiert seine Herrschaftsposition. Herrschaft durch Angst ist weder eine Erfindung der Jakobiner, noch ein Spezifikum totalitärer Herrscher. Es ist schlichtweg eine Machtquelle in den Auf- und Abstiegskämpfen gesellschaftlicher Formationen. Insofern erscheint es dringend geboten, dass sich Wissenschaftler mit den Quellen der Angst auseinandersetzen.

[15] An dieser Stelle kann nicht weiter auf die *Dialektik der Aufklärung* eingegangen werden. Im Versuch, die Furcht zu überwinden und den Menschen als Herren, als vernunftgeleiteten Herrscher über die Natur, vor allem auch die Natur des Menschen, also seiner Gefühle einzusetzen und damit einer Abspaltung der Gefühle Vorschub zu leisten, die eher an Schizophrenie denken lässt, denn an Aufklärung, entfernt sich die Menschheit vom ursprünglichen Ziel. Plakativ: Ohne das grundlegende Verständnis der *humana conditio* ist jeder Versuch der Beherrschung und Abspaltung der Gefühle ein Schritt in die Barbarei.

Denn geschieht dies nicht, wird das Phantasiewissen die Lücken füllen. Und dieses wird nicht selten als „Wahrheitsangebot“ des herrschenden Regimes bereitgestellt, dies gehört „zu den fortwährenden Versuchen von Regierungsseite, die Meinungen und Einstellungen der Bevölkerung zu kontrollieren und zu steuern“ (Elias 1984b, S. 286).[16]

Das Nicht-Wissen mit Phantasiewissen zu ersetzen, ist kein individueller Vorgang. Auch die Phantasien sind eingebettet und bedingt durch den Bezugsrahmen der Erfahrung einer Gesellschaft. Somit sind es nicht nur „kulturell“ spezifische Phantasien, sie sind auch abhängig von den jeweiligen Herrschafts- und Machtverhältnissen in den entsprechenden Gruppierungen. Es haben nicht alle Menschen einer Gesellschaft die Möglichkeit, ihre Interpretationen und Deutungen in den herrschenden Diskurs einzubringen. Zwar besitzt das Internet hier erhebliches Demokratisierungspotenzial, ob es allerdings entsprechende Reichweite entwickelt, darf aktuell noch bezweifelt werden.[17]

7 Die Wahrheit hinter der Wahrheit – Hyperrationales Erweckungserlebnis

Im Bereich der Sozialwissenschaften gibt es kein allgemeingültiges Paradigma, das in Krisensituationen Orientierung bieten könnte. Im Gegenteil konkurrieren hier zahlreiche Denk-, Erklärungs- und Empfindensmuster. Ob mythisch-magische, religiöse oder soziale Glaubenssysteme, verschiedene soziale Formationen entwickeln unterschiedliche Erklärungsmodelle der beobachtbaren Realität. Dabei haben alle vorwissenschaftlichen Modelle einen hohen Anteil von Wunsch- und Furchtbildern, von Phantasien, wie die Dinge sein *sollen* oder wie sie *nicht*

---

[16] In diesem Sinne kann auch das „Grundlagenwerk“ von Daniel Pipes (1998) verstanden werden. Pipes setzt am Klischee an und bietet somit affektive Anknüpfungspunkte. Im deskriptiven Bereich mit einigem Informationswert, doch im Bereich der Erklärung und Modellbildung desinformativ und weit hinter den Erkenntnissen der Menschenwissenschaft zurückbleibend. Vielmehr ist Pipes Werk ein Beispiel für den Versuch, den Diskurs hegemonial zu bestimmen.

[17] Laut FIM-Studie 2011 (S. 81) nutzen gerade einmal 12 % der über 45jährigen Deutschen, 6 % der 35-44jährigen und lediglich 4 % der unter 35jährigen das Internet um Nachrichten zu lesen. Informationen werden kaum selbst gesucht, geschweige denn recherchiert, sie werden meist lediglich konsumiert in Form kurz aufbereiteter Neuigkeiten im Fernsehformat. Und das bei einer durchschnittlichen Nutzung des Fernsehens von etwa vier Stunden pro Tag. http://www.mpfs.de/fileadmin/FIM/FIM2011.pdf. Zugegriffen: 20. Mai 2013.

sein *sollen.* In den Naturwissenschaften hingegen wird vornehmlich nach der Funktion, nach der Bedeutung an sich gefragt. In sozialen Glaubenssystemen und auch noch in den Sozialwissenschaften herrscht ein höherer Grad an Engagement. Hier wird die wissenschaftliche Erkenntnis noch häufig von der Frage nach dem „was bedeutet es für mich, für meine Wir-Gruppe", dominiert.

Menschen, die an Unsinn glauben – und auch hier kann das sowohl heterodoxes wie orthodoxes Wissen sein, haben ein ambivalentes Verhältnis zu Medien. Einerseits berufen sie sich auf die Medien der Mehrheitsgesellschaft, um ihren Glauben mit „Beweisen" zu untermauern – gleichzeitig verweisen sie darauf, dass dort wahlweise gelogen, propagiert, desinformiert oder schlichtweg unterhalten wird und man deswegen den Medien nicht trauen dürfe. Beides ist richtig. Medien sind Medien, nicht mehr und nicht weniger. Sie sind ein Kommunikationsmittel, ein Sprachrohr in den gesellschaftlichen Konkurrenz- und Ausscheidungskämpfen. Luhmanns Aphorismus „was wir von der Gesellschaft und ihrer Welt wissen, wissen wir fast ausschließlich durch die Massenmedien" (1996) trifft offensichtlich zu. Insofern ist es nicht verwunderlich, dass es je nach Thema, je nach Interesse, je nach Wunsch- und Furchtbildern, je nach Ideologie und je nach Wir-Gruppe ein unendliches Gemengelage an Phantasiewissen gibt. Es sind allerdings kaum Nachrichten, die die Menschen informieren, es sind Spielfilme, Infotainment-Sendungen und neuerdings Social-Media-Formate, die das „Wissen" verbreiten. Die Gedächtnisforschung konnte aufzeigen, dass Menschen Szenen aus Filmen und aus der Literatur in ihr eigenes erinnertes Leben einbauen (Welzer 2005, S. 185 ff.). Die Vermengung von Fakten und Fiktion im kommunikativen wie autobiografischen Gedächtnis hat weitreichende Folgen. In diesem Zusammenhang sei vor allem darauf verwiesen, dass dadurch Unwirkliches wirklich wird, Phantasiewissen wird zu individuell erinnerbarem Orientierungswissen.

Alles was wahrgenommen wird, wird aufgrund gerichteter, vorstrukturierter und aus früheren Bewertungen entstandener Bereitschaften erfahrbar. Gleichzeitig wirken die neuen Erfahrungen und Bewertungen zurück auf die strukturierten Wahrnehmungsbereitschaften. *So wird aus Unwissen durch Gefühlsansteckung (z. B. durch Massenmedien) präreflexives „Gefühlswissen" – der Inhalt ist dem Nachdenken noch nicht zugänglich, die Gefühlssteuerung ist aber schon aktiv.* Die *Logik der Emotionen* zeichnet sich vor allem dadurch aus, dass sachlich Unvereinbares, aufgrund der *Besetzung mit den gleichen Gefühlen,* als identisch und leicht vereinbar empfunden und wahrgenommen wird (Elias 1991, S. 162). Die starke affektive Besetzung und das hohe Engagement im Denken verhindern eine distanziertere Wahrnehmung und entwickeln so den Zwangscharakter der „Logik", der „absoluten Wahrheit". Durch permanente Wiederholung und einen stetigen kommunikativen Prozess, z. B. in Form des gesellschaftlichen Klatsches (auch medial vermitteltem), wird das Gefühlswissen rationalisiert. Die Inhalte rekurrieren dabei auf medial vermittelten Klischees. *Und dieses „Wissen" wird im diskursiven Prozess des alltäglichen Klatsches verfestigt und so auf Umwegen zur tatsächlich erinnerten, weil im täglichen diskursiven Prozess bestätigten, Wahrheit.* Anders ausgedrückt: Wenn alle darüber reden, ist es wahr.

> „Wir glauben nicht an unsere Kenntnisse, weil sie wahr, begründet oder bewiesen wären. Bis zu einem gewissen Grad verhält es sich umgekehrt: unsere Kenntnisse sind wahr, weil wir an sie glauben. Das Gerücht beweist noch einmal, falls das notwendig sein sollte, daß alle Gewissheiten gesellschaftlich bedingt sind: Wahr ist, was die Gruppe, zu der wir gehören, als wahr ansieht. Gesellschaftliches Wissen beruht auf Glauben und nicht auf Beweisen." (Kapferer 1997, S. 322)

Was Kapferer am Beispiel des Gerüchts aufzeigt, ist ebenso am Beispiel sowohl des Verschwörungsdenkens als auch am Denken in orthodoxen Wirklichkeitsordnungen zu erkennen. Was wir für wahr erachten, ist, was unsere Wir-Gruppe für wahr erachtet. Wir glauben an das, was die Gruppe glaubt, mit der wir uns identifizieren.[18] Auch deshalb sind diskursive Prozesse, die ausschließlich kognitiv-rational operieren, wenig Erfolg versprechend.

Wird das bisherige Wissen (scheinbar) als Unsinn entlarvt oder durch ein außergewöhnliches Ereignis infrage gestellt, ist zugleich ein Teil der Orientierung in der Welt in Frage gestellt. „Aber ohne sich eine Zeitlang ins Meer der Ungewißheit zu wagen, kann man den Widersprüchen und Unzulänglichkeiten einer trügerischen Gewißheit nicht entgehen" (Elias 1991, S. 132). Die Unsicherheit und Ungewissheit verlangen nach Erklärung. Und ist es auch Unsinn, die Wurzel ist „der intellektuelle Wunsch, zu verstehen" (Durkheim 1993, S. 128). Insofern erscheint es wenig fruchtbar, den Glauben an Unsinn zu stigmatisieren und zu diffamieren. Sei es nun verschwörungstheoretisches Denken oder der Glaube an die Wirklichkeitskonstruktion der Mehrheitsgesellschaft – beidem liegen der Wunsch und das Bedürfnis nach Orientierung, Sinnstiftung und Sicherheit zugrunde.

Nach Phasen der (unerträglichen) Furcht und des Nicht-Wissens gelingt es Gruppen wie Individuen, neues Wissen zu erlangen bzw. beruhigendes Phanta-

---

[18] Selbstverständlich werden die gesellschaftlich vorgegebenen Muster individualisiert und damit verändert, doch ist es nicht möglich den Bezugsrahmen der Erfahrung zu weit zu überschreiten, zu verrücken, da man ansonsten Gefahr läuft, unverstanden zu werden bzw. als „verrückt" zu gelten.

siewissen zu produzieren und somit Kontrollchancen über den Gefahrenbereich zurückzugewinnen. Im Lichte des neuen Wissens, quasi erleuchtet, erscheint das Leben vor der Erleuchtung als naiv und dumm. Und ebenso erscheinen die noch nicht erleuchteten Menschen, auch Freunde und Verwandte, als naiv und dumm.

> „Die Idee, im Besitze der endgültigen Wahrheit zu sein, führt zunächst zu einer messianischen Haltung, die sich an den Glauben klammert, die Wahrheit werde sich *qua* Wahrheit von selbst durchsetzen." (Watzlawick 1985, S. 204)

Was hier ebenfalls als Charakteristikum des Verschwörungsdenkens erscheint, ist eher ein Phänomen, das sich am „Heureka-Erlebnis" orientiert. Zu Beginn der Beschäftigung mit einem Thema ist das Entdecken und Erlernen von Zusammenhängen, also das Erweitern des bisherigen Wissensbestandes nicht selten mit dem Gefühl verbunden, endlich etwas zu sehen, was vorher noch nicht einmal geahnt wurde. Dieses Heureka-Gefühl, das selbstverständlich auch und gerade in den Wissenschaften vorkommt und eine nicht unwesentliche Motivation darstellen dürfte, wird außerhalb der kanonisierten Wissenschaft jedoch *über*betont und geradezu als Erweckungserlebnis wahrgenommen. Die unzähligen Variationen der (abwertenden) Bezeichnungen für Nicht-Eingeweihte bzw. Nicht-Wissende zeigen es an. So wird von (dummen) Schafen gesprochen, die nur in der „Herde" herumrennen können, vom deutschen „Michel", dem man als Untertan alles erzählen kann, und natürlich von der dummen, ungebildeten Masse, wahlweise auch vom irregeleiteten Verschwörungstheoretiker, der alles glaubt, was irgendein anderer Verschwörungstheoretiker behauptet.

Die Ängste, die eine Zeitlang das (kollektive) Selbstwertgefühl massiv gemindert haben, sind verringert und schon wird die gefühlte Minderwertigkeit *über*kompensiert, und schlägt in ein Gefühl der Superiorität um (Adler 1978, S. 48 ff., 1981, S. 41 ff. und 2009, S. 71 ff.). Vom ängstlichen Nicht-Wissenden zum Mitglied der wissenden Avantgarde, der Elite der Erweckten. Auch hier wäre es ein Irrweg zu glauben, dies sei ein Spezifikum des Verschwörungsdenkens. Ganze Gesellschaftsverbände und Nationen können den Umschlag der Minderwertigkeit in erlebte Superiorität vollziehen. Norbert Elias beschreibt dies in seinen *Studien über die Deutschen* (1998b) für die deutsche Mehrheitsgesellschaft nach der Niederlage im Ersten Weltkrieg. Als ein weiteres Beispiel für solch eine Überkompensation kann der Falklandkrieg betrachtet werden. Der zunehmende Bedeutungsverlust des ehemaligen Weltreiches United Kingdom mit Kronkolonien und damit auch der zunehmende Verlust des kollektiven Selbstwertgefühls wurde mit allen Mitteln abgewehrt und überkompensiert. Margaret Thatcher hat es am 3. Juli 1982 in ihrer „Speech to Conservative Rally at Cheltenham" auf den Punkt gebracht:

> „The lesson of the Falklands is *that Britain has not changed* and that this nation still has those *sterling qualities* which shine through our history. [...] *We have ceased to be a nation in retreat.* [...] That confidence comes from the re-discovery of ourselves, and *grows with the recovery of our self-respect.*"[19]

Die Bedeutung des (kollektiven) Selbstwertes sowie die Verteidigung und Wiederherstellung bedrohten oder geminderten Selbstwertes finden in den Sozialwissenschaften (auch durch die Überbetonung von Rationalität und Vernunft) zu wenig Beachtung.

In der Literatur zum Verschwörungsdenken ist auf die Überkompensation des Un(sinn)wissens bisher noch wenig eingegangen worden. Ausnahmen sind Reinalter (1995, S. 229), der darauf verweist, dass dem Verschwörungstheorem ein „Körnchen Wahrheit oder Richtigkeit" anhaftet, allerdings in „maßlos übersteigerter Form", sowie Groh (2001, S. 191), der auf den „hyperrationalen" Charakter von Verschwörungstheorien verweist. Dies scheint die treffendste Bezeichnung für zentrale Mechanismen des Glaubens an Unsinn (heterodox wie orthodox) zu sein: die völlige Übersteigerung des Glaubens an die Rationalität der

[19] „[...]Our country has won a *great victory* and we are entitled *to be proud.* This nation had the resolution to do *what it knew had to be done – to do what it knew was right.* [...] When we started out, there were the *waverers* and the *fainthearts.* The people who thought that Britain could no longer seize the initiative for herself. The people who thought we could no longer do *the great things which we once did.* Those who believed that our decline was irreversible – that *we could never again be what we were.* There were those who would not admit it – even perhaps some here today – people who would have strenuously denied the suggestion but – in their heart of hearts – they too had their secret fears that it was true: *that Britain was no longer the nation that had built an Empire and ruled a quarter of the world.* Well they were wrong. The lesson of the Falklands is *that Britain has not changed* and that this nation still has those *sterling qualities* which shine through our history. [...] *We have ceased to be a nation in retreat.* [...] That confidence comes from the re-discovery of ourselves, and *grows with the recovery of our self-respect.* And so today, we can rejoice at our success in the Falklands and *take pride in the achievement of the men and women of our Task Force.* [...]".Thatcher, Margaret (1982). *Speech to Conservative Rally at Cheltenham.* In: Thatcher Archive: CCOPR 486/82. [Hervorhebung S.P.]: http://www.margaretthatcher.org/speeches/displaydocument.asp?docid=104989. Zugegriffen: 20. Mai 2013.

Erkenntnis sowie der sozialen Geschehenszusammenhänge, also auch der intentionalen Handlungen von Menschen.[20]

Phantasiewissen ist häufig erkennbar an *Hyper*rationalität, *Hyper*intentionalität, *Hyper*kausalität, *Hyper*lativen (bzw. Superlativen und Elativen), *Hyper*logik, willkürlicher Interpunktion, illusorischen Korrelationen – also einem Gemenge von (selbstwertdienlichen) Verzerrungen mit dem Ergebnis einer *Hyper*theorie: einer allumfassenden, zu jeder Zeit, an jedem Ort, in jeder Gruppe gültigen Welt- bzw. Geschehenserklärung. Auch dies ist nicht spezifisch für Verschwörungsdenken. Zahlreiche soziale Ismen zeigen ähnliche Struktureigentümlichkeiten. Das orthodoxe Wissen wird nicht selten durch die gleichen Mechanismen bedingt.

Unheilvoller Sinn kann in Extremfällen aber auch als Notwehr der (vermeintlichen) Machtschwächeren verstanden werden. Es sind totale Ideologien als Abwehr einer als total *erlebten* Situation[21]. Aus sozialwissenschaftlicher Perspektive ist es deshalb notwendig, den Zwangscharakter der Situationen und somit die Bedürfnisstrukturen und die Wunsch- und Furchtbilder der Involvierten aufzudecken. Nur so ist es möglich, den totalen Ideologien den emotionalen Boden zu entziehen. *Die Angst vor Macht- und Statusverlust, vor Verringerung des eigenen Prestiges beherrscht das Denken. Die erlebte Minderwertigkeit schlägt durch Überkompensation um in Superiorität, die nur durch eine totale Ideologie begründet werden kann*[22].

Die individuellen Bedingungen können dabei mannigfach variieren. Entscheidend ist die erlebte Selbstwertminderung. Ob nun akut herbeigeführt durch einen Terroranschlag im eigenen Land oder über langfristigere Prozesse der Demütigung oder Abwertung, ob kollektiv oder individuell induziert oder ob tatsächlich oder phantasiert begründet, ist erst einmal sekundär. Zentral ist die erlebte Minderwertigkeit.

---

[20] Um sich die Komplexität moderner Gesellschaften vor Augen zu führen und damit die Relationen intentionaler Handlungen besser einordnen zu können, empfiehlt sich das Kapitel „Spiel-Modelle" von Elias (1998a). Um es noch einmal zu verdeutlichen: Soziale Prozesse haben keinen Anfang, keine Ursache und keinen Verursacher. Soziale Prozesse entstehen aus sozialen Prozessen und bedingen selbst wieder soziale Prozesse. Jede Interpunktion auf einen Verursacher ist willkürlich bzw. reduktionistisch.

[21] Das sagt nichts darüber aus, ob diese Situationen tatsächlich total sind. Die Erfahrungsdimension der Involvierten, das Erleben des Unentrinnbaren ist hierbei entscheidend.

[22] Siehe auch die Ausführungen oben zu Hillary Clintons Totalitarismus.

8 Die Stimme des Zweifels

Nun scheint es ein Leichtes zu sein, sich auf den Relativismus der gesellschaftlichen Ausscheidungskämpfe zurückzuziehen. Was gültig ist, entscheidet die herrschende Gruppierung. Ebenfalls ein beliebtes Bonmot: „Der Sieger schreibt die Geschichte". Aber auch das wäre eine reduktionistische Position, ganz im Sinne der „terribles généralisateurs", also der schrecklichen Verallgemeinerer, die Frankl (1965) den „terribles simplificateurs" gegenüberstellt, also den schrecklichen Vereinfachern. Während die Vereinfacher komplexe Zusammenhänge grob verflachen und Unterschiede und Besonderheiten nivellieren, sind es die Verallgemeinerer, die ihre Erkenntnisse verabsolutieren. Es wäre die Reduktion des menschlichen Universums auf die Erfahrungsdimension. Doch ist es keine Frage der Geltung, ob z. B. ein Mensch lebt oder tot ist. Es ist sowohl auf der funktionellen als auch auf der habituellen Ebene eine Tatsache, die sogar die normative Kraft des Faktischen entwickelt – zumindest wenn man mit der entsprechenden Person verkehrt. Tote kommunizieren nicht. Oder wie es Elias in der sogenannten Elias-Popper-Kontroverse eindringlich formulierte:

> „Aber wenn ich die Tatsachenfeststellung mache, daß Herr Esser existiert, dann beruht das nach seiner eigenen Angabe nicht einmal einfach auf allgemeinen Gesetzen, sondern auf deren Geltung, was immer das bedeuten mag, ‚auf Geltung beruhen'. Aber gute Bekannte haben diese meine Feststellung nachgeprüft und verifiziert. Ich kann zuverlässig sagen: Herr Esser existiert wirklich, jedenfalls zur Zeit." (Elias 1985, S. 279)

Ein Maßstab für die Realitätskongruenz von Wissen kann die Kontrollierbarkeit der natürlichen wie sozialen Geschehenszusammenhänge sein. Im Bereich der außermenschlichen Natur ist die Menschheit bereits relativ weit fortgeschritten, was die Naturkontrolle betrifft. Es erscheint mittlerweile sinnvoller, den Acker selber zu bewässern, als einen Gott seiner Wahl um Regen anzubeten. Im Bereich der sozialen Geschehenszusammenhänge ist die Menschheit noch weit entfernt von Wissen, das es ermöglicht, die Bedürfnisse der Menschen zu befriedigen, ohne einander Sinn und Leben zu zerstören (Elias 1998b, S. 46).

Aufgabe der Soziologie und der Sozialwissenschaft muss es sein, den Unsinn vom Sinn zu trennen, „denn es war und ist noch immer eine der zentralen Aufgaben der Wissenschaft, Phantasiewissen und wirklichkeitsgerechtes Wissen säuberlich und verlässlich voneinander zu scheiden" (Elias 1985). *Entsprechend ist es Aufgabe der Sozialwissenschaft, sich auch mit den Inhalten des Unsinns auseinanderzusetzen und die sinnhaften Anteile aufzudecken und die unsinnigen zu verwerfen*. Der Realitätsabgleich kann nur im diskursiven Prozess gelingen: dabei müssen die Inhalte überprüfbar, nachvollziehbar und vor allem *valide* sein. Denn nur so kann die leise Stimme des Zweifels bei Gläubigen des Unsinns geweckt werden. Wer an der eigenen Position und Überzeugung noch zweifeln kann, der ist für die grundlegenden Veränderungen und Entwicklungen des Wissens noch offen. Wissen muss revidierbar sein, sonst ist es ein Dogma. *Die Aufdeckung von und Auseinandersetzung mit Unsinn ist auch deshalb von entscheidender Bedeutung, da der Unsinn häufig den Sinn verdeckt. Die Begrenzung des Denkens durch Stigmatisierung als Verschwörungstheoretiker, Häretiker, Materialist, Skeptiker usw. ist nichts weiteres als der Versuch, konkurrierende Gruppierungen aus den Kämpfen um Deutungshoheit auszuschließen und andere Erklärungsmuster als das eigene mit einem Tabu zu belegen.*

Um es abschließend noch einmal deutlich zu formulieren: So wie Verschwörungstheoretiker ihre Positionen verteidigen, so verteidigen auch die Anhänger des orthodoxen Wissens ihre Wirklichkeitskonstruktion. Ausgangspunkt beider Welt- bzw. Geschehenserklärungsmodellen sind die Bedürfnisse nach Sinn und Wert, nach Orientierung und Sicherheit. Konkurrierende Modelle werden als Angriff auf die eigenen Deutungsmuster und damit auf den eigenen Selbstwert wahrgenommen. Die Kampfbegriffe Rationalität bzw. Wahnsinn, Vernunft bzw. Unvernunft sind wenig hilfreich und sind selbst Teil des hegemonialen Diskurses. Es ist vornehmliche Aufgabe der Menschenwissenschaften, den Doppelbinder der gegenseitigen Abwertung (bis hin zur psychischen wie physischen Vernichtung) zu durchbrechen. Dies kann nur gelingen, wenn das Orientierungswissen der Menschenwissenschaften transparent und nachvollziehbar zur Verfügung gestellt wird. Die Monopolisierung von Wissen wird immer zu Phantasiewissen bei den ausgeschlossenen Gruppierungen führen, mit all seinen möglichen destruktiven Tendenzen des unheilvollen Sinns.

Literatur

Adler, A. 1978. *Praxis und Theorie der Individualpsychologie*. Frankfurt am Main: Fischer.

Adler, A. 1981. *Lebenskenntnis*. Frankfurt am Main: Fischer.

Adler, A. 2009. *Menschenkenntnis*. Frankfurt am Main: Fischer.

Adorno, T. W., und M. Horkheimer 1998. *Dialektik der Aufklärung!* Frankfurt am Main: Fischer.

Anton, A. 2011. *Unwirkliche Wirklichkeiten. Zur Wissenssoziologie von Verschwörungstheorien*. Berlin: Logos.

Berger, P. L., und T. Luckmann 1991. *Die gesellschaftliche Konstruktion der Wirklichkeit. Eine Theorie der Wissenssoziologie*. Frankfurt am Main: Fischer.

Bieberstein, J. R. v. 2008. *Der Mythos von der Verschwörung. Philosophen, Juden Liberale und Sozialisten als Verschwörer gegen die Sozialordnung*. Wiesbaden: Marix Verlag.

Damasio, A. R. 1997. *Descartes' Irrtum. Fühlen, Denken und das menschliche Gehirn*. München: List.

Damasio, A. R. 2005. *Der Spinoza-Effekt. Wie Gefühle unser Leben bestimmen*. München: List.

Durkheim, E. 1993. *Schriften zur Soziologie der Erkenntnis*. Frankfurt am Main: Suhrkamp.

Elias, N. 1939. Die Gesellschaft der Individuen. In *Die Gesellschaft der Individuen,* hrsg. M. Schröter, 15–98. Frankfurt am Main: Suhrkamp.

Elias, N. 1983. *Engagement und Distanzierung. Arbeiten zur Wissenssoziologie I*. Frankfurt am Main: Suhrkamp.

Elias, N. 1984a. *Über die Zeit. Arbeiten zur Wissenssoziologie II*. Frankfurt am Main: Suhrkamp.

Elias, N. 1984b. Wissen und Macht. Interview von Peter Ludes. In *Norbert Elias. Autobiographisches und Interviews*, hrsg. R. Blomert et al., 279–344.

Elias, N. 1991. Probleme des Selbstbewußtseins und des Menschenbildes. In *Die Gesellschaft der Individuen,* hrsg. M. Schröter, 99–206. Frankfurt am Main: Suhrkamp.

Elias, N. 1997. *Über den Prozess der Zivilisation. Soziogenetische und psychogenetische Untersuchungen. Erster Band. Wandlungen des Verhaltens in den weltlichen Oberschichten des Abendlandes*. Frankfurt am Main: Suhrkamp.

Elias, N. 1998a. *Was ist Soziologie*? Weinheim: Juventa.

Elias, N. 1998b. *Studien über die Deutschen. Machtkämpfe und Habitusentwicklung im 19. und 20. Jahrhundert*. Frankfurt am Main: Suhrkamp.

Elias, N. 2001. *Symboltheorie*. Frankfurt am Main: Suhrkamp.

Elias, N. 1978. Zum Begriff des Alltags. *Kölner Zeitschrift für Soziologie und Sozialpsychologie*. Sonderheft 20: 22–29. Hammerich, K., und M. Klein. 1978. *Materialien zur Soziologie des Alltags*.

Elias, N. 1985. Wissenschaft oder Wissenschaften? Beitrag zu einer Diskussion mit wirklichkeitsblinden Philosophen. *Zeitschrift für Soziologie* 4 (14Jg.): 268–281.

Elias, N. 1986. Über die Natur. *Merkur. Deutsche Zeitschrift für europäisches Denken* 6 (40Jg.): 469–481.

Elias, N. 1990. Über Menschen und ihre Emotionen. Ein Beitrag zur Evolution der Gesellschaft. *Zeitschrift für Semiotik*, Bd. 12, 4: 337–357.

Fleck, L. 1936. Das Problem einer Theorie der Erkenntnis. In *Ludwik Fleck. Erfahrung und Tatsache. Gesammelte Aufsätze. Mit einer Einleitung herausgegeben von Lothar Schäfer und Thomas Schnelle*, hrsg. L. Schäfer, und T. Schnelle, 86–127. Frankfurt am Main: Suhrkamp.

Fleck, L. 1947. Schauen, Sehen, Wissen. In *Ludwik Fleck. Erfahrung und Tatsache. Gesammelte Aufsätze. Mit einer Einleitung herausgegeben von Lothar Schäfer und Thomas Schnelle*, hrsg. L. Schäfer, und T. Schnelle, 147–174. Frankfurt am Main: Suhrkamp.

Feustel, R. 1986. *Abstammungsgeschichte des Menschen*. Wiesbaden: Aula.

Feyerabend, P. 1986. *Wider den Methodenzwang*. Frankfurt am Main: Suhrkamp.

Frankl, V. 1965. Der Pluralismus der Wissenschaften. In *Der Mensch vor der Frage nach dem Sinn*, hrsg. ders. 2008, 20–29 . München: dtv.

Frankl, V. 2008. *Der Mensch vor der Frage nach dem Sinn*. München: Piper.

Frey, D., und S. Greif. 1997. *Sozialpsychologie. Ein Handbuch in Schlüsselbegriffen*. Weinheim: Beltz.

Groh, D. 1992. Die verschwörungstheoretische Versuchung oder: Why do bad things happen to good people? In *Anthropologische Dimensionen der Geschichte*, hrsg. ders., 267–304. Frankfurt am Main: Suhrkamp.

Groh, D. 1996. Verschwörungen und kein Ende. In *Kursbuch 124: Verschwörungstheorien*, hrsg. K. M. Michel, und T. Spengler, 12–26.Berlin: Rowohlt.

Groh, D. 2001. Verschwörungstheorien revisited. In *Verschwörungstheorien. Anthropologische Konstanten – historische Varianten*, hrsg. U. Caumanns, und M. Niendorf, 187–196. Osnabrück: fibre

Groh, R. 2001. Verschwörungstheorien und Weltdeutungsmuster. Eine anthropologische Perspektive. In *Verschwörungstheorien. Anthropologische Konstanten – historische Varianten*, hrsg. U. Caumanns, und M. Niendorf, 37–45. Osnabrück: fibre

Grüter, T. 2008. *Freimaurer, Illuminaten und andere Verschwörer. Wie Verschwörungstheorien funktionieren*. Frankfurt am Main: Fischer.

Hüther, G. 2005. *Bedienungsanleitung für ein menschliches Gehirn*. Göttingen: Vandenhoeck & Ruprecht.

Hofstadter, R. 1964. The Paranoid Style in American Politics. *Harper's Magazine*, November 1964: 77–86.

Jaworski, R. 2001. Verschwörungstheorien aus psychologischer und aus historischer Sicht. In *Verschwörungstheorien. Anthropologische Konstanten – historische Varianten*, hrsg. U. Caumanns, und M. Niendorf, 11–30. Osnabrück: fibre.

Kapferer, J.-N. 1997. *Gerüchte. Das älteste Massenmedium der Welt*. Berlin: Aufbau Taschenbuch Verlag.

Kanning, U. P. 1997. *Selbstwertdienliches Verhalten und soziale Konflikte*. Münster: Waxmann.

Kanning, U. P. 2000. *Selbstwertmanagement. Die Psychologie des selbstwertdienlichen Verhaltens*. Göttingen: hogrefe.

Korzeniowski, K. 2001. Die polnische politische Paranoia. Ergebnisse empirischer Erhebungen. In *Verschwörungstheorien. Anthropologische Konstanten – historische Varianten*, hrsg. U. Caumanns, und M. Niendorf, 151–167. Osnabrück: fibre.

Kuhn, O. 2010. Spekulative Kommunikation und ihre Stigmatisierung – am Beispiel der Verschwörungstheorien. Ein Beitrag zur Soziologie des Nichtwissens. *Zeitschrift für Soziologie* 2 (39): 106–123.

LeDoux, J. 2006. *Das Netz der Persönlichkeit. Wie unser Selbst entsteht*. München: dtv.

Leggewie, C. 1999. Fed up with the Feds. Neues über die amerikanische Paranoia. In *Kursbuch 124: Verschwörungstheorien*, hrsg. K. M. Michel, und T. Spengler, 115–129. Berlin: Rowohlt.

Lichtenberg, J. D., F. M. Lachmann, und J. L. Fosshage 2000. *Zehn Prinzipien psychoanalytischer Behandlungstechnik. Konzepte der Selbst- und Entwicklungspsychologie in der Praxis*. Stuttgart: Pfeiffer bei Klett-Cotta.

Luhmann, N. 1996. *Die Realität der Massenmedien*. Opladen: Westdeutscher Verlag.

Maaz, H.-J. 2001. Zur Psychodynamik von Verschwörungstheorien. Das Beispiel der deutschen Vereinigung. In *Verschwörungstheorien. Anthropologische Konstanten – historische Varianten*, hrsg. U. Caumanns, und M. Niendorf, 31–36. Osnabrück: fibre.

Milgram, S. 1974. *Obedience to authority: an experimental view.* New York: Harper & Row.

Pfahl-Traughber, A. 2004. Die Ideologie von der angeblichen Verschwörung der Freimaurer. Zur historischen Entwicklung und inhaltlichen Analyse einer Konspirationsvorstellung. In *Typologien des Verschwörungsdenkens*, hrsg. H. Reinalter, 32–60. Innsbruck: Studienverlag.

Pipes, D. 1998. *Verschwörung. Faszination und Macht des Geheimen*. München: Gerling Akademie Verlag.

Pohl, R. 1999. Psychologisierung des Alltags. In *Handwörterbuch Psychologie*, hrsg. R. Asanger, und G. Wenninger, 604–608. Weinheim: Beltz.

Reinalter, H. 1995. Die Rolle von „Sündenböcken" in den Verschwörungstheorien. In *Vom Fluch und Segen der Sündenböcke*, hrsg. J. Niewiadomski, und W. Palaver, 215–232. Thaur: Kulturverlag.

Reinalter, H. 2010. *Die Weltverschwörer. Was Sie eigentlich alles nie erfahren sollten*. Salzburg: Ecowin.

Reinalter, H. (Hg.) 2004. *Typologien des Verschwörungsdenkens*. Innsbruck: Studienverlag.

Röhr, H.-P. 2006. *Narzißmus. Das innere Gefängnis*. München: dtv.

Rosenhan, D. L. 1985. Gesund in kranker Umgebung. In *Die erfundene Wirklichkeit. Wie wissen wir, was wir zu wissen glauben? Beiträge zum Konstruktivismus*, hrsg. P. Watzlawick, 111–137. München: Piper.

Roth, J., und K. Sokolowsky, 1999. *Der Dolch im Gewande. Komplotte und Wahnvorstellungen aus zweitausend Jahren*. Hamburg: KVV Konkret.

Roth. J. 1999. Die Geschichte als Komplott. *Die Neue Gesellschaft/Frankfurter Hefte* 2 (46): 113–120.

Schütz, A. 2000. *Das Selbstwertgefühl als soziales Konstrukt: Befunde und Wege der Erfassung*. In *Psychologie des Selbst,* hrsg. W. Greve, 189–207. München: Beltz.

Schütz, A. 2003. *Psychologie des Selbstwertgefühls. Von Selbstakzeptanz bis Arroganz*. Stuttgart: Kohlhammer.

Solomon, S., J. Greenberg, und T. Psyszczynski 1991. *A Terror Management Theory of Social Behavior: the Psychological Functions of Self-Esteem and cultural Worldviews. Advances in Experimental Social Psychology* 24: 93–159.

Solomon, S., J. Greenberg,und T. Psyszczynski 2004. The cultural animal. Twenty years of terror management theory and research. In *Handbook of experimental existential psychology*, hrsg. J. Greenberg, S. L. Koole, und T. Psyszczynski, 13–34. New York: Guilford Press.

Stahlberg, D., G. Osnabrügge, und D. Frey 1998. Die Theorie des Selbstwertschutzes und der Selbstwerterhöhung. In *Theorien der Sozialpsychologie. Band III: Motivations- und Informationsverarbeitungstheorien*, hrsg. D. Frey, und M. Irle, 79–126. Bern: Huber.

Szagun, G. 2006. *Sprachentwicklung beim Kind*. Weinheim: Beltz.

Thomas, W. E., und D. S. Thomas 1973. Die Definition der Situation. In *Symbolische Interaktion. Arbeiten zu einer reflexiven Soziologie.* (Konzepte der Humanwissenschaften), hrsg. H. Steinert, 333–335. Stuttgart: Ernst Klett Verlag.

Vester, F. 1999. *Denken, Lernen, Vergessen. Was geht in unserem Kopf vor, wie lernt das Gehirn, und wann läßt es uns im Stich?* München: dtv.

Welzer, H. 2005. *Das kommunikative Gedächtnis. Eine Theorie der Erinnerung*. München: C.H. Beck.

Watzlawick, P. 1985. Bausteine ideologischer Wirklichkeiten. In *Die erfundene Wirklichkeit. Wie wissen wir, was wir zu wissen glauben? Beiträge zum Konstruktivismus*, hrsg. ders., 192–228. München: Piper.

Watzlawick, P. 2002. *Wie wirklich ist die Wirklichkeit? Wahn. Täuschung. Verstehen*. München: Piper.

Werth, L., und J. Mayer 2008. *Sozialpsychologie*. Berlin: Springer.

Wippermann, W. 2007. *Agenten des Bösen. Verschwörungstheorien von Luther bis heute*. Berlin-Brandenburg: be.bra.

Zimbardo, P. 2008. *Der Luzifer-Effekt. Die Macht der Umstände und die Psychologie des Bösen*. Heidelberg: Spektrum Akademischer Verlag.

Online-Quellen

FIM 2011. Familie. Interaktion & Medien. Untersuchung zur Kommunikation und Mediennutzung in Familien, hrsg. Medienpädagogischer Forschungsverbund Südwest. http://www.mpfs.de/fileadmin/FIM/FIM2011.pdf. Zugegriffen: 31. März 2013.

Sascha Pommrenke, Diplom-Sozialwissenschaftler, hat an der Leibniz Universität Hannover Soziologie, Sozialpsychologie, Politikwissenschaft und Rechtswissenschaft studiert. Sein Erkenntnisinteresse gilt der Gesellschaftstheorie, Gewaltforschung und den qualitativen Methoden der Sozialforschung.

Spekulative Kommunikation und ihre Stigmatisierung

Oliver E. Kuhn

„Beweise oder leise."
(aus einem Internetforum)

1 Repression und Permission

In der sozialwissenschaftlichen und philosophischen Diskussion sind Verschwörungstheorien inzwischen ein vielbeachteter Gegenstand. Seit den klassischen Texten von Popper (2003, S. 111 f.) und Hofstadter (1964) sind kontinuierlich einschlägige Untersuchungen erschienen. Nach der Haltung zu ihrem Gegenstand lassen sich zwei Richtungen der Beschreibung von Verschwörungstheorien unterscheiden: Die klassische These versucht, Verschwörungstheorien als eine Form illegitimen, Wahrheit nur anmaßenden Wissens zu präsentieren. Einige Autoren versuchen Erkennungskriterien dieses „irrationalen" Wissens aufzuzeigen, um es künftig klar bezeichnen und vermeiden zu helfen. Ein Zusammenhang zu *bewiesenen* Thesen über Verschwörungen wird dann nicht hergestellt. Die Vertreter dieser Gruppe möchte ich als „Repressivisten" bezeichnen (z. B. Pipes 1999; Sunstein und Vermeule 2009). Eine zweite, „permissive" Gruppe von Verschwörungstheorie-Theorien (z. B. Coady 2012, 2007; Pigden 2007) zeigt mehr Verständnis für unorthodoxe Wissensprätention, für spekulative Neugier und für die Skepsis der Verschwörungstheoretiker gegenüber „offiziellen Darstellungen".

O. E. Kuhn (✉)
Europa-Universität Viadrina, Frankfurt (Oder), Deutschland
E-Mail: kuhn@europa-uni.de

A. Anton et al. (Hrsg.), *Konspiration*,
https://doi.org/10.1007/978-3-658-43429-8_21

Ihre Vertreter problematisieren eher den *repressiven Prozess* der Identifikation von Verschwörungstheorien, im Verlauf dessen Aussagen über Verschwörungen als „absurd“, „irrational“ oder gar „pathologisch“ stigmatisiert werden.[1] Mitunter wird argumentiert, bei diesem Akt der Stigmatisierung handle es sich um ein recht willkürliches, auf unliebsames Wissen angewendetes, repressives Vorgehen (Coady 2012, S. 110 ff.) und eine gefährliche Einschränkung demokratischer Transparenzansprüche. Die beiden Gruppen attribuieren im diskutierten Problembereich des Verschwörungsdenkens Gefahr und Nutzen in entgegengesetzter Weise. Repressivisten sehen im Verschwörungsdenken nur kognitive Irrwege und Sackgassen, „verkrüppelte Epistemologien“ (Sunstein und Vermeule 2009, S. 204) und schreiben ihnen große Gefahren zu, weshalb sie bekämpft werden sollten. Mitunter konzedieren sie, es lasse sich nicht ganz ausschließen, dass auch derart „blinde Hühner“ dann und wann auf ein Körnchen Wahrheit stoßen Allerdings handle es sich dann meist um Zufälle, auf das Erkenntnismittel Verschwörungstheorie lasse sich, da es sich nur um ein „subset of the larger category of false beliefs“ (ebd. S. 206) handle, ohne Verlust verzichten. Permissivisten wie David Coady schätzen umgekehrt die Erkenntnisleistung des Verschwörungsdenkens optimistisch ein, immerhin erhöhe sie die Wahrscheinlichkeit, reale Verschwörungen aufzudecken – schlimmstenfalls seien konspirologische Verirrungen harmlos.[2] Vielmehr liege in der strikten Verdammung des Verschwörungsdenkens eine massive Gefahr, gerade seine Vermehrung sei daher anzustreben (Coady 2012, S. 111; Pigden 2007, S. 230).

Der vorliegende Beitrag greift die Repressionsthese der Permissivisten auf, ohne ihre Einschätzung der Nützlichkeit oder Harmlosigkeit von Verschwörungstheorien per se zu übernehmen: Der Begriff der „Verschwörungstheorie“ dient tatsächlich der Stigmatisierung derjenigen Aussagen über Verschwörungen, welche als falsch (oder spekulativ) beurteilt werden. Darüber hinaus verstärkt die Nutzung des Begriffs die repressive Tendenz, *sämtlichen* Aussagen über Verschwörungen ungeprüft (!) Unwahrheit und ihren Proponenten Irrationalität zu unterstellen. Jedoch kann diese Repression – von Einzelfällen abgesehen – nicht vermieden werden. Meine These ist, *dass die ungeprüfte Repression von Ver-*

[1] Diese Beschreibungen „falschen“ Wissens rechnen seine Defizienz auf die Eigenschaften seiner Anhänger zu (für welche es sich natürlich um „wahres“ Wissen handelt).

[2] Diese Gruppe betont daher historische Beispiele, in denen sich vormals spekulative Theorien über Verschwörung und Dissimulation im Allgemeinen haben beweisen lassen, derartige Theorien mithin als nützliche Erkenntnismittel fungierten („Watergate“, Massenvernichtungswaffen im Irak als Kriegsgrund, Folter von Terrorverdächtigen im Ausland usw.).

schwörungsthesen grosso modo eine unvermeidliche und pragmatische Reaktion auf die ubiquitären und in unendlicher Vielfalt verfügbaren Möglichkeiten verschwörungstheoretischer Spekulationen ist. Daher kann nicht ausgeschlossen werden, dass mit dieser epistemologischen Immunreaktion auch Thesen bekämpft werden, welche sich später (wenn mehr Daten vorhanden sind oder die Perspektive sich verändert hat) als richtig erweisen lassen.[3] Zudem bleibt die Beachtung besonders vielversprechender Thesen natürlich möglich. Dem permissivistischen Argument, *reale Verschwörungen* ließen sich aktiv nur mithilfe des Erkenntnisinstruments der spekulativen Verschwörungstheorie aufdecken (im investigativen Journalismus z. B. die Regel), wird also voll und ganz zugestimmt.[4] Dennoch bleibt die Forderung nach der Freigabe und sogar Förderung des verschwörungstheoretischen Denkstils naiv, weil sie die Auflösungsmöglichkeiten dieser skeptischen Semantik unterschätzt: *Jedes Wissen* kann durch die skeptische Formel „Wir wissen nicht, was dahinter liegt" unterminiert werden, jede „Tatsache", welche eine solche Skepsis kontrollieren könnte, kann innersemantisch als Schein, als bloßer Effekt einer Verschwörung angesehen werden („Kulisse"). Die Möglichkeiten der Skepsis übersteigen die Möglichkeiten der Erkenntnis bei weitem (vgl. Keeley 1999, S. 126).

Im Folgenden sollen die unrealistischen Übertreibungen der repressionistischen wie der permissivistischen Fassung der Beschreibung von Verschwörungstheorien vermieden werden: Weder die Vorstellung, der Verzicht auf Verschwörungstheorien sei ohne Nachteile möglich (Verschwörungen klärten sich ohnehin auf), noch die entgegengesetzte Annahme, die Freigabe verschwörungstheoretischer Spekulation sei unproblematisch, ist haltbar. Erst wenn auf diese Annahmen verzichtet wird, kann man zu einer realistischen Beschreibung des Konflikts um Verschwörungstheorien gelangen, die ein logisches Urteil über diese Thesen nicht schon voraussetzt, sondern als *Ergebnis eines Konflikts um Geltungsansprüche* erkennt. Denn in den Diskussionen über konkrete Thesen werden die Kriterien erst bestimmt, nach denen gesellschaftlich als real anerkannte von gesellschaftlich zurückgewiesenen Verschwörungsdeutungen unterschieden werden.

---

[3] Oder sich zumindest als richtig erwiesen hätten, hätte man ihnen rechtzeitig genügend Aufmerksamkeit entgegengebracht und sie nicht als „Verschwörungstheorien" ridikülisiert.

[4] Für den Fall, dass die Presse eine durch ein geheimes Gruppenhandeln aufgebaute Täuschungskulisse unhinterfragt übernahm, solange nicht anderslautende Daten einen Anlass für Skepsis gaben, gibt es zahlreiche Beispiele. Selbst die (historische) Wissenschaft bedarf oft neuer Daten, z. B. durch die Aufhebung von Archiv-Sperrfristen, um die historische Interpretation von Ereignissen in Richtung der Annahme von Geheimhandeln (wahre Verschwörung) zu revidieren (z. B. „Tonkin-Zwischenfall").

2 Definitionen

Für die Bildung eines Begriffs der Verschwörungstheorie sehe ich vier Möglichkeiten: Eine *repressive Definition* fasst nur falsche Thesen über Verschwörungen unter den Begriff und lässt die Frage offen, ob es auch legitime Aussagen über Verschwörungen gibt. Eine *kriteriell-repressive* Definition nennt Kriterien, an denen die epistemologische Inferiorität der Verschwörungstheorien festgestellt werden soll. Eine *offene Definition* nimmt sämtliche Aussagen über Verschwörungen in den Begriff auf, ohne ein Urteil über ihren epistemologischen Status zu fällen. Eine *relativistische Definition* schließlich behält den abwertenden Gebrauch des Begriffs bei, relativiert ihn jedoch auf das Urteil des begriffsnutzenden Beobachters – als „Verschwörungstheorien" werden dann diejenigen „Theorien über Verschwörungen" bezeichnet, welche als falsch (oder spekulativ) beurteilt werden.

2.1 Repressive Definition

Repressivistische Autoren übernehmen den pejorativen Gebrauch des Begriffs der Verschwörungstheorie aus dem Alltagsgebrauch. Die tatsächliche Existenz von Verschwörungen und spekulative Erklärungen durch Verschwörungen als mögliche Bedingung ihrer Aufdeckung werden oft schlichtweg nicht thematisiert (daher bleibt der schlichte Hinweis auf die Existenz von Verschwörungen so brisant). Mitunter verfolgen Repressionisten die semantische Technik, das gesamte Aussagenfeld – Erklärungen durch Verschwörungen – totalitär als repressionswürdig zu setzen. Beide Vorgehensweisen haben, soweit sie unhinterfragt bleiben, den Vorteil, dass keine expliziten Kriterien des repressiven Ausschlusses formuliert werden müssen. In der Mehrzahl setzen repressivistische Autoren die selbstevidente Unsinnigkeit (Ausschlusswürdigkeit) der von ihnen gebrachten Beispiele schlicht voraus. Daniel Pipes etwa gibt in seiner Definition keine bestimmten Kriterien an, anhand derer sinnvolle Aussagen über Verschwörungen von falschen Verschwörungstheorien unterschieden werden können. Verschwörungstheorien seien emotional vorgetragene falsche Erklärungen, „a fear in a nonexistent conspiracy" (Pipes 1999, S. 21). Indem Pipes beim Leser ein Einverständnis über die Absurdität und den abschreckenden Charakter seiner Beispiele für das Verschwörungsdenken voraussetzt, scheint er davon auszugehen, dass jeder vernünftige und wohlmeinende Beobachter nicht-existente und existente Verschwörungen schon zu unterscheiden wisse.[5]

2.2 Kriteriell-repressive Definition

Eine weitere Möglichkeit besteht darin, Kriterien zu finden, welche die Apriori-Repression bestimmter Aussagen über Verschwörung als „Verschwörungstheorien" ermöglichen und dadurch die konkrete argumentative Auseinandersetzung mit ihnen ersparen. Die Existenz derartiger Kriterien, in außerwissenschaftlichen Diskussionen um Verschwörungstheorien sehr häufig genutzt und meist einfach vorausgesetzt, ist in der wissenschaftlichen Diskussion sehr umstritten. Von permissivistischen Autoren wird die Existenz derartiger Kriterien selbstverständlich verneint, auch konspirationismus-skeptische Autoren bezweifeln sie (Keeley 1999, S. 118). Repressionistische Autoren dagegen setzen die vermeintliche Diskontinuität zwischen wahren Aussagen über Verschwörungen und falschen Verschwörungstheorien schlicht voraus, ohne sie nachzuweisen.

Als Kriterien für die wissenschaftliche Ablehnung von Verschwörungstheorien werden wenige Merkmale ernsthaft diskutiert. Zwei Vorschläge lassen sich unterscheiden: die Kritik der einseitigen Attribution auf Intentionen und die Kritik der Unwiderlegbarkeit der Verschwörungstheorien.

Bereits Karl Popper hatte die „Verschwörungstheorie der Gesellschaft" mit dem Argument kritisiert, die auf die Intentionen der Verschwörung zugerechneten Effekte seien in einer komplexen Gesellschaft unmöglich (Popper 2003, S. 112). Popper, äußerst wirkmächtig im Diskurs über die Verschwörungstheorien, hatte freilich Theorien über „geheime Weltregierungen" und dgl. im Blick, wie sie die wenigsten Verschwörungstheoretiker vertreten. Auf die „durchschnittliche" Verschwörungstheorie angewendet ist das Argument wenig stichhaltig, zumal Zurechnungen dieser Art auf kollektive Instanzen (Regierungen, Unternehmen, Organisationen überhaupt) in der Regel als völlig akzeptabel gelten. Nicht nur im alltagsweltlichen Bereich, auch wissenschaftlich hat die Zurechnung auf kollek-

[5] Pipes bezeichnet zudem provokativ einige Aussagen als Beispiele für (falsche) Verschwörungstheorien, welche sich nach Meinung vieler Beobachter belegen lassen, etwa die Aussage, die USA verfolgten eine Strategie globaler Hegemonie. Zudem propagiert Pipes die Verschwörungstheorie, Barack Obama sei ein ehemaliger Moslem und verschweige dies (Pipes 2008).

tive Akteure eine begrenzte Rechtfertigung. Dennoch wurde dieser Vorschlag für das entscheidende Merkmal fehlerhaften verschwörungstheoretischen Denkens noch einmal in einer sozialpsychologischen Variante in die Diskussion gebracht: Verschwörungstheorien machten sich des „fundamentalen Attributionsfehlers" schuldig (Clarke 2002, S. 144; vgl. Ross 1977). Sie rechneten den Intentionen angeblicher Verschwörungen unrealistisch viel Effekt zu („dispositionale Zurechnung"), entsprechend zu wenig auf situative Gegebenheiten. Dabei geht Clarke fälschlich davon aus, dass die orthodoxe Erklärung typisch situational, eine verschwörungstheoretische Erklärung dagegen dispositional (v. a. auf Intentionen) attribuiere:

> „To give up a conspiracy theory in favor of a nonconspiratorial alternative is typically to abandon a dispositional explanation in favor of a situational explanation. But this involves overcoming the fundamental attribution error, which is to go against our cognitive instincts." (Clarke 2002, S. 146)

Natürlich rechnen offizielle Erklärungen de facto genauso häufig auf Intentionen zu, oft sogar auf intendiertes Geheimhandeln (Verschwörung), man denke an die Anschläge vom 11. September 2001 oder an die Ermordung Kennedys. Die Vorstellung, dass die bevorzugte Zurechnung auf Intentionen der für Verschwörungstheorien *spezifische* Fehler sei, ist noch weniger haltbar als das Argument Poppers, welches wenigstens eine kritisierbare Aussage lieferte: Die Verschwörungen, welche Verschwörungstheorien annehmen, seien niemals realisierbar.

Clarke liefert noch ein weitaus bedenkenswerteres Kriterium für die Feststellung der Inferiorität von Verschwörungstheorien. So bezeichnete Thesen seien durch Eigenschaften gekennzeichnet, welche der Wissenschaftstheoretiker Imre Lakatos „degenerierten Forschungsprogrammen" zugeschrieben hat:

> „In a degenerating research program, successful novel predictions and retrodictions are not made. Instead, auxiliary hypotheses and initial conditions are successively modified in light of new evidence, to protect the original theory from apparent disconfirmation." (Clarke 2002, S. 136)

Vor allem wird also die Unwiderlegbarkeit (Nonfallibilität) der spekulativen Kernbehauptungen über die Existenz von Verschwörung moniert. Diese Kritik des Konspirationismus lässt sich weniger leicht abweisen als das Argument des

„fundamentalen Attributionsfehlers“.[6] Wir kommen am Ende des Abschnittes über die Diskussion und Kritik (3) zu einer prinzipiellen Ablehnung des Arguments bei gleichzeitiger Unterstreichung seiner *pragmatischen* Bedeutung. Zum einen ist für viele Aussagezusammenhänge, welche als Verschwörungstheorien bezeichnet werden, das Kriterium der Unproduktivität nicht erfüllt (sie bringen zumindest nicht weniger neue „Retrodiktionen“ hervor als die orthodoxe Erklärung). Zum zweiten durchlaufen meist auch diejenigen Thesen, welche sich später bewahrheiten lassen, eine Phase der Unwiderlegbarkeit. Mit Keeley (1999, S. 121) sehe ich Theoriemodifikation im „spekulativen Bereich“ („Immunisierung“) nur als pragmatisches, nicht als notwendiges Abweisungskriterium.

2.3 Offene Definition

Permissivistische Autoren neigen dazu, die Definition von Verschwörungstheorien auch für wahre Theorien zu öffnen. Eine offene Definition konzentriert sich auf den Aspekt der Erklärung von Sachverhalten durch ihre Zurechnung auf (intendiert) geheimes Gruppenhandeln, welcher schlecht bestritten werden kann, solange es um „Verschwörungen“ geht:

> „A conspiracy theory is a proposed explanation of some historical event (or events) in terms of the significant causal agency of a relatively small group of persons – the conspirators – acting in secret.“ (Keeley 1999, S. 116)

Definitionen, welche den epistemischen Status derartiger Theorien offen lassen, befriedigen jedoch kaum. Dokumentationen über die Verschwörung des 20. Juli beispielsweise müssten sich dann der Verbreitung „wahrer Verschwörungstheorien“ bezichtigen lassen. Wenn die Rede auf als gesichert erachtete, kaum umstrittene Sachverhalte wie die Ermordung Cäsars oder „Watergate“ kommt, wird der Ausdruck „wahre Verschwörungstheorie“ empirisch nicht benutzt, meist sogar heftig abgelehnt. Der außerwissenschaftliche (und zumeist auch der wissenschaftliche) Begriffsgebrauch schließt es aus, richtige und falsche Theorien unter *einem* Begriff zu behandeln. Keeley selbst gibt sich mit seiner offenen Definition nicht zufrieden, sondern bildet den Begriff der „ungerechtfertigten Verschwörungsthe-

[6] Übrigens krankt Clarkes Argumentation an dem logischen Widerspruch, gleichzeitig die Unwahrheit (Attributionsfehler) und Unwiderlegbarkeit (degeneriertes Forschungsprogramm) von Verschwörungstheorien zu behaupten.

orien" (Unwarranted Conspiracy Theories, UCTs) und testet eine ganze Reihe möglicher Kriterien für deren Erkennung. Er kommt zu dem Schluss:

> „There is no criterion or set of criteria that provide a priori grounds for distinguishing warranted conspiracy theories from UCTs."[7] (Keeley 1999, S.118)

Für die Diskussionen im Zusammenhang mit Verschwörungstheorien bedeutet dies vor allem, dass sie nicht durch den Ausschluss von Thesen anhand einiger ihrer Merkmale vorzeitig abgebrochen werden können, sondern man jede (noch so absurde) These samt ihren Argumenten erst prüfen müsste, wollte man dem Vorwurf der unbegründeten Repression entgehen.

2.4 Relative Definition

Insgesamt lässt sich sagen, dass das Ziel aufgegeben werden muss, Kriterien ausfindig zu machen, welche die Identifikation und Repression von falschen oder spekulativen Verschwörungstheorien a priori ermöglichen, also noch vor der aufwendigen und nicht selten fruchtlosen Beschäftigung mit ihren konkreten Argumenten. Dieses Ergebnis passt sich in die allgemeine methodologische Diskussion ein, schließlich gibt es für „falsche Aussagensysteme" auch jenseits der Konspirationismen keine Apriori-Kriterien, an denen sie zu erkennen wären. Lediglich die innere Widersprüchlichkeit ihrer Aussagen und ihre äußere Widersprüchlichkeit in Relation zu anerkannten Daten kann Auskunft darüber geben, ob die These vertretbar ist oder nicht. Eine Auseinandersetzung mit den Argumenten der Verschwörungstheoretiker kann nicht eingespart werden. Wenn nun

a) die Repression sämtlicher Aussagen über Verschwörung angesichts der Existenz von Verschwörungen absurd ist,
b) eine substanzielle Ausschlusskriterien beinhaltende Definition sich als unmöglich herausgestellt hat und
c) eine Öffnung des Begriffs „Verschwörungstheorie" für wahre oder aussichtsreiche Thesen unrealistisch bzw. unproduktiv ist,

---

[7] Keeley sieht, im Gegensatz zu anderen Permissivisten, im „nihilistischen" Skeptizismus (Keeley 1999, S. 125) eine plausible Begründung für die Ablehnung des Verschwörungsdenkens, obwohl sich produktive von unproduktiven Thesen durch kein Apriori-Kriterium voneinander unterscheiden lassen.

bleibt m. E. für die Definition nur eine relativistische Option: *Der Begriff der Verschwörungstheorie ist ein Stigmatisierungsbegriff, welcher Aussagen über Verschwörungen bezeichnet, welche nicht als wahr aufgefasst werden.* Er projiziert die begründete oder unbegründete Meinung des Begriffsnutzers über ihre Wahrheit oder Falschheit auf die beurteilte Aussage über Verschwörungen. In dieser distanzierten Fassung geht es nicht mehr um die Frage, was Verschwörungstheorien „sind", sondern „wie" der Begriff benutzt wird. Durch diese Relativierung auf den Beobachter werden auch die empirischen Diskussionen über das Thema besser beschreibbar als mit einer essentialistischen Definition (vgl. Abschn. 3). Denn natürlich existieren für jede These über Verschwörung Beobachter, welche sie als (mindestens potenziell) wahre Aussage über Verschwörung erachten und andere, welche sie als falsche Verschwörungstheorie ansehen.

Die genannte Definitionsbedingung der Negation von Wahrheit meint nicht, dass nur die *falsche* Erklärung von Ereignissen durch Verschwörung mit dem Namen „Verschwörungstheorien" bezeichnet wird. Man wird realistischer Weise die Werte wahr und falsch durch einen dritten Wert ergänzen müssen. Nicht alle Thesen sind (derzeit) überprüfbar, lassen sich also sogleich verifizieren[8] oder falsifizieren. Bei Betrachtung der empirischen Diskussionen um Verschwörungstheorien wird deutlich, dass gerade die (derzeit) unprüfbaren Thesen die umstrittensten und politisch relevantesten Verschwörungstheorien darstellen. Auch die Aberkennung der Prüfbarkeit, also die Beurteilung von Thesen über Verschwörungen als „spekulativ", stellt das Urteil eines Beobachters dar und kommt Aussagen nicht „an sich" zu. Das Urteil der Spekulativität kann, im Gegensatz zur Falsifikation, auch vom Vertreter der These selbst getroffen werden. Wer an der Aufdeckung einer Verschwörung, mithin an Belegen für eine Verschwörungsthese arbeitet, kann durchaus zugeben, dass die These derzeit noch nicht überprüfbar ist (wird aber Hoffnung haben, dass sich dies durch die investigative Arbeit ändert).

Wie alle anderen Definitionen enthält auch die relativistische Definition neben dem Vorwurf von Unwahrheit oder Spekulativität das Merkmal der Zurechnung auf intendiert geheimes Gruppenhandeln: Die Unbeobachtbarkeit des Gruppenhandelns muss dabei auf Intentionen zurückgeführt („Geheimhaltung"), der Verschwörung eine Täuschungsabsicht unterstellt werden.

[8] Auf die Poppersche Kritik der Kategorie „Verifikation" (vgl. Popper 1963, S. 33 ff.) können wir aus Platzgründen hier nicht eingehen. In der empirischen alltagstheoretischen Diskussion wird die Kategorie jedenfalls intensiv und ohne methodischen Zweifel genutzt.

2.5 Indifferenz

Die oben vorgeschlagene Definition bleibt *indifferent* gegen eine ganze Reihe von Merkmalen, welche in der Literatur bisweilen als Charakteristika von Verschwörungstheorien angegeben werden. So ist es beispielsweise *nicht* entscheidend,

- dass sich „heterodoxe" Thesen politisch deviant gegen die „offizielle Darstellung" wenden (Coady 2006). Nicht nur regierungskritische Thesen werden als Verschwörungstheorien stigmatisiert. Vielmehr können gerade auch die „orthodoxen" Erklärungen aus dem politischen oder medialen Zentrum als „paranoid", falsch oder spekulativ kritisiert werden (Hexenglaube, „McCarthy", Trotzkistenprozesse unter Stalin usw.),[9]
- dass die Thesen für ihre Vertreter bestimmte psychische Funktionen erfüllen, beispielsweise das Ausleben krankhafter Neidimpulse und von Ressentiments. Auch wahre Theorien erfüllen psychische Funktionen,
- ob Verschwörungstheorien nach dem Urteil eines Beobachters eher „mutwillig" alternative Erklärungen konstruieren oder mit spekulativen Erklärungen auf ein allgemein anerkanntes Erklärungsdefizit (Nichtwissen) reagieren,
- dass die vermutete Verschwörung „böswillig" oder schädlich ist (vgl. Coady 2012, S. 114). Spekulative oder falsche Aussagen über Effekte von Geheimhandlungen (beispielsweise die These, dass friedliche Revolutionen im ehemaligen Ostblock durch amerikanische Geheimdienste angeleitet werden) sollten aus dem Begriff der Verschwörungstheorie nicht ausgeklammert werden, sobald man sie positiv bewertet.

Diese Liste ließe sich durch etliche Vorschläge erweitern, welche m. E. keine Kriterien liefern, an denen (falsche) Verschwörungstheorien sicher erkannt werden könnten. Entweder treffen sie nicht auf alle Verschwörungstheorien zu oder auch auf andere semantische Formen. Indem diese Kriterien abgewiesen werden, lassen sich zugleich auch einige der üblicherweise vorgeschlagenen *Funktionen* von Verschwörungstheorien abweisen, insbesondere die Vermutung, ihr Spezifikum liege in psychologischen Funktionen Sie lassen sich vielmehr als besonders leistungsfähiges Beispiel für semantische Formen auffassen, welche die *Zurechnung*

---

[9] Nimmt man eine Perspektive von den politischen Zentren aus ein, wirkt es zunächst, als sei nur die Macht selbst entscheidend für die Definition von „Orthodoxie". Dagegen ist einzuwenden, dass die von dort aus „heterodoxen" Positionen sich selbst natürlich Orthodoxie unterstellen.

von Sachverhalten auf Intentionen trotz der Unbeobachtbarkeit dieser Intentionen ermöglichen (Kuhn 2010). In diesen Bereich gehören auch religiöse Erklärungen und im Allgemeinen Erklärungen, welche Transzendenz involvieren, aber auch Gerüchte über unbeobachtetes Handeln Einzelner. Diese Funktion erfüllen Verschwörungstheorien ohne Inanspruchnahme von strikter Transzendenz, d. h. mit der Hoffnung auf eine Aufklärung der Verschwörung. Besonders leistungsfähig sind sie, weil sie nicht auf Handlungen Einzelner, sondern auf Gruppen oder Organisationen zurechnen. Alle weiteren Funktionen, etwa das Ausagieren psychischer Ressentiments, die Möglichkeit, einen Sündenbock zu finden, persönliche Distinktion durch Besserwissen usw. hängen von dieser semantischen Funktion ab oder werden ebenso gut, vielleicht besser durch andere Semantiken erfüllt.

3 Diskussion und Kritik

Für jede Verschwörungsthese (ausgenommen nur mehr historische Fälle) gibt es Vertreter, welche sie für mindestens überprüfungswürdig halten, sowie Gegner, welche sie geprüft oder ungeprüft abweisen. Selbst erfolgreich marginalisierte Thesen haben ihre Anhänger. Die Repression durch Stigmatisierung kann und muss die Kommunikation der These nie vollständig unterbinden, lediglich deren Wirkung auf die Zentren von Politik, Massenmedien und Erziehung. Insofern es um Verschwörungsthesen über (hauptsächlich[10]) politisch relevantes Wissen geht, treffen die Vertreter wie Gegner einer These auch aus politischen Gründen aufeinander. Welche Seite in den Zentren politischer Kommunikation (Parteizentralen, Regierungen, Politikredaktionen) überzeugen kann, hat gravierende Auswirkungen auf die politischen Anschlussentscheidungen (man denke etwa an die Verschwörungstheorien zum 11. September). Trotz ihrer vorrangig politischen Bedeutung muss die Entscheidung über die Wahrheit von Verschwörungstheorien in Wissensdiskursen ausgetragen werden. Auch drastische politische Einflussnahme auf diese Diskurse (Zensur, Einschüchterung) ändert nichts daran, dass für die Identifikation von „Verschwörungstheorien" nur die Frage zählt, welchen *Wahrheitswert man Aussagen über Verschwörungen zubilligt, gleich wie dieses Urteil*

[10] Beispielsweise war der Streit über die Wahrheit der Watergate-Verschwörung ökonomisch nicht besonders bedeutsam, für die Wissenschaft höchstens von randständiger Bedeutung (Alexander 1988), analog für die Sphäre der Familie usw. Die Bedeutung dieses Wissens lag zunächst im politischen, ferner im rechtlichen Bereich, wobei die rechtliche Bedeutung des Einbruchs weit weniger brisant war als die politische.

zustande gekommen ist. Um Extrembeispiele zu wählen: Selbst Propaganda über „jüdische Weltverschwörung", selbst Schauprozesse gegen „trotzkistische" oder „kommunistische" Verschwörer (Stalin, McCarthy[11]) müssen das Medium der Wahrheit bemühen, scheinbare Beweise nennen usw. Diese Täuschung muss in dem Sinne „gelingen", dass sie nicht aufgrund angedrohter Sanktionen, sondern aufgrund von Argumenten übernommen wird.

3.1 Nichtwissen und Indizien

Der Ausgangspunkt von Verschwörungstheorien ist immer die Annahme eines „spezifizierten Nichtwissens" (Merton 1987), in welches hinein die Zurechnung konstruiert werden kann.[12] Die bekannte Formel dafür ist die Behauptung, wir wüssten nicht, „was sich hinter den Kulissen abspielt". Diese skeptische Formel sorgt zugleich dafür, dass auch der Verschwörungstheoretiker selbst es nicht sogleich wissen kann – er muss zunächst vermuten, mithin *spekulieren,* er sucht nach „Indizien" für die vermutete Geheimhandlung. Die jederzeit, von jedem und auch inhaltlich flexibel einsetzbare Formel des „Dahinter" markiert die Aussagen als „bloße Spekulation", ermöglicht diese aber auch zugleich, solange man die Prämisse des Nichtwissens akzeptiert. In vielen Situationen wird diese Prämisse des Nichtwissens allgemein anerkannt. Sobald, wie etwa im Fall der einstürzenden Türme von Manhattan oder des Todes von Kennedy in Dallas, intendierte Fremdeinwirkung allgemein angenommen wird und zugleich unbekannt ist, wer „dahinter" steckt (intendierte Wirkung aus dem Geheimen heraus), *muss spekuliert werden.* Alle Theorien sind dann zunächst spekulative Theorien über Geheimhandlung und soweit sie Gruppen voraussetzen, auch Verschwörungstheorien. Ihre Durchsetzungsfähigkeit über „plausible Belege", dann „Beweise", hierarchisiert die Theorien nach ihrem logischen Wert.

[11] Diese Beispiele werden hier in ihren Ausmaßen nicht gleichgesetzt. Identifiziert wird nur die strukturelle Gemeinsamkeit des Verschwörungsvorwurfs. Es ist historisch nicht unumstritten geklärt, inwieweit diese Verschwörungstheorien „geglaubt" oder strategisch eingesetzt wurden (eine weitere Unterscheidung, hinsichtlich derer die relativistische Definition indifferent ist).

[12] Es besteht natürlich die Möglichkeit, eine Verschwörung ohne vorherige Vermutungen (Spekulation) „auf frischer Tat" zu entdecken, beispielsweise durch den Verrat eines Insiders. Bei Berichten darüber handelt es sich freilich um verifizierte Aussagen über Verschwörung, nicht um Verschwörungstheorie.

Die Theatermetapher der „Kulisse" ist sehr passend: Die „offiziellen Verlautbarungen" auf der „politische Bühne" werden in politischen Verschwörungstheorien als die kontrollierte Außenwirkung („Schauspiel") einer verdeckt agierenden Gruppe gedeutet.[13] Die Suche nach Indizien (Anzeichen, Evidenz) für eine Verschwörung kennzeichnet die spekulative Verschwörungsthese. *Beweise* zum Zweck ihrer Verifikation werden zwar angestrebt, sind aber selten leicht zu erreichen – immerhin entzieht sich die Verschwörung gewöhnlich ihrer Aufdeckung. Auffällige Anzeichen sollen daher zunächst einmal rechtfertigen, dass es überhaupt etwas zu spekulieren gibt. Sie liefern den Anlass für die Bemühung um Aufdeckung und legitimieren Vermutungen, welche sonst im Ruch völliger Beliebigkeit stünden („reine Spekulation"). Wenn Anzeichen nicht nur die Anhänger einer Verschwörungstheorie selbst überzeugen sollen, sollten sie möglichst theorieunabhängig sein. Als solche Indizien eignen sich nach wissenschaftlicher Auskunft Daten, welche widersprüchlich zur „offiziellen Darstellung" sind oder von ihr gar nicht berücksichtigt werden (Keeley 1999, S. 117 f.). Buenting und Taylor (2010, S. 572 f.) geben als sinnvolle Anzeichen für Verschwörung noch unglaubwürdige Darstellungen an, vor allem unwahrscheinliche „Glücksfälle", welche anzeigen, dass etwas versteckt werden soll.

3.2 Zumutung

Die Verschwörungstheorie rechnet alles Erleben der noch nicht bezüglich der Verschwörung und ihrer Wirkungen „Aufgeklärten" auf die Verschwörung selbst zu (Manipulation). Verschärft kann sie die Teilnahme an der Verschwörung unterstellen. Den Verschwörungstheorie-Skeptikern werden in der Sicht überzeugter Verschwörungstheoretiker die Rollen „naiver Manipulierter" und „böswilliger Manipulatoren" zugewiesen (einen neutralen dritten Standpunkt kann es nur für den geben, der die These für unbewiesen hält). Vor allem gegen die permissivistische Einschätzung von Verschwörungstheorien muss betont werden, dass die bloße Kommunikation einer heterodoxen Verschwörungstheorie zu einem relevanten politischen Thema bei jedem „Orthodoxen" als Vorwurf von Ignoranz oder Bosheit, als Beleidigung, zumindest als Zumutung begriffen werden

[13] Es gibt unterschiedliche Verschwörungen. Manche sollen dem Sinn des Verschwörungshandelns nach für immer unentdeckt bleiben (die mutmaßliche Vortäuschung von 9/11 beispielsweise), andere werden durch die Verschwörer selbst aufgedeckt, um ihre Wirkung zu entfalten (Al Qaida bekannte sich), (Beispiel bei Coady 2012, S. 118).

muss.[14] Verschwörungstheorien zielen demnach nicht nur auf „die Regierung“ (so Coady 2012, S. 124). Vielmehr werden alle, die überhaupt politische Vorstellungen hegen, bei Kenntnisnahme der These unter Druck gesetzt, sich hinsichtlich der These zu entscheiden oder die Möglichkeit ihrer Wahrheit mit zu bedenken. Während wissenschaftliche Spekulationen (Higgs-Boson, String-Theory) den Beobachter auch kalt lassen können, behaupten viele Verschwörungstheorien eine drastische und allgemeine gesellschaftliche Schädigung durch die Verschwörung und machen sich auf diese Weise interessant.

3.3 Selbst-Verifizierung

Ausschlaggebend für die Verbreitung von Verschwörungstheorien ist die relative Wehrlosigkeit der meisten Kommunikationsteilnehmer ihnen gegenüber: Gegen viele Argumente (Indizien, Beweise) der Verschwörungstheoretiker können sich nur die Spitzen der orthodoxen Wissenshierarchie mit Gewissheit wehren (oft nicht einmal diese). Weil das Wissen der meisten Anhänger der orthodoxen Wirklichkeitsdefinition notwendig vom Vertrauen gegenüber Experten abhängt, können auch konspirationistische Experten Anhänger abwerben.[15] Trotz Verfügbarkeit des Internets sind nicht jedem Teilnehmer auch nur die wichtigsten gängigen Informationen zu einem Thema zugänglich. Insofern nutzen Verschwörungstheorien oft auch die durch einen naiven Empirismus verdeckte Tatsache, dass das Wissen der Einzelnen von der arbeitsteiligen gesellschaftlichen Wissensproduktion abhängt – nicht von individueller Einsicht. Viele Laien sind sich der methodischen Ansprüche, welche an den Beweis von Thesen zu stellen sind, kaum bewusst, sie zeigen sich bereits angesichts weniger Belege beeindruckt. Die bereits angesprochenen außerkognitiven Bedingungen des Wissensdiskurses – politische

[14] Das gilt etwas abgeschwächt für sehr vorsichtige Spekulationen, welche die Möglichkeit ihrer Falsifikation mitbedenken. Dennoch ruft schon die Unterstellung möglicher Verschwörung bei politisch relevanten Themen drastische Abwehr hervor (z. B. eine „vorsichtige“ Spekulation, die Massenvernichtung der Juden in den Konzentrationslagern sei von jüdischen Interessengruppen nur vorgetäuscht worden).

[15] Bei dieser (relativistischen) Argumentation muss die einfache Tatsache präsent bleiben, dass sich auch die Experten der Orthodoxie in ihrer Einschätzung der Falschheit oder Spekulativität von Verschwörungstheorien irren können. Immerhin finden sich auch auf „verschwörungstheoretischer“ Seite Experten. Dass ich für die Darstellung vom Urteil der Orthodoxie ausgehe, es handle sich um falsche oder spekulative Thesen, präjudiziert nicht eine mögliche Revision dieses Urteils.

Ressentiments gegen spezifische Gruppen, Misstrauen in die politische Klasse, in den politischen Feind usw. – kommen noch hinzu.

Viele Verschwörungstheorien produzieren statt Beweisen eine Unmenge von plausibilitätsverstärkenden Anzeichen und sehen in dieser Quantität schon eine Art von Verifikation. Es ist müßig, an die Warnung Dostojewskis zu erinnern, „aus hundert Kaninchen [werde] niemals ein Pferd und aus hundert Verdachtsgründen niemals ein Beweis", wenn die Maßstäbe für Beweise divergieren. Ohne eine kritische Selbstbeschränkung des Gebrauchs verschwörungstheoretischer Spekulation oder die von Seite der Verschwörungstheorie-Gegner hervorgebrachte konkrete Kritik neigen Verschwörungstheorien aus Perspektive ihrer Kritiker zu einer allzu leichtfertigen Selbstbestätigung.

3.4 Möglichkeiten der Kritik

Eine Verschwörungstheorie, welche von ihren Anhängern bereits für bewiesen gehalten wird, lässt sich durch Infragestellung der gegebenen Beweise widerlegen (z. B. durch Bestreiten der Bedeutung dieser Daten für die These). Natürlich ist es unwahrscheinlich, dass alle Vertreter der These diese Widerlegung akzeptieren, letztlich entscheidet sich der Diskurs dadurch, dass sich der „Mainstream" in sich selbst beruhigt. Die Selbsteinschätzung erfolgreich marginalisierter, nicht durchsetzungsfähiger Thesen ist für den Gesamtdiskurs nicht sonderlich bedeutsam.[16] Die Schwierigkeiten der Kritik der Verschwörungstheorien liegen freilich weniger in der Falsifikation scheinbar wahrer Thesen, als in der *Falsifikation scheinbar spekulativer (derzeit nicht prüfbarer) Thesen.*

Denn wie bereits angemerkt, lässt sich eine Spekulation nicht widerlegen, solange man zugibt, dass man hinsichtlich der in Frage stehenden Angelegenheit (noch) nicht wissen, sondern nur spekulieren könne. Widerlegen lassen sich spekulative Aussagen also nur, indem man die ihnen zugrunde liegende Annahme des Nichtwissens bestreitet: Wenn angebliche Verschwörungsbeteiligte durch Alibis oder Zeugen entlastet werden, wird die Prämisse des Nichtwissens hinsichtlich einer konkreten Verschwörungsvermutung bestritten. Ebenso wenn sich bei der Buchprüfung oder bei Archiveinsicht keine Unregelmäßigkeiten hinsichtlich

[16] Wenn sich Aussagen über Verschwörung im Mainstream durchgesetzt haben, werden sie von dort nicht als Verschwörungstheorien angesehen. Wenn es dann noch Widerspruch gibt, muss es die Peripherie übernehmen, die Behauptungen der gesellschaftlichen Einflusszentren (Massenmedien, politische Zentren) über Verschwörungen als unwahr zu kritisieren.

einer Vermutung finden lassen. Natürlich aber können Alibis beschafft, Zeugen bestochen und Bücher gefälscht werden. Spekulative Verschwörungstheorien können den Angriff auf ihre „Basis", das Nichtwissen, also jederzeit durch Erweiterung dieser Basis kontern, durch die spekulative Mutmaßung, unser bisheriges Nichtwissen sei noch weit größer als erwartet, desavouiere nämlich auch diejenigen Methoden, mittels derer Verschwörungen scheinbar widerlegt oder aufgedeckt werden könnten. Die Verschwörung stelle sich hinsichtlich ihrer „Kulissen" als weit mächtiger heraus, manipuliere weit größere Teile der scheinbaren Wirklichkeit und arbeite so (bislang) erfolgreich gegen ihre Aufdeckung. Verschwörungstheorien können konkreten Argumenten jederzeit durch Behauptung von Nichtwissen („dahinter…") ausweichen – schließlich können wir nie wissen, was wir (noch) nicht wissen. Dies erfordert freilich die Generalisierung der Verschwörungsthese. Nicht jeder Vertreter einer Verschwörungstheorie wird diese Radikalisierung mitgehen, de facto werden Verschwörungstheorien also durch diese Art der Kritik geschwächt.

Solange man die Spekulation selbst (das Nichtwissen) nicht widerlegen kann, sondern selbst akzeptiert (z. B. weil Archiveinsicht nicht gewährt wird), muss man sich damit begnügen, die „Indizien" zu widerlegen, welche aus Sicht der Vertreter der These überhaupt dazu berechtigen, eine konkrete Vermutung zu äußern und nicht vielmehr eine beliebige andere. Die Anzeichen für eine Verschwörung sind je für sich falsifizierbar, auch darauf können Verschwörungstheorien jedoch mit dem Argument reagieren, dass die Verschwörung, die auf ihre Existenz deutenden Anzeichen verdunkle oder gar Marionetten beauftrage, deren Widerlegung zu verkünden. Zudem lässt sich eigentlich immer eine Vielzahl zumindest schwacher „Anzeichen" finden, um die zugänglichen Daten im Lichte einer Verschwörung zu interpretieren.

Angesichts dieser Schwierigkeiten der argumentativen Kritik von spekulativen und falschen Thesen, der ubiquitären Zugänglichkeit der skeptischen Verschwörungssemantik und der Zumutung verschwörungstheoretischer Behauptungen für mutmaßliche Verschwörer und mutmaßlich Getäuschte wundert es kaum, dass Thesen über Verschwörungen pauschal abgeurteilt werden. Für die repressivistische Kritik empfiehlt sich vor allem eine Abkürzung der Diskussion mittels der bereits erwähnten Apriori-Kriterien: Sämtliche Mutmaßungen über Geheimhandeln seien per se irrational, sie seien überhaupt keiner Widerlegung zugänglich (gleichzeitig aber falsch!), dass sie politisch oder moralisch gefährlich seien, spreche auch für ihre Unwahrheit usw. Wer nicht sogleich eindeutige, allgemein überzeugende Beweise liefern könne, habe auch kein Recht, auf Unstimmigkeiten der offiziellen Darstellung aufmerksam zu machen. Die weitaus wichtigste Form der Abwehr von verschwörungstheoretischen Vermutungen ist deren Nichtbeachtung. Dies empfiehlt sich, weil „offiziell" debattierten Thesen vom Publikum schnell eine gewisse Wahrscheinlichkeit zugerechnet wird. Nur sehr wenige verschwörungstheoretische Vermutungen werden überhaupt intensiv bekämpft. Meist handelt es sich um Deutungen, die bereits eine bestimmte quantitative Schwelle der Zustimmung genommen haben oder durch Organisationen unterstützt werden. Sobald politische Verschwörungstheorien eine allgemeine Virulenz erreicht haben und sich medialer und politischer Mainstream dennoch nicht auf ihre Perspektive einlassen, wird eine öffentliche Beschäftigung unumgänglich. Auch dann findet freilich meist nur eine oberflächliche argumentative Auseinandersetzung mit den Thesen statt, vorherrschend bleibt die moralische Abwertung (vgl. Anton 2011, S. 104 ff.). So verfügen die wenig spezialisierten Akteure des journalistischen Kontextes (Talkshows, Reportagen) selten über ausreichend Ressourcen, um die Argumente von Verschwörungstheoretikern überzeugend zu widerlegen (man denke an die heutigen Arbeitsbedingungen im Journalismus).

3.5 Marginalisierung

Wenngleich Verschwörungstheorien hauptsächlich unsachlich, z. B. moralisierend oder ridikülisierend begegnet wird, haben sie sich dennoch auch sachlicher Kritik zu stellen, welche auf Unstimmigkeiten zwischen anerkannten Daten und der Verschwörungsthese hinweist (durchaus auch in Form der Selbstkritik). Ich habe oben die Möglichkeit beschrieben, Kritik durch die Expansion der Macht der Verschwörung zu entwerten: „Die CIA hat die Untersuchungen des Kennedy-Mords gefälscht, daher hat die Untersuchung nichts ergeben." Der Preis, der für diese Immunisierung gegen Kritik[17] gezahlt wird, ist die Distanzierung von der „offizi-

[17] Dieser Begriff wird hier rein beobachterrelativ genutzt: Die These deutet Daten, welche in externer Perspektive die Aussage widerlegen mögen, *anders* als ihre Kritiker, nämlich als Effekt der Verschwörung selbst, also *intern völlig konsistent*. Zugleich bieten sie, wollen sie nicht „rein spekulativ" und damit beliebig bleiben, auch plausibilisierende Anzeichen, die widerlegbar sind. In der Popperschen Methodologie wird „Immunisierung" dagegen nicht ausreichend auf Beobachterpositionen relativiert, sondern so gehandhabt, als wäre die Eigenschaft von Aussagen, eine Theorie falsifizieren zu können, ihrerseits theorieunabhängig. Dies ist m. E. ein inakzeptabler versteckter Dogmatismus des kritischen Rationalismus. Konsequent durchgeführt dürfte der Falsifikationismus nicht kritisieren, dass Theorien die Kriterien ihrer Widerlegung *intern* festlegen, seine Kritik sollte sich auf die Weigerung der Festlegung von Widerlegungskriterien beschränken (Nachweis von Beliebigkeit).

ellen" (oder neutral: von der anderslautenden) Interpretation der Ereignisse. Die Folge ist, den „offiziellen" Medien, welche die orthodoxe Interpretation propagieren, auch in anderen Dingen zu misstrauen (derselbe Prozess findet auch umgekehrt statt: Verschwörungstheoretische Publikationen ruinieren die Reputation von Medien, während die Publikation überzeugender Beweise für Verschwörung geradezu die Relevanz von Medien definiert). Das zunehmende Misstrauen, die um sich greifende Skepsis machen eine sinnvolle Irritation und ein (Um-)Lernen durch Verschwörungstheoretiker schwieriger – für jede Teilwiderlegung könnte man auch eine Manipulation durch die Verschwörer annehmen. Radikale Vertreter von Verschwörungstheorien schneiden sich von vielen Informationsquellen ab, ihre Thesen verarmen, weil sie sämtliche neue Daten nur als Bestätigung ansehen können und intern keine klaren Bedingungen der Falsifikation mehr festlegen (wie auch, wenn die Verschwörung alles im Griff hat?). Indem eine These argumentativ in die kognitive Verzweiflung getrieben wird, wird zugleich der repressivistische Standpunkt gestärkt, die These sei von Anfang an keiner Diskussion würdig gewesen. Die zunehmend marginalisierte Verschwörungstheorie wird nicht effektiv widerlegt, sondern unglaubwürdiger gemacht. Für viele ihrer ursprünglichen Vertreter ist die Annahme inakzeptabel, dass immer größere Bereiche der Wirklichkeit als „Schein" (Kulisse) der Verschwörung zuzurechnen seien. Ein radikaler harter Kern der Vertreter bleibt der Interpretation treu. Dessen extreme Skepsis hinsichtlich „offizieller" Medien (und auch hinsichtlich „alternativer" Medien und sogar Interaktionspartnern, welche als Agenten der Verschwörung interpretiert werden können) geht mit einem wachsenden Erkenntnispessimismus hinsichtlich der Chancen der Aufdeckung der Verschwörung einher. Es kann dann plausibel werden, von der (aussichtslosen) Erkenntnis- und Überzeugungsarbeit zur „Aktion" überzugehen, die Verschwörung beispielsweise durch Anschläge direkt zu bekämpfen und zur aufdeckenden Reaktion zu zwingen. Ein nicht unbeträchtlicher Anteil des modernen Terrors geht mit verschwörungstheoretischem Gedankengut und dem verzweifelten Versuch einher, die Öffentlichkeit „wachzurütteln". Natürlich gehen nicht alle marginalisierten Thesen diesen Weg, viele finden sich im Kontext politisch harmloser Unterhaltung wieder (z. B. Illuminatenromane).

Diese Darstellung erfolgreicher Marginalisierung verschwörungstheoretischer Aussagen soll nicht dem repressivistischen Dogmatismus das Wort reden. Natürlich bleibt es vorstellbar und wird immer wieder belegt, dass getäuscht wird – unser politisches Wissen bleibt diesbezüglich revidierbar. Solange das den spekulativen Thesen zugrunde gelegte Nichtwissen nicht widerlegt wird, können selbst absurde Thesen – etwa dass Hitler in der Antarktis geklont wurde – nicht widerlegt werden (nicht auf jede Spekulation hin kann eine Antarktisexpedition initiiert werden, deren Ergebnisse doch nur wieder bestritten würden usw.). Zumindest im wissenschaftlichen Bereich sollte klar sein, dass sich eine These nicht sofort methodisch unmöglich macht, die widersprechende Daten auf hypothetischer Basis uminterpretiert. Auch die Zurechnung widersprechender Daten auf die Verschwörung kann bisweilen nachträglich verifiziert werden: Zweifellos haben Nixons Interventionen, die Ermittlungen (nicht nur) im Zusammenhang mit Watergate zu verschleppen, die Öffentlichkeit effektiv in die Irre geführt. Auch für die in ungleich größerem Ausmaß geheimhandelnde Loge „Propaganda Due" in Italien muss konstatiert werden, dass ihre Maßnahmen gegen Aufdeckung trotz Ermittlungen lange Zeit effektiv geblieben sind. Die Marginalisierung von Aussagen über Verschwörung kann der Unwahrheit der These oder einem korrupten Mediensystem und verschwörerischem politischen System zugerechnet werden. Beide Standpunkte werden im Prozess gesellschaftlicher Wissensproduktion zugelassen – wenngleich nicht gleichwertig behandelt, sondern hierarchisiert.

4 Resonanzschwelle

Im Vorangegangenen haben ich zwei Linien der Argumentation verfolgt: Einerseits lassen sich legitime Erklärungen durch Verschwörungen nicht anhand absoluter (immer gültiger) Merkmale von illegitimen Verschwörungstheorien unterscheiden. Auch das stärkste diesbezügliche Argument greift nicht – die Risiken der Spekulation stellen sich auch im Fall wünschenswerter, produktiver Thesen. Wer kognitive Spekulation – das vorerst ungesicherte Erproben neuer Hypothesen und Erkenntnishaltungen – ausschließen will, schließt auch Wissensinnovation aus und fördert eine dogmatisch-sterile Forschungseinstellung. *Die Permissivität den Verschwörungstheorien gegenüber ist daher im Prinzip gerechtfertigt.*

Andererseits ermöglicht die verschwörungstheoretische Semantik des „Dahinter" einen extremen Skeptizismus, erlaubt bodenlose Spekulation, weil sie jede Tatsache im Licht angenommener Verschwörung anders interpretieren kann. Einzelne Thesen mögen konsistent verfolgt werden, jedoch gibt es keine Grenze der Produktion neuer und widersprechender Thesen. Ohne die effektive Repression dieses Skeptizismus mithilfe der Behauptung, auch die nach Maßgabe derzeitiger Prüfmöglichkeiten spekulativen Aussagen seien falsch, ließe sich kein Wissen aufbauen (von politischem Vertrauen zu schweigen). *Ebenso also ist die Repressivität den Verschwörungstheorien gegenüber im Prinzip gerechtfertigt.*

Der empirische Prozess der gesellschaftlichen Wissensproduktion enthält sich sowohl vollkommener Repression wie Permission. Er unterläuft den Ausschließlichkeitsanspruch dieser Vorschläge, indem er die soziale Differenzierung zwischen der Orthodoxie und den verschiedenen heterodoxen „knowledge communities“ anhand der Ablehnung und der Zustimmung zu konkreten Thesen zulässt. Heterodoxien werden marginalisiert, sie gewinnen keinen Einfluss auf die Zentren der gesellschaftlichen Kommunikation. Dennoch bleiben sie existent, ihre Vertreter halten die Repression für ein Fehlurteil und spekulieren auf eine spätere Anerkennung ihrer These. Weil die Repression faktisch nur anhand pragmatischer (nicht *immer* gültiger) Kriterien durchgeführt werden kann, bleibt ihre Revision prinzipiell denkbar. Empirisch ist – gemessen an der Zahl der Verschwörungstheorien – ihre vollständige Rehabilitation zwar selten, aber nicht ausgeschlossen. Bevor es zur Rehabilitation einer These über Verschwörung kommen kann, muss sie freilich überhaupt erst diskutiert werden. Eine Chance auf „Aufnahme des Verfahrens“ gibt es also nur, wenn die These eine gewisse (variable) Schwelle der Resonanz genommen hat (aufgrund überzeugender Indizien, der politischen Relevanz des Themas etc.). Unterhalb dieser Resonanzschwelle bleibt die These im Zentrum unbeachtet und damit am wirkungsvollsten vom Einfluss ausgeschlossen. Durch die Einrichtung von (ihrerseits variablen) Resonanzschwellen schützt sich die mit begrenzten Ressourcen operierende gesellschaftliche Wissensproduktion vor der Überlastung durch Spekulation, andererseits hält sie punktuelle Möglichkeiten der spekulationsgestützten Wissensinnovation offen. Bei aller interpretativen Freiheit zwingt sie die marginalisierten Thesen zu der Einsicht, dass sie sich (bislang) verhoben haben, sei es an der Realität – oder an der Verschwörung.

Literatur

Alexander, J. C. 1988. Culture and political crisis: Watergate and Durkheimian sociology. In *Durkheimian sociology: Cultural studies*, hrsg. J. C. Alexander, 187–224. Cambridge, Mass.: Cambridge University Press.

Anton, A. 2011. *Unwirkliche Wirklichkeiten: Zur Wissenssoziologie von Verschwörungstheorien*. Berlin: Logos.

Buenting, J., und J. Taylor. 2010. Conspiracy Theories and Fortuitous Data. *Philosophy of the Social Sciences* 40 (4): 567–578.

Clarke, S. 2002. Conspiracy Theories and Conspiracy Theorizing. *Philosophy of the Social Sciences* 32 (2): 131–150.

Coady, D. 2006. Conspiracy theories and official stories. In *Conspiracy Theories: The Philosophical Debate*, hrsg. D. Coady, 115–128. Aldershot: Ashgate.

Coady, D. 2007. Are Conspiracy Theorists Irrational? *Episteme: A Journal of Social Epistemology* 4 (2): 193–204.

Coady, D. 2012. *What to Believe Now: Applying Epistemology to Contemporary Issues*. Hoboken, NJ: John Wiley & Sons.

Festinger, L., H. W. Riecken, und S. Schachter. 2009. *When prophecy fails*. London: Pinter & Martin.

Hofstadter, R. 1964. The paranoid style in American politics. *Harper's Magazine* 229: 77–86.

Keeley, B. L. 1999. Of Conspiracy Theories. *The Journal of Philosophy* 96 (3): 109–126.

Kuhn, O. 2010. Spekulative Kommunikation und ihre Stigmatisierung – am Beispiel der Verschwörungstheorien. Ein Beitrag zur Soziologie des Nichtwissens. *Zeitschrift für Soziologie* 39 (2): 106–123.

Merton, R. K. 1987. Three Fragments from A Sociologist's Notebook: Establishing the Phenomenon, Specified Ignorance, and Strategic research Materials. *Annual Review of Sociology* 13: 1–28.

Pigden, C. 2007. Conspiracy Theories and the Conventional Wisdom. *Episteme: A Journal of Social Epistemology* 4 (2): 219–232.

Pipes, D. 1999. *Conspiracy: How the Paranoid Style Flourishes and Where It Comes From*. New York: Simon & Schuster.

Popper, K. R. 1963. *Conjectures and refutations: The growth of scientific knowledge*. London: Routledge.

Popper, K. R. 2003. *Die offene Gesellschaft und ihre Feinde*, Bd 2. Tübingen: Mohr Siebeck.

Ross, L. 1977. The intuitive scientist and his shortcomings. *Advances in experimental social psychology* 10: 174–220.

Sunstein, C. R., und A. Vermeule. 2009. Conspiracy Theories: Causes and Cures. *Journal of Political Philosophy* 17 (2): 202–227.

Oliver E. Kuhn, Dr. phil., Soziologe, Mitarbeiter am Institut für Kulturwissenschaften der Universität Leipzig. Promotion über die Verantwortungszurechnung für die Finanzkrise in Online-Diskussionen (i. E.). Forscht zu soziologischer Theoriebildung, insbesondere zu Problemen der Wissenssoziologie. Arbeitet derzeit an einer Theorie spekulativer Praktiken. (Stand: 2014)

GPSR Compliance

The European Union's (EU) General Product Safety Regulation (GPSR) is a set of rules that requires consumer products to be safe and our obligations to ensure this.

If you have any concerns about our products, you can contact us on ProductSafety@springernature.com

In case Publisher is established outside the EU, the EU authorized representative is:

Springer Nature Customer Service Center GmbH
Europaplatz 3
69115 Heidelberg, Germany

The manufacturer's authorised representative in the EU is Springer Nature Customer Service Centre GmbH, Europaplatz 3, 69115 Heidelberg, Germany. If you have any concerns regarding our products, please contact ProductSafety@springernature.com

Printed and bound by CPI Group (UK) Ltd, Croydon, CR0 4YY
28/04/2026
02098510-0003